Jesse Fink

BON

Der letzte Highway

Jesse Fink

BON

DER LETZTE HIGHWAY

DIE UNERZÄHLTE GESCHICHTE VON BON SCOTT UND AC/DC

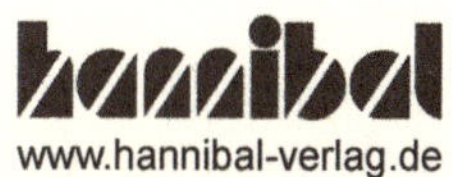

www.hannibal-verlag.de

Für Flavia, die sich auf dies alles einließ,
als sie noch die Wahl hatte.

„Wenn du die Geheimnisse des Universums verstehen möchtest, dann denke in Kategorien wie Energie, Frequenz und Vibration."
– Nikola Tesla

„Und sauft euch nicht voll Wein,
woraus ein unordentliches Wesen folgt …"
– Epheser 5:18

„Rock and Roll ist kein Beruf. Es ist eine Krankheit.
– Richard Barry Wood,
Roadmanager von Tommy Bolin

„Nun, ihr habt die Wahl, okay. Also trefft sie!"
– Bon Scott, Veterans Memorial Auditorium,
Columbus, Ohio, 10. September 1978

Impressum

Der Autor: Jesse Fink
Deutsche Erstausgabe 2018

Titel der Originalausgabe von Random House Australia, Pty. Ltd., Sidney, Australien:
„Bon. The Last Highway"

Druck: CPI books GmbH, Ulm
Coverdesign: © Luke Causby
Coverabbildung und Foto Bon Scott Rückseite: © Robert Alford
Autorenfoto Buchrückseite: © Amy Janowski
Layout nd Satz: Thomas Auer, www.buchsatz.com
Übersetzung: Paul Fleischmann
Lektorat und Korrektorat: Rainer Schöttle

Hannibal Verlag, ein Imprint der KOCH International GmbH, A-6604 Höfen
www.hannibal-verlag.de

ISBN: 978-3-85445-632-2
Auch als E-Book erhältlich mit der ISBN 978-3-85445-633-9

Printed in Germany

Inhalt

Opener Shot Down In Flames ... 9

1 Go Down ... 36

2 Bad Boy Boogie ... 48

3 Whole Lotta Rosie ... 57

4 Problem Child ... 64

5 Dog Eat Dog ... 68

6 Overdose ... 78

7 Hell Ain't A Bad Place To Be ... 94

8 What's Next To The Moon ... 110

9 Kicked In The Teeth ... 126

10 Rock 'N' Roll Damnation ... 132

11 Gimme A Bullet ... 143

12 Up To My Neck In You ... 152

13 Riff Raff ... 157

14 Down Payment Blues ... 163

15 Sin City ... 177

16 Cold Hearted Man ... 193

17 Walk All Over You ... 206

18 Night Prowler ... 225

19 Touch Too Much ... 232

20 Love Hungry Man ... 238

21 If You Want Blood (You've Got It) ... 254

22 Girls Got Rhythm ... 260

23 Highway To Hell 273
24 Shoot To Thrill 286
25 Hells Bells 292
26 Shake A Leg 299
27 Let Me Put My Love Into You 307
28 Given The Dog A Bone 317
29 Have A Drink On Me 326
30 Back In Black 334
31 What Do You Do For Money Honey 350
32 Rock And Roll Ain't Noise Pollution 360
33 Rocker 376
34 Ain't No Fun (Waiting 'Round To Be A Millionaire) 387
35 High Voltage 407
36 It's A Long Way To The Top (If You Wanna Rock 'N' Roll) 415
37 Dirty Deeds Done Dirt Cheap 421
38 Rock 'N' Roll Singer 430
39 You Shook Me All Night Long 435
40 Live Wire 443
41 Let There Be Rock 449
Ausklang Ride On 457
Epilog Carry Me Home 463
Dramatis Personae Dirty Eyes 474
Danksagungen Crabsody in Blue 479
Bibliografie Beating Around The Bush 489
Anhang Gone Shootin' 542
Index Get It Hot 568

Opener

Shot Down In Flames

Es war an einem heißen Sommernachmittag, drei Tage vor Weihnachten 2014, in Kings Cross, einem Stadtteil von Sydney. Ich, mein Vater Fred sowie ein Freund von ihm aus Perth namens David, dem ich ein Exemplar meines ersten Buchs über AC/DC, *Die Brüder Young*, überreicht hatte, verließen gerade ein Café. Auf dem Weg zurück zum Auto blätterte David in dem Buch. Er hatte *AC/DC Live At River Plate* auf DVD gesehen, einen Live-Mitschnitt eines ausverkauften Konzerts in Buenos Aires von 2009. „Ich habe noch nie in meinem Leben ein Publikum gesehen, das sich so *bewegt*", sagte er. Was er nicht wusste: Wir befanden uns nur ein paar Hundert Meter vom Hampton Court Hotel in der Bayswater Road entfernt, wo AC/DC Anfang 1974 – sie spielten zu diesem Zeitpunkt erst wenige Monate zusammen – mehrere Abende hintereinander vor Betrunkenen und Nutten aufgetreten waren. 40 Jahre später ist vom ursprünglichen Gebäude, das inzwischen in ein Haus mit Eigentumswohnungen umgewandelt wurde, nur mehr wenig übrig. AC/DC hatten einen langen Weg zurücklegen müssen, bevor sie in der Lage waren, südamerikanische Fußballstadien zu füllen.

Fred, David und ich kletterten ins Auto und wollten gerade losfahren, als ich bemerkte, dass ein kleiner Mann auf uns zusteuerte. Er hatte schulterlanges, bräunlich-graues Haar, das unter einem Panamahut herausragte, und trug ein schwarzes T-Shirt, schwarze Jeans und schwarze Turnschuhe. Eigenartig schien mir, dass er von einem viel jüngeren Pazifikinsulaner gestützt wurde, obwohl er einen relativ jugendlichen Eindruck machte und nicht alt genug wirkte, um so gebrechlich zu sein.

Ich hatte keinerlei Zweifel, wen ich da vor mir hatte. Endlich sah ich mich Malcolm Young gegenüber, dem Gründer von AC/DC. Das unumstrittene Raubein der weltweit populärsten Rock-'n'-Roll-Band kann sich nur mehr mithilfe eines Pflegers fortbewegen. In den Monaten seit der offiziellen Bekanntmachung seiner Demenzerkrankung und der Ankündigung, dass er nicht wieder auftreten würde, war er nirgends öffentlich in Erscheinung getreten. Es kursierten auch keine Fotos. AC/DC veröffentlichten mit *Rock Or Bust* zum ersten Mal in 40 Jahren ein Album ohne ihn und begaben sich auf eine Welttournee, von der man annahm, dass es sich um ihre letzte handeln würde.

Ich hatte mehrere Jahre meines Lebens damit zugebracht, über jenen Mann, den Rockfans rund um den Globus unter dem Namen „Mal" kennen, Nachforschungen anzustellen und zu schreiben. Weder AC/DCs Management noch offizielle oder inoffizielle Kanäle hatten es mir ermöglichen können, auch nur in seine Nähe vorzudringen. Immerhin hatte mir ein Mitglied seiner Familie versichert, dass sowohl er als auch seine Frau Linda *Die Brüder Young* gelesen hatten. Nun saß ich da, festgeschnallt in einem Mazda, nur wenige Meter entfernt vom größten lebenden Rhythmusgitarristen. Der Biograf trifft auf das Objekt seiner Begierde. Ein Zufall mit einer Wahrscheinlichkeit von eins zu einer Million. Meine Gedanken überschlugen sich. Inzwischen hatten auch Fred und David mitbekommen, wer sich uns da näherte. Ich hätte einfach aussteigen können, um Malcolm entgegenzugehen und mich überfallartig vorzustellen. Aber das hätte sich falsch angefühlt. Der Mann war krank. Hätte er überhaupt gewusst, wer ich war und worüber ich sprach? Das stand also nicht zur Debatte. Und so saßen wir einfach stumm da und sahen zu, wie er im Rückspiegel immer kleiner wurde. Näher war ich noch nie an ihn herangekommen.

Ich zögerte, ein weiteres Buch über AC/DC zu schreiben, da einer der Hauptdarsteller darin, eben Malcolm, nun an einer degenerativen Erkrankung leidet. Mir ist das bewusst. Genauso ist mir bewusst, dass ich Dinge aus seiner Vergangenheit hervorkrame, obwohl er selbst nicht mehr Stellung dazu beziehen kann. Aber auch wenn er bei guter Gesundheit wäre, gibt es keinen Grund anzunehmen, dass Malcolm sich kooperativ verhalten hätte. Die Youngs gehören wohl zu den verschlossensten Familien im Musikgeschäft und weigern sich seit jeher, Biografen ihre Geschichten zu diktieren – vermutlich aus gutem Grund.

Dies hier ist in erster Linie ein Buch für einen Mann, den ich seit Langem verehre, Bon Scott, und *nicht* für AC/DC. Auch ist es für die Leute gedacht, die sich *Back In Black* gekauft oder Bons krönenden Höhepunkt „Highway To Hell" während des Abspanns des Hollywood-Blockbusters *Iron Man 2* gehört haben und nun die Geschichte dieses Mannes, dessen Schwächen und Süchte ihn schlussendlich umbrachten, lesen wollen. Die Geschichte von AC/DC, die Existenz der Band selbst, beruht auf der Story dieses einen außergewöhnlichen Mannes, der so verschwenderisch mit sich umgegangen ist: Bon Scott. Malcolms Demenz macht das Schreiben dieser Geschichte nicht unmöglich. Wie er es 1978 in Sheffield selbst einmal gegenüber einem Reporter des *New Musical Express* ausdrückte: „Ich habe die Schnauze voll davon, irgendeinen Scheiß zu lesen. Du wirst die Wahrheit drucken lassen." (Ein Zitat, das sogar für das AC/DC-Boxset *Bonfire* zu Ehren von Bon verwendet wurde.)

Also gut, Mal. – *If you want blood, you've got it.*

* * *

Die kollektive Erinnerung an Bon bedarf einer ehrlichen und aufrichtigen Überarbeitung – und keiner weiteren Mythenbildung. „Offizielle" Abbildungen der Geschichte von AC/DC wie etwa *Blood + Thunder: The Sound of Alberts* von ABC Television (von der BBC als *The*

Easybeats to AC/DC: The Story of Aussie Rock ausgestrahlt) oder auch *Behind the Music: AC/DC* auf VH1 bekräftigen höchstens die bestehenden Mythen über ihn und die Band. Wie können diese Mythen ernsthaft weitergetragen werden, wenn sogar David Krebs – dessen Managementfirma Leber-Krebs AC/DC von 1979 bis 1981, also in jener Phase, in der die Band ihre kommerziell erfolgreichsten Alben veröffentlichte, betreute – nicht glaubt, dass Brian Johnson die Lyrics zu *Back In Black* beigesteuert hat?

Wie er mir von seinem Zuhause in Malibu, Kalifornien, aus mitteilte: „Ich war echt verblüfft, als ich *Die Brüder Young* las und in der AC/DC-Diskografie sah, dass *Back In Black* von den Young-Brüdern und Brian Johnson geschrieben sein soll. Ich glaub das nicht."

Außerdem gab ich einem persönlichen Bedürfnis nach. Ich wollte die Leser in eine Zeit mitnehmen, in der AC/DC die aufregendste Rock-'n'-Roll-Band auf dem Planeten waren und nicht das, was sie heute verkörpern: ein eingetragenes Markenzeichen mit einem letzten verbliebenen Gründungsmitglied aus den Siebzigern, Angus Young. Es war mir ein Anliegen, einen kleinen Teil dessen wiederauferstehen zu lassen, was ich für die beste Ära der Rockmusik halte, nämlich die späten Siebzigerjahre – jene Zeit, in der das Genre, das wir heute als „Classic Rock" kennen, seinen Ursprung hat. In Musikläden wurde Vinyl verkauft. MTV gab es noch nicht. Das Internet, das mit seinen Angeboten wie YouTube, Pandora, Spotify oder iTunes das Angesicht der Popmusik verändern sollte, lag noch Jahrzehnte in der Zukunft. So viele der phänomenalen Bands der Siebziger haben entweder ganz aufgehört oder treten nach dem Ausstieg etlicher Originalmitglieder in Casinos, Weinkellereien oder auf Kreuzfahrten auf. Eine für die Musik besondere Zeit ist für immer verloren.

Um mein Vorhaben, diese Epoche wiederaufleben zu lassen, so erfolgversprechend wie möglich anzugehen, musste ich in alles, was mir zur Verfügung stand, kopfüber eintauchen. Doch AC/DC sind eine Band, die Außenstehenden keinen Zutritt gewährt, und ehemalige Bandmitglieder und Angestellte fürchten den Reichtum und Einfluss der Youngs. Es ist daher nicht leicht, an Informationen heranzukommen. Ein Freund von Brian Johnson warnte mich etwa: „Sie haben nicht einmal ansatzweise mehr Verständnis dafür, dass ihre Aussagen oder Handlungen verzerrt dargestellt werden, damit sich eine Story gut verkauft." Ein weiterer Insider flüsterte mir, dass die Geheimniskrämerei um die Band „schlimmer ist als bei der CIA, schlimmer als bei Scientology".

Das war kein Scherz.

„Es ist gar nicht schlecht, dass du nicht an sie herangekommen bist", sagt Grahame „Yogi" Harrison, ein legendärer australischer Roadie, der 1977 für AC/DC bei ihrem Abschiedskonzert in Sydney arbeitete und mit Bon persönlichen Umgang pflegte. „Du könntest schließlich nie wissen, ob das, was sie dir erzählen, auch die Wahrheit ist. Sie halten ihre Ärsche bedeckt bis ins Grab."

* * *

So wie ich die Sache sehe, bekommen Biografen keinen richtigen Zutritt zur Band gewährt, da die Wahrheit für manche Leute unbehaglich wäre. Würden sie sich auf Gespräche mit Biografen einlassen – also mit Leuten, deren Aufgabe es ist, unter der Oberfläche nach so etwas wie Wahrheiten zu suchen –, hätten sie damit im Endeffekt alles legitimiert, was dabei zutage treten könnte. Es ist viel leichter, die Schlussfolgerungen eines Buches zurückzuweisen, wenn man sagen kann, dass man nicht mit dem Autor zusammengearbeitet hat. Ebenso lässt sich leicht prophezeien, dass AC/DC-Fans sich um ihre Helden scharen werden, um sie in Schutz zu nehmen, sobald der eine oder andere Heiligenschein schief gerückt wurde.

Selbstverständlich gibt es für das Schweigen auch finanzielle Gründe. Verlagshäuser in London und New York bieten für Enthüllungsautobiografien und „offizielle" Biografien von großen Stars zig

Millionen Dollar. Niemals zuvor waren solche Erzählungen gefragter, wie wir an den Vorschüssen in Millionenhöhe ablesen können, die etwa Phil Collins, Elton John und Bruce Springsteen kassiert haben. Fast ebenso viel Kohle wird im Marketing ausgegeben. Der Wert dieser Buchprojekte wird geschmälert oder überhaupt auf Ramschniveau gesenkt, wenn diese Prominenten ihre Geschichten bereits andernorts zum Besten gegeben und sich detailliert zu einem kontroversen Thema geäußert haben.

Daher sind sich Musiker und ihre Agenten in zunehmenden Maße bewusst, wie viel ihre Worte wert sind. Sie werden also keinen Fremden – einen Biografen – bei seinen Recherchen unterstützen, wenn sie doch direkt von Reminiszenzen profitieren können, indem sie selbst ein Buch veröffentlichen. Phil Rudd, AC/DCs ehemaliger Schlagzeuger, beabsichtigt etwa, ein eigenes Buch zu verfassen. Vorausgesetzt, sie müssen sich nicht an Stillschweigevereinbarungen halten, was durchaus im Bereich des Möglichen liegt, könnten sowohl Brian Johnson als auch der frühere Bassist Cliff Williams, nachdem sie nun die Band verlassen haben und deren Zukunft in den Sternen steht, schon bald ihre Memoiren vorlegen.

Vielleicht als Vorboten für alles, was noch folgen wird, veröffentlichten AC/DC 2017 ihr erstes offizielles Fotoalbum. Besser situierten Sammlern bot sich die Gelegenheit, eine in Leder und Metall gebundene Version mit beleuchtbarem Schutzumschlag zu erstehen. Während sich Ghostwriter, Hagiografen und Zuschussverlage auf der Überholspur befinden, finden sich traditionelle Musikbiografen auf der Liste der bedrohten Arten wieder. Dieses Buch sollte jedoch ohnehin nie die Perspektive der Band oder jene von Bons beiden Brüdern und deren Familien repräsentieren. AC/DC haben sich bereits gegenüber den Medien über Bon geäußert. Bons Familie ebenso. Uns liegen diese Aussagen vor und sie werden sich auch nicht mehr ändern.

Eigentlich profitierte *Bon – Der letzte Highway* sogar davon, sich nicht auf ihre Beteiligung, Aufsicht oder Zustimmung verlassen zu müssen. Das liegt wohl daran, dass die tatsächliche Geschichte – nicht die bevorzugte schöngefärbte, dem Ansehen der Band zuträgliche Version davon – sich irgendwo abseits des Einflusses der Gruppe, der Familie Scott und all ihrer Anwälte abspielt. Es ist nicht die Art von Erzählung, wie sie manchen Leuten vorschwebt.

Das ist auch der Grund, warum so viele hypothetische Spielfilmprojekte letztlich im Sande verliefen. Solange die Band nicht die Darstellung kontrollieren kann, werden sie niemals ihre Musik dafür zur Verfügung stellen. Auch wird man nie die Wahrheit über AC/DC in irgendeinem Magazin lesen oder in einem Radio- oder Fernsehinterview zu hören bekommen, wenn die Band gerade ein Album promotet. Die speziell indoktrinierten Journalisten, Radioansager und TV-Moderatoren halten sich an die Spielregeln, sowohl an die offiziellen als auch die unausgesprochenen. Angus nuschelt sich dann durch irgendein Tour-Interview, ohne dabei Wesentliches preiszugeben, und die Fans, die nach authentischen Einblicken lechzen, saugen jegliche Info gierig auf.

Es ist schon erstaunlich, wie lange die Wahrheit über die letzten Jahre in Bons Leben unter Verschluss gehalten werden konnte. Mein Ziel war von Anfang an, Bons Geschichte völlig unvoreingenommen niederzuschreiben und dabei keine Rücksicht auf irgendjemandes Interessen zu nehmen. Vor allem wollte ich mich dem Thema völlig offen nähern.

Bon gehört zu den umjubeltsten Rockmusikern aller Zeiten, vor allem auch außerhalb Australiens, wo er womöglich mehr als jeder andere australische Entertainer – tot oder lebendig – gefeiert wird. 2004 setzte ihn das Magazin *Classic Rock* auf Platz #1 seiner Hitparade der „100 Greatest Frontmen of All Time“, noch vor Freddie Mercury von Queen, Jim Morrison von den Doors und Robert Plant von Led Zeppelin.

Doch Bon war nicht der Danny Kaye der Rockmusik, wie uns Figürchen aus Zinn und diverse andere Devotionalien, die auf eBay erhältlich sind, vielleicht vorgaukeln wollen.

Doug Anderson vom *Sydney Morning Herald* beschrieb ihn einst als „gefährliches Individuum, das den Eindruck machte, nicht zu wissen, wer es war und wohin es gehörte". Schon 1984 gab derselbe Journalist den Hinweis, dass nicht nur Alkohol zu Bons Untergang beigetragen hätte: „Bon Scott ist an Rauschgift zugrunde gegangen."

Anderson lag damit näher an der Wahrheit, als er sich selbst vielleicht gedacht hätte. Bon konnte unberechenbar und zerstörerisch sein. Er konsumierte Drogen, etwa Kokain, Quaaludes und Heroin. Wenn diese Feststellung AC/DC oder ihr Management, die Fans der Band oder die Nachlassverwalter von Bon Scott irritiert, ist das natürlich schade, aber die Beweise dafür liegen auf dem Tisch. Es kann doch nicht als Verrat gewertet werden, wenn man die Wahrheit berichtet. Vielmehr ist es ein Privileg und eine Pflicht. Biografien können mitunter unbequeme Fakten über unsere Helden ans Tageslicht fördern.

Unter Bons Freunden und Bekannten in Australien ist es zu einer Art Trend geworden, damit anzugeben, ihn am besten gekannt zu haben. Und doch verbirgt sich dahinter zumeist nur leere Rhetorik. *Live Wire: Bon Scott, a Memoir by Three of the People Who Knew* – Mary Renshaws Buch über Bon – ist ein gutes Beispiel dafür. Renshaw lernte Bon 1968 kennen und blieb bis zu seinem Tod mit ihm befreundet. Sie behauptet, ihr Buch – 2015 in Australien erschienen und in Zusammenarbeit mit Bons Freunden John und Gabby D'Arcy entstanden – wäre „ein Weg, sich an den echten Bon zu erinnern, geschrieben von den Leuten, die ihn am besten kannten, um mit dem ganzen Mist, der da draußen kursiert, aufzuräumen". Mary mag Bon zwar gekannt haben, doch meiner Meinung nach schaffte ihr Buch es nicht einmal ansatzweise, den „echten Bon" abzubilden oder Mythen bezüglich Bon und AC/DC, die sich hartnäckig halten, aus der Welt zu schaffen.

Live Wire schönte die schmuddeligen Umstände von Bons Tod. Auch versäumte das Buch, die ewige Frage zu beantworten, wer denn nun wirklich die Lyrics auf *Back In Black* verfasst hatte; tatsächlich gab es sich die größte Mühe, dieser Sache aus dem Weg zu gehen.[1]

In einem Interview mit der schottischen Presse sagte Mary, dass Bons verschollenes Notizheft, in dem er seine Lyrics niederschrieb, „vielleicht" seiner Familie zurückgegeben worden war, wofür es jedoch keinerlei Beweise gibt. Mary wurde rund um die Buchveröffentlichung als Bons Geliebte, seine Seelenpartnerin oder auch schlicht als seine „Ex" tituliert. Sie selbst schreibt sogar, dass ein Freund von ihr von Bon kurz vor dessen Tod darüber aufgeklärt wurde, dass es in seinem Leben nur drei Frauen gegeben hätte, die er wirklich geliebt hat: „Seine Mutter, [seine Exfrau] Irene [Thornton] und mich."

Bei allem Respekt glaube ich dennoch nicht, dass das der Wahrheit entspricht. Aber wer waren die Frauen, zu denen sich Bon wirklich hingezogen fühlte? Wer diente ihm als Inspiration für seine Songs? Falls er tatsächlich – wie viele vermuten – Texte zu *Back In Black* bei-

---

1 Mary und ihr Co-Autor John D'Arcy wurden im Oktober 2015 für die Fernsehsendung *Studio 10* auf dem australischen Channel Ten interviewt, um *Live Wire* zu promoten. D'Arcy sagte dort: „Ich würde sagen, dass eine Menge dieser Songs [auf *Back In Black*] von Bon mitgeschrieben wurden, da er uns erzählte, dass das alles schon abging [bevor er starb]." Mary, die neben ihm saß, war dies offensichtlich unangenehm und sie stieß ihn an. „Nein, darauf gehen wir jetzt nicht ein", sagte sie. Warum denn nicht? Mary gibt zu, dass sie *Back In Black* nie gehört hat. Doch in einem Interview mit Triple R aus Melbourne enthüllte sie: „Wenn das, was [in East Dulwich] passiert ist, nicht geschehen wäre, hätte Bon es gesungen … Es sind eine Menge echt [Pause] guter Texte, die Bon geschrieben hat, auf dem Album." Obwohl sie Briefe besitzt, die Bon an sie schrieb, verweigerten Bon Scotts Nachlassverwalter Mary die Erlaubnis, sie in ihrem Buch abzudrucken. „Wir durften die Briefe nicht für das Buch verwenden, obwohl ich das echt gerne getan hätte", erzählte sie gegenüber Wendy Stapleton von Channel 31 aus Melbourne. „Aber einer von Bons F… [sie unterbricht sich] Und obwohl es meine Briefe sind, sind sie anscheinend ein Teil seines Nachlasses, weshalb ich sie nicht für das Buch verwenden durfte. Er ließ sie mich irgendwie nicht für das Buch benutzen." Wen sie mit „er" meint, bleibt leider im Unklaren. Bons Familie und ihre Anwälte sind wild entschlossen, sein Image und sein Ansehen zu beschützen. Sie sind berüchtigt dafür, allem, was sie nicht autorisiert haben, den Stecker zu ziehen. Ich besitze eine Kopie eines Briefes von einem Anwalt, der darin jemanden, der Bons Familie zu einer Zusammenarbeit bezüglich eines Films über Bons Leben ermuntern wollte, eindringlich warnt, dass „die Nachlassverwaltung ihre Rechte am Namen, Image und Ansehen von Bon Scott sehr ernst nimmt und gegebenenfalls rechtliche Schritte einleiten wird, um irgendeine unautorisierte Verwendung des Namens ‚Bon Scott' zu unterbinden."

steuerte, stellt sich die Frage, ob er über echte Menschen und reale Vorkommnisse schrieb. Wenn der Songtext zu „You Shook Me All Night Long" nicht von Brian, sondern, wie ich fest glaube, von Bon stammte, musste es doch eine Vorgeschichte dazu geben.

Wer aber war diejenige, die ihn mit „those American thighs" ausknockte?

***

Während der Arbeit an diesem Buch lernte ich zwei von Bons Geliebten kennen. Diese Liebesbeziehungen waren von prägender Bedeutung für ihn. Beide Frauen waren Amerikanerinnen, beide bis dato unbekannt. Es handelt sich um die Frisörin Pattee Bishop und um Holly X, Model und Fotografin, die aus persönlichen und beruflichen Gründen darum gebeten hat, nur mit Pseudonym und veränderten Personendaten im Buch genannt zu werden. Bon hatte noch eine Reihe weiterer Freundinnen in den Vereinigten Staaten. Manche ihrer Geschichten sind verloren gegangen und werden vermutlich auch niemals erzählt werden. Aber am wichtigsten von allen war vielleicht seine quälende On/Off-Beziehung mit der Australierin Margaret „Silver" Smith, die durch die Geschichten um Bon geistert und die in den letzten 24 Stunden seines Lebens eine entscheidende Rolle spielen sollte. Silver verstarb am 12. Dezember 2016. Die Interviews, die sie mir für dieses Buch gewährte, sollten ihre letzten sein.

Hier werden zum ersten Mal die Geschichten aller drei Frauen einbezogen. Sie teilten das Bett mit ihm und kannten seine Geheimnisse. Sie kannten den Mann abseits der Bühne und all des Drucks auf Tour. Vieles deutet auch darauf hin, dass Bon einige seiner besten Songs über sie schrieb.

Silver, die gemeinsam mit ihrem erwachsenen Sohn und ihren Hunden im südaustralischen Jamestown ein beinahe einsiedlerisches Leben führte, gab freimütig zu, dass sie mit Heroin dealte und es auch selbst konsumierte. „Doch nicht im heutigen Sinne … die Bezeichnung bedeutet inzwischen etwas völlig anderes als damals. Ich mochte Heroin. Es tut mir nicht leid, dass ich es genommen habe … Solange man vernünftig und bemessen damit umging, konnten die Drogen, die damals angesagt waren, nicht viel Schaden anrichten. Heute ist das was anderes. Da kenne ich mich nicht gut genug aus und möchte es auch gar nicht."

Ein Jahr vor Bons Tod wurde sie von der Londoner Polizei festgenommen. Phil Lynott von Thin Lizzy, mit dem sie befreundet war, wurde am selben Tag wie sie aufs Korn genommen. Silver wurde wegen Besitzes von Heroin, Kokain und Haschisch sowie der Absicht, es zu verkaufen, angeklagt. (Die Mengen waren jedoch gering: „Zwei Gramm Koks, ein Gramm Heroin und weniger als eine halbe Unze Hasch.") Sie bekannte sich in Bezug auf den Besitz von Drogen schuldig, bestritt jedoch, geplant zu haben, sie weiterzuverkaufen. In zweiter Instanz wurde sie schließlich freigesprochen. Dieser schillernde Background bedeutet jedoch nicht, dass sie verantwortlich für Bons Tod war. Bon war für sich selbst immer noch am gefährlichsten.

„Bon wurde nicht ‚Ronnie Roadtest' genannt, weil er auf Motorräder abfuhr", erklärte sie mir und bezog sich damit auf ein aktuelles Buch, in dem diese lachhafte Behauptung aufgestellt worden war. „Wenn irgendjemand bei einem Tierarzt oder so eingebrochen war und sich nun nicht sicher war, was er hatte mitgehen lassen, fand Bon es für ihn auf die harte Tour heraus. Ich habe es einfach so satt, als Junkie hingestellt zu werden, der Bon Heroin verschafft hat. Das macht mich und viele andere Leute echt sauer. Ich habe ihm definitiv niemals Heroin gegeben, *nie.*"

***

Bons Rang als Legende steigert sich immer weiter. Das beschränkt sich mittlerweile nicht nur auf die Musik; inzwischen gilt er als Inbegriff eines Menschen, der sein Leben auszukosten versteht. 2016 wurde sein 70. Geburtstag in Australien wie eine Art nationaler Event begangen. 1980 jedoch stuften ihn Zeitungen von Australien über Großbritannien bis hin zu Kontinentaleuropa und Nordamerika nicht einmal als wichtig genug ein, um seinen Namen in ihren Schlagzeilen zu erwähnen. „ROCKSÄNGER TOT AUFGEFUNDEN" in der australischen *Canberra Times* war ein typisches Beispiel dafür. Der Artikel, ganze sechs Zeilen lang, fand sich fernab der Titelseite direkt unter einer Story über den Boykott der Olympischen Spiele in Moskau durch die Vereinigten Staaten. Es war einfach keine große Sache, ganz anders als etwa John Lennons Ermordung im Dezember desselben Jahres in New York.

Doch Bons Musik aus dieser Zeit gehörte zum Besten, was das Jahrzehnt zu bieten hatte. Weshalb erhielt er damals dafür kein bisschen Anerkennung? Die Wahrheit ist, dass nur wenige Kritiker AC/DC jemals richtig ernst genommen haben. Nach Bons Tod sollte es noch 28 Jahre dauern, bis die prestigeträchtigste Musikzeitschrift der Welt, *Rolling Stone*, AC/DC auf ihr Cover hievte. Als 2008 *Black Ice* erschien, stellte Chefredakteur Jason Fine ein paar Nachforschungen an, die ihn zutiefst überraschten: „Die letzte größere Story über AC/DC haben wir 1980 gebracht. Wir haben die Band buchstäblich übersehen. Sie kam bei uns nur ganz selten in ein paar Kurzberichten vor. Aber *Rolling Stone* stand damit nicht allein. AC/DC waren einfach nie ein Band, die von vielen Kritikern beachtet wurde. Irgendwie hat man sie immer von oben herab behandelt."

Das trifft absolut zu, vor allem in Bezug auf den *Rolling Stone.* Bei ihrer ursprünglichen Veröffentlichung wurden Bons beste Platten – *Let There Be Rock*, *Powerage*, *If You Want Blood You've Got It* und *Highway To Hell* – dort nicht einmal einer Besprechung für würdig befunden.[2]

---

2 „Vor *Back In Black* gelang es der Band nie wirklich, ihren Sound und ihr Temperament festzuhalten", kritisierte Rolling Stone AC/DC in einem ihrer Album-Guides. Die Alben mit Bon Scott bewertete man dort folgendermaßen: *High Voltage* ★★, *Let There Be Rock* ★★½, *Powerage* ★★½, *If You Want Blood* ★★★ und *Highway To Hell* ★★★. *Back In Black erhielt* ★★★★. Unglaublich, aber wahr: *Who Made Who* erhielt ebenfalls ★★★★. Heutzutage gilt das einst gescholtene *Powerage*, das einige von Bons besten Texten enthält, weltweit als Meisterwerk und eine der besten Platten der Siebziger. So soll das auch sein, immerhin ist es eine makellose Scheibe.

Der späte Respekt, der AC/DC seitens der amerikanischen Mainstream-Musikpresse zuteilwurde, kam viel zu spät für Bon. Angus amüsierte dies ungemein: „Es ist schon seltsam, weil, als er noch lebte, alle über Bon gesagt haben, dass er direkt aus der Gosse käme. Niemand nahm ihn ernst. Dann, nachdem er tot war, war er plötzlich ein großer Poet. Sogar er selbst hätte darüber gelacht."[3]

Im Grunde genommen stellen die Blütejahre 1977 bis 1979 den Ursprung der Legende um Bon dar. Sie bilden auch die Grundlage für AC/DCs großen Durchbruch, der sich schließlich 1980 mit *Back In Black* einstellen sollte. Es gab im Bereich der Rockmusik wohl kaum eine Band, die härter als AC/DC schuftete. Immerhin gaben sie in dieser Zeit 450 Konzerte, den Großteil davon in den USA. Ihr Terminplan war mörderisch und viele andere Bands wären daran zerbrochen. Bons letzte zwei Touren durch Nordamerika zogen sich fast ohne Unterbrechung von Mai bis Oktober 1979 hin – eine schier endlose Abfolge von Flughafenhallen und Imbisslokalen am Straßenrand. Am Ende dieses kritischen Jahres hatten AC/DC Auftritte in drei Dutzend amerikanischen Bundesstaaten sowie drei kanadischen Provinzen absolviert. Sie waren so gut, so unnachgiebig, so voller Schwung, dass andere große Bands keine große Lust hatten, mit ihnen eine Bühne zu teilen. So etwa die Gruppe Molly Hatchet, die gerade erst ihr Album *Flirtin' With Disaster* veröffentlicht hatte.

„Wir sollten zehn Shows mit AC/DC spielen", sagte ihr leider verstorbener Leadsänger Danny Joe Brown. „Zwar hatten sie bereits mehr Alben veröffentlicht, doch wir verkauften uns zu diesem Zeitpunkt besser als sie. Als wir festlegten, wer die Shows eröffnen und wer sie abschließen sollte, einigten wir uns darauf, dass wir uns abwechseln würden. Wir spielten in Knoxville, Tennessee[4],und AC/

3 Historische Zitate von AC/DC-Mitgliedern werden im gesamten vorliegenden Buch verwendet. Die Quellen für diese Zitate (sowie ausgewählte andere Zitate) werden in der Bibliografie separat nachgewiesen.

4 Banner Thomas, der verstorbene Bassist von Molly Hatchet, meinte, dass die Show in Indiana, vermutlich in Evansville, und nicht in Tennessee stattfand.

DC gingen auf die Bühne. *Verdammt*, die Leute rissen sich ihre Shirts vom Leib. Die Show war halb vorüber und man konnte sehen, wie alle jedes verdammte Wort von jedem Song mitsangen. Und ich sagte: ‚Ach du Scheiße, und diesen Vögeln sollen wir jetzt ‚Gator Country' vorsingen.' Das war schon unwirklich. Ich rief unseren Manager an und sagte zu ihm, dass er uns niemals wieder diese *Hunde* auf den Hals hetzen sollte. Unnötig zu erwähnen, dass wir für den Rest der Tour vor ihnen auftraten. Das war die einzige Band, die Molly Hatchet echt einen Arschtritt verpasst hat. Aber dafür ordentlich."

Die drei Jahre, in denen AC/DC durch Nordamerika tingelten, versorgten Bon auch mit reichlich Material für sein Songwriting. In dieser Zeit fasste die Band auch Fuß im amerikanischen und kanadischen Radio und mauserte sich zu einem legitimen Headliner. Sie traten in riesigen Arenen auf und teilten sich die Bühnen mit Gruppen, die bereits zu den größten der Welt gehörten oder sich auf dem Weg an die Spitze befanden: Aerosmith, Journey, Van Halen, Kiss. Doch Bon erwartete sich mehr von seinem Leben, sowohl privat als auch musikalisch. Kreativ frustriert glitt er in eine depressive Stimmung ab. Er litt unter seiner Alkoholsucht und seinem Drogenmissbrauch. Auch stand er auf Kriegsfuß mit Malcolm Young. Sein Rücken schmerzte und seine Leber war in einem bemitleidenswerten Zustand. Außerdem war er Asthmatiker. Allerdings sagt Pattee Bishop: „Ich sah ihn nie einen Inhalator verwenden." Silver meint hingegen, dass er gelegentlich nach dem Rauchen einen benutzte.

Bon umschrieb seinen Alltag mit AC/DC mit den Worten: „Tagein, tagaus, fliegen, fahren, rein ins Hotel und wieder raus." Doch trotz all der Herausforderungen war er prinzipiell glücklich mit dem Weg, den er eingeschlagen hatte.

„Manchmal ist es schon anstrengend, wenn man jeden Abend in einem anderen Hotel absteigt, aber es ist sicher nicht so schlimm, als würde man fünfzig Jahre seines Lebens an einer Drehbank stehen. Ich bin hier und ich bin frei. Ich sehe jeden Abend neue Gesichter und berühre neue Körper oder was auch immer. Das ist doch toll. Es gibt nichts Vergleichbares."

Letztendlich hatte er nur die eine Drehbank gegen eine andere Maschinerie, nämlich den Rock 'n' Roll, eingetauscht. Bon kämpfte gegen die Langeweile an, die das permanente Umherreisen mit sich brachte, indem er schrieb. Er nannte sein Notizheft, das er überallhin mitnahm, sein „Buch der Wörter, meine gesammelte Poesie".

„Ich habe seitenweise Material", verriet er der australischen TV-Größe Ian „Molly" Meldrum. „Daraus ergeben sich dann mitunter drei oder vier gute Ideen für Songs."

Was geschah nach Bons Tod mit diesem Notizheft beziehungsweise diesen Notizheften? Wurden irgendwelche Inhalte – Titel, Zeilen, Strophen, Refrains – für *Back In Black* verwendet? Egal, wie viel Mühe sich Angus, Malcolm und ihre Bandkollegen auch dabei gegeben haben, diese Fragen abzuwimmeln – die Antworten, die sie mitunter gaben, sind doch eher widersprüchlich und wenig überzeugend. Ein paar der Songs auf *Back In Black* klingen so unverkennbar nach Bon Scott – „You Shook Me All Night Long", „Back In Black", „Hells Bells", „Have A Drink On Me", „Rock And Roll Ain't Noise Pollution" sind nur die augenscheinlichsten Beispiele –, dass die Verschwörungstheorie, der zufolge Bon tatsächlich Lyrics zum Album beisteuerte, jedoch keine Erwähnung als Songwriter fand, gar nicht so weit hergeholt anmutet.

* * *

Kurz vor seinem Tod hatte Bon während eines Besuchs in Australien den ehemaligen Bassisten von AC/DC, Mark Evans, in seinen Plan eingeweiht, ein Soloalbum mit Southern Rock aufzunehmen. Eben dieser Southern Rock, ein einzigartiger Hybrid aus Gitarren-Rock, Blues und Country, war zu jener Zeit, als AC/DC in Nordamerika Fuß fassten, sehr angesagt und eine Reihe von Southern-Rock-Bands gingen mit AC/DC auf Tour. Seine Begeisterung für das

Genre sowie den amerikanischen Süden manifestierte sich in seiner Gürtelschnalle, die eine Abwandlung der Flagge der Südstaaten zierte. Die 13 Sterne, die normalerweise die einzelnen Staaten der Konföderation symbolisieren, wurden auf ihr durch den Schriftzug LYNYRD SKYNYRD ersetzt. Er trug sie 1979 ständig. Aber soweit wir wissen, sprach Bon dieses Southern-Rock-Album gegenüber Malcolm nie an, und er hat auch keine ernsthaften Vorbereitungen dafür getroffen.

Ich unterhielt mich mit etlichen Musikern der berühmtesten Southern-Rock-Bands dieser Ära – Lynyrd Skynyrd, .38 Special, Outlaws, Blackfoot und andere – und mit Personen, die mit ihnen in Kontakt standen, doch ihre Aussagen widersprechen sich bisweilen. Jedenfalls entsteht der Eindruck, dass Bon noch keine konkreten Pläne dafür geschmiedet hatte, so ein Album aufzunehmen.[5]

Silver bestätigt, dass er mit ihr über ein Soloprojekt gesprochen hätte – allerdings blieb er sehr vage und erwähnte nichts Spezifisches wie etwa Southern Rock. Seine oberste Priorität war es, den Durchbruch mit AC/DC zu schaffen.

---

5 Charlie Brusco, der ehemalige Manager der Outlaws und von Lynyrd Skynyrd, sagt, dass er von Bons mysteriösen Solo-Ambitionen Wind bekommen hatte: „Bon wollte eine Southern-Rock-Platte aufnehmen. Ich habe aber nie gehört, dass es mehr gewesen wäre als eine Idee, die im Raum stand." Leon Wilkeson, der inzwischen verstorbene Bassist von Lynyrd Skynyrd, wird regelmäßig mit Bons Soloalbum in Verbindung gebracht. Jeff Carlisi, Gitarrist von .38 Special, glaubt, dass an den Gerüchten etwas dran sein könnte: „Leon war ein großer Fan [von AC/DC] und verstand ihre Musik vielleicht besser als irgendjemand sonst." Outlaws-Drummer Monte Yoho erzählt eine ähnliche Geschichte über Wilkeson: „Als wir viel mit Skynyrd auf Tour waren, kam Leon eines Abends in einem AC/DC-Shirt auf mich zu und fragte mich, ob ich schon von dieser Band gehört hätte. Er erzählte mir, wie unglaublich sie wären und dass er mit ein paar der Mitglieder abgehangen hätte. Das mag vielleicht ein Bindeglied zu der ganzen Southern-Rock-Sache gewesen sein." Doch Outlaws-Gitarrist Freddie Salem, der ebenfalls Zeit mit Bon verbrachte, wusste nichts davon: „[Bon] erwähnte kein Southern-Rock-Album per se, liebte aber amerikanische Roots-Musik, so wie das die meisten britischen oder australischen Rockmusiker tun." Greg T. Walker, Bassist von Blackfoot und früher bei Lynyrd Skynyrd, bestätigt dies: „Wir spielten damals viele Shows mit AC/DC. Es war immer lustig, wenn Bon, [der verstorbene Blackfoot-Drummer] Jakson Spires und ich zusammen viel tranken und das Leben maximal auskosteten. Es war eine Zeit, bevor sich Bands in Lager aufspalteten, weil eines ihrer Mitglieder eine Solo-Scheibe machen wollte. Keiner von uns verschwendete einen Gedanken an so eine Absurdität. Bon deutete nie etwas in dieser Richtung an. Und wir verbrachten viel Zeit zusammen auf Tour."

„Er wusste, dass AC/DC seine letzte Chance darstellten. Entweder würde es mit ihnen oder eben gar nicht mehr gelingen. Es hätte ihm gefallen, ein Soloalbum aufzunehmen, weil er über eine echt gute Stimme verfügte. Er konnte sich genau wie ich für echt gute Sänger begeistern … Wir standen beide auf denselben Kram. Obwohl er hoffte, irgendwann einmal ein Soloalbum aufnehmen zu können, war ihm klar, dass das nicht so bald passieren würde. Bei dem Terminplan stand das nicht zur Debatte. Was die Southern-Rock-Sache betrifft, so denke ich, dass sich das jemand anders ausgedacht hat. Ich glaube, dass die Stile und die Art von Songs, die er gemacht hätte, ziemlich durchmischt gewesen wären. Ihm gefiel alles von Hank Williams bis hin zu Sam Cooke. Er mochte auch eine Reihe von Sängerinnen, von denen viele gar nicht sonderlich berühmt geworden sind."

Holly X widerspricht. „Bon liebte alles, was mit dem [amerikanischen] Süden und Westen zu tun hatte: Cowboys und den Wilden Westen etwa", sagt sie. „Meine Mom war eine echte Südstaatenschönheit aus Georgia und das schien ihm zu gefallen. Ich erinnere mich, wie ich ihn zum Lachen brachte, indem ich manchmal mit starkem Südstaaten-Akzent sprach. Angesichts der offenkundigen Spannungen zwischen Bon und Malcolm hätte es mich nicht überrascht, wenn das sein Plan B gewesen wäre für den Fall, dass Malcolm ihn wegen seiner unkontrollierten Trinkerei gefeuert hätte."

***

Bons unsterbliche Worte in „Rock 'N' Roll Damnation" – *Take a chance while you still got the choice* – stellen für Millionen von Menschen eine Lebensanleitung dar. Und doch waren die Umstände seines Niedergangs weder heroisch noch tragisch und entsprachen somit nicht diesen allergrößten Klischees. Vielmehr lief alles in Zeitlupe ab. Sein Tod hatte sich schon seit Jahren angekündigt, wie diese Touren durch Nordamerika jedem aus seinem direkten Umfeld verdeutlichten. Warum halfen ihm weder seine Bandkollegen noch das Management der Band? Warum hielt ihn keiner dabei auf, sich selbst zu zerstören? War Alkohol sein Gegengift für all die Drucksituationen, die das Leben auf Tour für ihn bereithielt? Waren es AC/DC und die Persönlichkeiten, die die Band ausmachten, die ihn so ruinierten?

Back In Black, das meistverkaufte Hardrock-Album aller Zeiten, war viel mehr als eine „Hommage" an Bon, denn ohne ihn wäre es wohl nie zustande gekommen, egal ob es nun seine Lyrics auf dem Album sind oder nicht. Auch Aussagen seitens der Band, denen zufolge sie mit dem Gedanken spielten, nach Bons Tod das Handtuch zu werfen, sind sehr fragwürdig. Diese Darstellung des Sachverhalts hat AC/DC sehr geholfen und ist so allgegenwärtig, so eingebettet in das kollektive Bewusstsein der Musikmedien und der Fans, dass es niemand wagen würde, von etwas anderem auszugehen.

Als 2016 Bons Nachfolger Brian Johnson nach 36-jähriger Dienstzeit völlig überraschend von AC/DC vor die Tür gesetzt wurde, veröffentlichte die Band eine Pressemitteilung, in der sie Brian „für seine Beiträge und Hingabe zur Band über all die Jahre hinweg" ihren Dank aussprach. Das fühlte sich an, als wäre er gerade in der Autofabrik wegrationalisiert worden. Die Fans reagierten jedenfalls fast ausnahmslos mit großer Verwunderung und verächtlichem Kopfschütteln. Wie konnte irgendjemand nur so gefühllos sein? Malcolms Brüder Angus und George – der etwas älter war und seit jeher hinter den Kulissen eine Schlüsselrolle eingenommen hatte – mussten den Verstand verloren haben.

Brians Erklärung, sein Gehör wäre so sehr in Mitleidenschaft gezogen, dass er nicht mehr live auftreten könnte, gab keinen Aufschluss darüber, warum man sich seiner so rasch entledigte: Noch am selben Tag, an dem er die Diagnose seines Arztes erhielt, verkündeten AC/DC, dass ein „Gastsänger" Johnson ersetzen würde. Die Youngs haben nicht abgewartet, bis es ihm wieder besser ging, und die restlichen Konzerte ihrer Welttournee abgesagt.[6] Als Bon noch lebte, war auch er ins Fadenkreuz der Brüder gerückt. Was den Youngs wirklich wichtig war, war ihr Durchbruch – und das Geld. Mit oder ohne Bon.

Bon mag zwar zweifellos sehr begabt gewesen sein, doch letztlich muss man sagen, dass er es vergeigt hat. Aber trotz all seiner reichlich vorhandenen charakterlichen Mängel belegt seine grundlegende Anständigkeit – seine Gesten gegenüber Menschen (Briefe, Postkarten, Geschenke), die Verbindung mit seinen Fans, seine überraschende Sanftmut, an die man sich gern erinnert – auch nachhaltig seine Menschlichkeit. Sie ist auch der Grund, warum seine Geschichte auch heute noch bewegt. Was die Angelegenheit umso schmerzlicher macht, ist die Tatsache, dass er einfach viel zu früh von uns ging beziehungsweise unter Umständen, die nie ganz geklärt wurden.

„Die olle Kamelle vom Rockstar, der an seiner eigenen Kotze erstickt, degradiert ihn einfach in eine Kategorie, die er sich nicht verdient hat", sagt Larry Van Kriedt, AC/DCs erster Bassist und Freund der Youngs aus Kindertagen.

* * *

Der mittlerweile verstorbene Vince Lovegrove erzählte dem australischen Autor Clinton Walker für seine 1994 erschienene Bon-Biografie *Highway to Hell*, dass der AC/DC-Frontmann, sein alter Freund und Bandkollege bei der Sixties-Bubblegum-Popband The Valentines, stets gewirkt hätte, als würde ihn etwas belasten, „egal ob es nun sein kreatives Verlangen war oder auch seine vermeintliche Unzulänglichkeit, die ihn vielleicht wegen seiner Herkunft aus

6 Ein paar Monate später kündigte Cliff Williams an – er war seit 1977 Teil der Band –, dass er sich nach Ende der Tour zurückziehen würde, da die Gruppe seiner Aussage zufolge nun „ein anderes Tier" wäre. Seine letzte Show mit AC/DC bestritt er am 20. September 2016 in Philadelphia. Sein Abschiedsfest feierte er am 30. Januar 2017 in Fort Myers, Florida.

der Arbeiterschaft oder seiner mangelnden Bildung plagte. Keine Ahnung. Allerdings gab es da einen inneren Konflikt, eine gewisse Unsicherheit bezüglich seiner selbst. Er ließ zwar gerne den großen Macker raushängen, aber dahinter verbarg sich ein Softie."

Jahre später fragte Dr. Volker Janssen, ein AC/DC-Fan, Lovegrove nach seiner Meinung zu Clinton Walkers Buch. „Ich halte es für einen ehrlichen Versuch eines Fans, den echten Bon Scott zur Sprache kommen zu lassen, indem seine Persönlichkeit laut der Einschätzung seiner Freunde nachgezeichnet wird", antwortete er. „Ich glaube, dass Walker die Essenz eines Teils von Bon, nämlich den guten, zu dem sich jeder hingezogen fühlte, gut wiedergibt. Allerdings scheitert er an Bons dunkler Seite."

Es ist diese dunkle Seite, für die ich mich interessierte. Ich bewundere das, was Walker mit seinem Buch über Bon versucht hat. Es entstand vor dem Zeitalter von Google, als alle Fakten rigoros überprüft werden mussten – und gegen den Widerstand von AC/DC und ihrer langjährigen australischen Plattenfirma Albert Productions (auch Alberts genannt). Doch durch meine eigenen Nachforschungen habe ich begriffen, dass viele seiner Aussagen und Schlüsse zu Bon schlichtweg falsch waren.

Silver Smith bezeichnete ihre Beteiligung an Walkers Buch mir gegenüber als „Fehler ... Ich habe schon eine Menge Mist gelesen. Nach Walkers erstem Versuch [einer Bon-Biografie] begriff ich, dass die Leute sich mehr für Mythen als für die Wahrheit interessieren".

Mary Renshaw behauptete, dass Bons Bruder Graeme Scott das Buch „in die Mülltonne warf". Das kann allerdings – so fair muss man gegenüber Walker sein – sowohl gegen als auch *für* das Buch sprechen. Schließlich geht es bei einer guten Biografie nicht darum, die Familie der porträtierten Person glücklich zu machen.

Auf jeden Fall war Walkers Buch um Längen besser als Renshaws. Auch gebührt ihm große Anerkennung dafür, die erste echte Biografie von Bon vorgelegt zu haben. *Highway to Hell* ist aber auch auf keinen Fall das ultimative Porträt dieses Mannes – ebenso wenig wie all die anderen Bücher über Bon und AC/DC. Obwohl ich dies auch nicht für *Bon – Der letzte Highway* in Anspruch nehmen möchte, glaube ich doch, dass mein Buch ein völlig neues Bild zeichnet, das der Wahrheit viel eher entspricht als alle anderen bisher zu diesem Thema veröffentlichten Bücher.

***

Es wurde noch nicht annähernd genug über die letzten drei Jahre in Bons Leben geschrieben, als er der Frontmann jener Band war, die bald schon zur aufregendsten Rockband der Welt avancieren sollte. Den Großteil dieser Zeit verbrachte er in Nordamerika.

Zweifellos gibt es eine Menge Leute, die Bon persönlich kannten, Bücher schrieben und Bons Geschichten zum Besten gaben. Die Bandbreite reicht von Bandkollegen und Managern bis hin zu Exfrauen und Freunden. Dann gibt es noch jene Leute, die von anderen Biografen ausführlich für Bücher interviewt wurden oder in Dokumentarfilmen auftraten. Ihre Geschichten wurden immer wieder und wieder durchgekaut und führten letztlich zur Entstehung eines Mythos rund um Bon, mit dem wir alle nur zu gut vertraut sind.

Da, wo ich der Ansicht war, diese Quellen zu Wort kommen lassen zu müssen, habe ich aus bereits erschienenen Büchern und Presse-Interviews zitiert. Außerdem griff ich auf bisher unveröffentlichte Kommentare aus meinem eigenen Interview-Archiv zurück und stieß auch auf bis dato unbekannte Audio-Interviews mit Bon selbst. Zusätzlich führte ich noch Hunderte neuer Interviews. Viele meiner Gesprächspartner waren selbst Musiker, die zwischen 1977 und 1979 mit AC/DC in Nordamerika auf Tour gingen.

Dieses Buch beschränkt seinen Fokus auf die letzten 32 Monate in Bons Leben und konzentriert sich dabei vor allem auf seine Erlebnisse in Amerika sowie seine letzten Stunden in London. Bei diesem Buch geht es darum, jenen eine Plattform zu bieten, die ihre Geschichten noch nicht mit der Welt geteilt haben – und vieles darin baut auf den Reminiszenzen einer Gruppe von Leuten auf, die Ende der Siebzigerjahre in Miami, Florida, lebten. Auch ein trinkfester Cowboy aus Austin, Texas, der Bon vor AC/DCs erstem Gig in den USA begegnete, soll zu Wort kommen.

Natürlich basiert dieses Buch auch auf Aussagen von ehemaligen und aktuellen Mitgliedern der Band selbst. Obwohl mir – so wie jedem seriösen AC/DC-Biografen vor mir auch – der Zugang zur gegenwärtigen Besetzung der Gruppe verweigert wurde und Bon seit fast 40 Jahren tot ist, gelang es mir, aus lange in Vergessenheit geratenen Büchern, Zeitungs- und Zeitschriftenartikeln sowie TV- und Radiobeiträgen eine Art Mosaik von ihm zusammenzufügen, das sich im Grunde genommen die ganze Zeit direkt vor unseren Nasen befunden hat. Ganz egal, wie wenig ihnen die Enthüllungen auf den Seiten dieses Buches auch in den Kram passen mögen, so können sich die Mitglieder von AC/DC doch nicht so einfach von ihren eigenen Aussagen distanzieren.

Über die Jahre hinweg wurde mir auch das Privileg zuteil, mit einer Reihe von ehemaligen AC/DC-Mitgliedern in Kontakt zu treten und mich mit ihnen zu unterhalten. Ich bin ihnen sowie jenen Leuten, die sich aktuell im AC/DC-Kosmos bewegen und sich bereit erklärten, offiziell oder inoffiziell mit mir zu sprechen, zu großem Dank verpflichtet. Mir ist vollauf bewusst, dass es in Bezug auf diese spezifische Band kein einfacher Schritt ist, aus der Reihe zu tanzen und den Mund aufzumachen – auch wenn man schon längst nicht mehr mit von der Partie sein mag. Dennoch waren sie beherzt genug, genau dies zu tun.

Das Bandmitglied, das am ehesten einen sinnvollen Beitrag zu diesem Buch hätte leisten können, Phil Rudd, hatte ursprünglich zugesagt, mir ein Interview zu geben. Leider bekam er im letzten Moment kalte Füße und machte seine Zusage ohne Angabe eines Grundes wieder rückgängig. Ich konnte seine Angst förmlich spüren.

„Ich erzähle ungern Geschichten von Bon“, erklärte er mir von seinem Zuhause in Neuseeland aus. „Er war ein großartiger Kerl.

Mir wurde nahegelegt, keine Kommentare zu irgendetwas abzugeben. Viel Glück mit deinem Buch. Ich hoffe, es eines Tages lesen zu können. Mach's gut, Kumpel. Danke für deinen Anruf. Alles okay bei dir? Alles in Ordnung?"

„Sorry, was? Dir wurde davon abgeraten, mit mir zu sprechen?"

„Jawohl, das stimmt. *Yeah.*"

Aber nicht einmal sein eigener Rechtsbeistand wusste, wer tatsächlich auf Phil, der damals wegen privater wie rechtlicher Querelen im Blickpunkt der Öffentlichkeit stand, eingewirkt hatte. Machte er sich vielleicht Sorgen darüber, etwas Unangebrachtes zu sagen, das sich negativ auf eine eventuelle Rückkehr zur Band auswirken könnte? AC/DCs Schweigekodex galt immer noch, auch wenn der Betroffene schonungslos aussortiert worden war.

Immerhin hatte er von meiner Arbeit gehört: „Schick mir doch ein Exemplar von diesem Buch, das du geschrieben hast, *Die Brüder Young*. Das scheint mir ziemlich interessant zu sein. Ich würde da gerne mal reinschmökern."

Doch mit der Zeit gelangte ich zu dem Schluss, dass abseits der Bühne selbst seine eigene Band eine untergeordnete Rolle in Bons Geschichte spielte.

„Bon stand dem Rest von AC/DC nicht nahe", sagt Pattee Bishop. „Er hing nicht mit ihnen ab. Nach den Shows wollte er eigentlich immer gleich aufbrechen. Ich weiß, dass das mit seiner Trinkerei zu tun hatte. Das gefiel den anderen nicht. Er erzählte, dass sie seinetwegen sogar Meetings abhielten. Wenn sie sauer auf ihn waren, probten sie einfach ohne ihn. Ihr Roadie verwässerte Bons Drinks. Bon fühlte sich ausgeschlossen. Das schmerzte ihn."

Silver Smith ist derselben Meinung. „Sie waren ziemlich happy darüber, ihn los zu sein, wenn er mit mir unterwegs war", sagt sie.

Selbstverständlich sah Angus Young die Sache anders: „Wir waren jedes Jahr zehn oder elf Monate auf Tour. Die restliche Zeit verbrachten wir im Studio, um am nächsten Album zu basteln. Wir standen Bon alle nahe."

Außerdem vermittelte er einen faszinierenden Einblick in AC/DCs Einstellung gegenüber Biografen, denen sie mit Verachtung und an Verfolgungswahn grenzendem Misstrauen begegneten.

„Im Verlauf der Jahre gab es zahlreiche Leute, die uns darum baten, etwas schreiben zu dürfen. Allerdings sind sie nicht auf der Suche nach einer unvoreingenommenen Story. Nein, sie wollen viel lieber im Dreck wühlen. So wie die *Sun*. Zuletzt habe ich gehört, dass Bon Scott vergiftet worden sein soll. Es soll da eine Verschwörung gegeben haben, in die auch die Regierung verwickelt war. Ich nehme diese Geschichten nicht für bare Münze. Es gibt eine Menge Bücher. Leuten bot sich die Möglichkeit, Dinge in Erfahrung zu bringen, aber es war ihnen egal. Stattdessen unterhielten sie sich lieber mit anderen Leuten, die nicht einmal dabei waren. Statt sich zur Quelle zu begeben, wandten sie sich an irgendjemanden, der vielleicht Tee kochte oder so. Ich unterhalte mich mit jedem Fan, der mir eine Frage stellen möchte. Wenn aber jemand ankommt und sagt, dass er so und so viel Dollar bekommt, mich weder kennt noch leiden kann, aber hier sei, um eine Story zu fabrizieren, dann habe ich schlichtweg keinen Bock darauf. Dasselbe habe ich auch schon mit Journalisten einschlägiger Zeitungen erlebt. Alles, was sie von mir hören wollen, ist, wie ich mich verheddere, und wenn nicht ich, dann Brian oder die anderen Jungs. Sie wollen das, was du sagst, gegen dich verwenden. Wenn sich ihnen die Möglichkeit bietet, sich etwas so zurechtzulegen, dass sie daraus etwas Hässliches konstruieren können, dann werden sie das auch tun."

Doch das ist nur eine bequeme Ausrede, die einfach nicht der Wahrheit entspricht. Eine Biografie zu verfassen und dabei seinen Anstand zu bewahren und ein reines Gewissen zu behalten, schließen sich nicht gegenseitig aus. Tatsächlich hörte ich Dinge über manche Mitglieder von AC/DC, die ich einfach nicht übers Herz brachte zu veröffentlichen. Mir war klar, dass dieses Buch Konsequenzen für manche Beteiligte, tot oder lebendig, mit sich bringen würde. Und was soll da schon aufgebauscht werden? Eine Geschichte, die

die Band selbst nicht auf die Reihe bekommt, wie zum Beispiel die Entstehung von *Back In Black*?

Etliche Biografen – mich eingeschlossen – haben sich direkt zur Quelle begeben: zur Familie Young. Allerdings wurden wir abgewiesen. Dasselbe passierte mir auch mit AC/DCs Plattenfirma Sony. AC/DCs persönlicher Presseagent bei ihrer Managementfirma befand es für nicht notwendig, meine Anfrage um ein Interview überhaupt einer Antwort zu würdigen. Auch Brians und Cliffs Anwalt George Fearon zog es vor, nicht zu antworten. Eine Reihe weiterer ehemaliger AC/DC-Bediensteter winkten ebenfalls ab und gaben Malcolm Youngs Demenz als Grund für ihr Schweigen an. Diejenigen, die sich dazu durchrangen, mit mir zu sprechen, sagten nur sehr wenig und weigerten sich, mir noch weitere Interviews zu geben. Es ist, als wären alle mit einem umfassenden Schweigegelübde belegt worden.

„Ich werde nie vergessen, dass du derjenige warst, der die Wahrheit ans Licht brachte", sagte jemand, der für Alberts' Brechreiz auslösende Dokumentation über den Aufstieg von AC/DC, *Blood + Thunder*, interviewt worden war. „Ich stand unter dem Eindruck, dass Alberts dir den Weg zu gewissen Mitgliedern von AC/DC versperrte. Nur so ein Gefühl ... Einer von ihnen sagte, dass du nie ein Interview mit einem Bandmitglied bekommen würdest. Ich weiß nicht mehr den genauen Wortlaut, aber das war die Kernaussage. Sie schienen richtiggehend stolz darauf zu sein."

Doch solch ein Abwehrverhalten gegenüber prüfenden Blicken stachelt einen Biografen nur dazu an, sich noch mehr ins Zeug zu legen. Ich wusste, dass die Geschichte über Bon, von der die Youngs nicht wollten, dass sie erzählt würde, irgendwo da draußen auf mich wartete.

Der Fokus dieses Buchs liegt eindeutig auf Bons Erlebnissen in Nordamerika, da diese Zeit den blinden Fleck seiner Biografie darstellt. Einerseits lässt sich diese Phase nur schwer rekonstruieren, andrerseits stellt sie aber auch seinen bedeutendsten Lebensabschnitt dar.

Der Weg, der letztendlich zu Bons Tod führte, nahm seinen Ausgang in den USA, und bis heute bleiben noch viele Fragen unbeantwortet. Auch ich kann sie nicht alle beantworten, doch habe ich – bei all den Hindernissen, mit denen ich mich konfrontiert sah – mein Möglichstes getan, um Licht ins Dunkel zu bringen.

„Du wirst mehrere Bände schreiben müssen, um festzuhalten, was Bon nur an einem Tag so angestellt hat", sagte Angus einmal. „Was meine eigene Geschichte betrifft – nun, wenn sie schon jemand erzählen muss, dann gebt besser *mir* die Kohle, dann schreibe ich sie selbst auf."

Soll er nur machen. Keine Einwände meinerseits. In der Zwischenzeit werde ich mein Bestes geben, um Bons Geschichte zu erzählen. Dieses Buch zu schreiben, nahm drei Jahre in Anspruch. Es erzählt die wahre Geschichte seiner letzten Lebensjahre und spricht für sich selbst.

Jesse Fink

Teil I

1977

1

Go Down

Vier Tage vor AC/DCs Ankunft in Texas landete Barry Manilow einen Nummer-1-Hit mit der öden Ballade „Looks Like We Made It". Man kann sich nur vorstellen, wie das Bon Scott geärgert haben muss, der zum ersten Mal die USA besuchte. Seitdem er ins Teenageralter gekommen war, hatte er von diesem Land geträumt. Zwei Jahre später erwähnte Bon Manilow im Song „Get It Hot", der auf seinem letzten Album mit AC/DC *Highway To Hell* erschien. Mit trockener Erleichterung sang er da:

Nobody's playing Manilow.

Auch vor Disco gab es kein Entkommen. Der angesagteste Song in New York und Los Angeles hieß „I Found Love (Now That I Found You)" von Love And Kisses. Andy Gibb sollte schließlich Manilow an der Spitze der Charts mit „I Just Want To Be Your Everything" ablösen und ganze drei Wochen dort bleiben. Was Rockmusik betraf, so kämpften „Barracuda" von Heart, „Black Betty" von Ram Jam sowie die Steve Miller Band mit ihrer Coverversion des Paul-Pena-Songs „Jet Airliner" eine scheinbar aussichtslose Schlacht gegen die gnadenlose Übermacht der Discokugel.

Die Herausforderung, der sich AC/DC mitsamt ihrem neuen englischen Bassisten Cliff Williams stellten, war nicht zu unterschätzen. Es war die Art Herausforderung, mit der sich jede neue Rock-'n'-Roll-Band in Amerika konfrontiert sah. Um Geld zu verdienen, mussten sie auf Tour gehen – und in diesem Bereich waren Kiss und Led Zeppelin die unbestrittenen Marktführer. Letztere waren im April vor 80.000 Menschen im Pontiac Silverdome in Michigan aufgetreten. Led Zeppelins Konzert am 24. Juli beim Day On The Green im kalifornischen Oakland sollte ihr letzter Auftritt in Nordamerika sein.

Doch Bon war nicht Robert Plant. Auf ihn wartete jedenfalls kein Stadion gefüllt mit Zehntausenden kreischenden Girls. Stattdessen begannen er und seine Band ihre Reise durch Nordamerika, die sich letztlich als durchaus bemerkenswert herausstellen sollte, mit einer Show vor 1500 bekifften Studenten und Cowboys im Armadillo World Headquarters in Austin, einem ehemaligen Waffenarsenal, das zu einer treibhausartigen Konzertlocation umfunktioniert worden war.

Ihren Auftritt verdankten sie Lou Roney und dem inzwischen verstorbenen Joe „The Godfather" Anthony, zwei Discjockeys aus San Antonio, die Manilow ebenso hassten, wie AC/DC es taten. Ihr Sender, KMAC/KISS, war eine der Ersten auf Album-Rock spezialisierten Radiostationen in den USA. Dort spielte man alles von Ted Nugent und Rush über Bob Dylan und Southern Rock bis hin zu Taj Mahal und B. B. King. Anthony und Roney flüsterten den lokalen Konzertveranstaltern, welche Rock-Acts sie nach San Antonio holen sollten, bis sie schließlich irgendwann selbst ins Geschäft einstiegen. Einer der Acts, die sie dem Konzertveranstalter Jack Orbin ans Herz legten, waren AC/DC.

Die australische Band benötigte Hilfe. Ihr erstes in Nordamerika aufgelegtes Album, *High Voltage*, eine Zusammenstellung von Tracks von ihren ersten beiden heimischen Veröffentlichungen, hatte sich als Flop entpuppt und war nur von regionalen Sendern in Florida und Kalifornien mit vernünftigem Airplay bedacht worden. In der Presse setzte es für AC/DC einen Verriss nach dem anderen – vom *Rolling Stone* in New York bis hin zum *Lawrence Journal-World* in Kansas, das *High Voltage* zum „schlechtesten Album des Jahres" kürte: „Diese hässlichen Aussie-Punks lassen Johnny Rotten wie Perry Como wirken."[7] In Texas kümmerte es die Leute hingegen herzlich wenig, was der Rest des Landes von AC/DC hielt.

„Anfangs widmeten uns die landesweit agierenden amerikanischen Plattenfirmen nur wenig Aufmerksamkeit", erinnert sich Roney. „Wir waren ja nur ein heruntergekommener, alter Mistsender, weshalb sie uns nie mit Musik versorgten. Und so fingen wir an, Import-Sachen zu spielen. Joe oder ich kauften importierte Platten aus aller Welt. So stießen wir auch auf *High Voltage*. Wir starrten auf das Cover und hörten uns das Album an. Ich sagte dann zu Joe, dass ich diese Musik für einen echten *Killer* hielt. Selbstverständlich hatte damals noch niemand von AC/DC gehört. Joe wollte sie nicht zu oft spielen. Ich aber schon. Und plötzlich bekamen wir allerhand Anrufe."

KMAC/KISS setzten laut Malcolm Young die Mundpropaganda in Gang: „Als wir 1977 in den USA landeten, hieß es, dass das Timing für unsere Art von Musik nicht passen würde. Das war die Ära von Soul, Disco, John Travolta – dieser Kram eben. Es gab, glaube ich, fünf Radiosender im ganzen Land, die Rock spielten, ohne viel Aufhebens darum zu machen. Als wir [im Armadillo] eintrafen, um unseren Soundcheck zu machen, waren ein paar Typen da, die das Gebäude sauber fegten. Sie sangen alle ‚TNT' und wir fragten uns, woher diese Vögel den Song bloß kannten." Nun, sie kannten ihn, weil Roney mit Begeisterung und Anthony etwas widerwilliger im Radio AC/DC-Platten spielten.

* * *

7 Sie ernteten jedoch nicht nur schlechte Kritiken. So etwa 1976 in der Entertainment-Kolumne „Tower Ticker" in der *Chicago Tribune*: „Atlantic Records fährt auf AC-DC [sic], eine Punkrockgruppe aus Australien, ab." Auch die *Washington Post* zeigte sich einigermaßen wohlgesinnt und lobte Angus Young für seine „große Kompetenz" und erwähnte Bon Scotts Ausstrahlung: „Er war in seiner Rolle als sexlüsterner Irrer schwer zu ignorieren, die er mit einer solchen Perfektion verkörperte, dass man sich kaum vorstellen kann, wie diese Jungs scheitern sollten." Die *Los Angeles Times* erkannte scharfsinnig „einen verblüffenden Sinn für Rock-'n'-Roll-Humor und heterosexuelle Aggression, wie wir sie seit den frühen Rolling Stones nicht mehr gesehen haben". *Billboard* wiederum schrieb: „Diese Band ist der australische Beitrag zum Heavy-Metal-Getöse. Angeführt von Malcolm und Angus Young an den Gitarren macht die Band mit ihrer Energie wett, was ihr an Können mangelt." Das waren aber so ziemlich alle positiven Kritiken.

1977 war Roy Leonard Allen Jr. ein dicklicher, langhaariger, kiffender 21-jähriger Student am Austin Community College. Er war in Rockdale, Milam County, im Nordosten von Austin aufgewachsen, wo sein Vater, der Weltkriegsveteran Roy Leonard Allen Sr., als Anwalt und Friedensrichter tätig war. Sein Urgroßvater Robert hatte in der texanischen Kavallerie auf Seiten der Südstaaten im Bürgerkrieg gedient. Er entstammte somit der angeseheneren Mittelklasse – doch verhielt er sich nicht dementsprechend und steckte permanent in Schwierigkeiten.

„Um diese Geschichte richtig erzählen zu können, muss ich zuerst etwas von *meiner* Geschichte erzählen", erzählt er mir mit seinem markanten zentraltexanischen Akzent. Roy hat ein freundliches, zerfurchtes Gesicht – nicht unähnlich jenem von Tommy Lee Jones – und eine höfliche Art, die über seine wilde Vergangenheit hinwegtäuscht. Heute lebt er in Leander, einem Vorort nördlich von Austin, wo er als Immobilienmakler tätig ist. „Vieles habe ich schon wieder vergessen. Aber an Folgendes kann ich mich sehr wohl noch erinnern."

Es war der 26. Juli 1977 und Roy hatte Sommerferien. Er hing in einer Bar namens The Back Room am East Riverside Drive ab. Die Bar befand sich nur zwei Meilen vom Armadillo World Headquarters entfernt – ganz in der Nähe des Colorado River, der mitten durch Austin fließt. Das Lokal, das 1973 seine Pforten öffnete und 2006 geschlossen wurde, war *die* Rock-Bar schlechthin in der Stadt.

„Keine Fenster. Pool-Tische, Tischfußball, Bartresen, 'ne gut bestückte Jukebox. Drinnen schien es stets finster zu sein und die Klimaanlage funktionierte tadellos. Ich war allein. Außer mir befanden sich nur noch ein paar andere Leute in der Bar, als mitten am Nachmittag diese drei Typen aufkreuzten. So wie die sprachen, war mir sofort klar, dass die nicht aus Texas und Umgebung stammen konnten. Sie alberten herum, lachten und schienen ganz coole Jungs zu sein. Sie fielen jedenfalls auf. Als sie ihre Drinks orderten, johlte ich dem Barkeeper zu, dass er ihre Getränke auf meinen Deckel schreiben sollte. Immerhin verfügte ich wegen der Schule über die

Kreditkarte meines Dads. Sie bedankten sich und sagten, dass sie gerade in der Stadt angekommen wären. Sie erzählten mir, dass sie aus Australien kämen, in einer Rock-'n'-Roll-Band spielten und am nächsten Abend als Vorband im Armadillo World Headquarters auftreten würden. Das waren Malcolm und Angus Young plus einem weiteren Typen, vielleicht ihrem Drummer Phil. Eines führte zum anderen und so landeten wir schließlich in ihrem Hotelzimmer. Ich hatte ein bisschen Gras dabei und wir benebelten uns damit."

Angus trank Alkohol und rauchte Pot?

„Ja, ich bin mir sicher, dass sie alle ein Bier oder einen Drink bestellten. Ich würde mich erinnern, wenn einer von ihnen das nicht getan hätte. Trinken war völlig normal, wir alle benebelten uns, keine große Sache. Angus kiffte mehr, als er trank, wenn ich mich richtig erinnere. Er rauchte gerne vor den Shows. Als Nächstes erinnere mich, wie wir im Hotelzimmer herumhingen. Es war Bons Zimmer. Dort traf ich ihn auch zum ersten Mal. Er sah für die damalige Zeit ganz normal aus – abgesehen von seinen vielen Tätowierungen. Ich fragte sie, wie sie auf den Namen AC/DC gekommen waren. Ich erklärte Malcolm, dass wir den Begriff bei uns als Bezeichnung für Leute gebrauchten, die an beiden Ufern zu Hause waren, und mir nicht sicher wäre, wie die Leute darauf reagieren würden. Sie taten dies mit einem Lachen ab. Außerdem mussten sie mir erklären, was mit ‚The Jack' gemeint war. Ich blieb ziemlich lange dort und versuchte, sie zu überreden, mich vor der Show am nächsten Abend zum Pedernales River zu begleiten. Der lag etwas außerhalb der Stadt. Ich wollte nur ein bisschen mit Texas angeben und ein wenig länger mit diesen Jungs abhangen. Sie waren wirklich ganz anders. Alle verstanden sich gut und unterhielten sich großartig. Man konnte eine echte Freundschaft zwischen ihnen spüren. Leider konnten sie nicht mitkommen, weil sie für irgendetwas eingeteilt waren oder keine Lust hatten. Bon aber sagte zu den anderen, dass er mich gerne begleiten würde. Ich versprach, ihn rechtzeitig und wann immer sie wollten wieder abzuliefern."

Pedernales River lag knapp eineinhalb Stunden außerhalb der Stadt.

„Ich holte Bon am nächsten Vormittag ab. Er ließ mich in sein Zimmer, nachdem ich bei ihm geklopft hatte. Zuerst trug er mir auf, uns ein paar Gin Tonics aufs Zimmer zu bestellen. Also schnappte ich mir den Hörer und orderte vier doppelte Gin Tonics. Ich sah ihn mir an, weil ich nicht wusste, ob alles okay mit ihm war. Er grinste von einem Ohr zum anderen. Ich glaube, in diesem Moment wussten wir beide, dass wir einen neuen Freund gefunden hatten. Bald schon begriff ich, dass Bon ebenso gerne trank wie ich. Ich kannte nicht viele Leute, die so drauf waren. Das war so eine komische Verbindung, die wir zueinander hatten – wahrscheinlich einer der Hauptgründe dafür, dass wir uns anfreundeten. Wir fuhren dann los und trafen uns mit ein paar Leuten. Es war für uns alle ein lustiger Tag. Wir tranken Bier und sprangen von Felsen ins Wasser. Als wir im Armadillo eintrafen, hatte Bon gerade noch fünfzehn Minuten Zeit – aber verspätet hatte er sich auch nicht."[8]

* * *

8 AC/DCs Tourmanager Ian Jeffrey dachte, so teilte er dem AC/DC-Biografen Mick Wall 2012 mit, dass die Insassen des Trucks – außer Bon noch Roy, Roys Freund Byron Christian sowie die zwei Frauen, die sie begleiteten – Mexikaner wären: „[Bon] war unterwegs … mit ein paar dieser Mexikaner, mit denen er sich in irgendeiner Bar angefreundet hatte … Plötzlich tauchte in der Ferne so ein Truck auf, aus dem AC/DC dröhnte. Das war Bon mit zehn seiner neuen besten Freunde. Alle hielten sie Whiskyflaschen und Joints in ihren Händen. Der Wagen hielt, Bon sprang heraus und sagte: „Ian, das sind Pedro und Poncho und so weiter … Kannst du sie alle auf die Gästeliste schreiben?" Roy muss lachen, als ich ihm das vorlese. „Ich bin mir ganz sicher, dass da keine Mexikaner waren. Wir waren sicher alle gut gebräunt, aber wir sahen nicht wie Mexikaner aus – ein großer Unterschied. Und ich glaube nicht, dass wir AC/DC hörten, da wir die Band ja nicht wirklich kannten. Vielleicht liefen sie ja im Radio. Obwohl Austin damals eine sehr tolerante Stadt war, mussten wir dennoch den Ball flach halten, weshalb ich mir nicht vorstellen kann, dass wir Gras rauchend durch die Innenstadt gedüst sind, wo uns alle gesehen hätten. Wir fuhren nahe an den Bandbus heran, da wir knapp dran waren und schon ein paar Typen nervös auf Bons Rückkehr warteten. Ian war einer von ihnen. Sie sahen alle erleichtert und glücklich aus. Ich versuche, nur zu erzählen, woran ich mich tatsächlich erinnere, und nicht, die Lücken mit Sachen auszufüllen, von denen ich nicht ganz sicher bin, ob sie passiert sind, egal, wie wahrscheinlich sie sein mögen. Allerdings muss ich sagen, dass mir Ians Version viel besser gefällt *[lacht]*, obwohl ich glaube, dass er ein wenig übertreibt."

Das Armadillo World Headquarters, ein Refugium für texanische Hippies mit einer Vorliebe für Rock, hatte seine Blütezeit in den frühen Siebzigern erlebt, als Willie Nelson, Waylon Jennings, Freddie King, Van Morrison, Grateful Dead, Roy Orbison und das Sir Douglas Quintet mit Augie Meyers und Doug Sahm hier auftraten – um nur ein paar der vielen Hundert Acts zu nennen. Doch inzwischen durchschritt die Location eine Talsohle. Die finanziellen Sorgen waren beachtlich. Tatsächlich stand sogar der Bankrott im Raum, weshalb das Armadillo World Headquarters auch für andere Zwecke als nur als Live-Venue genutzt wurde. Jeder Dollar war willkommen. Man bewarb die Bude als „Konzertsaal, Spielhalle, Biergarten, T-Shirt-Laden" und verwies auf seine kulinarischen Vorzüge: „The Armadillo Kitchen: Home of the World Famous Nachos, Giant Cookies und Armadillo Daily Bread."

Der Headliner, für den AC/DC den Abend eröffnen sollten, war die kanadische Formation Moxy, eine von Joe Anthony geförderte Band, die sich als Vorgruppe von Nazareth, Styx, Santana, Ritchie Blackmore und Leslie West einen Namen gemacht hatte. In Texas waren sie eine große Nummer, immerhin wurden ihre Songs 1976 auf KMAC/KISS vom Publikum am häufigsten gewünscht. „Als sie in Texas auftraten", so das amerikanische Musikmagazin *Circus*, „brachen sie Publikumsrekorde, die bis dahin von Schwergewichten wie Rush, Thin Lizzy und Foreigner gehalten wurden."

Das Publikum war also gekommen, um Moxy zu sehen – und nicht etwa AC/DC. Anthony war aus dem 80 Meilen entfernten San Antonio angereist, während ein bekiffter 18 Jahre alter Moxy-Fan namens Wade Smith mit seinen Freunden Alan Juergens, Bill Martin und Bubba Greensage aus Rockdale nach Austin gekommen war. Nach Hause fahren sollte sie Roy Allen, dessen älterer Bruder Waylon Wades bester Freund war. Doch im Armadillo World Headquarters angekommen fehlte jede Spur von Roy. Stattdessen kam Wade im Biergarten mit seinem Idol Buzz Shearman, dem Sänger von Moxy, ins Gespräch, der dort gerade darauf wartete, dass die australische Vorgruppe zu spielen begann.

„Da stand ich nun, ganz hin und weg, und starrte den Leadsänger von Moxy an“, erzählt Wade. „Dann kam aus meinem Mund so ziemlich das Schlimmste, was man zum Frontmann einer Hardrock-Band sagen kann. Ich fragte ihn, wer denn heute seine *Begleitband* wäre.“

Die Frage löste eisiges Schweigen aus und Wade erwartete, dass Buzz sich aus dem Staub machen würde.

„Sie heißen AC/DC. Heute spielen wir unseren ersten Gig mit ihnen auf dieser Tour. Ich weiß nicht viel über sie.“

„Was spielen sie so?“

„Das weiß ich gar nicht. Ich habe gehört, dass sie ganz gut sein sollen, aber ein bisschen punkig sind.“

„Oh *nein*, nicht *Punk*.“

Earl Johnson, Moxys Gitarrist, hatte AC/DC bei ihrem Soundcheck beobachtet.

„Ich schwöre, dass es dort an diesem Abend an die vierzig Grad heiß war. Ein regelrechter Backofen. Wir kippten eimerweise Wasser über die Leute ganz vorne vor der Bühne. Es war so heiß, dass einem das Salz vom Schweiß in den Augen brannte. Es war *irre* heiß.“

Wade, Alan, Bill und Bubba stützten sich inzwischen mit ihren Ellbogen auf der rechten Seite der Bühne ab, von wo aus sie die bestmögliche Aussicht auf das Geschehen hatten.

„Ich werde nie vergessen, wie AC/DC angesagt wurden und auf die Bühne kamen“, sagt Wade. „Alle Blicke richteten sich auf diesen sehr kurz geratenen, schmächtigen Gitarristen, der nicht nur seine Gitarre um den Hals hängen hatte, sondern auch eine Schultasche am Rücken trug. Er steckte in einer blauen Schuluniform aus Velours und trug weiße Socken, ein lächerlich wirkendes Käppi und eine schmale, gestreifte Krawatte.[9] So etwas hatten wir noch nicht gese-

---

9 Malcolm sagte 1980 gegenüber den *Daily News* aus New York: „Viele Leute sehen Angus in seiner Uniform und vergessen dabei, was für ein ausgezeichneter Musiker er ist. Das mit der Schuljungen-Verkleidung fing an, als er elf war. Er spielte in einer Band mit viel älteren Typen, die ihn so verkleideten und die Shows mit dem Spruch ‚Seht den kleinen

hen. Leadgitarristen wirkten doch stets so machohaft. Immer wieder lief ein Bühnenhelfer zu Angus, um ihm seine kurzen Hosen raufzuziehen. Bei jedem Solo rutschten sie nämlich runter. Aber das, was wir da hörten, dieser neue Sound, er funktionierte. Es klang astrein. Ich drehte mich zu Alan und schrie: *‚Ich steh auf Punkrock!‘*“

Aber am meisten war Wade von Bon beeindruckt.

„Er strahlte Selbstsicherheit aus und hatte das Publikum unter Kontrolle. Seine Jeans waren so eng und er trug dazu ein anliegendes, marineblaues T-Shirt. Es sah so aus, als hätte man ihn in seine Klamotten hineingegossen. Je mehr Songs sie spielten, desto lauter wurde das Publikum – und desto mehr fuhr ich auf diesen Sound ab. Ich fragte mich, wie es ihnen gelang, die Gitarren so gut klingen zu lassen. Ich wollte, dass sie gar nicht mehr aufhören. Obwohl ich eigentlich die ganze Strecke wegen Moxy zurückgelegt hatte, wollte ich nun, dass die noch nicht auf die Bühne kämen, weil ich einfach nicht genug von dieser neuen Band bekommen konnte. Dem Publikum ging es nicht anders.“

Auch Malcolm konnte sich an diese positive Energie erinnern.

„Wir spielten unseren ersten Gig vor einem Haufen Cowboys, aber die fuhren total darauf ab. Sie sahen Angus in seiner Aufmachung und wie er nun einmal spielt – ich glaube, das war für uns von Vorteil.“

Schließlich erspähte Wade den verschollenen Roy, der es sich am hinteren Ende der Bühne auf einem großen Eimer gemütlich gemacht hatte.

„Er war meine Mitfahrgelegenheit und ich hatte ihn den ganzen Abend lang noch nicht gesehen – und jetzt saß er *backstage*? Ich versuchte, seine Aufmerksamkeit auf mich zu lenken, bis er mich schließ-

Gitarren-Star‘ bewarben.“ Eine etwa kuriose Aussage, da laut der gängigen Version der Geschichte Margaret, die jüngere Schwester der Youngs, vorschlug, Angus solle die Schuluniform tragen, was dann zu seinem Markenzeichen wurde. Aber so ist das eben mit AC/DC. Sie modifizieren ihre Geschichten, um sie dem Mythos anzupassen. Ganz egal, die Schuluniform leistete ihnen gute Dienste.

lich bemerkte. Wir deuteten ihm, dass wir auch hinter die Bühne kommen wollten. Er zeigte uns nur den Stinkefinger und seine Lippen schienen zu sagen: ‚Scheiße, auf keinen Fall, ihr kleinen Bastarde.'"

Als AC/DC ihr Konzert beendet hatten, begab sich Roy nach vorne, um sich mit seinen Leuten zu unterhalten. Wade verschwendete keine Sekunde.

„Wie kommen wir in den Backstage-Bereich?"

„Ich weiß nicht, ob ich das bringen kann. Ihr müsst euch wohl nach einer anderen Mitfahrgelegenheit umsehen."

„Aber du bist unser Fahrer. Warum kannst du uns nicht mitnehmen?"

„Ich kann nicht. Bon und ich gehen zusammen auf eine Aftershow-Party im Hotel."

Roy machte sich bereits wieder auf in Richtung Backstage-Bereich, als Wade ihm noch etwas hinterherrief.

„Hey, wer ist denn bitte *Bon*?"

* * *

Die Stimmung hinter der Bühne war triumphal. Sogar Joe Anthony hing mit der Band ab, rauchte einen Joint und kippte Bierchen.

„AC/DC waren erstklassig und das Publikum drehte durch", erzählt Roy. „Nur sehr wenige Acts, die ich im Armadillo gesehen habe, erzeugten eine solche Energie. Springsteen fällt mir da ein. Oder auch Lynyrd Skynyrd. Da lag dieselbe Elektrizität in der Luft. Jeder fragte sich, wer zum Teufel diese Typen waren. Ich weiß noch, wie ich und alle anderen uns dachten, wie beschissen es wäre, nach AC/DC auf die Bühne zu müssen. Die Band spielte sich in einen Adrenalinrausch."

Im Biergarten, der sich neben dem Haupteingang befand, wurde Bon umschwärmt.

„Es war so cool, all diese Leute zu sehen, wie sie auf Bon zugingen, um sich ein Autogramm zu holen. Während er unterschrieb, blickten mich manche von ihnen an, als würden sie sich selbst fragen, wer denn dieser Typ sei: ‚Wenn er bei *ihm* steht, muss er doch irgendwer sein, oder?' Und so schrieb ich auch ein paar Autogramme."

Irgendwann brachen Bon und Roy vom Armadillo aus auf und spazierten zu Roys Wagen, einem silbernen Oldsmobile Toronado, Baujahr 1968.

„Bon bestand darauf, selbst zu fahren. Das war okay für mich, weil ich schon zweimal angeheitert erwischt worden war. Wir waren zwar nicht besoffen, aber keiner von uns beiden hätte bei einer Kontrolle eine sonderlich gute Figur gemacht."

Bon drehte sich zu Roy, als sie den Parkplatz verließen.

„Eines musst du uns schon lassen, Roy", sagte er mit einem breiten Grinsen, „wir wissen, wie man richtig rockt."

Bon lenkte den Wagen in Richtung des Holiday Inn, wo die Band untergebracht war, doch sein Fahrstil fing an, Roy Sorgen zu bereiten.

„Es dauerte ein paar Blocks, bis mir auffiel, dass etwas nicht in Ordnung war. Niemand fuhr so schlecht."

Als sie die I-35 erreichten, mussten sie eine Brücke überqueren und links abbiegen.

„Bon, du musst auf der *rechten* Seite bleiben, bis du links abbiegst."

„Keine Sorge, Roy, ich mach das schon. Ich wollte schon immer mal so fahren."

Sie brachen in schallendes Gelächter aus. Der Westaustralier und der Texaner standen am Beginn einer Freundschaft, die so nicht zu erwarten gewesen wäre.

„Lenn und Bon verband eine lange anhaltende Freundschaft", sagt Wade, der Roy bei seinem zweiten Vornamen nennt. „Immer wenn AC/DC in die Nähe von Texas kamen, rief Bon Lenn an und lud ihn ein, sich dorthin zu begeben, wo sie sich gerade herumtrieben. Lenn und Bon waren enge Freunde und immer, wenn Bon im Lande war, fand er die Zeit, um Lenn anzurufen und sich zu unterhalten. Lenn traf es hart, als Bon starb."

Roy telefonierte mit Bon noch kurz vor dessen Tod und bekam dabei etwas Außergewöhnliches mitgeteilt. Das Armadillo World Headquarters schloss am Silvesterabend 1980 seine Pforten und sollte nie wieder öffnen.

***

Da sie nun wegen Bon ohne Mitfahrgelegenheit dastanden, fuhren Wade und seine Kumpels per Anhalter zurück nach Rockdale. Immer noch unter dem Eindruck des Vorabends im Armadillo begab sich Wade am nächsten Tag erneut nach Austin, um sich auf die Suche nach AC/DC-Alben zu machen. Er fand jedoch nur eines, nämlich eine Import-Version von *Dirty Deeds Done Dirt Cheap*.

„Das war mein erstes AC/DC-Album“, erinnert er sich. „Danach kaufte ich jedes Album, dass sie mit Bon als Sänger aufnahmen. Ich muss gestehen, dass ich mir nach seinem Tod kein einziges AC/DC-Album mehr gekauft habe. Mir gefiel die Musik viel besser in der Bon-Ära. Der Gitarrensound war früher viel besser. Alle meine Lieblingssongs von AC/DC stammen aus dieser Zeit. Ich glaube übrigens, dass Malcolm den Sound der Band ausmacht. Ein solch unverwechselbarer Gitarrensound.“

Zwei Tage später spielte er Golf mit Waylon Allen. Wade fiel auf, dass Waylon etwas trug, was dieser im Toronado seines Bruders gefunden hatte: ein marineblaues T-Shirt.

„Hey, das ist doch das Shirt, das der Leadsänger von AC/DC vor ein paar Abenden getragen hat!“

2

Bad Boy Boogie

Am 28. JULI 1977 wachte Roy Allen so wie noch viele Male, bevor er schließlich trocken wurde, mit einem fiesen Kater auf. Doch an diesem Tag war etwas anders. Schließlich erwachte er im Hotelzimmer des Leadsängers von AC/DC.

„Als ich mich auf die Socken machte, schlief Bon noch. Er und ich waren beide Alkoholiker. Das ist eine Krankheit, eine schleichende Krankheit, die aber irgendwie vorhersehbar ist. Deshalb kann ich gewisse Vermutungen darüber anstellen, wie es Bon ging, als es mit dem Trinken so richtig schlimm wurde. Keiner von uns war bereits durch und durch Alkoholiker, als wir uns 1977 kennenlernten, aber wir beide waren auf dem Weg dahin. Bon vielleicht ein wenig schneller als ich. Rückblickend befanden wir uns beide in einer Abwärtsspirale, waren uns dessen aber nicht bewusst. Oder noch wahrscheinlicher: Es war uns schlichtweg egal. So waren wir eben drauf: Wir lebten für den Tag, für den Moment."

Verschwende keinen Gedanken an morgen. So lebte Bon jeden Tag seines kurzen Lebens. Das ist es, was AC/DC-Fans vermittelt wird, was den emotionalen Treibstoff zum Kult um diesen Mann beisteuert und die Grundlage des Outlaw-Spirits bildet, den er nach seinem Ableben zu verkörpern begann. Diese Grundstimmung findet sich auch in den Lyrics zu „Have A Drink On Me", der angeblich von Bon handelt, auf *Back In Black* zu finden ist und von Malcolm und Angus Young sowie Brian Johnson stammen soll. In Roy, einem echten texanischen Rabauken, hatte Bon einen Gleichgesinnten getroffen, dessen skandalöses Benehmen sehr gut zu seinem eigenen passte.

„Es gab Überschneidungen in unseren Lebensgeschichten", erzählt Roy. „Zwischen Bon und mir gab es fast auf Anhieb eine Verbindung – und zwar auf einer Ebene, die sich nur schwer beschreiben lässt."

* * *

Roys Jugendzeit war ein langer Kampf mit dem Alkohol, der schon begonnen hatte, bevor seine Mutter Ella Joyce Allen, die an einer bipolaren Persönlichkeitsstörung litt, sich im Alter von 41 Jahren im Juni 1971 das Leben nahm. Mit vierzehn nippte er heimlich an einer Flasche Whisky, die über dem Kühlschrank der Allens verstaut war. Als Joyce, wie sie von allen genannt wurde, den genauen Pegelstand mit einem Strich markierte, panschte Roy das Feuerwasser mit Eistee, um zu verschleiern, wie viel er daraus trank. Im Jahr darauf beging sie an der Kreuzung Wilcox und Murray Avenue in Rockdale Selbstmord.

„Sie ließ sich noch ihre Haare machen, fuhr dann zum Knarrenladen und erzählte dem Besitzer, dass ich Geburtstag hätte, was nicht stimmte, und sie mir ein Schießeisen als Geschenk kaufen wollte, nämlich eine .38 Special. Dann fuhr sie ein paar Blocks weiter und schoss sich vor einem Stoppschild in die rechte Schläfe."

Auf ihrem Totenschein wurde die offizielle Todesursache – „Schussverletzung" – als „Unfall" eingestuft. Roys ältester Bruder Carl, bei dem Schizophrenie diagnostiziert worden war, brachte sich ein Jahr später ebenfalls um. Er sprang an der Kreuzung 31st und Texas Avenue in Bryan, östlich von Rockdale, vor ein Auto. Carl war 22. Dieses Mal lautete die Todesursache „Suizid". Er war seinen zahlreichen Schädelverletzungen, die vom Zusammenstoß mit dem Fahrzeug herrührten, erlegen.

Diese beiden brutalen Todesfälle innerhalb der engsten Familie im Verlauf von gerade einmal einem Jahr – und beide von den Betroffenen selbst herbeigeführt – führten dazu, dass sich Roy in einen unberechenbaren, unausgeglichenen und rebellischen Teenager verwandelte. Bald schon glitt er massiv in den Suff ab, was dazu führte, dass er regelmäßig verhaftet wurde. Er wurde praktisch Stammgast in der Polizeireport-Kolumne des *Rockdale Reporter*. Schließlich fing er an, sich Metamphetamin zu spritzen. Kurz nach Mitternacht des 12. Mai 1976 ließ er sich auf ein Wettrennen auf der Route 79 außerhalb von Milano ein, einer Stadt, die sich neun Meilen von Rockdale entfernt befand.

„Mein bester Freund James Lightsey und ich verließen gerade diese Spelunke namens Nat's Place. Zwar hatte ich schon ein paar Bier intus, war aber nicht wirklich betrunken. Wir stiegen in meinen '65er-Mustang, und als wir vom Parkplatz fuhren, um uns auf den Heimweg zu machen, sah ich, wie ein anderer Mustang sich direkt vor uns auf dem Highway einreihte. Wenn es sich um irgendeine andere Automarke gehandelt hätte, hätte ich mich vermutlich anders verhalten.

Auf diesem Highway gab es einen Abschnitt, der ein paar Meilen lang immer nur geradeaus verlief. Dort trugen wir es aus. Wir überholten uns gegenseitig ein paarmal, bis die Strecke dann bergauf ging und eine Rechtskurve folgte. Vor dieser Kurve lag ich noch vorn und zog zur Seite, um den anderen Fahrer vorbeizulassen. Schließlich nahm ich an, dass ich gewonnen hatte, da wir nun in kurvigeres Gelände fuhren und ich zuletzt vorn gelegen hatte. Ich reduzierte die Geschwindigkeit, doch der andere Fahrer sah das wohl anders. Er schoss an mir vorbei, hob plötzlich ab und überschlug sich mehrmals auf der bergauf führenden Straße. Ich wendete und hielt am Bahndamm, der neben der Fahrbahn verlief. Der Wagen lag auf dem Dach und die Scheinwerfer leuchteten in die Luft. Die Reifen drehten sich immer noch."

Eine Streife der Texas Highway Patrol, der die beiden Raser verfolgt hatte, traf unmittelbar nach dem Crash am Unfallort ein, der sich circa zweieinhalb Meilen östlich von Rockdale befand.

„Der Streifenwagen und ich hielten gleichzeitig beim Autowrack. James und ich stiegen aus und postierten uns beim Wagen. Der Polizeibeamte lief auf mich zu und stieß mir seinen Zeigefinger gegen den Brustkorb. Er sagte, dass es die beste Entscheidung gewesen wäre, nicht davonzufahren. Dieser Gedanke war mir gar nicht durch den Kopf gegangen. Er wies uns an, die Umgebung abzusuchen, da der auf dem Dach liegende Wagen leer war."

Roy entdeckte schließlich den Fahrer sowie dessen Beifahrer, die aus dem Wagen geschleudert worden waren. Der Fahrer lag auf der Böschung nahe den Schienen, sein Beifahrer unweit davon entfernt. Als Roy beim Fahrer eintraf, erkannte er ihn sofort. Es handelte sich um einen 18-jährigen Freund von ihm aus Rockdale namens Lynn Lankford.

„Als ich fünfzehn war, hatte ich mit Lynn meine allererste Zigarette geraucht. Ich kannte ihn bereits mein ganzes Leben. Er lag mit dem Gesicht nach oben auf dem Bahndamm. Er sah ordentlich ramponiert aus und ich konnte ein gurgelndes Geräusch hören, das aus seinem Brustkorb kam. Ich sagte zu dem Streifenpolizisten, dass wir ihn drehen müssten, damit seine Lungen entlastet würden. Er wies mich nachdrücklich an, ihn nicht anzufassen."

Lankford wurde bei seinem Eintreffen im Richards Memorial Hospital von Rockdale um 0.45 Uhr für tot erklärt. Die offizielle Todesursache lautete „multiple Verletzungen aufgrund eines Autounfalls". Roys Vater unterzeichnete den Totenschein. Roys und James' Alkoholpegel bewegte sich innerhalb des legalen Rahmens. Der Unfall wurde ihnen zwar nicht zur Last gelegt, doch aufgrund des Todesfalls musste Roy die Nacht im Bezirksknast verbringen. Er kam am nächsten Morgen gegen Kaution frei und es wurde keine Anklage gegen ihn erhoben. Lankfords Beifahrer überlebte schwerverletzt. Bis heute verfolgt Roy das Gesicht seines sterbenden Freundes.

„Ich hatte stets das Gefühl, dass sich dieser tragische Vorfall nicht ereignet hätte, wenn ich nicht dieses Rennen begonnen hätte. In dieser Hinsicht bin ich verantwortlich und muss mit diesem Wissen auch leben."

Verschwende keinen Gedanken an morgen – diese Philosophie konnte auch dazu führen, dass jemand am Straßenrand am eigenen Blut erstickte, wie es dem armen Lynn Lankford widerfuhr. Bon machte sich durchaus seine Gedanken über die Zukunft, das Morgen, so wie jeder andere auch. Er grübelte über seine Rolle bei AC/DC, seine finanzielle Situation und seine Beziehungen nach. Auch darüber, wie ihn andere Leute wahrnahmen. Wenige Monate, bevor er Roy traf, nach einer Trennungsphase, die fast gleich lang war wie ihre Ehe, ließ sich Bon endgültig von seiner Frau Irene scheiden. Das sind Sorgen und Unbilden, mit denen wir uns alle herumschlagen müssen. Bon war in dieser Hinsicht nicht einzigartig. Es stellt sich die Frage, warum er die Vorstellung, nüchtern zu sein, so unerträglich fand, dass er sich regelmäßig so abschießen musste, um die Nacht durchzustehen. Sein neuer Freund Roy hatte definitiv seine Gründe, aber was waren Bons?

Silver Smith sagt, dass er ihr nie erklärt hätte, warum er so heftig trank.

„Es fing schon sehr früh an. Manchmal trank er aber auch eine Zeit lang gar nichts. Er wusste, dass es ihn umbrachte. Sogar auf Tour in den späten Siebzigern gab es ziemlich lange Phasen, in denen Bon trocken blieb. Ein paar Monate hier und da. Aber als ich ihn 1976 kennenlernte, trank er täglich eine Flasche Scotch."

Er hatte eine masochistische Ader, die sich nicht rational erklären ließ. Die Trinkerei nahm stets eine zentrale Rolle bei seinen Problemen ein. Silver beschrieb dies als „seine destruktive Seite. Er tat dann absolut unerklärliche Dinge und verursachte mitunter große und manchmal sogar nachhaltige Schwierigkeiten für die Leute, mit denen er unterwegs war. Ich fragte ihn dann, warum zum Teufel er etwas getan hätte: ‚Wie kommt man bloß auf solche Ideen?' Darauf hatte er keine Antwort. Bis heute bin ich mir nicht sicher, ob er wusste, was er tat, oder ob es ihm selbst ein Rätsel war."

* * *

Als AC/DC zum zweiten Konzert ihrer ersten US-Tour in San Antonio eintrafen, „waren die Leute bereits am Durchdrehen", lacht Lou Roney. „Ich weiß nicht, wie ich das anders beschreiben soll." Über 6.000 Leute versammelten sich im Municipal Auditorium und auf beide Bands warteten hinter der Bühne reichlich Groupies.

Earl Johnson zeigte sich beeindruckt von Moxys Vorband: „Ich saß da und verfolgte ihr ganzes Set. Ich weiß noch, wie ich sagte, dass diese Jungs verdammt groß werden würden. Sie waren wie eine Maschine. Alle klinkten sich einfach in den Groove zwischen Band und Publikum ein." Wie er sagt, vereinten sie das Beste der Stones mit dem Besten von Led Zeppelin. „Einerseits ist da dieser sehr stete Stones-mäßige Beat und andererseits diese an Led Zep erinnernden Riffs."

Erst in Dallas ergab sich die Möglichkeit, sich ein wenig näher mit Bon vertraut zu machen. Moxy und AC/DC stiegen dort zum ersten Mal im selben Hotel ab. Nach der Show war Bon allerdings von Alkohol und Pillen bereits ziemlich angeschlagen.

„Das Zimmer, in dem ich schlief, wurde in dieser Nacht zum Partyraum auserkoren. Ich war kein sonderlich starker Trinker. Damals ließ es aber jeder mal ein bisschen krachen. Ich wollte nun um zwei Uhr zu Bett gehen. Da pennte aber schon Bon. Ich weiß noch, wie ich versuchte, ihn aufzuwecken. Er war aber nicht wach zu bekommen. Ich warf ihn also über meine Schulter und schleppte ihn den Flur hinunter, wo ich an die Tür klopfte und ihn entweder Angus oder Malcolm überließ. Als ich ihn den Flur hinuntertrug, versuchte er, mir eine zu verpassen. Das war ganz schön komisch. Er konnte sich ja kaum bewegen. Er hätte nicht mal eine Giraffe getroffen, so neben der Spur lief der. Wir warfen uns echt alles ein, Mann. Quaaludes, weiße Pülverchen. Die Kolumbianer flogen Texas im Tiefflug an und warfen den Scheiß in Bündeln ab. Sie unterflogen das Radar in einer Flughöhe von knapp 250 Metern. Heute laufen sie mit U-Booten die Küste an *[lacht]*."

Quaaludes, auf der Straße auch als „Downers" oder „Soapers" bekannt, waren in der Rockszene der Siebziger in den USA die Droge der Wahl. Martin Scorsese stellt in einer längeren Sequenz seines Films *The Wolf of Wall Street* sehr anschaulich dar, welch unglaubliche Wirkung sie entfalteten. Bon erwähnt das Zeug in einem verdrießlichen Brief von 1978 an seine Exfrau Irene, den er zwei Tag vor dem Ende von AC/DCs Tour schrieb: „Ich habe eine Quaalude eingeworfen."

Dass er die Droge so früh auf ihrer US-Tour und in Kombination mit Alkohol nahm – eine hochgefährliche Mischung –, deutet darauf hin, wie unbekümmert Bon mit seiner Gesundheit umging. Es war auch ein Omen für das, was noch bevorstand.

Doch die Band hatte Anlass zum Feiern. Gerade einmal drei Tage nach ihrem US-Debüt in Austin hatten etliche weitere Radiosender aus dem ganzen Land AC/DC ins Programm genommen: WCOL Columbus, KJSW Seattle, KADI St Louis, WQDR Raleigh, KZEW Dallas, WNOE New Orleans, KTIM San Rafael, KLBJ Austin, WENE Binghamton, KPRI San Diego, WYDD Pittsburgh, WROQ Charlotte, KDF 103 Nashville, WIYY Baltimore, WNEW New York und WLIR Long Island. *Let There Be Rock* schien im Südwesten und Mittleren Westen des Landes in der *Billboard*-Kategorie „Breakouts" auf und am 31. Juli veröffentlichte die *Los Angeles Times* eine Lobeshymne auf das Album. Laut dieser Kritik stellte *Let There Be Rock* eine Verbesserung gegenüber *High Voltage* dar. Die „an Slade und Nazareth erinnernde, überschäumende Power" würde die Platte zu „einer der besten diesjährigen Neuerscheinungen im Hochenergiebereich" machen, hieß es da.

* * *

Von Texas ging es für die Band weiter nach Florida, wo drei Konzerte in Jacksonville, West Palm Beach und Hollywood bevorstanden. In Jacksonville, nahe der Staatsgrenze zu Georgia, hatten sich die Einheimischen bereits vorab auf die Band eingrooven können. Das lag zum einen an der Missionierungsarbeit von Bill Bartlett von

WPDQ/WAIV Jacksonville und zum anderen an der Unterstützung durch Sidney Drashin, eines der berüchtigtsten Gauner im Rock, dessen Firma Jet Set Enterprises in den Siebzigern die Konzertszene in Florida dominierte wie das Medellin-Kartell den Kokainhandel.

„Bon Scott war wahrscheinlich aufgrund dessen, was er für sein Genre leistete, weltweit einer der fünf besten Leadsänger", teilt er mir von seiner Eigentumswohnung am Ponte Vedra Beach außerhalb von Jacksonville aus mit. „Er brachte sie echt weiter. Auch ihre Bühnenshow war etwas Neues, das die Leute so noch nicht gesehen hatten. Sie schwirrten durchs Stadion wie die Glühwürmchen oder Ameisen. Alle glühten sie förmlich. AC/DC übertrugen ihre Verrücktheit auf das Publikum. Sie waren magisch."

Nördlich von Miami, im Sportatorium auf dem West Hollywood Boulevard in Hollywood, standen AC/DC bei der Benefizveranstaltung „Day for the Kids" des Radiosenders WSHE 103.5 als vorletzter Act auf dem Programm. Die Vorband war die lokale Rockband Tight Squeeze, deren auffälligstes Merkmal war, dass der inzwischen verstorbene Teddy Rooney, Sohn des Schauspielers Mickey Rooney und der Schauspielerin Martha Vickers, bei ihnen Bass spielte.

Im Publikum verfolgte Michael Fazzolare, der 110 Kilo schwere italoamerikanische Leadsänger der vierköpfigen Punkrockband Critical Mass aus Miami, ehrfürchtig sein erstes AC/DC-Konzert. Da konnte er noch nicht wissen, wie nahe er schon bald dem Sänger seiner Lieblingsband kommen würde.

„Das Haus war gerammelt voll, ein typisches Sportatorium-Publikum. Wir waren da, weil wir AC/DC sehen wollten. Wir fuhren total auf sie ab. Sie spielten ‚The Jack' und Bon fragte, wie wir hier einen Tripper nannten. Also rief ihm jemand zu: ‚The Clap!' Und so sang er nun ‚The Clap' [statt ‚The Jack'] und alle sangen mit: ‚She's got the [klatscht in die Hände].' Diese Band ... sie waren vom Mars. Und sie gaben Vollgas. Es war total irre."

Nach dem Konzert kehrte die Band zurück in ihr Hotel, wo Bon Pattee Bishop vorgestellt wurde, einer umwerfenden irisch-jüdischen

Haarstylistin, die in ihrer Blütezeit Stars wie Alana Hamilton, Loni Anderson oder Farrah Fawcett-Majors optisch um nichts nachstand. Sie war eine langbeinige, vollbusige, gebräunte Blondine mit feinen Gesichtszügen, einem strahlenden Lächeln und eindrucksvoller Mähne. Bon hatte eine Vorliebe für heiße Frauen – vor allem aber liebte er Blondinen mit Geld.

Heute lebt Pattee in Venice, Kalifornien, wo sie mit einem „Malibureichen Typen" verheiratet ist – „denen geht es immer nur um die nächste Welle" – und kümmert sich um eine Reihe von Mietobjekten am Meer. Sie ist sich der Macht, die sie über die Männerwelt hatte, durchaus bewusst.

„Zuerst ging ich mit Cliff [Williams] aus. Ich fand, dass er der Süßeste war. Aber er rauchte Pot und ich konnte den Gestank nicht ausstehen. Wir hatten unsere gemeinsame Zeit; danach ging er mit meiner besten Freundin aus Chicago, Candy Pedroza."

Bon war bis Ende 1979 Pattees Liebhaber, von Zeit zu Zeit zumindest. Sie wusste von Anfang an, dass nicht alles mit ihm stimmte.

„Bon war ein einsamer Typ. Er hatte Hände so rau wie die eines Arbeiters. Innerlich war er ein alter Mann. Es brach mir das Herz, als er alleine starb."

3

Whole Lotta Rosie

Auf der Upper East Side in Manhattan begrüßt mich Foreigners Leadgitarrist Mick Jones in seinem Luxusapartment, das sich gleich beim Central Park befindet. Er trägt einen Morgenmantel, der mich an den Dude aus *The Big Lebowski* erinnert, und sein persönlicher Assistent holt mir ein Glas Wasser. Wir nehmen Platz auf seinem Sofa, während im Fernsehen stumm die French Open laufen. In der Ecke steht eine Gitarre, die eine Les Paul Custom sein dürfte.

Jones ist eine Legende der Musikbranche und hat abseits seiner eigenen Projekte bereits mit Eric Clapton, Van Halen und George Harrison gearbeitet. Allerdings bin ich hier, um mit ihm darüber zu sprechen, wie es ist, ein Alkoholiker zu sein, der in einer Rock-'n'-Roll-Band spielt. Zwischen Mick Jones und Bon Scott gibt es abgesehen von den offenkundigen Unterschieden in puncto Bühnenpräsentation und Musik überraschend viele Ähnlichkeiten und Parallelen. Sowohl Jones als auch Bon spielten schon lange in Bands, bevor ihnen schließlich mit Foreigner bzw. AC/DC der Durchbruch gelang. Beide waren Alkoholiker und nahmen Drogen. Beide standen bei derselben Plattenfirma unter Vertrag, nämlich Atlantic Records. Die erfolgreichsten Alben ihrer Karriere, Foreigners *4* und AC/DCs *Highway To Hell*, wurden von Robert John „Mutt" Lange produziert. Jones wird vom selben Mann gemanagt, der AC/DC einen Plattenvertrag verschafft hat, nämlich Phil Carson. Außerdem ist er mit Brian Johnson befreundet. In der Woche unseres Treffens wurde ihm im Rahmen einer glamourösen Gala in Manhattan ein Ehrenpreis von Caron, einem wohltätigen Suchtbehandlungszentrum, überreicht.

Doch im Gegensatz zu Bon lebt Jones noch und kann die Früchte seiner Arbeit genießen. Die beiden Männer trafen sich am 10. August 1977 in Kansas City, Missouri, wo UFO und AC/DC vor Foreigner in der Memorial Hall auftraten. AC/DC hatten gerade einen relativ desaströsen Gig im Mississippi Nights in St. Louis hinter sich, wo die Band und Phil Carson – ein großer Mann – in ein Handgemenge mit ein paar Türstehern gerieten. Als sie nun in Kansas City eintrafen, waren sie nicht allzu freundlich gestimmt, vor allem weil Foreigner all das zuteilwurde, nach dem sich AC/DC sehnten. Ihnen war mit ihrer schlicht *Foreigner* betitelten Debüt-LP und der Single „Feels Like The First Time" gleich der Durchbruch gelungen. Eine Werbeanzeige, mit der Atlantic das Album pushte, bediente sich verschiedener Pressezitate, die so euphorisch ausfielen, als würden sie direkt aus der PR-Abteilung der Plattenfirma stammen: „Sie weisen die Merkmale einer zukünftigen Supergroup auf", ihre Musik spreche eine „unwiderstehliche Sprache" und bringt die Hörer dazu, „nach mehr zu schreien".

„Wir wurden praktisch landesweit beworben", sagt Jones. „Es war eine unglaublich magische Zeit. Schon das Timing. Oder vielleicht lag es auch an Atlantic Records. Wir verkauften schließlich Platten wie noch niemand vor uns in der Geschichte von Atlantic. Aber wer hätte ahnen können, dass diese Band, die praktisch aus dem Nichts kam, in diesem Jahr vier Millionen Alben verkaufen würde? Der einzige andere Act, dem das gelungen war, hieß Iron Butterfly – niemandem sonst: weder den Stones, Zeppelin, Genesis oder Yes. Die ganze Firma stand hinter uns. Die einzigen anderen Bands, die sich gut machten, waren Boston, Eagles und Fleetwood Mac. Aerosmith verkauften in den Siebzigern gar nicht so viel."

Man konnte AC/DCs Feindseligkeit gegenüber Foreigner spüren.

„Es glich einer Frontalattacke. Aber ich glaube, dass ich über die Jahre hinweg genug Erfahrungen gesammelt hatte. Ich gab mir große Mühe, dem Rest der Band beizubringen, wie sie damit umgehen sollten. Letztendlich stärkte es nur unsere Entschlossenheit. Wir legten uns noch mehr ins Zeug und stellten uns der Herausforderung."

Also wirkte sich die Konkurrenz positiv auf die Musik aus?

„Yeah. Ich glaube, dass auch AC/DC davon profitierten. Sie legten vor und wir fanden uns in der Defensive wieder. Diese Art Motivation hättest du nicht unbedingt vom Publikum beziehen können. Außerdem pushten Klenfner und Kalodner jeden auf dem Label."

Michael Klenfner, der Atlantics Marketing- und Promotion-Abteilung vorstand, hatte den ersten paar Gigs von AC/DC in Florida in Begleitung seiner rechten Hand Perry Cooper beigewohnt. Im April 1977 waren beide von Arista Records, wo Klenfner für die Promotion im FM-Radio verantwortlich gewesen war, zu Atlantic gewechselt. John Kalodner war bei Atlantic im A&R-Bereich tätig.

„AC/DC verstanden sich blendend mit Klenfner und Cooper", erzählt Jones. „Sie waren ganz neu bei Atlantic und schossen sich ein wenig auf Foreigner ein. Wir waren zwei verschiedene Bands. Obwohl wir auch eine eher härtere Rockband waren, waren wir nicht ganz so heavy wie AC/DC. Unser Publikum zeichnete sich durch seine Diversität aus, obwohl am Anfang viele Rock bevorzugten. Ich glaube, dass sich Kalodner auf unserer Seite und Klenfner für AC/DC auf eine Art Wettkampf einließen, frei nach dem Motto ‚Wer schlägt sich am besten?'"

Er erinnert sich an diese Zeit als eine Phase, in der „soziale und musikalische Einflüsse eine enorme Rolle spielten" und die Musik eine echte emotionale Wirkung entfaltete.

„Wir gaben uns damals allergrößte Mühe, über zehn Zeilen mit jeweils sechs Wörtern eine Geschichte zu erzählen, auf sehr begrenztem Raum eine Botschaft zu transportieren", sagt Jones. „Die Leute taten das damals noch. Natürlich tun sie das heute auch noch, aber ich glaube, dass der Fokus seinerzeit auch noch mehr auf Melodien und Dingen lag, die etwas nachhaltiger waren."

Bons Trinkerei war sogar schon 1977 für alle um ihn herum offenkundig. Jones ist ein trockener Alkoholiker; was meint er, das dahintersteckte?

„Ich glaubte, es geht dabei um das Gefühl, dazuzugehören und zu tun, was die anderen auch tun. Man fragt sich, ob der Grund dafür, dass sie diese tollen Ideen haben, vielleicht der ist, dass sie sich mit Gras benebeln. Ich hielt mich seinerzeit in erster Linie an Gras und Schnaps. Damit ließen sich viele meiner Hemmungen überspielen; es beförderte mich im Handumdrehen in den Mittelpunkt jeder Party. Allerdings bewegt man sich da auf dünnem Eis. Ein paar Jahre lang gelang mir diese Gratwanderung, bis ich an einen Punkt gelangte, an dem es mir über den Kopf wuchs – so wie das auch unglaublich vielen anderen in diesem Geschäft widerfahren ist. Das einzige Positive war, dass ich zumindest überlebt habe."

Glaubst du, dass Bon eine Chance hatte, irgendetwas anders zu machen, oder war das einfach der Weg, den er eingeschlagen hatte?

„Damals vermutlich nicht. Niemand gab zu, ein Junkie, ein Drogensüchtiger oder Säufer zu sein. Solche Dinge gestand man zu dieser Zeit nicht öffentlich ein. Diese Art Offenheit hielt erst später, in den Achtzigern, Einzug. Ich meine, so ziemlich jeder wusste, dass Kurt Cobain ein paar Probleme hatte. Die gesellschaftliche Stigmatisierung brachte mit sich, dass es einfach nicht als cool galt, wenn ein Rockmusiker einräumte, ein Problem zu haben. Es wurde erwartet, dass du mit diesem Scheiß selbst umgehen konntest und es deine Musik vorantrieb. Das begann schon mit dem Blues. Solche Dinge zu gestehen, wurde vor allem als Zeichen der Schwäche wahrgenommen. Ich muss gestehen, dass ich immer noch, obwohl ich mich nicht unbedingt selbst so nenne, ein Alkoholiker und Drogensüchtiger bin. Immerhin befinde ich mich nur einen Drink vom Untergang entfernt. Dasselbe gilt für Drogen. Wenn ich mir heute Abend einen Drink genehmigte, würde ich mir nächste Woche schon literweise

Wodka hinter die Binde kippen. Ich wäre in erbärmlichem Zustand und würde einem verdammten Barmann meine Lebensgeschichte erzählen und all meine Errungenschaften schildern *[lacht]*. Weißt du, was ich meine? Und dann müsste mich irgendwer nach Hause schleppen[10]. Als Nächstes würde ich nach und nach alles verlieren, was ich mir in den fünfzehn Jahren meines Erholungsprozesses erarbeitet habe. Jeder Tag stellt eine Herausforderung dar. Man sollte sich keine Versprechungen oder so machen, keine Pläne aufstellen, diese Sache für den Rest deines Lebens durchzuziehen, weil das zu beängstigend ist. Wie es so schön heißt: immer nur ein Tag auf einmal. Eine Verpflichtung auf täglicher Basis. Du musst deinen Wunsch und deine Entscheidung, trocken und sauber zu bleiben, immer neu bekräftigen. Es gibt nur einen Heilungs*prozess*, aber noch keine Heilung. Diese Einrichtungen, die vorgeben, die Leute von ihrer Trunksucht heilen zu können, sind doch alle Bockmist. Totaler Bullshit! Der Alkoholiker bleibt immer auf Gedeih und Verderb diesem einen einzelnen Drink ausgeliefert."

* * *

Als AC/DC sich mit Foreigner die Bühne teilten, hatten auch UFO reichlich Schwierigkeiten mit Alkohol und Drogen. Leadgitarrist Michael Schenker, der sich mit einem chronischen Alkoholproblem herumschlug, war durch Paul Chapman ersetzt worden. Doch Bon spielte mit seiner Trinkerei in einer eigenen Liga.

„Bon hielt sich nur an seine eigenen Regeln", erzählt Paul Raymond, Gitarrist und Keyboarder von UFO. „Angus kommentierte Bons Eskapaden mit einem Augenzwinkern: ‚Yeah, Bon war heute

---

10 [„Nach Hause schleppen" = im englischen Original „Carry Me Home".] Ironischerweise ist „Carry Me Home" auch der Name eines AC/DC-Tracks, der 1977 als B-Seite der Single „Dog Eat Dog" (AP-11403) in Australien erschien. Er wurde 2009 auf der Compilation *Backtracks* erneut veröffentlicht. Hier geht Bon noch am ehesten auf die deprimierende Realität seiner Alkoholsucht ein.

dreimal betrunken. Er war betrunken, als er heute aufwachte. Im Flugzeug war er dann wieder betrunken, schlief eine Runde und jetzt ist er in der Garderobe – und wieder betrunken.' Das war witzig gemeint, um uns zum Lachen zu bringen. Bei UFO tranken wir schließlich auch ziemlich heftig. Wir glaubten, dass Bon jung genug war, um das wegzustecken. Wir sahen das nicht als Problem an, schließlich sang Bon immer großartig. Er zog sein eigenes Ding durch und soweit ich weiß versuchte sich keiner um ihn zu kümmern oder sah die Angelegenheit als sonderlich problematisch an. Doch rückblickend war seine Trinkerei schon ziemlich krass. Am liebsten trank er Bourbon. Einmal erzählte er mir, dass er sich auf der Bühne gegen das Schlagzeugpodium lehnte, um nicht umzufallen. Bon war ein echt freundlicher Kerl – nur ging es bei ihm ständig ums Trinken: ‚Hey, kommst du mit an die Bar, Junge?' Die Drinks wollten nie versiegen."

Chapman erinnert sich daran, dass Bon in Amerika auch Kokain konsumierte und nicht einmal Unmengen von Alkohol ihn bremsen konnten.

„Bon vertrug extrem viel und hatte einen Mordsdurst auf Alkohol. Mein Spitzname lautet ‚Tonka' [wie die Spielzeugtrucks] und ich kann auch viel vertragen, aber Bon trank mich unter den Tisch. Er war allzeit bereit. Auf Tour sagte er oft: ‚Komm schon, Tonka, auf geht's!' Und ich antwortete dann: ‚Was? Du spinnst doch! Es ist vier Uhr morgens!'"

* * *

Am 13. August 1977 – AC/DC traten am selben Tag im Agora in Columbus auf – stieg *Let There Be Rock* drei Wochen nach der Veröffentlichung auf Atlantics Sub-Label ATCO Records auf Position #154 in die *Billboard*-Charts ein. Doch nach den Shows in Madison und Milwaukee sowie einem Wiedersehen mit Foreigner in Dayton und Indianapolis, wo AC/DC mit jämmerlichen 250 Dollar abgespeist wurden, fiel das Album auf Platz #183 zurück. Es erholte sich noch einmal kurz und stieg im September immerhin bis auf #161, rutschte aber Mitte Oktober endgültig aus den Charts. Damit hatten sie kaum einen bleibenden Eindruck hinterlassen können. Um den Misserfolg von *Let There Be Rock* in einen Zusammenhang zu stellen: Fleetwood Macs *Rumours* hatte sich bis November desselben Jahres sechs Millionen Mal verkauft, nachdem das Album erst im Februar erschienen war. Es sollte 13 Jahre dauern, bis *Let There Be Rock* die Grenze von einer Million verkauften Exemplaren durchbrechen sollte. Nachdem die erste US-Tour der Band so vielversprechend begonnen hatte, erhielt die Mission, zu der sich AC/DC aufgemacht hatten – Amerika zu erobern –, einen massiven Dämpfer.

4

Problem Child

Der wichtigste Mann bei Atlantic Records, wenn nicht sogar „die wichtigste Persönlichkeit der Plattenindustrie des 20. Jahrhunderts", wie die Londoner Tageszeitung *Independent* es in ihrem Nachruf von 2006 formulieren sollte, begab sich in die New Yorker Bowery, um AC/DC seine Aufwartung zu machen. Doch Ahmet Ertegun war nicht sonderlich angetan von der Gruppe: „Ich bin mir nicht sicher, ob ich sie unter Vertrag genommen hätte, als ich sie das erste Mal hörte. Sie waren sehr modern. Sie gingen an die Grenzen."

Die abendliche Veranstaltung war jedoch vor allem aus einem anderen Grund von großer Bedeutung; schließlich setzte Angus Young zum ersten Mal auf ein drahtlosen Funksystem namens Schaffer-Vega Diversity System (SVDS). Hierbei handelte es sich um eine Erfindung, die die Bühnenpräsentation von AC/DC maßgeblich verändern und erweitern sollte. Ihr Entwickler Ken Schaffer war selbst ein dynamischer Exzentriker, mit dem Angus über WEA, den Mutterkonzern von Atlantic, Kontakt aufgenommen hatte, um ein Treffen in der Garderobe des Palladiums, der ehemaligen Academy of Music in der East 14th Street, zu vereinbaren, wo AC/DC den ersten von zwei Gigs an diesem Abend absolvierten. Die Bühnen teilten sich die Australier an diesem Abend mit der Michael Stanley Band sowie den Dictators.

Das drahtlose Gerät – eine Funk-Apparatur, die das Signal von der Gitarre an den Verstärker weiterleitete – war an Angus' Gitarrengurt befestigt, was den Leadgitarristen nicht zufriedenstellen konnte.

„Ich erinnere mich, dass Angus' Gitarre bei mir in der Werkstatt landete und mir per Notiz oder Telefonat sein Wunsch mitgeteilt wurde, das Gerät in die Gitarre einzubauen“, erzählt Schaffer. „Daran hatte ich selbst auch schon oft gedacht, es aber noch nicht versucht. Ich fürchtete mich davor, Löcher in jemandes Gitarre zu fräsen *[lacht]*. Ein paar der Jungs, die für mich arbeiteten und geschicktere Gitarrenbauer waren, halfen mir dabei, eine Aussparung zu fräsen oder auch eine Abdeckung zu entfernen – das weiß ich echt nicht mehr so genau –, um das Funksystem einzubauen. Dann versiegelten wir das Ganze. Allerdings gingen wir dabei nicht sonderlich professionell vor. Vielleicht verwendeten wir Klebeband oder so *[lacht]*.“

Der britische Rock-Journalist Phil Sutcliffe beschrieb ausführlich, was sich nun zutrug:

„Angus ließ den Rest der Band mitsamt seinem Amp im Theater zurück und marschierte acht Blocks weit, bevor er schließlich kehrtmachte. Die Band berichtete ihm, dass das Funksignal sich trotz der Betonhochhäuer und der Taxifunk- und Radiowellen überhaupt nicht verschlechtert hätte.“

„Es war verblüffend mitanzusehen“, sagte Bon. „Angus grinste über das ganze Gesicht und es schienen ihm fiese Gedanken durch den Kopf zu schießen, als ob er darüber nachdachte, was für ein Chaos er mit dieser kleinen Erfindung entfesseln könnte.“

Am selben Abend geriet eine scheinbar harmlose Fotosession mit zwei Promogirls im Palladium für Bon zu einem alles andere als unverfänglichen Unterfangen. Holly X, eine gut entwickelte 17-jährige Blondine, und ihre Freundin Gigi Fredy, die beide aus Miami stammten, kreuzten in T-Shirts auf, auf denen „AC“ bzw. „DC“ stand. Hollys Shirt war in Schwarz und Gigis in Weiß gehalten.

Angus und Bon posierten mit ihnen für den Fotografen Chuck Pulin. Schon auf dem allerersten Foto des zukünftigen Paars zeigt sich Bon angetan von Holly und albert herum.

„Bon war niemand, der seine Emotionen versteckte", erzählt sie. „Ich hatte damals keine Ahnung, wer AC/DC waren, und hatte noch nie einen Song von ihnen gehört. Ich erinnere mich nur noch daran, dass ich mich wunderte, wie klein Bon doch war. Immerhin war ich mit meinen Absätzen über einen Meter achtzig groß, weshalb ich buchstäblich auf ihn hinunterblicken konnte. Wir begannen zu lachen. Wir lachten einfach viel miteinander. So sah unsere Beziehung aus."

* * *

Die Dictators sollten schließlich auf Tour in über einem halben Dutzend Städten mit AC/DC auftreten – von Tennessee im Südosten der Vereinigten Staaten bis hin nach Nebraska im Mittleren Westen. Ihr Rhythmusgitarrist Scott Kempner sah das Ausmaß von Bons Trinkerei aus nächster Nähe.

„AC/DC waren viel größere Trinker als wir. Ich selbst trank nie übermäßig viel, während sie nichts ausließen. Eines Tages saß ich gerade in einem Aufenthaltsraum, als ich vor der Tür irgendeinen Krach hörte. Zuerst Gepolter, dann ein Stöhnen. Als Nächstes schwang die Tür auf und da stand Bon. Er sah beschissen aus. Wie ein fehlgeschlagener Versuch in puncto Wiederauferstehung. Und das war noch vor der Show. Es stellte sich schließlich heraus, dass er gar nicht betrunken war, sondern am Abend zuvor getrunken hatte. Ich fragte ihn: ‚Jesus, Bon, alles in Ordnung mit dir?' Er antwortete: ‚Ach, Kumpel, ich fühle mich nicht besonders. Heute Morgen bin ich am unteren Endes eines Treppenaufgangs aufgewacht.' Im echten Leben war er, zumindest was ich miterlebt habe, ein absolut herzensguter Typ. Ruhig, vielleicht sogar ein bisschen schüchtern, und liebenswert. Er gönnte sich seinen Spaß, aber auf mich wirkte er wie jemand, der gelernt hatte, was wirklich zählte und was bloß Bockmist war. Bon war sehr höflich und wusste sich zu benehmen. Er erkundigte sich etwa bei allen, ob er ihnen etwas mitbringen sollte, wenn er sich ein Bier oder so aus der Garderobe holte. Es wirkte so, als würde er sich seine Wildheit, sein ganzes Rowdytum für die Bühne und die Show sparen. Nicht dass er irgendetwas vorgetäuscht hätte. Er ließ nur alles hinter sich auf der Bühne und war abseits davon eben kein Wahnsinniger, sondern ein lieber, smarter Kerl mit Manieren, den man gerne um sich hatte. Das geben einem üblicherweise die Eltern und das Zuhause mit auf den Weg. Allerdings hatte er auch ein übles Alkoholproblem, das ganz sicher dazu beitrug, seine wilde Seite hervorzubringen."

Angus behauptete einmal, dass Bon in der Lage gewesen wäre, „das Gleichgewicht zu bewahren. Er konnte irgendwo hingehen, wo plötzlich ein Dämon erwachte und er selbst verschwand. Dann tauchte er aber wieder auf, um sich seiner Arbeit zu widmen. Er verpasste nie eine Show. Es kam oft vor, dass Leute schon auf heißen Kohlen saßen und sich fragten, ob dieser Typ überhaupt noch aufkreuzen würde. Dann, ein paar Minuten vor unserer Show, ging die Tür auf und er spazierte hinaus auf die Bühne. Man konnte sich stets darauf verlassen, dass er es auf die Bühne schaffte."

Tatsächlich? Angus räumte nämlich in einem anderen Interview ein: „Ich glaube, dass er in seiner Karriere nur drei Konzerte verpasste, weil seine Stimme nicht mitspielen wollte und wir absolut dagegen waren, dass er sang."

Das war ein seltener Versprecher vonseiten der Youngs, die ihre Geschichte sonst so hieb- und stichfest wie möglich präsentierten, sowie ein Einblick in die Probleme, die ihnen schon bald mit Bon blühten.

5

Dog Eat Dog

Ihre Platten verkauften sich zwar eher schleppend, doch erhielten AC/DC – vier Wochen nach ihrem Gig in Austin – in Städten wie Columbus, Jacksonville und Fort Lauderdale nun reichlich Airplay. Im Südosten gehörte *Let There Be Rock* zusammen mit neuer Musik von Crosby Stills & Nash, James Taylor und dem Alan Parsons Project zu den gefragtesten Neuveröffentlichungen im Radio.

John Rockwell von der *New York Times* zweifelte jedoch daran, dass Bon den Anforderungen an ihn gewachsen wäre: „Die Band spielt *tight*, aber ihr Sänger ist ziemlich gewöhnlich."

Bon muss diese sehr öffentliche Kritik von einer der einflussreichsten Zeitungen Amerikas schwer gegen den Strich gegangen sein, doch ließ er sich nichts anmerken. In Los Angeles stieg er am Sunset Boulevard 8401 gemeinsam mit Pattee Bishop im Continental Hyatt House ab, das damals als „Riot House" bekannt war und heute Andaz West Hollywood heißt. In den Siebzigerjahren war es ein berüchtigter Unterschlupf für Bands wie The Who und Led Zeppelin. Das Whisky a Go Go, wo AC/DC vom 29. bis 31. August 1977 jeweils zwei Sets pro Abend absolvieren sollten, befand sich gerade mal eine Meile entfernt ebenfalls auf dem Sunset Strip.

Die Rock-Journalistin Sylvie Simmons, die vor Ort im Hotel war, schrieb, dass Bon mit einer „Blondine von Seite drei" unterwegs war. „Seinen Arm um die dralle Blonde gelegt, hielt er in der einen

Hand eine Flasche Bourbon und in der anderen den üppigen Busen seiner Begleiterin." Sie bezog sich auf Pattee, die zwei Zimmer im Hotel organisiert hatte – eines für sich und Bon sowie noch ein weiteres für ihre Freundin Candy, die sich mit Cliff vergnügte.

Ken Schaffer wurde aus New York eingeflogen, um Bon die Mikrofon-Version seines Schaffer-Vega Diversity System zu liefern. Mick Jagger verfügte bereits über ein Exemplar und Bon wollte auch eines.

Doch so wie schon die Kritiker in New York gab sich auch Richard Cromelin von der *Los Angeles Times* wenig beeindruckt vom Leadsänger: „Bon Scott verfügt über eine kräftige Reibeisenstimme, schwankt aber leider zwischen einer Effizienz, die an den renommierten Sänger von Streetwalker, Roger Chapman, erinnert, und unerträglichem Gekreische in der Art von Slades Noddy Holder. Wenn AC/DC wenigstens über ein paar der Songs vom Kaliber der besten Pop-Rock-Nummern von Slade verfügen würden, würde die Show in Gang kommen, doch ihr eigenes Material verstrickt sich in banalen, einfachen Rock-Formeln, abgedroschenen Macho-Floskeln und einem Mangel an musikalischer Virtuosität."

Die Gleichgültigkeit und mitunter sogar Verachtung, mit denen das FM-Radio und die Großstadtpresse in L. A. und New York AC/DC im Allgemeinen und Bon im Speziellen begegneten, wuchsen sich zu einem ernsthaften Problem aus, weshalb Atlantic plante, die Band live aufzunehmen, um Promo-LPs an Radiosender zu verschicken.

AC/DC benötigten außerdem ein paar neue Songs, wenn sie sich Hoffnungen machen wollten, noch einmal in die Vereinigten Staaten eingeladen zu werden. Sie dürften sich die Kritiken in L. A. zu Herzen genommen haben, da sie bei ihrer zweiten Show im Old Waldorf in San Franciscos Battery Street mit „Up To My Neck In You" und „Kicked In The Teeth" gleich zwei neue Songs performten, die schlussendlich 1978 auf *Powerage* erscheinen sollten. Angesichts des Materials, das letztlich auf ihrem Meilenstein-

Album landete, erwies sich die Tour als wahrer Segen für Bons Songwriting. Nie sollte er bessere Beiträge liefern.

Doch es war die letzte Show der *Let There Be Rock*-Sommertour, die sich als die heikelste Mission herausstellen sollte. Sie fand vor AC/DCs bis dahin schwierigstem Publikum statt, nämlich jenen Leuten, in deren Macht es stand, Karrieren in Schwung zu bringen – oder zu vernichten. Es handelte sich bei ihnen um eine Hundertschaft von Vertretern der Musikbranche, die eigens nach Miami gereist waren, um dem Warner-Elektra-Atlantic National Sales Meeting beizuwohnen.

* * *

Die WEA-Convention war die erste landesweite Zusammenkunft ihrer Art und wurde im Diplomat Hotel in Hollywood, Florida, vom 5. bis 11. September 1977 abgehalten. Es war bis dahin ein sehr gutes Jahr für die Plattenfirmen unter der Schirmherrschaft von WEA gewesen und Ahmet und Nesuhi Ertegun befanden sich ebenso unter den Besuchern wie auch Jerry Greenberg und David Glew, Präsident bzw. General Manager von Atlantic, sowie aktuelle Stars wie etwa Leo Sayer und Steve Martin. Ahmet Ertegun überreichte Foreigner persönlich ihre erste Goldene Schallplatte und Queen spielten ein Set.

„1977, gerade einmal sechs Jahre nach der Geburtsstunde des Konglomerats, hatte man bei WEA das Gefühl, gut dazustehen", schrieb der inzwischen verstorbene Stan Cornyn, Ressortleiter von Warner Bros Records. „Anstelle regionale Meetings auf Sparflamme abzuhalten, beschloss WEA, seine gesamte Infanterie – über 700 gab es von ihnen – zu einer großen Versammlung zusammenzutrommeln. Dort, in einem verdunkelten Auditorium im Diplomat Hotel nahe Miami, starrten die 700 auf die Bühne, wo ein Banner verkündete (und wer wusste schon, was dies bedeuten sollte): DIE ZUKUNFT IST JETZT."

Die Verkaufszahlen von WEA waren sechs Jahre in Folge die am schnellsten anwachsenden in der amerikanischen Musikbranche gewesen. Die dazugehörigen Labels hatten mehr Gold- und Platinschallplatten eingeheimst als irgendeine andere Plattenfirma. Fleetwood Macs *Rumours* und *Hotel California* der Eagles hatten sich beide etliche Millionen Mal verkauft. 1977 hatten laut Cornyn „über 70 Warner-Acts über eine Million Tonträger allein in den USA verkauft". Ein Viertel aller in den USA verkauften Alben stammten von WEA. Columbia, das zu CBS gehörte, hatte demgegenüber einen Marktanteil von 17 Prozent. Tatsächlich belegten eine Woche nach dem Meeting vier Produkte aus dem Hause WEA die ersten Plätze der amerikanischen Albumcharts: *Rumours* von Fleetwood Mac, *Simple Dreams* von Linda Ronstadt, *Foreigner* von Foreigner und *Love You Live* von den Rolling Stones.

„Wir hatten eine Menge Acts am Start", erzählt Barry Freeman, der einstige regionale Promotion-Direktor für die amerikanische Westküste. „Wir hatten die Rolling Stones, Led Zeppelin, Bad Company, Foreigner, Crosby Stills & Nash … Die Liste ließe sich noch lange fortsetzen."

Wie sollten nun AC/DC, eine Band, deren Musik schwer einzuordnen war und deren Sänger es sich mit Zeitungskritikern an Ost- und Westküste verdorben hatte, einen Platz in Atlantics Plänen finden? Nun, tatsächlich fanden sie ihren Platz am buchstäblichen Arsch der Welt, dem 4 O'Clock Club, einer mit der Mafia verbandelten Kaschemme in einer unwirtlichen Ecke von Fort Lauderdale, das wiederum auf Postkarten als „Amerikas Venedig" vermarktet wurde, aber in Wirklichkeit laut Sidney Drashin „ein Kleinkind von einer Stadt" war. „Es war echt *winzig*."

Tickets für das Konzert wurden am Vortag am Strand verkauft, wodurch 4000 Dollar für eine Organisation, deren Kernanliegen das Thema Muskeldystrophie war, eingenommen werden konnten.

„Diese Tickets waren so kostbar. Südflorida fährt verdammt noch mal auf diese Band ab. Die Leute haben so viel bezahlt, um dabei sein zu können!", verkündete der leider inzwischen verstorbene Tom Judge, DJ von WSHE, vor einer angeheitert johlenden und pfeifenden Menge. „Und hier sind sie. Bitte bereitet ihnen einen typischen Südflorida-Empfang, unseren australischen Freunden von AC/DC!"

Rick Tucker, ein 18-Jähriger aus Coral Springs, gehörte zu einem kleinen Aufgebot von Fans im Publikum. Der inzwischen in Altersteilzeit arbeitende Illustrator lebt heute in Pembroke Pines.

„Wir sprachen Bon vor der Show an und er freute sich sehr, auf echte Fans zu treffen. Er ging hinter die Bühne, um uns Autogramme von der ganzen Band zu holen. Es war ein tolles Konzert, weil sie angesichts der Location, dem fast gleichgültigen Publikum und der Handvoll verrückter junger Männer in Bühnennähe, die jeden Song bejubelten, nichts zu verlieren hatten."

„Die Bühne erstreckte sich von Norden nach Süden und wir saßen an langen Tischen, die von Osten nach Westen verliefen. Hinter uns standen noch kleinere Tische, die Platz für vier bis sechs Leute boten. Das Set dauerte ein bisschen länger als eine Stunde, war aber auch sehr intensiv. Sie widmeten uns während des Konzerts viel Aufmerksamkeit, weil wir die einzigen zu sein schienen, die sie damals schon kannten."

Trotz all des Einsatzes, den AC/DC an den Tag legten, fielen die Rezensionen ihrer Liveshow wieder einmal besorgniserregend schwach aus.

„Die australischen Punk-Spinner von AC/DC traten am Dienstagabend im 4 O'Clock Club in Fort Lauderdale auf", berichteten etwa die *Miami News*. „Angeblich war die Band viel zu laut."

Am nächsten Abend traten Foreigner im Café Cristal des Hotels Diplomat auf, was doch einiges über den jeweiligen Stellenwert der beiden Bands in der amerikanischen Musiklandschaft und der Sympathieverteilung im Hause Atlantic aussagte.

* * *

Die *Let There Be Rock*-Tour machte als Nächstes auf dem europäischen Festland sowie in England Halt, wo die Band sich Gedanken darüber machen konnte, was man erreicht hatte und was verbessert werden müsste. Beruflich lagen sechs durchwachsene Monate hinter AC/DC. In der Provinz hatten sie massiv gepunktet, während sie in den Großstädten weniger gut angekommen waren. Und für Bon persönlich sah es auch nicht unbedingt rosig aus. Sein Alkoholkonsum explodierte förmlich und er hatte sich angewöhnt, seine Trinkerei noch mit Drogen zu würzen, obwohl er gegenüber der Band nach einer Überdosis Heroin in Melbourne im Jahr 1975[11], die fast zu seinem Rauswurf führte, dem Rauschgift eigentlich abgeschworen hatte.

„Bon wusste, dass er sich nach dem Vorfall in Melbourne auf Bewährung befand", erzählte Silver Smith. „Er berichtete mir schon früh davon, dass er sich auf gefährlichen Scheiß eingelassen hätte … Er hatte sich gegenüber der Band verpflichtet, sich auf Alkohol zu beschränken."

Allerdings räumt sie die Möglichkeit ein, dass er gewisse Angewohnheiten vor ihr verbarg, „weil ich echt sauer und beleidigt war, wenn er heimlich Hasch konsumierte und sich zulaufen ließ, woraufhin ich mich mehr als nur einmal mit den Konsequenzen herumschlagen musste."

Er hatte sich während der Tour durch Amerika auf ungezwungene Weise mit mehreren Frauen vergnügt – etwa mit Pattee und Holly –, war aber immer noch vernarrt in Silver, die sich die Zeit

11 In einer Reportage aus dem Jahr 1975, die er für das *Australia Rock Magazine* (besser bekannt als *RAM*) schrieb, gelang es Anthony O'Grady, das Gespräch mit ihm auf geschickte Weise auf das Thema Heroin zu lenken.
Ich erwähne, dass seine beiden Ohren gepierct sind und er große Ringe in den Läppchen trägt, was ihm das Aussehen eines Piraten verleiht. Vor ein paar Jahren war es selbstverständlich Usus unter Heroinsüchtigen, im rechten Ohr einen Ohrring zu tragen … Wäre es vielleicht möglich, dass …
„Nö", sagt Bon. „Ich bin nicht drogensüchtig. Vor ein paar Jahren arbeitete ich auf einem Fischerboot und dort gab es einen Typen, den ich echt respektierte und bewunderte. Und der hatte eben ein gepierctes Ohr. Deshalb ließ ich das auch bei mir machen."
Irene Thornton hat diese Story in ihren Memoiren als Humbug abgetan. Laut ihr ließ sich Bon offenbar in einem Schönheitssalon in Adelaide piercen.

genommen hatte, ihn in den USA zu besuchen. Angeblich hatte er im vorangegangenen Jahr in ihren Armen in London eine zweite Überdosis überlebt.

Einer meiner Interviewpartner beschrieb die sonderbare Anziehung, die diese Frau auf Bon ausübte, folgendermaßen: „Nachdem er ein paar Groupies flachgelegt hatte, sagte er plötzlich, dass er zu Hause sein Mädchen Silver heiraten wollte." *Hä?* Wow …

Silver besteht darauf, dass die Geschichte rund um die zweite Überdosis – der ehemalige Manager der Band, Michael Browning, schreibt in seiner Autobiografie von einem „Cocktail aus Heroin und Alkohol … dieses Mal zog er es sich durch die Nase und spritzte es sich nicht" – auf keinen Fall der Wahrheit entspricht und Bons einziger Krankenhausaufenthalt die Folge einer Kneipenschlägerei gewesen wäre.

„Das einzige Mal, dass er ins Krankenhaus musste, war, als er sich kurz nach seiner Ankunft in Großbritannien den Kiefer brach … Die Leute bringen noch ein paar weitere Geschichten durcheinander. Es ist nichts als Bullshit."

Interessanterweise schließt sie jedoch die Möglichkeit, dass es eine zweite Überdosis gegeben hatte, nicht gänzlich aus.

„Ob das irgendwo auf Tour passiert ist oder nicht, kann ich nicht sagen. Wenn, dann hätte er mir vermutlich nichts davon erzählt, weil er ja ohnehin schon wusste, dass ich ihn für leichtsinnig hielt."

Silver sagte, sie hätte ihn nie Heroin rauchen oder schnupfen gesehen. Aber wenn er es getan hätte, dann „wäre es nur sehr, sehr selten vorgekommen. Jeder in meinem Umfeld wusste aufgrund der Dinge, die bereits vorgefallen waren, dass Bon mitunter echt dumme Aktionen lieferte und man ein Auge auf ihn haben musste … Du konntest dich einfach nicht darauf verlassen, dass er sich vernünftig verhielt. Schlechter Stil eben. Du besäufst dich einfach nicht vor einer wichtigen Dinnerparty oder einem Meeting. Dafür suchte man sich andere Gelegenheiten. Er scherte sich nicht um die Konsequenzen; es kümmerte ihn nicht, wie sich solche Dinge auf andere Leute auswirken würden."

Sie war der Meinung, dass sein unberechenbares Benehmen Irene Thornton ebenso zu schaffen machte wie ihr selbst und dass dies Bon letztlich seine Ehe gekostet haben dürfte. Auch wirkte sich sein Verhalten negativ auf sein Vorhaben, Silver zu ehelichen, aus (ihr zufolge sprach er „ständig" davon).

Als Bon zum ersten Mal um ihre Hand anhielt – auf dem Weg zum Flughafen Heathrow vor seinem Rückflug nach Australien Ende 1976 –, gab Silver ihm ohne zu zögern einen Korb: „Ich wusste schon relativ früh, dass ich mich in Bezug auf gar nichts jemals sicher fühlen würde, wenn ich bei ihm bliebe."

Obwohl sie ihren ehemaligen Liebhaber als „großherzig" umschrieb, war er ihr doch auch „zu unbesonnen" und außerdem „sehr, sehr selbstsüchtig und destruktiv".

„Ich glaube, Bon wäre verblüfft, auf welche Weise sein Mythos weiterwächst ... Er brachte mich mit seiner Verantwortungslosigkeit in ein paar schreckliche Situationen", sagte sie. „Das Problem war, dass man nicht wusste, wann etwas passieren würde. Es geschah nämlich in den unwahrscheinlichsten Momenten ... Ich war immer der Meinung, dass das vermutlich der Grund dafür war, dass Irene letztendlich einen Schlussstrich zog. Ich glaube, dass ich Irene viel besser verstand als sie mich. Yeah, ich konnte verstehen, warum es ihr einfach reichte ... Ich hatte es so satt, seine Babysitterin und nicht seine Partnerin zu sein."

Es ist wichtig, anzumerken, dass keines der aktuellen AC/DC-Mitglieder jemals einräumte, Bon hätte Heroin konsumiert. Diesbezüglich waren stets nur Dementis zu hören. Auch seine Familie stritt kategorisch ab, dass er sich auf die Droge eingelassen hätte. Bons jüngster Bruder Graeme Scott, ein Matrose in der Handelsmarine, erklärte 2006 im Gespräch mit Vince Lovegrove: „Es missfällt mir, dass die Leute weiterhin behaupten, er wäre an Drogen gestorben. Es ist ausgeschlossen, dass er auf Heroin war. Wenn er es gewesen wäre, hätte ich das nämlich gewusst. Schließlich standen wir uns nahe."

Aber offenbar nicht nahe genug.

Zwar bestätigte Silver Graemes Aussage als „so ziemlich die Wahrheit", doch steuerte sie noch einen weiteren Aspekt bei. Ihren Angaben zufolge rauchte ein Mitglied von Bons eigener Familie gewohnheitsmäßig Heroin und hielt dies vor ihm auch nicht geheim. Diese Person konsumierte Heroin anscheinend sogar „im großen Stil".

„Heroin erfüllte sein Leben", ließ sie mich wissen. „Es war sein einziges Interesse. Und das war schon lange so, bevor ich diese Person zum ersten Mal traf. Na also *[lacht]*! Warum sollte der seine unappetitlichen Geheimnisse für sich behalten dürfen, während wir anderen alle unser Fett abbekommen?"

Er rauchte wirklich Heroin?

„Ohne Unterbrechung."

Wir sprechen hier nicht über Cannabis, sondern über Heroin?

„Heroin ... Bon nahm vielleicht auch ein paar Züge davon, wenn er auf Besuch da war. Ich womöglich auch, schließlich sage ich ja nicht, dass ich nicht mitgemacht hätte. Das ist durchaus möglich. Ob Bon] in London auf Heroin war? Wenn, dann kann das nur passiert sein, wenn er ein paar freie Tage hatte, was nur selten vorkam, und er zu Hause gewesen wäre und uns diese andere Person besucht hätte. Er traf von [geheimer Ort] aus ein. Danach flog er geradewegs dorthin zurück. Anders ausgedrückt: Er kam aus gutem Grund."

Falls Bon tatsächlich Heroin konsumierte, dann nur unregelmäßig.

„Die Sache mit dem Heroin ist die, dass man nicht arbeiten, keinen Job ausüben oder auf Tour gehen kann, wenn man ein richtiger Heroin-Junkie ist – außer man befindet sich ganz oben, und selbst dann ist es schwierig, denn man hat dann ein schlechtes Auftreten und so ... Man muss sich mäßigen. Weil es anders einfach nicht geht. Wie viele Vollblut-Junkies kennst du denn, die einer richtigen Arbeit nachgehen? Das ist einfach nicht machbar."

Overdose

Im Februar 2016 wurde mir Silver Smith durch einen gemeinsamen Freund vorgestellt. Bei diesem Freund handelte es sich um den jungen westaustralischen Autor J. P. Quinton, der sich in seinem Roman *Bad Boy Boogie* mit Bon beschäftigte. Es war extrem schwierig, ihre Fährte aufzunehmen, da sie sich vollständig zurückgezogen hatte.

„Ich lebe schon seit geraumer Zeit als Einsiedlerin“, gestand sie ohne Umschweife. Außerdem litt sie an einer schweren Krankheit, die sie selbst als „genetische Schwermetallvergiftung“ beschrieb. Es könnte aber auch etwas anderes gewesen sein. Allerdings hatte ich keine Ahnung, dass sie nur noch wenige Monate zu leben hätte. Nach ihrem Tod enthüllte ihr Sohn, dass ihr eine unheilbare Krebserkrankung diagnostiziert worden war.

„Ich leide an einem genetischen Gebrechen, zu dessen auffälligsten Symptomen chronische Erschöpfung gehört. Ich bringe nicht viel zuwege, weil das Klima in der Gegend hier so extrem ist und mich ordentlich mitnimmt. Allerdings kann ich es mir nicht leisten, woandershin zu ziehen. Also kümmere ich mich, wenn es mir gut geht, um mich selbst, meine Hunde und meinen Garten. Und wenn es mir nicht gut geht, verfällt eben alles.“

Mein erster Eindruck von Silver war, dass sie viel fröhlicher, wortgewandter und intelligenter war als die herzlose, zahnlose, heroinsüchtige Hexe, als die sie im Internet von AC/DC-Fans dargestellt wird, die beschlossen haben, ihr die Schuld an Bons Tod zu geben und sie auf schändliche Weise als „widerwärtige Junkie-Braut", „zwielichtiges Stück Scheiße", „diebische, mit Drogen dealende Schlampe", „ekliges drogensüchtiges Weibsstück" und noch vieles mehr bezeichnet haben. Bon-Scott-Biograf Clinton Walker nannte sie einst im australischen *Rolling Stone* eine „Nutte". Mir gegenüber verhielt sie sich außerordentlich höflich, sogar überaus liebenswert. Sie sprach angeregt über Bücher. Mittlerweile im Ruhestand, hatte sie viele Jahre „im öffentlichen Dienst sowie für NGOs und Gewerkschaften im Bereich Gesundheit und Bildung" gearbeitet sowie im tertiären Bildungsbereich unterrichtet.

„Ich habe online ein paar echt irre Dinge über mich gelesen. Aber es gibt mir großen Halt, dass diejenigen meiner Freunde, die noch am Leben sind und mich seit fünfzig Jahren kennen, dem ganzen Blödsinn keinen Glauben schenken und mich vehement in Schutz nehmen."

Silvers geheimnisvolle Aura wird auch dadurch genährt, dass bis zur Veröffentlichung dieses Buches nur ein Foto von Bon und ihr im Umlauf war, das Graeme Scott in ihrer Wohnung in Kensington, London, schoss und Silver nicht wirklich schmeichelte. Es wurde in Walkers Biografie abgedruckt.

„Das Foto entstand um circa sechs Uhr morgens. Bon war wach und startklar, weil er auf Tour ging … Graeme war zu Besuch. Bon wollte das Foto für seine Mum. Ich wollte nicht, dass Graeme es schoss. Schließlich war ich gerade erst aufgestanden und hatte mich noch nicht angezogen. Ich trug einen Bademantel, da fühlst du dich eben ungeschützt. Weder trug ich Make-up noch hatte ich mich gekämmt. Auch die Zähne hatte ich mir noch nicht geputzt. Ich wollte echt nicht fotografiert werden. Egal, Graeme schickte es Bons Mutter, die es wiederum an Clinton weitergereicht haben dürfte. Das ist echt schade. Von allen Fotos, die von mir in meinem Leben geschossen wurden, musste es ausgerechnet eines von jenen sein, die ich am meisten hasse. Du bist der Erste, dem gegenüber ich es eingestehe, dass ich das bin. Aber ja, es stimmt."

***

Silver wuchs auf, ohne ihre leiblichen Eltern zu kennen. Entgegen dem gängigen Gerücht war ihr Vater nicht der Chefredakteur der Londoner *Times*.

„Ich kenne meinen biologischen Vater nicht und wusste bis vor fünfzehn Jahren auch nichts über meine biologische Mutter ... Für mich sind die Leute, die mich aufgezogen haben, meine richtige Familie. Mein Dad war ein Büroangestellter bei der Bahn und ich wuchs streng katholisch in kleinen Städten auf dem Land auf."

Zierlich und mit einem messerscharfen Verstand gesegnet, schwarzhaarig, blauäugig, schlank und eine ungewöhnliche Weltgewandtheit ausstrahlend – es verwundert wirklich nicht, dass Bon so auf Silver abfuhr.

„Ich war nie schön und als Kind sogar richtig gewöhnlich ... In meinem Gesicht hatte ich ungefähr ein halbes Dutzend Narben, die aus der Nähe gut sichtbar waren. Ich war klein gewachsen, hatte aber meinen eigenen Stil. Als ich schließlich meine Teenager-Zeit hinter mir ließ, verfügte ich über ein sehr gutes Gespür dafür, was mir stand. Bon sagte, dass er meine Augen mochte und dass ich wie eine weiße Tina Turner sang und tanzte. Aber ich glaube, dass das, was ich in meinem Kopf hatte, den Ausschlag gab. Das erklärt auch, warum mich so viele besondere Leute als ihre Freundin und Vertraute mochten."

Sie hatte in den späten Sechzigern den Titel der Miss Beach Girl South Australia erobert und jobbte eine Zeit lang – abseits ihres Brotberufs beim Finanzamt – als Model und exotische Tänzerin im Nachtclub Trocadero in Adelaide.

„Ich war keine Stripperin, sondern tanzte in hauchdünnen Schleiern mit einem sehr zahmen Teppichpython. Außerdem trug ich noch einen Bodystocking und wurde à la Veruschka mit psychedelischen Farben angemalt. Adelaide war damals sehr, sehr zahm – mal abgesehen von den Hippies. Die Model-Aufträge waren bloß für Fotoanzeigen eines Kaufhauses."

1970 heiratete sie den inzwischen verstorbenen Graeme Smith, einen Gehörspezialisten und Psychologen, dessen Nachnamen sie annahm. Doch ihre Verbindung war keine ernsthafte Liebesbeziehung. Ihre Ehe wurde 1975 geschieden.

„Wir heirateten, weil man ihn einziehen wollte. So vermied er es, nach Vietnam zu müssen. Mein allergrößter Schulschwarm war bereits nach Vietnam eingezogen worden und der liebste, smarteste Junge aus meiner Schule saß im Gefängnis, weil er sich auf sein Gewissen berufen hatte. Was für eine beschissene Vergeudung."

Als Silver Anfang der Siebzigerjahre Bon kennenlernte, arbeitete sie an der philosophischen Fakultät der Flinders University. „Das war einer der besten Jobs, die ich je hatte, weil ich dort so viel lernte. In den Jahren, bevor Frauen denselben Lohn wie Männer erhielten, arbeitete ich den ganzen Tag in irgendwelchen staatlichen Büros. Ein paar Jahre lang jobbte ich auch als Frühstücks- bzw. Abendkellnerin bei Travelodge. Ich sparte, um auf Reisen gehen zu können. Ich arbeitete als Stenografin und Kellnerin, um mir winzige, aber gut eingerichtete Wohnungen in London und San Francisco leisten zu können, da ich keine Lust auf ein möbliertes Zimmer hatte, wo ich mir mit Fremden ein dreckiges Badezimmer hätte teilen müssen."

Es wird weithin angenommen, dass Silver bereits in Adelaide eine Affäre mit Bon hatte, als er noch mit Irene Thornton verheiratet war, obwohl es dafür keinerlei Beweise gibt. In ihrem Buch *My Bon Scott* schreibt Irene: „Ich weiß nicht, ob das schon losging, als Bon und ich noch zusammen waren." Im Gespräch mit mir stritt Silver kategorisch ab, dass Bon Ehebruch begangen hatte, obwohl das auf sie sehr wohl zutraf, da sie damals noch mit Graeme Smith verheiratet war.

„Es war nur sehr kurz. Unter Hippies nannte man so etwas auch nicht ‚Affäre'. Jeder hatte kleine Techtelmechtel, wenn einem danach war. In Adelaide kannte jeder jeden … Das, was zwischen Bon und mir in Adelaide lief, war wirklich von sehr kurzer Dauer. Da sah ich ihn zum ersten Mal Dinge tun, über die ich nicht sprechen möchte, aber ich dachte mir, wow, mit diesem Typen stimmt irgendetwas nicht.“

Sie sagte, Bons Verhalten hätte sich definitiv auf die Beziehung seiner Familie zu ihm ausgewirkt: „Bon erlaubte sich einen Fauxpas, der jeglicher normalen Beziehung zwischen ihnen einen Riegel vorschob.“

Doch hatte er etwas Besonderes an sich.

„Der Grund, warum Bon trotz seines fragwürdigen Kleidungsstils so gut bei den Frauen ankam, war, dass er sie wirklich mochte. Das war damals ungewöhnlich. Ich hatte zwar im Verlauf der Highschool vier gute Freunde, aber die meisten Jungs oder Männer ließen sich in zwei Kategorien einteilen: in diejenigen, die Frauen als Feinde ansahen, sowie jene, denen Frauen eine Heidenangst einjagten. Bon fühlte sich immer schon wohl mit Frauen und behandelte sie mit Respekt und Zuneigung.“

Sie und Bon bändelten erneut an, als AC/DC 1976 ihren ersten Gig in London im Red Cow in Hammersmith spielten. Die finster dreinblickenden, eigenbrötlerischen, Comics lesenden Youngs begegneten ihr mit Skepsis. Silver erzählte mir, dass sie ihr schon bei ihrem ersten Aufeinandertreffen im Tour-Van der Band das Gefühl vermittelten, nicht willkommen zu sein. Sie sah die Band in der weiteren Folge weniger als ein Dutzend Mal live spielen. Sie und Bon zogen es vor, sich in ihr Apartment zurückzuziehen, wo sie Bücher lasen und Platten hörten.

„Als Bon anfing, mich in London zu besuchen, lebte ich gewiss nicht in einer Luxuswohnung. Mir standen gerade einmal ein Zimmer und ein Badezimmer zur Verfügung. Ich wohnte in der Gloucester Road, nahe der U-Bahn in South Kensington. Außer einem Kühlschrank und einer Matratze besaß ich kein Mobiliar, weil ich erst vor Kurzem eingezogen war.“

Silver kümmerte sich um Bons Bildung, die eher rudimentär ausgeprägt war. (Eine seiner Exfreundinnen beschrieb ihn mir als „eher schlichten Typen aus dem australischen Hinterland".) Sie deckte ihn mit ziemlich niveauvollem Lesestoff für seine Touren ein. So las er Bücher von Autorinnen und Autoren wie Doris Lessing, Anaïs Nin, Colette, Anthony Trollope, Samuel Pepys oder Joseph Conrad. Zu seinen Favoriten zählten Colettes *Chéri*- und *Claudine*-Romanreihen sowie Lessings Science-Fiction-Erzählungen *Die Memoiren einer Überlebenden* und *Die Ehen zwischen den Zonen Drei, Vier und Fünf.* Fernab des kulturell verkümmerten Ambientes rund um AC/DC bot Wohnung 9 in der Gloucester Road 96 Bon eine Art Zufluchtsort, in dem er auch auf andere interessante Zeitgenossen traf. Silver war etwa mit einem jungen Börsenmakler namens Kenneth Moss befreundet, einem Selfmade-Millionär, der mithilfe seiner eigenen Flugzeuge, einer Douglas DC-8 und einer Convair 880, unter dem Firmennamen Freelandia Billigflugreisen anbot, womit dieser Hippie im Prinzip den Weg für Richards Bransons Virgin Airlines ebnete. Von Problemen heimgesucht, stellte er jedoch 1974 bereits nach einem Jahr den Flugbetrieb wieder ein. Bei einer von Moss' ausschweifenden Partys im September 1974 zog sich der Drummer der Average White Band Robbie McIntosh ein Pulver, das er für Kokain hielt, durch die Nase. Dabei handelte es sich aber um Heroin. Er verstarb schließlich im Howard Johnson Motel in North Hollywood.

Dem Bassisten derselben Band, Alan Gorrie, der ebenfalls diese Substanz geschnupft hatte, rettete Cher das Leben. Da er im Verdacht stand, das Heroin bereitgestellt zu haben, sah sich Moss mit einer Anklage wegen Mordes konfrontiert. Er bekannte sich schließlich der fahrlässigen Tötung für schuldig und musste eine Haftstrafe von 120 Tagen im Bezirksgefängnis absitzen. Seine Bewährungsfrist endete nach vier Jahren.

„Ich wohnte 1974 bei Kenneth in Los Angeles und bei seinen Freunden in Sausalito", erzählte Silver. „Das war eine traumatische und gefährliche Zeit für ihn. Fast alle wandten sich von ihm ab.

Mein Wissen über und meine Leidenschaft für Musik öffnete mir viele Türen in Kalifornien und England. Ein paar meiner Kontakte waren reich, ein paar eher weniger."

Darunter befanden sich auch Phil Lynott, der ebenfalls Heroin konsumierte und auf dessen Track „Girls" von seinem Soloalbum *Solo In Soho* Silvers Sprechstimme zu hören war, der Bankier und Antiquar Milo Cripps alias Lord Parmoor sowie die Rolling Stones. Silver hatte Keith Richards in seinem Hotel in Adelaide kennengelernt, als die Stones durch Australien tourten. Es wurde lange vermutet, dass Bon mit ihnen abhing, als sie 1978 in Paris ihr Album *Some Girls* einspielten, doch widersprach Silver diesen Gerüchten.

„Keith Richards traf nie in meiner Anwesenheit auf Bon. Ron Wood und Bon liefen sich in einem Aufnahmestudio in Paris mal über den Weg und sagten kurz Hallo zueinander, bevor eine französische Band namens Trust Bon erkannte und ihn in ein Studio entführten, wo sie einen seiner Songs aufnahmen. Ich begleitete Ron und [den persönlichen Assistenten der Stones] Frank Foy ins Studio, wo die Stones sich mit den Tontechnikern eine Aufnahme anhörten … Ich habe mit Keith nie ‚einen draufgemacht'. Das hat Bon verzapft … Wir führten ein paar längere Vieraugengespräche und aßen zusammen."

Kauften die Stones Heroin von dir?

„Nein. Ich kannte Ron [Wood] ein paar Jahre lang richtig gut und war eine Bekannte von Keith, der damals, als ich ihn im London der Siebziger traf, eigentlich nur Gras rauchte … Als er noch immense Mengen Heroin konsumierte, kannte ich ihn noch gar nicht."

Silver vermutete, dass diese zeitlich begrenzten Kontakte zur Hautevolee die Grundlage für ihre unfaire Darstellung in Walkers Buch darstellten. „Es gab ein paar wenige reiche Männer in Lauerstellung. Mir gingen die reichen Männer jedenfalls nicht aus", wurde sie darin zitiert. Walker interpretierte das so, als hätte sie sich von reichen Gönnern aushalten lassen. Auch Irene Thornton wiederholte in ihren Memoiren fälschlicherweise diese Anschuldigungen.

Silver war der Auffassung, dass Irene diesen Eindruck von Walkers Buch übernommen haben musste. Obwohl sie zugab, selbst Heroin konsumiert zu haben, und auch die Möglichkeit einräumte, dass Bon dies ebenfalls tat, bestand sie doch bis zu ihrem Lebensende darauf, dass die Vermutung, er wäre an jenem düsteren Tag im Februar 1980 an einer Überdosis und nicht an Alkoholvergiftung gestorben, schlichtweg falsch wäre.

„Dieser Mythos ist doch schon ausführlich widerlegt worden, oder? Glauben manche Leute immer noch, dass die Ärzte im Krankenhaus – die ja nicht wussten, das Bon irgendjemand Besonderes war – sowie das Untersuchungsgericht, die Medien und die Mafia rund um Alberts und die Youngs alle in eine Verschwörung verwickelt waren? Ich war im Krankenhaus und bei der Untersuchung der Todesursache dabei, und das ist die ganze Wahrheit."

Tatsächlich?

***

Grahame „Yogi" Harrison verbrachte vier Jahre als Tontechniker mit Rose Tattoo, bevor er fünf Jahre für Buffalo – die australischen Black Sabbath – arbeitete. In diese Zeit fiel auch eine Australientour mit Geordie mitsamt deren Frontmann, einem gewissen Brian Johnson. Heute ist Harrison über 60 und betreut immer noch Touren als Tontechniker und Tourmanager. 1977 arbeitete er in Sydney für AC/DC als Tontechniker. Er lernte Bon („ein absoluter Partytiger, ein extrem freundlicher Typ") kennen, als sie einander im Bondi Lifesaver trafen, einer Venue in Sydneys Osten, die 1980 endgültig schloss. Harrison lebte unweit der Location, „deshalb musste ich auch nur den Hügel hinunterrollen, um nach Hause zu gelangen". Er sagt, dass Bon und der inzwischen ebenfalls verstorbene Drummer von Rose Tattoo und Heroin-Konsument Dallas „Digger" Royall aus demselben Holz geschnitzt waren. Tatsächlich ähnelten sie sich so stark, dass sie „Brüder hätten sein können, Mann". Royall verstarb 1991.

„Das Bondi Lifesaver war für viele von uns für eine lange Zeit in den Siebzigern wie ein zweites Zuhause. Wir arbeiteten dort ziemlich viel, der Großteil der Crew und die Bands auch. Es war außerdem unser Treffpunkt. Bon war klasse. Er war mit Abstand das zugänglichste Mitglied von AC/DC und außerdem durch und durch gutmütig. Wenn dem nicht so war, dann versteckte er das ziemlich gut."

Allerdings plagten ihn Probleme, die schon damals offenkundig waren.

„Bon zog sich alles rein, was nur irgendwie zu haben war. Er konnte sich richtig ernsthaft vollaufen lassen. Was Bon betrifft, so denke ich, dass er einen großen Teil seines Muts aus dem Alkohol bezog. Typen wie Bon Scott und [der verstorbene Leadsänger von Dragon] Marc Hunter tragen meiner Meinung nach viel Ballast mit sich durch die Gegend, wenn sie die Schule hinter sich lassen – egal, ob sie dort nun gemobbt, ausgelacht oder sonst was wurden. Ihnen fehlt die Selbstsicherheit, sich aufzuraffen und zu tun, was sie eben tun – aber sie sind in der Lage dazu, wenn sie sich erst mal Mut angetrunken haben. Meine Generation nennt das ‚niederländische Courage'. Das wird dann zu einer lebenslangen Angewohnheit, da man sich ohne nicht so fühlt, als würde man den Anforderungen gerecht werden können. Bon benutzte Alkohol wie eine Krücke. Ich würde sagen, dass sich das mit den Drogen ebenso verhielt. Denn je zugedröhnter er war, desto mehr fühlte er sich wahrscheinlich, als würde er alles unter Kontrolle haben. Was auch immer an ihm nagen mochte, er und auch Marc Hunter und noch ein paar andere gingen das Problem falsch an. Es hat sie beide schließlich umgebracht."

War dir klar, dass Bon Heroin konsumierte?

„Yeah, davon wussten wir. Es gab ein paar Leute im Geschäft, die so drauf waren. Ich habe im Verlauf der Jahre gesehen, wie viele – zu viele – von ihnen daran krepierten oder komplett entgleisten. In Bons Fall bin ich der Meinung, dass er alles ausprobiert hätte, was man ihm zuspielte, nur um zu sehen, was es mit ihm macht. Ich glaube nicht, dass er sich bewusst auf die Suche nach Heroin machte. So wie das Rock-'n'-Roll-Geschäft nun einmal war, stand es ihm womöglich einfach zur Verfügung. Und Bon – so wie er nun einmal gestrickt war – dachte sich [imitiert Bons Stimme]: ‚Ich zieh mir das rein. Mal sehen, was da abgeht.' Als ob er so eine Art wandelndes menschliches Experiment gewesen wäre: ‚Ich bin gespannt, was das mit mir anstellt.' Heroin hat viele Vertreter des Rock-'n'-Roll-Business auf dem Gewissen – darunter eben auch Bon und Marc Hunter. Da kann man einige Mutmaßungen anstellen. Wenn ich ehrlich sein soll, glaube ich, dass Bon an der Kombination seiner gesammelten Lebensumstände starb. So sehe ich das. Ganz egal, wovon er sich Trost und Schaffenskraft versprach oder was auch immer er mit seinem Bedürfnis, ständig weggetreten zu sein, bezweckte – was ihn letztendlich zur Strecke brachte, war die Tatsache, dass es so aus dem Ruder lief. Er war nicht länger in der Lage, diesen Bestandteil seiner Persönlichkeit abzuschütteln, und musste immense Dosen zu sich nehmen, da weniger für ihn einfach nicht mehr funktionierte. Es würde mich nicht überraschen, wenn Bon an einer Überdosis Heroin gestorben wäre. Allerdings wäre ich sehr wohl überrascht, wenn nicht noch mehr im Spiel gewesen wäre."

* * *

Angus und Malcolm Young haben sich zwar nie zu Bons angeblichen Überdosen in den Jahren 1975 und 1976 geäußert, doch die leidige Frage, inwieweit sein Arbeitsplatz gesichert war, sollte bald ein bestimmendes Thema innerhalb der Band werden und auch ihn selbst intensiv beschäftigen. Diese Verunsicherung wurde durch die Kritikerschelte, die Bon vonseiten der Rezensenten erdulden musste, Atlantics Weigerung, *Dirty Deeds Done Dirt Cheap* in Nordamerika zu veröffentlichen[12], die Gerüchte, die Plattenfirma könnte AC/DC fallen lassen, sowie den Umstand, dass die sommerliche

12 Das Album erschien 1981 schließlich doch noch, allerdings mit veränderter Tracklist.

Let There Be Rock-Tour sich nicht in angemessenen Verkaufszahlen niederschlug, noch weiter verschlimmert. Außerdem trank Bon nun heftiger als je zuvor, womit er sich ins direkte Schussfeld von Malcolm manövrierte.

Es ist nicht schwer, sich auszumalen, wie die kreative Beschränkung der Gebrüder Young auf nichts außer schnörkellosen Rock 'n' Roll mit zotigen Texten ihn zu frustrieren begann. Silver Smith sagte, den Youngs hätte missfallen, wenn Bon irgendeine andere Musik als AC/DC hörte. Doch im Privaten, wenn sie sich nicht gerade vor Medienvertretern in Pose warfen, lauschten die Youngs ganz anderen Klängen. In einem unachtsamen Moment gestand Malcolm, dass er und seine Band die Beatles hörten. „Wenn wir irgendetwas hören wollen", sagte er, „dann legen wir die Beatles auf, eines ihrer abenteuerlicheren Alben." Allerdings gehörte es zu den Voraussetzungen für ihren Leadsänger, zumindest nach außen hin den musikalischen Einfaltspinsel zu markieren.

Bon wünschte sich, als Künstler ernst genommen – oder zumindest respektiert – zu werden. Doch die Presse brachte ihm nichts als Hohn entgegen, selbst wenn AC/DC auf der Bühne eine fulminante Show hinlegten. Er las gerne und besuchte auf Tour in Europa nicht nur Buchhandlungen, sondern auch Kunstgalerien. Doch egal wie witzig seine Lyrics auch waren, Bon war sicher kein Peter Ustinov oder Stephen Fry. Seine Briefe, die er an Freunde schrieb, waren in der Regel mit derben Kraftausdrücken gepfeffert und seine Interviews outeten ihn auch nicht gerade als Intellektuellen. Seine Antworten waren oft wirr, mitunter zusammenhanglos, und endeten fast immer mit „weißt du?".

„Ich weiß nicht, was ich ohne diese Band tun würde, weißt du? Ich lebe für sie. Wir sind ein echt verwegener Haufen. Die Songs geben einfach wieder, wer wir sind: Saufen, Frauen, Sex, Rock 'n' Roll. Darum geht's schließlich im Leben."

Nur auf Bon traf dies im Grunde genommen gar nicht zu. Stattdessen schlüpfte er bloß in diese Rolle. Die Prahlerei, mit wie vielen

Girls er schon gepennt hätte, oder das schmuddelige Gerede von wegen Pornoheftchen sollte der Presse gegenüber bloß ein Image festigen, das er selbst konstruiert hatte. Je mehr er der Rolle entsprach, die die Gebrüder Young ihm zugedacht hatten, desto mehr verabschiedete sich Bon von dem, was ihn tatsächlich ausmachte. Ist es da wirklich verwunderlich, dass er sich bis zur Besinnungslosigkeit besoff?

Irene Thornton schrieb, dass Bon „stets versuchte, seinem Rockstar-Image gerecht zu werden, streitlustig daherzureden und eine Reaktion zu provozieren. Nicht einmal die Hälfte von dem Scheiß, den er so sagte, war ernst gemeint."

Sie schildert auch einen Vorfall, der sich zu Beginn von Bons Karriere bei AC/DC zutrug und bei dem auch der verstorbene australische Roadie Pat Pickett und zwei Groupies eine Rolle spielten. Laut Irene stellte Pickett „etwas echt Abartiges" an, das einen „wirklichen Tiefpunkt" darstellte. Doch Bon war davon sichtlich amüsiert. Irene schreibt, dass er mit jedem Bier „immer noch abgründiger" wurde. Er besaß eine hässliche, fiesere Seite, die mitunter zum Vorschein kam. Was sonst hätte ihn dazu bewogen, gegenüber der einzigen Frau, die er je ehelichte, mit seiner sexuellen Beziehung zu Silver „praktisch anzugeben"?

„Er wollte, dass ich von Silver erfuhr – und aus irgendeinem Grund, so glaube ich, wollte er mir damit wehtun", schreibt Irene in ihren Memoiren. „Was mir an ‚Ride On' [auf *Dirty Deeds Done Dirt Cheap*] auffällt, ist, wie früh in seiner Karriere Bon bereits anfing, sich unglücklich zu fühlen. Er hatte ein bisschen Erfolg und plötzlich glaubte er, sich jedem gegenüber alles leisten zu können. Die Band wurde so erfolgreich und so viele Mädchen warfen sich ihm an den Hals, dass seine Wahrnehmung der Wirklichkeit stark in Mitleidenschaft gezogen wurde. Ich war echt angewidert von ihm", berichtet sie.

Auch Silver erinnert sich nicht gerne an diese Seite von Bon. „Womöglich sollte ich das für mich behalten, aber Bon war ein bisschen ein Maulheld und es dauerte eine Weile, bis ich begriff, dass das auch mich miteinschloss, worüber ich mich später sehr grämte. Diskretion war schließlich mein zweiter Vorname! Bon war da definitiv anders gepolt. Er war total indiskret mit seinen Geschichten und übertrieb ordentlich, um Eindruck zu schinden. Ich fand das auf die harte Tour heraus, als ich entdeckte, dass er genau das in Bezug auf mich getan hatte. Das konnte peinlich und rufschädigend sein. Aber wenn er ertappt wurde, zeigte er sich wieder von seiner gewinnenden und charmanten Seite."

Auch sie ist der Meinung, dass Bon sich in einer Rolle verheddert hatte, die nicht seinem wahren Charakter entsprach.

„Irgendwann saß er in der Falle. Anfangs passte es gut für ihn. Soweit ich weiß, erhob er nie Einspruch. [Michael] Browning versorgte *Truth*, Melbournes Revolverblatt, mit albernen Storys über Bon, weil er vor AC/DC noch nicht im Ruf stand, so ein Bad Boy zu sein. Leute, die ihn besser kannten, wussten, dass er saudumme Aktionen bringen konnte, doch sein Image war im Allgemeinen nicht das eines Bad Boys. Das wurde mehr oder weniger konstruiert. Du weißt schon, der böse, ältere Typ und seine jungen Kerls, Lehrlinge oder was auch immer in puncto Verderbtheit oder so. Aber ich glaube, dass ihn das gegen Ende hin persönlich belastet hat. Er konnte dem nicht entfliehen. Auf jeden Fall bereitete es *mir* Probleme, da er sich gezwungen sah, diese Rolle ununterbrochen zu spielen. Er musste diese Person sein. Bon war sicher immer schon ein kleiner Frechdachs, aber dieses Bad-Boy-Gehabe wurde erst für AC/DC so richtig herausgearbeitet. Es zehrte an ihm. Die Leute wollen, dass du genau diese Person bist. Nichts laugt einen mehr aus. Während meiner ersten eineinhalb Lebensjahrzehnte wurde mir eingetrichtert, wer ich zu sein hätte … Das ist echt hart."

Die Erzählungen beider Frauen lassen tief blicken. Die Youngs konnten unablässig über andere Musiker ablästern und dabei mitunter richtig gemein und bescheuert wirken, doch Bon stand ihnen im Bedarfsfall um nichts nach. Led Zeppelin, die Stones, Jeff Beck,

Eric Clapton, Rod Stewart, The Sweet ... kaum ein großer Name der Siebzigerjahre-Popwelt war sicher vor dem Zorn von AC/DC, der sich in unzähligen Interviews entlud.

Zwar sträubten sich AC/DC voller Entsetzen gegen das Etikett „Punk“, doch ihre Plattenfirma war nicht abgeneigt, sie unter genau diesem Label anzupreisen, woraufhin die Band einen schmalen Grat zu beschreiten versuchte, dem auch gerecht zu werden. Ein gutes Exempel hierfür bietet ein Interview mit dem Magazin *Punk* von 1978, das John Holmstrom mit ihnen führte. Dieser bekleckerte sich dabei nicht unbedingt mit Ruhm.

HOLMSTROM: Was für Mädchen magst du?

ANGUS: Schmutzige.

HOLMSTROM: Girls, die sich nicht waschen?

ANGUS: Nein, einfach schmutzige Kühe.

BON: Ein nette gewaschene Schmutzige. Saubere Fotze. Schmutzige Gedanken.

HOLMSTROM: Du bist nicht verheiratet, oder?

BON: Nö, geschieden. Und du verstehst auch warum!

HOLMSTROM: Warum denn?

BON: Ich bin geschieden.

HOLMSTROM: Oh. Was ist das Verdorbenste, das du je getan hast?

BON: Ich habe eine Abo in die Nase gevögelt. Hab eine Aborigine in die Nase gefickt. Große, flache Nase.

Im weiteren Verlauf des Interviews wird Bon gefragt, was er so in der Nacht zuvor getrieben hatte.

BON: Ach, ich war aus. Ich hatte einen fantastischen Traum. Ich habe mich richtig volllaufen lassen. Du hast mich doch gesehen, gestern Nachmittag. Ich hin dann schlafen gegangen. Und dann habe ich geträumt, dass mir diese zwei New Yorker Groupies meinen Schwanz, meinen Arsch und meine Eier ablutschen. Das volle Programm. Eine davon war Linda Lovelace. Sie hat sich um den – na, du weißt schon.

ANGUS: Und dann bist du aufgewacht und es war alles wahr.

BON: Das war das erste Mal, dass ich jemanden durch den Mund bis in die Lunge gefickt habe – und es war alles andere als langweilig. Nun, als ich aufwachte, war niemand da. Vielleicht ist es ja tatsächlich passiert.

Das war Humor der unreiferen Sorte und Bon spielte seine Rolle. Auch wenn sich die Großstadtkritiker angesichts seiner Darbietungen auf der Bühne unbeeindruckt gaben und AC/DCs Plattenfirma an seinem kommerziellen Potenzial zweifelte: Wie konnte irgendjemand auch nur einen Gedanken daran verschwenden, sich seiner zu entledigen? Bon hob AC/DC auf einen ganz anderen Level: sowohl textlich als auch live – und vor allem in puncto Spirit. Trotz all seiner Derbheit konnte man ihm unmöglich seinen schurkenhaften Charme absprechen. Selbst die für ihre Schonungslosigkeit berüchtigten Brüder Young hätten es ohne Bon nicht so weit geschafft. Das muss ihnen instinktiv klar gewesen sein und sie haben dies in Interviews, die sie seit Bons Tod gaben, auch wiederholt klargestellt.

Ohne Bon hätte es die Band 1979 schlicht und einfach nicht mehr gegeben. Atlantic hätte AC/DC in die Wüste geschickt, hätte ihnen *Highway To Hell* nicht zum Durchbruch verholfen. Wir würden dann heute wohl auf den Seiten von *Classic Rock* über sie lesen – und zwar als eine Art historischer Kuriosität nicht unähnlich der Band Brownsville Station aus Michigan. Bon war jedenfalls das Beste, was AC/DC jemals passieren konnte. Das gilt bis heute. Er verlieh der Band die nötige Schärfe – auf und abseits der Bühne.

Aber wie der Roadie der Band Barry Taylor weise erklärte, hatte Bon auch Glück, die Youngs getroffen zu haben: „Die Aussage der Musik liegt nicht alleine in ihren Lyrics.“ Bei AC/DC, so sagte er, „tobt nämlich ein Krieg zwischen der Leadgitarre und dem Sänger. Es herrscht ein temperiertes Spannungsklima … Die Sprache des Rocks basiert nämlich auf Emotionen und nicht auf Diskurs. Du *erfühlst* die Bedeutung der Rockmusik. Das ist der Grund, warum sich diese Bedeutung so schwer isolieren lässt. Du kannst sie nicht alleine aufgrund der Lyrics bestimmen."

All dies war natürlich höchst nebensächlich, wenn der Sänger der Band fest entschlossen war, sich selbst auszulöschen.

„Angus und Malcolm waren überzeugt, dass niemand auch nur den Dreck unter ihren Schuhen wert wäre", erzählt Grahame Harrison. „Sie hielten sich in allen Belangen für überlegen. Malcolm führte die Band zwar an, doch musste man sich gut mit Angus stellen, um überhaupt mitmachen zu dürfen. Und um seine Position in der Band zu festigen, musste man sowohl Angus als auch Malcolm glücklich machen. Angus glich einem altklugen Kind."

Die beiden Brüder mussten eine wichtige Entscheidung treffen.

7

Hell Ain't A Bad Place To Be

In einem Pressetext seiner Band The Valentines aus dem Jahr 1969 erklärte Bon, dass seine Liebe vor allem seinen Eltern und seiner Crater Critter gelte. Bei Letzterem handelte es sich um ein Plastikspielzeug, das im Jahr 1968 in Australien den Frühstücksflocken von Kellogg's beilag. Außerdem begeisterte er sich für rot ausgemalte Räume, Duschen, Schwimmen, langmähnige Blondinen und Sex. Hingegen hasste er es, „beim Denken gestört zu werden", zu waschen und zu bügeln. Gleichzeitig lieb und ungezogen, was immer man gerade bevorzugte. Es gab nur sehr wenige Vorzeichen in seinem Leben auf das, was nun folgen sollte. Bons Familie war absolut normal. Bon erblickte das Licht der Welt am 9. Juli 1946 als zweiter Sohn von Isabella Cunningham Mitchell (geboren am 18. Februar 1919) und Charles „Chick" Belford Scott (geboren am 24. August 1917) aus „Ravenscraig", Roods, Kirriemuir, Schottland[13]. Sein Geburtsort hieß Forfar und befand sich sieben Meilen südöstlich von Kirriemuir. Im Schlepptau seiner Familie verließ er die alte Heimat auf einem Schiff namens *Asturias*, das am 5. März 1952 von

13 Oft liest man auch, dass Bons Mutter Isabelle oder Isobelle hieß – auf Bons Geburtsurkunde steht zum Beispiel „Isabelle" –, obwohl ihre Einwanderungs- und Wahlunterlagen sie korrekterweise als Isabella identifizieren. Auch auf ihrer Gedenkplakette auf dem Fremantle Cemetery steht es so. Ravenscraig wird in Walkers Biografie fälschlicherweise „Raymondscraig" genannt. Dabei handelt es sich um ein Schloss aus dem 15. Jahrhundert in Isas Heimatort Kirkcaldy.

Southampton aus in Richtung Australien in See stach. Laut den *Inward Passenger Manifests* erreichte die *Asturias* 25 Tage später den Hafen von Fremantle in Westaustralien. Die Scotts verfügten nach ihrer Ankunft über 1500 Dollar und brachen gen Osten auf. Bons schottische Herkunft muss ihm etwas bedeutet haben. Die Innenseite seines rechten Unterarms zierte ein Wappen und laut Roy Allen war er stolz darauf, Dudelsack spielen zu können: „Das war vielleicht das Einzige, über das er jemals vor mir prahlte." Allerdings hatte er laut Irene „nicht einmal ansatzweise einen schottischen Akzent … er war durch und durch ein Aussie".[14] Charles war 34 und Isa 33. In den Schiffsunterlagen werden ihre Berufe als „Bäcker" bzw. „Hausfrau" angegeben. Charles hatte in Kirriemuir 19 Jahre lang als Bäcker gearbeitet und die Familie wurde in ihren Einwanderungspapieren als „V. Good Type Family (2 boys)" eingestuft. Charles, so stand da, waren in Australien „diverse Jobs angeboten" worden.

„Master Ronald Belford", wie Bon in den Unterlagen bezeichnet wurde, war sechs Jahre alt. Sein Bruder Derek war zwei. (Ihr älterer Bruder Alexander war noch vor seinem ersten Geburtstag gestorben.)

---

14 John Fyfe, ein AC/DC-Fan aus Forfar, sagt: „Bons Berühmtheit wird in Forfar zumeist übersehen. Kirriemuir hat ihn sich unter den Nagel gerissen. Zwar ist er in Forfar geboren, doch wohnte er in Kirrie. Dort lebten auch seine Großeltern. Die Gedenktafel zu seinen Ehren befindet sich in Kirriemuir. Da steht sogar drauf, dass er in Kirriemuir – und eben nicht in Forfar – geboren wäre. Also nimmt man dort jetzt sogar für sich in Anspruch, sein Geburtsort zu sein. Ein paar Kumpels und ich erinnern sie immer wieder mal daran, dass er in Forfar geboren ist, aber das stößt auf taube Ohren." Er weist darauf hin, dass zwischen den Youngs und Bon ein Riesenunterschied besteht. „Ich kann den Glasgow-Scheiß nicht ernst nehmen. Das tue ich zum Teil, weil Glasgower voller Komplexe sind. Ich meine ja nur, *fuck me*, es gibt einen Unterschied – und zwar einen gewaltigen – zwischen Schotten von der Ost- und Westküste, wie man etwa an Bon und den Youngs erkennen kann. Bon verkörpert genau das, was man von jemandem, der in Forfar geboren ist und von Leuten aus Kirrie aufgezogen wurde, erwartet: locker drauf, nicht zu sehr auf das bedacht, was die Leute von ihm halten, selbstsicher. Es ist typisch, dass seine Eltern das neue Land als eine Möglichkeit für ein besseres Leben ansahen, ohne dabei zu anmaßend zu sein. Bei den Youngs finden sich einige Aspekte der Glasgow-Mentalität. Aber die haben auch so ein Rad ab. Jemand aus einer ländlichen schottischen Gemeinde könnte jemandem aus der Großstadt in puncto ‚angepisst sein' immer noch eine Lektion erteilen. Tun wir aber nicht. Aber, wie Bon zeigte, haben wir das sehr wohl drauf – wenn es uns ‚angemessen' erscheint. Aber eben nicht die ganze verdammte Zeit."
Am 30. April 2016 wurde in Kirriemuir eine Statue von Bon errichtet. Sie wurde zur Gänze von Fans finanziert. Die Inschrift bezeichnet ihn als „Jungen aus Kirriemuir".

In ihrem medizinischen Attest wurde Bon als „gut" und Derek als „durchschnittlich" eingestuft. Bons jüngster Bruder Graeme sollte ein Jahr später in Australien zur Welt kommen.

Die Scotts wohnten vorübergehend in der Couch Street 89 in Sunshine. Es war das Zuhause von Eleanor Laing, Isas jüngerer Schwester. Dies war derselbe Melbourner Vorort, in dem 1976 der Filmclip für die AC/DC-Single „Jailbreak" gefilmt werden sollte.

Die Familie lebte vier Jahre lang in Sunshine, wo Bon die örtliche Grundschule besuchte. Nachdem bei Graeme Asthma diagnostiziert wurde, wurde die Familie Scott 1956 dauerhaft im Bundesstaat Western Australia sesshaft. Ihre Adresse lautete von nun an Harvest Road 54, Fremantle. Im Wählerverzeichnis von 1963 gab Chick seinen Beruf als „Installateur" an.

Als Bon 1977 Amerika unsicher machte, wohnten die Scotts inzwischen in der Rockingham Road 306a in Spearwood – eine so typisch australische Arbeitergegend, wie man sich das nur vorstellen kann. Während seine beiden Brüder durch die Weltgeschichte tingelten, begnügte sich Derek – Glaser von Beruf – damit, mit seiner Ehefrau Valarie ein bescheidenes Zuhause am nahegelegenen Dion Place, Hausnummer 17, in Coolbellup zu beziehen.

Laut dem Wählerverzeichnis arbeitete Chick, als Bon starb, als Lagerarbeiter und Isa als Reinigungskraft. Sie war eine pflichtbewusste und stolze Mutter. Bon erzählte Pattee Bishop, dass Isa sein erstes T-Shirt mit dem AC/DC-Logo aufbewahrte. Allerdings war sie nicht in der Lage gewesen, ihn vor Gewalt auf dem Spielplatz zu beschützen, wie er sich ebenfalls erinnerte.

„Meine neuen Mitschüler drohten, mir die Scheiße aus dem Leib zu prügeln, als sie meinen schottischen Akzent hörten. Sie gaben mir eine Woche, um zu lernen, wie sie zu sprechen, wenn ich in einem Stück bleiben wollte. Natürlich war mir das egal. Keiner drängt mich zu irgendwas. Umso mehr wollte ich auf meine eigene Weise sprechen. Daher habe ich auch meinen Namen, der leitet sich von ‚The Bonny Scot' ab, verstehst du?"

Bon ging vorzeitig von der Highschool ab und verließ die örtliche Dudelsack-Kapelle, der er sich 1963 gemeinsam mit seinem Vater angeschlossen hatte und bei der er als Trommler tätig gewesen war. Wie sich Vince Lovegrove erinnerte, sollte der 16-Jährige nun auch zum ersten Mal ernsthaft mit der Obrigkeit in Konflikt geraten: „Er wurde für zwölf Monate der Obhut des Jugendamts unterstellt. Nachdem er verhaftet worden war, gab er einen falschen Namen an, flüchtete, stahl zwölf Gallonen Benzin und fügte der Liste seiner Vergehen noch schnell ungesetzlichen Geschlechtsverkehr hinzu, bevor er erneut verhaftet und in die Jugendstrafanstalt Riverbank überstellt wurde."

Bons hatte eine andere Version parat: „Ich sang bei einer Tanzveranstaltung in Fremantle ein paar Songs mit einer Band und ein paar Typen machten mir das Leben schwer. Ich sprang von der Bühne und legte mich mit ihnen an. Die Polizei ging dazwischen und zum Schluss stand ich mit einer Anzeige da, weil ich die Bullen angegriffen haben soll. Ich saß elf Monate ein."

Abhängig davon, wo man nachliest, dauerten Bons „elf Monate" zwischen neun und zwölf oder gar 18 Monate. Seine Akten sind nicht öffentlich einsehbar. Egal, was nun der Wahrheit entsprach, Bon saß seine Strafe ab – und zwar aus freien Stücken.

„Dieser Vorfall, ja, was ich so schwer an ihm zu erklären finde, sein Fehlverhalten, mit dem er sich selbst oder anderen auf sehr destruktive Weise schadete, das alles begann schon damals. Ihm wurde ja die Möglichkeit gegeben, nach Hause [zu seinen Eltern] zu ziehen", erzählte mir Silver Smith. „Er bekam diese Chance vom Gericht, aber er hatte keine Lust, seine Eltern zu sehen. Ich glaube, dass es ihm echt peinlich war. Seine Großeltern waren aus Schottland zu Besuch. Damals war es noch richtig teuer zu reisen. Das waren keine wohlhabenden Leute. Sie entstammten der Arbeiterklasse und hatten niedrige Einkommen. Seine Mum schenkte Tee an der Uni aus und sein Dad malochte in einer Keksfabrik. Die Großeltern hatten nun die einmalige Gelegenheit, ihre Enkelkinder zu sehen. Aber Bon war nicht da, weil ihm alles so peinlich war und er lieber in der Besserungsanstalt einsaß. Er bereute es aber – von ganzem Herzen. Schlussendlich sollte er seine Großeltern nie mehr sehen. Sie verstarben, bevor er es nach England schaffte. Diese dumme selbstzerstörerische Ader hatte er also schon vor *langer* Zeit gehabt. Vielleicht war das einfach eine fatale Schwäche in seiner Psyche."

In Wahrheit stand Silver, die regelmäßig als kaltherzige Schnalle hingestellt wird, Bons Eltern ziemlich nahe: „Chick und Isa lernten mich zum ersten Mal bei meiner ersten Rückkehr nach Australien an den Docks in Fremantle kennen. Ich wohnte drei Tage lang bei ihnen und genoss es sehr. Ich begriff, warum Bon der zweitbeste Mitbewohner war, den ich je hatte. Das lag an Isa und Chick. Bei ihnen zu wohnen, fühlte sich sehr vertraut an. Das Haus war makellos und größere Anschaffungen für den Haushalt wurden offensichtlich sorgfältig geplant, budgetiert und instandgehalten. Die Schuhe der Jungs wurden immer rechtzeitig repariert. Jeder Dollar wurde höchst sinnvoll investiert. Nichts wurde verschwendet. Ich war beeindruckt, dass Isa Bon so akzeptierte, wie er eben war. Alle drei Jungs schienen sich sehr stark voneinander zu unterscheiden."

Clinton Walker betont in seiner Biografie, wobei er sich weitgehend auf Silvers Aussagen beruft, dass Bons Verhaftung im Jahr 1963 und seine anschließende Inhaftierung in Riverbank ihn mit einem nachhaltigen Schamgefühl erfüllte. Sein Verlangen, im Musikgeschäft erfolgreich zu sein, war genauso groß wie sein Bedürfnis, seiner Familie für all die Schmach, die er ihnen bereitet hatte, Wiedergutmachung zu leisten. Das entspricht wahrscheinlich der Wahrheit, wenngleich es weit hergeholt erscheint. Die Zeit im Jugendknast hatte ziemlich sicher einen Einfluss darauf, wie der junge Bon sich selbst wahrnahm. Seine Gefühle bezüglich seiner selbst wurden in weiterer Folge durch Fehlschläge in seiner Karriere als Musiker, die er mit den Valentines und Fraternity erlitt, sowie durch sein Scheitern als Ehemann von Irene weiter gefestigt.

Es mutet verführerisch an, die Person, die Bon 1977 war, einer Psychoanalyse zu unterziehen, obwohl man letztlich auf Raterei angewiesen ist. Jedoch lehnt man sich wohl nicht zu weit aus dem Fenster, wenn man behauptet, dass sich hinter seinem zwanghaften Trinkverhalten eine Art innerer Konflikt verbarg. Enge Freunde berichten von einer massiven Gemütseintrübung, die ihn befiel, vor allem Ende 1979, als er so massiv aus der Spur geriet.

Er war alles andere als nur irgendein dummer Rockstar, der sein Leben an Alk und Drogen verschwendete. Bon war hungrig nach neuen Erfahrungen, ruhelos, außergewöhnlich sensibel und in vielerlei Hinsicht überaus widersprüchlich. Außerdem war er ordentlich und liebte Ordnung, hatte aber andererseits auch kein Problem damit, am unteren Ende eines Treppenaufgangs aufzuwachen. Zwar waren ihm seine Stimmbänder wichtig, doch ansonsten betrieb er massiven Raubbau an seinem Körper. Er war ein versierter Texter und schrieb fleißig Briefe, doch verfasste er seine Lyrics in unbeholfenen Großbuchstaben, und seine Rechtschreibung ließ schwer zu wünschen übrig.[15] Sein Seelenleben war undurchdringlich, aber er war stets bereits, seinen Freunden in welcher Lage auch immer zur Seite zu stehen. Auch die Interessen seiner Fans lagen ihm sehr am Herzen. Er wollte berühmt sein, sehnte sich jedoch nach einem Leben abseits der Musik. Bon konnte hinterlistig sein, war aber gleichzeitig selbstlos und großzügig wie nur wenige Menschen. Er profilierte sich als Stimmungskanone, konnte sich aber auch einsam fühlen. Er war ein Romantiker. Es ließ sich nicht bestreiten, dass es die Liebe war, die ihn antrieb – die Vorstellung von Liebe und Verliebtsein. Allerdings fiel es ihm schwer, sich von seinen anderen Vorlieben zu verabschieden, etwa seiner Freiheit, auch im sexuellen Sinn, oder

15 „Er schrieb in Blockschrift, wie ein Kind", erzählt Pattee Bishop. „Seine Handschrift bestand nur aus Großbuchstaben. Er saß am Pool und schrieb Listen. Sein Koffer war immer fein säuberlich gepackt. Er war ein Sauberkeitsfanatiker. Außerdem hatte er einen Notizblock, auf dem er die Namen von Freundinnen notierte … Ich sah Tourdaten und Zeichnungen. Ich bin mir nicht sicher, was er alles niederschrieb, ich sah nur die großen Blockbuchstaben, die er verwendete."

von dem Image, das er in seinem Kopf erschaffen hatte und der Welt präsentierte. Er erzählte Frauen, was sie hören wollten, und änderte seine Geschichten entsprechend den jeweiligen Zuhörern ab. Nicht außergewöhnlich für einen Schürzenjäger. Er vergnügte sich mit Prostituierten. Jemand, der mit Bon bei AC/DC spielte, aber anonym bleiben möchte, verriet mir: „Bon war total schmierig. Dem hätte ich nicht einmal meine Großmutter anvertraut."

So kam es, dass ein Mann, der eine Vielzahl von Frauen am Tag flachlegen konnte und sich mit Begeisterung an Gruppensex beteiligte (eine Frau, die Bon aus Florida kannte, erinnerte sich im Gespräch mit mir daran, wie „buchstäblich zehn Frauen auf den Betten in seinem Hotelzimmer [lagen] und er sie alle durchnagelte"), in der Lage war, etwas so Zartes wie „Love Song", jenen so gescholtenen Track von AC/DCs erstem Album, dem australischen Release von *High Voltage*, zu fabrizieren. Dieser Song entstand, so Bon, „um Hausfrauen dazu zu bringen, in ihre Geschirrtücher zu heulen, während sie den Abwasch erledigen, weißt du? Das war die ganze Idee hinter den Lyrics zu diesem Song."

Malcolm witzelte, dass die Band ihn festband und dazu zwang, „zur Abwechslung mal ein paar anständige, ehrbare Lyrics für uns zu texten".

Bon hatte zwei unterschiedliche Geschichten darüber auf Lager, wie er zu AC/DC stieß. In der ersten Story erholte er sich im Juli 1974 gerade zu Hause von einem Motorradunfall, den er zwei Monate zuvor in Adelaide gerade mal so überlebt hatte. Sogar im Koma hatte er gelegen. Nun hörte er aber „Can I Sit Next To You Girl" im Radio.

„Ich hörte den Song und dachte mir: ‚Oh, yeah!' Du weißt schon, ich machte gerade sauber, weil meine Frau berufstätig war und ich mich um den Haushalt kümmerte. Ich bringe also das Haus auf Vordermann, weißt du, poliere den Küchentisch und so und singe vor mich hin [singt] *Can-I-Sit-Next-To* … und der Typ im Radio sagt: ‚Die neueste Band aus Sydney, AC/DC.' Ich dachte mir: ‚Ja genau, ein paar Schwuchteln aus Sydney, ganz sicher.‘ Und zwei Wochen später war ich dann derjenige, der sang *Can-I-Sit-Next-To …*“

In der zweiten Version befand er sich an einer Anlegestelle. Schließlich war Bon handfestem Seemannsgarn alles andere als abgeneigt.

„Ich strich im Hafen von Adelaide Schiffe … wurde dabei alt und grau. Da fragte mich ein Typ namens Dennis Laughlin, der ein alter Freund von mir war und die Band managte, ob ich einen Job bei einer Rock-'n'-Roll-Band annehmen würde. Da dachte ich mir [mit greisenhafter Stimme]: ‚Ich weiß nicht, ob ich das tun kann. Die sehen ja alle ziemlich jung aus.‘ Ich bin ja schließlich schon fast so eine Art Opa … Und plötzlich war ich in dieser Band und machte mir richtig Sorgen, weil diese Jungs erst neunzehn, zwanzig Jahre alt waren und ich mich richtig ranhalten musste, um mithalten zu können. Also kaufte ich mir ein paar ‚Muntermacher‘, und na ja … wir trafen uns und ich konnte tatsächlich mithalten. Ich schleifte sie hierhin und dorthin und zog sie, na ja, runter *[lacht]*.“

Laughlin lud ihn zu einem AC/DC-Gig im Pooraka Hotel in Adelaide ein.

„Die Band betrat in knitterfreien Hemden und so die Bühne. Und da war noch dieser alberne kleine Bastard in Schuluniform *[lacht]*. Ich stand die erste halbe Stunde, die sie auf der Bühne waren, einfach nur da und lachte.“

Er war ganz „geplättet“ von dem Spektakel, das sich vor seinen Augen abspielte. Allerdings missfiel ihm die Musik: „Mir gefiel nicht, wie sie gespielt wurde.“

Bon räumte ein, „echt heimtückisch“ gehandelt zu haben, und „organisierte einen Hinterhalt“ im Proberaum seines Bandkollegen bei Fraternity, Bruce Howe, in der Prospect Road, „weil die da Ausrüstung im Keller aufgebaut hatten“. Bon spielte Drums, Howe den Bass „und wir hatten den unglaublichsten Jam, weißt du? Es war echt gut“.

Bon, der für eine Agentur, die von Vince Lovegrove betrieben wurde, als Fahrer arbeitete, sagte, dass er sich AC/DC „auf Tour ansah, um herauszufinden, wie sie wirklich waren“, und beschloss schließlich, dem Ganzen eine Chance zu geben. Die Youngs fragten ihn, doch er gab ihnen trotz allem einen Korb und nahm stattdessen einen Job bei Port Adelaide Fertilisers an. Sein medizinisches Attest ergab, dass er sich bester Gesundheit erfreute. Bon sollte gleich am nächsten Tag anfangen, kam aber doch zu dem Schluss: „Nein, das kann ich nicht machen. Ich rief also Dennis an und fragte ihn, ob der Job bei der Band immer noch zu haben wäre *[lacht]*. Er sagte Ja und ich erklärte ihm, dass er mir 60 Dollar für den Flug schicken sollte, dann würde ich morgen kommen.“

Ihren ersten Sänger Dave Evans durch Bon zu ersetzen, so Grahame Harrison, war die klügste Entscheidung, die die Youngs hätten treffen können.

„Dave Evans war nie der Richtige für die Band. Er strahlte vorne die falsche Art Arroganz aus. Bon war ein vorwitzig-arroganter Partyboy. Brian Johnson wiederum ist ein Autoliebhaber, der einfach nur dasteht und singt und vielleicht mal ein bisschen über die Bühne hüpft. Das ist aber auch schon alles. Dave Evans hingegen war hingegen ein Gockel. Ein richtiger Gockel vorne in der Mitte. Ausnahmslos nach jedem Gig tat Dave, was er wahrscheinlich immer noch am besten kann: Er machte sich zum Vollidioten, indem er sich ein paar Drinks an der Bar gönnte und dann wie ein verdammter Gockel umherstolzierte. Alle dachten sich, was für ein Wichser er wäre. Er war so ein Typ, der dich zwar nicht beleidigte oder so, aber total nervte, indem er einfach nur da war. Mittlerweile nennt er sich ‚Badass‘ Dave. Das ist die Art von Vollarsch, die er nun einmal ist. Von Anfang an, als ich sie das erste Mal sah, war ich der Meinung, dass er sich nicht halten würde. Weil schon damals ziemlich klar war, dass die Band unter der Kontrolle der beiden Gitarristen stand.“

Bon teilte Harrisons Vorbehalte gegenüber Evans: „Er brachte es einfach nicht und außerdem war er irgendwie ein Arsch.“

***

Drei Jahre später ruhte sich Bon gerade in einem New Yorker Hotelzimmer aus. Der Malocher-Job, den er bei Port Adelaide Fertilisers hätte antreten können, muss ihm unendlich weit weg vorgekommen sein – weil dem schließlich so war. Er hatte die richtige Entscheidung getroffen, selbst wenn der Starruhm und die damit verbundene finanzielle Sicherheit ihm noch verwehrt blieb.

AC/DCs Touren in Großbritannien und auf dem europäischen Festland waren erfolgreich verlaufen. Ihr aktuelles Album enterte die UK-Charts am 12. November 1977 auf Position #42. Bis zum 10. Dezember war es bereits bis auf Platz #37 gestiegen, womit die Band zum ersten Mal die Top 40 knacken konnte. Allerdings rutschte es anschließend noch vor Weihnachten wieder ab.

Während Earth, Wind & Fire das 35.000 Zuschauer fassende Capital Centre in Landover, Maryland, füllten, machten sich AC/DC auf den Weg, um den winterlichen Abschnitt ihrer *Let There Be Rock*-Tour zu absolvieren, auf dem sie als Vorband in kleineren Konzertsälen im Nordosten, Südosten und Mittleren Westen auftraten. Im Anschluss daran kehrten sie nach New York zurück, wo sie *Live From The Atlantic Studios* aufnehmen sollten, einen ausschließlich als Promo gedachten Release, der 1978 kurz vor der Veröffentlichung von *Powerage* ausgeliefert wurde, in der Hoffnung, Radiosender würden die Scheibe komplett spielen.

Silver Smith verbrachte etwas Zeit mit Bon auf Tour in den USA, bevor sie sich 1978 im Motel Coogee in Sydney trennten. Es war ihre Entscheidung und Bon war nicht sonderlich glücklich darüber.

„Ich wollte ein Leben. Ich hatte keine Lust, irgendjemandes Aufpasser zu sein. Mit Bon fühlte man sich nie auch nur annähernd sicher. Man konnte nie voraussehen, was er tun würde. Irgendein Scheiß würde passieren, der einem vermutlich gar nicht recht wäre. Ab und an tat er einfach dumme Dinge und konnte nicht erklären, warum. Ihm war der Schaden, den er anrichtete, durchaus bewusst. Ich hatte bereits unter den Dingen zu leiden, die Bon ohne zu trinken tat und die ziemlich ernste Konsequenzen nach sich zogen. Er war ja nicht die ganze Zeit so. Man wusste einfach nie, wann er etwas richtig Saudummes anstellen würde, dass er nicht erklären konnte. Er konnte dir keinen Grund nennen und es ließ sich nicht leugnen, dass es ziemlich katastrophal war. Diese Dinge konnten Auswirkungen auf dein Leben haben. Ich konnte mir nicht vorstellen, wie es funktionieren sollte. Nicht so, wie ihm das vorschwebte. Es war einfach nicht machbar. Ich wollte bloß mein eigenes Leben zurück und herausfinden, ob es das war, was ich mir wirklich wünschte. Ob ich bereit war, das in Angriff zu nehmen. Für Irene muss es dasselbe gewesen sein. Richtig schwierig eben. Du versuchst, all die schwierigen Dinge zu erledigen, normales Zeug eben, und Bon tat einfach das, wofür man ihn kannte *[lacht]*. Er wollte mir zwölf Monate Raum für mich geben und ich ihm auch. Aber natürlich gab er mir dann doch keine zwölf Monate. Nicht einmal drei *[lacht]*. Als ich nach London zurückkehrte, war er bereits einen Monat dort und hatte auf der Suche nach mir jeden, den ich kannte, in den Wahnsinn getrieben. Ich fühlte mich verfolgt und blamiert und wollte mich nur noch verstecken."

Sie schätzte, dass Bon ihr insgesamt „dreihundert oder vierhundert Briefe sowie fünfzig oder sechzig Telegramme" schrieb, die leider alle verloren gegangen sind.

* * *

Bon, dem lediglich ein geringfügiges Taschengeld zur Verfügung stand, konnte es sich nicht leisten, Silvers Reisekosten für die Tour durch Amerika zu stemmen – und die Youngs trugen sicherlich nichts dazu bei. Sie standen ihr misstrauisch, wenn nicht sogar feindselig gegenüber. Also zahlte sie selbst.

Von New York aus reiste sie nach Milwaukee, wo sie Pattee Bishops Freundin und Cliff Williams' Geliebte, die inzwischen verstorbene Candy Pedroza traf: „Ein halb mexikanisches, halb italienisches Knallbonbon … ein heißer Feger."

Von Candy, der Exfreundin von Ken Jones, dem Tourmanager der Kinks, sowie Steve Marriott von Humble Pie, wusste man, dass sie Heroin konsumierte. Nach ihrem ersten Treffen mit Cliff in Florida hatten sich die beiden in Chicago wiedergetroffen. Candy und Silver verbrachten danach ein paar Tage zusammen in Chicago, bevor Silver widerwillig nach Manhattan zurückkehrte, das „damals ein echtes Scheißkaff war". Bon und sie stiegen an ihrem letzten gemeinsamen Abend in New York im Holiday Inn in der West 57th Street ab und beschlossen, das Nachtleben der Stadt zu erkunden.

„Bon und ich versuchten in der eisigen Kälte das CBGBs zu finden, wo sechs traurige Säufer an der Bar abhingen."

Im Mid-South Coliseum in Memphis, Tennessee, eröffneten AC/DC für die angesagteste Live-Attraktion des Landes, Kiss, den Abend vor 12.000 Zuschauern. Das taten sie auch am darauffolgenden Abend in Indianapolis, Indiana, wo auch Silver im Publikum saß, bevor sie sich via Kalifornien nach Australien begab, sowie noch ein drittes Mal in Louisville, Kentucky. Für die Shows in Indianapolis und Louisville erhielt die Band jeweils 1000 Dollar. Der lokale Radiosender WLRS bewarb das Konzert in Louisville als „The Show of Shows!" und AC/DC waren entschlossen, vor ihrem bis dahin größten Publikum mit über 18.000 Zuschauern dem Headliner die Schau zu stehlen.

„Das Publikum war von beiden Bands vollauf begeistert", schrieb das *Courier-Journal*. „Es fuhr total auf ein kleines elektronisches Gerät ab, mit dem eine Note auf der Gitarre gedehnt werden konnte, nachdem die Saite angespielt und die Hand von der Gitarre weggezogen war. In Louisville geht das bei einem Rockkonzert als Virtuosität durch."

AC/DCs winterliche Tour endete mit zwei Shows Ende des Monats. In Largo, Maryland, sprangen sie als Vorband von Kiss für Bob Seger und die Silver Bullet Band ein. In Pittsburgh teilten sie sich hingegen die Bühne mit Blue Öyster Cult.

Als das Spektakel vorüber war, so erinnerte sich Barry Taylor, zerstreuten sich die fünf Trucks und die 50 Mann starke Crew in alle Windrichtungen.

***

In Greensboro, North Carolina, spielten AC/DC ihr allererstes Konzert mit Cheap Trick aus Illinois. Peinlicherweise war der Name der australischen Band falsch buchstabiert: AC/BC.

„Beide Bands befanden sich in ihren Karrieren in einer ähnlichen Position", erzählt Cheap Tricks Drummer Bun E. Carlos, der im Jahr 2016 in die Rock and Roll Hall of Fame aufgenommen wurde. „Wir hatten beide ausgemachte Knalltüten als Leadgitarristen, coole Sänger und rockende Bassisten und Schlagzeuger. Beide Bands tourten sich den Arsch ab. Cheap Trick waren live ein wenig härter als auf Platte. Bon wirkte stets wie ein gewöhnlicher, hart rockender Typ, der jederzeit für einen Spaß zu haben war. Das einzige Gesundheitsproblem, das uns auffiel, war seine exzessive Trinkerei in seinem letzten Lebensjahr. Leider überraschte sein Tod niemanden."

Kümmerte sich AC/DCs Management ausreichend darum, dass Bon sein Alkoholproblem in den Griff bekommen konnte? War dem Rest der Band bewusst, wie schlimm es um ihn stand?

„Niemand schien irgendetwas gegen seinen Suff zu unternehmen, aber das war damals nicht ungewöhnlich. Niemand hatte was von Entzugskliniken, Babysittern oder ähnlichen Dingen gehört. Das Management war irgendein Typ in Anzug, der sich in L. A. oder New York City blicken ließ."

Laut Silver Smith kam Bon ein Entzug nie in den Sinn. „Nein, soweit ich weiß, hat er das nie versucht", sagte sie. „Ich war ziemlich ignorant und wusste bis Mitte der Achtziger nicht einmal, dass es so etwas überhaupt gibt."

„Ein Entzug stand nicht im Raum", sagt Mick Jones. „Die Anonymen Alkoholiker? Was zum Geier ist das denn, bitte? Das stand wirklich nicht zur Debatte. Es hieß nur, dass man sich trockenlegen oder irgendwo hingehen musste. Ich tat das auch. Ich begab mich manchmal für drei oder vier Wochen in eine erholsame Umgebung, vielleicht eine Gesundheitsfarm oder so, was ja irgendwie in dieselbe Richtung wie eine Entziehungskur geht."

Bis Jones dem Trinken abschwor, begegnete er den Anonymen Alkoholikern misstrauisch.

„Wann auch immer ich AA-Leuten über den Weg lief, dachte ich mir: ‚Uuuuh, zieht bloß Leine.' Als wären sie der Teufel oder so."

Gab es eine Intervention?

„Nein. Anscheinend waren viele geplant *[lacht]*. Aber irgendwann kümmerte ich mich aus eigenem Antrieb darum. Ein Freund organsierte etwas für mich und ich flog in die Karibik. Das war die besten Entscheidung meines Lebens. Das hat mir das Leben gerettet. Ich wollte wohl den Traum eines lasterhaften Daseins ausleben, Starruhm, all diese Dinge eben, die einen in große Schwierigkeiten bringen. Ich begriff, dass ich die Beziehung zu meiner Familie und alles andere auch aufs Spiel setzte. Alles, was ich hätte verlieren können, hätte ich auch verloren. Zunächst hätte ich mal mein Leben verloren. Darauf wäre alles über kurz oder lang hinausgelaufen. Ich habe gesehen, wie das vielen Menschen zustieß, auch Bon. Bon war eines der frühen Opfer in unserer Generation in den Siebzigern, am Übergang zu den Achtzigern. Tragisch. Musiker sind sehr sensible Leute. Es ist nicht unbedingt der Hunger oder Macht oder Geld, was sie antreibt. Es geht mehr um den Ruhm. Um dieses Gefühl auf der Bühne, wenn du dich mit all diesen Leuten da draußen in Verbindung setzt und Unmengen von Menschen berührst. Und irgendwie versucht man, diesen Traum am Leben zu erhalten, auch wenn man es nicht mehr wirklich auf die Reihe bekommt. Ich kann mich an so viele Male erinnern, als ich mir vornahm, etwas zu unternehmen, aber nach ein paar Tagen der Enthaltsamkeit dachte ich mir: ‚Ach, ich habe seit fünf Tagen nichts mehr getrunken, ich habe es mir verdient, dieses Wochenende so richtig die Sau rauszulassen.' Das war ein sich stets wiederholender Kreislauf. Du weißt schon, des Leugnens eben. Ein Alkoholiker kann sich nicht auf nur einen Drink oder eine Droge oder was auch immer beschränken. Ich wusste, wenn ich meinen Scheiß nicht geordnet bekäme, würde ich die Musik bleiben lassen müssen."

Diese Kultur des Leugnens war auch bei AC/DC nicht ganz unbekannt.

„So wie er sich hielt, hätte man glauben können, dass Bon Scott unsterblich wäre", sagte Angus Young. „Er soff wie ein Loch und am nächsten Morgen sah er überhaupt nicht mitgenommen aus. Du fragtest dich dann, wie er das nur schaffte."

Eine wirklich gute Frage.

Teil II

1978

8

What's Next To The Moon

Ich buche eine Rückfahrkarte von New York nach Miami mit dem Atlantic Coast Service der US-amerikanischen Bahngesellschaft Amtrak. Die Distanz beträgt 1550 Meilen – in eine Richtung. Innerhalb weniger Minuten nach unserer Abfahrt aus der Manhattaner Penn Station fährt der Silver Star parallel zum Highway. An mir zieht ein Panorama mitsamt Wassertürmen, Versandcontainern, Trucks, Bussen, Überführungen aus Beton, Stromleitungen, Sümpfen, wucherndem Gras, Schrottplätzen, Altmetall, Kohlehalden und Plakatwänden vorüber. In Harrison, New Jersey, wachsen neue Wohnkomplexe aus dem Boden. Ab Trenton, der Hauptstadt des Bundesstaates, erhält die Landschaft einen zunehmend suburbanen Anstrich: Amerikanische Flaggen hängen an Fahnenmasten vor mit Schindeln verkleideten Häusern, die in sauberen kleinen Straßen stehen und vor denen auf dem Rasen Plastiktische und -stühle sowie mobile Planschbecken aufgebaut sind. In Virginia sehe ich vermehrt Traktoren dahintuckern. Bei Anbruch der Nacht, nach einem halben Tag Zugreise, bin ich erst in North Carolina mit seinen Wäldern, Hainen und offenen Feldern, auf denen vereinzelt Schuppen und landwirtschaftliche Geräte auszumachen sind. In ebendieses von Industrie und Landwirtschaft geprägte Amerika entsandte Atlantic Records AC/DC im Jahr 1978. Die großen Städte mussten erst noch erobert werden.[16] Diese Zeit, diese Ära – sie wird nie wiederkommen. Sie ist Geschichte. Dasselbe lässt sich von dieser außergewöhnlichen Musik sagen. Bald wird dies auch auf die letzten Leute zutreffen, die diesen bemerkenswerten Mann Bon Scott persönlich kannten. Es ist ein beinahe unmögliches Unterfangen, Bons Zeit in Nordamerika wiederauferstehen zu lassen. Warum sind so viele Leute – einschließlich mir selbst – dazu entschlossen, diesem Mann Bücher, Filme, Bühnenstücke, Dokumentarfilme, Instagram-Postings und Facebook-Seiten zu widmen? Warum gibt es über den ganzen Globus verstreut zahllose AC/DC-Coverbands, die in Bars in Yokohama oder auf Fantreffen in Deutschland auftreten und sich immer wieder dafür entscheiden, seinen Songs den Vorzug gegenüber jenen aus der Zeit nach seinem Tod zu geben? Die liebevolle Hingabe an diesen Mann lässt sich schon an den Namen dieser Gruppen ablesen, die sich etwa Let There Be Bon, Bon But Not Forgotten, Whole Lotta Bon, Bon Scott Experience oder auch Bon Scotch nennen. Es gibt buchstäbliche Hunderte von ihnen. Es geht nicht nur um die Musik, da muss mehr dahinterstecken. Ich bin mir nicht ganz sicher, aber ich glaube, dass ich – so wie viele dieser Leute auch – an einem bestimmten Punkt begriff, dass mein Leben, so sehr ich mich auch bemühen mochte, nie wie Bons sein würde. Er erlebte mehr in einer Dekade, nämlich den Siebzigern, als viele Menschen in ihrem gesamten Leben. Indem wir ihn als seine Fans verehren, erhoffen wir uns womöglich, dass das, was ihn ausmachte, auf uns abfärbt und auch unsere ansonsten so profanen Existenzen bereichert.

Ich hatte keine Lust mehr auf weitere wiedergekäute, dramatisch aufgebauschte Erzählungen über Bon. Während ich dieses Buch schrieb, wollte ich die Menschen treffen, die eine andere Seite

---

16 Es existieren Fotos von Bon im Tourbus, die die Eintönigkeit und Starrheit dieses Moments in seinem Gesicht widerspiegeln. Es fällt leicht, diese Gefühlsregungen nachzuvollziehen. Die anderen AC/DC-Mitglieder zeichneten sich nicht als sonderlich inspirierende Gesprächspartner aus. Immerhin las dieser Mann gerne Anaïs Nin. Mark Evans beschrieb AC/DC in seiner Autobiografie als „sehr abgeschottet“. Laut ihm gab es „keine richtige Kameradschaft“ zwischen ihnen.

dieses Mannes kannten und nicht davor zurückscheuten, den Mitgliedern von AC/DC oder Bons Familie auf den Schlips zu treten, oder irgendetwas zu verbergen hatten oder jemandes Ruf schützen mussten. Von ihnen gibt es nur wenige und sie sind schwer zu fassen. Um an sie heranzukommen, musste ich in eine Stadt am Rande der Karibik reisen, weit entfernt von Sydney, Melbourne, Perth, Los Angeles, New York und London. Es war ein Ort, der Bon höchstwahrscheinlich einen Einblick in eine Zukunft bescherte, die er sich immer gewünscht hatte mitsamt einer attraktiven Frau, mit der er glücklich werden könnte, in einem Land, das ihm neue Chancen eröffnete. Es gibt nur eine Handvoll Menschen, die ihn kannten und sich noch nicht öffentlich zu ihm geäußert haben. Sie ausfindig zu machen, stellt eine Herausforderung dar; diejenigen zu finden, die auch sprechen wollen, eine andere.

Ich verstehe nun, dass das, was wir aus Bons Geschichte im Speziellen und der Bandgeschichte im Allgemeinen für uns ableiten, letztendlich von persönlicher Natur ist: die Musik, die Legende, der Mythos oder eben alles zusammen. Es ist gar nicht wirklich wichtig. Die Mehrheit der Fans zieht es vermutlich vor, sich an ihn als eine Art Peter Pan zu erinnern, anstatt sich mit dem zutiefst fehlerhaften Menschen, der er in Wirklichkeit war, auseinanderzusetzen.[17] Tony Platt, der bei den Aufnahmen zu *Highway To Hell* und *Back In Black* als Tontechniker fungierte, ließ mich wissen: „AC/DC-Fans sollten sich mal entscheiden. So läuft das eben mit der Berühmtheit. Deine Fans picken sich die Dinge heraus, die ihnen am meisten zusagen."

Aber ich bin mir ebenso sicher, dass Bon, also der echte Bon, sich mit denselben Fragen wie wir alle beschäftigen musste. Was erwarte ich mir vom Leben? Mit wem will ich meinen Lebensabend verbringen? Wie lange will ich überhaupt leben? Wann weiß ich, ob ich

---

17 Es war Vince Lovegrove, der Bon auf lächerliche Weise mit Peter Pan verglich. „Bon hat dieselbe Unsterblichkeit und ewige Jugend erlangt", schrieb er 2001 im *Sunday Telegraph*, einer Zeitung in Sydney. „Manche Fans würden sogar behaupten, dass es sich bei ihm um den wahrhaftigen, Mensch gewordenen Peter Pan handelte."

genug dafür getan habe, wirklich glücklich zu sein? Die schreckliche Wahrheit ist, dass Bon erbärmlich abgekratzt ist und nicht als Hero abtrat. Für einen Mann, der so viele Menschen inspirierte, stellte die Art seines Abgangs eine große Enttäuschung dar.

Mit dem Zug zu reisen, war den Aufwand wert. Alleine die Sterne über South Carolina und der Sonnenaufgang in Georgia machten ihn wieder wett. Ab unserem Halt in Jacksonville, Florida, verändert sich die Landschaft erneut: Wohnwagensiedlungen und Palmen. Mit jeder weiteren Meile wirkt es so, als würde ich mich in der Zeit rückwärts bewegen. Der Himmel wirkt blauer und scheint weiter zu sein.

Orlando. Fort Lauderdale. West Palm Beach. Hollywood. Miami. In ihrem 1987 erschienenen Buch über die Stadt beschrieb Joan Didion Miami als „gar keine wirkliche Stadt, sondern eine Geschichte, eine Tropenromanze, eine Art Wachtraum, in dem jegliche Möglichkeit Platz hat und haben wird".

Obwohl mein Zug bereits zwei Stunden Verspätung aufweist, wartet am Bahnhof in Miami eine Frau in einem schwarz-grün-weißen Kleid auf mich. Es handelt sich um „American Thighs".

***

Als ich mich von New York aus mit Holly X am Telefon unterhielt und vorschlug, sie in Miami zu treffen, stellte sie eine unausweichliche Bedingung: Anonymität. Dafür gab es zwei zentrale Gründe. Der erste Grund war ihr prestigeträchtiger Job, der zweite ihre Mitgliedschaft bei den Anonymen Alkoholikern.

„Die Welt ist mittlerweile einfach zu eng vernetzt", erklärt sie. Sie ist Mitte fünfzig und größer, als ich erwartet habe. Sie hat eine kurvige Figur, hohe Wangenknochen, lange weißblonde Haare und geizt nicht mit Mascara. „Ich will nicht, dass demnächst ein paar alte Fotos auftauchen, wenn jemand meinen Namen googelt. Ich will nicht, dass AC/DC-Fans mit mir in Kontakt treten. Anonymität bildet das Fundament, auf dem die AA gegründet wurden und warum die Organisation funktioniert. Berühmte Leute, deren Sauferei und Drogenkonsum von den Medien festgehalten wurden, äußern sich dann, wenn sie clean geworden sind, und schreiben Songs über ihre Gesundung. Sie hatten von Anfang an nie Anonymität. Bei den AA gibt es viele berühmte und nicht so berühmte Leute – und keiner weiß, wer sie sind. Bescheidenheit ist eine zentrale Tugend der AA. Die Leute müssen mich nicht kennen, nur meine Geschichte. Die AA geben mir das Gefühl, dass ich vielen Menschen helfe – und keiner von ihnen kennt meinen Nachnamen. Das fühlt sich für mich als Mitglied der AA richtig an."

Wir fahren in Hollys Toyota Prius mit seinen „Geboren in Miami"-Nummernschildern durch die Stadt und beschließen, mithilfe ihres iPhones indisches Essen zum Mitnehmen zu ordern. Es ist ein heißer Freitagabend im Mai. Der Verkehr ist übel und bewegt sich zähflüssig Richtung Strand. Das indische Restaurant kann unsere Bestellung leider nicht aufnehmen, da man dort unterbesetzt ist. Also fahren wir persönlich dorthin, um zu bestellen und zu zahlen. Das Restaurant ist voll. Während wir auf unser Essen warten, haben wir Zeit, uns zu unterhalten.

Üblicherweise heißt es, dass Silver Smith für Bon die große Liebe seines Lebens war. AC/DC-Biograf Mick Wall gab etwa gegenüber *Classic Rock* 2015 folgenden Schwulst zu Protokoll: „Nach Irene [Thornton] packte Bon Scott die Liebe wohl noch am ehesten mit Margaret ‚Silver' Smith – einer umherreisenden Hippie-Zauberin, Heroinkonsumentin und Königin der langen Nächte." Clinton Walker schrieb in seiner Bon-Biografie: „Er war nie über sie hinweggekommen."

Ich frage Holly, ob Bon je über Silver sprach.

„Nein", antwortet sie fast schon barsch. Mir ist klar, dass sie den Namen noch nie zuvor gehört hat. „Er erwähnte überhaupt keine anderen Frauen."

***

Holly X kam 1959 in Miami zur Welt und schloss 1978 die Highschool ab. Sie begann als Fotografin für die *Miami News* zu arbeiten und sollte schließlich ein besonders bekanntes Foto eines toten Rockstars an den *Rolling Stone* verkaufen. Zu schreiben, um welches es sich dabei konkret handelt, wäre gleichbedeutend damit, ihre Identität preiszugeben.

„Mein ‚Rock-Leben' spielte sich ungefähr zwischen 1976 und 1980 ab. Meine erste Beziehung zu einem Musiker hatte ich mit siebzehn. So wie Bon war auch er nicht sonderlich berühmt, als wir zusammenkamen. Wir haben eine lange gemeinsame Geschichte und unser gegenseitiger Kontakt riss erst vor ein paar Jahren ab, obwohl ich unsere körperliche Beziehung bereits in den Neunzigern beendete. Ich stellte ihm bei einem seiner Konzerte 2009 sogar meine Tochter vor."

Sie verrät mir seinen Namen und ich bin ziemlich perplex, immerhin handelt es sich bei ihm um eine Legende der Siebzigerjahre-Rockmusik, jemanden, der kaum einmal *nicht* in den Schlagzeilen zu finden ist. Sie trafen sich 1976 in Lakeland, Florida. Auch Bon und er lernten sich kennen und waren durchaus als Freunde zu bezeichnen. Sie teilten sogar ein paarmal die Bühne miteinander, obwohl sie nicht wussten, dass sie mit Holly eine gemeinsame Freundin hatten.

Als sie 1977 nach New York umzog, schrieb sich Holly an der New School's Parson School of Design ein und verdiente sich ihr Taschengeld als Model und Promogirl. Im Rahmen dieser Tätigkeit traf sie auch auf Bon. Allerdings umfassten ihre Promo-Aufträge nicht nur AC/DC, sondern auch die J. Geils Band und Foreigner.

„Zunächst einmal waren Bon und ich vor allem großartige Freunde. Ich ging zu dieser Zeit auch mit anderen Rockern aus, obwohl Bon und die andere Person, die ich erwähnt habe, diejenigen waren, für die ich am meisten empfand. Es war eine wunderbare, auf berauschende Weise aufregende und verrückte Zeit. Ich bereue nichts. All der Alkohol und die ganzen Drogen, die ich damals genommen habe, sowie der Kampf gegen die Sucht, die ich mit Bon teilte, haben mich zu der Frau gemacht, die ich heute bin. Mein ganzes Leben dreht sich im Grunde darum, jenen zu helfen, die von dieser schrecklichen, oft tödlichen Krankheit betroffen sind. Ich ließ Alk und Drogen mit sechsundzwanzig hinter mir und abgesehen von ein paar kurzfristigen Rückfällen lebe ich seit vielen Jahren clean und trocken."

Wir teilen uns einen Teller Karipap. Das Essen lässt länger auf sich warten, als es sollte.

„Anfangs wollte ich ja nicht darüber sprechen, weil so viel Traurigkeit damit verbunden ist. Ich habe nicht viel von dem gelesen, was über Bon geschrieben wurde. Aber das, was ich las, befasste sich ausschließlich mit seiner Sucht. Es waren Geschichten darüber, wie er sich zudröhnte und volllaufen ließ. Das war sicher ein Teil von ihm, aber er war auch ein richtig netter Typ. Ich machte mir eine Menge aus ihm. Er war so lustig – und auch ein sehr sanfter Mensch, eine zarte Seele. Und auch sehr, sehr sensibel."

Laut Holly waren sie von „1978 an bis Bon starb" zusammen, beginnend mit AC/DCs zweiwöchigem Aufenthalt in Miami vor ihrer über 60 Konzerte umfassenden Sommer-Tour, mit der *Powerage* promotet wurde.

„Wir empfanden wirklich viel füreinander, aber niemand sagte etwas in der Art wie ‚Ach, von nun an werde ich nur mit dir zusammen sein'. Ein solches Gespräch führten wir nie, aber es ging langsam in diese Richtung."

Holly, Ärztin und Akademikerin, hat unter ihrem früheren Ehenamen ein Buch veröffentlicht. Sie verbrachte die zweite Hälfte ihres bisherigen Lebens damit, Studenten über Suchterkrankungen aufzuklären. Sie hat es echt drauf und unterscheidet sich markant von all den beschäftigungslosen, nach Aufmerksamkeit gierenden Ex-Geliebten diverser Rockstars, die jene Ereignisse, die so viele Jahrzehnte zurückliegen, noch einmal aufleben lassen – und zweifellos davon profitieren wollen. Sie glaubt außerdem an „ihre Version" eines Gottes.

„Ich bin Christin und berufstätig. Ich hätte nichts davon, dir gegenüber irgendetwas aufzubauschen. Ich bin eine Suchtkranke auf dem Weg der Besserung und unterrichte inzwischen über das Thema Sucht. Mein Leben ist ruhig und glücklich. Es geht mir ganz sicher nicht darum, ins Rampenlicht zu drängen. Ich habe lange genug intensiv darüber nachgedacht, ob ich diesem Interview zustimmen soll, und habe nur zugesagt, um die Leute wissen zu lassen, wie wunderbar Bon war. Ich habe das Gefühl, ihm das zu schulden, da er während dieser kurzen Zeitspanne so viel Freude in mein Leben gebracht hat. Er war echt ein toller Mensch. Ich möchte einfach kundtun, was für ein liebenswerter Mann er tatsächlich war. Wir waren in erster Linie Freunde, obwohl wir auch Geliebte waren. Ich fühlte mich anfangs nicht zu ihm hingezogen. Bon wirkte wie eine Art Wichtel, ein bizarrer kleiner Wichtel-Typ. Er war ja so winzig. Ich war eine große Blondine und er so ein richtiges Herzchen. Er war einer der liebsten Männer, die ich jemals gekannt habe, und sehr liebevoll. Ich erinnere mich an nichts Schlechtes, was ihn betrifft."

Wie veränderte er sich, wenn er trank?

„Bon war sehr zugänglich, wenn er nüchtern war. Sehr liebevoll und gefühlsstark. Er ließ mich wissen, wie viel ich ihm bedeutete. Wenn er trank, ließ er irgendwie die Rollläden herunter und wurde sehr düster – nicht etwa gewalttätig oder so, sondern traurig. Er verwandelte sich in einen anderen Menschen, eine sehr unglückliche Person. Wir nahmen auch Quaaludes und solchen Kram. Wenn er trank, nahm er so ziemlich alles, was ihm in die Quere kam, und dann wurde er zu einem anderen Menschen – wie alle von uns, die wir unter einer Suchterkrankung leiden. Das war aber nicht er, verstehst du, aber so wird eben hauptsächlich über ihn berichtet: Dass er eben so ein Party-Typ war. Das war er zwar auch, aber *er war nicht* seine Sucht. Hinter seiner Sucht verbarg sich ein richtig guter Mensch, der vielleicht viel zu sensibel war."

* * *

Das Bild, das Holly von Bons Beziehung zu AC/DC skizziert, vor allem zu Malcolm, unterscheidet sich stark von dem, was die Leute wohl erwarten.

„Bons Beziehung zu Malcolm war nicht … na ja, sie hingen nicht miteinander ab, sie waren keine …“ Sie holt einen Moment aus, um sich zurechtzulegen, was sie sagen will. „Soweit ich weiß, ging da irgendetwas vor. Ich glaube nicht, dass Malcolm wirklich etwas für Bon übrighatte, was meiner Meinung nach an Bons Sucht lag. Diesen Eindruck vermittelte mir jedenfalls Bon. Und ich kann nicht sagen, dass das nur an Bons subjektiver Wahrnehmung gelegen hätte, weil er eben trank, denn wenn ich zusammen mit Bon auf Malcolm traf, lächelte dieser nie und war auch nicht wirklich freundlich. Daran erinnere ich mich genau. Andererseits machten Bon und ich auch oft einen drauf. Bon war dieser große Hundewelpe. Echt total süß. Malcolm war hingegen mehr so der verkniffene Typ. Ich mochte ihn nicht wirklich, wenn ich ganz ehrlich sein soll. Zwischen ihnen herrschte eine große Spannung. Ich machte mir darüber nicht allzu viele Gedanken und nahm an, dass das an Bons Alkohol- und Drogenkonsum lag. Bon war diese zarte Seele und ein verirrter Junge. Er war sehr unprofessionell, was an seiner Sucht lag, aufgrund derer man sich nicht wirklich auf ihn verlassen konnte.“

Aber Holly fügt auch hinzu, dass Malcolm nur tat, was er für richtig für die Band hielt.

„Mit jemandem umzugehen, der an einer Suchterkrankung leidet, ist das Schwerste auf der ganzen Welt. Ich weiß darüber Bescheid. Aber tief drinnen in sich spürte, sah und wusste Bon das auch. Kurz vor Bons Tod traf ich Malcolm. Er war praktisch am Ende seiner Geduld angelangt. Ich weiß auch nicht, warum nichts für Bon unternommen wurde und keine Entziehungskur für ihn zustande kam. Es lag einfach an der Zeit. Es muss extrem hart für Malcolm gewesen sein, seinem überaus begabten Sänger dabei zuzusehen, wie er sich selbst so zugrunde richtete. Seine regelmäßigen Totalabstürze wirkten sich selbstverständlich auch auf den allgemeinen Zustand und das Wohlbefinden der Band aus. Da wäre wohl jeder irgendwann frustriert gewesen. 1980, als er starb, war ich gerade mal zwanzig. Das war ein anderes Leben – und ich habe seit damals viele Leben gelebt, so wie wir alle das seit unseren Jugendjahren getan haben. Auch wenn er nicht sagte, dass er mit dem Trinken und den Drogen aufhören wollte, sprach er doch darüber, wie sein Verhalten sich auf seine Beziehung zu Malcolm und dem Rest der Band auswirkte. Es ging dabei vor allem um Malcolm, der echt etwas dagegen hatte. Er wurde echt sauer auf Malcolm, wenn er trank, aber wenn er nüchtern war, war der Grundtenor eher von Traurigkeit geprägt. Ich hatte wirklich das Gefühl, dass er aufhören wollte, aber seine Dämonen hatten ihn da schon voll in ihrer Gewalt. Er konnte nicht mehr aufhören. Manchmal hielt er es, wenn wir miteinander abhingen, eine Zeit lang aus, ohne viel abzufeiern, aber das funktionierte immer nur sehr kurz, weil er bereits so tief in seiner Sucht steckte. Auch wenn aufgrund von Bons unkontrollierbarem Missbrauch von Suchtmitteln und seiner Sorge, die Band im Stich zu lassen, zwischen ihm und Malcolm Spannungen in der Luft lagen, so war es doch durchaus verständlich, dass Malcolm von Bon frustriert war."

Unser indisches Essen wird uns serviert und wir begeben uns zurück zum Prius.

* * *

Nachdem ich mich in ihrem Gästezimmer ausgebreitet und geduscht habe, ruft Holly mich zum Essen und präsentiert mir ihre alte Fotografentasche. Sie ist mit Backstage-Pässen und Aufklebern übersät. Von Led Zeppelins Nordamerikatournee 1977 etwa. Da ein alter Sticker von CEDRIC KUSHNER PRESENTS, NEW YORK, dort ein Pass von der ersten Welttournee von The Knack oder ein Aufkleber der Criteria Studios. Auf einem Backstage-Ausweis für die „The Return of Kiss"-Tour von 1979 hat sich Kiss' verstorbener Manager Bill Aucoin mit Autogramm verewigt. Swan Song Inc.

Eric Clapton. Eine Veranstaltung der Gulf Artists Productions mit Black Sabbath und Van Halen im Hollywood Sportatorium. ZZ Tops World Wide Texas Tour mit Nils Lofgren im Beacon Theatre. QUEEN US WINTER TOUR 1977 – GUEST PASS, NO ON-STAGE ACCESS. Jeff Beck und Tommy Bolin am 3. Dezember 1976 in Miami (Bolins allerletztes Konzert). SUNSHINE JAM '76: A BENEFIT FOR JIMMY CARTER IN JACKSONVILLE AT THE GATOR BOWL FEATURING CHARLIE DANIELS BAND, LYNYRD SKYNYRD, MARSHALL TUCKER BAND, OUTLAWS, .38 SPECIAL, RICHARD BETTS, CHUCK LEAVELL, JERRY JEFF WALKER & FIREWORKS! Kiss mit Uriah Heep in Lakeland, 1976. Leon and Mary Russell. Santana. Outlaws. Rod Stewart. Aerosmith. The Who. Journey. Starz. Foghat. Ein Who's who klassischer Rock-Legenden aus den Siebzigerjahren. Und auf einem zerknitterten blauen Gewebe: RON DELSENER PRESENTS AT THE PALLADIUM, DICTATORS, M S BAND, AC-DC.

Denselben kreisrunden Aufnäher aus Stoff sieht man auch auf Hollys Jeans auf einem Schnappschuss des Fotografen Chuck Pulin, der sie mit Bon zeigt. Sie zeigt mir auch eine Postkarte, die Bon ihr von der Tour geschickt hat. Darauf sind Marihuanapflanzen zu sehen. Inhaltlich beschränkt er sich auf „Bon", ein „X" sowie ein paar Schnörkel als Verzierung. Bis heute weiß Sie nicht, was er mit dieser Karte aussagen wollte. Sie kiffte nämlich nicht – im Gegensatz zu ihm.

Roy Allen erzählt mir, er hätte eine ähnliche Karte erhalten, die ihr Absender ebenfalls schlicht mit „Bon" beschriftet hatte.

„Ich erinnere mich, dass Bon mir einmal eine Postkarte schickte. Ich weiß eigentlich immer noch nicht weshalb, aber so war er eben. Voller kleiner Überraschungen. So wie damals, als er mich mit ‚Hey' im Radio grüßte." Der betreffende Sender hieß KLBJ Austin. „Die Karte zeigte als Motiv Snoopy und Woodstock. Sie sagten etwas auf Französisch zueinander. Er unterzeichnete nur mit ‚Bon'. Da stand nicht ‚Hoffe, es geht Dir gut' oder so ein Schnickschnack. Ich habe nie herausgefunden, was der französische Text bedeutete. Ich erinnere mich noch, dass mein Dad sagte, ich sollte die Karte vom Boden meines Pick-ups aufheben, weil ich sie sonst noch verlieren würde. Das tat ich aber nicht und ich bin mir sicher, dass sie auf dem Parkplatz irgendeiner Bierkneipe aus dem Wagen fiel. Nachdem sie verschwunden war, erklärte ich ihm noch, dass das keine große Sache wäre und ich mir sicher wäre, dass ich ihn schon bald wiedersehen würde."

„Er freundete sich überall mit vielen Leuten an und blieb auch in Kontakt mit ihnen", erzählte Angus Young. „Ein paar Wochen vor Weihnachten schrieb er stapelweise Postkarten an jeden, den er kannte, um sie auf dem Laufenden zu halten. Sogar seinen Feinden, glaube ich *[lacht]*. Er war schon eine echte Type."

* * *

An diesem Abend unternehmen wir nach dem Abendessen mit drei ihrer fünf Hunde einen Spaziergang durch die Straßen ihrer grünen Ecke des tropischen Miami. Es ist ein ruhiges Viertel. Ihre Rock-'n'-Roll-Zeiten liegen längst hinter ihr.

Holly ist nicht die einzige, die davon ausgeht, dass Bon Material zu einer Reihe von Songs auf *Back In Black* beigetragen hat – sogar zu „etlichen", wie sie es formuliert. Allerdings zählt ihre Meinung angesichts ihrer Verbindung zu Bon zu den bedeutendsten. Besonders erzürnte sie, dass „Have A Drink On Me" als „Hommage" an ihn auf dem Album erschien. Sie war sogar so wütend darüber, dass sie während der Tour anlässlich von *Back In Black* persönlich auf Malcolm losging. „Ich war ziemlich betrunken und sauer. Es ging steil bergab mit mir und meiner Sucht und ich ging auf eines ihrer Konzerte … Ich erinnere mich nur noch daran, wie ich mir dachte, warum ich überhaupt hier wäre und dass das doch verrückt war. Ich hege nicht den geringsten Zweifel daran, dass die unermessliche Trauer, die ich damals spürte – er war ja noch nicht lange tot –, dazu beitrug, dass ich das Gefühl hatte, Malcolm entgegentreten zu müssen. Der Hauptgrund war, dass ich unter dem Eindruck stand, sie würden sich über ihn lustig machen, vor allem, weil sie ‚Have A Drink On Me' auf diesem Album veröffentlichten. Ich empfand es als notwendig, etwas in Bons Namen dazu zu sagen. Ich hatte mit jemandem, den ich über Bon kennengelernt hatte, Kontakt aufgenommen und mich hinter die Bühne begeben, um Malcolm ganz konkret danach zu fragen, warum er Bon für ‚You Shook Me All Night Long' und andere Songs keinen Songwriter-Credit gegeben hätte. Außerdem wollte ich meinem Ärger darüber Luft machen, dass sie dem Album ‚Have A Drink On Me' hinzugefügt hatten. Immerhin war Bons Tod eine direkte Konsequenz aus seinem übermäßigen Alkoholkonsum. Das war so ungeheuerlich und geschmacklos. Ganz zu schweigen davon, dass es schrecklich respektlos gegenüber Bons Andenken war. Er war ja gerade erst gestorben. Ich hatte mich immer beschützend vor Bon gestellt, weil ich wusste, wie schlecht er sich wirklich wegen seiner Trinkerei fühlte und einfach nicht aufhören konnte – zumindest nicht für lange. Ich glaube, dass ich Malcolm damals für den ‚Bösewicht' hielt, obwohl ich mittlerweile seinen Frust völlig verstehe. Ich machte mich gleich, nachdem ich mit ihm gesprochen hatte, aus dem Staub. Ich war wütend, traurig und peinlich berührt."

Ich frage Holly, was Malcolm ihr antwortete, aber sie kann sich nicht mehr an seine genauen Worte erinnern, wofür sie ihren damaligen Rausch und die 40 Jahre, die inzwischen vergangen sind, verantwortlich macht.

„Was auch immer passiert ist, es verlief nicht allzu gut."

Es ist dennoch ein ziemlich belastender Einblick, den Holly da gibt. Vor allem, wenn man sich daran erinnert, wie Angus einst in einem Interview gefragt wurde: „War Bon Scotts Tod eine Überraschung für euch, oder wart ihr euch seiner Trinkerei durchaus bewusst?"

„Das war immer ein bisschen ein Rätsel, vor allem bei jemandem wie Bon", antwortete er. „Ich kann dir nur sagen, was ich von ihm wusste. Wir als Band sahen eine ganze Menge und wie er so drauf war. Ich erinnere mich an ihn als echten Profi und gewissenhaften Typen im Studio. Er sah es als seine Kunst an. Wenn wir ein paar Tage frei hatten, ging er vielleicht aus und schlug ein wenig über die Stränge. Er verfügte über eine tolle Grundverfassung, stieg immer als Erster aus den Federn und sah fit und gesund aus. Er genoss das Leben in vollen Zügen."

In einem anderen Interview versank Angus noch tiefer in seiner Realitätsverweigerung: „Bon war kein Säufer." Sogar Bons eigene Mutter räumte ein: „Wir waren uns bewusst, dass er ein Alkoholproblem hatte, was mir große Sorgen bereitete."

Ein bisschen ein Rätsel. Bon war kein Säufer. Das sind bemerkenswert ignorante, fast schon unglaubliche Aussagen über jemanden, der langsam an seiner Trunksucht krepierte.

„Bon war ein schwerer Trinker – sobald er erst einmal loslegte", erzählt Holly. „Bon konnte das Trinken vereinzelt für kurze Phasen einstellen, aber er konnte es nicht dabei belassen. Vor allem verschlimmerte sich seine Krankheit im Laufe der Jahre."

Um ihn scharten sich Fans, Groupies, Schleimer und Ja-Sager, aber Holly betont, dass der winzige, aber nichtsdestotrotz einschüchternde Malcolm ihn zutiefst verunsicherte.

„Ich glaube, Malcolm veranlasste Bon, sich wirklich mit sich selbst zu befassen, was ja keine schlechte Sache ist. Allerdings löste das starke Schuldgefühle bei ihm aus und er konnte sich gar nicht mehr davon befreien."

All das wirkt angesichts der Tatsache, dass Malcolm 1988 eine Auszeit von der Band nahm, um sich um seinen eigenen Alkoholismus zu kümmern, durchaus ironisch. Der Unterschied bestand jedoch darin, dass es sich um seine Band handelte. Er konnte es sich daher auch leisten. Bon hingegen nicht.

„Ich habe gelesen, dass die Band sich nach Bons Tod mit dem Gedanken trug, das Handtuch zu werfen, was ich mir nicht vorstellen kann. Ich kann mich an keinerlei freundliche Zuneigung zwischen

Bon und Malcolm erinnern. Egal, was auch gekommen wäre, AC/DC hätten weitergemacht. Sie hätten sich nicht wegen Bons Tod aufgelöst; denn ich glaube nicht, dass er ihnen so viel bedeutete. Das dachte ich mir zumindest. Ich habe ein paar der Songs auf *Back In Black* hinterfragt, weil ich absolut der Meinung bin, dass Bon sie geschrieben hat. Etwa ‚You Shook Me All Night Long'. Allerdings bekam er dafür keinen Credit als Songwriter."

* * *

Als wir von unserem Spaziergang zu ihr nach Hause zurückkehren, erkläre ich ihr, dass auch ich einen starken Verdacht bezüglich „You Shook Me All Night Long" hege. Doug Thaler, AC/DCs amerikanischer Booking-Agent, der zusammen mit Doc McGhee Bon Jovi und Mötley Crüe managen sollte, hat mir für mein erstes Buch über die Band verraten: „Mir ist es egal, wenn mir jemand etwas anderes erzählt: Du kannst dein Leben darauf verwetten, dass Bon Scott den Text zu ‚You Shook Me All Night Long' schrieb. Überall finden sich Bons Texte."

Sie antwortet ohne zu zögern: „Ich hätte das Thema gegenüber Malcolm nach Bons Tod nie angeschnitten, wenn ich mir nicht sicher gewesen wäre, dass Bon diese Lyrics geschrieben hatte. Wie immer ist es durchaus möglich, dass er sie in Kooperation mit den Youngs verfasste, aber es waren dennoch seine Ideen. Über den Song habe ich noch eine Sache zu sagen: Es sollte eigentlich ‚chartreuse eyes' und nicht ‚sightless eyes' heißen."

Schließlich ging es dabei um ihre Augen. Wenn man darüber nachdenkt, ergibt die Zeile gar keinen Sinn. Griff die Band hier etwa ein, weil keiner von ihnen wusste, was „chartreuse" – steht im Englischen für hellgrün – eigentlich bedeutete? Unter dem Küchenlicht fragt mich Holly, ob ihre Augen nicht hellgrün wären. Das sind sie. Nicht vielen Leuten ist das Wort „chartreuse" geläufig. Es erscheint plausibel, dass die Youngs und Brian Johnson an Bons ursprünglichen

Formulierungen herumdokterten – nicht nur bei „You Shook Me All Night Long", sondern auch bei anderen Songs auf dem Album –, um allzu gewiefte Textstellen, die den Fans eventuell zu hoch gewesen wären, zu entfernen oder zu modifizieren. Allerdings beharrten sie stets darauf, die alleinigen Urheber dieses und der anderen Tracks auf *Back In Black* zu sein. Laut ihnen trug Bon abgesehen von ein paar Schlagzeug-Jams rund um kaum ausformulierte Ideen, aus denen später „Have A Drink On Me" und „Let Me Put My Love Into You" entstehen sollten, nichts zu den Songs auf dem Album bei.

„Ich erinnere mich glasklar daran, wie Bon und ich hinter dem Newport Hotel in Miami in der Sonne saßen und er sich zu mir drehte. Die Sonne schien mir ins Gesicht und er verkündete plötzlich: ‚Deine Augen sind hellgrün – *chartreuse*!' Ich erinnere mich noch so lebhaft daran, weil ich keine Ahnung hatte, was das für eine Farbe war, und sofort annahm, dass das irgendetwas Schlechtes wäre – wie knallrosa oder sonst eine scheußliche Farbe. Er beschrieb meine Augenfarbe immer wieder mit diesem einen Wort. Ich trug etwa ein lindgrünes Shirt und er meinte, meine Augen würden gut dazu passen. Es ist schon witzig, dass ich mich so gut daran erinnern kann. Als ich heranwuchs, sagte meine Mutter, dass meine Augen olivgrün wären, also wer weiß? Für mich sind sie einfach grün."

Aber nicht für einen Poeten wie Bon.

Silver Smith war sich nicht nur sicher, dass der Song von Bon stammte, sondern verblüffenderweise auch, dass er ihn noch vor seiner Ankunft in Nordamerika geschrieben hätte.

„Ich bin mir ganz sicher, dass er ihn schon 1976 [in meiner Wohnung] in der Gloucester Road in London geschrieben hat. ‚She told me to come but I was already there' – das schrieb er in einem Brief an einen seiner versifften Freunde, kurze Zeit nachdem wir zusammengekommen waren. Er hatte immer seine Notizhefte dabei und schrieb Dinge nieder oder strich sie wieder durch. Er notierte sich auch schon damals das mit den „American thighs", weil das der Markt war, den sie knacken wollten. Das entstand also schon vor langer Zeit."

9

Kicked In The Teeth

Bon soll sich mit Malcolm geprügelt haben? „Bon war ein herzensguter Typ", erzählt mir Rick Springfield dazu. Ken Schaffer sagt so ziemlich dasselbe: „Der Bon, an den ich mich erinnere, war ein echt lieber Kerl." Malcolm war das komplette Gegenteil. Einer von AC/DCs ehemaligen Managern, der sich inoffiziell mit mir unterhielt, erinnert sich nicht gerne an ihn: „Ich hielt Malcolm immer für das komplette Gegenteil eines Menschen, mit dem ich mehr als fünf Minuten verbringen möchte."

Als ich Barry Bergman, AC/DCs früheren amerikanischen Musikverleger und laut eigener Aussage „Aushilfsmanager", darum bitte, Malcolms Beziehung zu Bon zu beschreiben, wirkt er ungewöhnlich zögerlich, richtiggehend zugeknöpft.

„Eher kontrovers", antwortet er. Dann folgt eine lange Pause. „Ich bin mir sicher, dass es der Alkohol und all die anderen Dinge waren … Es ging um die Chemie, glaube ich. Sie waren alle ziemlich dickköpfig. Der Zahmste in der Band war meiner Meinung nach Cliff. Er war cool und entspannt."

Wie wirkte sich Bons Trinkerei auf sein Verhältnis zu der Band aus? Bergman ringt nach Worten.

„Das weiß ich wirklich nicht. Ich glaube nicht, dass es gut war. Ich stand unter Schock [als Bon starb]. Wut überkam mich, weil ich mich daran erinnerte, wie wir uns ein paarmal zusammensetzten und ich ihm erklärte, dass er draufgehen würde – und es wirkte, als würde ihn das nicht weiter kümmern."

Bergman brachte seine Besorgnis um Bons Wohlergehen nur ihm gegenüber zum Ausdruck – niemals gegenüber Malcolm.

„Ich hielt es nicht für meine Aufgabe, sie davon zu unterrichten … Es war ja nicht meine Band. Klar, die Edward B. Marks Music Corporation vertrat die Band, wir repräsentierten sie, aber es war nicht meine eigene Band und nicht mein Job, Leute zu verändern. Ich kann ihnen nur sagen, was ich mir so denke – aber dann tun sie, was sie eben wollen. Und ich wollte keinen Krieg mit der Band vom Zaun brechen, weil ich einfach nicht so drauf war: einen Krieg anzetteln und alle gegen Bon aufbringen. Es wäre zu keinen Interventionen gekommen. Das stand nicht zur Debatte."

Phil Carson, der der Band vermutlich näher als irgendjemand sonst bei Atlantic stand, spielt seinerseits das Ausmaß der Kluft zwischen Bon und Malcolm herunter. Bezeichnenderweise hat auch er keine Kenntnis davon, ob Bon jemals einen Entzug erwogen hatte, sich mit dem Gedanken trug, die Band zu verlassen oder ein Soloalbum aufnehmen wollte.

„Es ist unvermeidbar, dass es in einer Band, in der manche Mitglieder viel und andere wiederum wenig trinken, zu Spannungen kommt", sagt er. „Aber dabei handelte es sich um ganz gewöhnliche Spannungen, das ist nicht unbedingt seltsam."

Pete Way von UFO stimmt dem zu: „Bon und Malcolm verstanden sich doch prächtig. Ihnen war Bons Trinkerei völlig egal. Es hieß nicht: ‚Hey, wir müssen eine Show auf die Bühne bringen, nüchtere besser mal aus.' Nein, vielmehr hieß es da: ‚Wir müssen eine Show abliefern, trink besser doppelt so viel.' Zumindest war es so, was Bon betraf. Er war auf der Bühne immer total munter und ein regelrechtes Energiebündel. Auch Malcolm trank gerne [*hält inne*]. Ich glaube, dass sie, bevor sie auf die Bühne gingen, rechtzeitig darauf achteten, die Erwartungen des Publikums zu erfüllen, auch wenn sie am Nachmittag getrunken hatten."

Für Malcolm gehörte Bons Trinkverhalten – zumindest nach außen hin – einfach zu ihm dazu und stellte kein ernsthaftes Problem dar. Es war nichts, worüber man sich sorgen musste.

„Bon war, wie er eben war. Es ist so selten, dass man etwas findet, das einfach durch und durch echt ist ... Er verstand, das Leben zu leben. Bon hatte nie Todessehnsucht." Aber er räumte auch ein, dass Bon ihnen als abschreckendes Beispiel diente: „Auf gewisse Art lernten wir von Bon, dass wir nicht wie er enden wollten."

Das war eine bittersüße Aussage von jemandem, der 1988 selbst die Hilfe der Anonymen Alkoholiker suchen würde. Bon sollte diese Chance jedoch verwehrt bleiben.[18]

---

18 Als Malcolm zwischen 1988 und 1990 seine Probleme mit dem Alkohol hatte, zog er sich einfach von der Band zurück, um anschließend ohne lästige Fragerei wieder einzusteigen. „Ich hatte mich selbst so beschädigt, dass ich an einem Punkt anlangte, an dem ich sagen musste: ‚Hört mal, Jungs, ich würde ja gerne, aber es geht nicht'", erzählte er Sylvie Simmons von *RAW*. „Die Jungs wussten Bescheid. Es war ihnen auch klar, dass es das Beste für mich war. Ich musste mit dem Trinken aufhören und das war schwer. Es dauerte eine lange Zeit." Dieser Luxus wurde Bon nicht zuteil, auch niemandem sonst in der Band – außer Angus. Bestes Beispiel: Phil Rudd.
1983 wurde Rudd aus Gründen aus der Band ausgeschlossen, die nie richtig erklärt wurden. Das Gerücht, er wäre gefeuert worden, hielt sich hartnäckig, obwohl er laut den Youngs aus freien Stücken gegangen sein soll. Er kehrte in den Neunzigern in den Schoß der Band zurück, bevor er vor dem Start der *Rock Or Bust*-Welttournee 2015 erneut vor die Tür gesetzt wurde.
„Phil Rudd ist nicht der Typ, der Auftragskiller anheuert", sagt Barry Bergman. „Was ich meine, ist, dass ich *diesen* Typen nie kannte ... Irgendetwas muss bei ihm durchgebrannt sein. Phil war ein Nervösling. Als wir uns zum ersten Mal trafen, war er noch ein junger Mann. Er durchlitt nervöse Angstzustände und Panikattacken. Alles Mögliche ... Er machte eine Menge durch, emotionalen Kram und so."
Wie ging Phil mit seinem fragilen emotionalen Zustand um?
„Er riss sich zusammen und wuchs stets mit der Aufgabe. Er tat immer, was er tun musste, und somit gab es kein Problem."
Pete Way sieht das anders: „Ich wage zu behaupten, dass er gefeuert wurde, als Simon Wright für ihn übernahm. Ich glaube, Phil wurde gebeten, seinen Hut zu nehmen, um sein Leben auf die Reihe zu bekommen und das bleiben zu lassen, was auch immer er so trieb. Diese Youngs machen keine Gefangenen."
Laut Pattee Bishop war der AC/DC-Drummer nicht gerade übertrieben liebenswert: „Phil war ein Arschloch. Ein richtiger Schwanz. Phil war ständig high und gab Leuten Schimpfnamen. Einmal sah ich, wie ihm jemand so richtig in die Fresse schlug *[lacht]*. Dieser kleine Scheißer."
Wer schlug ihn?
„Nach dem ersten Gig, den ich besuchte [Hollywood, Florida, 1977], stieß er im Hotel jemanden durch die Tür – und der Typ ließ sich das nicht gefallen. Ich mochte Phil ja.

„Ab 1979 sah ich Bon sehr oft", erzählt Holly. „Er kam zu mir nach Hause und begegnete dort meinen Eltern. Bon verhielt sich ihnen gegenüber sehr höflich. Es war ihm sehr wichtig, dass sie ihn mochten. Andererseits war es ihm wichtig, dass jeder ihn mochte – zumindest, wenn er nüchtern und ganz er selbst war. Er war sehr lieb und bemüht. Es war ihm sehr wichtig, akzeptiert zu werden. Wenn ich weiterhin so einen draufgemacht hätte, wäre ich wohl lange vor meinem 33. Geburtstag abgekratzt. Ich glaube nicht, dass Bon wirklich eine Chance hatte. Er war schon älter, weshalb es schon schlimmer um ihn stand. An vielen Abenden war er weggetreten. Es kam aber auch oft vor, dass er nicht trank und nicht high war und wir uns vergnügten. Ich bekam dann den echten Bon zu sehen und auch umgekehrt. Ich erinnere mich noch sehr gerne an einen gemeinsamen Trip ins Seaquarium in Miami, wo wir von Hugo, einem Killerwal, nassgespritzt wurden. Wir brachen ab vor lauter Lachen, weil Bon aussah wie ein nasses Kätzchen. Er sah mir auch zu, wie ich auf meinem Pferd ritt. Es war ein kas-

---

Aber er war nicht sonderlich nett zu den Mädels, die ich hinter der Bühne oder im Hotel sah. Er beschimpfte sie und lachte sie aus. Ich kam ihm nie zu nahe, aber er fragte mich, ob ich nicht eine Schwester für ihn hätte *[lacht]*. Er schlug Türen zu und trat gegen Dinge. Er war gemein, wenn er trank. Wenn er betrunken war, stellte er sich gerne nackt auf den Flur. Echt witzig *[lacht]*."

Phil war offenbar kein Heiliger. Allerdings musste er 2014 damit zurechtkommen, dass Bob Richards statt ihm in den Videos zu „Play Ball" und „Rock Or Bust" zu sehen war und Chris Slade ihn auf Tour ersetzte. AC/DC gaben ein schändliches Interview bei Howard Stern, um *Rock Or Bust* zu promoten, in dem sie Phil in den Rücken fielen. Angus nannte ihn „Tony Montana, Scarface". Brian Johnson machte sich über Rudds Festnahme lustig: „Der Typ wurde barfuß aus dem Auto gezogen und sah dabei aus, als wäre er rückwärts durch die Hecke geschleift worden." Egal, was das Gerichtsverfahren ergäbe: „Wir gehen auf Tour und nichts hält uns davon ab." AC/DC hatten ein solch schlechtes Gedächtnis. 1996 sang Angus anlässlich von Phils Rückkehr für das Album *Ballbreaker* noch Lobeshymnen auf ihn. So etwa gegenüber einem französischen Reporter vom Magazin *MCM Euromusique*: „Als wir mit anderen Drummern spielten, etwa mit Chris Slade, einem großartigen Schlagzeuger, mussten diese den [unseren ursprünglichen] Stil imitieren … Das ist ein sehr natürlicher Stil, so wie Phil eben spielt … Du spielst einen Song und … es ist wie Gedankenübertragung. Du musst nichts arrangieren oder dirigieren." Der Reporter fragte Angus, ob er den Unterschied auf der Bühne spüren könne: „Ganz sicher … bei manchen Leuten gibt es diese Kommunikation und es läuft sofort wie geschmiert … Man muss gar keine Anweisungen oder so geben. Du musst sie nur ansehen und sie machen dann schon."

tanienbraunes Springpferd mit vier weißen Stiefeln, ein Vollblut namens Doubletime. Er ging echt lieb mit dem Pferd um. Bon mochte Doubletime; er versuchte zwar nicht, auf ihm zu reiten, aber ich weiß, dass es ihm gefiel, mich dabei zu beobachten. Wir waren wie zwei Kinder – tatsächlich war ich ja noch eines. Wir amüsierten uns prächtig beim Spielen, Herumalbern und Lachen. Bon liebte mein Pferd."

Doubletime? Na so was aber auch: Genau wie in Brian Johnsons Songtext – *Working double time / On the seduction line* – zu „You Shook My All Night Long"!

„Bon war ein unglaublicher Mann, nicht nur als ‚Rockstar'. Damals und sogar jetzt immer noch kann ich ihn mir einfach nicht als Rockstar vorstellen. Er benahm sich einfach überhaupt nicht so. Wenn er nüchtern war, war Bon ein echt bescheidener Mensch, der nicht nach Aufmerksamkeit gierte – er war sogar ein bisschen schüchtern und definitiv mehr als nur ein bisschen verletzlich. Da war überhaupt kein Ego. Wenn er trank oder glaubte, auf der Bühne oder in Interviews ‚performen' zu müssen, warf er sich in die Brust und gab Dinge von sich, die ihn wie einen arroganten Rockstar von Welt klingen ließen. Aber das war nur eine Show, die er ablieferte, weil er dachte, dass man dies von ihm erwartete."

Das entspricht exakt dem, was auch Irene Thornton und Silver Smith über Bon sagten, nämlich, dass er öffentlich eine Rolle spielte, die nicht seinem privaten Charakter entsprach.

Holly kannte denselben Bon auch intim.

„Er war in der Lage, seine Unsicherheit zum Teil zu überspielen, indem er ungeniert lachte und so tat, als würden die echt irren Dinge, die er im Rausch anstellte, einfach zu seinem Dasein als Rocker dazugehören. Doch die Schuldgefühle und die Reue, die ihn angesichts der verletzten Gefühle der ihm nahestehenden Menschen – wie etwa Malcolm und der Rest der Band – heimsuchten, nagten an ihm und führten zweifellos dazu, dass er sich erst recht wieder Alkohol und

Drogen zuwandte. Wenn er nüchtern war und nicht im Rampenlicht stand, war er das komplette Gegenteil."

Manche Fans haben Alkohol auf Bons Grab geleert bzw. ihm Bierdosen und Whiskyflaschen mitgebracht, um ihm auf diese schreckliche Art Ehre zu erweisen.

10

Rock 'N' Roll Damnation

Airplay – im Jahr 1978 waren Rockgruppen in den USA und Kanada vollkommen abhängig davon, und Discjockeys waren wie Könige. AC/DCs Tourplan aus diesem Jahr glich einem Spinnennetz, das sich an den Sendebereichen von Radiostationen orientierte, deren Kürzel mit den Buchstaben „W“ oder „K“ begannen. Die Mission der Band bestand darin, ins Programm von Sendern aufgenommen zu werden, die sich auf Album-Rock, Progressive-Rock sowie den Heiligen Gral, die Top 40, spezialisiert hatten.

AC/DC bekamen ihr Airplay zumeist auf Stationen, die AOR („album oriented rock“) spielten – ein Genre, das sich zur Mitte der Siebzigerjahre etablierte und sich im Laufe der Jahre zu dem entwickelte, was wir heute als „Classic Rock“ kennen. Trotz allem musste sich die Band ihre begehrte Präsenz im Radio immer noch auf die im wahrsten Sinne des Wortes „harte Tour“ verdienen, indem sie ständig live durch die Lande tingelte. Schließlich fehlte ihnen eine Hit-Single, was Atlantic Records reichlich Frust bereitete. Deshalb wagte es der Booking-Agent der Band, Doug Thaler, der über Neujahr 1978 auf Urlaub in Sydney weilte, Harry Vanda und Angus und Malcolms älterem Bruder George Young, die bis dahin sämtliche Alben von AC/DC produziert hatten, einen heiklen Vorschlag zu unterbreiten, nämlich, einen neuen Producer ins Boot zu holen. Um die Airplay-Problematik offensiv anzugehen, schickte Atlantic die Band, nachdem man ihr neues Album *Powerage* gehört hatte, das zwischen Januar und Februar 1978 aufgenommen worden war, noch einmal zurück ins Studio, um „Rock 'N' Roll Damnation" einzuspielen. Die ursprünglich auf dem Album enthaltenen Nummern waren einfach nicht radiotauglich genug.

* * *

Im Mai jenes Jahres erschien *Powerage* in den USA und wurde für einen Preis von 7,98 Dollar angeboten. Atlantics Forderung nach einem kommerziell verwertbaren Musikstück sollte sich schließlich auszahlen: Immerhin gelang es AC/DC mit „Rock 'N' Roll Damnation", ihren ersten Song in den britischen Top 40 zu platzieren. Der Einstieg in die UK-Charts gelang auf Position #51 und der Höhenflug der Single führte schlussendlich bis auf Platz #24. Das Album schaffte es immerhin bis auf Position #26. Angus beschrieb *Powerage* im Gespräch mit der Zeitung *Sun-Herald* aus Sydney als „unsere edelste Scheibe", und auch Amerikas einflussreichstes Branchenmagazin *Billboard* überschlug sich förmlich vor lauter Lob für das Album: „AC/DC lassen mit diesen neun glühenden High-Energy-Rocknummern ihr Punk-Image hinter sich."

Das Radio sprach ebenfalls eine eindeutige Sprache: AC/DC wurden von Sendern in Madison, Eugene, Nashville, Reno, Rochester, San Diego, Albuquerque, Allentown, Rockford und San Jose ins Programm aufgenommen. Doch die Charts erwiesen sich auch weiterhin als harte Nuss. In der Woche, die mit dem 24. Juni, dem Datum des ersten Konzerts ihrer Sommer-Tour 1978, endete, stieg *Powerage* auf Platz #186 in die US-Charts ein und schaffte es mit Hängen und Würgen schlussendlich gerade mal auf Platz #133. Das beste Album, das AC/DC jemals ablieferten, kam nicht einmal in die Nähe der amerikanischen Top 100. Gleichzeitig belegte *Saturday Night Fever* die Spitze der Albumcharts, während die aktuelle Top-Single „Slow Dancing" hieß und von Andy Gibb stammte. Disco würde nicht so bald klein beigeben – vor allem bei AC/DCs eigenem Label Atlantic, das mit Chic mehr Kohle scheffelte als mit all seinen anderen Acts.

Wieder einmal mussten sich AC/DC auf Tour beweisen. Sie standen ohne Hit-Album und ohne landesweit im Radio präsenter Single da – und ihr Sänger war ein auch Drogen nicht abgeneigter Alkoholiker, der sowohl bei Atlantic als auch bei den Young-Brüdern auf der Abschussliste stand.

Der Druck, Bon zu ändern, lastete schon vor ihrer Ankunft in den USA auf AC/DC, wie der frühere Bassist der Band, Mark Evans, sowie ihr ehemaliger Manager Michael Browning in den Jahren nach ihren jeweiligen Rauswürfen in Interviews zu Protokoll gegeben haben. Als er in der australischen TV-Show *Countdown* von Moderator „Molly" Meldrum genau darauf angesprochen wurde, stellte sich Angus einfach dumm. Allein der Gedanke daran schien ihn zu brüskieren.

„Bei Browning fanden die Leute immer Gehör, weißt du?", sagte er. „Aber ehrlich gesagt, ist dies das erste Mal, dass ich so etwas in der Art höre."

Die Youngs hatten Bon 1975 wegen seiner Heroin-Überdosis zwar nicht gefeuert, jedoch kurz davor gestanden. Die zweite – angebliche – Überdosis war ihnen vermutlich entgangen. Doch was hatte die ganze Schufterei im Studio und anschließend auf der Bühne für einen Sinn, wenn sich die Sache finanziell nicht auszahlte? In den annähernd fünf Jahren, die Angus und Malcolm nun zusammen spielten, hatte sie (sowie ihr umsichtiger älterer Bruder George) eine beachtliche Bereitschaft an den Tag gelegt, andere Mitglieder der Gruppe auszutauschen. Die Liste ihrer Opfer war lang. Atlantics Boss Jerry Greenberg war nicht gewillt, bis in alle Ewigkeit Schecks zur Tour-Finanzierung auszustellen, sollte die Band sich nicht bald im Radio und den Charts etablieren. Die Band schuldete dem Label bereits eine Menge Geld. Und nun sollte Bon plötzlich Immunität genießen? Das war zu keinem Zeitpunkt jemals der Fall.

Aber auch Bon hatte das Personalkarussell der Band in Gang gehalten und höchstpersönlich den Rauswurf des Bassisten Paul Matters im Jahr 1975 zu verantworten – nur kurze Zeit nachdem die beiden noch einen gemeinsamen Tag am Strand verbracht hatten.

Bon, der ganz und gar nicht jedermanns Freund war, konnte ebenso kalt, herzlos und skrupellos sein wie die Youngs. Matters, ein für AC/DC-Verhältnisse ungewöhnlich attraktiver Mann, war eine Art Chris Hemsworth des Hardrock, der überdies auch noch spielen konnte (Malcolm charakterisierte ihn nach seinem Einstieg als „einen hübschen Bassisten"). Seit über 40 Jahren hatte er kein Interview mehr gegeben, willigte jedoch ein, mir für dieses Buch Rede und Antwort zu stehen. Er lebt inzwischen in einer Kleinstadt an der Central Coast von New South Wales in Australien.

„Ich war ja nur kurz bei ihnen, spielte mit ihnen auf der *High Voltage*-Tour in Australien. Es ging in Melbourne los, dann weiter nach Adelaide und Sydney."

Wie erfuhrst du, dass du raus aus der Band warst?

„Bon. Bon Scott. Er kletterte aus dem Truck, um sich umzuziehen, denk ich mal. Dann sagte er, dass ich nicht mit ihnen zurück nach Melbourne fahren würde. Wir waren in Sydney, um dort ein Konzert für Schulkinder zu geben. Also war es das für mich an diesem Tag. Ich drehte mich um, sagte kein Wort mehr zu ihm und machte mich auf den Weg."

Was hast du dir zuschulden kommen lassen, um so abrupt deinen Job zu verlieren?

„George Young kümmerte sich um Studio-Angelegenheiten, als ich dabei war. Die Live-Auftritte waren der Hammer. Ich liebte es. Das einzige Mal, dass ich es versemmelte, war, als wir ins Studio gingen. Ich war einfach ein bisschen faul, glaube ich, und hatte einen leeren Magen. Wir bekamen kein Geld für Essen oder so. Daher war ich ein wenig stinkig und fläzte mich in der Lounge und sagte bloß: ‚Vergesst es. Ich werde zwar mit nach England kommen – aber nicht jetzt.' Keine Kohle für die Tour. Keine Kohle, um Essen zu kaufen.

Kein richtiges Bett. Ich konnte das nicht ausstehen. Meiner Meinung nach erwarteten sie sich zu viel. Wir wurden ja gar nicht bezahlt. Der Tourmanager kreuzte mit einem Bündel Zwanziger auf und steckte jedem zwanzig Dollar zu. Malcolm bekam sogar ein bisschen mehr. Ich glaube, es waren so um die vierzig Dollar. Es schien, als hätte der Tourmanager mich vergessen. Als er sich wieder verdrücken wollte, sagte ich: ‚Hör mal zu, Kumpel, wenn du mir jetzt keine Kohle gibst, verziehe ich mich sofort.' Also bekam ich auch zwanzig Dollar. Das ist schon ziemlich schwach, oder? Schon ziemlich beschissen, aber es hätte schlimmer sein können, oder? Ich hätte nach England gehen und so wie Bon ins Gras beißen können."

Matters widerspricht Gerüchten, denen zufolge sein Rauswurf mit Drogen zu tun gehabt hätte.

„Ich rauchte Pot. Das war alles. Mit harten Drogen hatte ich nichts am Hut."

Matters sollte keinen aus der Band jemals wiedersehen. Er verkaufte seinen Fender-Bass und war so niedergeschlagen, dass er die Musik schon bald für immer an den Nagel hängte. Heute lebt er von einer Invalidenrente.

Wie fühltest du dich?

„Schrecklich. Ich war am Boden zerstört. Ich könnte mich jeden Tag selbst treten. Es kann ein schonungsloses Business sein, nicht wahr? Geld. Es kann einen Menschen zerstören. Schon 'ne Schande, was die Knete alles mit Leuten anstellen kann."

Sein Ersatzmann Mark Evans wurde ebenso erbarmungslos gefeuert – und zwar in London vom widerwilligen Michael Browning, der von den Youngs gebeten worden war, für sie die Drecksarbeit zu erledigen, bevor AC/DC sich auf ihre erste US-Tour begaben.

„Mark war ein Typ, der immer alles durchdachte … ein smarter Kerl", sagte Silver Smith. „Außerdem war er ein anständiger Mensch. Phil war auch nett, aber nicht wirklich clever. Und die Youngs waren, nun ja, eben die Youngs. Sie waren eine exklusive Gesellschaft, die aus zwei Leuten bestand."

Angus, Malcolm, Bon und Phil versammelten sich in gespenstischer Stille im Apartment der Youngs, während Browning Evans die schlechte Nachricht überbrachte. Bon erhob schändlicherweise keinerlei Einspruch. Eigentlich war er ja davon ausgegangen, dass es ihn und nicht Mark treffen würde.

„Bon dachte, dass er an diesem Abend gefeuert würde“, sagte Silver. „Ungefähr zur selben Zeit setzte ihre amerikanische Plattenfirma die Band unter Druck, ihn loszuwerden und jemanden anzuheuern, der fotogener war oder so.“

Evans Abschied von der Band soll laut einigen Berichten freiwillig erfolgt sein. Es heiß mitunter sogar, er sei der Touren „überdrüssig“ gewesen. Malcolm traute sich 1992 in einem Interview mit dem Magazin *Metal CD* tatsächlich zu behaupten, Evans hätte von selbst das Handtuch geworfen. Über die australische Presse ließen AC/DC ausrichten, dass musikalische Differenzen den Ausschlag gegeben hätten und „wie sonst auch alle Beteiligten bekräftigten, dass niemand gekränkt und die Trennung freundschaftlich verlaufen wäre“ – was natürlich nicht stimmte. Tatsächlich hatte man ihn – so wie schon Matters – schlichtweg gefeuert, und so wie Matters war auch Evans deswegen am Boden zerstört gewesen. Um es ungeschönt auszudrücken: Evans wurde ein Messer in den Rücken gerammt.

„Wir tourten gerade mit Black Sabbath“, erzählte er mir. „Wir waren auf dem Weg nach Helsinki und von dort sollte es nach Amerika weitergehen. Yeah, ich war enttäuscht … Zu diesem Zeitpunkt war ich noch nie in den USA gewesen. Ich war das letzte Überbleibsel dessen, was die Leute gerne als Originalbesetzung bezeichnen, das Line-up mit Bon, obwohl das natürlich nicht einmal annähernd stimmte. Vor mir hatten sie schon etliche Bassisten gehabt.“

Die Youngs würden niemals ein Wort über sie verlieren.

***

Woher kam nur dieser Mythos, Bon wäre unantastbar? In erster Linie zeichneten die Youngs dafür verantwortlich, indem sie in Interviews, die sie seit seinem Tod gaben, stets feierlich beteuerten, wie sehr er doch als verbindendes Element gewirkt hätte. Auch die arglistige Erinnerungskultur, die mit *Back In Black* betrieben wurde, trug ihren Teil bei. Das AC/DC-Special im Rahmen von *Behind the Music* auf VH1 ließ keinen Zweifel daran aufkommen: *Back In Black* wäre „AC/DCs musikalisches Memorial an Bon Scott".

Doch laut vielen Leuten, die die Band damals persönlich kannten, hatte Bon selbst noch Beiträge zu den darauf enthaltenen Songs geliefert. Wenn das tatsächlich stimmt, wie viele vermuten oder behaupten: Was sagte es dann aus? Die einzigen, die die Band zusammenhielten, waren die drei Young-Brüder Angus, Malcolm und ihr Producer George. Es war ihre Band und nur ihre Band allein. Wenn AC/DC der Durchbruch in Nordamerika versagt bliebe, mussten irgendwann Maßnahmen ergriffen werden – aber ganz sicher nicht in Bezug auf Angus oder Malcolm. Wer hätte sie schon davon abhalten sollen, Bon zu feuern?

Angus konnte den Druck spüren. Wie er dem argentinischen Magazin *Pelo* erklärte, benötigten AC/DC vier Alben, um die USA zu knacken: „Für ausländische Bands war es besonders schwer, weil 1977 Kiss am Zenit standen und sich das gesamte Publikum und die Promotion durch die Presse ausschließlich auf sie konzentrierte."

„Angus sagte irgendwann, dass das Radio ihre Platten nicht spielen wollte und er nicht mehr weiter wüsste", erzählt Barry Bergman. „Ich entgegnete ihm, dass er einfach weitermachen sollte. Das Pendel würde schon irgendwann in ihre Richtung ausschlagen. 1979 erhielt ich dann einen Anruf von ihm. Ich war gerade in Syracuse [im Staat New York], und er rief das Büro an. Ich rief ihn zurück und er sagte: ‚Barry, das Pendel schwingt in unsere Richtung.' Das war, als *Highway To Hell* Fahrt aufnahm."

* * *

Bei ihren ersten vier Shows in Amerika 1978 – in Virginia, Kentucky, Alabama und Tennessee – gab Bon den Anheizer für einen amerikanischen Sänger, dessen Alkoholproblem sein eigenes noch in den Schatten stellte.

„Ich war komplett hinüber“, schrieb Alice Cooper nach der *Lace and Whiskey*-Tour von 1977. „Ich war vom permanenten Touren, dem Mangel an Freizeit und dem Nonstop-Suff total verbraucht.“ Coopers Laster? Ein Kasten Bier und eine Flasche Seagram's VO. Selbst bezeichnete er sich als „der am besten funktionierende Alkoholiker, der einem über den Weg laufen konnte“, der aber „als Erstes am Morgen eine Runde Blut kotzte“.

„Wenn du mir meinen Alk wegnahmst, schaffte ich es nicht einmal vom Bett zur Tür. Ich wurde zum klassischen Alkoholiker, wenn es so eine Gattung gibt, weil ich mich mit Alkohol selbst therapierte und meine Kreativität aufrechtzuerhalten versuchte. Wenn es fünf Interviews zu absolvieren galt und man mich mit Bier und Whiskey versorgte, konnte ich alle fünf meistern. Wenn ich dann am Abend eine Show hatte, trank ich einfach weiter. Aber wenn man mir den Alkohol wegnahm, gab es keine Show, kein Interview, keine Produktion … kein Leben. Da wird einem klar, dass man ein echter Alkoholiker ist.“

Ich erkundige mich bei Holly, ob sie glaubt, dass einige dieser Eigenschaften auch auf Bon zutrafen.

„Ich wusste, dass Bon sich dafür schämte, nicht aufhören zu können. Er schämte sich wegen der Auswirkungen seines Verhaltens auf die Band. Alice Cooper scheint in seiner Sucht schon weiter als Bon gewesen zu sein, als ich ihn kannte. Allerdings zweifle ich nicht daran, dass Bon dort irgendwann ankam oder sich auf dem schnellsten Weg dorthin befand, bevor er schließlich starb.“

Roy Allen stimmt dem zu: „Alkohol betrifft sowohl den Körper als auch Verstand und Geist. Alices Geschichte ist für den späteren Verlauf von Alkoholismus typisch. Du kannst nicht mehr ohne Alk – er ist dein bester Freund und schlimmster Feind. Der Grund dafür, dass du jeden Morgen kotzen musst, ist der, dass du trinken musst, um dich gut zu fühlen, wovon es dir erst wieder schlecht geht und du wieder kotzen musst. Du musst weiterhin trinken und kotzen – in der Hoffnung, dass du dich ein wenig beruhigst, um den überreizten Nerven ein wenig Ruhe zu gönnen. Das Blut kommt daher, dass beim Trockenwürgen Blutgefäße in deinem Hals platzen. Das kann nach ganz schön viel aussehen, aber irgendwie gewöhnt man sich daran. Sobald man erst einmal wieder ein bisschen Alkohol im Blut hat, beruhigt sich die Lage und man ist für eine Weile abgesichert."

Es ist schon beachtlich, dass Bon zu Beginn der *Powerage*-Tour durch Amerika 1978 ganz und gar nicht wie ein ständig würgender Alki wirkte, sondern sich optisch in der Bestform seines Lebens zu befinden schien: muskulös, gebräunt und mit kürzeren Haaren. Was sein Körper nicht verriet, waren die Qualen, die Hand in Hand mit seiner Sucht gingen.

„Bon trank, weil er süchtig war", erzählt Holly. „Er war nicht körperlich abhängig, zumindest nicht, als ich ihn kennenlernte. Allerdings stieg sein Konsum über die Jahre hinweg an. So wie die meisten oder sogar alle Suchtkranken plagten Bon enorme Selbstzweifel, obwohl er offensichtlich sehr begabt war. Also trank er in der Regel direkt vor den Shows mehr als während des Tages zuvor. Wenn er keinen Druck verspürte, etwa wenn wir Doubletime besuchten oder einfach tagsüber Dinge unternahmen, die nichts mit der Band zu tun hatten, nahmen wir weder Drogen noch tranken wir Alkohol, soweit ich mich erinnern kann. Jeder Abhängige hat einen eigenen ‚Schlüssel' – oder gleich mehrere –, mit denen das spezifische Belohnungszentrum im Gehirn aktiviert wird. Bei mir waren das in erster Linie Alkohol und Beruhigungsmittel. Dasselbe traf auch auf Bon zu, als ich ihn damals kannte. Wir nahmen auch andere Drogen, gelegentlich Kokain zum Beispiel, aber nur, um uns wieder in die Spur zu bringen, wenn wir von den Sedativa zu down waren. Ich kann mich nicht erinnern, dass er jemals alleine Kokain genommen hätte.

Ich tat es genauso wenig. Wir waren beide sehr dynamische Leute. Wenn wir nun solche Stimulanzien alleine konsumiert hätten, hätte es sein können, dass wir uns viel zu nervös und fahrig gefühlt hätten."

Roy sagt: „Ich glaube, es sagt so viel über Bon aus, dass er in der Lage war, das zu tun, was er eben tat, obwohl er eigentlich so krank war."

***

AC/DCs Shows mit Alice Cooper in Norfolk und Lexington entzogen sich der Aufmerksamkeit der meisten Rezensenten. Tatsächlich war der Anheizer dem Kritiker des *Lexinton Herald* keine Erwähnung wert: „Die Fans waren aufgesprungen und schäumten über vor Begeisterung, als Alices letzter Song, ‚School's Out', schließlich verstummte … Der ‚neue' Alice hatte eine Spitzenband, tanzende Hühner, Zähne und Spinnen, einen zweieinhalb Meter großen Zyklopen, seine Schlange und eine Guillotine mit dabei."

Doch rund um die Vorgruppe entwickelte sich langsam eine Art Hype, was vor allem auf ihren Leadgitarristen zutraf.

„Ich hörte von diesem irren Gitarristen. Als ich ihnen zuschaute, sah ich, wie Angus auf den Schultern eines Roadies hinaus ins Publikum ritt, während er wie ein Wahnsinniger Soli herunterriss", erzählt Alice-Cooper-Keyboarder Fred Mandel. „Sie klangen fantastisch. Mir war klar, dass sie groß rauskommen würden."

Als sie in Knoxville, Tennessee, eintrafen, wo sie die letzte Show im Schlepptau von Alice Cooper bestreiten sollten, gelang es ihnen tatsächlich, einem der größten nordamerikanischen Tour-Acts den Teppich unter den Füßen wegzuziehen.

„Cooper würde gut daran tun, die theatralischen Einlagen endlich bleiben zu lassen und stattdessen ein Konzert zu geben", schrieb die *Kingsport Times-News*. „Die Musik war überwiegend öde. Diejenigen, die wegen des Rock and Rolls da waren, wurden jedoch nicht gänzlich enttäuscht … AC/DC, diese Punker aus Australien, feuerten sich den Weg durch ihr Anheizer-Set frei, was vor allem das jüngere Publikum begeisterte … Die unerhörten Possen des 19-jährigen [sic] Gitarristen Angus Young fanden regen Zuspruch und wirkten nicht so abgeschmackt wie Coopers."

AC/DCs nächstem Reiseziel Texas stand nun seine zweite Abreibung in Sachen Hochspannungs-Rock 'n' Roll bevor. Bon erwartete außerdem ein Wiedersehen mit seinem liebsten Saufkumpan, doch die Youngs wollten dies verhindern.

11

Gimme A Bullet

Die Büroräume von Leber-Krebs in der West 55th Street in Midtown, Manhattan, waren mit einem Flipperautomaten, einem Heimtrainer, einem Aquarium und einer großen Stereoanlage ausgerüstet. Die Firmenchefs, Steve Leber und David Krebs, waren bekannt dafür, ihre Baumwolljeans gerne mit Pucci-Krawatten und Samtsakkos zu kombinieren. Die Musikbranche der Siebzigerjahre stand in ihrer Hochblüte. Es waren gute Zeiten.

Die Rock-Management-Firma war bereits im *Rolling Stone* mit einer doppelseitigen Reportage gewürdigt worden. 1978 verkauften die Klienten des Unternehmens zusammen annähernd acht Millionen Tonträger. In der Tat waren Leber und Krebs so gut im Geschäft, dass sie begonnen hatten, neue Bereiche zu erschließen. Krebs kümmerte sich um das Management der Rockbands, durch welches Lebers andere Projekte wie etwa Musicals finanziert wurden. Sie hatten sich an so ziemlich allem beteiligt, was Geld abzuwerfen versprach, etwa einem Nachtclub namens Privates auf der Upper East Side, geplanten Musicals über Elton John, Marvel-Superhelden und Disco sowie einer Rock-Oper über die Geschichte der Welt. Auch ein Stück und ein Film basierend auf *Desperado* von den Eagles stand im Raum. Ihnen schwebte sogar das aufstrebende Tennis-Ass John McEnroe in einer Filmversion von *Archie* vor. Ihr größter Broadway-Erfolg war jedoch *Beatlemania*, das von 1977 bis 1979 über tausend Mal aufgeführt wurde.

Aerosmith waren zweifellos Leber-Krebs' wichtigste Klienten. Die Band, die Clive Davis von Columbia Records 1974, nachdem er einen ihrer Gigs im Max's Kansas City in New York gesehen hatte, unter Vertrag nahm, hatte bis 1976 bereits vier Millionen Alben abgesetzt. Im selben Jahr hatten sie mit „Dream On" einen Top-10-Hit vorzuweisen, während ihr Album *Rocks* Platin-Status erreichte. 1977 schaffte es „Walk This Way" ebenso in die Top 10 und *Draw The Line* mauserte sich zum schnellsten Platin-Seller der Band. Die 82 Konzerte umfassende Tour, mit der Aerosmith das Album promoten sollten, brachte die Gruppe im Juli 1978 auch auf das von Leber-Krebs veranstaltete Texxas World Music Festival (auch bekannt als Texxas Jam), das in der Cotton Bowl auf den Texas State Fairgrounds in Dallas stattfand. Vor 80.000 Menschen traten Aerosmith am 1. Juli als Headliner nach Ted Nugent, Atlanta Rhythm Section, Head East, Heart, Van Halen, Frank Marino & Mahogany Rush, Eddie Money, Walter Egan, Journey und Blackstone – dem Gewinner eines texanischen „Battle of the Bands" – auf. Zwischen den Sets sorgten die Komiker Cheech & Chong für gute Laune. Es war so heiß – circa 40 Grad Celsius –, dass ein Bühnenhelfer mithilfe eines Feuerwehrschlauchs dem Publikum vor der Bühne Abkühlung verschaffte.

„Die sengend heiße texanische Sonne brannte gnadenlos auf die Cotton Bowl nieder", schrieb *Circus*, „was den Eindruck einer gigantischen, nicht eingeölten Bratpfanne kurz vor der spontanen Selbstentzündung vermittelte."

Offenbar waren AC/DC nicht groß genug für die Hauptbühne des Events, weshalb ihr Auftritt im Rahmen des Festivals in der nahegelegenen Fair Park Arena am 3. Juli stattfinden sollte. Die Bühne sollten sie sich dort mit Blackstone und Artful Dodger aus Virginia teilen. Am selben Tag fand auch noch Willie Nelsons Annual Picnic statt, zu dem Nelson, Waylon Jennings, Kris Kristofferson und noch weitere Acts erwartet wurden.

„Es sollte kurz vor Willies Grillparty stattfinden", erzählt Paul Harwood, der Bassist von Mahogany Rush. „Es war ein Gratiskonzert, da keine Zeit für eine anständige Promotion gewesen war. Deshalb war es auch nur sehr schwach besucht."

Doch Steve Brigida, Drummer von Artful Dodger, war wie vom Blitz getroffen: „Ich werde niemals AC/DC vergessen. Einer der besten Bands aller Zeiten. Bon schien an diesem Abend allerdings ein wenig angeschlagen zu sein. Wir hatten die erbarmungswürdige Aufgabe, nach ihnen spielen zu müssen."

* * *

Als Bon am 4. Juli 1978 in Lubbock eintraf, machte sich Roy Allen auf die Suche nach ihm.

„Ich rief in den Hotels an, um Bon zu finden. Später rief er mich immer an, wenn sie in Austin waren, um mich wissen zu lassen, wo sie untergebracht waren. Ich lebte in Lubbock mit meinem inzwischen verstorbenen Onkel Gary White, einem Apotheker. Ich hatte das South Plains College besucht und hatte wieder einmal Sommerferien. Das war bereits meine dritte Hochschule. Ich trank so heftig und warf den ganzen Kram ein, den mein Onkel aus der Arbeit anschleppte. Irgendwie kriegte ich mit, dass die Band in der Stadt auftreten sollte."

AC/DC spielten im Municipal Coliseum gemeinsam mit Aerosmith und Mahogany Rush. Paul Harwood zeigte sich zwar beeindruckt von Angus, aber auch überrascht, wie wenig Spontaneität in AC/DCs Bühnenshow zu stecken schien.

„Es schien, als ob ihr Auftritt einer Art Schlachtplan folgen würde. AC/DC blieben unter sich, bis sie auf die Bühne liefen, um ihre sehr einstudiert wirkende Inszenierung zu präsentieren."

Da lag er richtig. Die Band war tatsächlich nicht sonderlich spontan. Das waren AC/DC auch nie, wie etwa auch in einem Leitartikel in der australischen Musikzeitschrift *RAM* beschrieben wurde: „Wie AC/DC es angehen, ihr Publikum anzuheizen, ist überaus kalkuliert. Alles, was ‚spontan' erscheint, ist in Wirklichkeit sorgfältig vorab geplant. Das reicht bis zur Dicke der Sohlen an Angus' Füßen, wenn er seinen ‚kühnen' Sprung von einem Lautsprecherturm wagt."

Nachdem sie ihr Set beendet hatten, wandte sich Roy hinter der Bühne an einen Ordner.

„Ich steckte dem Türsteher eine Notiz zu, die er der Band bringen sollte. Malcolm kam und holte mich ab, um mich in ihren Bereich zu führen. Malcolm und ich verstanden uns immer gut, doch Angus konnte ein richtiges Arschloch sein und sich wie ein verwöhnter Bengel benehmen. Alles, woran ich mich von diesem Konzert noch erinnern kann, ist, dass Bon in Begleitung eines Girls war."

Bon und seine unbekannte Gefährtin, eine weitere Blondine, begleiteten Roy zum Haus seines Onkels Gary in Lubbock. Für Roy entwickelte sich die Angelegenheit eher nachteilig.

„Bon und sein Girl sowie Gary und dessen Freundin waren nun im Haus. Sie blieben ein Weilchen zu Besuch und wir rauchten Gras. Bon und das Mädchen tranken nicht allzu viel. Er war jedenfalls nicht betrunken, aber ich muss besonders besoffen gewesen sein, weil ich hinfiel und mit der linke Seite meines Unterkiefers gegen ein Bücherregal aus Metall krachte und mich ziemlich derbe schnitt. Da war zwar überall Blut, aber für einen Arztbesuch reichte es nicht. Die Narbe habe ich immer noch."

Zu diesem Zeitpunkt hatte Bon jegliche noch verbliebene Verbindung zu Silver Smith in Sydney abgebrochen. Seine Versuche, dem Alkohol abzuschwören, etwa mithilfe von Hypnose, waren gescheitert. Was sich an diesem Abend in Lubbock zutrug, könnte Bon betroffen gemacht haben. Einen Freund, so wie er Alkoholiker, in solch schlimmer Verfassung zu sehen, während er selbst versuchte, dem Alk zu entsagen, mag vielleicht dazu geführt haben, eine Art Vorsatz zu fassen, oder ihm zumindest seine eigene problematische Beziehung zum Alkohol vor Augen geführt haben.

In Irene Thorntons Erinnerungen an Bon mit dem Titel *My Bon Scott* zitiert sie einen Brief von 1975, als er noch ganz am Anfang seiner Zeit bei AC/DC stand, in dem er schreibt, dass er sich aufgrund der Ansprüche, die das Touren an ihn stellten, mit niemandem fest einlassen wollte. Allerdings berichtete er auch, dass es da „andererseits auch 20 bis 30 Chicks pro Tag gäbe“, aus denen er sich welche „zum Bumsen aussuchen könnte“. Aber auch das sagte ihm nicht zu. Er fühlte sich durcheinander. Manche seiner Briefe wirkten richtig fies, was auch Irene in ihrem Buch betonte. Je mehr er in der Band und der Rolle von Bon Scott, dem AC/DC-Rocker, aufging, desto kruder wurde er. Und Bon war sicher kein liebenswürdiger Trunkenbold.

„Seine Trinkerei war komplett außer Kontrolle geraten“, schrieb sie. „Wenn er gerade nicht abgefüllt war, schlief er eben seinen Rausch aus, um sich dann, sobald er aufstand, wieder volllaufen zu lassen.“

Bons Exfrau verdient höchste Anerkennung für ihre Aufrichtigkeit und Bereitschaft, der Welt seine Schwächen zu offenbaren. Als ich ihr 2016 schrieb, um ihr für ihren Mut zu danken, den Bon-Mythos als solchen zu entlarven, antwortete sie: „Leider fehlt es an Ehrlichkeit, und die Mythenbildung ist – gelinde gesagt – echt nervtötend. Er konnte ein richtiger Plagegeist sein – so wie jeder andere auch.“

Wie Roy sich seinen Kiefer aufschnitt und allen den Abend ruinierte, hätte das notwendige Erweckungserlebnis für ihn sein können.

„Am nächsten Tag fragte mich Bon zum ersten Mal, ob ich mir mal Gedanken darüber gemacht hätte, nicht mehr zu trinken“, erzählt Roy. „Diese Frage hat sich in meinen Kopf eingebrannt. Er meinte, ich wäre viel zu besoffen gewesen und würde nun ziemlich beschissen aussehen. An meine Antwort kann ich mich nicht mehr erinnern. Ich fuhr mit ihnen am nächsten Tag nach Austin und weiß noch, dass auch Gary mir einen Vortrag hielt, weil ich so angetrunken war.“

***

Bon und seine langmähnige Amazone holten Roy am Morgen des nächsten Tages für die lange Fahrt nach Austin ab. Roy vermutet, dass die Band das Mädchen engagiert hatte, um darauf zu achten, dass Bon nicht trank.

„Ich kann mich nicht an ihren Namen erinnern, aber es dauerte nicht lange, bis ich begriff, dass sie kein sehr netter Mensch war. Sie war ein ziemliches Miststück. Sie war ein texanisches Mädel aus Houston und fuhr einen brandneuen Firebird – ein netter Schlitten, doch die Rückbank bot nur beschränkt Platz. Sie stellte sich wegen dieses Autos ziemlich an. Ich weiß noch, dass ich mich fragte, wo Bon nur dieses Girl aufgetrieben hatte. Sie ließ uns weder trinken noch rauchen. Ununterbrochen zeterte sie herum und sagte ständig zu irgendetwas Nein. Ich fragte mich, ob AC/DC dieses Mädchen vielleicht auf Bon angesetzt hatten, um sicherzustellen, dass er rechtzeitig und in ansprechender Verfassung dort einträfe, wo er zu sein hätte. So wirkte es jedenfalls auf mich, weil Bon nie mit so jemandem abgehangen hätte. Ihr Aussehen war ihre einzige gute Eigenschaft. Das waren die längsten sieben Stunden meines Lebens. Sie machte die Fahrt zur Qual. Sobald wir in der Stadt ankamen, sagte ich ihr, dass sie mich rauslassen sollte und ich den Weg schon selbst fände. Also sprang ich vor einem mexikanischen Restaurant im Westen der Stadt aus dem Wagen und sagte Bon, dass ich mich später mit ihm treffen würde. Er verstand schon. Sie hatten den ganzen Tag frei. Ich weiß noch, dass ich sie später wiedersah, aber meine Erinnerung daran ist sehr unklar."

Zur gleichen Zeit wurde Peter Mensch, der in Diensten von Leber-Krebs stand und sich auf Tour um Aerosmiths Finanzen kümmerte, von Malcolm Young becirct. Vielleicht war es aber auch andersherum. Michael Browning hat in diversen Interviews sowie seiner eigenen Autobiografie keinen Hehl daraus gemacht, dass er der Meinung war, Mensch hätte AC/DC hinter seinem Rücken schon 1978 schöne Augen gemacht. Doch laut Mensch ging der Impuls ursprünglich von Malcolm aus: „Sie waren es, die mich anriefen."

AC/DC stahlen Aerosmith die Show, aber Bon hinterließ keinen nennenswerten Eindruck bei ihm. Mensch erinnerte sich daran, dass Angus „auf die Schultern eines kleinen Typen, nämlich des Sängers, kletterte, der einfach irgendwelche unverständlichen Wörter schrie".

Nachdem sich die Wege der beiden Bands in Lubbock trennten, „riefen AC/DC mich fast täglich in meinem Büro an, nur um mich auf dem Laufenden zu halten“.

***

Am Tag darauf fuhr Roy mit der Band in ihrem Bus die sechs Stunden zum nächsten Gig in Austin, wo sie zum ersten Mal mit der San Franciscoer Band Yesterday & Today spielen sollten. Bill Martin, Roys Freund aus Rockdale, der auch im Publikum gewesen war, als AC/DC im Jahr zuvor im Armadillo World Headquarters aufgetreten waren, erwartete ihn mit einer Gruppe von Freunden.

„Wir glaubten natürlich nicht, dass der Bruder meines Freundes, dieser Roy, tatsächlich mit Bon befreundet wäre. Als sie nun im Opry House auftraten, sagte er, dass wir uns dort mit ihm treffen sollten und Bon uns Zutritt zur Show verschaffen würde. Wir schenkten seinen Worten jedoch noch immer keinen Glauben. Stattdessen waren wir früh vor Ort, um uns rechtzeitig Tickets zu sichern.“

Die Mühe hätten sie sich sparen können.

Roy kreuzte tatsächlich mit Bon auf, „der zum Ticketschalter marschierte, einen Stapel Konzertkarten holte und sie auf der Rückseite mit ‚comp‘ beschriftete.“

Martin besitzt sein von Bon unterschriebenes Ticket heute noch.

„Wir durften in den Backstage-Bereich und verfolgten das Konzert von der Seite der Bühne aus. Ziemlich cool, gelinde gesagt. AC/DC spielten eine wichtige musikalische Rolle, als wir aufwuchsen, vor allem nachdem wir ihr allererstes Konzert gesehen hatten. Dank Roy trafen wir sie und verbrachten etwas Zeit mit Bon.“

„Die Show war großartig, vielleicht die beste, die ich sie je spielen sah“, erzählt Roy. „Sie hatten wirklich einen Groove gefunden.“

Aber abseits der Bühne lief offensichtlich irgendetwas falsch mit Bon. AC/DCs Leadsänger fuhr mit seiner Bewacherin noch nach Corpus Christi.

„Ich weiß noch, dass Bon mir leidtat. Das Mädchen habe ich nie wiedergesehen. Ich hatte den Eindruck, dass sie einen Job erledigte und sich dabei wie ein richtiges Miststück verhielt. Vielleicht gefiel ihm ja auch einfach nur, wie sie aussah. Sie sah schon verdammt heiß aus. Haben wir nicht alle mal eine dämliche Freundin ertragen, einfach nur, weil sie so gut aussah? Ich habe nie kapiert, was da wirklich ablief."

Roys Verdacht bezüglich des Mädchens wird indirekt vom Sänger und Leadgitarristen von Yesterday & Today, Dave Meniketti, bestätigt. Dieser sagt, dass Bon unglücklich darüber war, im Tourbus weder trinken noch Groupies um sich scharen zu dürfen, weshalb er ungern mit AC/DC reiste. Doch im modifizierten Dodge-Van von Yesterday & Today gab es keine solchen Restriktionen.

„Bon war nicht happy darüber, dass er im Bus von AC/DC nicht so abfeiern konnte, wie er das gerne wollte", erzählt mir Meniketti. „Also zog er es vor, ein paar Tage mit ein paar Kids – nämlich uns – mitzufahren. In unserem Dodge-Van tranken wir hinten und karrten Groupies mit uns von Gig zu Gig. Ich glaube, dieses Ambiente, in dem er machen konnte, was er wollte, sagte ihm mehr zu. Einmal hielten wir, um zu tanken. Die Jungs sprangen aus dem Wagen, um im Tankstellenshop ein oder zwei Flaschen Jack Daniel's zu kaufen."

Joey Alves, der verstorbene Rhythmusgitarrist der Band, erinnerte sich, wie Bon schlussendlich die ultimative Mitfahrgelegenheit für seine Reise durch Texas ergatterte.

„Eines warmen Tages, als wir auf dem Highway auf die nächste Stadt zuhielten, überholte uns ein Wagen mit ein paar wilden Ladys, bevor sie sich einbremsten, um so unsere Aufmerksamkeit auf sich zu lenken. Bon befand sich zwischen diesen fünf Damen, die er bei der Show am Vorabend aufgegabelt hatte, im Auto und winkte uns von der Rückbank aus zu. Er signalisierte uns, dass wir bei der nächsten Raststätte anhalten sollten, was wir auch taten. Während wir kühle Getränke nachluden, erzählte Bon uns von der wilden Nacht, die er mit seinen neuen Freundinnen erlebt hatte. Er war ein hervorragender Geschichtenerzähler und unterhielt einen fabelhaft. Man hätte annehmen können, dass so ein Leben auf der Überholspur sich negativ auf die Liveshow ausgewirkt hätte. Aber bei Bon war dies nicht der Fall. Er war bei jeder Show genau am Punkt da, wie die Band auch."

Trotzdem hält sich die Legende, dass Bon am 8. Juli 1978 in San Antonio so neben sich stand, „dass er eine ganze Flasche Aftershave mit einem Schluck in sich hineinkippte, weil er es für Whisky hielt". Die Geschichte wirkt oberflächlich betrachtet eher lachhaft. Immerhin war es nicht so schwer für ihn, an etwas Trinkbares heranzukommen. Doch auch Paul Chapman von UFO hat gesehen, wie Bon Aftershave trank. Vielleicht war dies ja bloß ein Jux, ein weiterer von Bons Partyspäßen – aber hinter seinem Verhalten verbarg sich eine Sucht, die anfing, ihm große Schmerzen zu bereiten.

Up To My Neck In You

In Utah, Kalifornien und Oregon folgten weitere Shows mit Aerosmith. Am denkwürdigsten war dabei wohl das eher maue Konzert am 15. Juli 1978 in der Selland Arena von Fresno, wo Angus sein Solo bei „Bad Boy Boogie" unterbrach, um es ein paar Störenfrieden vor der Bühne, die ihn mit Gegenständen bewarfen, mit gleicher Münze heimzuzahlen. „Zum Teufel. Oi! Ihr da! Hey! Du Schwanz. Trau dich nur her. Wenn ihr Sachen auf uns werfen wollt, dann werfen wir sie eben zurück, okay?" Darauf stieg er wieder in sein Solo ein, als wäre nichts gewesen. Allerdings spielten sie ihr Set nicht zu Ende und wurden von der Bühne gebuht.

„Nach dem Vorfall in der Selland Arena in Fresno, wo AC/DC von der Bühne gelotst und praktisch aus der Stadt gejagt wurden, hielten wir uns alle im Hotel auf", erzählt Barry Freeman, zuständig für die regionale Promotion von Atlantic an der Westküste. „Es war eine warme Nacht. Wir saßen alle draußen und ich glaube, dass sie auf Autos warteten, da die Polizei von ihnen verlangte, dass sie die Stadt verließen."

AC/DC waren nicht frei von Fehlern. Vielmehr zogen sie Schwierigkeiten an.

„Keine Ahnung, ob ich das tun soll, aber ich erzähle dir eine Geschichte", sagt ein Atlantic-Angestellter, der anonym bleiben möchte. „Es ist eine wahre Geschichte, das garantiere ich dir *[lacht]*. AC/DC sollten einem Radiosender in San Rafael, das sich ungefähr zehn Meilen nördlich von San Francisco befindet, ein Interview geben. Du fuhrst über die Golden Gate Bridge nach Norden und dort lag der Radiosender KTIM, wo man sich rühmte, freigeistigen Rock zu spielen."

Dies war der zweite amerikanische Radiosender nach WPDQ/WAIV in Jacksonville, der AC/DC spielte.

„Ich organisierte uns eine Limousine, in die wir nun alle einstiegen, um nach San Rafael zu fahren. Wir überquerten die Golden Gate Bridge und steuerten Richtung San Rafael, zehn oder fünfzehn Meilen oder so. Da fuhr ein Bus, von einer Kirche. Darin saßen Kinder, so neun, zehn, elf oder zwölf Jahre alt. Nicht älter. Eher jünger. Die Band vertrieb sich die Zeit auf der Fahrt zu KTIM mit einer Ausgabe des *Hustler*. Das Herrenmagazin verfügte damals über ein Feature namens Scratch 'N' Sniff, bei dem man den Intimbereich des Centerfold-Models kratzen konnte, der daraufhin angeblich wie der eines echten Menschen roch. Sie breiteten das Magazin zwischen der Rückbank und dem Rückfenster der Cadillac-Limo aus und deuteten darauf. Ich weiß nicht, ob diese Mädchen im Kirchenbus wussten, wer da vor ihnen im Wagen saß. Sie kreischten nicht nach ihnen und hielten auch keine Plattencover in die Höhe oder so etwas in der Art. Also fingen AC/DC an, während wir so dahinfuhren, herumzukratzen. Ich erinnere mich noch, wie ich zu ihnen sagte, dass sie das bleiben lassen sollten, weil wir sonst noch verhaftet würden. Sie fingen an zu lachen und machten einfach weiter. Und sie deuteten weiterhin in Richtung der Mädchen, dass diese das Magazin ansehen sollten. Der Chauffeur der Limousine dachte sich vermutlich, dass Diskretion so etwas wie die Mutter der Porzellankiste wäre und wechselte auf die linke Spur und drosselte die Geschwindigkeit, damit uns der Bus überholen konnte. Rückblickend war das natürlich schon witzig. Das war so typisch für diese Zeit."[19]

* * *

19 Angus behauptete einmal im Scherz gegenüber dem *Emerald City Chronicle* in Madison: „Ich liebe junge Frauen. So zehn, elf Jahre alt."

Im kalifornischen Oakland brach der Morgen an. AC/DC waren schon früh aufgestanden, schließlich stand ihnen die wichtigste Show ihres Lebens bevor: Bereits um 10.40 Uhr sollten sie bei Bill Grahams Day On The Green, wo auch Aerosmith, Foreigner, Van Halen und Pat Travers auftraten, auf der Bühne stehen. Es war der dritte von fünf Days On The Green in diesem Jahr und das erste von drei großen Festivals, bei denen AC/DC 1978 und 1979 in der Bay Area spielen würden.

„Tolle Shows, diese Days On The Green", erinnert sich Mick Jones. „Das war ein ziemlich großes Übergangsritual. Fast schon so, als würde man getauft oder so und sich somit für höhere Weihen qualifizieren. Bill [Graham], den ich seit vielen Jahren kannte, nahm mich beiseite und sagte, dass er mich um circa elf Uhr bei der Bühne sehen wollte, weil er mir etwas zeigen müsste. Also traf ich mich dort mit ihm und er sagte: ‚Okay, es ist elf Uhr.' Alle Eingänge öffneten sich auf einmal und die Menschen strömten wie die Ratten hindurch. Sie sprinteten, um es nach ganz vorne zu schaffen. Das war ein unglaublicher Anblick. Ich denke, er wollte nur betonen, was da abging, damit ich es auch zu schätzen wüsste."

Eddie Van Halen stand zur Mittagszeit auf der Bühne und war inzwischen ein Fan von AC/DC.

„Eddie besuchte sie in ihrem Trailer", erzählt Van-Halen-Bassist Michael Anthony. „AC/DC waren auf demselben Level wie wir. 1978 traten wir eine halbe Tour lang in Europa vor Black Sabbath auf. Was unsere Moral in unserem Tourbus wirklich am Leben erhielt – es war unsere erste Tour, wir waren bereits lange unterwegs und alle waren schon ziemlich ausgebrannt –, war *Powerage* im Kassettendeck. Wir waren richtig geplättet. Von allem, was auf diesem Album war. ‚Sin City' etwa. All diese Songs. Das hielt uns bei Laune. Das war eines der wenigen Tapes, die wir uns täglich reinzogen. Es ist eines meiner Lieblingsalben. Nachdem wir mit ihnen bei Day On The Green aufgetreten waren, besorgten wir uns diese Kassette – und, Menschenskind, ich sag dir, von da an hörten wir es uns alle ständig an, als wir durch Europa tourten."

Anthony sagt, dass die Bands mehr gemeinsam hatten als nur ihre virtuosen Gitarristen.

„Alex Van Halen war ein großer Trinker. Beide, Alex und Eddie. Natürlich tranken wir alle, weil wir uns alle plötzlich in diesem Lifestyle wiederfanden, von dem man sonst nur liest. Wenn man für ein paar dieser Bands den Anheizer macht, ist das so, als ob sich für einen die Tür öffnet und es plötzlich heißt: ‚Mögen die Spiele beginnen, lasst uns eine Party feiern.' Alex fuhr total auf Schlitz Malt Liquor ab und trank ziemlich viel davon. Das ging so weit, dass er irgendwann bei einer Show in Chicago [in den späten Achtzigern] von seinem Schlagzeug herunterfiel. Wir ließen ihn dann einen Entzug machen. Seine Trinkerei war so außer Kontrolle geraten, dass er sich Hilfe suchen musste. Er musste damit aufhören, oder es hätte ihn umgebracht."

Auch Mick Jones weiß, wie eine Entzugsklinik von innen aussieht.

„Ich soff und nahm Drogen in den Achtzigern. Das ging in den Neunzigern so weiter. Erst Ende der Neunziger begab ich mich in einen Entzug. Also war ich ziemlich lange an vorderster Front mit dabei. Koks und Wodka: ein grandioses Rezept. Da ich der Bandleader war, hatte wohl keiner die Eier, mir zu sagen, dass ich aufhören sollte. Auch bemerkte ich nicht, wie es sich zunehmend auf meine Beziehung zur Band auswirkte. Es strapazierte definitiv mein Verhältnis zu [Foreigners Leadsänger] Lou Gramm. Wir beschritten beide eine Zeit lang denselben Pfad, doch irgendwann Anfang der Neunziger beschloss er, etwas zu unternehmen. Allerdings sollte es noch sieben oder acht Jahre dauern, bis auch ich mich zu wehren begann. Die Moral von der Geschichte ist, dass ich vermutlich gute zehn Jahre meiner Kreativität und meines Lebens verschwendet habe, als ich drogensüchtig und alkoholabhängig war."

Denkst du, du hast es wiedergutgemacht, indem du jetzt zu dieser Einsicht gelangt bist und das Leben auf ganz andere Weise wertzuschätzen weißt?

„Auf jeden Fall. Die wichtigste Sache war – zumindest für mich –, meine Familie, meine Kinder zurückzugewinnen und jemand zu sein, auf den man sich verlassen konnte. Ich wollte nicht länger dieser Typ sein, der um sechs Uhr morgens zur Türe hereinstolpert, alle aufweckt und noch weiterfeiern will. Es wuchs mir einfach über den Kopf und ich begriff, dass ich Gefahr lief, alles zu verlieren. Harter Alk und Drogen waren leider die wichtigsten Dinge in meinem Leben. Wenn man erst einmal in dieser Falle sitzt, ist es sehr schwer, sich daraus zu befreien."

Genau diese Tatsache begann sich Bon nun ebenfalls zu offenbaren.

13

Riff Raff

Der Sommer 1978 markierte für Sänger Steven Tyler und Leadgitarrist Joe Perry von Aerosmith den Höhepunkt ihrer jeweiligen Heroinabhängigkeit. Von Ende Juli bis Anfang August spielten AC/DC insgesamt sieben Shows mit Aerosmith: Vancouver, Spokane, Billings, Winnipeg, Rapid City, East Troy sowie das Festival Summer Jam in der Gluthitze des Chicagoer Comiskey Park.

Die *Spokesman-Review* in Spokane ahnte eine Art Wachablösung. „Aerosmiths Leadsänger Steven Tyler hält sich zwar für den Größten, aber in Anbetracht der Reaktion, die ihm das Publikum im ausverkauften Coliseum gestern Abend entgegenbrachte, hat seine Popularität hier beträchtlich abgenommen ... was Spokanes Fans gestern Abend wirklich brauchten, war etwas Neues. Genau das bekamen sie geboten, als die Anheizer-Band AC/DC die Bühne betrat und ihr Leadgitarrist Angus Young ansetzte, eine Stunde lang explosiv abzurocken."

Aber während sie den Nordwesten, Kanada und den Mittleren Westen im Sturm zu nehmen schienen, mussten AC/DC gegenüber ihrer Plattenfirma immer noch lästigen Verpflichtungen nachkommen. So spielten sie etwa auch in Nashville, Tennessee, bei der fünften jährlich stattfindenden Record Bar Convention, wo sie sich die Bühne mit Creed aus Memphis teilten. Ihr Auftritt startete nach dem gemeinsamen Dinner der Convention-Teilnehmer, die sie mit höchst verhaltenem Applaus willkommen hießen.

„Ziemlich leise seid ihr!“, schrie Bon über einen gleichzeitig angeschlagenen Powerchord hinweg. „Das werden wir jetzt ändern!“

Da für AC/DC im FM-Radio wenig voranzugehen schien, mussten sie bei ihren Live-Auftritten sämtlich Register ziehen. In Salem, Virginia, und Fayetteville, North Carolina, eine Stadt nahe der Militärbasis Fort Bragg, traten AC/DC mit Cheap Trick und Nantucket auf.

„Ich stand hinter dem Mischpult, als sie ihre ersten paar Nummern abbrannten“, erzählt Nantucket-Drummer Kenny Soule. „[Leadgitarrist] Tommy Redd und ich sahen uns an und sagten nur: ‚Ach du Scheiße.‘ AC/DC nagelten auf einem Groove herum, etwa beim Einstieg zu ‚High Voltage‘, bis das Publikum komplett durchdrehte. Das war wie Chuck Berry auf zwölf aufgedreht, so, wie ich mir immer gewünscht hatte, diese Art von Rock ’n’ Roll zu erleben. Sie rockten so hart und so leidenschaftlich, dass es schon fast beängstigend war. Es flößte mir fast Angst ein, dass eine Band so abgehen konnte. Abgesehen von James Brown, den ich ein paarmal in den späten Sechzigern gesehen habe, hatte ich so etwas noch nie erlebt. Sobald ich meine Dosis Angus Young abbekommen hatte, ähnelte es James Brown. Tommy und ich waren total perplex.“

Auch wenn AC/DC auf der Bühne in der Lage waren, die Hölle zu entfesseln, gaben sie sich abseits davon als zuckersüße Jungs.

„Als wir die Stadt verließen, hielten wir in einem Waffel-Restaurant, um uns einen Kaffee zu holen. Da saßen sie, alle zusammen in eine Essnische gepfercht, und gönnten sich einen Imbiss.“

* * *

Nach ihrem gemeinsamen Gig mit Cheap Trick in der Symphony Hall in Atlanta fuhr Bon in einer Limousine zurück zum Peachtree Plaza, das erst unlängst als höchstes Hotel der Welt abgelöst worden war. Er war erschöpft.

„Ich glaube, ich habe mir immer ausgemalt, reich zu sein und einen mir angemessenen Lebensstil zu pflegen“, erzählte Bon dem australischen Fotografen Rennie Ellis. Auch im Gespräch mit Vince Lovegrove gab er sich ungewöhnlich offen. Vince weilte in Atlanta, um AC/DC für *Australian Music to the World* zu filmen, einen TV-Ableger seiner Radioserie auf 5KA in Adelaide.[20] Silver Smith glaubte, dass Lovegrove Bon als Freund näherstand als sonst irgendwer. Nur Fraternity-Bassist Bruce Howe kam diesbezüglich an ihn heran.

„Je mehr wie arbeiten und auf Tour sind, desto mehr Ideen haben wir“, verriet Bon Lovegrove. „Es wird immer besser. Das Ende kann ich jetzt noch gar nicht absehen – wie Rock ’n’ Roll bis in alle Ewigkeit.“

Bon, so erinnerte sich Lovegrove Jahre später, hatte sich „fein zurechtgemacht“, wirkte aber dennoch „ein wenig zerzaust“.

Abseits der Kamera gab er zu, dass er immer noch davon träumte, als Rockstar den absoluten Durchbruch zu schaffen, obwohl ihn mittlerweile Zweifel plagten und er sich fragte, ob all die Opfer, die er erbracht hatte, es tatsächlich wert waren, da er bis dato nur so wenig vorzuweisen hatte.

„Er dachte, ich hätte es am besten getroffen, da ich inzwischen zur Ruhe gekommen war und nicht mehr auf Tour ging. Er meinte, dass er mich darum beneidete und sich ebenfalls wünschte, zur Ruhe zu kommen. Er sagte: ‚Um ehrlich zu sein, stinkt mich das alles langsam an. Wir sind ununterbrochen auf Tour und ich brauche eine Pause … Ich kann es mir aber nicht leisten, eine Pause einzulegen. Ich verdiene eine Menge Kohle.‘“

---

20 Lovegroves Sendung war im Grunde genommen eine Art Lobeshymne auf australische Bands, die in Übersee groß rauskamen. Andere waren wiederum weniger begeistert vom Aufstieg des Aussie-Rocks, wie man in Alan Niesters vernichtendem Artikel für die Torontoer *Globe and Mail* nachlesen kann: „Die Aussies beteiligen sich mit drei Bands an der [Punk-]Bewegung. In qualitativ absteigender Reihenfolge: AC/DC mit *Powerage* (Schulnote 4), Radio Birdman mit *Radios Appear* (furchtbar; eine 5) und The Saints mit *(I'm) Stranded* (ebenfalls 5).“

Bon wünschte sich „ein gewöhnliches Leben, wie jeder andere auch, und wollte nur Gitarre spielen". Lovegrove glaubte „eine tiefliegende Traurigkeit" bei seinem Freund aus Westaustralien gespürt zu haben. Es war zweifelhaft, ob AC/DC noch die Kurve kriegen würden: „Er hatte ja schon seit 1967 nonstop getourt, um es mit einer Rock-'n'-Roll-Band nach oben zu schaffen. Die Leute vergessen das gerne. Auf die anderen [bei AC/DC] traf dies nicht zu."

Dies waren eindringliche Worte, vor allem, wenn man sie einem Interview Bons von 1977 mit Molly Meldrum in London gegenüberstellte. Die Band stand kurz davor, den zweiten Abschnitt ihres amerikanischen Tourprogramms in Angriff zu nehmen.

„Man braucht ab und zu einfach mal eine Pause, weißt du?", sagte er da. „Manchmal muss man sich auch eine Unterbrechung gönnen."

Doch Bon fütterte die Presse auch weiterhin mit Flunkereien, wenn es ihm gerade passte: „Ich bin seit fünfzehn Jahren auf Tour und habe nicht vor, damit aufzuhören. Wir treffen eine Menge Leute, wir trinken eine Menge und haben viel Spaß zusammen."

Bon, der Ende 1978 seinen 32. Geburtstag feierte, wurde sichtbar älter. Doch trotz all dem ununterbrochenen Touren, dem Trinken und den Drogen hatte er sich seine gewinnende Art bewahrt. Lovegrove versuchte, diese Seite Bons in Worte zu kleiden: „Bon hatte einen leicht femininen Touch. Das war subtil, sehr subtil sogar. Er spielte es nicht übermäßig aus, aber das war definitiv ein Teil von ihm." Wenn man alles, was bloß Showbiz war, beiseite ließ, trat bei Bon „eine Gewöhnlichkeit und ein Anflug von Amateurhaftigkeit in Bezug auf Rock 'n' Roll zum Vorschein, etwas, das nicht so professionell wirkte".

In *Live Wire* schreibt Mary Renshaw, dass sie „wütend" auf Lovegrove war, weil er den Inhalt der Unterhaltung mit Bon enthüllt hatte: „Das war vielleicht das einzige Mal, dass Bon sich gegenüber Vince verwundbar gezeigt hatte – und er verwendete es sogleich gegen Bon ... Jahre später arbeitete Vince mit einer amerikanischen Filmproduzentin. Sie versuchten einen Film über Bons Leben zu drehen. Sie schrieb mir eine E-Mail, in der sie behauptete, dass Bon in einer echt düsteren Stimmung gewesen wäre und die Band verlassen wollte. Vince hätte ihr das verraten. Das war totaler Mist."

War es das tatsächlich?[21]

Lovegrove hatte so seine Zweifel: „Mir sagte er, dass er genug hätte und das Leben auf Tour nicht länger aushielte, aber nicht aufhören könne, weil der Hit, der das große Geld bringen würde, nicht mehr lange auf sich warten lassen würde. Bon war in vielerlei Hinsicht nicht zum Popstar geschaffen – und in vielerlei Hinsicht war er das sehr wohl. Aber er sehnte sich danach, auszusteigen und sich niederzulassen, Kinder zu haben und einfach Musik zu schreiben und zu singen. So viel steht fest. Ganz egal, was irgendjemand sagt, er wollte aussteigen, aber die Sucht nach all dem war einfach zu stark. So wie wir alle war er süchtig nach der Musik. Es hängt aber immer auch davon ab, wie abhängig wir davon sind, wie wir damit umgehen und unter welchen Umständen wir es zulassen, dass die Musik und ihre Nebenwirkungen die Kontrolle übernehmen."

Lovegrove, der sich selbst als Journalist und Biograf neu erfinden sollte, schrieb mehrere Storys über dieses eine Treffen in Atlanta. Im *Advertiser*, einer Zeitung aus Adelaide, stellte er die Behauptung auf, dass Bon ihm erklärt hätte, „AC/DC hätten es fast schon geschafft. Er konnte den Erfolg riechen. Wenn der Band aber nicht in den nächsten ein bis zwei Jahren der Durchbruch gelänge, würde er aussteigen. Laut ihm gab es immer noch nicht viel Geld und er war nach wie vor pleite. Er meinte, er würde nach Australien zurückkehren, wenn

---

21 Pattee Bishop hat Renshaws *Live Wire* gelesen: „Das eine Geheimnis, das das Buch lüftete, war Bons Vorliebe für hübsche Füße. Meine – Größe 38 mit rot lackierten Nägeln – hat er jedenfalls geliebt." Was Bon ihr zufolge am meisten hasste, waren Girls, die „sich ‚da unten' für ihn nicht sauber genug hielten. Er hat mir das erzählt. Bon war ja so witzig." Also in Bezug auf vagnale Sauberkeit? „Ja, er hasste üble Gerüche und hässliche Unterhöschen. Er trat sie oder bewegte sie mit einem Stock über den Boden. Ich trug immer schöne BHs und Pantys. Weiße Seide und Spitze. Keinen billigen Scheiß. Mädchen mit haarigen Zehen törnten ihn ab." Das lässt die Zeile „She kept her motor clean" aus „You Shook Me All Night Long" plötzlich in einem ganz anderen Licht erscheinen. Bon mochte also saubere, lieblich riechende Vaginas. Welcher heterosexuelle Mann tut das nicht? Bon verfügte über die Fähigkeit, so eine Aussage getarnt in einen Songtext einzubauen. Lässt sich das auch von Brian Johnson behaupten?

es nicht bald mit AC/DC klappen würde. Anderen erzählte er, er würde in Amerika bleiben. Ich bin mir sicher, dass er unterschiedlichen Leuten verschiedene Versionen auftischte. Aber er fühlte sich auf jeden Fall einsam."

Im *Australian Worker* deutete er an, dass Bon „so gut wie pleite" war, als er starb.

„Bon gefiel es, in der Band zu sein, aber er wollte Geld für seine Mühen sehen. Er wollte eine Pause und einen Ort, an dem er sich mal für eine Weile zu Hause fühlen konnte … Die Frage lautet: Wie schafft es ein vorbestrafter schottischer Immigrant aus der Arbeiterschaft, der in den Sechzigerjahren im rauen Vorstadtklima von North Fremantle lebte, zum Multimillionär aufzusteigen – nachdem er tot ist? Zur Zeit seines Ablebens hatten AC/DC um die drei Millionen Alben verkauft. Das war respektabel, keine Frage, aber die Ausgaben für die Touren, die prozentualen Beteiligungen von Management und Agentur, die Tour-Vorschüsse vonseiten der Plattenfirma sowie Promo- und Aufnahmekosten hatten sämtliche Mittel verschlungen."

Lovegrove stellt hier eine sehr gute Frage, die bis heute nicht adäquat beantwortet wurde.

14

Down Payment Blues

AC/DC hatten nun vielleicht Fahrt aufgenommen, zumindest als Live-Act auf Tour in Nordamerika, doch die Plattenverkäufe waren immer noch mickrig – und das zu einer Zeit, als die Plattenindustrie gerade boomte, was vor allem auf Atlantic, Teil des gigantischen WEA-Konglomerats, zutraf.

Verständlicherweise hatte die Führungsriege von Atlantic – etwa Mitbegründer Ahmet Ertegun, Präsident Jerry Greenberg und Finanzchef Sheldon Vogel – Vorbehalte, noch mehr Geld für AC/DCs Touren auszuspucken. Gemessen an Atlantics hohen Ansprüchen hatte sich *Powerage* als weiterer Flop entpuppt. Greenberg und seine Gehilfen angelten daraufhin prompt nach Producer Mutt Lange, um Vanda & Young durch ihn zu ersetzen.

„Als Leber-Krebs anfingen, mit AC/DC zu arbeiten", erzählt David Krebs, „trafen Steve Leber und ich uns mit Ahmet Ertegun – und nicht etwa Jerry Greenberg –, um ihm zu sagen: ‚Schau, Ahmet, da die Gruppe so einen schwachen Plattendeal hat, den sie via Phil Carson mit Ted Albert abgeschlossen haben, wollen wir, dass Atlantic uns, den Managern, ein paar zusätzliche Prozente der Tantiemen auszahlt.' Lach nicht. Wir hatten schon Eier *[lacht]*. Natürlich lehnte er ab … aber zumindest versuchten wir es."

Die tatsächlichen Gegebenheiten von AC/DCs Vertrag mit Atlantic waren laut Krebs eine Zumutung.

„AC/DC hatten mit Phil Carson einen Fünfjahresvertrag abgeschlossen. Sie sollten in dieser Zeitspanne drei Alben pro Jahr abliefern. Das heißt, sie waren für *15* Alben gebunden. Weißt du, was das für eine Bürde ist? Niemand unterschrieb für mehr als zwei Alben pro Jahr. Es war unmöglich, drei Alben in einem Jahr abzuliefern, zumindest nicht mit qualitativ hochwertigem Material, obwohl wie hier über jeweils zwei Seiten Vinyl sprechen. Als wir dann mit, ich glaube, *Highway To Hell* – es könnte aber auch *Back In Black* gewesen sein – einen Riesenerfolg landeten, hatten [Peter Menschs Managementpartner] Cliff Burnstein und ich ein Meeting mit Sheldon Vogel, der Ahmets rechte Hand war. Und *Back In Black*, das ein fantastisches Album war, war das achte von fünfzehn [es war AC/DCs achter Release, aber ihre sechste LP mit Originalaufnahmen für Atlantic]. Also sagte ich zu mir selbst: ‚Shit; erst das soundsovielte Album. Die werden uns einen Scheißdreck zahlen.' Ich war daher bereit, Atlantic mehr Platten für einen viel höheren Tantiemenanteil zu überlassen, weil ich glaubte, dass es egal wäre. Ob ich dir jetzt sieben oder *neun* schulde, macht eigentlich keinen Unterschied, oder? Rückblickend bin ich mir nicht sicher, ob ich da richtig lag. Die Gruppe legte sich aber quer und wir bliesen den Deal ab. Die Tatsache, dass sie in einem Fünfzehn-Alben-Vertrag feststeckten, war schon ziemlich unglaublich. Ich habe es nie wirklich verstanden, warum Ted Albert zustimmte, mit Atlantic einen Vertrag einzugehen, der sie für fünf Jahre zu drei Alben pro Jahr verpflichtete. Das war ein dummer Deal. Keiner schafft drei Alben im Jahr. Das bedeutete, dass aus einem Fünfjahresvertrag vermutlich ein Zwölfjahresvertrag wurde. Verstehst du, was ich meine? Wenn du das dritte Album nicht abgeliefert hast, verlängerte sich der Vertrag einfach. *Niemand* nahm verdammt noch mal drei Alben pro Jahr auf. Zumindest nicht, soweit ich weiß."

Auch Mensch teilte diese Ansicht: „AC/DC unterzeichneten bei Atlantic den schlimmsten Plattenvertrag, den ich in meinem Leben gesehen habe."

* * *

Ted Albert war der zweite von drei Söhnen des mittlerweile verstorbenen Vorsitzenden von J. Albert & Son Sir Alexis Albert und Lady Elsie Lundgren Albert, denen eine einstöckige Multimillionen-Dollar-Villa mit 38 Meter langer eigener Uferzeile in Vaucluse in Sydney gehörte. Es war ein bezauberndes Leben. Albert segelte gerne im Hafen von Sydney und nahm in der Drachenklasse auch an Regatten teil, wenn er nicht gerade ausländische Plattenverträge gegenzeichnete.

„Ein absolut geradliniger Kerl", sagt Phil Carson. „Verdammt geradlinig. Ein vollkommener Gentleman."

Carson beharrt darauf, seinen super-profitablen Deal mit Albert in bestem Wissen und Gewissen abgeschlossen zu haben. Alle wäre glücklich gewesen und niemand wurde über den Tisch gezogen.

„Damals interessierte sich niemand wirklich für Bands aus Australien. Sowohl Alberts als auch AC/DC sehnten sich verzweifelt nach einem Release. Auch wollten sie sich sicher sein, dass wer auch immer ihnen einen Vertrag verschaffte, die richtige Person war, um die Band voranzubringen. Ja, sie zahlten einen Preis, aber das Ergebnis war unglaublich. Ich hielt auch noch zu dieser Band, als schon alle bei Atlantic sich von ihnen abgewandt hatten. Das ging ja schon so weit, dass sie die Band tatsächlich fallen ließen, als sie *Dirty Deeds* zum ersten Mal hörten."

Laut Barry Bergman entspricht das der Wahrheit: „Jerry Greenberg glaubte nicht an die Band, Atlantic in New York glaubte nicht an die Band. Sie nahmen die Band auch nicht unter Vertrag. Das lief über Phil Carson. Ich weiß noch, wie Jerry die Band, als eines ihrer Alben hereinkam, noch vor *Highway To Hell* wieder loswerden wollte.[22] Michael [Browning] rief mich an und weihte mich in die

22 Mark Putterfords AC/DC-Biografie zitiert Michael Browning damit, dass Atlantic die Band nach *High Voltage* in die Wüste schicken wollte. Allerdings einigte man sich schließlich auf eine Reduzierung der Vorschüsse um 5000 Dollar, damit die Band bleiben konnte. In der jüngeren Vergangenheit, so etwa auch in meinem Buch *Die Brüder Young*, hat Jerry Greenberg sich AC/DCs Unterschrift bei Atlantic zum Teil auch an seine eigene Brust geheftet, was David Krebs amüsiert. „Auf gar keinen Fall ist Jerry Greenberg hauptver-

Situation ein. Wir diskutierten und er war echt aufgebracht, was ich ihm nicht verübeln kann. Er sagte: ,Weißt du, Barry, ich weiß nicht, was ich machen soll. Jerry überlegt sich, die Band fallen zu lassen. Er will die Vorschüsse kürzen.' Ich sagte ihm, dass er nehmen sollte, was er bekommen könnte. Er sollte sich keine Sorgen machen. Nach dem Durchbruch der Band würde er schon alles in Ordnung bringen. Wir wären besser dran mit einer Platte, die immerhin veröffentlicht würde, als ganz ohne Platte. Und soweit ich weiß, ließ er sich auf eine stattliche Kürzung des Vorschusses ein."

Laut Carson war er es, der New Yorks Entscheidung rückgängig machte.

„Ich arbeitete extrem hart, um der Band zum Durchbruch zu verhelfen – und der Rest ist Geschichte. Alle meine Leute bei Atlantic in London glaubten an AC/DC, und die Dinge, die wir uns einfallen ließen, waren neuartig und effektiv. Es gelang mir, ihren Durchbruch zu ermöglichen, weil sie hart arbeiteten, ihr Spiel und ihr Songwriting Qualität hatten und ihre Auftritte brillant waren. Dazu kamen noch das richtige Vermarktungs- und Werbewissen. Obwohl die Bedingungen des Deals finanziell nicht ihren Wünschen entsprachen, ergab sich der Rest doch von selbst. Sobald ich den Ball in Großbritannien und Europa erst einmal ins Rollen gebracht hatte, war ich in der Lage, Jerry und das Atlantic-Team in New York davon zu überzeugen, dass es sich hier um eine Band handelte, die sie groß herausbringen konnten. Atlantic Records war die richtige Firma für AC/DC."

Sein Kollege bei Atlantic UK, der inzwischen verstorbene Label-Manager Dave Dee, sagte dazu: „Wir nahmen AC/DC schließlich für eine absurd lange Laufzeit und für eine lachhaft geringe Summe

---

antwortlich für die Karriere dieser Band. Das ist so weit von der Wahrheit entfernt, dass es schon traurig ist. Es ist mir egal, ob er die Schecks unterzeichnete, aber es stimmt einfach nicht." Ich frage Bergman, ob es der A&R-Manager Jim Delehant oder Greenberg war, der AC/DC vor die Tür setzen wollte. „Beide", sagt er wie aus der Pistole geschossen. Greenberg erklärte mir 2013: „Ich hatte nie, *niemals* vor, die Band in den Wind zu schießen."

unter Vertrag, weil sie damals schon froh waren, irgendeinen Deal zu bekommen. Es gelang uns, sie bei uns unterschreiben zu lassen, ohne dass irgendjemand gewusst hätte, woher das Geld dafür stammte. Es war ein brillanter Coup."

* * *

Obwohl es in der Branche durchaus üblich war für Bands, Tantiemen neu zu verhandeln, sobald sie Erfolge einfuhren, bestand das Problem für AC/DC darin, dass sie über keine starke Verhandlungsposition verfügten.

David Krebs erklärt: „Da AC/DC immer noch sieben Alben, glaube ich, liefern mussten, bestand kaum die Möglichkeit, einen Hebel anzusetzen, um das Label dazu zu bewegen, sich auf diesen Schritt einzulassen – vor allem, da wir es hier mit Sheldon Vogel zu tun hatten, einem echten Pfennigfuchser. Nicht der einfachste Typ, aber natürlich machte er nur seine Arbeit."

Mensch prahlte, er habe dieses Problem gelöst, als er AC/DCs Manager wurde, doch Carson spielt seine Rolle herunter: „Peter kam vorbei und bat um mehr Geld. Er bekam allerdings nicht *viel* mehr, so viel kann ich verraten. Sein Ego spricht aus ihm, wenn er erzählt, er hätte alles geklärt. Er erhielt ganz sicher keinen Nachlass, wenn es darum ging, fünfzehn Alben vorzulegen. Peter redet großspurig daher und er ist auch sehr gut in dem, was er so macht, aber er stand Sheldon gegenüber, der streng auf Atlantics Reingewinn achtete. Ich bin mir sicher, dass AC/DC einen besseren Tantiemensatz bekamen, aber ihnen wurden ganz sicher keine Alben erlassen. Also keine große Sache, Peter. Natürlich hast du mehr Tantiemen für sie herausgeschlagen. Das sind hervorragende Nachrichten. Aber so viel mehr sprang auch nicht heraus. Peter liegt insofern richtig, als der Deal neu verhandelt wurde und AC/DC im Verlauf der Zeit angemessenere Tantiemen und großzügigere Vorschüsse einsackten. Trotzdem standen Atlantic laut Vertrag fünfzehn Alben zu. Sie verkauften das letzte Album unter den Bedingungen dieses Vertrags für zehn Millionen Dollar an Sony. Wer auch immer AC/DC einen Vertrag gab, ist zweifellos eine Legende und ein Genie. Ach, Moment, das bin ja ich. Ich nahm AC/DC für 25.000 Dollar fürs erste Album unter Vertrag. Dieser enthielt die Klausel, dass Alberts dafür aufkommen musste, sie für Promo-Zwecke nach England zu schicken. Außerdem standen Atlantic noch weitere vierzehn Alben für jeweils 25.000 Dollar zu. Das ist ohne Frage der profitabelste Deal in der gesamten Geschichte der Schallplattenindustrie."

***

Wie wirkte sich dies nun alles auf Bons persönliche Finanzen aus? Eine Quelle, die auf keinen Fall namentlich genannt werden will, bestätigt, dass Alberts einem Tantiemensatz von zwölf Prozent für AC/DC von Atlantic Records zustimmte. Dieser Abmachung zufolge standen zwei dieser zwölf Prozent den Produzenten, also Vanda & Young zu. (Dieser Prozentsatz stieg schließlich auf drei oder vier Prozent, als Mutt Lange die Band produzierte.)

„Harry [Vanda] hat mir einmal gesagt, dass sie erst richtig reich wurden, als AC/DC in Übersee durchstarteten", berichtet Vanda & Young-Biograf John Tait. „Laut Harry waren es zwei Prozent pro AC/DC-Album, das sie produzierten."

Dann sicherte sich Alberts seinen Anteil. Was dann noch übrig blieb, ging an die Band und ihren Manager. Um eine Vorstellung zu vermitteln, wie wenig Geld abseits der Songwriting-Tantiemen in die Taschen der Band floss: Bon erhielt von Ted Albert für die zweite Jahreshälfte 1976 einen Tantiemen-Scheck über 3957,29 Dollar. Die Band als Ganzes bekam 24.733,06 Dollar, wovon Michael Browning 4946,61 Dollar – also die 20 Prozent, die ihm als Manager zustanden – abzog. Die restlichen 19.786,45 Dollar teilten die Bandmitglieder zu gleichen Anteilen untereinander auf, womit sich für jeden 3957,29 Dollar ergab. Zumindest in diesem Fall überstieg somit Brownings

Honorar jenes der fünf Bandmitglieder, womit sich auch zum Teil Angus' Antipathie ihm gegenüber erklärt.

„Ein großer Teil des australischen Rock-Business' war schon immer abstoßend. Das trifft nicht nur auf Alberts zu", sagt Grahame Harrison. „Ich verbrachte einen Großteil meiner Zeit mit Harry Vanda. Er war großartig. Harry ist ein liebenswerter Charakter, ein Mann, der genau wusste, wie er Ergebnisse aus den Musikern, mit denen er arbeitete, herauskitzeln konnte. George Young war ein Arsch. Punkt. Man muss ihm aber zugutehalten, dass er genau im Auge hatte, was sich geschäftlich abspielte. Allerdings stand er ständig unter Strom und war sehr ungeduldig und reizbar."

Es ist weithin bekannt, dass Vanda & Young über Albert Productions, dem Plattenlabel der Firma, Anteile an Alberts hielten. Ted Albert hatte 1973 eingewilligt, die Produzenten am Label zu beteiligen, um sie aus England nach Sydney zurückzulocken, wo sie für ihn komponieren und produzieren sollten. Öfters hieß es, dass sie die Anteile an Albert Productions anstelle von Geld erhielten. Auch von einer dreiseitigen Partnerschaft, bei der regelmäßige großzügige Vorschüsse die Auszahlung von Tantiemen ersetzten, war die Rede. Vanda verglich die Abmachung mit einem „Sturz in eine Goldmine". Aber wie wurden Vanda & Young, die mit ihrer eigenen Band The Easybeats nie Geld verdienten, nur so *unverschämt* reich?

* * *

Gemäß dem amerikanischen Urheberrechtsgesetz erhalten ein Songwriter sowie dessen Musikverlag automatisch eine Zahlung, wenn ein geschützter Song, der an die Plattenfirma lizenziert wurde, von ebenjener Firma gepresst und verkauft wird, üblicherweise als CD oder in digitaler Form als Download oder Klingelton. Diese als mechanische Lizenz bezeichnete Zahlung wird in der Regel zwischen Songwriter und Musikverlag im Verhältnis 50:50 aufgeteilt. Musik, die 1978 aufgenommen wurde, wurde in erster Linie auf LPs und Kassetten verkauft. Die festgesetzte mechanische Lizenz betrug 2,75 Cent pro Song. Nachdem die zu entrichtende Gebühr im Verlauf der Jahre mehrfach angehoben wurde, beträgt sie heute für CDs und dauerhafte Downloads 9,1 Cent (beziehungsweise 1,75 Cent pro Minute bei Songs mit einer Laufzeit von fünf Minuten oder länger). Allerdings bestehen die Plattenfirmen zumeist auf Vertragsklauseln, die die Gebühr auf 75 Prozent des eigentlichen Betrags senken. Außerdem deckeln sie die Anzahl jener Kompositionen auf dem Album, die der betreffende Interpret besitzt oder selbst geschrieben hat und die somit Lizenzgebühren abwerfen würden.

AC/DC haben seit Chuck Berrys „School Days" im Jahr 1975 keine Songs mehr auf Platte gecovert. („Fling Thing", ein 1976 auf einer B-Seite erschienenes Instrumental, basiert auf einem traditionellen schottischen Lied.) Ein Anteil an den Verlagsrechten – de facto das Copyright an den Texten und der Melodie eines Songs – ist sehr wertvoll, nicht zuletzt deshalb, weil jeder Interpret, der einen AC/DC-Song covert, ihnen Tantiemen für dieses Privileg zu entrichten hat. AC/DC hatten einen industrieüblichen 50:50-Vertrag mit Ted Albert. „Ein Verlagsvertrag ist keine lebenslängliche Angelegenheit", erzählt mir ein anonymer Insider, der sich intensiv mit AC/DCs Verträgen auseinandersetzte. „Er hat eine befristete Laufzeit. In anderen Worten: Du kannst einem Musikverlag zwar einen Song für immer überschreiben – aber als Autor kann man nicht auf ewig an einen Musikverlag gekettet werden. Der Anteil der Einnahmen eines Künstlers, der sich aus den Verlagsrechten ergibt, ist mittlerweile viel höher als jener, den die eigentliche Darbietung als Tantiemen abwirft. Die Verlagsrechte werden durch nichts verwässert. Die Tantiemen für die Tonträger sehr wohl: Der Manager nimmt sich seine Provision und die Plattenfirma holt sich hier ihren ‚Tour-Support' zurück. Bei den Verlagsrechten wird nichts abgezogen."

Der sogenannte „Tour-Support" umfasst erstattungsfähige oder absetzbare Kosten, die gegen Tantiemen aufgerechnet werden.

„Es war eher ungewöhnlich, dass Albert 100 Prozent der Verlagsrechte [der mechanischen Lizenzen] für sich behielt“, sagt Krebs. „Deshalb bat ich während eines Meetings mit Ted auch um die Hälfte, weil ich es für übertrieben hielt. Das sind schließlich 50 Prozent auf jeden einzelnen Dollar [der mechanischen Lizenzen: eine Hälfte geht an den Verlag, Albert, die andere an AC/DCs drei Songwriter].“

Wie viel von Alberts Anteil ging somit an Vanda & Young, ihrerseits Alberts Partner bei Albert Productions sowie Produzenten von AC/DCs Alben? Michael Browning räumte mir gegenüber ein, dass nicht einmal er als Manager der Band darin eingeweiht war, wie die Verlagstantiemen genau aufgeteilt wurden. Seiner Erinnerung zufolge lief Atlantics Deal mit Albert über Albert Productions. Auch wenn J. Albert & Son die Verlagsabteilung waren, scheint es doch unvorstellbar, dass Vanda & Young, ein Produzententeam, zu dem Angus' und Malcolms Bruder gehörte, keine Verlagstantiemen erhalten haben sollten.

John Tait sagt dazu: „Je älter sie wurden, desto geschickter wurden sie in Bezug auf ihre Ansprüche, also würde ich mal auf ‚ja' tippen. Aber das ist nur eine Vermutung.“

Ich behaupte gegenüber meinem anonymen Informanten, dass George Young womöglich mehr Geld mit Bons Songs verdiente als dieser selbst.

„Da bin ich mir sicher, yeah, ganz sicher sogar.“

Auch Krebs ist dieser Ansicht. George, so sagt er, „verdiente wahrscheinlich eine Menge Geld“ mit AC/DC. Das ist schon beachtlich, wenn man bedenkt, dass Bon in relativer Armut verstarb.

„Das ist es in der Tat“, sagt mein Informant. „George erhielt noch einen Anteil als Produzent. Er verdiente also um einiges mehr. Ich bin mir nicht sicher, ob George noch einen Teil der Verlagsrechte erstand, aber angesichts seiner finanziellen Lage erscheint das durchaus möglich. AC/DC sind ein Familiengeschäft und George war außerdem bei Alberts. Ich vermute, dass die Brüder da etwas am Laufen hatten, von dem der Rest der Band nichts wusste. Die Verlagsrechte sind für AC/DC wichtiger als die Plattentantiemen, vor allem in den USA. Die Tantiemen beziehen sich auf den Verkaufspreis. Die mechanischen Lizenzen werfen einen festgeschriebenen Satz ab. Der Verkaufspreis sinkt, während die mechanischen Lizenzen ihren Wert seit 1975 verdoppelt haben. An den Tantiemen sind mehr Leute beteiligt als an den Verlagsrechten. Ich war immer schon der Meinung, dass irgendwann etwas neu ausgehandelt wurde und die Youngs einen Teil am Alberts-Anteil der AC/DC-Einnahmen erstanden. Es würde mir seltsam vorkommen, dass eine Band wie AC/DC ihre ursprünglichen Deals nicht irgendwann, als die Band erfolgreicher wurde, überarbeitet hätte. An ihrem ursprünglichen Verlagsvertrag war nichts illegal oder faul. AC/DC standen noch ganz am Anfang und unterzeichneten einen Standardvertrag. Dieser Abmachung zufolge würden die Zahlungsströme von außerhalb Australiens von den jeweiligen Rechtsträgern, die die Gelder in den entsprechenden Märkten einsammelten, verwässert werden. Ursprünglich ernannte Alberts Subverleger, die die Einnahmen für jeden Markt eintrieben und sie dann an Alberts weiterleiteten, nachdem sie sich ihren Anteil, der bis zu 50 Prozent betragen konnte, abgezweigt hatten.

Wenn ein Song in Deutschland 100 Dollar einspielte, leitete der deutsche Verlagspartner vielleicht nur 50 Dollar an Alberts weiter. Und davon behielt sich wiederum Alberts die Hälfte. Unter diesen Umständen betrug der Nettobetrag, der für den Autor übrig blieb, nur 25 Dollar oder 25 Prozent des Ertrages, den der Song auf dem ausländischen Markt eingespielt hatte. Irgendwann gründete Alberts seine eigenen Musikverlage für die meisten dieser Märkte – und es war nicht illegal für diese eigenen Verlage, denselben Betrag wie die ursprünglichen Subverlage für sich zu behalten. Allerdings bleibt die Frage bestehen, wie damit umgegangen wurden, als die Band immer erfolgreicher wurde. In der Regel verlangten bekannte Interpreten eine Klausel, die dem Autor 90 statt der 25 von den in Deutschland eingenommenen 100 Dollar garantierte.“

Wer trieb für AC/DCs Musikverlag die Gelder in Deutschland ein?

„Ich glaube, dass es da noch einen weiteren Young-Bruder gab, der eine Zeit lang den Musikverlag in Deutschland leitete."

Bei diesem Bruder handelte es sich um Alex Young, der 1997 in Hamburg verstarb.

***

AC/DC stellt für die Youngs ein ungemein lukratives Familiengeschäft dar, dessen Erträge heutzutage vorrangig aus dem Tour-Business stammen, etwa aus den Ticketverkäufen und dem Merchandising. Vanda & Young haben ebenfalls sehr gut an ihrem Handschlagabkommen mit Ted Albert verdient.

Wie mein Informant vermutet, liegt es nahe, dass AC/DC mit zunehmendem Erfolg, vor allem nach den Verkäufen von *Back In Black*, die ursprüngliche Aufteilung der Tantiemen zwischen Songwriter und Musikverlag neu verhandelten, um Angus und Malcolm mehr Geld in die Kassen zu spülen. Nach der Veröffentlichung von *Blow Up Your Video* von 1988 wurde noch Brian Johnson aus dem Songwriting-Prozess ausgeschlossen und die beiden Brüder waren alleine für neues Material zuständig, was bis zu Johnsons sensationellem Ausstieg 2016 auch so bleiben sollte.

Eine weitere wichtige Einnahmequelle für AC/DC sind die Tantiemen, die sie für ihre Live-Auftritte beziehungsweise dafür bekommen, wenn einer ihrer Songs in der Werbung, einer TV-Show, im Radio, in einem Film oder einem Stream zu hören ist. Man würde sich gerne vorstellen, dass diese Tantiemen gerecht zwischen den fünf Bandmitgliedern aufgeteilt werden, aber nur diejenigen, die als Autoren angeführt sind, werden auch bezahlt.

Um sich dennoch ihre Ansprüche zu sichern, engagierten Cliff Williams und Brian Johnson als Vorsichtsmaßnahme George Fearon, den langjährigen Anwalt von Led Zeppelin, was immense Spannungen innerhalb der Band auslöste, etwa anlässlich von AC/DCs Aufnahme in die Rock and Roll Hall of Fame, und mehrere Freundschaften kostete. Fearon vertritt die beiden Männer bis heute.

AC/DC stellt seit Langem für alle seine Mitglieder nicht nur eine Rockband, sondern auch ein ernsthaft betriebenes Unternehmen dar. So war das eigentlich schon immer. Doch Bon, dessen Gefühl für Songtexte und Performance AC/DC erst so richtig in Schwung gebracht hatten, lebte nicht lange genug, um – abgesehen von ein paar mickrigen Gagen und gelegentlichen Tantiemen-Schecks – wirklich davon zu profitieren. Im Gegensatz dazu sahnte die Familie Albert (inklusive Ted Alberts Witwe Antoinette „Popsy" Albert) groß ab. Das Gesamtvermögen der Familie wurde 1992 – zwei Jahre, nachdem Albert an Krebs gestorben war – auf 45 Millionen Dollar geschätzt. Die Firma wurde schließlich im Juli 2016 an den deutschen Branchengiganten BMG verkauft. Über die Kaufsumme wurde Stillschweigen vereinbart. Ihren Anteil an AC/DCs Verlagsrechten behielt sich die Familie jedoch.

„Bon besaß nie viel Geld", sagt Roy Allen. „Keine Ahnung, warum das so war. Es war eine verdammte Schande, weil er so hart arbeitete. Ich wünschte mir, er hätte ein paar der Früchte seiner Schufterei selbst ernten können."

Laut Doug Thaler riss sich Silver Smith zu Hause in Australien Bons Geld unter den Nagel: „Sie hatten ein kleines Sparkonto und sie räumte es einfach leer. Danach war er nicht mehr ganz er selbst."

Silver weist diese Vorwürfe kategorisch von sich: „In all meinen fünfundsechzig Jahren habe ich noch nie mit jemandem zusammen ein gemeinsames Konto besessen." Tatsächlich behauptete sie, dass es Bon war, der es mit den Besitztümern anderer nicht so genau nahm. „Er nahm alles locker und gab sich unverbindlich, nicht nur in Bezug auf sein eigenes Hab und Gut, sondern auch auf jenes anderer Leute, für das sie wirklich hart hatten arbeiten müssen … Er gab alles, was er hatte, für triviale Dinge aus. Er hatte ja nicht einmal ein Bankkonto. Er ging davon aus, dass die Leute um ihn herum sich schon um all die langweiligen Dinge kümmern würden – Referenzen einholen, Wohnungen suchen, den Strom und die Telefonrechnung bezahlen und so weiter – und dafür ihren profanen Jobs nachgingen."

Pattee Bishop erinnert sich jedoch daran, dass Bon ihr gegenüber ein gemeinsames Konto erwähnte: „Seine Schwägerin [Dereks Frau Valarie] bewahrte danach eine Menge Geld für ihn auf. Das Management hatte ihm einen Vorschuss zukommen lassen. Er musste sein Geld investieren. Das weiß ich von Bon. '78 und '79 hatte er Geld. Davor ließ Bon Silver auf sein Geld aufpassen. Er ließ sich sein Geld per Western Union schicken und seine Schecks landeten bei ihr, wenn er auf Reisen war. Er sagte mir, dass er nie wieder heiraten würde und irgendwann an einem Ort, an dem es das ganze Jahr lang warm wäre, wohnen wollte.

Er war sehr großzügig, als er endlich Geld hatte. Er gab mir zwölfhundert Dollar, als ich 1979 von Florida nach Kalifornien zog. Ich zog von zu Hause aus und brauchte Geld, um mir etwas in Beverly Hills leisten zu können. Also kam er bei mir vorbei und überreichte mir ein ledernes Täschchen von der Bank, in dem sich zwölfhundert Dollar befanden. Es war ein Geschenk – alles in Zehnern und Fünfern. Ich frage mich, wo Bon das Geld für mich herhatte. Ich habe ihn nie gefragt. Bon rief mich vom Sunset Marquis aus an. Daraufhin begab ich mich zu ihm und verbrachte das Wochenende dort."

Was sagte er, wäre sein Plan?

„Er sagte mir, dass er nie wieder heiraten würde. Aber er liebte seine Eltern. Und er wollte nie ein Haus kaufen."

Bon wollte nie ein Haus kaufen?

„Ein Auto und sonst nichts."

Silver sagte, dass Bon größere Töne spuckte, als es in seiner Situation angemessen gewesen wäre.

„Er wusste, dass er [seiner Exfrau] Irene einen großen Gefallen schuldig war. Die ganze Zeit sprach er davon, ihr mit einer Anzahlung für ein Haus helfen zu wollen, weil sie ihn nach dem Motorradunfall 1974 bei sich hatte wohnen lassen. Aber unternahm er irgendetwas? Ich finde, er hätte *tatsächlich* etwas tun sollen, anstelle sie mit teurem Fusel zu besuchen und nur darüber zu quatschen."

Ich frage Pete Way, ob sich Bon während der gemeinsamen Touren von AC/DC und UFO jemals über seine finanzielle Lage beklagt hätte.

„Sie haben vermutlich darüber gejammert. Ich kann mich an den Vornamen nicht mehr erinnern, aber Angus redete immer vom ‚Scheiß-Browning'. So war das. Allerdings ging es uns wahrscheinlich nicht anders, weil wir zusammengerechnet so um die 18.000 Dollar pro Abend einnahmen und eine Menge davon für die ganze Produktion draufging. Irgendwann fragte man sich, wohin das ganze Geld eigentlich floss."

Die Wahrheit kann hier zum ersten Mal enthüllt werden. Bon starb mit einem Vermögen von 31.162 Dollar, wovon sich 30.846,09 auf seinem Sparkonto befanden. Ganze 316,43 Dollar hatte er in Aktien angelegt. Er besaß weder Immobilien in London noch in Kalifornien.[23] Doch noch bevor er starb, befand sich *Highway To Hell* in den USA auf dem Weg zu Platin. Er hatte guten Grund anzunehmen, dass er endlich reich sein würde.

Back in black.

23 Im August 1980 erschien im *Sydney Morning Herald* eine Anzeige: „Jede Person, die einen Anspruch auf den Nachlass von RONALD BELFORD SCOTT aus Spearwood im Bundesstaat Western Australia, von Beruf Musiker, verstorben am 19. Februar 1980, erhebt, soll nähere Angaben dazu bis spätestens 23. Oktober 1980 schriftlich an John McEwen, Anwalt seiner Eltern Charles Belford Scott und Isabella Cunningham Scott, im Hause ALLEN ALLEN & HEMSLEY, Solicitors, G.P.O. Box 50, Sydney, N.S.W. 2001, richten. Sein Nachlass wird erst nach Kenntnisnahme der Ansprüche aufgeteilt werden. Die Bestellung eines Treuhänders wurde am 11. Juli 1980 in New South Wales genehmigt." Kurioserweise erschien beinahe zwei Jahre später die fast Wort für Wort gleiche Anzeige nochmals sowohl im *Herald* als auch in der *Government Gazette*. In letzterer wurde „V. Scott" (vermutlich seine Schwägerin Valarie) als Treuhänderin angegeben.

Sin City

Von Atlanta aus kehrten AC/DC nach Florida zurück, wo sie zwei Shows mit Cheap Trick spielten: eine im Coliseum in Jacksonville, die andere in der Gusman Concert Hall der University of Miami. Dann folgte zunächst einmal eine überaus willkommene fünftägige Unterbrechung. In derselben Woche enterte eines ihrer Alben die niederländischen Charts. Allerdings war es nicht *Powerage*, sondern *Let There Be Rock*. Die guten Nachrichten rissen nicht ab, immerhin gab das einflussreiche Branchenblatt *Billboard* eine Kaufempfehlung für „Rock 'N' Roll Damnation" ab, indem es die Single in der Kategorie „Recommended" listete. Endlich begann das Pendel, so wie es Barry Bergman prophezeit hatte, in AC/DCs Richtung auszuschlagen. Die Tour war ein voller Erfolg.

AC/DC-Fan Robby Gregory befand sich in der Gusman Hall direkt vor der Bühne in der ersten Reihe.

„Ich hörte, wie Bon Scott sagte, er würde Südflorida lieben und es seit ihrem ersten Besuch als sein amerikanisches Zuhause ansehen. Wenn du sechzehn bist und deine Helden etwas über den Ort sagen hörst, an dem du geboren und aufgewachsen bist, wirst du das nie mehr vergessen. Bon war auf der Bühne einfach überlebensgroß – sogar mit seiner kleineren Statur wirkte er wie ein Riese. Er war sehr höflich, und als schließlich die Musik einsetzte, bekam er das Publikum sofort in den Griff und trieb alle bis zur Ekstase. Ich habe alle großen Bands zu ihrer Blütezeit gesehen, aber Bon Scott war der beste Frontmann überhaupt."

Trotzdem ergab eine Umfrage des Radiosenders WQAM-AM unter tausend Hörern später, dass AC/DCs Show in der Gusman Hall „die schlechteste Live-Performance" des Jahres gewesen sein soll.

Wie Bon besser als jeder andere wusste, konnte man es einfach nicht allen recht machen.

* * *

Pattee Bishop hat eine Bitte an mich: „Versuche mal herauszufinden, was wir Mädchen gemeinsam hatten, das Bon an uns gefiel. Aber wirf uns nicht mit den Girls in einen Topf, die auf den Leadsänger und nicht auf den Mann abfuhren. Wir, die echten Freundinnen von Bon Scott, waren keine Groupies: Wir waren Mädels, die er anrief und bei denen er Unterschlupf fand, mit denen er spazieren ging und sich ins Gras legte."

Die echten Freundinnen von Bon Scott wäre ein gelungener Titel für eine Reality-TV-Show über Bons Sexleben. In den USA teilte er mit vielen das Bett, aber Pattee behauptet, ihm näher gestanden zu haben als die anderen, auch wenn sie ihn wissen ließ, dass sie kein Interesse an einer ernsten Beziehung hatte. Sie hatte schließlich ohnehin alle Hände voll zu tun. So zählt sie mir eine ganze Latte an prominenten Eroberungen auf, die ich besser für mich behalte. Bon, so sagt sie, war in Bezug auf seine anderen Verhältnisse ehrlich zu ihr. Silver Smith sagte, sie wusste nichts von Bons amerikanischen Freundinnen, doch Pattee wusste sehr wohl über Silver Bescheid.

„Bon erzählte mir von ihr und sprach nur in den höchsten Tönen von ihr ... keine von uns beiden, sie noch weniger als ich, wollte heiraten oder jemandes feste Freundin sein, aber wir waren diejenigen, die es ihm angetan hatten. Und wir kennen die Geheimnisse *[lacht]*. Silver und ich waren beide sehr eingebildet. Sie und Bon waren zwar kein Paar mehr, aber sie konnten sich immer noch aufeinander verlassen und blieben Freunde. Silver war so wie ich ziemlich wild, aber Bon war das egal. Du konntest tun und lassen, was du wolltest, und Bon war nie eifersüchtig."

Was sagte Bon über Silver?

„Nur dass sie für ihn da war. Er sprach nie schlecht über Leute. Er erzählte mir, dass sie ein Junkie war. Ich freue mich für Bon [dass dieses Buch geschrieben wird]. Ich bin froh darüber, dass ich die Wahrheit über diese Zeit erfahre. Es bringt mich zum Lächeln, wenn ich von seinen anderen Freundinnen höre *[lacht]*."

Hat Bon je zu dir gesagt, dass er dich liebt?

„Er sagte: ‚Du weißt, dass du mich hast?' Oder auch: ‚Pattee, mehr als dich kann ich nicht verkraften.' Er nannte mich auch die ‚Eine'. Aber wir sagten nie, dass wir uns liebten. Ich wollte nicht, dass er mich auf diese Weise liebte. Schließlich stand ich kurz davor, mit vier meiner besten Freundinnen in Los Angeles ein neues Leben zu beginnen. Aber er traf sich jedes Mal mit mir, wenn er hier [in Miami] war. Wenn ich Bon sah, hatten wir Sex. Ich nannte ihn nie meinen festen Freund. Er war mein Freund, der gerne viel Sex hatte, abhing und trank und für alles offen war. Ich achtete darauf, dass er gut aß. Ich machte ihn zurecht, schnitt ihm die Haare und trimmte seine Nasen- und Schamhaare. Er wusste zu schätzen, dass es mir so wichtig war, wie er aussah. Ich habe ihn nie deprimiert gesehen. Er war immer bereit, etwas zu unternehmen. Ich sah Bon niemals Drogen nehmen. Er litt unter Kreuzschmerzen. Ich wusste auch, dass er auf einem Ohr halb taub war. Er sagte mir immer, dass ich seine ‚Hübscheste' wäre und er so ein Glück mit mir hätte. Ich wünschte, ich wäre verliebt in ihn gewesen, denn dann würde er immer noch unter uns weilen. Er fragte mich, ob ich ihn heiraten würde, damit er seine Green Card bekäme. Aber ich war zu wild und er sehr in seinem Verhalten festgefahren."

* * *

Irgendwann nach dem Konzert in der Gusman Hall blieb Bon für zwei Nächte bei Pattee und ihrer Mitbewohnerin, einer schüchternen Amateursängerin namens Marian Pizzimenti, am Miami Lakes Drive West 7211 in Miami Lakes.

„Ich erinnere mich daran, dass Bon mir ein paar Gesangstipps gab", erzählt Pizzimenti, die damals Gesangsunterricht nahm. „Ich reichte ihm einen Bogen Papier aus einem Notizbuch und er schrieb ein paar Dinge für mich auf."

Pattee erzählt: „Der Zettel für Marian war ein Drei-Loch-Papier zum Herausreißen aus einem altmodischen, gebundenen Notizbuch, das dünn wie ein Heft war. Bon fuhr einmal mit einem Golfwagen, nur um Jackie Gleasons Haus zu sehen." Sie hält kurz inne. „Weißt du, was er stets in der Gesäßtasche seiner Jeans mit sich herumtrug?"

Ich habe keinen blassen Schimmer.

„Einen Zahnstocher. Den hatte er immer dabei. In den Hotels tauschte er ihn immer gegen einen neuen aus. Wer ihn kannte, wusste über den Zahnstocher Bescheid."

Pattee stellte Bon Tight Squeeze vor, eine lokale Punkrockband, die gleichzeitig einen gleichnamigen Club betrieb. Sie trafen sich im Big Daddy's in der Johnson Street in Hollywood. Pattees Motiv dafür war, dass sie den Keyboarder und Mädchenschwarm Michael Dirse eifersüchtig machen wollte.

„Ich war in Michael verliebt, schwärmte für ihn – und ich wollte angeben, indem ich Bon in diesen Club mitschleifte *[lacht]*. Bon und ich kamen gerade von einem AC/DC-Konzert. Du hättest ihre Gesichter sehen sollen. Bon stand auf und sang ‚Sin City' für mich. Er sagte: ‚Dieser Song ist für meine Lady, Pattee.' Er sang dann noch einen Song, bevor wir aufbrachen. [Bassist] Teddy Rooney und Michael pissten sich fast in die Hose. Der ganze Club schien in dieser Nacht zu sterben."

„Wir waren alle irgendwie im Alkohol- und Drogenrausch an diesem Abend", erzählt Dirse. „Bon war wie ein außer Kontrolle geratener Komet. Er verströmte diese frenetische, aber unterschwellige

Wut, die er herausließ, wenn er performte. Da kam niemand sonst heran."

Pattee, Bons bevorzugtes Betthäschen, vermisst ihn immer noch. „Warum war er nur so gut zu mir? Damals war ich ziemlich schwierig, aber er und ich waren eine unterhaltsame Kombination. Er war nicht mein fester Freund, was an mir lag. Aber ich bot ihm eine sichere Umgebung. Er hing gerne mit mir alleine ab. Es gefiel ihm, von mir abgeholt zu werden, um sich von mir überallhin chauffieren zu lassen, wenn er in der Stadt war. Er liebte Florida."

***

Allerdings traf sich Bon nicht nur mit Pattee und Holly. Er schlief außerdem noch mit einer dritten Frau in Miami, einer Brünetten namens Beth Quartiano, die mittlerweile verstorben ist. Durch eine Verkettung außergewöhnlicher Umstände unterhielt sie schließlich eine sexuelle Beziehung mit Angus, nachdem Bon sein Verhältnis mit ihr beendet hatte. Malcolm Young hatte in der Zwischenzeit mit Beths Freundin Robin Jackson-Fragola angebandelt, während Cliff Williams eine kurze Affäre mit einer weiteren Freundin Beths namens Maria DeLuise hatte. Beth und Robin waren noch nicht volljährig, als sie AC/DC zum ersten Mal im 4 O'Clock Club in Fort Lauderdale erlebten. Ein Jahr später, nun volljährig, machten sie mit der Band ordentlich einen drauf.

„Malcolm und ich waren ganz spezielle Freunde", erzählt Robin. „Wir erlebten eine tolle Zeit. Es war so witzig, in noble Boutiquen zu gehen, um in der Abteilung für Jungen Kleidung zu kaufen, weil die Youngs wegen ihrer Größe keine Jeans und so in der Herrenabteilung bekamen. Und es war auch zum Schießen, wenn wir in Restaurants essen gingen und die Angestellten annahmen, sie hätten uns als bezahlte Begleiterinnen von einem Escort-Service bei sich, weil wir so viel größer waren als die Jungs, vor allem mit unseren hohen Absätzen. Mal und ich hatten so viele wunderschöne Momente. Nicht als

Liebende, sondern als Freunde. Aufgrund unserer Persönlichkeiten waren wir beide wie Feuer und Wasser. Diese Art des Zusammenseins hatte ihre Grenzen, das war uns klar. Das Leben ist schön, wenn du nicht mehr davon erwartest, als es bieten kann. Wir genossen einfach die Gesellschaft des jeweils anderen."

Führte eure „spezielle" Freundschaft denn je zu Problemen mit Linda? (O'Linda Irish, auch bekannt als Linda Irish, war schon eine Zeit lang Malcolms Freundin, als Malcolm Robin traf. Linda und Malcolm heirateten schließlich am 14. April 1979 im Westminster Registry Office in London, demselben Tag, an dem die Aufnahmen zu *Highway To Hell* abgeschlossen wurden.)

„Das hätte ich ihm oder mir niemals zugemutet."

Was war mit Beth und Bon?

„Sie hatte sich mit Bon verabredet und wir besuchten eine Show in der Gusman Hall. Beth hatte einige Zeit Kontakt zu [Keith Richards' Drogendealer] Fred Sessler und den Stones gehabt und dadurch wiederum andere Leute kennengelernt. An dem Abend in der Gusman Hall war sie ein bisschen betrunken. Ich bin dann aufgebrochen und nach Hause gefahren. Am nächsten Morgen rief sie mich aus dem Hotel an, weil sie in Angus' Zimmer aufgewacht war. Ich fuhr also dorthin und las allen die Leviten. So wurden Mal und ich zu Kumpels ... diese Beth-Bon-Angus-Sache schweißte uns irgendwie zusammen."

Wenn du sagst, das Beth in Angus' Zimmer landete, meinst du, dass sie mit Angus geschlafen hat?

„Ja. Sie und [Angus zukünftige Ehefrau] Ellen kamen sich bei einer Show in West Palm Beach sogar in die Quere."

Am 23. August 1980 auf der *Back In Black*-Tour?

„Vermutlich. Ich weiß nur noch, dass es in West Palm Beach war."

Warum regte sie sich auf? Worum ging es bei der Auseinandersetzung?

„Sie ließ sich bei der Show [in der Gusman Hall] volllaufen und Bon war sauer. Ich ließ sie dort stehen und fuhr nach Hause. Als sie mich weinend aus Angus' Zimmer anrief, eilte ich dorthin und hielt allen eine Standpauke … Bon ließ das von sich abperlen, wie jeder Weiberheld das tun würde. Und Beth und Ang machten auch weiter."

Sie erwachte also nackt in Angus' Zimmer und hatte keine Ahnung mehr, wie sie dort gelandet war?

„Das kommt ungefähr hin."

Beth und Angus „machten weiter"? Was meinst du damit? Streiten? Oder Sex?

„Ich war noch wütender als sie. Da fing Mal an, mich zu mögen … Beth und Ang blieben sexuell miteinander verbunden."

Wie lief das ab zwischen dir und der Gruppe, als du im Hotelzimmer eintrafst?

„Ich war ein bisschen sauer und fragte in die Runde, ob sie wie ein Stück Fleisch aussähe, das man einfach so herumreicht. Ihre Antworten zeigten mir, dass ich sie getroffen hatte."

Wer hatte Sex mit ihr gehabt? Nur Angus?

„Ich glaube ja."

Als Beth das erste Mal mit Angus schlief, war das eine einmalige Sache? Oder traf sie sich 1979 auch noch weiterhin mit Angus?

„Das ging noch weiter. Ja. So kam es auch zur Konfrontation mit Ellen."

Also sahen sich Beth und Angus auch noch 1980, als er bereits mit Ellen zusammen war?

„Ja, so war das."

* * *

Pattee scheint mir diesbezüglich die geeignete Ansprechpartnerin zu sein.

Wusstest du, dass Angus oder Malcolm Freundinnen in Miami hatten?

„*[lacht]* Bon lachte immer, wenn ich ihn danach fragte. Ich weiß, dass meine Freundin Angus abcheckte, aber der war zu nichts imstande *[lacht]*. Ich weiß nur, dass Malcolm zu Hause in irgendein Mädchen verliebt war. Irgendwie denke ich dabei an London. [Tourmanager] Ian Jeffery war der Typ mit den Groupies. Er gabelte Mädels auf und brachte sie zu den Jungs. Er war derjenige, der ihnen immer die Backstage-Pässe aushändigte. Ian haben sie stets wie Scheiße behandelt. So wie Bon. Es gab da welche, die immer mit den Roadies abhingen, nachdem die Band mit ihnen durch war. Sie rauchten und waren nicht gerade erste Wahl, wie wir sagten *[lacht]*. Ian kannte die Namen aller Mädchen, weil er oder die anderen Typen zuerst randurften. Er war ja so witzig."

Erinnerst du dich an eine Frau namens Robin Jackson-Fragola, die sich mit Malcolm verabredete?

„Malcolm war mit so einer kleinen Brünetten zusammen. Sie rauchte."

Ich zeige ihr ein Foto von Robin aus den Siebzigern. War sie das vielleicht?

„Ja. Wow. An die erinnere ich mich."

Er hatte also eine Affäre mit ihr, während er mit Linda zusammen war?

„Ja, ich sah sie mehr als nur einmal. Ein Mädchen aus Florida. Sie war mit ihm unterwegs. Sie hatte noch eine Freundin. Ebenfalls braune Haare. Ich war ja Stylistin, deshalb erinnere ich mich an Gesichter. Das gehörte zu meinem Job."

Ich zeige ihr ein Foto von Beth.

„Das ist ihre Freundin, genau. Diese beiden kamen *herum*."

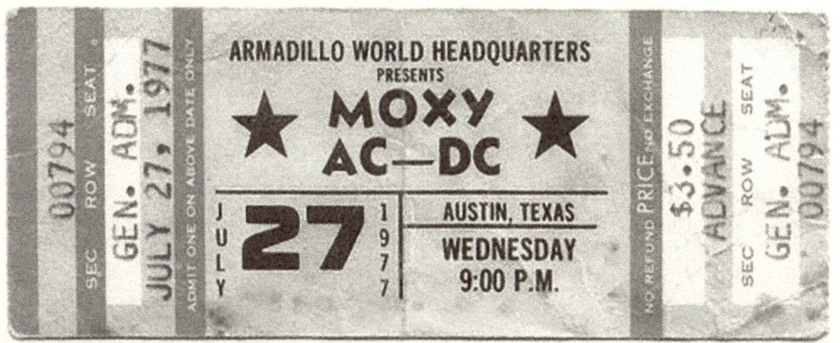

Eigentlich war der 18-jährige Wade Smith im Juli 1977 wegen der kanadischen Band Moxy ins Armadillo World Headquarters im texanischen Austin gekommen, doch war es die Vorband aus Australien – ihr erster Nordamerika-Gig überhaupt –, die ihm regelrecht die Sprache verschlug. AC/DCs Gage betrug damals gerade einmal 350 Dollar. „[Bon] strahlte Selbstsicherheit aus und hatte das Publikum fest im Griff. Enge Jeans, eng anliegendes, marineblaues T-Shirt – es sah so aus, als hätte man ihn in seine Klamotten hineingegossen … Ich fragte mich, wie sie solch einen guten Gitarrensound hinbekamen." Seit 40 Jahren bewahrt Wade nun schon diesen unversehrten Ticketabschnitt auf. *Mit freundlicher Genehmigung von Wade Smith*

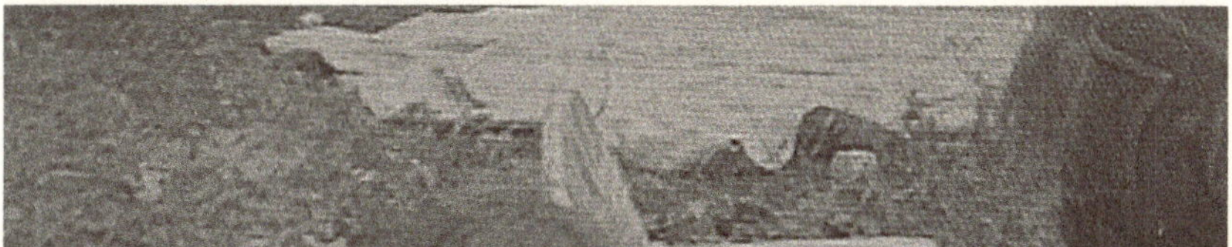

Der langhaarige texanische Rebell Roy Allen 1976, ein Jahr bevor er Bon traf. Nach dem Gig im Armadillo machte er mit dem Sänger von AC/DC noch einen drauf. „Bon bestand darauf, selbst zu fahren. Das war okay für mich, weil ich schon zweimal angeheitert erwischt worden war. Wir waren zwar nicht besoffen, aber keiner von uns hätte bei einer Kontrolle eine sonderlich gute Figur gemacht." *Mit freundlicher Genehmigung von Roy Allen*

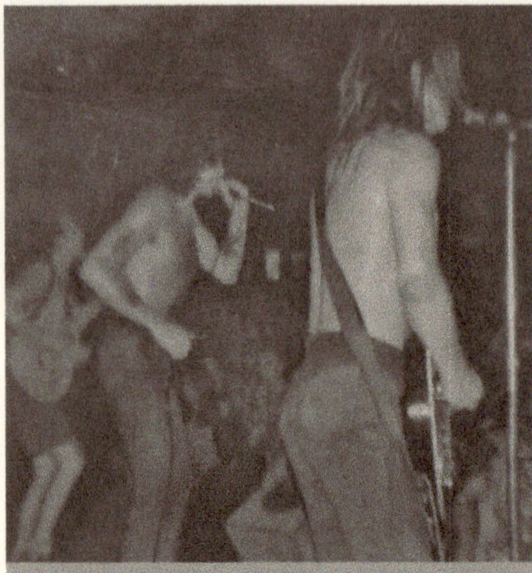

Ein sonnengebräunter Bon zwischen Angus (links) und Malcolm (ohne Shirt, rechts) bei einem Auftritt im August 1977 in Hollywood, Florida. Pattee Bishop lernte Bon im Anschluss an die Show kennen und ließ sich auf eine offene Beziehung mit ihm ein.
Mit freundlicher Genehmigung von Pattee Bishop

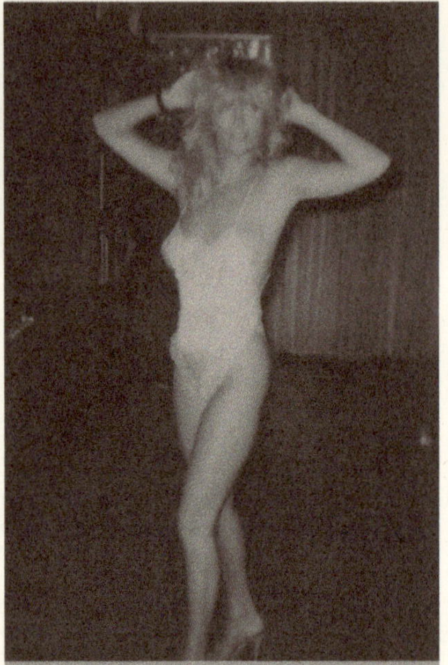

Bon liebte betuchte Blondinen. Pattee Bishop sagt, dass sie sich ab August 1977 mit Bassist Cliff Williams traf, dann aber zu Bon wechselte und mit ihm bis Ende 1979 ein lockeres sexuelles Verhältnis führte.
Mit freundlicher Genehmigung von Pattee Bishop

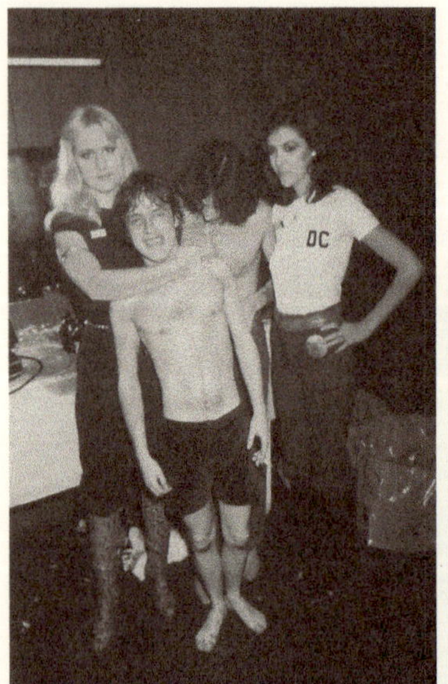

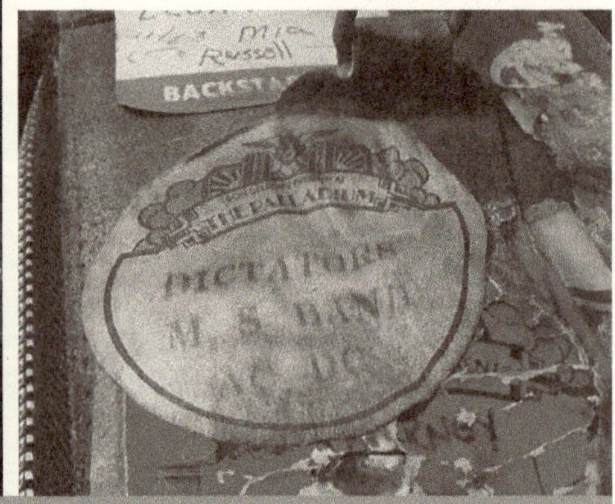

Bon mit seiner zukünftigen Freundin Holly X (ganz links), Angus Young und Hollys Freundin Gigi Fredy hinter der Bühne im Palladium, New York, August 1977. Holly behielt sich nicht viele Erinnerungsstücke an ihre Zeit mit Bon, aber eines davon ist diese Fotografentasche (rechts oben), die ein Stoffaufkleber von dieser Show ziert. Denselben Sticker sieht man auch auf Gigis Jeans. *Getty Images & Jesse Fink*

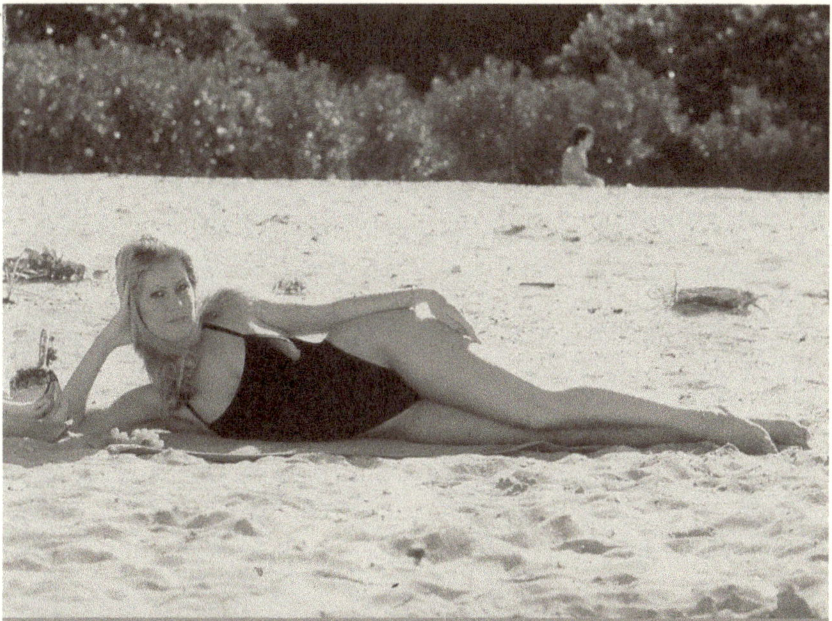

Holly X Anfang der Achtzigerjahre als Model in Miami. Ihr zufolge plante Bon Ende 1979, sich auf eine ordentliche Beziehung mit ihr einzulassen. Doch Pattee Bishop zeichnet ein ganz anderes Bild von Bons Vorstellungen häuslichen Glücks: „Er sagte mir, dass er nie wieder heiraten würde." *Mit freundlicher Genehmigung von Holly X*

Die junge Holly mit ihrem Pferd Doubletime. Sollte Bon, der das Tier sehr mochte, tatsächlich, wie viele seiner früheren Freundinnen und Freunde glauben, den Text zu „You Shook Me All Night Long" verfasst haben, könnten die Worte „double time" in der ersten Zeile der zweiten Strophe eine augenzwinkernde Reverenz an den kastanienfarbenen Vollblüter sein. Wenn nicht, dann wäre es zumindest ein sehr erstaunlicher Zufall. Offiziell werden die Songs auf *Back In Black* dem Trio Young/Young/Johnson zugerechnet. *Mit freundlicher Genehmigung von Holly X*

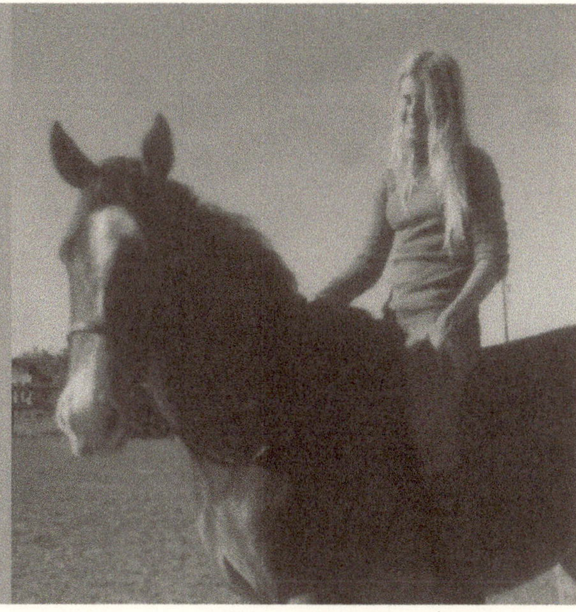

Im August 1977 stiegen AC/DC in Cleveland im Bond Court Hotel ab. Janet Macoska wurde dorthin bestellt, um ein paar Fotos von Angus und Bon zu machen. „Sie gaben der Presse ein Interview in ihrer Suite. Danach bat ich sie, ein paar ungestellte Porträtaufnahmen machen zu dürfen, bevor ich sie live fotografierte. Für die Presse und Bon und Angus wurde ein Tablett mit Essen bereitgestellt. Angus sprang auf den Tisch und stieg mitten hinein. Bon schob sich eine Gurke in die Nase." Die beiden Fotos sind aus dieser Session.
Janet Macoska

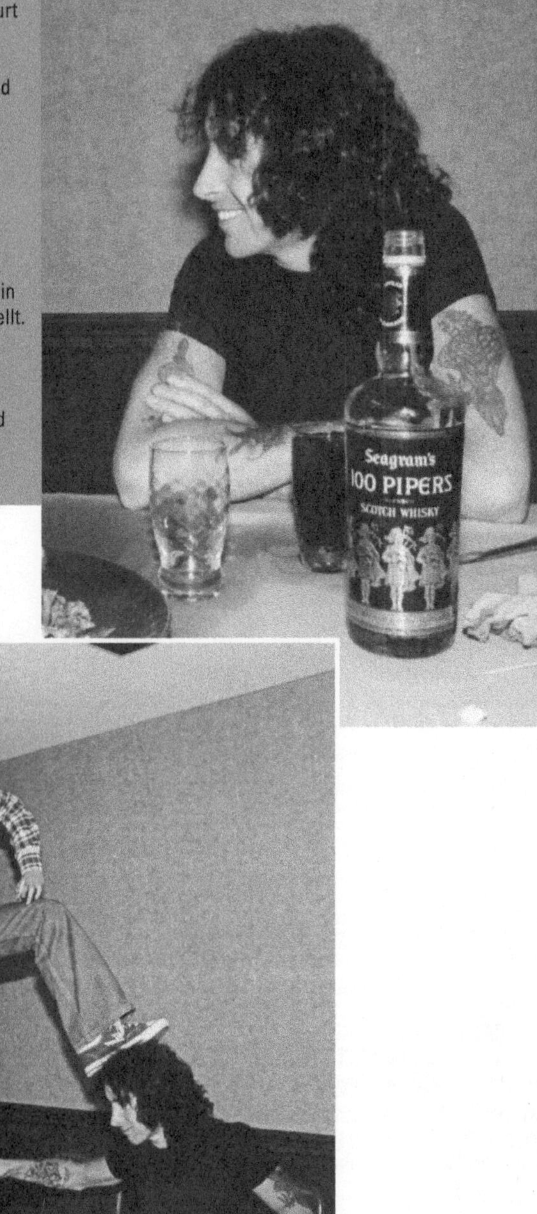

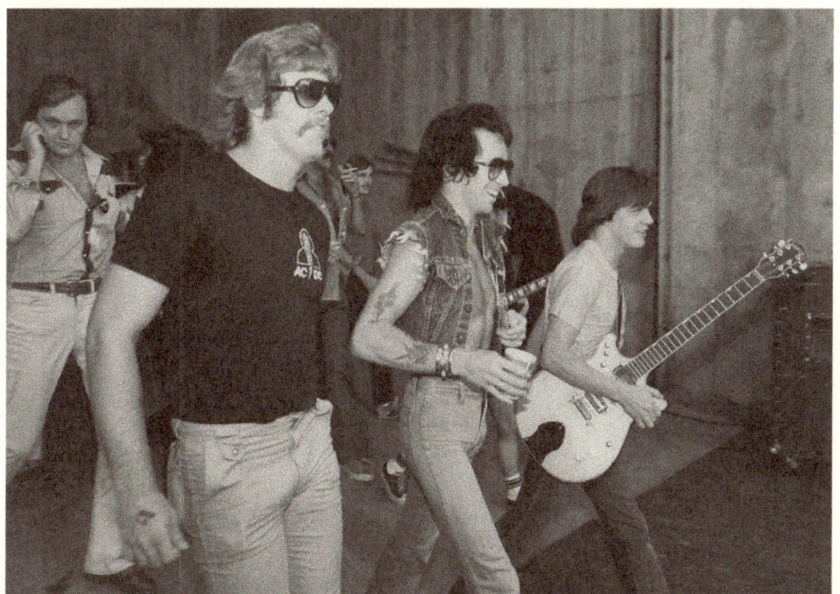

Alles eitel Wonne vor AC/DCs bahnbrechendem Auftritt bei Bill Grahams Day On The Green im kalifornischen Oakland, Juli 1978. Doch mit AC/DCs zunehmender Popularität in Nordamerika eskalierte auch Bons Trinkerei, was ihn wiederum in direkten Konflikt mit Malcolm brachte. Manager Michael Browning, der im Jahr darauf seinen Hut nehmen musste, geht hier hinter ihnen. *Richard McCaffrey*

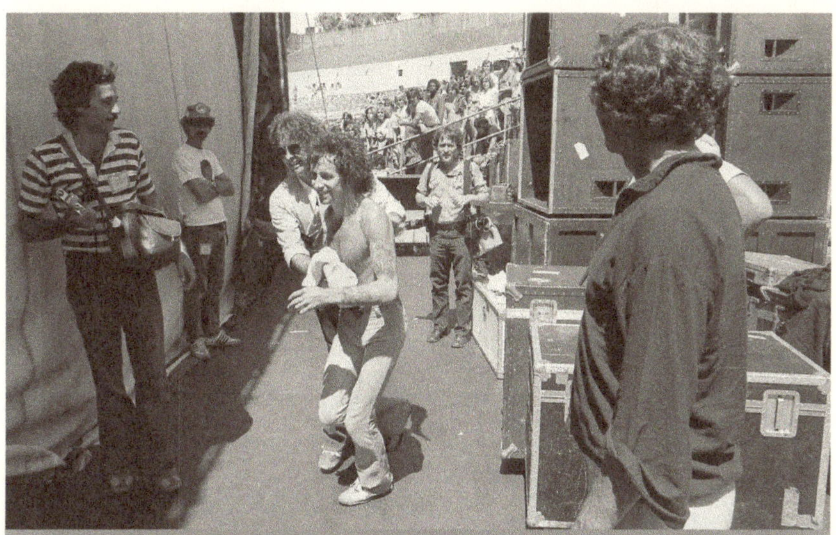

„Ich fühlte mich anfangs nicht zu ihm hingezogen", sagt Holly X. „Bon wirkte wie eine Art Wichtel, ein bizarrer kleiner Wichtel-Typ. Er war ja so winzig." Bon backstage bei Day On the Green. *Richard McCaffrey*

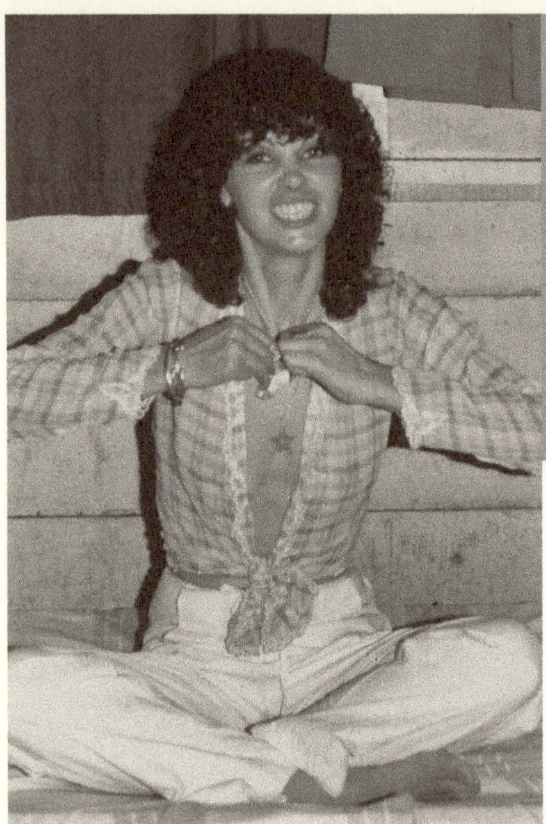

„Die Youngs zeigten mir zwar mit ihrem Unterschicht-Gehabe jede Menge Ablehnung", verriet mir Silver Smith vor ihrem Tod im Dezember 2016, „aber immerhin mussten sie, wenn Bon mit mir zusammen war, keinen Aufpasser bezahlen, der ihn vor Schwierigkeiten bewahrte."
Auf diesem Foto trägt Silver offenbar dieselbe Pentagramm-Halskette wie Bon auf dem Cover von *Highway To Hell*. *Mit freundlicher Genehmigung von Joe Fury*

Angus im Kostüm während der *Powerage*-Tour in Rochester, New York, September 1978. Hinter ihm ist Bon teilweise zu erkennen. *Mit freundlicher Genehmigung von Robert Valentine*

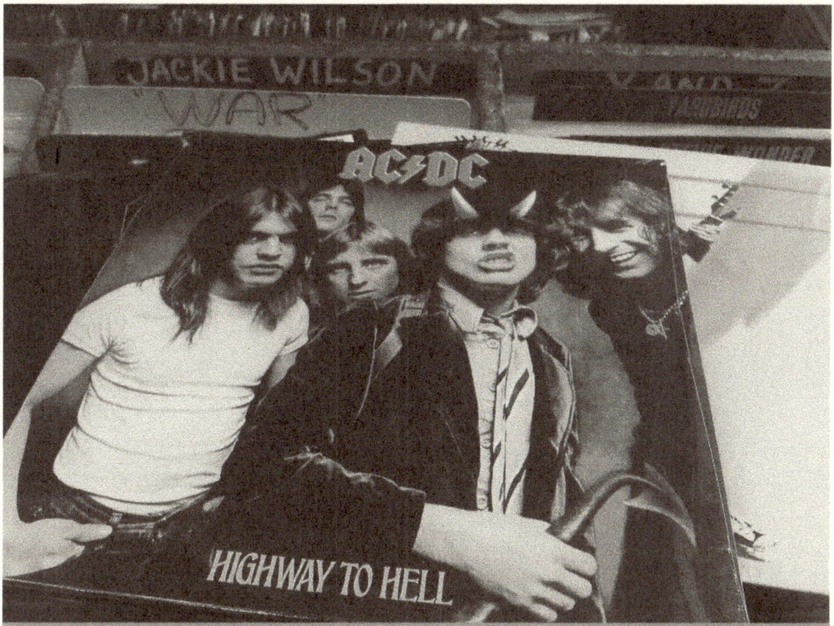

Beim Schallplattenkauf in New York City. Das Cover von *Highway To Hell* gilt als eines der kultigsten Plattencover des Rock. Designt wurde es von Atlantic Records' Art-Director Bob Defrin, der auch die internationalen Covers von *Let There Be Rock, Powerage, If You Want Blood You've Got It, Highway To Hell* and *Back In Black* entwarf. Fotograf Jim Houghton ist laut Defrin nicht mehr in der Branche tätig: „Jim, einer der besten Fotografen, mit denen ich je gearbeitet habe, ist von der Bildfläche verschwunden. Ich erkundigte mich bei seinem Agenten, der mir sagte, Jim hätte zuletzt Eiscreme in Philadelphia verkauft." *Jesse Fink*

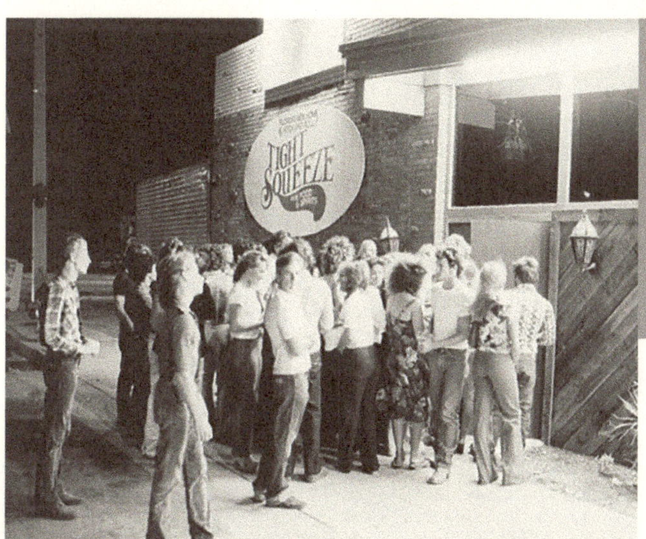

Warteschlange vor dem angesagtesten Club in Hollywood, dem Tight Squeeze (ca. 1979). Hier begegnete Henry Laplume, Bassist bei Critical Mass, Bon auf dem Männerklo. *Fotograf unbekannt*

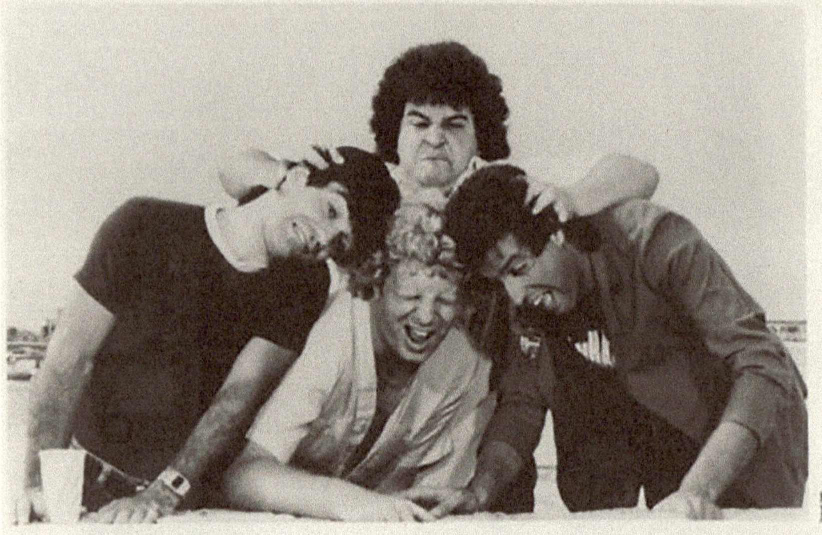

Critical Mass, Kumpels von AC/DC in Miami, unterschrieben bei MCA und veröffentlichten 1980 ihr einziges Album. Von links nach rechts: Mike Barone, David Owen (vorne), Michael Fazzolare (hinten), Henry Laplume. Der talentierten Band blieb der Durchbruch leider verwehrt.
Mit freundlicher Genehmigung von Jackie Smith

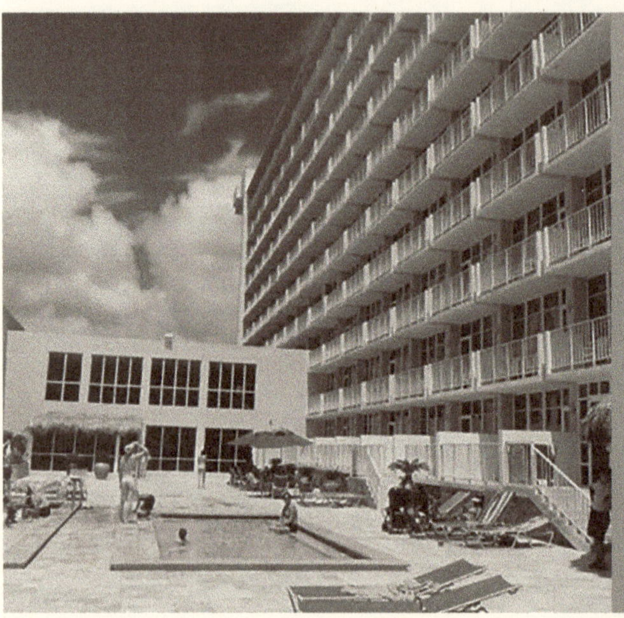

Der Pool des Newport Hotels, wo Bon zu Holly sagte, sie hätte „chartreuse eyes“. Holly glaubt, dass diese Beschreibung für „You Shook Me All Night Long“ zu „sightless eyes“ abgeändert wurde. Silver Smith behauptete, sie hätte Textzeilen daraus in einem von Bons Briefen aus dem Jahr 1976 wiedererkannt, was den Indizien, denen zufolge Bon auch zu *Back In Black* Texte beisteuerte, zusätzliche Glaubwürdigkeit verleiht. *Jesse Fink*

16

Cold Hearted Man

Als sie vor Ritchie Blackmore's Rainbow in der Calderone Concert Hall in Hempstead, Long Island, auftraten, liefen die Dinge nicht sonderlich gut für AC/DC. Ein weiteres Fresno bahnte sich an.

„Ein Typ in der fünften Reihe fing an, sie zu provozieren", schrieb das australische Magazin *Juke*. „Angus Young begab sich an die Bühnenkante und schrie zurück. Der Provokateur spuckte Angus an, der daraufhin zurückspuckte. Ein Spuck-Duell entbrannte. Dabei darf man nicht vergessen, dass das über die Köpfe von vier Reihen mit Leuten hinweg geschah. Eine Frau, die neben dem Zwischenrufer saß, schrie ihn an, sich doch endlich zu benehmen. Dieser schlug ihr daraufhin ins Gesicht. Angus sah dies und sprang von der Bühne über vier Sitzreihen hinweg, um diesen Kretin auszuknocken."

Der kleine Angus segelte über *vier* Sitzreihen hinweg, um den Typen *auszuknocken*? Beeindruckend! Das ähnelte einer Mär, die Malcolm über Bon erzählte, nachdem dieser angeblich bei einem Gig in Neuseeland von einer vollen Dose Bier getroffen worden war. Bon sprang von einem Verstärkerturm „direkt ins Publikum und keilte sich mit diesen vier Maori, bis die Ordner eingriffen". Bon war ein geschickter Kämpfer, aber vier erwachsene Maori hätten ihn in Stücke gerissen. Die tatsächliche Begebenheit in Hempstead lief doch ein wenig anders ab. Steve Stokking gehörte zu den Zwischenrufern.

„Das Publikum war anfangs nicht sonderlich empfänglich für sie. Bon reagierte mit ein paar Gesten, die sich in erster Linie gegen mich und meinen Kumpel richteten. Wir waren ein wenig angeheitert und wollten in Richtung Bühne, aber ein paar Typen hielten uns zurück. Angus hat vielleicht jemanden angeblafft. Aber das war es dann schon wieder. Als die Show vorüber war, hielten wir sie für ziemlich cool *[lacht]*."

Aber die Wahrheit zählte nicht so viel wie der Hype. Die Darbietung der Band sowie Angus' Possen wurden an den richtigen Stellen zur Kenntnis genommen, etwa in Amerikas meistverkauftem Rockmagazin.

„Malcolm Young glaubt nicht, dass AC/DCs überwältigende Bühnenenergie allein aus der Jugendlichkeit der Band resultiert", schrieb Ira Kaplan im *Rolling Stone*. „Auch macht er sich keine Sorgen darüber, dass AC/DC zu alt zum Rocken werden. Passenderweise gibt er Ted Nugents jahrelanges Touren und dessen Jagd nach dem Superstarstatus als nachahmenswertes Beispiel an. ‚Jetzt, wo er berühmt ist', sagt Malcolm, ‚ist er doch nicht zu alt dafür.' Malcolm sieht keinen Grund, warum seiner Band nicht dasselbe gelingen sollte.

Nicht zuletzt verströmen die Mitglieder von AC/DC Enthusiasmus und sind in der Lage, ihrer Rolle als Anheizer etwas abzugewinnen (man kann früher heimgehen) und sich über schlechte Shows einen abzulachen, so wie im CBGBs … vor einem Punk-Publikum spielte die Band, wie sie selbst sagt, eines ihrer besten Sets überhaupt, ernteten allerdings nichts außer eisigem Schweigen. Doch auch diese Erfahrung war nicht umsonst, da es sie eine der Binsenweisheiten über Rockkonzerte lehrte. Wie Malcolm es ausdrückt: ‚Du spielst beschissen und die Kids drehen durch. Du spielst großartig und alle sitzen bloß da.'"

Neue Groß- und Kleinstädte ließen sich von AC/DC erobern: Wilkes-Barre, Boston, Morristown, Albany. Ein Jahr nach ihrer ersten Show in New York City und Bons erstem Treffen mit Holly spielten AC/DC erneut im Palladium. Laut *Billboard* war Ritchie Blackmore sichtbar verunsichert von AC/DCs gut geölter Bühnenshow.

„Rainbow brachen ihr Set im New Yorker Palladium frühzeitig ab, als ihr Gitarrist Richie [sic] Blackmore nach 15 Minuten von der Bühne stürmte und behauptete, vom Soundsystem würde ein Summen ausgehen. Es wurde jedenfalls ein Ersatzkonzert versprochen. Rainbows halber Show war eine weißglühende Performance von AC/DC vorausgegangen, bei der das kabellose Gitarrenspiel in neue Höhen getrieben und buchstäblich auf den zweiten Rang des Palladiums verlegt wurde."

* * *

Doch die nächste Show am 25. August im Rocky Point Park in Warwick, Rhode Island, die der Radiosender WPRO aus Providence veranstaltete, endete aufgrund von Bons Suff im Desaster. Zum ersten Mal, seitdem er sich der Band angeschlossen hatte, verursachte er nämlich den Abbruch eines Konzerts.

„Ich befand mich höchsten sechs Meter von der Bühne entfernt", erinnert sich AC/DC-Fan Ed Fagnant, der damals 17 war. „Bon war hackedicht und kaum zu verstehen. Die Show endete nach fünf Songs oder so, als Angus versuchte, auf Bons Schultern zu reiten, wodurch dieser das Gleichgewicht verlor. Sie warfen einen Lautsprecherturm auf der Seite der Bühne um. Es kam fast zu Randale. Der Ansager bat das Publikum über die Lautsprecheranlage im Park inständig darum, die Ausrüstung der Band zurückzubringen. Ich verließ den Park mit meinen Freunden und sah, wie ein Kerl einen Mikroständer verstaute. Die Polizei von Warwick durchkämmte den Parkplatz, sah ihn und verhaftete ihn. Wir wurden auch durchsucht, hatten unsere Schmuggelware jedoch schon Stunden zuvor aufgeraucht *[lacht]*."

Bon war also *richtig* knülle?

„Ja."

Für Barry Bergman stellte die Sache keine große Überraschung dar: „Ich liebte die Band von Anfang an, wegen ihrer Musik, aber auch einfach als Menschen. Doch es gab Probleme. Bon hatte sein Alkoholproblem, was kein Geheimnis war. Mein Boss [der Präsident der Edward B. Marks Music Corporation Joseph Auslander] schenkte der Band mal für die Feiertage eine Literbuddel mit Alk, doch Bon hatte sie schon geleert, bevor sie sein Büro wieder verlassen hatten. Es war ein Fehler, ihm Alkohol zuzustecken."

Nach den Shows in Willimantic, Connecticut, und Owings Mills, Maryland, flogen AC/DC weiter nach Seattle, wo sie zwei Abende hintereinander als Support von Ted Nugent und Cheap Trick gebucht waren. Darauf folgte eine Show in Portland mit Cheap Trick sowie ein weiterer Auftritt bei Day On The Green in Oakland. Sie verkauften nicht nur Konzertkarten, sondern erhielten in Kalifornien, South Carolina, Connecticut, New Mexico, West Virginia, Ohio, Missouri und Florida auch überaus wichtige Werbeeinschaltungen im Radio. Dass ihnen diese Fortschritte gelangen, obwohl Bon sich in den Klauen einer voll ausgeprägten Alkoholsucht befand, ist absolut bemerkenswert.

„Ich stand definitiv unter dem Eindruck, dass sie sich bemühten, uns an die Wand zu spielen", sagt Albert Bouchard, Drummer von Blue Öyster Cult. „Sie gaben sich sehr zugeknöpft. Wir tauschten uns nicht wirklich aus. Ich glaube, es gefiel Bon, mit Konventionen zu brechen. Ich war jedenfalls schockiert, als er starb. Ehrlich, ich wünschte mir, ich hätte mich mehr bemüht, ihn besser kennenzulernen."

In Denver ließen BÖC keinen Zweifel daran aufkommen, wer hier als Headliner gebucht war, und untersagten AC/DC, ihre vollständige Beleuchtungsanlage zum Einsatz zu bringen.

„Die Bühne um uns herum war stockfinster", erinnerte sich Cliff Williams. „Bei diesem Gig machte ich mir echt Sorgen, dass Angus über die Bühnenkante hinausschießen würde."

Bouchard bereut, was sich damals zutrug: „Ich frage mich manchmal, ob wir sie als Vorband schlecht behandelt haben und daraufhin jemand in ihrer Organisation entschied, dass sie es uns heimzahlen würden. Als Musiker bekommst du nicht mit, was sich bei der Crew und dem Management so abspielt … Ich hatte nie das Gefühl, dass sie uns nicht mochten."

Doch Kenny Soule von Nantucket weiß genau, was in ihnen vorging: „AC/DC *verachteten* Blue Öyster Cult nicht weniger als wir. [*Imitiert Malcolms Stimme*] ‚Sie haben uns nur sechs verdammte Lichter gegeben. *Fuck* Blue Öyster Cult.' Ich kann mir gar nicht vorstellen, wie sie nach AC/DC auf die Bühne gehen mussten."

Und sonst auch niemand. AC/DC waren inzwischen nicht mehr aufzuhalten.

* * *

Bon kehrte nach L. A. zurück, dieses Mal um für Burt Sugarmans Show *Midnight Special*, eine eineinhalbstündige Musikshow auf NBC, die von 1973 bis 1981 lief, in Burbank „Sin City" live zu performen. Dafür ließ er sich von Pattee die Haare schneiden – „er sah so gut aus an diesem Abend" – und während des langsamen Teils des Songs lieferte er seine beste Alex-Harvey-Imitation.[24]

„Bon hatte diese Sprechgesang-Sache echt gut drauf", sagte Malcolm. „Das Publikum dachte sich echt: ‚Scheiße, ist das der Teufel?' Man sah ihnen an, dass sie echt perplex waren … Er war schon ein bisschen ein Schauspieler."

Bon war selbst auch von seinen mimischen Fähigkeiten angetan: „Jetzt, wo ich bei AC/DC bin, wird mir klar, dass ich nicht sehr musikalisch bin. Ich bin eher ein Showman, ein Schauspieler. Ich tue echt alles für eine Publikumsreaktion." Für ihn fühlte es sich auf der Bühne an, als wäre er schon fast eins mit dem Publikum: „Alles befindet sich so nahe an dir. Alles ist genau über dir und es ist schon beinahe so, als müsste du nicht mehr ins Publikum blicken, um *im*

---

24 Auch in Irene Thorntons Buch fanden Bons Haare, wie er sie in *Midnight Special* trug, Erwähnung. Sie sah die Sache jedoch ganz anders: „Seine Haare waren scheußlich, mit gelockten Fransen und einer Welle, was sich beides ziemlich ätzend auswuchs."

Publikum zu sein. Du befindest dich auch auf der Bühne mitten unter den Leuten. Das ist echt aufregend.“

Der Kick ihres ersten – und einzigen – Auftritts bei einem der großen US-Network-Fernsehsender war genau das, was Bon und die Band gebraucht hatten, um sich mit vollem Elan auf die nun anstehenden Verpflichtungen zu stürzen. Die folgenden Konzerte mit Cheap Trick, Thin Lizzy, UFO und den Dictators führten sie vom Südosten über den Mittleren Westen bis hinauf in den Nordosten: Wheeling, Johnson City, Columbus, Milwaukee, Royal Oak, Schaumburg, Cleveland, Allentown, Huntington, Chicago, Kansas City und Omaha. Die Schnelllebigkeit des Lebens auf Tour machte der Band nie etwas aus.

„Uns gefällt die Geborgenheit, die uns das Touren vermittelt“, sagte etwa Angus. „Das ist das Allergrößte für uns. Einfach von einem Gig zum nächsten zu fahren.“

Bis Ende September hatte *Powerage* 15 Wochen in den *Billboard* 200 verbracht, sich dabei aber eher in den unteren Regionen festgesetzt. Zwar konnte das Erreichen der Charts das Album in den Augen von Atlantic nicht retten, doch der hart erkämpfte Erfolg, den AC/DC während ihres Feldzugs von Stadt zu Stadt errangen, zeigte, dass Bon besaß, was nötig war, um kritische Stimmen seitens der Presse und sogar aus den eigenen Reihen bezüglich seiner Zukunft zum Schweigen zu bringen. Er war ein Malocher – selbst dann, wenn er krank war.

„Es war ein großartiges und denkwürdiges Erlebnis, mit AC/DC aufzutreten – vor allem ganz am Anfang – sowie ihren unaufhaltbaren Aufstieg zum Starruhm mitzuverfolgen“, sagt der Rhythmusgitarrist der Dictators, Scott Kempner. „Sie hatten sich das verdient. Sie machten alles richtig, schrieben tolle Songs, arbeiteten sich den Arsch ab und versuchten nie, etwas zu erzwingen. Ich habe nie miterlebt, dass ihr Publikum nicht glücklich, verschwitzt sowie gleichzeitig müde und erfrischt nach Hause gegangen wäre.“

Bei den Konzerten in Buffalo, South Bend, Toledo und Fort Wayne teilten sich AC/DC zum letzten Mal mit Aerosmith die Bühne. Bon trug Angus jeden Abend auf seinen Schultern, da dies inzwischen zu jenem Gimmick avanciert war, über das sich alle Fans unterhielten. Allen Widrigkeiten zum Trotz schien sich die Lage für AC/DC und ihren alkoholabhängigen Sänger tatsächlich zum Guten zu wenden.

„Bon brachte es, als niemand sonst es brachte", sagt Barry Bergman. „Einer der Gründe, warum die Band so herausstach, war, dass der Trend gegen sie sprach. Rock 'n' Roll lag nicht im Trend, sondern Disco. Da gehörten sie nicht dazu. Deshalb wurde ihnen sehr viel Aufmerksamkeit zuteil, als alles für sie zu laufen begann. Wir befanden uns am Übergang zwischen Disco Mitte der Siebziger und New Wave Anfang der Achtziger – und ihr Ding kam nun komplett unerwartet. Manche sagen Heavy Metal, Hardrock oder was auch immer dazu … Sie waren ein Party-Band. Die Party-Band des Volkes. So sah ich die Sache. Sie stachen heraus und waren deshalb von größter Bedeutung, weil niemand sonst so etwas machte. Jeder nahm New-Wave-Acts unter Vertrag oder machte was mit Donna Summer, der Ritchie Family und Disco-Acts. Der Unterschied war ganz einfach. Ich glaube, dass AC/DC sich einen großen Teil ihres frühen Publikums warmgehalten haben, sogar bis heute, weil viele Leute mit ihnen aufwuchsen, die ausgehungert nach Rock 'n' Roll waren. Sie hatten damals nämlich keinen echten Rock 'n' Roll. Aber dieser simple Rock 'n' Roll mitsamt dieser phänomenalen Liveshow … Es gab nichts, was da herankam. Es war einzigartig und stach heraus, weil es praktisch sein eigenes Genre bildete."

* * *

Doch Bergman liegt da nicht ganz richtig. Die Kalifornier Van Halen waren ebenfalls eine „Party-Band" und befanden sich damals auf einem ähnlichen Highway wie AC/DC. So wie auch AC/DC wurden sie als Anheizer für Aerosmiths *Live Bootleg*-Tour engagiert. So wie AC/DC machten sie es sich zur Gewohnheit, Steven Tyler und Joe Perry die Show zu stehlen. So wie AC/DC zeigten ihnen die Kritiker die kalte Schulter. Und ganz genau wie bei AC/DC gaben auch ihre Fans einen feuchten Kehricht darauf, was irgendjemand dachte.

„Wir fingen eigentlich erst mit unserer dritten Tour an, als Headliner aufzutreten“, sagt Michael Anthony. „1978 und ’79 waren wir praktisch überall die Vorband und traten vor so vielen Menschen wie möglich auf. Wir spielten vor jedem, der damals angesagt war: Nugent, Foreigner, Boston, Aerosmith, all diesen Bands eben. Die hätten uns nicht mal mit dem Arsch angeguckt *[lacht]*.“

Van Halen gehören wie AC/DC zu den wenigen Bands, die größer, aber nicht unbedingt *besser* wurden, nachdem sie ihren besten Sänger ersetzten. INXS mussten ebenfalls ihren Sänger ersetzen und erholten sich nie mehr davon. Warum glaubst du, haben es Van Halen und AC/DC hingegen auf die Reihe bekommen?

„Mensch, weißt du, ich habe keine Ahnung. Vor allem, was AC/DC betrifft. Offensichtlich sind sie sogar noch erfolgreicher geworden, als Brian Johnson bei ihnen einstieg, allerdings befanden sie sich schon mit *Highway To Hell* auf einem guten Weg. Ihr nächstes Album mit Bon Scott hätte vermutlich ebenso eingeschlagen wie *Back In Black*. Das war eben ein Glücksgriff. Vermutlich hat es mit der Chemie, dem Timing und selbstverständlich der Musik zu tun. An Bon erinnere ich mich, abgesehen von der einen Show, die wir miteinander gespielt haben, im Grunde genommen nur durch die Musik und die Videos. Ich liebe es, wie der Kerl gesungen hat. Er hatte eine einzigartige Stimme. Am witzigsten ist es, zu beobachten, wie andere Leute AC/DC zu spielen versuchen und der Sänger sich abmüht, wie Bon oder Brian zu singen. Ich bin mir sicher, dass es Sänger gibt, die das können, aber ich habe noch keinen gehört. Es ist eigentlich ziemlich cool, wenn niemand deinen Sänger imitieren kann. Bon hatte eine absolut einzigartige Stimme, die meiner Meinung nach AC/DC *verkörperte*. Der Typ stand kurz davor, mit seiner Band das nächste Level zu erreichen, und urplötzlich war er fort.“

* * *

Powerage hielt sich 17 Wochen in den Charts und verkaufte sich – zumindest damals – besser als *High Voltage* und *Let There Be Rock* zusammen. Bei Atlantic Records war man klug genug zu erkennen, dass AC/DC live über etwas ganz Besonderes verfügten. Mitte Oktober 1978 wurden schließlich die ersten Exemplare des Live-Mitschnitts *If You Want Blood You've Got It* aus Atlantics Presswerk in Olyphant, Pennsylvania, ausgeliefert. (Nicht alles daran war tatsächlich live aufgenommen und es waren reichlich Studio-Overdubs zu hören.)

Inzwischen flogen Nesuhi Ertegun und Michael Klenfner von Atlantic Records nach Italien, um bei einer Roadshow von WEA im Florentiner Castello di Sammezzano für AC/DC die Werbetrommel zu rühren. Klenfner, den Angus als hörigen Handlanger der Plattenfirma belächelte, flog von dort aus weiter nach Sydney, um Vanda & Young den Stecker zu ziehen. „Dir fehlt das kommerzielle Gehör", teilte er George Young mit.

AC/DCs Tour durch Europa und Großbritannien umfasste beinahe drei Dutzend Shows. Sie startete in der Bundesrepublik Deutschland und dauerte bis in die dritte Novemberwoche. *If You Want Blood* stieg bis auf Position #13 in den UK-Charts und wurde nach Beendigung der Europatournee auch in den USA veröffentlicht. Ab Dezember hatten AC/DC ihren bis dahin größten Lauf in Nordamerika. *Billboard* empfahl *If You Want Blood*: „Hier steht der Spirit im Mittelpunkt – und mit ein bisschen davon kommt man mitunter richtig weit." Auch Atlantic ließ sich nicht lumpen und schaltete ein sehr teures, ganzseitiges Inserat. Am wichtigsten aber war, dass nun auch das Radio endlich auf den Geschmack kam, vor allem in den so wichtigen Märkten im Nordosten und Westen.

„Obwohl ich kein großer Fan von Live-Alben war, imponierte mir die rohe Energie von *If You Want Blood* und ich beschloss ohne Umschweife, ‚Whole Lotta Rosie' ins Programm aufzunehmen", berichtet Robert Shulman, damals bei KRST Albuquerque. Bis dahin hatte er sich gegen AC/DC gesträubt. „Es klang gut im Radio, also spielte ich es öfter. Damals besaß ich einen 1953er Chrysler New

Yorker, den ich törichterweise versuchte am Laufen zu halten, weil ich mir vormachte, ihn restaurieren zu können. Er stand ziemlich oft in der Werkstatt. Der Mechaniker, ein junger Typ, vielleicht 20 Jahre alt, hatte ein Radio auf seiner Werkbank postiert, auf dem KRST eingestellt war. Der Junge wusste nicht, dass ich für diesen Sender arbeitete. Er war gerade dabei, mir die schlechte Nachricht beizubringen, dass der Drehmomentwandler komplett im Eimer wäre, als ‚Whole Lotta Rosie' gespielt wurde. Abrupt brach er seinen Satz ab und ging hinüber zu dem kleinen Transistorradio, um es so laut aufzudrehen, dass es den Sound verzerrte. Das stampfende Schlagzeug, die kreischenden Gitarren und Bon Scotts mächtiger Gesang hallten durch die Werkstatt. Einen Moment lang vergaß ich meine Autoprobleme und beobachtete das Gesicht des jungen Mannes. Er war total fixiert und wirkte so glücklich. Ab da wusste ich, dass AC/DC das nächste große Ding würden."

Bon verbrachte das Jahresende 1978 in Australien, um Demos für das neue Studioalbum der Band im Alberts Studio in Sydney aufzunehmen. Unterstützt wurde er dabei vom südafrikanischen Produzenten Eddie Kramer, den Atlantic als Ersatz für Vanda & Young ausgesucht hatte, sowie Tontechniker Mark Opitz, der schon bei *Powerage* mit dabei gewesen war. Doch Bon wurde schon bald zur Belastung. Zwar hatte er sich bereits zuvor auf dünnem Eis befunden, doch sein Alkoholismus fing nun an, sich auf die Arbeit der Band im Studio auszuwirken. Darüber hinaus verhinderte sein Vorstrafenregister eine für März 1979 geplante Japan-Tour, wobei eine Verhaftung wegen Besitzes von Pot im September 1969 den Ausschlag gegeben haben dürfte.

Hätte sich die Band zu diesem Zeitpunkt in ihrer Karriere nicht gerade im Aufschwung befunden und kurz davor gestanden, die Früchte all ihrer harten Arbeit auf Tour zu ernten, indem sie ein Album schufen, das sie endlich ins Top-40-Radio katapultieren würde und dessen Einnahmen schließlich jene aus den Ticketverkäufen für ihre Konzerte übertreffen sollte, wäre Bon wahrscheinlich einfach zu einem weiteren Opfer der Young'schen Doppelspitze (Triple-Spitze, wenn man George noch mitzählt) degradiert worden. Doch nicht einmal sie konnten die Zahlen ignorieren, die nun ins Haus zu flattern begannen. AC/DC enterten die Charts, obwohl sie noch nicht ganz dort waren, wo Atlantic sie sehen wollte. Ihre Songs liefen im Radio. Die Tage, an denen sie in schmuddeligen Kaschemmen und kleinen Konzerthallen aufgetreten waren, näherten sich ihrem Ende.

Zu Beginn des Jahres 1979 kehrten Bon und die Band zurück nach Miami. Es war eine Stadt, über die er sich gerne öffentlich lustig machte: „Ein schrecklicher Ort, dieses Miami. Wie ein jüdischer Friedhof. Voll mit reichen alten Säcken, die im Winter hierher flüchten."

Doch in seinem Herzen war es genau der Ort, an dem er sein wollte.

Teil III

1979

17

Walk All Over You

Eines Morgens im Januar 1979, im winzigen Club Tight Squeeze, Ecke A1A und Johnson, Hollywood, Florida, direkt am Strand, wog Henry Laplume, der attraktive, 1,95 Meter große Bassist der Punkrockband Critical Mass aus North Miami, die sich ihm bietenden Optionen gegeneinander ab. Sollte er weiter trinken oder doch lieber nach Hause gehen?

„An diesem Abend hatten mich meine Bandkollegen dort zurückgelassen. Sie waren alle heimgegangen, während ich geblieben war und ein bisschen länger Party gemacht hatte, als ich das vermutlich hätte tun sollen. Da spazierte dieser kleine Typ durch die Tür und ich dachte mir nur, verdammt, das ist ja Bon Scott! Ich wusste sofort, dass er das sein musste, wegen seiner Tätowierungen und so. Er ging schnurstracks aufs Klo und ich folgte ihm. Das Erste, was ich zu ihm sagte, war: ‚Übrigens, hör mal, ich bin kein Stalker, einfach nur ein großer Fan. Meine Band spielt viele deiner Songs.' Dann stellte ich mich vor: ‚Ich heiße Henry.' Nachdem er sein Geschäft verrichtet hatte, drehte sich Bon herum, wusch sich die Hände und sagte: ‚Hey, Harry, wie geht's?' Von da an nannte er mich Harry. Ich glaube, dass er nicht so gut hörte, aber ich fand [den Namen] irgendwie gut."

Tight Squeeze Fine Food & Spirits, „Florida's New Home of Rock and Roll", wo der Eintritt zwei Dollar betrug, schien von außen betrachtet eher unscheinbar zu sein: diagonal verlaufende Holzfassade, ein paar hohe Fenster, ein paar Hängepflanzen und immerhin sogar ein kleines bepflanztes Fleckchen Erde vor dem Eingang, der von zwei Laternen flankiert wurde. Innen buchstabierten große Lettern das Wort SQUEEZE über der engen Bühne, einem Durcheinander aus Kabeln und Verstärkern.

„Das Tight Squeeze hat nun erst vor etwas mehr als vier Monaten geöffnet und sich in dieser Zeit bereits einen landesweiten Ruf erarbeitet“, schrieb der *Miami Herald* 1979. „Es fand Erwähnung in den ‚Random Notes‘ des *Rolling Stone*, im *Hit Parader* sowie weiteren Musikzeitschriften. Und wen wundert es? Der Club hat nicht nur nationale Gruppen wie Horslips, Iron Butterfly, Pure Prairie League, The Winters Brothers sowie Desmond Child and Rouge gebucht, sondern es auch geschafft, Rock-Entertainer, die sich nur auf der Durchreise befanden, auf einen Abstecher anzulocken. Unter den nennenswerten Musikern, die hereinschneiten, um mit lokalen Bands zu jammen, befinden sich Ted Nugent, Pat Travers, Mitglieder von Bad Company und Bob Seger.“

Eine Band, die hier unterschlagen wurde: AC/DC. Henry und Bon schlenderten zur Bar, um sich ein paar Drinks zu genehmigen: „Wir ballerten uns Cocktails rein, Jack Daniel’s.“ Irgendwann rief der Barmann die letzte Runde aus. Bon war mit Holly unterwegs und Henry wusste nicht, wie er nach Hause kommen sollte.

„Ich brauche eine Mitfahrgelegenheit. Meine Bandkollegen haben mich hier zurückgelassen“, gestand er.

„Mach dir keinen Kopf“, sagte Bon. „Wir nehmen dich mit ins Hotel. Von dort kannst du deine Bandkollegen anrufen, damit sie dich von dort abholen.“

Henry, Bon und Holly verließen den Club und fuhren zum Newport Hotel in der Collins Avenue, das heute Newport Beachside Hotel & Resort heißt. Das Newport, wo Tommy Bolin 1976 an einer Überdosis Heroin verstarb, stand im Ruf, ein Rock-’n’-Roll-Hotel zu sein, quasi Miamis Version des Riot Inn in Los Angeles. Henry benutzte das Zimmertelefon, um den Drummer von Critical Mass, Mike Barone, anzurufen.

„Hör mal, ihr habt mich hängen lassen. Ich brauche jetzt eine Mitfahrgelegenheit."

„Ach, fick dich", sagte Barone. „Besorge dir doch deine Mitfahrgelegenheit selbst."

„Ich hänge gerade mit Bon Scott im Newport ab."

„Nein, tust du nicht."

„Wenn du vorbeikommst, um mich abzuholen, kannst du ihn und den Rest der Band treffen."

Zehn Minuten später stand Barone schon auf der Matte. Am nächsten Tag rief Henry Michael „Fazz" Fazzolare, den Leadsänger und Rhythmusgitarristen von Critical Mass, an, um ihm zu berichten, was ihm entgangen war. Fazz hatte sich 1977 bei AC/DCs Konzert im Rahmen von Day for the Kids in Hollywood im Publikum befunden. Sie waren seine Lieblingsband geworden.

„Du hättest gestern im Club sein sollen, Fazz. Bon Scott war da."

„*Der* Bon Scott?"

„Wie viele Bon Scotts kennst du denn?"

„Mick war einer, der Import-Platten kaufte", sagt David Owen, seines Zeichens Leadgitarrist bei Critical Mass. „Er besaß alles und kaufte jede Hardrock-Neuveröffentlichung. Wir spielten sogar ein paar ihrer Songs als Covers – ungefähr ein halbes Dutzend AC/DC-Nummern. Das war aber noch vor *Highway To Hell* und bevor sie populär wurden."

„Ich wohnte ja praktisch im Tight Squeeze", gesteht Fazz. „Ich donnerte meinen Schädel gegen die Wand und hätte mich selbst treten können, weil ich die Gelegenheit, den Leadsänger meiner liebsten Band im bekannten Universum kennenzulernen, verpasst hatte."

Am nächsten Abend suchte er das Tight Squeeze auf, da er hoffte, es bestünde eine kleine Chance, dass Bon erneut dort aufkreuzen würde – und der tauchte tatsächlich auf. Außerdem hatte er noch Phil Rudd, Cliff Williams und Malcolm Young mitgebracht.

„Bon kam sofort zu Henry und mir rüber", erzählt Fazz. „Das war der Anfang eines Abenteuers, das ich niemals vergessen werde."

* * *

Das Jahr 1979 hätte für AC/DC gar nicht besser beginnen können. *If You Want Blood* belegte die respektable Position #127 in den *Billboard* 200 und wurde unter den Top 5 der „National Breakouts" in der Kategorie „Album Radio Action" hinter Rod Stewarts *Blondes Have More Fun*, *Briefcase Full Of Blues* von den Blues Brothers und *Equinoxe* von Jean-Michel Jarre gelistet. Im Südwesten und Südosten wurde das Album unter den Top-Neuheiten sowie im Nordosten und Westen des Landes als „Breakout" angeführt. Airplay gab es nun auch reichlich und zwar bei WIYY Baltimore, KSJO und KOME in San Jose, KTIM San Rafael und WLVQ Columbus. Dass sie sich auf Drängen ihres frustrierten Produzenten Eddie Kramer von Sydney nach Miami begeben hatten, schien sich insgeheim als Segen herauszustellen.

„Wir haben das Album dieses Mal ganz anders als sonst aufgenommen", verriet Bon. „Normalerweise schreiben wir die Songs, während wir im Studio an ihnen arbeiten. Aber stattdessen haben wir uns zwei Wochen in Miami genommen, um sie dort zu schreiben, damit wir keine wertvolle Studiozeit verschwenden."[25]

Wenn sie nicht gerade im Tight Squeeze abhingen, Girls anbaggerten, Pizza aßen oder sich das eine oder andere Glas kalte Milch

---

25 Warum hätte Bon dann nicht auch auf dieselbe Weise an den Songtexten zu *Back In Black* arbeiten sollen? Tony Platt, der bei *Highway To Hell* und *Back In Black* als Tontechniker mit dabei war, äußerte sich dazu in einem Interview mit *Ultimate Guitar*: „Angus und Malcolm hatten ihre Riffs immer schon fertig. Es gilt als gut dokumentiert, dass die beiden, als Bon [Scott] noch lebte, mit den Riffs ankamen und er die Lyrics dazu im Verlauf der Arbeit an den Songs beisteuerte. So lief das ungefähr ab. Ein paar Texte waren schon geschrieben, aber noch nicht alle. Sie arbeiteten in London an der Vorproduktion, während [sic] Mutt und ich an diesem anderen Album arbeiteten. Also bekamen wir nur kurze Passagen vorgespielt. Mutt hatte selbstverständlich schon viel mehr gehört als ich. Wenn ich mich richtig entsinne, verbrachte er ein paar Tage oder vielleicht eine Woche oder so mit ihnen, um den Songs noch den Feinschliff zu verpassen, bevor wir uns auf den Weg auf die Bahamas machten."

im Newport gönnten, schrieben und probten AC/DC Songs für jenes Album, das schlussendlich *Highway To Hell* heißen sollte. Dafür zogen sie sich in einen 70 Quadratmeter großen, schalldichten Raum zurück, der über eine Holzbühne, atmosphärische Beleuchtung und einem Lounge-Bereich verfügte und sich im Musicians Studio Rentals (MSR), auch „Mary's Place" genannt, in der NE 151st Street 1926, North Miami, befand. „Wir hatten zusammen vielleicht zehn Dollar", erinnert sich Angus an die klamme finanzielle Lage der Band.

„AC/DC belegten Studio B", erzählt Fazz. „Damals gab es im MSR zwei Studios, A und B. Studio A war komplett mit Teppich ausgelegt und gepolstert. Es bot das [akustische] Ambiente eines Aufnahmestudios. Tot. Im Studio befand sich eine Bühne mit Teppichboden sowie ein paar den Sound absorbierende Materialien an der Wand. Aber der Boden war nackter Beton. Das war ein sehr lebendiger Raum. Der Hall, den der Boden zurückwarf, kam ihrem Sound viel mehr entgegen als alles, was das andere Studio ihnen hätte bieten können."

Owen erinnert sich an das MSR als „eine Art Lagerhauskomplex, bei dem die große Lagerhalle einfach in Studios unterteilt worden war, damit dort Bands spielen konnten. Da gab es Bühnen, die alle mit Teppich versehen waren. Außerdem gab es bei jeder Bühne eine PA-Anlage."

Sobald sich AC/DC eingestöpselt hatten, konnte für niemanden mehr ein Zweifel daran bestehen, wer sich hier eingenistet hatte.

„Critical Mass hatten sich für ein paar Wochen dort eingemietet. Eines Abends probten wir ganz normal und du konntest die anderen Bands spielen hören, schließlich gab es in diesem Komplex fünf oder sechs Proberäume. Plötzlich legte im größten Studio, das sich direkt nebenan befand, diese Band los – und es war, als ob die Wände wackelten. Wir konnten den Donner, der nebenan grollte, deutlich hören."

Frank Prinzel, der für die Wartung der Elektronik in den nahegelegenen Criteria Recording Studios zuständig war, wo AC/DC

Demos aufnahmen, erzählt, dass „Tee und Foster's auf den Tischen standen. Die Jungs arbeiteten mit Eddie und es lag eine gewisse Spannung in der Luft. Es kursierte das Gerücht, dass sie gestritten hätten und mit [dem verstorbenen Tontechniker] Steve Gursky im Criteria gearbeitet hätten. Steve hing zur selben Zeit wie AC/DC im Tight Squeeze ab."

Die Bee Gees, Elvin Bishop, Eagles, Bob Seger, Thin Lizzy und die Little River Band hatten schon im MSR geprobt. Criteria, das sich im Besitz des inzwischen verstorbenen Mack Emerman befand, verfügte über Studios mit 24-Spur-Aufnahmegeräten. Es war technologisch auf dem letzten Stand und Acts wie Eric Clapton, James Brown, Aretha Franklin, Eagles und Fleetwood Mac hatten hier schon bahnbrechende Musik aufgenommen. Die Gibb-Brüder, Australiens andere große Pop-Familie, hatten an ihren letzten drei Alben sowie dem Soundtrack für *Saturday Night Fever* im Criteria gearbeitet, woraufhin sich Miami zu einem Anlaufpunkt für Studiomusiker und Tontechniker gemausert hatte. Barry Gibb wohnte nur ein paar Minuten entfernt. Auch Atlantic hatte AC/DC mit dem Auftrag, einen Hit abzuliefern, nach Miami entsandt.

„Malcolm fragte die Band, ob sie alle mit dieser etwas glatteren, minimal dynamischeren sowie komerzielleren Ausrichtung einverstanden wären", erzählt Fazz. „Sie schrieben gerade ‚Girls Got Rhythm' und Bon sang ein paar sehr frivole Texte: ‚*The girl's got rhythm, she's got the freestyle rhythm.*' Malcolm hörte auf zu spielen und sagte: ‚Mann, das ist ein bisschen zu heftig. Wir müssen das ein wenig entschärfen.' Daraus machten sie dann ‚*the back seat rhythm*'. Um ehrlich zu sein, sehe ich da keinen Unterschied. Allerdings war ich dreiundzwanzig, weshalb meine Fantasie sehr aktiv war. Sie ließen unseren Drummer, Mike Barone, mit ihnen zu ‚Beating Around The Bush' jammen."[26]

26 „Back Seat Confidential", eine frühe Version von „Beating Around The Bush", erschien 1997 auf dem Boxset *Bonfire*.

„Von Zeit zu Zeit“, so Barone, „kam jemand vorbei, mit dem sie dann jammten. An dem Tag, an dem ich da war, jammte ein Mitglied von Tight Squeeze, Teddy Rooney, mit ihnen.“

„Shazbot Nanu Nanu“, Bons bizarre letzte Worte bei „Night Prowler“ und überhaupt die letzten Worte, die Bon je auf einem AC/DC-Album von sich gab, hatten nichts damit zu tun, dass *Mork vom Ork* eine von Bons Lieblingsserien im Fernsehen war.[27]

„Das war etwas, was wir alle sagten, wenn wir gemeinsam abhingen. Teddy hatte damit angefangen“, sagt Fazz. „Er war derjenige, der mit dieser Phrase hausieren ging. Irgendwann fingen wir dann alle damit an. Ich nehme an, der Grund, warum das auf dem Album zu hören ist, ist der, dass Bon damit entweder auf Teddy oder die gesamte Miami-Gang Bezug nehmen wollte.“

Die Lösung des Geheimnisses, warum Morks typischer Ausspruch Bons letzte Worte auf *Highway To Hell* waren, dürfte Rooney, der im Juli 2016 im Alter von 66 starb, mit ins Grab genommen haben. Er stand der Presse diesbezüglich jedenfalls nie Rede und Antwort.

„*Mork vom Ork* lief damals im Fernsehen“, sagt Owen. „Es war eine sehr beliebte Serie. Es war einfach so ein Spruch aus dem Fernsehen, der hängen blieb … und sich seinen Platz im allgemeinen Sprachgebrauch sicherte. Bon hatte einen tollen Sinn für Humor. Er versuchte ständig, irgendjemanden zum Lachen zu bringen. Es war ihm egal, wenn er sich zum Clown machte.“

Bon selbst setzte sich im MSR auch hinters Schlagzeug.

„Als er da oben saß“, erzählt Barone, „fragte ich ihn, ob es ihm was ausmachen würde, wenn ich kurz übernähme. Bon meinte, dass das

---

27 Die düsteren Themen und die dubiosen Lyrics zu „Night Prowler“, einem Song, dessen Titel bereits 1977 präsent war und in vier unterschiedlichen Versionen aufgenommen wurde, wurden schon 1976 in einem Artikel in *RAM* über AC/DCs Auftritt beim Moomba Festival in Melbourne angedeutet: „Der Höhepunkt für die Mädchen mit dem *We do it for AC/DC*-Banner war eine angedeutete Vergewaltigung, die von Angus und Bon inszeniert wurde.“ Im selben Jahr bekannte Bon in London im Gespräch mit dem Rock-Journalisten Phil Sutcliffe, dass „15 bis 17“ zu Hause das „fickbare Alter“ wäre. „Ich liebe es, das Gesetz zu umgehen.“

kein Problem wäre. Also jammte ich ein oder zwei Songs mit ihnen. Bon war derjenige, mit dem ich am meisten abhing. AC/DC ließen sich auch im Tight Squeeze blicken. Bon war in der Regel ziemlich knülle, also hatte ich ein Auge auf ihn."

Machtest du dir Gedanken wegen seiner Trinkerei?

„Ich war wahrscheinlich erst zwanzig, einundzwanzig. Da dachte ich nicht viel darüber nach. Weißt du, was ich meine? [*Pause*] Vielleicht sagte ich ja ein bisschen was dazu. Du nahmst nicht an, dass er draufgehen würde. Das war ein heftiger Schock."

Im selben Probestudio entstand auch der Titeltrack des nächsten Albums.

„Mal drosch auf die Drums ein", schilderte Angus Young. „Ich verzog mich für eine Minute aufs Klo und fing an, ‚highway to hell' als Refrain zu singen. Dann schnappte sich Bon einen Stift und ließ sich die Strophen einfallen."

Critical Mass wohnten noch der einen oder anderen AC/DC-Probe bei. Für Fazz, der ein Riesenfan der Band war, war dies das Paradies.

„Ich war wie weggeblasen von der schieren Energie von ‚Walk All Over You' und fand es extrem beeindruckend, dass ihr Sound völlig ohne jegliche Studiozauberei auskam. Dies war die Band. Eine echte Band. Voll in die Fresse. Rock 'n' Roll. Keine Allüren, kein Bockmist, einfach nur ungezügelter Rock. Von AC/DC lernte ich, dass man sich nicht zu sehr aufs Detail versteifen und stattdessen der Musik freien Lauf lassen sollte: ‚Wir sind eine Rockband – und nicht Beethoven.'"

* * *

Im proppenvollen Tight Squeeze schloss sich Bon Critical Mass auf der Bühne an, um mit ihnen ein halbes Dutzend Songs zu performen, darunter „Whole Lotta Rosie", „Let There Be Rock", „Gimme A Bullet", „Sin City" und „Up To My Neck In You".

„Es war unglaublich. Ich werde das nie vergessen“, schwärmt Fazz. „Wir flitzten durch die Gegend wie drei Angus Youngs auf Speed. Bon trank Coca-Cola mit einem doppelten Schuss Jack Daniel’s – oder wie er dazu sagte: ein doppelter Jack ’n’ Coke. *Die ganze Nacht lang*. Ich staunte, dass er überhaupt noch stehen konnte, geschweige denn immer noch irgendwie bei Sinnen war.“

„Bon war schon ziemlich besoffen“, erzählt Laplume. „Mit den Lyrics kam er überhaupt nicht zurecht. Mick versuchte selbstverständlich, ihm zu helfen.“

Fazz: „Nach der ersten Nummer sagte Bon: ‚Diese Ärsche drehen ja komplett durch!‘ *[lacht]* Wir brachten also unser Set zu Ende und saßen noch zusammen. Ich fragte Malcolm, ob er nicht ein paar Ratschläge für unsere Band hätte. Er sagte, dass wir ein bisschen mehr Dynamik vertragen könnten. Das war der beste Tipp, den mir je wer gab. Mein Songwriting verbesserte sich darauf exponentiell. Wenig später schüttete sich Bon etwas in den Mund, was wir für seinen Drink hielten. Allerdings war das kein Drink. Er war schon so bedient, dass er aus einem Aschenbecher, der vor lauter Kippen überquoll, getrunken hatte. Das war ihm scheißegal. Er fing an, sich den Arsch abzulachen, was natürlich dazu führte, dass wir alle ebenso losbrüllten.“

„Er trank aus einem vollen Aschenbecher“, lacht Owen, „nur weil jemand Bier hineingeleert hatte. Er war total breit, aber es war schon echt hammermäßig. Wir spielten vielleicht dreißig Minuten mit Bon. Meiner Erinnerung nach war er, bevor er auf die Bühne ging, vollkommen blau. Er stolperte herum und lallte, machte einfach einen drauf und besoff sich. Als wir zu spielen begannen, schnappte er sich den Mikroständer und plötzlich war es wie mit Dr. Jekyll und Mr. Hyde. Er fand sein Gleichgewicht und rockte von einer Seite der Bühne zur anderen. Er fuhr total darauf ab. Er liebte es. Von meiner Perspektive als Musiker aus betrachtet: Dort oben auf der Bühne zu stehen und AC/DC-Songs mit Bon Scott am Gesang zu spielen, während ich Malcolm, Cliff und Phil im Publikum sah, wie sie sich amüsierten – das war schon surreal.“

Wie glaubst du, schaffte es Bon, so gut zu performen, obwohl er so betrunken war?

„Vor jedem Auftritt befällt einen eine gewisse Nervosität. Bis er sich zu uns auf die Bühne gesellte, hatte er keinen Schimmer, dass er an diesem Abend mit uns singen würde. Er war nicht gekommen, um zu performen, sondern um zu feiern und zu relaxen. Und dann hat sich vermutlich sein Musiker-Instinkt gemeldet, der eine nervliche Anspannung auslöst. Es muss wie ein Adrenalinschub gewesen sein."

Doch noch am selben Abend, im Anschluss an die Show, kam Critical Mass ihr Gastsänger buchstäblich abhanden. Das Tight Squeeze schloss um sechs Uhr morgens, wenn die Sonne aufging. Um vier Uhr feierte die Band an einem der Tische, als ihren Mitgliedern auffiel, dass Bon verschwunden war.

„Wir hingen immer noch im Club ab und plötzlich fiel uns auf, dass Bon fehlte", sagt Owen. „Wir fragten uns, wo er abgeblieben war. Niemand konnte uns das beantworten. Er hatte niemandem gesagt, dass er aufbrechen wollte. Zuerst dachten wir uns eine Weile nichts dabei. Aber nach einer halben Stunde, vierzig Minuten war er immer noch nicht wieder aufgetaucht. Also fingen wir an, uns ein wenig Sorgen zu machen. Wir machten uns auf die Suche nach ihm, schauten unter den Tischen und hinter den Vorhängen nach. Solche Sachen eben. Es fehlte jede Spur von ihm. Wir dachten uns: ‚Er war ziemlich betrunken, vielleicht liegt er ja auf der Straße oder auf dem Gehsteig.' Also gingen wir hinaus und suchten nach ihm – ich, die anderen Jungs aus meiner Band und ein paar Typen von AC/DC. Ich erinnere mich nicht mehr daran, wer nun wer war, aber ich glaube, dass Phil noch da war. Wir suchten auf dem Parkplatz und zwischen den Autos. Irgendwer fand ihn schließlich in einem Auto, wo er besinnungslos auf der Rückbank lag. Wir weckten ihn auf. ‚Wem gehört dieses Auto, Bon?', fragte ihn Owen. *‚Iiiichweee-eßeeesniiich.'* – ‚Du bist einfach eingestiegen?' – ‚Yeah, es war offen und ich war müde. Musste mich hinlegen.' Bon war hinaus auf den Parkplatz spaziert", erklärt Owen, „und hatte an ein paar Türgriffen gezogen, bis er ein Auto fand, das offen war. Dann stieg er ein und pennte auf der Rückbank."

Kam Bon schnell wieder zu sich oder brauchte er seine Zeit?

„Es dauerte eine Weile. Er war groggy und extrem betrunken."

Wie hast du reagiert, als du von seinem Tod erfuhrst?

„Das traf mich richtig hart. Es war so, als ob ein Bruder oder Onkel oder sonst jemand aus der Familie gestorben wäre. Bon hat die ganze Welt bereist und war ein sehr geselliger Mensch. Er liebte die Leute und liebte es, zu feiern und sich zu amüsieren. Ich glaube, er hatte Freunde auf der ganzen Welt, ein ganzes Netzwerk an Menschen, die diese Art Beziehung wie ich zu ihm hatten und dasselbe fühlten, als er starb. Als er starb, versetzte das eine Familie von hunderttausend Menschen in einen Schockzustand."

Hieltest du ihn für unzerstörbar? Nahmst du an, dass er mit diesem Lifestyle umgehen konnte?

„Er machte jedenfalls den Eindruck, unzerstörbar zu sein, weil er so kompromisslos war. Er war sehr selbstsicher und zögerte nicht lange, wenn er ausgehen und etwas unternehmen wollte. Wenn er eine Idee hatte, war er nicht der Typ, der lange darüber nachgrübelte. Er war sehr impulsiv."

Ist euch je irgendein Konflikt zwischen ihm und Malcolm oder den anderen Jungs aufgefallen?

„Ich glaube, sie fanden Angus ein wenig seltsam. Ich erinnere mich, dass ich ihn ein paarmal fragte, was denn mit Angus los wäre. Und er sagte: ‚Ach, der hat einfach nicht gerne Spaß.' Ich glaube, dass Angus wahrscheinlich über ein gewisses Maß an Verantwortungsbewusstsein verfügte. Angus war das, was er tat, vermutlich viel ernster. Ich denke, dass er die Musik und die Band als Geschäft und als Job sah. Seine Herangehensweise war sehr nüchtern, wohingegen die anderen darin die Möglichkeit sahen, Spaß zu haben. Natürlich gab es viele solcher Möglichkeiten. Die, die mit uns ausgingen, waren immer dieselben – Bon, Malcolm, Cliff und Phil. Angus sah man nie. Er ging nie aus und machte nie mit der Band einen drauf. Ich kann mich nicht erinnern, ihn je abseits des Studios gesehen zu haben. Weißt du, es hängt alles von deiner Einstellung ab. Eines muss man Angus schon lassen: Was wir schräg an ihm fanden, war, dass er für sein Alter schon sehr weise war. Mit fünfundzwanzig erkannte er das finanzielle Potenzial, das in AC/DC steckte – und er wollte es nicht vermasseln. Wenn ich mit zwanzig gewusst hätte, was ich jetzt weiß, dann würde ich viele der Unternehmungen meiner Band, vor allem in Bezug auf die geschäftliche Seite, mit anderen Augen sehen."[28]

Auch Fazz kann sich nicht daran erinnern, Angus oft gesehen zu haben: „Ich sah Bon und die Gang meistens spätnachts in der Bar, wo sie bis in die frühen Morgenstunden abhingen."

Wenn du von „Gang" sprichst, wenn meinst du damit?

„Alle außer Ang."

Also Mal auch?

„Der war auch oft dabei."

Wie kam Mal mit den anderen aus?

---

28 „Die anderen Jungs [bei AC/DC] ließen sich nicht oft blicken", sagt Holly. „Sie hingen eigentlich überhaupt nicht mit Bon ab. Ich nehme an, dass sie wahrscheinlich sein Verhalten dicke hatten und nichts mehr mit ihm zu tun haben wollten. Die wenigen Male, die ich Angus traf, war er immer sehr höflich und nett. Es war nicht zu übersehen, dass Malcolm die Kontrolle hatte, mehr oder weniger der Kopf der Band war. Bon hatte Angst, ihn zu enttäuschen. Ich glaube, ihm war bewusst, dass er ihn mit seinem unkontrollierten Alkohol- und Drogenkonsum maßlos enttäuscht hatte. Er fühlte sich richtig schlecht deswegen. Ich glaube nicht, dass Malcolm ihm verzeihen wollte, wie das alle anderen taten." Dies lässt darauf schließen, dass Angus' Behauptung – „Wir sahen Bon öfter als seine Familie … Wir, also Bon, Malcolm und ich, hingen immer miteinander ab, gingen gemeinsam in Clubs und wurden dort gemeinsam vor die Tür gesetzt" – nicht der Wahrheit entspricht. „Angus war nicht normal", erzählt Larry Van Kriedt, AC/DCs erster Bassist und Kindheitsfreund der Young-Brüder. Van Kriedt beschreibt Angus, den Teenager, als „sehr extrovertiert. Nicht schüchtern. Er war der Anführer der Clique, obwohl er klein war. Immer von seiner Clique umgeben. Er adoptierte mich als eine Art besonderen Freund und fungierte sogar als mein Leibwächter, nachdem ich gerade aus San Francisco, wo alles ziemlich entspannt zuging, nach Burwood in Sydney gezogen war, wo die Teenager sich gerne mal ein bisschen vermöbelten. Vor den Youngs musste man sich fürchten. Ich konnte den Blues und ein paar heiße Lead-Licks spielen. In puncto Gitarre war ich schon ein bisschen weiter als sie, was sie sehr zu schätzen wussten … Ich habe in meinem Leben viele Spinner kennengelernt. Unter denen ist er einfach nur einer von vielen." Van Kriedt widerspricht Behauptungen, dass er 1975 kurzfristig zu AC/DC zurückgekehrt wäre, um für Rob Bailey einzuspringen: „Ich habe keine Ahnung, wo das herkommt. Wenn man versucht, es bei Wikipedia zu löschen, ist es gleich wieder da. Es steht wohl in irgendeinem Buch, weshalb es jetzt als ‚Tatsache' gilt."

„Soweit ich das beurteilen kann, großartig. Freunde, die in einer Band spielen."

Spürtest du irgendeine Spannung?

„Nie. Allerdings befanden wir uns zumeist in einem veränderten Bewusstseinszustand."

* * *

Robin Mendelson arbeitet als Krankenschwester auf der Kinderintensivstation eines Krankenhauses in Miami. Sie ist sowohl mit Holly X als auch Pattee Bishop befreundet. 1979 hieß sie noch Robin Kuster und war Hollys beste Freundin, als Bon und AC/DC in Miami weilten. Die beiden lernten sich im Tight Squeeze kennen, wo Robin im zarten Alter von gerade mal 17 – sie war mit 16 von zu Hause ausgezogen – hinter der Bar und als Kellnerin jobbte. Ebendort, so sagt sie, kamen auch sie und Cliff Williams sich näher.

„Wir waren alle ganz hin und weg von Bon Scott und AC/DC. Holly kam mit Bon und Cliff in den Club. Ich kam auf der Toilette mit ihr ins Gespräch und fragte sie, ob das Bon Scott sei. Sie bejahte das und ich sagte nur: ‚Ach, du meine Güte! Ich will den Typen kennenlernen, der bei ihm ist.' So lernte ich Holly kennen und fing an, mich mit Cliff zu treffen. Er kam beim Haus von Hollys Eltern in Key Biscayne vorbei. Ich verbrachte viel Zeit dort. Holly hatte das ganze Erdgeschoss des zweistöckigen Hauses für sich. Bon und Cliff hingen oft dort ab."

Wie lange ging das mit dir und Cliff?

„Nicht sehr lange. Vielleicht ein oder zwei Monate – aber mit siebzehn kommt einem das wie eine Ewigkeit vor."

Gab es Probleme zwischen Malcolm und Bon?

„Ich war drogensüchtig und alkoholabhängig. Seit dreiunddreißig Jahren bin ich nun clean und trocken. Ich denke, es gibt eine Zeit im Leben, da will man Spaß haben und abfeiern. Allerdings gibt es Menschen, die ihr Leben ein wenig ernsthafter leben und sich deshalb distanzieren, wenn sie sehen, wie man sich selbst zerstört. Rückblickend gab sich Malcolm distanziert – um sich selbst und bis zu einem gewissen Grad die Band zu beschützen. So würde ich das heute beurteilen. Ich weiß nicht, ob ich das damals ebenso gesehen hätte."

Und Cliff? Bereitete ihm Bons Alkoholkonsum Kopfzerbrechen?

„Absolut, zu hundert Prozent. Jeder machte sich Sorgen wegen Bons Trinkerei. Zu dieser Zeit nahmen wir auch jede Menge Drogen. Zum Glück war ich damals sehr gut mit den Kokain-Kartellen hier in Südflorida vernetzt. Deshalb hatte ich immer Zugang zu Unmengen an Kokain, das ich bei mir hatte, um die Party in Gang zu bringen. Wenn man jung und schön ist ... damals ... mein Gott, vergiss es. Ich bin dankbar, noch am Leben zu sein, wenn ich ehrlich bin. Ich sollte auch gar nicht mehr hier sein."

Robin, Cliff, Bon und Holly gingen zusammen aus. Die beiden Mädchen statteten auch dem Criteria einen Besuch ab.

„Ich kann dir aus der ehrlichen Perspektive eines Außenstehenden sagen, dass Bon von Holly sehr angetan war. Er sah sie an, als ob sie eine Göttin wäre. Sie war groß, sinnlich, vollbusig ... Er steckte seinen Kopf zwischen ihre Brüste und sagte: ‚Endlich bin ich zu Hause!' Wir trugen Schuhe mit Stiletto-Absätzen, die um die fünfzehn Zentimeter hoch waren. Er blickte zu ihr auf, weil sie [mit ihren Absätzen] über einen Meter achtzig groß war und er, nun ja, ein kleiner Typ war. Sein Gesichtsausdruck ... Einmal dachte ich mir: Der Kerl ist total in dieses Mädchen verliebt."

Man kann sich gut vorstellen, dass Bon Songs über Holly oder Pattee oder beide geschrieben haben könnte. „Girls Got Rhythm" und „Touch Too Much" sind zwei Songs von *Highway To Hell*, für die beide als Inspiration in Frage kommen. Fazz ist sogar überzeugt davon: „Ich sage immer noch, dass ‚Touch Too Much' von Holly handelt." Laut Fazz war sie 1979 „eine Wucht". Der Song befand sich zum Zeitpunkt von Bons Tod gerade in den britischen Top 40.

Aber jener Track, der wohl am ehesten als Ode an Holly zu verstehen ist, ist einer, der niemals Bon zugerechnet wurde und sich auf einem Album befindet, auf dem er nie gesungen hat. Stattdessen wird die Autorenschaft dem Trio „Young/Young/Johnson“ zugerechnet. Als ich Robin den Gedanken unterbreite, dass ein paar der Textzeilen, die Bon zu „You Shook Me All Night Long“ beigesteuert haben könnte, von Holly handeln, stimmt sie dem zu.

„Ich glaube zu hundert Prozent, dass dem so ist. ‚You Shook Me All Night Long‘ – das sagte er ständig über sie. Er sagte, dass das Mädel seine Welt zum Beben gebracht hätte: ‚THIS GIRL SHOOK MY WORLD! SHE SHOOK MY WORLD!‘ Ich habe null Zweifel daran, dass er Songs über sie schrieb. Holly hört sich AC/DC nicht an, weil es sehr schmerzhaft für sie ist. Sie war sehr in Bon verliebt – und umgekehrt genauso. So sehr das zwei Leute, die beide jung und irre sind, eben sein können, weißt du? An der Art, wie jemand einen anderen ansieht, kann man ablesen, was er für ihn empfindet. Man kann zwei Menschen, die ineinander verliebt sind, ansehen und diesen Blick bei ihnen erkennen. Sie *sehen* einander *an*.“

Doch Cliff stritt 2007 in einem Interview ab, dass Bon irgendetwas mit den Songtexten auf *Back In Black* zu tun gehabt haben sollte: „Nein, nein, nein … Das war alles, du weißt schon, die Texte und so, Brian Johnsons Einfluss, als er zur Band stieß.“

* * *

Fazz und Bon fuhren eine Runde durch Miami.

„Wir saßen zu sechst in einer unserer beschissenen Karren. Bon saß hinten, zwischen zwei Girls … Wir spielten die Sex Pistols und Bon sang mit. Er schrie förmlich. Zwar kannte er den Text nicht, aber er krakeelte im Duett mit Johnny Rotten. Nach ungefähr 45 Sekunden rief er: ‚DREH DEN VERDAMMTEN MIST AB!‘ Wir landeten schließlich in einem Restaurant namens Sambo’s. Wir waren sechs Leute und Bon lief zur Hochform auf. Er zeigte auf die Bilder der einzelnen Speisen und sagte zur Kellnerin: ‚Was ich mir bestelle, sieht auch besser genau so aus!' Sie antwortete, dass sie dafür nicht garantieren könnte. Er bestellte nichts. Ich orderte ein Chilli. Er fragte mich, ob er kosten dürfte, woraufhin er die ganze Schüssel verschlang. Ich bestellte mir noch 'ne Portion und fing an, sie zu inhalieren, als Bon mit seiner unnachahmlichen Stimme – seiner Gesangsstimme – so laut schrie, dass es jeder im Restaurant gut hören konnte: „SCHAUT MAL, WIE ER LOSLEGT!" Gleichzeitig steckte er auch seinen Löffel wieder in die Schüssel. Armer Kerl. Ich glaube, er hatte bereits seit Tagen nichts mehr gegessen."

Um fünf Uhr morgens befanden sich Fazz, Bon und Frank Prinzel von den Criteria Recording Studios wieder in Bons Hotelzimmer im Newport.

„Bon zückte eine Flasche Blue Nun und bat uns zu bleiben", erinnert sich Fazz. In den Siebzigerjahren war Blue Nun eine Liebfrauenmilch, ein lieblicher Weißwein aus dem Rheinland. „Ich musste leider aufbrechen, da ich für den Elektrofachhandel meines Vaters Geräte ausliefern musste. Es war ja schon schlimm genug, dass ich um neun Uhr dort sein musste, aber nun würde ich auch noch mit einem Kater einlaufen. Es tat uns leid, Bon zurücklassen zu müssen. Auf der Fahrt heim dämmerte es mir, dass ich tatsächlich so etwas wie Verbundenheit zu dem Typen spürte – und zum ersten Mal begann ich, mir ein wenig Sorgen um ihn zu machen."

Prinzel erinnert sich an den Morgen mit Bon, als wäre es gerade gestern gewesen.

„Ein Highlight in meinem Leben. Wir führten Small Talk und unterhielten uns in freundlicher Atmosphäre. Angus war auch da und sagte kaum ein Wort. Cliff könnte auch im Zimmer gewesen sein. Ich weiß noch, wie ihre Stiefel an der Wand aufgereiht standen. Sie waren ja so klein. Überall lagen Kassettenaufnahmen von ihren Proben herum. Es war schon sehr spät und wir machten uns startklar. Ich weiß noch, dass Bon darüber sehr enttäuscht war und sich vor der Zimmertür aufbaute. Er hielt eine Flasche Blue Nun in der Hand und bat uns mit einem Lächeln im Gesicht, doch noch zu bleiben."

„Ich glaube nicht, dass ich Bon in unserer gemeinsamen Zeit je wütend erlebt habe", erzählt Fazz. „Damals wog ich um die hundertzehn Kilo. Ich fragte Bon, ob Rosie aus ‚Whole Lotta Rosie' so massig wie ich wäre. Er schnitt eine Grimasse und sagte: ‚Kumpel, du bist 'ne Gurke in einem Elefantenarsch im Vergleich zu Rosie!' … Wir waren so verdammt zugekokst – weiß der Geier, was wir so daherredeten."

Wie ging es dir, als du von seinem Tod erfuhrst?

„Das drang nicht sofort zu mir durch. Als es das schließlich tat, haute es mich um. Trotzdem war ich nicht überrascht. Sein Trinkverhalten hatte ich ja mit eigenen Augen miterlebt … Ich fragte mich, wie es nun mit der Band weitergehen würde."

Hast du eine Erklärung dafür, warum sein Alkoholkonsum so außer Kontrolle geriet?

„Ich glaube, es hat ihm einfach gefallen. Er hatte kein Suchtproblem oder emotionale Gründe. Er war immer gut drauf."

Aber du hast auch gesagt, dass dir auf der Heimfahrt vom Newport Hotel klar wurde, dass du dich mit ihm verbunden fühltest und dich ein Anflug von Besorgnis überkam. Worüber machtest du dir Sorgen?

„Was mir Sorgen bereitete, war, glaube ich, dass er um vier Uhr morgens an diese Flasche Blue Nun im Hotel gekettet schien, während alle anderen scheinbar wussten, wann es Zeit war, aufzuhören. Bon hingegen nicht, er machte einfach weiter. Ich denke, dass der Alkohol gleichermaßen Obsession war wie einfach etwas, das ihm großen Spaß machte – allerdings glaube ich nicht, dass er an diesem Punkt in der Lage war, es zu kontrollieren, und darin lag das Problem.

Es gab da einen Vorfall, der mich schockierte. Ich hatte einen Joint in sein Hotelzimmer mitgebracht und fragte, ob er dieses Baby mit mir rauchen wollte. Er sagte: ‚Nein, nein, nein. Nicht heute. Nein,

nein, nein. Heute bleibe ich sauber.' Ich war irgendwie stolz auf ihn. Und, ich schwöre es, zwei Minuten später sagte er dann: ‚Also, zündest du ihn jetzt an oder nicht?' Innerhalb von einer gefühlten Nanosekunde änderte er seine Meinung. Das war vermutlich ein weiterer Hinweis darauf, dass da etwas im Argen gelegen haben könnte. *Gelegen haben könnte.* Es *gab* ein Problem. Aber ich möchte dir auch nicht den Eindruck vermitteln, dass Bon nonstop aus dem letzten Loch pfiff. So war es nämlich überhaupt nicht. Es gab Momente, in denen er völlig klar war – tagsüber etwa, wenn wir zusammen abhingen. Noch einmal: Er war der liebste Kerl, den man nur treffen konnte, und außerdem ein Ausnahmetalent, wirklich einzigartig. Ich liebte ihn. In der kurzen Zeit, die ich mit ihm verbringen durfte, lernte ich Bon Scott kennen. Er blieb nicht länger das Rock-Idol, das ich anhimmelte. Das trifft auf die ganze Band zu. Ich wurde sein Kumpel. Vor allem Bon war ein solch unvergleichlicher, unglaublicher Mensch. Ich möchte ja echt nicht kitschig und gefühlsduselig klingen, aber genau so fühlte ich für ihn."

„Bon hinterließ einen starken Eindruck auf mich", erklärt auch Prinzel. „Ja, er war schon eine Art Rock-Idol, aber mich beeindruckte er als zutiefst aufrichtiger, argloser und unverfälscht heiterer Mensch. Eigentlich war er das Gegenteil eines Rock-Idols. Vielleicht täusche ich mich ja, aber für mich gehörte Bon zu den Guten."

„Ich hielt ihn einfach für einen Partytiger", sagt Henry Laplume, der selbst trockener Alkoholiker ist. „Seine Trinkerei war ganz normal für mich. Allerdings benötigte ich selbst vierzig Jahre, um zu erkennen, was ich eigentlich war. Das war kein sanftes Erwachen."

Für AC/DC repräsentierte all dies nichts weiter als den Status quo.

„Bon wusste immer, was er tat", sagte etwa Malcolm Young. „Ich habe Bon nie betrunken auf der Bühne erlebt … Er lebte nach seinen eigenen Regeln, aber behielt stets die Kontrolle … Wenn wir einen tollen Abend hatten und ein paar Girls an ihm hingen, war er der glücklichste Mann auf der Welt. Ich kann mir nicht vorstellen, dass er sich kaputt trinken wollte, wenn er mit zwei hübschen Mädels abhing. Das wollte er schon so lange wie möglich genießen."

Doch seine Zeit wurde zusehends knapper.

18

Night Prowler

Um 1979 galt Miami als das Zentrum des Drogenhandels in den USA. Laut dem Buch *The Pursuit of Oblivion: A Global History of Narcotics* wurden in Florida pro Jahr Drogen im Wert von sieben Milliarden Dollar verkauft.

„Die Machtbasis des Medellin-Kartells in den USA war Südflorida: Miami wurde zu einer Mördermetropole … Kokainkonsum wurde zu einem vergnüglichen Symbol weltlichen Erfolges, die dazugehörige Ausstattung war käuflich erhältlich. Die Anzahl der Leute, die mit Kokainproblemen um Aufnahme in staatlich finanzierten Krankenhäusern ansuchten, stieg zwischen 1976 und 1981 um 600 Prozent."

„Kokain war reichlich vorhanden", erzählt David Owen. „Das war eine Zeit vor Aids. Vieles, was einen mittlerweile umbringen kann, gab es noch gar nicht. Damals war noch nicht alles so unumkehrbar tödlich – eine sehr lockere Zeit, in der jeder sich selbst bestmöglich zur Schau stellte. Auf jeden Fall eine tolle Zeit, um Musiker und jung zu sein, keine Frage."

Michael Fazzolare, der mit seiner sonoren Radiostimme und seiner subtilen Ähnlichkeit mit den Gebrüdern Stallone prädestiniert dafür wäre, als Charakterdarsteller in einer Fernsehserie aus dem Mafia-Milieu mitzuspielen, war mittendrin statt nur dabei.

„Kennst du *Scarface*? Hast du gesehen, was der am Start hatte? Das war kein *Scheiß*."

Pattee Bishop zeigt sich schockiert, als ich ihr vom Ausmaß von Bons Drogenkonsum erzähle.

„Das kann ich nur schwer glauben. Wie soll ein Typ, den ich ziemlich gut kannte, der mir viel erzählte, weil ich selbst auch viel rede, das vor mir versteckt haben? Er mochte harten Alkohol und sein Rücken tat ihm weh. Er schluckte Aspirin. Robin Mendelson erzählt mir diesen ganzen Drogenmist über Bon. ‚Ach, Pattee, Bon nahm eine Menge Drogen.' Ich sage ihr dann: ‚Nicht mit mir, sondern mit dir.'"

Hast du Bon Quaaludes nehmen gesehen?

„Das haben wir alle. Und Speed auch … Ich habe nie gesehen, dass Bon Heroin nahm, aber Robin sagt, dass er Heroin konsumierte. Wir standen auf Nembutal, Speed … Wenn er Heroin genommen haben soll, dann nicht mit mir. Dunkler Schnaps und eine Line. Er wusste, dass ich mich verabschiedet hätte, wenn ich ihn mit Heroin gesehen hätte."

Ich frage Robin direkt, ob Bon harte Drogen nahm, als er in Miami war. Mir erzählt sie jedoch etwas anderes als das, was sie angeblich Pattee erzählt haben soll.

„Ich glaube, ich nahm nur Downer. Bon sah ich nie Heroin nehmen. Allerdings warfen wir jede Menge Pillen ein. Richtig viele sogar. Viel mehr als jeder normale Mensch. Das gehört zur Sucht dazu. So um die dreißig Quaaludes pro Tag. Vielleicht sieben bis acht Gramm Koks täglich. Es war eine irre Zeit … einfach irre. Fast so, als ob es ein anderes Leben gewesen wäre. Ich bin jedenfalls nicht mehr derselbe Mensch, so viel steht fest. Wenn wir eine Line Koks zogen, wartete am Ende der Line schon eine Quaalude auf uns."

Dreißig Quaaludes am Tag? 1979?

„Yeah, wir waren alle komplett *hinüber*."

Es ist schon einigermaßen erstaunlich, dass in all den unzähligen Artikeln, TV-Reportagen, Büchern und vielleicht schon bald Spielfilmen nie jemand auf Bons Quaalude-Konsum eingegangen ist.

„Bon und ich warfen uns Quaaludes ein", erzählt Roy Allen. „Ich weiß noch, wie ich einmal bei einem Freund war und Bon dort auftauchte. Mein Kumpel streckte seine Handfläche mit einer Pille aus. Bon schnappte sie sich und steckte sie sich in den Mund, als der Typ sich eine Sekunde lang umdrehte. ‚Hey, wo ist sie hin?‘, fragte der Typ und Bon meinte bloß: ‚In meinem Bauch.‘ Er steckte sie sich einfach in den Mund. Drogen waren uns nicht fremd. Wir nahmen nie Heroin oder Speed oder solche Dinge. Das, was wir in die Hände bekamen, waren in erster Linie Quaaludes. Er fragte nicht einmal nach. Er schluckte sie einfach runter, was schon ziemlich cool war – zumindest damals.“

***

Die Kombination aus Alkohol und Quaalude – auch bekannt als Methaqualon oder Mandrax – gehört zu den gefährlichsten Drogencocktails überhaupt. Als Quaalude in den frühen Sechzigerjahren in der Bundesrepublik Deutschland noch frei als Schlaf- und Beruhigungsmittel erhältlich war, gingen bis zu 22 Prozent aller Überdosen auf das Konto des Sedativums. In Japan waren es sogar 40 Prozent. Ab der Mitte des Jahrzehnts wurden die Pillen in den USA hergestellt und als „nicht abhängig machenden Alternative zu Barbituraten“ verschrieben. Ab Mitte der Siebzigerjahre galten Kokain, Quaalude und Alk als beliebte Mischung in Backstage-Garderoben, Nachtclubs und auf Partys. In Bons Todesjahr konnten Quaalude legal in sogenannten „street clinics“ erworben werden.

Wie Justin T. Gass in seinem Buch *Drugs, The Straight Facts: Quaaludes* beschreibt: „Ab 1980 stellten diese Kliniken eine einfache Möglichkeit dar, auf legale Weise an ein Rezept für Quaaludes heranzukommen.“

Man konnte vorgeben, „extrem gestresst“ zu sein, und erhielt nach einer Untersuchung durch einen Arzt sowie dem Ausfüllen eines „Stress-bezogenen Formulars“ ein entsprechendes Rezept.

„Nicht gestresste Leute konnten die Anzeichen und Symptome einer klinisch gestressten Person nachahmen und so eine Verschreibung für Quaaludes ergattern. So mancher Patient behielt die Pillen für sich, während andere sie wiederum verkauften, um einen schnellen Gewinn mit ihnen zu machen."

Die amerikanische Jugendliche Karen Ann Quinlan kombinierte 1975 Alkohol mit Quaalude, fiel daraufhin in ein Koma und starb schließlich ein Jahrzehnt später an Lungenentzündung, nachdem ihre Eltern gerichtlich hatten durchsetzen können, sie von ihrem Beatmungsgerät abzuhängen. Roman Polanski gab 1977 der 13-jährigen Samantha Geimer eine Quaalude sowie Champagner, bevor er sich sexuell an ihr verging. Candy Givens, der Leadsänger von Tommy Bolins Band Zephyr, ertrank 1984 in einem Jacuzzi, nachdem er aufgrund einer Kombination aus Alkohol und Quaalude das Bewusstsein verloren hatte.

Um Ihnen eine Vorstellung zu vermitteln, wie groß das Problem in Miami zu jener Zeit war, als Bon mit Holly X unterwegs war: 1980 gab es alleine in Dade County (heute Miami-Dade County, das bevölkerungsreichste County in Florida) insgesamt 66 Todesfälle im Zusammenhang mit der Droge – das war einer mehr als in den vorangegangen vier Jahren *zusammengerechnet*.

Als ob das nicht schon beunruhigend genug gewesen wäre, kursierten in Südflorida damals auch noch gefälschte Quaaludes, die etwa gerne bei Rockkonzerten vertickt wurden.

Die in Kolumbien für 13 Cent hergestellten Fälschungen kosteten in Miami pro Stück 2,50 Dollar und überall sonst fünf Dollar. 1981 wurden drei Millionen dieser Fake-Ludes von Beamten der amerikanischen Rauschgiftbehörde DEA sichergestellt, wobei jede einzelne eine gefährliche Dosis Valium enthielt.[29] In Kombination mit Alkohol

29 In der Folge „The Quaalude Lesson" von *Frontline* auf PBS hieß es: „Der Nachschub bestand aus rechtmäßig hergestellten Pillen, die in den illegalen Drogenhandel abgezweigt wurden, sowie Fälschungen, die aus Südamerika und illegalen Laboren in den USA stammten. Laut DEA rangierte der Konsum von Quaaludes nur hinter jenem von Marihuana an zweiter Stelle. Geschätzte 80 Prozent der weltweiten Produktion flossen in den illegalen Drogenhandel. Stresskliniken, in denen Patienten um die 100 Dollar für eine Quaaludes-Verschreibung von einem approbierten Arzt bezahlten, erfreuten sich in urbanen Gebieten zunehmender Beliebtheit. Die DEA schätzte, dass sich die Anzahl

reichte schon eine Pille aus, um ein Schulkind zu töten. Eine Überdosis konnte zu Erbrechen, Atemdepression, Anfällen sowie Herz- oder Atemstillstand führen. Und Bon hatte aufgrund seines Asthmas ohnehin schon Probleme mit seiner Atmung. Quaaludes wurden 1971 laut dem Controlled Substances Act als Arzneimittel der Kategorie II eingestuft, was bedeutete, dass sie zwar über „ein hohes Missbrauchspotenzial", aber „unter den derzeitigen Umständen" sehr wohl „über eine anerkannte medizinische Wirkung" verfügten und nur auf Grundlage einer ärztlichen Verschreibung erhältlich waren. Quaaludes fallen mittlerweile unter die Kategorie I, womit ihnen nicht nur hohes Missbrauchspotenzial bescheinigt, sondern auch ihr medizinischer Nutzen in Abrede gestellt wird. Florida war in den frühen Achtzigerjahren der erste Bundesstaat, der die bis dahin gültige Kategorisierung des Medikaments überdachte. 1984 folgte schließlich das landesweite Verbot.

Es ist bekannt, dass Konsumenten eine Toleranz gegenüber der in hohem Maße suchterzeugenden Droge entwickeln und die Dosis kontinuierlich steigern müssen, um den gewünschten Effekt zu erzielen. Bon war alkoholabhängig, aber wie sah es mit den Quaaludes aus? Hatte er etwa eine sogenannte Kreuztoleranz entwickelt, bei der in seinem Stoffwechsel die Toleranz gegenüber Alkohol durch eine Toleranz gegenüber Beruhigungsmitteln ergänzt wurde? Depressionen zählen zu den häufigen Nebenwirkungen, von denen Menschen berichten, die aufhörten, Quaaludes zu nehmen. Laut mehrerer Quellen litt Bon unter Depressionen. Er liebte es, zu trinken und sich Ludes einzuwerfen. Den Großteil seiner Quaaludes erhielt er von Robin und Holly.

---

der 20 Millionen Pillen, die 1980 auf der Straße im Umlauf waren, im Jahr darauf verdoppeln und die Droge somit gleich beliebt wie Heroin sein würde … Und doch gelang es der DEA, das Problem des Missbrauchs von Quaaludes unter Kontrolle zu bringen. 1984 waren Quaaludes so gut wie vom US-Markt verschwunden." Und laut Justin T. Gass „starben 1974 in den USA 88 Menschen an den Folgen von Quaalude-Überdosen. 1976 und 1977 standen in den USA schätzungsweise 5500 medizinische Notaufnahmen im Zusammenhang mit Quaaludes beziehungsweise den entsprechenden Entzugssymptomen … In den frühen Siebzigerjahren wurden Quaaludes zu einer der gängigsten Drogen in den USA".

„Mein [mittlerweile verstorbener] Ehemann David Shaffer war damals ein großer Drogendealer und gab sie uns“, erzählt Robin. „Seine Connections waren lauter Kolumbianer.“

Kannst du dich erinnern, wie viele Pillen ihr im Verlauf einer Session zu euch genommen habt?

„Ich oder Bon?“

Bon.

„Ach, das weiß ich nicht mehr. Wir tranken einfach und warfen uns Drogen ein. Wir zählten nicht mit *[lacht]*.“

Also reichte eine Pille nicht aus?

„Wir tranken und nahmen Drogen bis zur Besinnungslosigkeit.“[30]

Gib mir doch eine Zahl. Wie viele konntet ihr euch in der Regel einwerfen, wenn du und Bon euch zugedröhnt habt?

„Keine Ahnung. Vielleicht zehn.“

Diese Quaaludes stammten von David?

„Bevor wir 1982 heirateten, versorgte mich David mit Kokain und Quaaludes. Er war mein Freund und Dealer in Personalunion. Ich wurde schwanger von ihm und heiratete ihn schließlich. David wanderte für acht Jahre in den Knast. Sein Partner sitzt immer noch.“

Bezog auch Bon seine Quaaludes von David?

„Nein, er bekam sie von uns. Wenn ich das sage, ist auch eine gewisse Verantwortung damit verbunden, da ich nicht glaube, dass Bon bereits Pillen schluckte, bevor er Holly kennenlernte. Es gehört zum Heilungsprozess, sich einzugestehen, dass er wegen uns anfing, Drogen zu nehmen. Nicht dass er sie nicht ohnehin genommen

---

30 „Shoot To Thrill“ auf *Back In Black* enthält die Textzeile *Too many Women with too many pills*. Wenn es Bon war, der sich regelmäßig Quaaludes einwarf, warum schrieb dann Brian Johnson über Pillen? Diese Zeile ist genau jene Art von für Bon typischem Songtext, um den der Rest des Songs mitsamt seiner vor allem für die späteren AC/DC so beispielhaften Bildsprache herumkonstruiert worden sein könnte. In der Doku-Reihe *VH1 Ultimate Albums* wird behauptet, dass der Titel „Shoot To Thrill“ aus Angus Youngs Notizheft stammte. Warum hätte Angus bitte über „Frauen und Pillen“ schreiben sollen, wo er doch verheiratet war und Drogen mied? Malcolm war ein verheirateter Trinker. Brian war ebenfalls verheiratet und reparierte Vinyldächer auf Sportwagen. Die Verbindung zu Bon ist hingegen nicht von der Hand zu weisen.

hätte, doch allein der Gedanke, ihn für härtere Drogen zugänglicher gemacht zu haben, ist irgendwie traurig."

Das ist natürlich ein ziemliches Eingeständnis von Robin. Selbstverständlich nahm Bon harte Drogen, längst bevor Robin und Holly in sein Leben traten. Er hatte gegenüber den Youngs jedwedes Versprechen gebrochen. Ich sage ihr, dass sie und Holly sich meiner Meinung nach nicht verantwortlich fühlen müssen. Bon war schließlich alt genug, seine eigenen Entscheidungen zu treffen.

„Das hilft mir, mich besser zu fühlen. Er tat so, als wäre es eine ganz neue Sache für ihn. Ich vermute, dass es das für Cliff tatsächlich war. Wahrscheinlich ist Cliff nur dabei gewesen, um ihn vor Schwierigkeiten zu bewahren. Aber leider wurde er einfach mit hineingezogen."

Kokste Cliff mit dir?

„Ja, *[lacht]* oh ja."

Ist dir je irgendetwas Härteres als Kokain aufgefallen?

„Kokain war damals einfach *die* Droge. Zusammen mit Alkohol. Und dann gab es da noch Pillen, jede Menge Downer. Cliff ist ein sehr stiller Typ. So wie wohl jeder andere auch, denke ich, wird er inzwischen verheiratet sein und Kinder haben. Er ist wahrscheinlich ein anständiger Mann. Wir alle verändern uns ... Man lässt sich leicht beeinflussen. Es ist eine Gratwanderung, für welchen Weg man sich entscheidet, vor allem, wenn man jung ist. Ich kann mir nicht ausmalen, wie es ist, jung zu sein und in einer Band wie AC/DC zu spielen. Besteigst du den Party-Zug oder hängst du nur ein bisschen ab, feierst ganz kontrolliert und tust, was das Beste für die Band ist? Es tut mir einfach leid, dass Bon es nicht überlebt hat. Keiner von damals, der sich nicht für Entzug und Ausstieg entschied, ist heute noch am Leben. Ich kann mit Fug und Recht behaupten, dass wir echt knallhart waren – und Bon hielt locker mit uns mit."

19

Touch Too Much

Hollys 20. Geburtstag fiel in die zweite Märzwoche des Jahres 1979. Zu diesem Anlass schmiss sie eine große Party mitsamt üppigem Catering inklusive Hummer und allem Drum und Dran im Haus ihrer Eltern auf Mashta Island, Key Biscayne. Auch Bon hielt sich noch in der Stadt auf. Hollys Vater war laut Liz Klein, einer Freundin aus Kindertagen, ein „sehr entspannter" Zeitgenosse und sein Haus „schon fast übertrieben schön". Critical Mass schauten auch vorbei.

„Ich traf Bon bei einer privaten Feier, während sie in der Stadt waren. Es war das Geburtstagsfest der Freundin, die er damals dort hatte", sagt David Owen. „Bon brauchte ein paar ‚Partymaterialien und Inspiration', weshalb er mich dort hinbestellte. Ich sollte besagten Kram beschaffen. Bon rief mich ein paarmal an, wenn er Hilfe benötigte, um ‚Spaßutensilien' zu organisieren. Ich traf mich dann üblicherweise mit ihm und hing selbst noch ein wenig mit ihm am Veranstaltungsort ab. [Auf dieser Party] verbrachte ich praktisch die ganze Zeit mit Bon auf einer Couch, wo wir uns Partysubstanzen reinzogen. Wir beobachteten die Welt um uns herum und unterhielten uns über Musik und das Leben im Allgemeinen. Das war der *Hammer*."

Owen erzählt, dass unterschiedliche „Substanzen" vor ihnen auf dem Tisch lagen.

„Es schien, als würden die Leute nur so durch das Haus wirbeln. Ein ständiges Kommen und Gehen. Wir saßen einfach da und fachsimpelten über Musik, als würde die restliche Welt gar nicht existieren. Da AC/DC von außerhalb kamen und wir von Critical Mass aus der Gegend stammten, verließen sie sich darauf, dass wir ihnen halfen, sich zurechtzufinden und ihnen die Dinge besorgten, die sie benötigten … Du weißt schon, was ich meine."

Überstieg denn Bons Konsum von „Partysubstanzen" den der anderen?

„Verglichen mit, nun ja, ‚zivilem Konsum' war es schon erstaunlich, aber ich habe Musiker schon viel mehr wegputzen sehen als ihn. Allerdings war es auch mehr, als ein Durchschnittstyp damals konsumierte."

Diese Party fand draußen in Key Biscayne statt?

„Yeah."

Hieß die Gastgeberin Holly?

„Holly! Genau so hieß sie. Es war ihre Geburtstagsparty. Persönlich kannte ich sie nicht. Ich erinnere mich nur daran, sie damals ein paarmal gesehen zu haben, etwa mit Bon. Sie war eine attraktive Blondine, so 'ne Art Surfer-Puppe, wenn ich mich richtig erinnere. Ein hübsches Mädel."

Mike Barone, Henry Laplume und Michael Fazzolare bestätigen alle unabhängig voneinander, dass Holly Bons Freundin in Miami war. Bizarrerweise kreuzte auch Pattee Bishop bei Hollys Party auf. Zum ersten Mal befanden sich beide Freundinnen von Bon unter demselben Dach. Bon, so behauptet Pattee, hätte sie eingeladen.

„Ich war bei der Party. Bon war auch da, aber ich hatte einen Freund. Die Party fand im Haus von Hollys Eltern statt. Beschissen. Ich spürte keine Liebe [zwischen ihnen]. Ich habe nie mitbekommen, dass er eine von uns beiden als seine Freundin bezeichnet hätte. Vor der Party hatte ich noch nie etwas von Holly gehört, aber an diesem Tag war ich mit Bon da. Die Sache mit Holly ist mir immer noch ein Rätsel. 1979 war *ich* ja da. Ich habe nie gehört, dass Bon gesagt hätte, er hätte da eine Freundin. Silver war sein Mädchen zu Hause; die, mit der er lebte und die auf sein Geld aufpasste. Das hat er mir erzählt, aber ich habe nie etwas davon gehört, dass Holly seine Freundin oder dass Robin Cliffs Freundin gewesen wäre. Wenn ich höre, dass Bon Hollys Freund gewesen sein soll, muss ich lachen. Es war mir egal, wer wessen Freund war. Wenn es mir Spaß machte, zog ich ja auch einfach mein Ding durch. Aber Bon, der hätte mir erzählt, wenn er eine Freundin gehabt hätte. So war er nun einmal drauf. Er erzählte keinen Bullshit und log nie. Ich hatte ja immer einen, mit dem ich ausging und der alles bezahlte *[lacht]*. Bon wusste Bescheid. Aber wir mochten einander. Er rief mich auch aus London und Australien an. Ich glaube, er wollte mich auf dem Laufenden halten. In Florida setzte er sich zumindest einmal mit mir in Verbindung, wenn er vor Ort war. Bon erklärte mir, AC/DC wären wegen des Wetters in Miami. Und um Songs aufzunehmen. Dort hätte die Band ein Auge auf ihn. Zu Hause [in Australien] schlitterte er nämlich in zu viele Unannehmlichkeiten und trank zu viel. Das ärgerte Malcolm, und Bon musste sich ständig bei ihm entschuldigen."

Traf sich Bon mit dir in Miami?

„Ja, und auch *diesen* Tag hatte ich mit Bon verbracht. Deshalb wusste ich auch, wo die Party stattfand. Ich hatte mich schon am Abend vor Hollys Party mit Bon getroffen. Er und ich gingen zuerst in eine Bar, dann weiter zu mir. Ich brachte ihn früh am nächsten Morgen zurück in sein Hotel. Er rief mich dann später an und bat mich, auf diese Party zu kommen. Aber warum hätte mich Bon auf die Party seiner *Freundin* einladen sollen? Es war keine große Sache. Robin Mendelson erinnert sich noch daran, dass ich da war. Ich verabschiedete mich nicht einmal von Bon. Wir machten uns einfach wieder vom Acker *[lacht]*."

Holly kann sich nicht daran erinnern, dass Pattee auf Mashta Island auftauchte, aber durch ihre gemeinsame Freundin Robin weiß sie von ihr. Sie zieht es vor, sich an Bons positive Seiten zu erinnern, obwohl er neben ihr de facto noch mit einer oder zwei anderen etwas am Laufen hatte.

„Bon sieht wie ein Teufelchen aus, oder? Er hatte etwas Kindliches an sich, diese unschuldige Kindlichkeit. Das war echt und nicht gespielt. Er ging mit Staunen durchs Leben und versprühte Freude, Überschwänglichkeit und Enthusiasmus. Das Zusammensein mit ihm machte viel Spaß. Mit ihm gab es ständig was zu lachen."

Hast du jemals gesehen, dass er härtere Drogen nahm, wenn er mit dir zusammen war?

„Yeah, das hat er getan. Wir warfen zusammen Quaaludes ein und nahmen auch Kokain. Das war der Übergang von den späten Siebzigern zu den frühen Achtzigern. Dazu gehörten in Miami auch die ‚Koks-Cowboys'. Bon konnte sich bei allem bedienen, was ihm die Leute vor die Nase stellten. Das hat mich echt aufgeregt. Wir machten gerne die Clubs von Miami unsicher. Dort gab es ein paar echt große Schuppen, wo wir ständig irgendwelche lokalen Bands sahen. Sobald die Leute herausfanden, wer er war, warfen sie sich Bon an den Hals und steckten ihm alles Mögliche zu. Ich weiß noch, dass ich ihn deswegen zur Rede stellte. Wir versuchten beide, uns auf Alkohol zu beschränken, glaubte ich zumindest, und er hatte sich Kokain reingezogen. Er war richtig high und ich sprach ihn darauf an. Er stritt es aber ab. Die Leute drängten ihm ständig irgendetwas auf, was mich echt sauer machte. Eine Zeit lang stellte ich mich beschützend vor ihn."

Du sagst also, dass er Kokain nahm. Aber mit Heroin sahst du ihn nie?

„Nein, das nahm er nicht, oder zumindest nicht, wenn ich in der Nähe war. Aber das war doch alles ziemlich heavy: Kokain, Quaaludes … Er stand auf Downers. Pillen. Wenn man die dann mit Alkohol kombinierte … Barbiturate gab es damals auch. Die nahmen wir auch gemeinsam. Du weißt schon, so wie in *Das Tal der Puppen*. Das Zeug, an dem Marilyn Monroe starb, dieser ganze Kram. Wenn man eben Alk mit Barbituraten mischt …"

Monroe starb an einer giftigen Überdosis Chloralhydrat und Nembutal, einem Downer. Jimi Hendrix wurde eine Mischung aus Alkohol und Barbituraten zum Verhängnis. Auch die Kombination Barbiturate und Heroin kann tödlich sein.

„Für mich war es ein großes Tabu, Barbiturate und Heroin zu kombinieren. Egal, was für ein Barbiturat", sagt Paul Chapman von UFO. „Tuinal, Nembutal, Seconal, egal welches, sogar Valium. Solche Dinge eben. Mischt die ja nicht mit Heroin. Man kann Acid oder Koks damit nehmen, das schon, aber mischt es bloß nicht mit Barbituraten. Das zieht einen viel weiter runter, als man sich vorstellen kann."

***

Die dreiwöchigen Sessions im Criteria lieferten letztendlich keine Ergebnisse. Die Band hasste Eddie Kramers Methoden und zweifelte an seinen Fähigkeiten. Der Produzent hingegen fühlte sich zu Recht abgestoßen von Bons Trinkerei und war nicht in der Lage, die Youngs auf Linie zu bringen. Kramer hat über die Jahre hinweg ein paar Interviews zum Thema gegeben, die alle auf dasselbe hinausliefen: Bon Scott hatte Probleme mit seinen Texten, dem Trinken und auch sonst allem. Er erwähnte seine „offenkundigen Schwierigkeiten mit dem Sänger", der „wie verrückt soff und keine Lyrics parat hatte". Die Band zog schließlich von Miami nach London weiter, wo sie das Roundhouse Studio angemietet hatten, um mit Mutt Lange *Highway To Hell* aufzunehmen.

„Wir standen bei diesem Album ordentlich unter Druck", sagte Cliff Williams. „Diese Platte musste so schnell veröffentlicht werden, dass es mich nicht wundern würde, wenn ein oder zwei Songs sogar erste Takes wären."

Critical Mass begleiteten AC/DC zur Flughafenbar, um sich von ihnen zu verabschieden.

„Angus und ich gingen in ein Café, da wir beide nicht so auf Alkohol abfuhren", erinnert sich Fazz. „Die Lady, die den Laden betreute, war ziemlich mürrisch. Sie schrie uns an, dass wir beim Umrühren aufpassen sollten, damit wir mit dem Kaffee keine Sauerei veranstalteten. Angus stand auf, lächelte und salutierte wie ein Soldat. Zum Schießen! Ich fragte ihn, ob sie schon einen Namen für das Album hätten. Er sagte, dass er darüber nachdächte, die Platte *Slipdisc* zu nennen. Selbstverständlich kam es aber anders. Einer der letzten Sätze, die Bon zu mir sagte, war: ‚Wenn dieses Album jetzt nicht durchstartet, werden sie unseren Plattenvertrag zu Grabe tragen – und mich gleich dazu.' Er umarmte mich und sagte: ‚Es war toll, dich kennengelernt zu haben, Fazz.' Dann bestiegen sie das Flugzeug. Er war der netteste Typ aller Zeiten."

Love Hungry Man

In North Miami Beach treffe ich mich mit Michael Fazzolare, seiner Freundin Jackie Smith und Holly X zum Mittagessen im New York's Big Apple Deli auf dem Biscayne Boulevard. Auch Neal Mirsky, ehemaliger Programmdirektor von WSHE Miami, in den Siebzigerjahren Floridas größter Rocksender – später war Neal Coordinating-Producer bei MTV und Howard Stern –, schließt sich unserer Runde an. Die Tischsets zeigen eine mit Zeichnungen von Palmen, Alligatoren, Delfinen und Cape Canaveral verzierte Landkarte von Florida. Don Henleys *Boys Of Summer* läuft im Hintergrund. Auf der Landkarte sieht man, dass sich Jacksonville, wo es für AC/DC im Radio so richtig losging, gerade noch innerhalb der Staatsgrenzen befindet.

„Für mich ist Jacksonville ja eher Süd-Georgia als Nordflorida", sagt Mirsky, der in den Siebzigern von New York nach Florida zog. Die Gruppe stimmt ihm zu. Sie erklären mir, dass dort die Leute immer noch in ihren mit Südstaatenflaggen geschmückten Pick-ups durch die Gegend düsen und sogenannte Trucknuts – Hodensäcke aus Plastik – von ihren hinteren Stoßstangen baumeln lassen. Ich erkundige mich, wo auf der Landkarte von Florida auf unseren Tischsets die Trennlinie zwischen Redneck-Territorium und Zivilisation verläuft. Die Antwort ist einstimmig: „Irgendwo nördlich von Miami."

Mirsky heuerte kurz vor Bons Tod bei WSHE an. Allerdings interviewte er ihn im Mai 1979 noch für WDIZ Orlando. Laut ihm hat sich das amerikanische Radio seit damals radikal verändert.

„Ich arbeitete mich hoch von Sarasota über Orlando nach Tampa, bis ich schließlich in Miami landete. Seit Jahrzehnten erklären uns unsere Hörer jetzt schon, was ihnen an unserem Produkt nicht gefällt: zu viel Werbung, zu viel Wiederholung, zu wenig Abwechslung. So lautete das Urteil unserer Hörer. Aber unsere Einstellung, die nicht unbedingt meiner eigenen entspricht, blieb stets: ‚Na und? Wohin wollen sie denn wechseln?' Aber inzwischen haben sie natürlich so viele andere Möglichkeiten, egal ob das YouTube, Pandora oder SiriusXM ist. Im Gegensatz zu heute, wo eine Firma Hunderte Radiosender besitzen kann, war es der *Wettbewerb*, der uns für die Hörer attraktiv machte. Es ging darum, einander zu übertrumpfen – und davon profitierten die Hörer. Jetzt sitzt die Konkurrenz auf demselben Flur und es gibt Anhäufungen von acht, neun Clear-Channel-Radiosendern, bei denen es eigentlich nur mehr darum geht, den Kuchen untereinander aufzuteilen. Niemand konkurriert mehr mit irgendjemandem. Es geht eigentlich nicht mehr um die Hörer oder die Werbekunden – es geht um den Aktienkurs der Inhabergesellschaft. Irgendwie ist das alles nur noch ein Witz."

Heutzutage klammert sich die Rockmusik an ihre Formate wie Classic Rock und Album Rock/Active Rock (eine etwas härtere Ausprägung des Classic Rock, um ein paar jüngere Acts ergänzt). Classic Rock verfügt aber über den größeren Marktanteil.

„Da gibt's CHR [Contemporary Hit Radio], deine Top-40-Sender, die Katy-Perry-Stationen – aber eigentlich ist das doch Fahrstuhlmusik. Es ist *ihre* Fahrstuhlmusik. Es geht jedenfalls nicht mehr darum, Musik zu entdecken, wie es das für uns in den Siebzigerjahren war. Radio stand dafür, Musik zu entdecken. Ich wuchs in den Sixties knapp außerhalb von New York City auf, wo man Top-40-Radio in Bestform geboten bekam. Auf WABC hörte ich zum ersten Mal die Stones, die Kinks und die Zombies. Und in den Siebziger- und

Achtzigerjahren gab es dann WNEW in New York oder WSHE in Miami, wo man Elvis Costello, Pink Floyd oder was auch immer entdecken konnte."

WSHE war überdies der erste große Sender in Südflorida, der die noch von Bon Scott angeführten AC/DC über den Äther schickte.

„Es nervt so, weil das – tut mir echt leicht, aber es ist einfach so – nun einmal die beste Version der Band war", unterbricht Fazz. „Die Songs waren besser. Es rockte einfach. Mit voller Geschwindigkeit direkt in die Fresse. Oder etwa nicht? Es muss ja nicht alles in einen Wettkampf ausarten, aber es ist doch so verdammt typisch, Mann. Meiner Ansicht nach hätte Bon zumindest auf *Back In Black* mit draufstehen müssen. Der urteilsfähige Hörer ist doch in der Lage zu erkennen, wer die Texte geschrieben hat. Der arme Wichser durfte es nicht mehr miterleben. Bons Texte waren extrem clever, augenzwinkernd, voller Wortspiele, einfach sehr gewitzt. Brian Johnson versucht hingegen, sich einfach so viele Metaphern wie möglich für seinen Schwanz einfallen zu lassen. Schnapp dir einfach ein Klischee und schreib einen Song darüber: ‚I Put The Finger On You'. Verstehst du, was ich meine? ‚Sink The Pink'. Finde ein Klischee und wir basteln dann einen Song um dieses Klischee herum. Mit der Zeit wird das – zumindest für mich – schon ziemlich peinlich. Bon andererseits … keine Ahnung. Er war irre und ein Genie. Und ich konnte mir nie wirklich einen Reim darauf machen. Immerhin war er dieser liebe, sympathische Typ."[31]

31 Ab 1980 wurden AC/DCs Songtexte zunehmend durchschaubarer und anstößiger. In einem Interview mit Guitar World im Jahr 1995 war es Malcolm, der die Thematik am besten zusammenfasste: *„Die Leute können sich ja gerne R.E.M. anhören, wenn sie tiefsinnige Texte hören wollen. Aber am Ende des Abends wollen sie heimfahren und gevögelt werden. Und genau da kommen AC/DC ins Spiel. Ich glaube, deshalb gibt's uns auch immer noch. Die Leute wollen einfach immer noch ficken."* Zweideutigkeiten sind einfach ihre Formel. *„Zweideutigkeiten findet man in vielen unserer Songs"*, erklärte Malcolm 1986 Mark Putterford, *„denn du kannst schließlich nicht sagen ‚Ich steck' meinen Schwanz in deine Fotze rein'. Man muss den Schmutz irgendwie kaschieren."* In seiner Abhandlung mit dem Titel *Bon Scott and the Blues Lyric Formula* postulierte der Autor J. P. Quinton, dass die vorherrschenden Themen in Bons veröffentlichten Songs Liebe (inklusive Sex) sowie das Musikerdasein waren. Autorität, Sterblichkeit, Alk, Drogen und Geld (oder dessen Mangel) spielten eine weniger große Rolle.

Ich wende mich an Holly und frage sie, warum sie keine Fotos von sich und Bon hat.

„Ich habe keine ‚privaten' Fotos von Bon, obwohl ich die Band oft fotografierte, allerdings nicht mehr so häufig, als ich dann in New York war. Ich wollte nicht, dass er mich für ein Groupie hielt oder dachte, ich wäre irgendwie von ihm *beeindruckt.*"

Ihren letzten Liebhaber, den großen Rockstar, fotografierte sie aus denselben Gründen nicht. Ich sage, dass die Leute genau deshalb den Wahrheitsgehalt ihrer Behauptungen infrage stellen könnten, was sie ein wenig zu kränken scheint. Aber auch Fazz hat keine Fotos vorzuweisen.

„Es ist schade, dass wir damals noch keine Foto-Handys hatten", sagt er. „Kannst du dir das vorstellen?"

„Ach du meine Güte", sagt Holly. „Du musstest jemanden kennen, der eine Kodak Instamatic mit Blitzwürfel besaß."

„*Jep.*"

* * *

Nach dem Mittagessen drehen wir in Jackies Mercedes eine Runde durch Miami und legen am Hollywood Beach, wo sich einst das Tight Squeeze befand, in unmittelbarer Nähe zum Halifax River („The Intercoastal") und dem Atlantik einen Zwischenstopp ein. Die Nachbarschaft gehört zum sogenannten „Floribec", das so heißt, weil hier die Konzentration von Touristen aus Quebec so hoch ist. Auf den ersten Blick scheint es ausschließlich aus niedrigen, grell angestrichenen Mietshäusern und massiven Anhäufungen von Parkschildern zu bestehen. Vor den Motels sieht man Schilder, die das Klientel anlocken sollen: VOLLAUSSTATTUNG, FRANZÖSISCHES FERNSEHEN.

„Hier bekommst du alles geboten", sagt Fazz. „Langzeitgäste oder nur saisonale Besucher. Leute aus Montreal eben, Frankokanadier. Typen mit meiner Statur und Pferdeschwanzfrisuren, die in Tangas herumstolzieren."

Wenn jemals einer um seine Berufung als berühmter Rockmusiker und Hollywood-Charakterdarsteller gebracht wurde, dann ist das wohl Fazz. Im lässigen Miami des Jahres 1979, so erklärt er, war das Tight Squeeze umgeben von Shops, die nichts als „Sonnenlotion, Sonnenbrillen und Tangas" im Sortiment hatten. Unweit von hier gab es auch eine Bar namens Nick's, die immer noch offen hat.

„Ist es *das* etwa?", fragt er und zeigt auf ein zum Teil mit Brettern verrammeltes Baugelände, auf dem ein paar Bauarbeiter mit ihren Hämmern am Werk sind. „Ja, das ist es! Genau *da*. Dort war das Tight Squeeze."

Es gibt hier nichts mehr zu sehen – das Gebäude ist nichts weiter als eine leere Hülle. Dennoch begeben wir uns hinein. Fazz deutet in alle Windrichtungen.

„Ab hier, von dieser Wand, *das* war das Tight Squeeze. Dort, wo diese Bretter horizontal verlaufen, da befand sich die Bühne.

„Wenn du hereinkamst, befand sich der Haupteingang genau dort vorne. Die ovale Bar war hier. Hier verbrachte ich viel Zeit mit Cliff Williams. Alle Tische und so standen hier. Die Toilette fandest du da hinten. Dort hat sich alles zugetragen *[lacht]*, als Henry sich erleichterte und sagte: ‚Ich kenne dich. Du bist doch Bon Scott!'"

Als wir uns zurück zum „Broadwalk" begeben, wie die Strandpromenade hier heißt, sind die Hitze und die Feuchtigkeit kaum erträglich. Eine echte Sauna.

„Ich könnte den ganzen beschissenen Tag hier draußen sitzen", sagt Fazz, während er wie ein Wilder sein kurzärmeliges schwarzes Hemd vollschwitzt. „Im Verlauf der Jahre hat sich alles verändert. Aber wenn du dich umdrehst und da hinunterschaust", sagt er und zeigt in Richtung des Strands und des Ozeans, „dann findest du dich im Jahr 1966 wieder."

Ich erwähne, dass unweit von hier Jimmy Buffetts Margaritaville Beach Resort gebaut wird.

„Nun, er ist wohl der Schutzheilige aller trunksüchtigen Einwohner von Key West."

Wir begeben uns zum Newport Hotel, wo Fazz einst mit Bon abhing. Zum Spaß klopft er dort an die Tür von Zimmer 617, Cliff Williams' alte Suite, und drückt die Klinke nach unten – doch niemand reagiert. Stattdessen – um ein Gespür für diesen Ort zu bekommen, wie er vielleicht 1979 einmal war – betreten wir ein anderes Zimmer, das gerade gereinigt wird und sich den Flur hinunter befindet.

„Es ist anders", sagt er. „Das war damals noch nicht so. Komplett umgebaut."

Holly, die bis jetzt still war, schaltet sich plötzlich ein. „Das ist wirklich ein bittersüßes Erlebnis."

Inwieweit haben sich denn die Flure verändert, Fazz?

„Vielleicht 'ne neue Schicht Farbe."

Wie oft kamst du ins Newport, als AC/DC in Miami waren?

„Fuck. *Shit.* Jeden Abend *[lacht]*. Ziemlich oft jedenfalls. Ich würde sagen: mindestens ein Dutzend Mal."

Wir fahren mit dem Aufzug ins Hotelfoyer und schlendern hinaus zum Pool, an dem, unweit des Strands gelegen, Bon Holly über ihre wahre Augenfarbe aufklärte. Das Newport-Gebäude, wie es 1979 aussah, ist noch großteils intakt. Allerdings steht es wie der Rest des Sunny Isles Beach im Schatten eines Wohnhochhauses. All die alten Motels abgesehen von The Sahara werden hier abgerissen und durch gläserne Monstrositäten ersetzt. Zehn Minuten Fahrt nordwärts, zwischen Sunny Isles und Hollywood, besitzt Donald Trump sieben nach ihm benannte Komplexe.

„Ich liebe diesen Stadtteil zwar, erkenne ihn aber nicht wieder", sagt Fazz, als wir ins Auto steigen. „Damals war noch nichts davon hier. Wenn du Miami beziehungsweise Sunny Isles [wie es in den Siebzigerjahren war] erleben willst, musst du zu den Daytona Beach Shores fahren. Da stehen immer noch dieselben Hotels."

Hier regieren nicht nur Glitzer und Glamour. Bei den Ampeln an den großen Kreuzungen schwärmen Obdachlose und Drogensüchtige zwischen den Fahrzeugen aus, halten ihre Schilder hoch und bitten um Essen, ein wenig Geld oder gar um eine Anstellung. Holly betreut als Ärztin viele nicht registrierte Patienten aus Mexiko, Südamerika, Zentralamerika, Jamaika, Haiti, Kuba, der Dominikanischen Republik, den Bahamas und sogar Russland. Südflorida leidet unter massiven Problemen mit illegaler Einwanderung und synthetischen Drogen, von denen die Behörden behaupten, man hätte sie mittlerweile unter Kontrolle. Hier begegnen uns auch etliche Crystal-Meth-Opfer, die an den Fenstern unseres Wagens vorüberziehen. Gegen all das Elend, das Opiate und billige, tödliche Straßendrogen über Groß- und Kleinstädte gebracht haben, wirkt die Ära der Koks-Cowboys in Miami fast schon harmlos.

„Diese armen Wichser", sagt Fazz. „Hier in der Gegend hängen reichlich von denen ab."

„Ja, stimmt. Dieser Kelch ist Gott sei Dank an mir vorübergegangen", erwidert Holly.

Als wir vor dem Criteria vorfahren, jenem Studio, in dem AC/DC an Demos für *Highway To Hell* arbeiteten, gibt es nicht viel zu bestaunen. Mittlerweile lautet der offizielle Name des Studios The Hit Factory Criteria Miami. Ein sehr hoher Drahtzaun umgibt das Gelände und soll unerwünschte Besucher draußen halten. Das nahegelegene Musicians Studio Rentals – jenes Probezentrum, wo Bon Teddy Rooney „Shazbot Nanu Nanu" sagen hörte – ist inzwischen eine Autowerkstatt. Auf einem Schild steht: VANTAGE MOTOR WORKS, FINE VINTAGE & CONTEMPORARY MOTOR CAR SERVICE.

Eine halbe Stunde Fahrt südwärts, in Key Biscayne, stand früher das Haus von Hollys Eltern. Als es 1960 gebaut wurde, stand es ganz alleine. Der Grundriss ist an der University of Florida immer noch einsehbar – doch das ursprüngliche Gebäude wurde mittlerweile abgerissen und durch eine moderne, zweigeschossige Villa ersetzt, deren Garage von Bougainvilleen überwuchert ist.

„In Key Biscayne gibt heute das Kokain-Geld den Ton an", sagt Holly. „Man kann nicht einmal mehr das Wasser von der Straße aus sehen. Milliardär neben Milliardär."

Wir klopfen an die Tür. Ein Russe namens Jewgeni öffnet uns. Er ist sehr blass und trägt ein Hawaiihemd. Ich stelle mich vor und erkläre ihm, dass ich ein Buch über AC/DC schreibe. Jewgeni sagt, er arbeite in Sankt-Petersburg im Immobiliengeschäft. Dies wäre sein Feriendomizil. Nicht schlecht. Ich frage ihn, ob ich die Rückseite des Hauses sehen darf.

„Na klar doch, kein Problem", antwortet er lächelnd und lotst uns gestikulierend zum Pool am Meeresufer. Seine Frau kommt aus dem Haus und bringt uns ein Buch über Key Biscayne. Die Aussicht ist unglaublich, wie aus *Miami Vice*. In der Entfernung sehen wir sogar ein Speedboot. Der natürliche Strand, der einst den Pool umgab, wurde mittlerweile durch Steinplatten ersetzt. Ein Anlegesteg aus Holz erstreckt sich hinaus in die türkisfarbene Bucht. Auf einer der Stufen des Pools sitzt ein Leguan. Hier wuchs Holly auf und hier verbrachte Bon ein paar der wichtigsten Momente seines letzten Lebensjahres. Er speiste mit Holly im örtlichen Jachtklub und ging mit Angus, Malcolm und Holly auf Segeltörn, wobei er Hollys Shorts trug. Außerdem liegt dieser Ort unsagbar weit von dem Ort entfernt, an dem er starb, im Auto eines Junkies an einem tristen Tag in East Dulwich, London. Wie sich die Dinge wohl entwickelt hätten, wäre er niemals nach England gereist …

***

Am selben Abend vertraut sich Holly mir in ihrer Küche an.

„Es war Ende 1979. Bon wollte, dass ich nach Perth mitkomme. Das hat mir sehr viel bedeutet. Ich war ja zuvor noch nie in Australien gewesen. Er wollte, dass ich seine Eltern kennenlernte. Dann verließ er Miami. Anfang 1980 erhielt ich einen Anruf von einer Freundin, die im Radio gehört hatte, dass er gestorben war. Ich war am Boden zerstört und so unglaublich traurig. Wenn man jung ist, trifft einen der Tod anderer Leute völlig unerwartet."

Aber warum bist du nicht mit ihm nach Australien gegangen?

„Wir waren zusammen, wann immer es sich zeitlich machen ließ. Unsere Beziehung war ein ständiges Kommen und Gehen. Wir hatten ja beide auch noch ein Leben abseits vom jeweils anderen. Allerdings telefonierten wir, egal wo er gerade war, auch wenn wir eine permanente Erreichbarkeit, wie sie das Mobiltelefon heute bietet, natürlich noch nicht kannten. Ich glaube, dass es ihm sogar noch mehr bedeutet hätte, mich mit nach Perth zu nehmen. Er wollte, dass ich seine Familie treffe. Schlagartig wurde es ihm ziemlich ernst mit ‚uns'."

Zu Weihnachten 1979 sah Bon seine Eltern zum ersten Mal seit drei Jahren. Wenn es ihm plötzlich so ernst mit dir war, warum wurde dann nichts aus diesen Plänen?

„Vielleicht hatte es damit zu tun, dass ich ein wenig abdriftete. Bon ist es mit Sicherheit aufgefallen, dass ich mich gefährlich zu jemand anderem hingezogen fühlte."

Holly ließ sich auf eine kurze Affäre mit einem international gefeierten Gitarristen ein, der in Miami lebte. Er kannte Bon, und die beiden teilten sich bei einigen von Bons letzten Konzerten sogar die Bühne. Sie vermutet, dass Bon womöglich Wind von der Sache bekommen haben könnte. Außerdem lernte sie dann den Mann kennen, den sie schließlich heiraten und mit dem sie ein Kind haben sollte, den Sänger einer bekannten lokalen Band. Sie ist überzeugt, dass dies der Grund dafür war, dass Bon so plötzlich ernst machen wollte – weil er spürte, dass er sie verlieren würde. *Taking more than her share/Had me fighting for air.*

„Bon und ich wollten uns irgendwann 1980 wiedersehen. Er sollte sich mit mir nach den Shows [anlässlich von *Back In Black*] in Australien treffen. Ich kann mich nicht mehr erinnern, was gegen Weihnachten [1979] als Termin für unser Rendezvous sprach."

Plante Bon, Holly nach Australien zu bringen, um damit seinen Rückzug einzuläuten? Die 20-jährige Holly stellte definitiv einen guten Fang für den 33 Jahre alten Bon dar. Sie wurde von anderen Rockstars umschwärmt, von denen ein paar sogar zu Bons Freundeskreis zählten. Warum sollte Bon sie nicht einladen, seine Familie kennenzulernen? Holly und ihre „chartreuse eyes“. Doubletime, das kastanienbraune Pferd. Seine Vorliebe für „saubere Motoren“. American thighs. Existierte „You Shook Me All Night Long“ bereits als Rohfassung der ersten Strophe und des Refrains in Bons verschollenem Notizheft?

***

Robin Mendelson stützt Hollys Behauptung, dass Bon sie nach Australien eingeladen haben soll.

„Holly sagte, dass ich sie begleiten sollte, da sie noch jung war und sich fürchtete, alleine zu reisen. Ich traf mich immer noch mit Cliff. Also meinte sie: ‚Komm doch mit.‘ Wir schmiedeten Pläne, denen zufolge wir erst zu seinen Eltern fahren und anschließend mit ihnen in Australien auf Tour gehen würden. Das war kurz vor [Bons] Tod. Ich war da gerade mal siebzehn.“

Wie endete die Sache mit dir und Cliff?

„Ach, nachdem Bon starb, war es so ziemlich vorbei. Die einzige Verbindung zwischen uns waren Bon und Holly. Ich glaube nicht, dass wir ein richtiges Paar waren. Es war nur ein flüchtiger Augenblick und wir hatten Spaß miteinander. Aus meiner Sicht war er einfach nur ein Typ, mit ich eben – entschuldige den Ausdruck – *fickte*. Ich hatte selten so eine gute Zeit wie damals und darum ging es im Grunde genommen auch … mit allem Drum und Dran: Sex, Drugs and Rock 'n' Roll. Ich weiß nicht, wie man das sonst sagen sollte.“

Glaubst du, es hätte für Bon und Holly, wenn er nicht gestorben wäre, die Möglichkeit eines Happy Ends gegeben?

„Wenn Bon clean geworden wäre, ja, dann glaube ich, hätte ihre Geschichte ein Happy End haben können. Tatsächlich kenne ich niemanden mehr von damals, der nicht clean wurde – die leben nämlich alle nicht mehr. Kein *einziger*. Sie sind alle tot.“

Auch Liz Klein bestätigt Hollys Geschichte. Sie sah, wie Holly und Bon auf dem Fußboden des Hauses in Key Biscayne herumknutschten, nachdem sie aus einer Abstellkammer herausgefallen waren.

„Plötzlich kippte die Tür zur Abstellkammer mit einem lauten Knall auf den Boden – und da lagen sie und schmusten miteinander. Sie waren aus der Kammer herausgepurzelt und machten einfach weiter ... Bon liebte Holly abgöttisch. Sie sah immer schon hinreißend aus und das tut sie heute noch – einfach eine schöne Frau, in jeder Hinsicht. Ihr Körper war so ziemlich perfekt. Ich glaube, dass ‚You Shook Me All Night Long' absolut von ihr handeln könnte, wenn das Zeitfenster stimmt."

Liz berichtet mir, dass sogar eine Verlobung im Raum stand.

„Ich weiß noch, wie Holly sagte: ‚Wir verloben uns und dann werden wir heiraten.'"

Eine Verlobung?

„Ja, ja. Ich erinnere mich noch an diese Unterhaltung."

Sie *hatten vor*, sich zu verloben, oder hatten sie sich *tatsächlich* schon verlobt?

„Sie sagte, sie wären verlobt. Ich bin mir sicher, dass sie das so gesagt hat."

Doch Holly reagiert irgendwie peinlich berührt, als ich das Thema ihr gegenüber anspreche.

„Es fühlt sich schräg an, dass Liz das erwähnt hat."

Wart ihr nun verlobt?

„Ich denke, dass das in Australien passiert wäre."

***

Als ich Miami an Bord des *Silver Star* hinter mir lasse, habe ich Zeit, über das, was ich gesehen und gehört habe, nachzudenken. Alles fügt sich ja so perfekt zusammen. All die Dinge, die ich in Bezug auf Bon jemals vermutet hatte, etwa bezüglich der ganzen Ungereimtheiten rund um die Songtexte auf *Back In Black*, hatten sich bestätigt. Die ganze Sache wirkt schon wieder zu perfekt. Ich beginne zu mutmaßen, dass es sich um eine Verschwörung handeln könnte, um mich in die Irre zu leiten – ein aufwendiger Streich, den mir irgendein besonders nachtragender Zeitgenosse spielen will.

Aber wie schon bei Roy in Texas und Pattee in Kalifornien sind zu viele Leute involviert – Leute, deren unabhängige Aussagen einander bestätigen. Es sind Leute, denen ich mittlerweile vertraue.

Als ich wieder in New York bin, schickt mir Holly eine E-Mail.

Lieber Jesse,

ich bin ein bisschen unruhig, denn ich mache mir Sorgen, du könntest etwas aufdecken, von dem ich nichts wissen möchte, etwa dass er noch andere liebte, auf der ganzen Welt, und auch für sie Songs schrieb … Wir hatten nichts Exklusives miteinander, wie du weißt. Allerdings entwickelte es sich definitiv in diese Richtung, bevor er uns genommen wurde. Daran gibt es absolut keinen Zweifel und ich bin mir da von ganzem Herzen sicher.

Bons Geschichte endete viel zu abrupt. Wir werden nie wissen, wie es mit ihm weitergegangen wäre. Wäre er vielleicht trocken geworden? Hätten er und ich geheiratet und gemeinsam Kinder gehabt? War er dafür bestimmt, eine der großen Lieben meines Lebens zu sein? Das werde ich nie erfahren; es ist schon eine riesengroße Schande. Aber letztendlich müssen wir nach vorne schauen und den großen Schmerz und den Verlust hinter uns lassen, um unser Leben weiterzuleben und denjenigen unsere Liebe zu schenken, die noch unter uns weilen.

Du hast mir eine tolle Gelegenheit gegeben, in die Vergangenheit zu reisen, um alte Wunden zu heilen und mich an jemanden zu erinnern, der mir unglaublich viel bedeutete. Es war eine so andere Zeit – die glücklichen Siebzigerjahre, die auf das sexuelle Erwachen in den Sixties folgten. Niemand machte sich Sorgen wegen HIV. Eigentlich ging es in Musikerkreisen damals ja recht inzestuös zur Sache. Das war alles ganz normal. Da ich heute eine so andere Sichtweise auf Sex (und Drogen) habe, erschaudere ich immer noch ein bisschen, aber Gott sei Dank habe ich Leute wie Robin, die mir die Realität vor Augen führen, wenn ich es mal nötig habe. Auch erinnert sie mich immer wieder daran, dass jedes Mal, wenn ich Drogen nähme, echt schlimme Dinge passieren und ich mich deswegen später schrecklich fühlen würde. Dafür bin ich eigentlich dankbar, denn ohne dieses Wissen – und diesen Schmerz – wäre ich heute nicht trocken und clean.

Bon bringt immer noch gute Dinge in mein Leben. Ich hätte Robin nie kennengelernt, auch nicht meinen früheren Ehemann oder den wichtigsten Menschen in meinem Leben – meine Tochter –, wenn Bon nicht gewesen wäre. Es ist ziemlich erstaunlich, wenn ich daran denke, dass meine Beziehung mit diesem einen besonderen, wunderbaren Mann mir für so viele wichtige Augenblicke in meinem Leben den Weg geebnet hat. Das kann ich mit Sicherheit über niemanden sonst sagen. Das ist schon ziemlich irre. Wenn er mich hören könnte, dann würde ich ihm gerne von ganzem Herzen danken.

Und wenn ich darüber nachdenke, hatte auch der wichtigste Moment in meinem Leben – sechs Jahre nach seinem Tod, als ich mich gegen die Abhängigkeit entschied – zu einem großen Teil damit zu tun, einen Menschen, der mir so viel bedeutet hatte, an dieser schrecklichen Krankheit sterben zu sehen.

Es ist eine unglaublich traurige Tatsache und bei den Anonymen Alkoholikern und Drogenabhängigen wohlbekannt, dass „andere sterben müssen, damit wir leben können“. Ohne schmerzliche Konsequenzen wie etwa den unvorstellbaren Verlust der Menschen, aus denen wir uns etwas machen, würden wir einfach weiterhin konsumieren. So hat mich Bons Tod dazu gebracht, mich zum Leben hinzubewegen, obwohl ich mir so sehr wünschen würde, dass er immer noch unter uns wäre. Es ist eines seiner Geschenke für mich, obwohl ich es mir in einer Million Jahre nicht gewünscht hätte, wenn man mich vor die Wahl gestellt hätte. Ich schwor 1986 den Drogen und dem Alkohol ab und bin enorm dankbar dafür, dass ich – abgesehen von zwei relativ kurzen Rückfällen – sagen kann, seit vielen Jahren abstinent von allen Rauschmitteln zu leben. Der zweite Rückfall im Jahr 2012 befeuerte mein Bedürfnis, über die Vermeidung von Burnout-Syndrom und Sucht zu unterrichten.

Der Grund für diese Rückfälle war, dass ich aufgehört hatte, Meetings zu besuchen und an meinen „Schritten“ zu arbeiten. Man nennt dies die Krankheit des Vergessens. Wenn der Schmerz und die Verzweiflung, die die aktive Sucht mit sich bringt, in Vergessenheit geraten, dauert es nicht lange, bis wir sie von Neuem erleben müssen. Ich habe auf die harte Tour erfahren müssen, dass meine chronische Suchterkrankung – meine aktive Sucht – wiederkehren und schlimmer als je zuvor zuschlagen wird, wenn ich meine Genesung nicht zur obersten Priorität in meinem Leben mache.

Diese Erfahrungen haben mich dazu befähigt, anderen Betroffenen zu helfen – und sogar noch stärker, als ich jemals zuvor in der Lage war. Mir ist klar, dass ich an einer tödlichen Krankheit leide. Es ist dieselbe Krankheit, die auch Bon auf dem Gewissen hat. Ich musste am eigenen Leib erfahren, dass ich, sollte ich zu selbstgefällig werden oder zu lange Groll und Verbitterung in mir aufbauen, große Gefahr laufen würde, einem Rückfall zum Opfer zu fallen. Immer schön ein Tag nach dem anderen. Ich muss das nie wieder durchleiden. Gottes Gnade ist so überwältigend und ich bin so dankbar für jeden Tag, den ich weiterhin genesen darf.

Holly

* * *

Von New York aus fliege ich nach São Paulo zur Präsentation der portugiesischen Übersetzung meines ersten Buches zum Thema AC/DC. Brasilien kann sich damit rühmen – abgesehen von vielleicht noch Argentinien –, die Heimat der leidenschaftlichsten AC/DC-Fans auf dem Planeten zu sein. Im Buchladen Livraria Da Vila in Higienópolis kaufe ich mir mit *Let There Be Rock*, *Powerage*, *If You Want Blood* und *Highway To Hell* die vier essenziellen AC/DC-Alben der Bon-Scott-Ära – brandneu und eingeschweißt – für jeweils vier Dollar.

Im nahegelegenen Pinheiros werden im Museu da Imagem e do Som de São Paulo – dem Museum of Image and Sound – „You Shook Me All Night Long"-Kissen verkauft. Praktisch überall in São Paulo, Rio de Janeiro und Porto Alegre findet man AC/DC-Shirts, -Anstecknadeln, -Platten und -Poster. In Brasilien – so wie auch überall sonst in Südamerika – wird Bon wie ein Gott verehrt, was verblüfft, wenn man bedenkt, dass er nie einen Fuß auf diesen Kontinent gesetzt hat. Der Triumph von *Back In Black*, dem erfolgreichsten Rock-Album aller Zeiten, hatte eine Vorgeschichte und fußte auf einem soliden Fundament, das ihn erst möglich gemacht hatte. Das meiste davon hatte mit Bon zu tun – seinen Texten, seinen Melodien, seiner Phrasierung, seiner stimmlichen Reichweite und vor allem seinem Spirit, den er – und nicht der Rest der Band – auch noch nach seinem Tod repräsentiert. AC/DC steht nicht länger für Elektrizität, Bisexualität oder (wie in manchen Haushalten verkniffener evangelikaler Christen) für Satanismus. Es bedeutet Rebellion. Aus demselben Grund füllen sich auch diese Fußballstadien in Südamerika. Ohne Bon wäre das nie passiert.

Bei der Vorstellung des Buches wartet das Portugiesisch sprechende Publikum geduldig darauf, bis meine Antworten, die ich auf Englisch formuliere, von der Moderatorin der Veranstaltung, Renata Simões, übersetzt werden. Ein Typ namens Ricardo Artigas hebt seine Hand und fragt mich nach Alistair Kinnear, dem letzten Mann, der Bon lebend gesehen hat. Wo hält er sich auf? Hatte er irgendetwas mit

Bons Tod zu tun? Als ich schließlich Bücher signiere, überreicht mir ein charmanter junger Herr namens Fernando Lima eine Postkarte mit Bons Foto drauf, um mich in seinem Land willkommen zu heißen. Es gibt keinen Erdteil, den Bon nicht berührt hat.

An diesem Wochenende besuchen meine Frau Flavia und ich einen Freund in seinem Haus am Praia de Pernambuco, einem wundervollen Tropenstrand, der sich circa 60 Kilometer entfernt befindet. Die Haushälterin und Köchin – eine gleichermaßen schüchterne wie füllige Dame mittleren Alters namens Rita, der als Gesellschaft nur ein Labrador zur Seite steht, wenn die Hausbesitzer unterwegs sind – gibt sich zumeist sehr zurückhaltend, doch meldet sie sich plötzlich zu Wort, als ich „Ride On" auf meinem Laptop abspiele. Bon beschrieb den Song einst als Nummer, „die von einem Typen handelt, der von allen Mädchen um ihn herum einfach nur genervt ist, bis er schließlich das Weite sucht ... Er findet einfach nicht, wonach er sucht, also hält er eben weiterhin Ausschau".

„Eu amo esta música", sagt Rita wehmütig in ihrer Muttersprache. *Ich liebe diese Musik.*

Das tun wir alle. Also warum, Bon, musstest du schon so zeitig das Weite suchen?

21

If You Want Blood (You've Got It)

AC/DC blieben dem Califfornia (ein „F“ war wohl nicht genug) World Music Festival, das am 7. und 8 April 1979 im Los Angeles Memorial Coliseum stattfand, fern, weil sie stattdessen *Highway To Hell* in London aufnahmen. Der schwierige Übergang von Vanda & Young zu Eddie Kramer und schließlich Mutt Lange erwies sich letztlich als Geniestreich.

„[Lange] hauchte uns neues Leben ein und wir brachten Dinge zustande, von denen wir nicht wussten, dass wir sie überhaupt draufhatten“, sagte Bon. „Zum Beispiel haben wir den Hintergrundgesang mit Harmonien angereichert, was etwas ganz Neues für uns ist. Wir versuchen, vom amerikanischen Radio akzeptiert zu werden, ohne dabei so lahmarschig wie diese blöden amerikanischen Bands zu werden. Und das gelingt uns auch. Der raue AC/DC-Sound ist immer noch intakt, aber er klingt jetzt viel besser.“

Die Young-Brüder waren sich jedoch immer noch nicht im Klaren darüber, wie sie mit Bon verfahren sollten.

„Angus und Malcolm hatten es langsam satt, wie übel er drauf war“, erzählt Pattee Bishop. „Bon hingegen war es leid, Angus [auf der Bühne] herumzutragen. Seine Schultern waren richtig rot gescheuert. Es ging Bon total auf die Nerven, wie lange Angus auf ihm blieb. Ihm gefiel es nicht, das Gefühl zu haben, in ihrer Schuld zu stehen. Nach einer Weile fingen wir an, darüber zu lachen, wie lange Angus den anderen jeweils die Show stahl. Bon ging dann auf die Seite der Bühne, schnappte sich seinen Drink und wartete. Er sagte: ‚Ich tauche einfach auf und liefere meine Parts ab.'"

Glaubst du, dass irgendwelche Songtexte von Bon nach seinem Tod für *Back In Black* verwendet wurden?

„Sie hatten nie Interesse an seinen Lyrics. Das hat er mir erzählt. Die waren ihm aber echt egal."

Was war ihm egal? Die Band oder die Texte?

„Ihm war klar, dass die Young-Brüder die Band waren. Er sagte zu mir, dass für ihn ein Traum wahr wurde, als er anfing, mit ihnen zu singen. Aber sie hingen nie zusammen ab. Manchmal war er nüchtern, dann wieder nicht. Aber wenn er trank, dann den harten Scheiß. Die Brüder wären selbstsüchtig, sagte er mir. Bon erzählte mir auch, wie sie ihn manchmal heruntermachten. Die Band hielt Meetings wegen seiner Trinkerei ab. Ich weiß, dass Mutt sich einmal mit ihm unterhielt, als er gerade eine nüchterne Phase hatte."

Laut Mick Jones hatte der notorisch einzelgängerische Lange seinen eigenen Kampf gegen den Alkohol 1979 gewonnen und hätte sich somit in einer Position befunden, von der aus er Bon mit so dringlich benötigtem Rat zur Seite stehen konnte. Foreigners hauptsächlicher Songwriter und Leadgitarrist hatte sich mit dem Produzenten getroffen, da er diesen als Kandidat für Foreigners nächstes Album *Head Games* von 1979 ins Auge gefasst hatte. Jones war ein Fan von City Boy, jener englischen Band, mit der es Lange ursprünglich gelungen war, die Aufmerksamkeit von Atlantic und AC/DC auf sich zu ziehen. „Wir hatten damals echt einen Lauf", erzählt Jones. „Wir waren angesagt. Das stieg mir langsam ein wenig zu Kopf – auch wenn es vielleicht nicht ganz so offensichtlich war." Schlussendlich entschied sich Jones jedoch für Roy Thomas Baker – Produzent von Queen, den Cars und Journey – und gegen Lange.

„Ich war echt beeindruckt von Langes Arbeit mit City Boy. Deshalb kam er rüber nach New York, um sich mit mir zu treffen und zu reden. Er hatte eine etwas schwierigere Zeit hinter sich. Auch damals hatte er noch ein paar Probleme. Wir beschlossen, es mit Roy zu versuchen, woraufhin Mutt irgendwie nicht lockerließ. Bei unserem Treffen verstanden wir uns aber gut. Er war zwar offensichtlich nicht in Bestform, aber immer noch besser drauf, als ich das war."

Was das Trinken betraf?

„Genau. Ich möchte seinen Namen auf keinen Fall durch den Dreck ziehen. Ich sah auch nie, wie er irgendetwas konsumierte: Alkohol, Drogen oder irgendetwas. Er war, als ich ihn traf, strikter Vegetarier und führte ein anständiges Leben."

* * *

Am 8. Mai 1979 startete die *If You Want Blood*-Tour in Madison, Wisconsin. Im Konvoi mit UFO reiste die Band durch Iowa, Indiana, Kentucky, Illinois, Tennessee und Georgia. In Nashville schickte Malcolm den Manager der Band, Michael Browning, eiskalt in die Wüste. Dieser war erst gerade von Gesprächen mit Atlantic Records über das Cover von *Highway To Hell* zum Tour-Tross gestoßen. Aerosmiths Tour-Buchhalter Peter Mensch, den Malcolm schon seit ihrem ersten Treffen in Texas insgeheim becirct hatte, ersetzte ihn fortan. Leber-Krebs hatten vor längerer Zeit bereits das kommerzielle Potenzial von AC/DC erkannt und unterzeichneten einen Zweijahresvertrag mit der Band.

Den Geschichten, denen zufolge die Plattenfirma angesichts des Plattencovers von *Highway To Hell* mitsamt dessen Titel, Angus' Teufelshörnern und -schwanz sowie dem Pentagramm an einer von Bons Halsketten schlicht entsetzt gewesen wäre, widerspricht Atlantics hauseigener Art-Director Bob Defrin.

„Atlantic waren Covers prinzipiell scheißegal. Solange die Band, ihr Manager und Atlantics Rechtsabteilung damit leben konnten, war ihnen alles recht. Das war natürlich ein gigantischer Vorteil für mich. Ich konnte immer direkt mit den Acts arbeiten, egal, um wen es sich handelte. Oft kam es vor, dass Atlantic ein Cover erst zu Gesicht bekam, wenn das endgültige Artwork fertig und natürlich von der Band abgesegnet war. Das Label interessierte nur, dass es der Band gefiel, pünktlich geliefert und das Budget nicht überlastet wurde."

Fünf Tage später kehrte Bon mit AC/DC nach Florida zurück, wo sie im Rahmen eines Stadion-Events mit Boston, den Doobie Brothers und Poco in der Tangerine Bowl von Orlando auftreten sollten. Auch die vier Mitglieder von Critical Mass schauten sich das Konzert an.

„Wir trafen AC/DC nur bei der Show selbst, in ihrem Wohnwagen", erzählt Michael Fazzolare. „Ich verbrachte die meiste Zeit damit, mich mit Malcolm über The Who zu unterhalten. Sie warteten auf ihren Auftritt, also war es nicht dasselbe wie in Miami, wo wir zusammen einen draufgemacht hatten."

Neal Mirsky erhielt hingegen die Gelegenheit, ein Interview mit Bon zu führen.

„WDIZ sendete live aus der Pressebox. Ich lief hinter die Bühne, um dort mithilfe eines tragbaren Kassettenrecorders Interviews zu führen. Anschließend lieferte ich die Tonbänder im Laufschritt in der Pressebox ab, von wo aus wir die Audiobeiträge einspielten, als ob sie live wären."

MIRSKY: Willkommen in Florida.

BON: Danke, Neal. Es ist schön, hier zu sein. Ich liebe diesen Ort *[lacht]*.

MIRSKY: Habt ihr denn schon mal in Florida gespielt?

BON: Ui, wir haben ja schon fünf Wochen hier unten verbracht. Das war vor ein paar Monaten. Um das neue Album – *Highway To Hell* – zu schreiben.

MIRSKY: Ist das der Titel, *Highway To Hell*?

BON: Ah, vorläufig, yeah, yeah. Wir haben fünf Wochen unten in Miami Beach verbracht.

MIRSKY: Das muss ja kaum auszuhalten gewesen sein.

BON: So war es tatsächlich, weißt du? Gottes Wartezimmer eben.

MIRSKY: Habt ihr das Album in Miami aufgenommen?

BON: Nein, wir haben es in den Roundhouse Studios in London aufgenommen. Hoffentlich wird es auf der ganzen Welt ein Nummer-eins-Hit und uns Millionen Dollar bringen.

MIRSKY: Und dann setzt ihr euch zur Ruhe?

BON: Äh, nein, ich muss noch eine Menge Schulden abbezahlen *[lacht]*.

MIRSKY: Wie lange spielen AC/DC schon zusammen?

BON: Ungefähr seit fünf Jahren.

MIRSKY: Mit den Leuten, die jetzt in der Band sind?

BON: In der jetzigen Besetzung seit zwei, zweieinhalb Jahren. Wir haben unterwegs immer mal wen ausgetauscht. Du weißt schon, wie bei einer Kette, bei der ein Glied kaputt ist. Da fügt man dann einfach ein neues Glied ein.

MIRSKY: Es ist bekannt, dass die Band ihre Wurzeln in Australien hat, aber wohnen tut ihr eigentlich nicht mehr dort, oder?

BON: Nein, wir sind eigentlich nirgendwo so richtig verwurzelt. Aus denselben Gründen, warum die meisten Bands jetzt auf den Virgin Islands oder sonst wo wohnen. Aber in erster Linie sind wir Australier. Zumindest drei von uns. Die drei Australier sind aber alle in Schottland geboren. Dann haben wir noch einen Engländer und einen Polen. Man könnte uns wahrscheinlich als „international" bezeichnen.[32]

MIRSKY: Da ist ja für jeden etwas dabei. Eine internationale Rock-'n'-Roll-Band. AC/DCs Ruf als Liveband eilt euch voraus. Was denkst du über das Live-Album, das ihr gerade veröffentlicht habt?

BON: Yeah, nun, ich finde es sehr gut. Es hat auch Spaß gemacht, es aufzunehmen. Ich habe das Video gesehen. Sie haben gleichzeitig gefilmt und den Sound aufgenommen, glaube ich … [Das Material] stammt hauptsächlich von einem Gig … in Glasgow, Schottland, das für mich die Welthauptstadt des Rock 'n' Roll ist. Manche behaupten ja, das wäre Detroit. Ihnen sage ich *[lacht]*: ‚So'n Scheiß!'

---

32 Bon ist hier ein wenig ungenau: Phil Rudd war das einzige in Australien geborene Bandmitglied. Er hatte irische und deutsche Vorfahren und sein Stiefvater stammte aus Litauen.

MIRSKY: Was dürfen wir uns vom neuen Album erwarten? Entspricht es in etwa dem Sound, den AC/DC auch in der Vergangenheit gespielt haben? Ist es schnörkelloser Rock?

BON: Der Sound hat sich nicht verändert, obwohl wir einen neuen Produzenten haben. Na ja, also ein wenig hat er sich vielleicht doch verändert. Das Fundament des Sounds ist aber immer noch so, wie wir das haben wollen, wie wir ihn spielen. Die Songs? Es lässt sich sehr schwer bestimmen, was nun die kommerzielle Seite daran ausmacht. Da gibt es eine klare Unterscheidung. Es ist jedenfalls viel besser. Jedes Album ist besser als sein Vorgänger. Wenn man irgendwann nicht mehr besser wird, sollte man sich vielleicht anfangen, den Kopf zu zerbrechen, ob man nicht besser irgendetwas anderes macht. Country and Western zum Beispiel *[lacht]*.

MIRSKY: Wenn wir die Sache mal vom Standpunkt eines Radiosenders betrachten, scheinen die Leute ja mehr als je zuvor nach Rock 'n' Roll zu verlangen. Ich weiß nicht, vielleicht liegt es ja nur an den steigenden Benzinpreisen oder auch daran, dass die Preise im Allgemeinen eine Frechheit sind. Deshalb fahren die Leute umso mehr auf Party und Rock 'n' Roll ab.

BON: Yeah, sie können dann zu Hause bleiben und sich eine LP auflegen und sich eine gute Zeit gönnen. Dafür brauchst du kein Benzin.

MIRSKY: Wie gefallen dir diese großen Open-Air-Konzerte?

BON: Ich liebe sie. Aber es ist ganz egal, ob hier oder vor zweihundert Leuten, solange es zur Sache geht … Nur ist hier die Auswahl natürlich viel größer, was die hübschen Gesichter im Publikum betrifft.

MIRSKY: Na klar. Danke dir vielmals, Bon.

BON: Danke, Neal.

MIRSKY: Ich wünsche dir einen guten Auftritt heute.

BON: Danke, Kumpel.

MIRSKY: Und viel Glück weiterhin mit AC/DC.

BON: Besten Dank.

Girls Got Rhythm

Die Band tourte Ende Mai und Juni 1979 durch den Nordosten und den Mittleren Westen der Vereinigten Staaten, wobei sie eine Reihe von Gigs gemeinsam mit UFO bestritten, nämlich in Buffalo, Rochester, Davenport, Peoria, Erie, Allentown, Largo, New York City, Albany, Toronto, Pittsburgh, Poughkeepsie und Philadelphia. In Davenport, Iowa, traten sie am 3. Juni beim Mississippi River Jam II auf, wo außer ihnen auch noch Heart, Nazareth, UFO und TKO aus Seattle auf dem Programm standen. Bons sexuelle Umtriebigkeit schien nun ihren Tribut zu fordern. Wie Paul Chapman berichtet: „Ich weiß noch, wie Pete Way, Bon und Don McCafferty [von Nazareth] im Bad standen und sie alle wie in *Spinal Tap* Wundschorf auf ihren Lippen hatten."

UFO stellten zwar den nominellen Headliner, doch in den Augen der Medien und der Fans war die australische Band die eigentliche Hauptattraktion. In Allentown schrieb etwa der Lokaljournalist Jack McGavin, dass AC/DCs sehr kurzes Set „für die einen ein Segen und für die anderen eine Enttäuschung" gewesen sei. „Schließlich waren manche Leute nur wegen AC/DC gekommen. Sie hatten gehofft, dass die Band als Headliner auftreten würde. Egal, alle kamen auf ihre Kosten."

In New York verkündete *Billboard* vollmundig: „Atlantics AC/DC stahlen UFO die Show." Doch Alan Niester, ein unbelehrbarer AC/DC-

Hasser, war von keiner der beiden Bands sonderlich beeindruckt, wie er ihnen in der Torontoer *Globe and Mail* ausrichtete. Die Show bezeichnete er als „einen der längsten Abende akustischen Overkills, den dieses alte, heruntergekommene Gebäude je miterleben musste". Trotzdem war ihm wohl die historische Tragweite des Konzerts bewusst. „Gemessen an der Publikumsreaktion dürfte es nicht mehr lange dauern, bis die Australier von AC/DC in den größten Konzerthallen der Stadt als Headliner auftreten werden ... Musikalisch bieten AC/DC überhaupt nichts Neues, aber einer Band, die 110 Prozent gibt, muss man ja fast schon wieder zujubeln."

* * *

Am 17. Juni 1979, während einer kurzen Unterbrechung ihrer Tour, die dann in Texas fortgesetzt wurde, besuchte Bon eine von Regenschauern heimgesuchte Outlaws-Show im Meadowlands Stadium von East Rutherford, New Jersey. Als zweiter Headliner vor immerhin 60.000 Konzertbesuchern fungierten Boston, während Todd Rundgren und Poco als Support-Acts gebucht waren.

„Bon kippte in unserer Garderobe vor der Show fast eine ganze Dreiviertelliterflasche Crown Royal, ohne dass sich das auf sein Verhalten ausgewirkt hätte", berichtet Outlaws-Gitarrist Freddie Salem. „Doch Bons Trinkverhalten kam mir nicht weiter komisch vor, da wir schließlich selbst starke Trinker waren. Die Siebziger- und Achtzigerjahre waren die Zeit des zügellosen Suchtmittelmissbrauchs – bis zum Abwinken *[lacht]*. Bon hatte vom ersten Moment an, als er zu uns in die Garderobe spazierte, eine Verbindung zu uns. Bon beobachtete unsere ganze Show von der Seite der Bühne aus. Es fuhr total drauf ab und überhäufte uns mit Komplimenten."

Hinter der Bühne traf Bon den Manager der Outlaws, Charlie Brusco, und erfuhr, dass sie tatsächlich mehr als nur ihre Liebe zu Southern Rock gemeinsam hatten.

„Bon und ich hatten dieselbe Freundin in New York und ich glaube nicht, dass einer von uns bis dahin darüber im Bilde gewesen war", lacht Brusco. „Wir fanden das bei der Meadowlands-Show heraus. Ich glaube, sie wusste nicht, dass er dort aufkreuzen würde."

Die fragliche Dame hieß Valeria Parker, eine Angestellte des inzwischen verstorbenen Cedric Kushner, jenem südafrikanischen Konzertveranstalter, der etwas von einem Walross hatte und eine kurze Zeit lang gemeinsam mit Michael Browning AC/DC gemanagt hatte, bevor er sich schließlich dem Geschäft mit Box-Veranstaltungen zuwandte.[33]

Hattest du eine Ahnung, dass sie sich trafen?

„Yeah *[lacht]*!"

Zu welcher Übereinkunft kamst du mit Bon?

„Es gab, sagen wir mal, eine Diskussion *[lacht]* … Ich glaube, Bon dachte, wir würden ihn zurück nach New York mitnehmen, aber er musste umdisponieren. Bon war schon 'ne Type. Er ließ gerne den harten Macker heraushängen und jeder aus dem Süden war genauso drauf. Er gab es sich ziemlich derbe. Ich hing mit vielen Musikern aus dieser Zeit ab, und mit zwei von ihnen verbrachte ich mehrere Abende. Beide waren sich ziemlich ähnlich: Phil Lynott und Bon. Was das Trinken und die Drogen und alles andere betraf, so waren Lynott und Bon aus demselben Holz geschnitzt. Lynott markierte nur nicht so den harten Typen. Bon war meiner Meinung nach immer ein bisschen mit Komplexen beladen – so wie das damals viele Typen waren. Wenn er trank, wurde er eben ein bisschen fies."

Das ist nicht das erste Mal, dass das jemand über Bon sagt.

„Yeah, das war er. Ronnie Van Zant war auch so drauf. Das könnte der Grund sein, warum sich Bon mit Ronnie und auch Gary Rossington verstand, weil sie alle gleich waren."[34]

---

33 Eine andere von Bons damaligen Freundinnen war Marilyn Ford, die als Koordinationsassistentin bei AC/DCs Booking-Agentur American Talent International (ATI) arbeitete und 1979 von Doug Thaler, der bei ATI beschäftigt war, mit Bon verkuppelt worden war.

34 Von Lynyrd Skynyrds 77er-Besetzung sind mittlerweile bereits Ronnie Van Zant, Allen Collins, Leon Wilkeson, Steve Gaines und Billy Powell tot. Es kursiert das Gerücht, dass AC/DC und Skynyrd, nur wenige Monate vor jenem Flugzeugabsturz am 20. Oktober 1977 in

Und wie endete die Sache mit Valeria?

„Ich kam damit zurecht. Ich glaube, dasselbe galt für Bon. Wir holten uns weiterhin Nachschlag bei ihr."

Bruscos Kontakt zu Valeria ist inzwischen abgerissen, aber laut ihm war sie „sehr attraktiv". Ich erkundige mich bei Freddie Salem, ob er sich noch an sie erinnert.

„Ist der Papst katholisch? Natürlich erinnere ich mich an Valeria. Ein sehr junges, hübsches, schlankes Mädchen."

Bon zog definitiv seine Runden, kam seinem Glück dabei allerdings keinen Schritt näher.

* * *

Von New York flogen AC/DC weiter nach Fort Worth, wo der erste von sieben aufeinanderfolgenden Gigs mit Journey auf dem Pro-

---

Gillsburg, Mississippi, der Van Zant, Gaines, seiner Schwester und Hintergrundsängerin Cassie Gaines, den stellvertretenden Roadmanager der Band sowie zwei Piloten das Leben kostete, in einem provisorischen Studio in Jacksonville „Sweet Home Alabama" jammten. Rossington erklärte 2013 in *Classic Rock*, dass das Treffen der beiden Bands tatsächlich stattfand. „Mit ihnen zu jammen, war cool. Beide Bands hatten gerade den Durchbruch geschafft und wir feierten gemeinsam all die harte Arbeit … Kevin Elson, unser Mixer, nahm die Session auf. Keine Ahnung, was mit der Aufnahme passiert ist, aber ich würde sie liebend gerne hören." Beiden Bands soll gerade der Durchbruch gelungen sein? Das ist schon eine schräge Aussage. AC/DC hatten zu diesem Zeitpunkt in Amerika noch nichts erreicht. Rossington behauptet auch, dass der Jam sich am Tag nach der Jacksonville Show zugetragen haben soll. Allerdings gaben AC/DC an diesem Tag ein Konzert in Hollywood – 333 Meilen weiter südlich. So gut sich die Story auch anhören mag, so zweifelhaft ist sie auch. Journey-Produzent Eldson, der damals als Skynyrds Tontechniker fungierte, reagierte verwirrt, als ich ihn frage, ob die Geschichte stimmt und er im Besitz der Aufnahmen wäre: „Leider weiß ich nichts darüber, dass sich die Bands jemals zusammentaten. Ich wünschte, es wäre so. Ich lernte [AC/DC] nie kennen." Das einzige andere Skynyrd-Mitglied von damals, Artimus Pyle, hat nichts mehr mit der Gruppe zu tun.
Angesichts der Kreise, in denen sich Bon 1979 bewegte, ist es am wahrscheinlichsten, dass er seine Southern-Rock-Scheibe mit den Outlaws und nicht Lynyrd Skynyrd – oder was von ihnen noch übrig war – aufgenommen hätte. AC/DC und die Outlaws hatten mit Doug Thaler denselben Booker und wurden beide von Mutt Lange produziert. (*Playin' to Win* erschien im Oktober 1978 auf Arista mit einem Cover von Gerard Huerta, dem Schöpfer des AC/DC-Logos.) Arista-Boss Clive Davis wollte, dass die Band mit einem englischen Produzenten zusammenarbeitete. Wie Brusco berichtet: „Er wollte jemanden, der Rock gut mit Gesang mischen konnte, weil unser Gesang stark in Richtung Eagles tendierte, wir aber viel härter als sie spielten. Eagles-Fan Lange tat dasselbe auf AC/DCs *Highway To Hell*.

gramm stand. Von diesen sieben Shows sollten gleich fünf in Texas stattfinden. Am 21. Juni 1979, im Municipal Auditorium von Austin, sahen Bon und Roy Allen sich wieder.

„Bon und ich kippten eine ganze Buddel Whisky, bevor wir zur Show aufbrachen – und zwar direkt aus der Flasche", berichtet Roy. „Rückblickend hatten wir damals wahrscheinlich bereits die Linie zu echtem Alkoholismus überschritten. Wir fuhren in AC/DCs Bus vom Hotel zum Konzert. Im Auditorium hingen wir in der Garderobe ab."

„Als die Show vorüber war, stand Bon neben mir, bevor er für die erste Zugabe auf die Bühne zurückkehrte. Alles war gut gelaufen. Ein toller Auftritt. Er lief zurück auf die Bühne, schnappte sich das Mikro und sie spielten ihre erste Zugabe. Keine große Sache. Doch als Bon nach dem Song zurück zu mir kam, reichte ein Blick, um zu sehen, dass irgendetwas nicht in Ordnung war. Er fuhr sich mit den Händen durch die Haare und faselte vor sich hin. Er sprach, aber nicht unbedingt mit mir. Offensichtlich war er sehr aufgebracht. So hatte ich ihn noch nie erlebt. Es war, als ob er Mist gebaut hätte und sich nun fürchtete."

Die Unterhaltung, die nun folgte, dauerte weniger als 30 Sekunden.

„Was ist los, Bon? Was ist denn passiert? Alles okay? Wo drückt der Schuh?"

„Ich habe Scheiße gebaut. Ich habe angefangen, den falschen Song zu singen. Das ist schlimm, ganz schlimm."

„So schlimm war es nun auch wieder nicht. Mir ist das gar nicht aufgefallen. Beruhige dich, alles ist gut."

„Darum geht es gar nicht, Roy. Du verstehst nicht. Sie werden mir wehtun."

„Niemand wird dir wehtun. Ich bin ja hier."

Bon ging dann für die nächste Zugabe erneut auf die Bühne. Jemand wollte Bon physisch wehtun? Sollte er so für seinen Fehler zur Rechenschaft gezogen werden? Bon war schon in der Vergangenheit über seine Songtexte gestolpert. Warum bereitete es ihm nun gerade in diesem konkreten Fall solche Sorgen? Glaubte er, dass es ihn dieses Mal seinen Job kosten würde? Es ist in jedem Fall eine ungewöhnliche Story, die Roy da erzählt. Tatsächlich wirkt sie sogar unglaublich – doch er schwört, dass sie sich so zugetragen hat.

„Ich kann mich nicht daran erinnern, mich an diesem Abend noch mit Bon unterhalten zu haben. Die Gelegenheit zu einem privaten Gespräch ergab sich nicht. Ich sollte Bon nur noch einmal sehen und zwar in San Antonio [im September 1979]. Es ergab nie einen Sinn für mich, dass jemand Bon wegen eines Fehlers hätte wehtun wollen – aber so verstand ich das nun einmal. Klar, ich habe das wahrscheinlich falsch gehört. Ich hatte ja getrunken und das sollte ich miteinbeziehen. Das Publikum war vermutlich auch sehr laut. Und außerdem sprach Bon ja mit australischem Akzent. Aber zumindest hatte sein Irrtum eine riesige Auswirkung auf ihn selbst. Seine Reaktion war schon sehr extrem. Ich wollte mit ihm darüber sprechen, um herauszufinden, worum es denn wirklich ging. Es hat mich immer gestört, dass ich das nicht wusste. Das war etwas, das ich ihn unter vier Augen hätte fragen müssen, aber leider ergab sich nie die Möglichkeit. Heute frage ich mich: Wie sahen denn nun die Konsequenzen für Bons Fehler aus? Wenn ihm jemand hätte wehtun wollen, dann auf welche Weise? Wie konnte denn ein simpler kleiner Fehler so schlimm sein?“

Welchen Eindruck machte Bons Beziehung zu Malcolm auf dich?

„Bon und Malcolm standen sich nahe, doch beim letzten Mal, als ich sie traf, lag eine gewisse Spannung in der Luft, die mir zuvor noch nicht aufgefallen war. Irgendetwas hatte sich verändert. Die Leute sahen mich anders an. Auch mit Bon und der Band war irgendetwas anders. Ich nahm immer an, dass es mit mir zu tun hatte, aber vielleicht steckte ja auch mehr dahinter.“

* * *

Am 4. Juli 1979 traten AC/DC vor 35.000 Leuten mit Cheap Trick, Molly Hatchet, The Babys und der Climax Blues Band bei „Outdoors Under the Sun and Stars“ auf den Winnebago County Fairgrounds in Pecatonica, Illinois, auf. Zwar sollten sie sich auch noch in Wichita, Sioux Falls, Des Moines und Omaha mit Cheap Trick die Bühne teilen, doch Bon war nicht sonderlich angetan von Rick Nielsens Gruppe: „[Die sind doch] bloß … bloß … nichts als *Pop*!“ AC/DCs Zeit als Konzertattraktion aus der zweiten Reihe war nun vorüber und Bon war selbstsicher genug, um dies auch öffentlich kundzutun.

„Wir fangen an, endlich Spuren [in Nordamerika] zu hinterlassen. Ich schätze mal, dass wir uns noch ein wenig mehr ins Zeug legen müssen, um es ganz nach oben zu schaffen. Wir touren ständig dort. Unsere letzte Tour als Anheizer für Cheap Trick war großartig, aber vor ihnen aufzutreten war … bei unserer nächsten Tour sind wir die Headliner. Wir geben schon das ganze Jahr lang Vollgas … Ich lebe seit drei Jahren aus dem Koffer.“

Als AC/DC nach Südkalifornien kamen, um im Ambiente eines intimen Amphitheaters mit Mahogany Rush und St. Paradise aufzutreten, hatten sie keinen Bock auf Verbrüderung: Hier ging es ausschließlich ums Geschäft. Frank Marino von Mahogany Rush verriet mir, dass er bei keiner ihrer drei Shows mit AC/DC auch nur ein einziges der Mitglieder kennengelernt hätte. Derek St. Holmes von St. Paradise, der auch einst in Ted Nugents Band gespielt hatte, berichtet von einer ähnlichen Erfahrung. Aber nach „drei oder vier Tagen gemeinsam auf Tour“, bei der es laut ihm nur zu „sehr flüchtigen Begegnungen“ gekommen war, lief ihm Bon auf dem Flur eines Hotels mit zwei Mädchen am Arm über den Weg.

„Sie waren jung und zum Anbeißen. Sie waren ungefähr gleich groß und sahen irgendwie wie Zwillinge aus. Ich will die Story aber jetzt nicht zu sehr ausschmücken *[lacht]*. Da stand ich nun vor meinem Hotelzimmer auf dem Flur und plötzlich taucht Bon auf – mit einer Flasche Jack Daniel’s, barfuß, oben ohne und an jedem Arm ein Girl. Er kam auf mich zu und ich fragte ihn: ‚Was treibt ihr denn so?‘

Bon sagte darauf: ‚Wir feiern bloß ein bisschen, Mann. Bist du nicht der Typ von Ted Nugent?‘ Nachdem ich das bejaht hatte, meinte er, dass ich ein toller Sänger wäre. Und ich so: ‚Nein, *du* bist ein toller Sänger.‘ Wir plauderten ein bisschen und ich lud ihn schließlich zu uns ins Zimmer ein, wo wir zusammen Party machten. Bon warf daraufhin einen Blick auf seine beiden Mädels und die Flasche Jack Daniel's und sagte: ‚Ich werde es dieses Mal wohl kaum schaffen.‘ Ich lachte mir den Arsch ab und er musste auch lachen. Dann drehte er sich wieder um und schlenderte den Flur hinab. Es sah so aus, als hätte er alle Hände voll zu tun gehabt *[lacht]*."

Am nächsten Tag stellte sich Bon in San José im Rahmen des vom Radiosender KSJO organisierten „Travelling Rock & Roll Circus" den Fans zur Verfügung, womit AC/DCs Auftritt bei Day On The Green am 21. Juli in Oakland beworben werden sollte. Der ortsansässige Fan Bill Kaye schoss bei dieser Veranstaltung Fotos von Bon beim Autogrammeschreiben und seiner blonden Begleiterin. Diese Schnappschüsse zählen zu den besten Fotografien, die es von Bon gibt. Sie zeigen jene Seite von ihm, an die sich jeder gerne erinnert, nämlich einen lächelnden, freundlichen, offenherzigen und großzügigen Mann – und nicht den Typen, in den er sich verwandelte, wenn er zu viel getankt hatte.

„Es war elf Uhr am Morgen und Bon kreuzte mit einem Bier auf", erinnert sich Kaye. „Ich war noch jung und naiv. Ich traute mich nicht einmal, ihm die Hand zu geben."

Und das Mädchen?

„Sie saß einfach nur hinten im Van. Ganz ruhig. Sie sprach kein Wort. Eine Schönheit. Sie ließ einfach alles auf sich wirken, nehmen ich an. Rockstars. Nur sechs Monate später sollte er nicht mehr sein. Zumindest nicht in der materiellen Welt."

In Oakland standen neben AC/DC noch Ted Nugent, Aerosmith, Mahogany Rush und St. Paradise auf der Bühne.

„Das war eine neue Nummer", verkündete Bon nach „Highway To Hell" nicht ohne eine gewisse Schärfe.

Als er von Sheila Rene nach der Show für KSJO interviewt wurde, fragte sie ihn, ob er sich vorstellen könnte, wieder in kleineren Clubs aufzutreten. Er verneinte dies entschieden. Bon stand nun so kurz davor, seinen lebenslangen Traum zu erreichen.

„Wir gelangen endlich an einen Punkt, an dem wir Geld verdienen. Wir spielen jede Menge große Shows und es ist echt aufregend, vor solchen Menschenansammlungen aufzutreten. Warum sollten wir wieder in Clubs spielen, wenn wir zwanzigtausend Leute in Fahrt bringen können? So wie heute, da hatten wir achtzigtausend. In Clubs passen tausend rein. Da müssten wir ja achtzig Mal spielen, um gleich viele Leute anzutörnen. Also, immer her mit den großen Shows."

„Ihm gefallen die großen Locations, aber er wird langsam alt", unterbrach Angus Young. „Er hat seinen Sarg schon vorbestellt."

Bon fuhr fort: „Ich würde gerne gleich ein paar Konzerte so groß wie heute als Headliner bestreiten. Warum sollten wir uns mit weniger zufrieden geben? Je mehr Leute sie uns vor die Bühne stellen, desto härter gehen wir ab … Ich bin noch mehr in den Rock 'n' Roll verliebt. Das wächst noch. Meine Liebe zu vielen Dingen wächst noch. Ich war mal in eine verliebt, aber, äh, die hat mich verlassen. Ich hoffe bloß, dass mich der Rock 'n' Roll nie verlässt."

AC/DC spielten kurz darauf bei einem weiteren großen Festival, nämlich das World Series of Rock im Lakefront Stadium von Cleveland, bei dem außerdem noch Aerosmith, Ted Nugent, Journey, Thin Lizzy und die Scorpions aus Deutschland, die gerade bei Leber-Krebs unterzeichnet hatten, auftreten sollten. Es war in diesem Jahr das Konzert mit den vierthöchsten Einnahmen. (Das lukrativste Konzert gaben Supertramp.) Doch am denkwürdigsten an diesem Abend war wohl, dass Steven Tyler nach Aerosmiths Headliner-Set Joe Perry feuerte.

Derek St. Holmes unterstreicht, wie immens wichtig es für AC/DC war, bei Leber-Krebs unterzukommen.

„[Leber-Krebs] waren damals allmächtig, weshalb sie AC/DC bei all diesen Touren unterbrachten. Ich weiß ganz genau, dass Leber-

Krebs AC/DC zum Durchbruch verhalfen. Sie hatten Glück. Und sie hatten solch eine Schwungkraft, dass David sie nur unter seine Fittiche nehmen und sie auf die richtigen Touren schicken musste. Und genau das tat er auch."

Krebs nimmt die Lorbeeren nicht alleine für sich in Anspruch: „Ich kümmerte mich persönlich um die Karrieren von Aerosmith und Ted Nugent, weshalb ich froh darüber war, dass Peter Mensch im Namen der Firma für AC/DC da war. Ich hielt es auch für eine tolle Idee, ein Büro in London zu eröffnen. Mein Beitrag dazu lag darin, AC/DC die für ihre Karriere besten Touren zu verschaffen. Cliff Burnstein und ich kümmerten uns um Atlantic Records. Cliff wirkte auf Atlantic ein. Er verfügte über jede Menge Erfahrung im Business. Als dann Bon starb, beschloss ich, nicht selbst bei seinem Begräbnis in Australien aufzutauchen. Stattdessen sollte Peter allein im Rampenlicht stehen, weil er schließlich ihr Tagesgeschäft für sie gemanagt hatte. Ich stand bei AC/DC nicht an vorderster Front. Gemessen an dem, was damals so üblich war, gaben wir zweihundert Prozent ... Ich glaube, dass die Resultate in diesen drei Jahren für sich selbst sprechen. Da gab es Shows, bei denen Aerosmith, Nugent und AC/DC auftraten – für die Jugendlichen muss das eine unglaubliche Show gewesen sein."

Der Cleveland-Gig war das erste Konzert der Scorpions in den USA. Als Nächstes sollten sie nun mit Aerosmith, Ted Nugent und AC/DC in Fort Wayne, Indianapolis und Pittsburgh auftreten. Der Drummer der Scorpions, Herman Rarebell, freundete sich mit Bon an und die beiden genehmigten sich den einen oder anderen gemeinsamen Drink.

„Irgendwie mochten wir einander. Mit Bon verstand ich mich [von AC/DC] am besten. Wir besuchten örtliche Clubs und manchmal jammten wir dort einfach mit wem auch immer. Allerdings spielten wir nie Kram von Scorpions oder AC/DC, nur andere Sachen. Wir versuchten Girls aufzureißen und betranken uns. Wir waren eben junge Typen und hatten einfach eine gute Zeit."

Wie erfolgreich wart ihr denn bei den Girls?

„Wir hatten immer Erfolg. Komm schon *[lacht]*! Schließlich waren wir jung und gut aussehend. In Amerika ist das nicht allzu schwer, wenn du ein Rockstar bist."

Auch Pete Way bestätigt, dass sich Bon nie über mangelnde Aufmerksamkeit seitens der holden Weiblichkeit beklagen konnte: „Bon und ich hatten in jedem Hafen ein Mädchen, wie man so sagt ... Man darf nicht vergessen, wie viele Städte es in Amerika gibt. Nach den Shows fand er stets eine Begleitung für den restlichen Abend."

* * *

AC/DCs Tour endete schließlich mit zwei weiteren Auftritten als Anheizer für Ted Nugent, nämlich im New Yorker Madison Square Garden sowie im Spectrum in Philadelphia. *Highway To Hell* erschien praktisch genau zwei Jahre nach AC/DCs erstem Gig in Nordamerika. *Billboard* fand lobende Worte für das neue Album der Band: „So wie der Kater das Mausen nicht sein lassen kann, bleiben auch diese routinierten Australier sich und dem Stil, den sie seit ihrer Gründung spielen, treu. Energiereicher, primitiver Heavy Metal ist das, was dieses Quintett spielt, und sie spielen ihn gut ... doch die alles pulverisierende Instrumentierung und der gleich bleibende Inhalt [ihrer Texte] nutzen sich irgendwann ab."

Bis zum 11. August avancierte „Highway To Hell" zum am häufigsten neu ins Programm der Radiosender aufgenommenen Song. Im Südwesten, Mittleren Westen und den westlichen Regionen hatte die Nummer die Nase ganz vorne, während es im Südosten und Nordosten immerhin zum zweiten Platz reichte. Nachdem sie von Atlantic fast fallen gelassen worden waren, hatten sie es nun zur vielleicht heißesten Band auf dem Label geschafft. Die Disco-Ära stand vor ihrem Ende. Nordamerika war endlich mit der Band warm geworden. Alles, was nötig gewesen war, um das Glück doch noch zu zwingen, war ein Produzententausch sowie ein Ortswechsel nach Miami, auf den sich Bon nur allzu gerne eingelassen hatte.

„Die Veränderung tat uns enorm gut", sagte er.

Nun, da alle erdenklichen Möglichkeiten in Reichweite rückten – Geld, Berühmtheit in den USA sowie Holly X, eine schöne junge Frau, die ihm ein Kind hätte schenken können – wieso vermasselte es Bon dennoch weiterhin?[35]

* * *

Nach einer raschen Abfolge von Konzerten auf dem europäischen Kontinent, darunter etwa auch das Bilzen Rock 79 in Belgien und ein Auftritt als Support von The Who im Wembley-Stadion, begaben sich AC/DC nach München, um ein paar Songs von *Highway To Hell* für *Rockpop*, eine Sendung, die im ZDF lief, aufzunehmen. Bon sang schrecklich schief und war während der Aufzeichnung betrunken. Er wirkte steif, fast wie mit Kiefersperre, und plagte sich bei den Refrains, was untypisch für einen Mann mit einer solch enormen gesanglichen Reichweite war. Seine Stimme war heiser und nicht gerade wohlklingend. Er schien mehr zu schreien als sonst. Als er begriff, wie schwach seine Darbietung war, zog er sich seine Jacke aus, um das Publikum auf Touren zu bringen – ein alter Bühnentrick, den er schon unzählige Male angewandt hatte. Doch sein Körper, der 1978 noch so muskulös gewesen war, war offensichtlich weicher geworden.

„Das letzte Mal, als ich ihn sah, sah er ein wenig fester um die Mitte herum aus", sagt Pattee Bishop. „So füllig hatte ich ihn noch

---

35 Im Verlauf der Jahre ist von einer Reihe von Leuten behauptet worden – entweder von sich selbst oder anderen –, Bons Sohn zu sein, allerdings wurden keine DNA-Tests durchgeführt. Dave Stevens aus Melbourne behauptete, der Sohn von Bon und einer Frau namens Diane Ellis zu sein. Sie starb am 18. Februar 2016. Ellis war 15, als sie schwanger wurde. Stevens wurde in weiterer Folge zur Adoption freigegeben. Diese Behauptung stellte Stevens auf seiner Facebook-Seite auf, wo er voller Groll berichtete, dass Bon die „15-jährige Diane Ellis schwängerte", wodurch sie „ein Leben führen musste, das ihr andernfalls erspart geblieben wäre". Später löschte er diese Postings wieder. Stevens traf Bon nie persönlich und ist offenbar kein Begünstigter des Nachlasses von Bon Scott.

nie gesehen. In meinen Augen sah er großartig aus, aber er hatte zugenommen. Von hinten sah er nackt so aus, als hätte er keine Taille mehr. Nach einer Nacht mit mir gelang es ihm am Morgen nicht, sich zu räuspern, um seine Stimme klar zu bekommen – fast wie bei einem Raucher."

Bun E. Carlos von Cheap Trick wurde Zeuge von Bons Selbstdemontage.

„Bon war ziemlich betrunken und ging dem Regisseur und der Kameracrew auf die Nerven. In Nürnberg, wo wir beide vor The Who auftraten, war Bon die ganzen drei Tage, die wir in der Stadt verbrachten, ziemlich angetrunken. Am Morgen nach dem Konzert traf unser Sänger [Robin Zander] Bon im Hotelcafé und die beiden wollten gemeinsam frühstücken. Bon sagte etwas in der Art wie ‚Lass mich den Tisch für dich abräumen' und wischte einmal mit dem Arm über den Tisch, woraufhin alles, was sich darauf befunden hatte, auf den Boden krachte."

Nicht unähnlich all den Dingen, für die er so hart gearbeitet hatte.

Highway To Hell

In jener Woche, die mit dem 1. September 1979 endete, knackten AC/DC zum ersten Mal die amerikanischen Top 50 und belegten genau Platz #50. In der Woche darauf standen sie bereits auf #42, bevor sie sogar bis auf #36 stiegen. Nach zwei Jahren unermüdlicher Schufterei waren sie endlich eine Top-40-Band. Doch dies hier war nicht *Rocky*, auf den letztendlich sogar ein Oscar gewartet hatte. Es war ein denkbar ungünstiger Moment für alkoholische Selbstzerstörung; schließlich stand der Band eine weitere Nordamerikatournee ins Haus, mit der das Album weiter beworben werden sollte.

Bon schrieb an Irene Thornton, dass sich die LP wie „warme Semmeln" verkaufte: „Ich glaube, wir haben es [mit diesem Album] geschafft." Er informierte sie wie sonst auch über seine aktuellen Launen [„Ich möchte mir ein Haus in Kalifornien kaufen") und betonte seine Manneskraft: „Ich bin immer noch Single und amüsiere mich zur Zeit prächtig. Amerika ist absolut der richtige Ort, um es krachen zu lassen." Aber zur Abwechslung lieferte er auch ein ebenso seltenes wie aufrichtiges Bekenntnis: „Ich bin mittlerweile ein ziemlicher Alki."

Die Young-Brüder hatten sich inzwischen damit abgefunden, dass Bon trank, ganz egal, was sie zu ihm sagten. Jedenfalls war der Tour-Rider, der eine vollständige Bar im Backstage-Bereich vorsah, nicht sonderlich hilfreich dabei, ihn vom Trinken abzuhalten.

„Die Bar mitsamt Barkeeper war Teil ihres Riders“, erzählt Moses Mo, Gitarrist von Mother's Finest. „Sie war Bestandteil jeder Show, jedes Abends, wenn es für Angus an der Zeit war, auf den Schultern der Crew ins Publikum hinauszureiten. Bon setze sich in der Zwischenzeit an den Tresen, als wäre er in einem Pub. Wenn Angus wieder abstieg, kehrte Bon auf die Bühne zurück. Sie kamen dabei nie aus dem Rhythmus, was ich ziemlich verblüffend fand.“

Auch kaufte er Koks von den Roadies. Geoff Chang arbeitete während des kalifornischen Tour-Abschnitts für die Band. Zu jener Zeit war er 22 und fungierte als Yesterday & Todays Schlagzeugtechniker. Gegen Ende des Jahres fing er schließlich als Manager von Elvin Bishop an.

„AC/DCs Bus war liegen geblieben. Yesterday & Today hatten ihnen freundlicherweise Ausrüstung geliehen, um ihnen aus der Patsche zu helfen. Ein paar der Amps stammten noch aus der Zeit, als Yesterday & Today noch vom selben Management betreut worden waren. Also begleitete ich sie, um eine Auge auf das geliehene Equipment zu haben, wobei ich in erster Linie mit Bon, Angus und Malcolm abhing. Ich verkaufte Bon ein Gramm Kokain. Angus habe ich nicht einmal ein Bier trinken gesehen. Malcolm trank nach der Show gerne seine zwei Bier, während er mit seinem Bruder diskutierte. Ich arbeitete für Yesterday & Today und verdiente damit sechzig Dollar im Monat. Ich dealte auch mit Koks, das ich mit einem französischen Abführmittel für Babys streckte. Wenn ich mich nicht irre, fuhr ich von Santa Cruz zu mir nach Hause – ich wohnte in der Nähe von Richmond –, um Bon ein Gramm zu holen. Ich weiß noch, wie sich Angus bei mir für das schlichte Aussehen des süßen schwarzen Mädchens, mit dem er in der Nacht zuvor geschlafen hatte, entschuldigte. Ich dachte mir: ‚Das ist Angus Young und er entschuldigt sich bei mir, dass das Girl, mit der er die Nacht verbracht hat, nicht ganz so hammermäßig ausgesehen hat.‘ Zu Bon hatte ich nicht den gleichen Draht wie zu Angus und Malcolm, die echt nette Gentlemen waren. Mit Bon unterhielten sich vielleicht drei unspektakuläre Girls nach einem Gig. Wenn ich ihn dann aufforderte, sich startklar zu machen, weil wir zum Hotel aufbrechen wollten, tat er so, als würde er à la Beatlemania bestürmt werden. Das war ja witzig, aber auch irgendwie erbärmlich. Es war alles ein Spaß."

Spätestens ab der fünften Show, die in Long Beach stattfand, war Bon ein Wrack. So wie schon in München litt er unter Heiserkeit und musste schreien, um die richtigen Noten zu treffen. Pattee Bishop schlief mit ihm in der Nacht vor dem Konzert.

„Ich holte mir meine Backstage-Pässe und meine Drinks bei Ian Jeffery, der mir dann auch meinen Sitzplatz zuwies. Ian bekam von allen Groupies Blowjobs. Ich war nie eines von den Blowjob-Girls und kannte auch keines von ihnen. Die hässlichen Mädchen gelangten deshalb hinter die Bühne, weil sie sich mit den Roadies einließen. Das war schon irgendwie zum Lachen. In diesen vier Jahren erlebte ich zwischen Florida und L. A. ganz schön viel, aber für eine Nacht mit Bon hatte ich immer Zeit – oder auch für einen Tag, das kam ganz darauf an, was anlag. Bei uns ging es nicht immer nur um Sex. Manchmal blieb uns nicht genug Zeit, um uns zurückzuziehen. Dann küssten und umarmten wir uns bloß. Dann ging er auf die Bühne und ich verabschiedete mich."

Aber nun war er schwerkrank.

„Bon ließ seine Leber röntgen. Ich wusste, dass er manchmal Blut erbrach. Er litt unter Rückenschmerzen, da er viele Drehbewegungen machte."[36]

---

36 Laut dem Buch *Buzzed: The Straight Facts About the Most Used and Abused Drugs from Alcohol to Ecstasy* ist die Leber dafür zuständig, den Alkohol abzubauen, „indem ein Enzym namens Alkoholehydrogenase (ADH) das Ethanol in Acetaldehyd aufspaltet, das wiederum von einem Enzym namens Acetaldehyddehydrogenase in Acetat aufgespaltet wird, das als Nächstes ein Teil des Energiekreislaufs der Zelle wird ... Im Allgemeinen baut ein Erwachsener den Alkohol aus 30 Millilitern Whisky (40 Prozent Alkohol) in circa einer Stunde ab. Die Leber bewältigt dies mit hoher Effizienz. Wenn nun mehr als diese Menge konsumiert wird, wird das System übersättigt und der zusätzliche Alkohol sammelt sich im Blut und dem Körpergewebe an, wo er darauf wartet, abgebaut zu werden. Daraus resultiert eine höhere Alkoholkonzentration im Blut sowie ein intensiveres Rauschgefühl." All das bedeutet, dass, wenn Bons Leber ernsthaft geschädigt war, sein Körper den Alkohol, den er sich zuführte, nicht mehr abbauen konnte.

„Niemand hätte jemals so viel Scotch trinken können, ohne dabei seine Leber zu schädigen", sagte Silver Smith. „Er hatte zwar einen Iridologen und Chiropraktiker namens Ross Partington in Paddington, Sydney, mit dem er gemeinsam die Schulbank gedrückt hatte, aber abgesehen davon weiß ich von keinem Arzt."

Barry Bergman sorgte sich um seinen Freund. Er sagte, dass er Bon oftmals vor den gesundheitlichen Gefahren des Alkoholmissbrauchs gewarnt hätte: „Ich hatte ihm über all die Jahre hinweg viele Male gesagt, dass er mit dem Trinken aufhören müsste. Seine Philosophie lautete jedoch, dass er im Augenblick lebte und schon alles gut würde."

Ein Entzug stand nie zur Debatte?

„Nein."

Und die Band? Machten sie sich Sorgen?

„Ich glaube, sie machten sich große Sorgen. Ja. Ich denke, dass sie ihn liebten."

* * *

AC/DC zogen von Kalifornien weiter nach Texas, um dort zehn Shows in elf Tagen mit Molly Hatchet zu spielen: Amarillo, Lubbock, Midland, El Paso, McAllen, Corpus Christi, Houston, Dallas, San Antonio und Beaumont. Am Tag des Konzerts in San Antonio belegte *Highway To Hell* bereits Platz #32 in den Charts. Roy Allen wartete vergeblich auf einen passenden Moment, um mit Bon über die Show am 21. Juni in Austin zu sprechen, als dieser aufgewühlt von der Bühne gekommen war, überzeugt davon, dass ihm jemand wehtun würde, weil er begonnen hatte, den falschen Song zu singen.

„Es ergab sich an diesem Abend nie die Gelegenheit, unter vier Augen mit ihm zu sprechen. Ich kann mich nicht daran erinnern, dass er oder ich vor der Show allzu viel getrunken hätten. Nach der Show kramte irgendjemand hinter der Bühne einen gigantischen Joint hervor, den ein Fan während des Konzerts auf die Bühne geworfen hatte. Er war bestimmt 30 Zentimeter lang und mindestens drei Zentimeter im Durchmesser. In Tinte stand in großen Lettern ‚AC/DC' drauf geschrieben. Angus – oder auch Malcolm – sagte, wir sollten ihn aufbröseln, um daraus mehrere Joints zu drehen. Mein Freund Bob kümmerte sich darum. Er war ein wenig beunruhigt, weil überall Polizisten waren, aber die ließen uns deswegen in Ruhe. Wir fuhren alle zurück in die Hotelbar und tranken dort. Da waren jede Menge Girls. Es entwickelte sich zu einem perfekten Abend. Aber Bon betrank sich so heftig, dass er darauf bestand, das Weite zu suchen – auf jene unnachgiebige Art, die nur Volltrunkene drauf haben. Er war viel zu betrunken, um selbst zu fahren, also musste ich mit ihm rausgehen. Ich fuhr uns nach Hause und werde nie vergessen, wie Bon und die anderen Jungs zum Abschied winkten."

Im Anschluss daran zog die Tour-Karawane weiter nach Tennessee, zuerst in nordöstlicher Richtung für Shows in Memphis, Nashville und Johnson City, dann gen Südosten nach Charlotte und Greeneville. Als Support-Acts fungierten Sammy Hagar, Mother's Finest, Molly Hatchet, Point Blank, Blackfoot und Pat Travers. Ende September stand *Highway To Hell* auf Position #28. Die Shows mit Blackfoot und Mother's Finest in Knoxville, Greensboro, Birmingham und Dothan in der ersten Oktoberwoche erwiesen sich als überaus lukrativ. Der Knoxville-Gig toppte sogar die „Top Boxoffice"-Charts von *Billboard.* Und auf demselben Level ging es weiter: Jacksonville, Atlanta, Columbia, Norfolk, Wheeling, Charleston, Towson, Buffalo und Cleveland.

Als AC/DC am 13. Oktober schließlich Norfolk beehrten, war der Band mit „Highway To Hell" auf Platz #82 auch der Einstieg in *Billboard* Hot 100 geglückt. Zwei Tage später wurde der Song in der „Universals"-Analyse des *Fred Magazine*, einem Branchenblatt der Rundfunkindustrie, auf Platz #20 derjenigen Singles gelistet, die von den Rundfunkindustrie ihren Playlists neu hinzugefügt worden waren.[37] Doch im Chicagoer Aragon Ballroom bekam Doug Thaler, der alle Nordamerikatourneen der Band gebucht hatte, Bon nun so zu Gesicht, wie er wirklich war: gepeinigt von einer Sucht, die er nicht mehr kontrollieren konnte. Im Monat darauf beschrieb Bon im Liverpooler Holiday Inn der englischen Interviewerin Angela Morgan vom Sender Kent North Radio seine Trinkerei als Teil seines üblichen Tagesablaufs.

MORGAN: Die Presse schreibt gerne, dass du die Whiskyflaschen praktisch inhalierst.

BON: *[lacht]* Inhalieren? Yeah, ich gönne mir eine Dreiviertelliterflasche Jack Daniel's pro Abend … wenn ich auf Tour bin. Überhaupt kein Problem. Ich kann mir nicht vorstellen, dass das gut für meine Stimme ist … [aber] so bleibe ich klar im Schädel.

In Wahrheit, so Thaler, führte die Kombination aus Suff und jener emotionalen Ödnis, die das Leben auf Tour mit sich brachte, zu seiner langsamen Zerstörung.

„Im Spätsommer 1979 organisierte ich die *Highway To Hell*-Tour für AC/DC und Pat Travers, die beide zu meinen Klienten gehörten", erzählt mir Thaler beim Mittagessen in Virgil's Real BBQ in der Nähe des Times Square in Manhattan. „Normalerweise reiste ich zu mehreren Shows im Monat, aber nicht bei dieser letzten Tour.

---

37 AC/DC erhielten endlich dort Aufmerksamkeit, wo es am meisten zählte: im FM-Radio. Zu den Sendern, die *Highway To Hell* spielten, gehörten WQXM Tampa, WBAB Babylon, KZEL Eugene, WYDD Pittsburgh, ZETA-7 Orlando, WMMR Philadelphia, WDVE Pittsburgh, WBCN Boston, KSAN San Francisco, KOME San Jose, KZAP Sacramento, KLOL Houston, WRAS Atlanta, WLVQ Columbus, KZEW Dallas, WNEW New York, CHOM Montreal, KMEL San Francisco, KROQ Los Angeles, KRSI Minneapolis, KEZY-AM Anaheim, KWST Los Angeles, WLPL Baltimore, KPAS El Paso, KREM Spokane, WSHE Miami, KRBE Houston, WIFU Philadelphia, WOLF Syracuse, WRJZ Knoxville, KFXD Boise, KLUC Las Vegas, KTIM San Rafael, KGON Portland, KSJO San Jose, KNAC Long Beach, WTIC Hartford, KTFX Tulsa, WEAM Washington, KUPD Phoenix, KBOS Fresno, WFLI Chattanooga, KCBN Reno, Y103 Decatur, WQLK Richmond, WZDQ Chattanooga, WJZQ Milwaukee, WYSP Philadelphia, WZOK Rockford, WABX Detroit, WZZO Allentown, 96KX Pittsburgh, WKXX Birmingham, WVIC Lansing, WGRQ Buffalo, WIYY Baltimore, WKLS Atlanta, KQFM Portland, M-105 Cleveland, WLRS Louisville, WCPI Wheeling, KSHE St Louis, T-95 Wichita, KBPI Denver und WTIX New Orleans. Sie waren am Ziel.

Das einzige Konzert, das ich besuchte, war jenes in Chicago. Ich traf im Laufe des Nachmittags ein und stieg im selben Hotel wie die Bands ab. Dort wartete ich gerade auf den Aufzug, als ich Bon mit ein paar Girls erspähte. Er war sturzbetrunken und nahm keinerlei Notiz von mir. Von der Show weiß ich nicht mehr viel. Ich erinnere mich aber, dass ich mehr Zeit mit Pat als mit AC/DC verbrachte. Es war Ian Jeffery, glaube ich, der mir mitteilte, dass Bon inzwischen praktisch ununterbrochen heftig trank. Vor der Show trank er bis zur Besinnungslosigkeit und kam dann rechtzeitig vor der Show wieder zu sich. Dieser Ablauf wiederholte sich täglich. So hatte ich ihn zuvor noch nie erlebt."[38]

Thaler erhielt einen Anruf von Bon, ganz kurz bevor dieser starb. „Er war nicht betrunken oder irgendwie zugedröhnt. Es war ein überraschender Anruf, weil er mich noch nie angerufen hatte, wenn er sich nicht gerade in New York aufhielt. Es schien, als wollte er einfach eine Runde plaudern. *Highway To Hell* stand kurz davor, mit Platin ausgezeichnet zu werden, wozu ich ihm gratulierte. Ich sagte etwas wie: ‚Dann hast du jetzt ja endlich mal richtig Geld in der Tasche.' Er entgegnete, dass er trotz des ganzen Erfolgs noch nichts von dem Geld gesehen hätte und sein Leben immer noch genau gleich aussähe. Nur wenige Wochen später erhielt ich einen Anruf von David Krebs, dass man ihn tot in einem Auto in London gefunden hätte."

Am 20. Oktober 1979, demselben Tag, an dem „Highway To Hell" um zwölf Plätze auf Position #70 in den Single-Charts stieg und das Album Platz #22 belegte, gab Bon Dennis Frawley von WABX Detroit ein Interview auf dem Parkplatz der Sports Arena

38 Jeffery tischte dem AC/DC-Biografen Mark Putterford eine andere Geschichte auf: „Das ganze Gerede über [seine] Trinkerei war nichts als Mythos. Klar, Bon trank gerne, aber nur in Gesellschaft. Okay, vielleicht ging er mal auf Sauftour, aber dann trank er wieder zwei, drei Monate lang nichts. Er war überhaupt kein Gewohnheitstrinker und trank auch nicht, bevor er auf die Bühne ging. Das einzige Mal, als er betrunken performte, war im Gaumont in Southampton [Bons letzte Show am 27. Januar 1980]. Am Vorabend feierten wir eine Party und Bon war immer noch in Fahrt – aber das war das einzige Mal, dass er vor der Show trank."

von Toledo, Ohio. Bon wurde dabei gefragt, ob bereits ein Nachfolger für *Highway To Hell* in der Mache wäre.

„Yeah, definitiv, aber wir haben noch nicht genügend Songs, glaube ich", antwortete er. „Das ganze Ding ist noch nicht auf der Schiene, weißt du? Wir waren einfach zu beschäftigt ... Es hat mich komplett erschöpft. Ich fühle mich wie ein zehn Jahre altes Paar Schuhe, das dringend eine neue Sohle braucht. Nach dem morgigen Konzert haben wir zwei Tage frei ... Morgen spielen wir in Columbus, Ohio. Das wird das letzte Konzert in den USA dieses Jahr ... Wir müssen zurück und ein neues Album aufnehmen ... Ich möchte nur allen ausrichten, dass wir [nächstes Jahr] wieder nach Detroit kommen, und ich hoffe, dass alle, die die Band mögen, auch da sein werden. Wir werden unser Ding abziehen und ordentlich Arschtritte austeilen."[39]

Bons allerletzte Show in Nordamerika fand in der St. John Arena auf dem Areal der Ohio State University statt. Die Tickets kosteten nur acht Dollar. In den drei Jahren, in denen AC/DC in den USA auf Tour gewesen waren, hatten sie sich von einer in Texas, Ohio und Florida als Kultband verehrten Truppe zu einem veritablen Headliner auf landesweiter Ebene weiterentwickelt und stellten für Atlantic Records eine überaus profitable Einnahmequelle dar. Phil Carsons Poker-Strategie hatte sich ausgezahlt – im großen Stil. In der Woche, die mit dem 27. Oktober endete, hatte die Band sowohl ein Album auf Platz #20 der Albumcharts und eine Single auf Position #69 in den *Billboard* Hot 100. Zwei Wochen später kletterte das Album sogar auf Platz #17 und die Single erreichte am 8. Dezember mit Position #47 ihre beste Platzierung.

„Sie brauchten einfach ihren magischen Song", sagt Barry Bergman. „Die Liveshow bot die beste Performance im Rock 'n' Roll.

---

39 Bon sagte, dass geplant wäre, in der zweiten Januarwoche 1980 nach England zu gehen, um dort bis März zu komponieren und aufzunehmen und ab April mit dem neuen Album auf Tour zu gehen: „Hoffentlich gibt es die Band dann noch. Es könnte ja sein, dass wir alle an Unterernährung und Erschöpfung draufgehen ... Charlie, tu mir einen Gefallen, Schätzchen ... [Charlie, eine Frau, antwortet im Hintergrund: „Ja?"] mach mir bitte einen schönen steifen Whisky-Cola, ja?

Der *eine* Song, der magische Song, fehlte anfangs aber noch. Sie benötigten diesen magischen Hit – und den hatten sie schließlich 1979 mit ‚Highway To Hell'."

Es war an der Zeit, die Ernte einzufahren. Am 6. Dezember 1979 wurde *Highway To Hell* offiziell von der Recording Industry of America (RIAA) mit einer Goldenen Schallplatte ausgezeichnet. Bevor sich AC/DC auf den Weg nach Großbritannien und Europa machten, hieß Atlantic Records die Band mit einem Transparent im New Yorker Firmensitz willkommen: „Atlantic Records Congratulates AC/DC in Highway to Hell GOLD!" Die Band ließ sich lächelnd an der Seite derselben Plattenmanager fotografieren, die sich ihrer zwei Jahre zuvor noch entledigen wollten. Bon trug sich jedoch mit dem Gedanken, alldem den Rücken zu kehren.

* * *

Anfang Dezember dieses Jahres erhielt Roy Allen einen Anruf von Bon aus einem Hotelzimmer in Frankreich. Es war zwar noch Vormittag in Rockdale, Texas, aber Roy war bereits „vom Weed benebelt" und hatte ein paar Bierchen intus.

„Es war ein Tag, den ich nie vergessen werde und der mir seit damals Schuldgefühle bereitet. Ich war zu Hause. Das Telefon klingelte. Ich ging ran. Es war Bon. Ich bin diese Unterhaltung in den Jahren seither eine Million Mal in meinem Kopf durchgegangen. So viele Fragen. Ich habe diese Geschichte nur sehr wenigen Leuten erzählt."

Bon kam gleich zur Sache.

„Roy, ich möchte nach Texas kommen. Bald schon werde ich ein bisschen Geld zur Verfügung haben. Ich hab es satt: das Leben auf Tour, die Shows, das Trinken. Ich bin bereit, die Band zu verlassen. Ich muss raus. Es bringt mich noch um, und ich weiß das. Wenn ich nach Texas komme, kann ich dann bei dir bleiben? Wir könnten gemeinsam versuchen, mit dem Trinken aufzuhören."

Roy bedauert heute noch, dass er nicht aufmerksam genug reagierte. Die Nachricht, dass Bon ihn besuchen wollte, war für ihn wichtiger als die Information, dass der Leadsänger von AC/DC ihm mitteilte, er setze sich mit dem Gedanken auseinander, die Band zu verlassen, nachdem diese gerade den größten Hit ihrer Karriere hatte landen können. Dies stimmt überein mit dem, was Vince Lovegrove vor dessen Tod von Bon erfuhr. Er wollte aussteigen. Doch weshalb wollte er nach Texas, anstatt seinen Plan, Holly mit nach Australien zu nehmen, in die Tat umzusetzen? Dies könnte daran gelegen haben, dass er, so wie Holly vermutete, spürte, dass sie „abdriftete" – und zwar in die Arme eines anderen, entweder in die des berühmten Gitarristen oder in die des regional bekannten Sängers, den sie später heiraten sollte. Bon muss instinktiv gewusst haben, dass all seine Hoffnungen den Bach hinuntergingen: die Verlobung, das Haus, die Kinder, einfach alles. Pattee wollte ihn auch nicht. Silver genauso wenig. Offenbar meldete sich hier ein depressiver, einsamer Mann, der nicht wusste, was er tun wollte, und nur wenige Menschen kannte, die er als echte Freunde ansah – womöglich am wenigsten die Mitglieder seiner eigenen Band. Die Vorstellung von der Einsamkeit und der Isolation, die Bon gefühlt haben muss, als er diesen Anruf tätigte, ruft überwältigendes Mitgefühl hervor.

„Bon sprach immer darüber, nach Texas zu kommen, sobald er die Gelegenheit dazu hätte. Wir unterhielten uns oft darüber. Also war es keine Riesenüberraschung, als er mich anrief und fragte, ob er kommen könnte", sagt Roy. „Ich war einfach zu aufgeregt und hörte nicht genau auf das, was er mir da eigentlich sagte. Ich wünschte, ich könnte es noch einmal richtig machen. Ich hatte nicht das Gefühl, dass Bon damals viele enge Freunde hatte – jemanden, mit dem man Pferde stehlen, auf den man sich verlassen und dem man vertrauen konnte. Wir hatten immer darüber gesprochen, dass er nach Texas kommen und vielleicht sogar dort leben würde. Er liebte Texas und er liebte unsere Kultur. Wir [Australier und Texaner] waren uns so ähnlich – wie wir lebten, wie wir feierten, unser Essen, die Barbecues. Das alles sprach ihn an. Ich hatte Bon viele Male erklärt, dass er gerne bei mir wohnen könnte, wenn er jemals beschließen sollte, zu kommen. Mein Dad hatte erst kürzlich ein hübsches Haus auf dem Golfplatz des Country Clubs von Rockdale errichtet. Er musste ja in der Stadt leben, da er dort Richter war und in seinem Bezirk wohnen musste, also wohnte ich ebenfalls immer wieder mal dort. Als ich schließlich zu Wort kam, sagte ich, dass er natürlich willkommen wäre. Dann schwärmte ich ihm was von Partys, Frauen und Spaß vor. Bon erklärte mir, dass er genau davon wegkommen wollte. Ich sagte ihm, dass ich zu allem bereit wäre; er sollte nur kommen und wir würden uns dann schon was ausdenken. Er klang entmutigt und sagte, dass er jetzt gehen müsse. Die Unterhaltung hatte nicht lange gedauert. Er klang nicht, als hätte er – wenn überhaupt – viel getrunken. Betrunken war er ganz gewiss nicht. Stattdessen klang er vielmehr so, als wäre er verzweifelt und verängstigt. Er sprach sehr schnell. Als ich da nun vor dem roten Wandtelefon stand und das Freizeichen hören konnte, wurde mir das, was er gesagt und worum er mich gebeten hatte, erst richtig bewusst. Ich hatte ein ganz schlechtes Gefühl. Unbehagen. Irgendetwas war da in seiner Stimme. In erster Linie war er schließlich mein Freund. Ich machte mir richtig Sorgen und wollte mich noch einmal mit ihm unterhalten, um ihn zu überreden, zu mir zu kommen. Und ja, ich würde versuchen, dem Alkohol abzuschwören. Vielleicht könnten wir es ja schaffen."

Bons Nummer war Roy nicht bekannt, also rief er jeden an, der mit der Band in Kontakt stand und ihm womöglich weiterhelfen konnte. Schließlich erreichte er jemanden bei Atlantic.

„Ich erklärte andeutungsweise, worum es mir ging, und dass ich die Nummer bräuchte, um noch einmal mit Bon zu sprechen. ‚Wissen Sie, wo sie untergebracht sind oder wie ich sie finden kann?' Ich erinnere mich, dass der Angestellte von Atlantic sagte, er wüsste, dass Bon ein paar Dinge belasteten. Er konnte mir aber nicht helfen, da er weder wusste, wo sie wohnten, noch wie ich sie erreichen konnte. Wenn ich mich richtig erinnere, lachte er irgendwie. Mir fiel sonst niemand ein, den ich hätte anrufen können, und da hab ich aufgegeben. Ende der Fahnenstange.“

Ich frage Roy erneut: Bist du dir absolut sicher, dass Bon AC/DC den Rücken kehren wollte?

„Definitiv. Er sagte, er würde die Band verlassen, um clean zu werden. Er musste fort von allem – das waren seine Worte –, weil es ihn umbrachte. Er sagte, es würde ihm einfach zu viel. Es wuchs ihm alles über den Kopf. In seiner Stimme lag etwas, das ich nicht sofort einordnen konnte. Ich wünschte mir, ich hätte an diesem Tag noch einmal mit ihm sprechen können. Ich hätte alles unternommen, wenn ich ihn erreicht hätte.“

Es war das letzte Mal, dass beide miteinander sprachen.

Teil IV

1980

Shoot To Thrill

Der Name Alistair Kinnear spielt dieselbe ominöse Rolle in der Story von Bon Scott wie Moriarty in *Die Abenteuer des Sherlock Holmes:* Er verkörpert das pure Böse, was nicht zuletzt daran liegt, dass niemand genau weiß, wer er eigentlich ist. Viele geben ihm die Schuld an Bons Tod – wenn schon nicht absichtlich, dann zumindest durch seine Nachlässigkeit. Er hätte Bon am eiskalten Morgen des 19. Februar 1980 nie in seiner geparkten Karre in der Overhill Road, East Dulwich, London, zurücklassen sollen. Was hatte er sich nur dabei gedacht? Welcher verkommene Dreckskerl würde irgendjemandem – geschweige denn dem Leadsänger der heißesten Rockband der Welt – so etwas antun?

Im Verlauf der Jahre wurde Alistair fälschlicherweise unter anderem als „ein Junkie-Bekannter von Silver … ein ehrgeiziger Bassist", „angeblich ein angehender Musiker; anscheinend Bassist" und „vermeintlicher Musiker, aber vielleicht auch nur ein Möchtegern und Drogenopfer" beschrieben. Schlimmer noch: Eine Zeit lang hieß es, er würde nicht einmal existieren, er sei ein Gespenst.

Diesen Nonsens setzte 1992 AC/DC-Biograf Mark Putterford in die Welt: „Viel deutet darauf hin, dass Alisdair [sic] Kinnear in der Tat ein falscher Name war, der gegenüber Polizei und Presse angegeben wurde, um die wahre Identität jenes Mannes, der Bon in der letzten Nacht seines Lebens begleitet hatte, zu vertuschen." Geoff

Barton von *Classic Rock* trug noch mehr zu dieser Räuberpistole bei: „Alistair Kinnear – von dem manche behaupten, er wäre Rock-Journalist und nicht etwa Musiker gewesen – könnte eine andere Identität angenommen haben … Putterford, der zur Sprache brachte, dass Heroin bei Scotts Tod eine Rolle gespielt haben könnte, war angeblich im Bilde über Kinnears neue Identität."

Bon-Scott-Biograf Clinton Walker war hingegen überzeugt, dass Alistair einfach ein Name war, den jemand, den er bereits interviewt hatte, sich ausgedacht hätte.

„Niemand hatte vor oder nach dem Vorfall je mit ihm gesprochen. Er scheint einfach nicht zu existieren", erzählte er Richard Jinman vom *Guardian*. Wenn es noch irgendwelche Zweifel an Walkers Sicht der Dinge gab, so zerstreute Jinman dies bereitwillig in seinem Artikel, den er anlässlich von Bons 25. Todestag verfasste: „Walker glaubt, dass Kinnear ein Pseudonym war, das sich einer von Scotts Bekannten ausgedacht hatte, weil er nicht identifiziert werden wollte." Jinman sagte in Paul Stennings AC/DC-Biografie *Two Sides to Every Glory* so ziemlich dasselbe: „Leute wie Clinton Walker sind davon überzeugt, dass Alistair Kinnear ein erfundener Name ist."[40]

Es ist nicht sonderlich schwer zu erraten, wen Walker verdächtigte, sich als Kinnear zu tarnen, nämlich den australischen Musiker, Roadie und vermeintlichen Drogendealer Joe Fury, der unter verschiedenen Pseudonymen firmierte und zur Zeit von Bons Tod mit Silver schlief. Niemand sonst kam infrage. In seinem Buch schreibt Walker den Nachnamen „Furey". Walker erklärte 2005 gegenüber *Classic Rock*: „Alistair, so glaube ich, war ein weiteres Pseudonym eines der Charaktere in meinem Buch – und ich gab mir Mühe, das

40 Am 23. Februar 2005, vier Tage, nachdem der Artikel erschienen war, veröffentlichte der *Guardian* eine Richtigstellung: „In [Jinmans] Story wurde angedeutet, dass der Name Alasdair Kinnear [sic] ein Pseudonym sein könnte, das einer von Scotts Bekannten benutzte. Dies ist unwahr. Alistair (nicht Alasdair] Kinnear ist der Name von Scotts ehemaligem Freund und Nachbarn [sic]. Wir wurden gebeten, klarzustellen, dass Mr. Kinnear sofort Alarm schlug, als er Bon Scott entdeckte. Scott wurde daraufhin ins King's College Hospital in Camberwell gebracht, wo er für tot erklärt wurde."

ganz sanft anzudeuten. Ich habe mich mit diesem Typen getroffen, aber ich beließ es dabei. Was ich sagen will, ist, dass ich den Kerl, der ‚Kinnear' gewesen sein könnte, getroffen habe. Allerdings habe ich dafür keine handfesten Beweise, sondern nur ein Gefühl."

Sein Gefühl war einen Scheißdreck wert. Bereits ein klein wenig Recherche hätte zu dem Ergebnis geführt, dass Alistair eine reale Person war. Joe und Alistair waren laut Silver Smith nämlich miteinander befreundet.

„Anfang '77 zogen Bon und ich in eine Wohnung in Abingdon Villas, Kensington, die sich nur ein paar Türen weiter von meiner Freundin Carol [die Ex von Rollings-Stones-Bläser Jim Price] und ihren Söhnen befand. Wir trafen Alistair bei Carol. Joe lernte Alistair und Carol schließlich im Jahr darauf kennen."

Laut Silver hatte sie Walker sogar mit Infos zu Alistairs Familie versorgt. Alistairs Vater Angus, der Arzt war und den sie als „wundervoll" beschrieb, hatte sogar keine fünf Tage nach Bons Tod einen Hausbesuch bei ihr gemacht, da sie damals unter einer Pleuritis litt.

„Ich gab [Walker] genug Informationen, um Alistair und seine lieben Eltern ausfindig zu machen und alles zu klären, doch er blieb bei seiner Theorie, was ihnen weiteres unnötiges Leid bereitete."

Alistair, so sagte sie, war so erschüttert darüber, wie er in Walkers Buch dargestellt wurde, dass er praktisch zum Einsiedler wurde. Silver und Joe zeigten sich ebenfalls zutiefst getroffen davon, wie sie in der im Buch dargestellten Version von Bons Tod wegkamen.

„Alistair war richtig traumatisiert und es war vermutlich kein Zufall, dass er nach der Veröffentlichung von Walkers Buch ‚verschwand'. Ich ärgerte mich über vieles darin und bat meine Schwester, auf die ich große Stücke halte, es nicht zu lesen. Es hatte auch zur Folge, dass ich gegenüber Presse und Medien extremes Misstrauen entwickelte, mich sehr zurückzog und vorsichtig wurde. Joe zieht es vor, seine Privatsphäre zu schützen. Du kannst dir ja nicht vorstellen, wie es für Joe, Alistair und mich war. Alistair kümmerte sich immer schon um andere Leute – oft zu seinem eigenen Nachteil. Joe und ich haben nie irgendjemandem irgendetwas angetan. Wie soll man dann damit umgehen, dass der ganzen Welt gesagt wird, man wäre so 'ne Art böse Kreatur – und zwar von Leuten, die einen nicht einmal kennen, oder noch schlimmer: die einen sehr wohl kennen? Wir haben ja auch Familien. Der einzige Trost ist die Unterstützung und Empörung von Leuten, die dich tatsächlich kennen und lieben. Alistair verschwand also jahrzehntelang von der Bildfläche, bevor er seine Geschichte erzählte, die sich nur in unwichtigen Details von meiner unterscheidet, weil sich einer von uns falsch erinnert hat. Joe hat seinen Namen geändert und ich habe nie irgendwem, der es nicht ohnehin schon wusste, offenbart, dass ich Bon überhaupt kannte. Wenn sein Name in einer Unterhaltung fiel, was oft vorkam, verließ ich leise den Raum. Hier in Australien arbeitete ich nicht im Musikbusiness, obwohl ich gute Referenzen gehabt hätte. Also musste ich meinen Namen nicht ändern … Als es mit den negativen Storys so richtig losging, kamen meine Mitarbeiter zum Glück nicht auf die Idee, dass es darin um mich gehen könnte."

Alistair wurde 2005 in Spanien von einer amerikanischen Frau namens Margaret „Maggie" Montalbano, die Kreuzworträtsel für Rock-Magazine erstellte, ausfindig gemacht. Sie starb 2009. Er lebte in der Calle de Plátano, Hausnummer 167, in Estepona, unweit von Marbella, und lieferte Montalbano seine Seite der Geschichte rund um die Ereignisse vom 18. und 19. Februar 1980. Doch was nun folgte, hätte niemand vorausahnen können: Im darauffolgenden Jahr verschwand Alistair, als er von Frankreich nach Spanien segelte. Am 19. Juli 2006 schlug seine Familie Alarm beim Maritime Rescue Coordination Centre (MRCC) in Falmouth in Cornwall. Erst 2010 gab Alistairs Sohn, der Bankier Daniel Kinnear, gegenüber dem *Daily Telegraph* in Sydney eine öffentliche Stellungnahme zum Schicksal seines Vaters ab.

Spätestens an diesem Punkt hätte man sich erwartet, dass Bons Biograf Walker sich seinen Fehler eingestanden hätte. Jedem Autor unterläuft mal einer. Oder sogar zwei. Allerdings hatte er bereits begonnen, sich wie wild aus der Sache herauszuwinden.

2006 schrieb er in der australischen Ausgabe des *Rolling Stone*, dass „die überzeugendste Verschwörungstheorie" rund um Bons Geschichte jene wäre, dass Alistair ein Deckname „einer anderen, dem Geschehen nahestehenden Person" wäre. Im selben Artikel nannte er wenig überraschend Joe Fury als diese Person. Doch Walker behauptete, dass das, was er zu Jinman für dessen *Guardian*-Artikel gesagt hätte, falsch ausgelegt worden wäre: „Ich sagte zu Jinman, dass ich der Auffassung wäre, dass alles, was sich in Scotts Todesnacht zugetragen haben soll, auch tatsächlich so wäre – aber solange Kinnear ein Phantom bliebe, könnte ich mir eben nie zu hundert Prozent sicher sein. Ich wusste, dass es sich bei Furey [sic] nicht um Kinnear handelte, aber nach zehn Jahren Recherche weiß ich immer noch nicht, wer Kinnear ist."

Walker ging sogar so weit, zu behaupten, dass Alistairs Auftauchen sowie dessen Stellungnahme gegenüber Montalbano im Jahr 2005 „all die himmelschreienden Verschwörungstheorien" verstummen ließe und seine Theorie über Bons Tod komplettiere.

„Das letzte Puzzle-Teilchen passte perfekt", schrieb er in der Neuauflage von *Highway to Hell* aus dem Jahr 2015.

Pardon, aber die himmelschreiendste Verschwörungstheorie von allen war Walkers eigene, der zufolge Alistair bloß eine Erfindung war. Der Biograf blieb beharrlich: „Als Alistair Kinnear … sich sehr spät zu jener schicksalhaften Nacht äußerte, bestätigte seine Stellungnahme, wie richtig ich mit meiner ursprünglichen Rekonstruktion trotz all des Ballasts der alten Verschwörungstheorien eigentlich gelegen hatte."

Das Problem besteht darin, dass Walkers Rekonstruktion eben überhaupt nicht „richtig" war. Vielmehr ist sie löchrig durch und durch – und das behaupte ich vollkommen frei von Schadenfreude. Schließlich habe ich Walkers Bericht selbst auch geglaubt, bis ich selbst zu Bon zu recherchieren begann. Hier geht es um Geschichte, das Leben eines Menschen. Es ist wichtig, die Dinge richtigzustellen: für Bon, seine Familie, die Fans von AC/DC und um der Geschichte selbst willen.

Die Reklame für die neue australische Auflage von Walkers Buch verkündet sogar, dass Walker „dank neuer Informationen endlich den Mythen rund um Bons Tod ein Ende bereitet". Das entspricht einfach nicht der Wahrheit und es ist schon komisch, wenn er damit prahlt, dass sein Buch „aufgrund von Tatsachen" nur geringfügig korrigiert werden musste.

Walker tat das, was er zu Jinman gesagt hatte, auf verwirrende Art und Weise ab.

„Ich wurde zitiert, wie ich [2005] händeringend jene ultimative Frage stellte, die weder [Jinman] noch sonst jemand beantworten konnte: Was wurde aus Kinnear? Sein Verschwinden war so spurlos, seine Identität so nebulös – es war so, als hätte er gar nie existiert … und genau diese Vorstellung – dass Kinnear nie existiert hätte – stellte die Grundlage für die große Verschwörungstheorie dar, nämlich dass ‚Alistair Kinnear' nur ein Deckname unter vielen von Joe Furey [sic] war und außerdem Drogen eine Rolle bei Bons Tod gespielt hatten."

Wieder einmal gibt sich Walker hier unaufrichtig. Schließlich war es Walker selbst, der „die große Verschwörungstheorie" 2005 gegenüber sowohl *Classic Rock* als auch dem *Guardian* gestützt hatte, indem er behauptete, der Mann würde nicht existieren. Mittlerweile wissen wir, dass das komplett falsch ist. Alistair war kein Phantom, sondern aus Fleisch und Blut.

Also wer war er nun genau?

Hells Bells

Alistair Kinnear wurde am 20. April 1950 im indischen Ootacamund geboren. Seine Eltern waren Angus Kinnear, ein Schriftsteller, Komponist, Missionar und Arzt, sowie Jean Austin-Sparks, die Tochter des evangelikalen Predigers Theodore Austin-Sparks. 1959 zog Alistair mit seinen Eltern sowie seinem Bruder Neil und seiner Schwester Fiona nach London, wo sie fortan in der Hengrave Road 4, Forest Hill, direkt neben East Dulwich wohnten.

„Jean arbeitete bei den Sozialdiensten in Lambeth", erzählt Daniel Kinnear. „Angus praktizierte als Allgemeinmediziner und Hausarzt in Südlondon. Alistair kam in Indien zur Welt, als seine Eltern dort arbeiteten. Sie waren fromme Christen. Angus schrieb eine Biografie über [den chinesischen christlichen Geistlichen] Watchman Nee."

Das Buch mit dem Titel *Against the Tide* erschien 1973, Daniels Geburtsjahr. Er war sechs Jahre alt, als Bon starb, und kannte seinen Vater kaum. Alistair stach am 6. Juli 2006 von Port Saint Louis du Rhône bei Marseille aus in See. Bons Schicksal verfolgte ihn überallhin. Es war ihm nicht vergönnt, darüber hinwegzukommen.

Trauernde Fans hefteten Bilder von Bon an Alistairs Tür in East Dulwich, was ihn zutiefst verstört haben dürfte, wenn er abends nach Hause kam.

„Dieser Vorfall erschütterte Al von Grund auf", sagt Daniel. „Wahrscheinlich drängte die Sache ihn letztlich auch in seine Drogenabhängigkeit und führte zum Niedergang seiner musikalischen Karriere. Al war ein sensibler Mensch, und mit so einer Tragödie zurechtzukommen, fiel ihm schwer. Von dieser Geschichte bekam ich erst als Erwachsener etwas mit. Es wurde nie darüber gesprochen."

Denkst du, dass noch mehr als „nur" eine Alkoholvergiftung zu Bons Tod beigetragen hat?

„Nein. Ich glaube, dass es ein tragischer Unfall war, der von zu viel Alkohol herrührte. Ich glaube nicht, dass irgendein Verbrechen dahintersteckte.[41]

Was glaubst du, ist deinem Vater zugestoßen?

„Leider wurden keine Leichen geborgen. Er hatte – zusammen mit zwei anderen – ein Boot renoviert, mit dem sie von Marseille aus nach Estepona segeln wollten. Allerdings kamen sie nie an und die Familie geht davon aus, dass das Boot unterwegs kenterte, was den Tod der dreiköpfigen Besatzung zur Folge hatte."

Die *Danara* war eine 13,5 Meter lange, einmastige Schaluppe mit Holzrumpf, die unter spanischer Flagge segelte. Die drei Besatzungsmitglieder waren der niederländische Eigentümer Adrian Root, der früher in Estepona gelebt hatte, Alistair Kinnear sowie dessen britischer Landsmann Gino Yuile. Das Boot war drei Jahre lang in Marseille repariert worden und wurde zum letzten Mal nahe der Frioul-Inseln vor Marseille von einem Patrouillenboot des französischen Zolls gesichtet.

„Angesichts der Tatsache, dass wir seither nie mehr von Al gehört haben und einer der an Bord befindlichen Pensionäre keine Rentenschecks mehr einlöste, sind wir uns sicher, dass wir richtigliegen. Aufgrund von Als besonderem Lebensstil hätten wir gedacht, dass er mit uns in Kontakt getreten wäre, um an Geld heranzukommen. Er

41 Das ist eine interessante Antwort von Daniel. Er dachte wohl, ich würde eher von Mord als von einer Überdosis Heroin ausgehen. Interessant, weil er wusste, dass sein Vater harte Drogen konsumierte. Es gibt eine ziemlich wilde Verschwörungstheorie, derzufolge Bon ermordet worden wäre, indem ihn jemand mit Kohlenmonoxid vergiftet hätte. Sie entbehrt jedoch jeglicher faktischen Grundlage.

war finanziell nicht vollkommen unabhängig und oft auf die Unterstützung durch seine Mutter angewiesen."

Alistairs Geschwister – vor allem seine Schwester – ziehen es vor, sich nicht öffentlich zu ihrem Bruder zu äußern.

„Ich glaube, dass der Widerstand meiner Tante damit zu tun hat, dass ihr Lebensstil das komplette Gegenteil zu seinem darstellt. Sie ist sehr religiös. So wie schon ihre Eltern, arbeitete auch sie in Indien, als Lehrerin an einer Missionsschule. Ich glaube, ihr war Alistairs Lebensstil unangenehm, weshalb sie die Sache einfach unter den Teppich kehren will. Alistairs Familie von war echt *total* religiös. Ich kann mir vorstellen, dass dies einer der Gründe für seine rebellische Art war."

***

Alistair war alles andere als ein „angeblicher" oder „vermeintlicher" Musiker, denn laut seinem Sohn konnte er tatsächlich spielen: „Al war ein unglaublicher Musiker. Er hatte sich selbst eines Sommers, als er noch ein Kind war, das Gitarrespielen beigebracht, und konnte jedes Saiteninstrument spielen – von der Fiedel bis zur Sitar. Drogen können dich ganz schön kaputtmachen."

Ende der Sixties ging Alistair voll und ganz im „Swinging London" auf.

„Ich kannte Alistair seit ungefähr 1966, als wir gemeinsam in einem Folk- und Lyrik-Club [The Crypt] in der St. Peter's Church in Streatham abhingen", erinnert sich Jon Newey, Herausgeber von *Jazzwise*. „Er war ein paar Jahre älter als ich und trug die Haare für diese Zeit schon ziemlich lang. Auch musikalisch kannte er sich gut aus: Blues, Dylan, die Stones. Außerdem war er ein durchaus fähiger Gitarrist und spielte in einer Jug-Band. Er war still, sehr freundlich und charmant. Ab 1967 gehörte er zur aufkeimenden psychedelischen Szene und dem gegenkulturellen Underground. Ich begleitete ihn zu The 14 Hour Technicolor Dream, einem der ersten großen Happenings im April 1967, und sah ihn im Verlauf der nächsten paar Jahre auch bei Underground-Club-Events wie den Veranstaltungen von Middle Earth und der Veranstaltungsreihe Implosion im Roundhouse. Er betätigte sich hin und wieder als Roadmanager für Hippie-Bands. Als Nächstes hörte ich, dass er bei einer Underground-Gruppe namens Screw spielte, die aus Musikern der Streathamer Blues-Szene bestand."

Die beiden Tracks „Banks Of The River" und „Devil's Hour" nahmen Screw im Mai 1969 mit dem Pink-Floyd-Schlagzeuger Nick Mason als Produzent in den Lansdowne Studios auf. Allerdings erschienen sie erst 2006 auf einer 10"-Platte. Der Release war „Alister [sic] Kinnear" gewidmet. Der Höhepunkt in der Karriere der ansonsten völlig unbekannten Screw war ihr Auftritt als Anheizer beim Konzert der Rolling Stones 1969 im Hyde Park, obwohl ihre Performance nicht sehr gut ankam. Doch Alistair hatte der Band schon ein paar Wochen zuvor den Rücken gekehrt.

Sam Cutler, der Manager von Screw, beschrieb sie als „Punkband, über ein Jahrzehnt bevor Malcolm McLaren sich mit den Sex Pistols zusammentat und lange bevor irgendjemand eine Ahnung davon hatte, was ‚Punk' eigentlich war ... Sie waren eine der wenigen Bands, die das Publikum dazu zwangen, sich ratlos und verwirrt ihrem Schicksal zu ergeben. Nachdem sie Screw spielen gesehen hatten, wussten die Leute einfach nicht, was sie davon halten oder dazu sagen sollten. Sie waren angewidert und sprachlos. Das war, so dachten wir damals, eine beachtliche Leistung."

Ab Winter 1972 spielte Alistair schließlich Gitarre und Geige bei England's Glory. Als Frontmann fungierte Peter Perrett und Jon Newey saß hinterm Schlagzeug.

„Alistair war zu dieser Zeit irgendwie verpeilt, fast wie Syd Barrett", berichtet Newey von den Proben der Band in den Underhill Studios in Greenwich. „Immer noch charmant und still, aber irgendwie *abwesend*. Mir wurde erzählt, dass das an zu vielen LSD-Trips liegen würde. Deshalb konnten wir ihn bei England's Glory nicht wirklich gebrauchen. Er war leider zu unausgeglichen. Später ließ er sich auf härtere Drogen ein. Als Nächstes hörte ich dann, dass seine Eltern dafür bezahlten, dass er in Spanien wohnen konnte, um von den Drogen wegzukommen. Das letzte Mal habe ich 1995 mit ihm gesprochen, als ich hörte, er wäre ein paar Wochen lang im Haus seiner Eltern zu Besuch. Ich wollte ihn ein paar Sachen zu Screw fragen, da ich damals an einem Buch arbeitete. Alistair hat ein solches Potenzial, doch leider verstellten ihm andere Dinge den Weg. Er besaß eine Wohnung in Estepona, bevor er schließlich auf See verschwand. Während [Maggie Montalbanos] Nachforschungen zu Alistairs Verschwinden Ende 2006 erhielt sie einen Anruf vom britischen Konsulat in Malaga. Ihr wurde mitgeteilt, dass Alistair noch lebte, aber nicht kontaktiert werden wollte."

Die spanische Seenotrettungsorganisation Salvamento Marítimo Español leitete die Suche nach dem verschollenen Boot, doch wurde die Suchaktion am 25. August 2006 offiziell abgebrochen, nachdem die Seenotrettungsstelle La Garde nahe Marseille folgendes Fax geschickt hatte: „Die gesuchte Person Alistair Keith Kinnear von der Yacht *Danarah* [sic] ist gesund auf Ibiza lokalisiert worden. Alle Suchaktionen bitte abbrechen."

Die französische Website *Sail The World* berichtete: „Die *Danarah* ist in irgendeinem Mittelmeerhafen in Sicherheit. Das 58-jährige [sic] Besatzungsmitglied, nach dem die Familie sucht, will nicht, dass sie seinen Aufenthaltsort erfährt. Wir respektieren seinen Wunsch."

Daniel jedoch erklärt diesen Bericht für falsch: „Als Al verschwand, wurden erst einmal alle Küstenwachen alarmiert. So erhielten wir eine Nachricht von der Küstenwache Ibiza, dass Al eine Botschaft hinterlassen hätte. Jedoch stellte sich nach weiteren Nachforschungen heraus, dass die von einem seiner Bekannten stammte. Obwohl ich mich nicht mehr an jedes Detail erinnere, weiß ich noch, dass wir die Sache als nicht fundiert und irreführend ansahen."

Wer war dieser Bekannte? Und wenn dieser Bericht falsch war, wie du sagst, warum sollte er behaupten, dass dein Vater am Leben wäre?

„Wir haben keine Ahnung, warum diese Person das behauptet hat. Vielleicht war es ja ein Missverständnis. Vielleicht war er zwar gesehen worden, doch schon zu einem früheren Zeitpunkt. Ich glaube, dieser Typ hieß Armin Gerd Habermann. Letzten Endes werden wir niemals wissen, was da passiert ist. Offenbar sank das Boot einfach auf dem Weg nach Estepona. Allerdings könnte alles passiert sein. Einfach noch ein weiteres Mysterium in Alistairs Leben."

Als Bon im Februar 1980 starb, war Alistair 29 Jahre alt. Als er schließlich auf See verschwand, war er 56. Seine Sterbeurkunde wurde erst am 30. Dezember 2015 von den spanischen Behörden in Madrid ausgestellt.

* * *

Alistair existierte somit auf jeden Fall. Er war jemandes Vater, jemandes Bruder, jemandes Sohn, jemandes Freund, jemandes Bandkollege, jemandes Schiffskamerad. Bons Tod sowie die unfreiwillige Rolle, die Alistair dabei gespielt hatte, wirkten sich intensiv auf das Leben des jungen Daniel aus. Als er sieben Jahre alt war, erlitt seine inzwischen verstorbene Mutter Mo Jasmin (nicht ihr Geburtsname) einen Nervenzusammenbruch und musste eine Zeit lang stationär behandelt werden. Daniel verbrachte diese Zeit bei seinen Großeltern. Irgendwann landete Alistair hinter Gittern. Daniel erinnert sich, dass er sich sehr schämte, als er ihn dort einmal besuchte. Mo starb nur zwei Monate vor Alistairs Verschwinden an Krebs. Vor ihrem Tod erzählte sie noch ihrem Sohn, dass Bon ihrer Ansicht nach eventuell mit Heroin „experimentierte", aber „kein regelmäßiger Konsument" war.

Walkers massive Überarbeitung seiner Bon-Biografie von 1994 konzentriert sich offenbar ausschließlich auf die Passagen, die sich auf Alistair beziehen, der ein talentierter Musiker aus sehr gutem, wenn auch religiösem und konservativem Hause war, dessen Leben vom Heroin zerstört wurde.

Silver räumt ein, dass Alistair die Droge konsumierte, „aber auch nicht anders als ich, keine große Sache“.

Süchtig oder nicht, offensichtlich bedeutete er Daniel und seiner Familie etwas. Doch Walker blieb verborgen, was aus Alistair wurde. Er sprach nicht mit Daniel. Auch kritisierte er die sensationellen Zeugenaussagen der beiden damaligen UFO-Mitglieder Paul Chapman und Pete Way, die Geoff Barton 2005 für eine Story über Bons letzte Stunden in *Classic Rock* interviewte und die auch mir für dieses Buch Rede und Antwort standen, als „wirre und widersprüchliche Berichte zweier ehemaliger Suchtkranker“, die „so wie andere Verschwörungstheorien nie einen Sinn ergaben. Nein, Bons Tod entsprach ziemlich genau der seit jeher ‚offiziellen‘ Version, die mit meinen Schlussfolgerungen übereinstimmt.“

Walker gestand in seiner schriftlichen Korrespondenz, dass er nie mit Chapman gesprochen hatte: „Doch die Interviews mit ihm, die ich las, brachten kein Licht in die Sache und ich bezweifle, dass sie sich überhaupt nahestanden. Deswegen sah ich es als ausreichend an, mich auf die Leute zu beschränken, die Bon an diesem letzten Tag getroffen haben: seine damalige Freundin [eine Japanerin, mit der er erst kurz zuvor Schluss gemacht hatte, die in Walkers Buch ‚Anna Baba‘ heißt], seine Exfreundin [Silver Smith] und ‚Alistair Kinnear‘.“

Damit nicht der geringste Zweifel daran bestehen bleibt, dass Alistair ein real existierender Mensch war, schreibt Barton pointiert: „Die Anführungszeichen vor und nach ‚Alistair Kinnear‘ stammen von Walker.“

Wie falsch Walker doch lag – und auf mehr als nur eine Art und Weise …

Shake A Leg

Paul Chapman und Pete Way geben selbst zu, in den späten Siebzigern und den frühen Achtzigern Heroin konsumiert zu haben. Das hat sich auf ihr Erinnerungsvermögen ausgewirkt und manche Details können einfach nicht mehr rekonstruiert werden. „Das war vor einer scheißlangen Zeit“, erklärt Chapman. „Die frühen Achtziger erlebte ich wie durch einen Schleier. Was immer ich auch sage, entspricht nur dem, an das ich mich erinnern kann.“

Doch in Bezug auf Bons Schicksal verfügen beide über ein außergewöhnlich gutes Erinnerungsvermögen und erzählen im Grunde genommen dieselbe Geschichte, obwohl sich die betreffenden Begebenheiten bereits vor fast 40 Jahren zutrugen. Ein Name sticht dabei hervor: Joe Fury.

Chapman besteht darauf, Bon am Abend vor seinem Tod gesehen und den späten Abend des 18. Februar sowie die frühen Morgenstunden des 19. Februar 1980 mit Joe verbracht zu haben, als die beiden darauf warteten, dass Bon in seine Wohnung in Fulham zurückkehrte, um sie mit Heroin zu versorgen. Bon tauchte jedoch nicht mehr auf und so verließ Joe Chapmans Wohnung kurz nach Sonnenaufgang des 19. Februar.

Kurze Zeit später, so erzählt Chapman, erhielt er einen Anruf des verstörten Joe, der ihn darüber informierte, dass Bon tot wäre. Der Anruf erfolgte irgendwann morgens zwischen 6.30 Uhr und

8.30 Uhr. Unabhängig von Chapman bestätigt Way diese Version, da er behauptet, kurz darauf von Chapman angerufen worden zu sein, der ihn nach den Telefonnummern von Angus oder Malcolm Young fragte.

„Ich kann mich noch glasklar erinnern. Sogar daran, in welcher Verfassung [Joe und ich] waren“, berichtet Chapman. „Im Vorfeld hatte Joe bereits fast ein Jahr für mich als Gitarrentechniker gearbeitet, also schon ziemlich lange, und ich kaufte Heroin in Joes Umgebung.“

* * *

Joe Fury verwendete diverse Decknamen beziehungsweise war unter unterschiedlichen Pseudonymen bekannt: Joe King (unter diesem Namen kannte ihn damals Chapman), Joe Silver, Joe Furey, Joe Blow, Joe Bloe, Jo Fury und so weiter. In unserer schriftlichen Korrespondenz nannte Silver Smith ihn regelmäßig „Jou“.

So wie Alistair Kinnear hat sich der scheue, zweifelhafte Joe zu einer Art Feindbild in der Bon-Scott-Story entwickelt. Vor diesem Buch hier hat er erst ein Interview gegeben, und zwar Clinton Walker. Zwar gelang es dem AC/DC-Biografen Mark Putterford, an seine Telefonnummer heranzukommen, doch der starb, bevor er Joe anrufen konnte.

Was ich über ihn durch Freunde und Bekannte in Erfahrung bringen konnte, war, dass er nach seiner Rückkehr nach Australien – er hatte in den frühen Achtzigerjahren im Ausland gearbeitet – in verschiedenen Bands, etwa mit Dave Tice, vormals bei Buffalo, und Pete Wells, vormals bei Rose Tattoo, spielte. Später trat er regelmäßig mit einer Band namens Rough Justice in Sydney auf. Er heiratete, hatte zusammen mit einer Schauspielerin und Malerin namens Dolly ein paar Kinder, zog dann an die Central Coast nördlich von Sydney und verschwand schließlich vom Radar. Niemand, mit dem ich sprach, konnte sich an Joes oder Joeys echten Nachnamen erinnern. Vielleicht wollten sie ihn mir auch nur nicht sagen.

„Es hat ziemlich viele Probleme mit ihnen gegeben und jetzt will keiner mehr was von ihnen wissen“, erklärte mir ein Informant, jemand, der in der Hardrock-Szene von Sydney in den Siebziger- und Achtzigerjahren gut vernetzt war. „Seit zwanzig Jahren, seitdem sie an die Central Coast gezogen sind, hat niemand mehr etwas von ihnen gehört.“

Schon an diese Info zu Joe heranzukommen, war schwierig genug. Meine Quelle zögerte, noch mehr ins Detail zu gehen, und warnte mich vor, dass weitere Nachforschungen keine Ergebnisse liefern würden: „Viele geben sich bezüglich der alten Zeiten wortkarg und manche von ihnen haben etwas gegen Schreiberlinge.“

Darryl „Spyda“ Smith, der Drums bei Rough Justice spielte, malochte als Roadie für Rose Tattoo und war ein Kumpel von Bon. Er erzählte mir, dass er Joe schon seit Jahren nicht mehr gesehen hätte.

„Joe und ich spielten gemeinsam mit Pete Wells in einer Band namens The Rent is Due. Auch bei Punch und noch ein paar anderen. Ich war es, der Joe und Dolly einander vorstellte. Ich kenne Joe gut. Joey ist ein guter Kerl, Mann. Ein guter Gitarrist. Ein irres Individuum. Ziemlich ausgeflippt. Ausgeglichen. Verrückt. Aber dann auch wieder vollkommen selbstsicher. Einer von diesen Typen eben. Er brachte sich manchmal in brenzlige Situationen. Wie soll ich sagen … Er war eben ein Mann für gewisse Momente. Er war bereit, sagen wir mal so, jederzeit einen draufzumachen, und tat einfach, was er tun musste.“

Ich fragte Spyda, ob er wusste, dass Joe als Bons „Assistent“ gearbeitet hatte. (Mark Evans beschrieb Joe einmal in einem Interview als „Bons persönlichen Assistenten in London, bis Bon diese Freundin namens Silver Smith hatte, die ihn dann wegen Joey verließ. Das war 1979 und traf Bon schwer.“)

„Ich bin mir da nicht ganz sicher“, antwortete er. „Dazu möchte ich lieber nichts sagen.“

Aber du hast von den Gerüchten gehört, dass Bon Heroin konsumiert haben soll?

„Yeah, ich habe von allem, was du willst, gehört, Mann, aber ich möchte trotzdem nichts dazu sagen. Das überlasse ich lieber den Leuten, die dort waren."

***

Im September 2016, nachdem ich ein Jahr lang vergeblich versucht hatte, Joes Witterung aufzunehmen, gelang es mir, in Kontakt mit ihm zu treten. Er machte einen freundlichen Eindruck auf mich und war alles andere als der bissige, drogensüchtige Rock-Zombie, den ich erwartet hatte. Wir unterhielten uns ganze fünf Stunden lang.

Er betreibt inzwischen eine Firma namens Godspeed Garage in Erina an der Central Coast. Doch in den späten Siebziger- und frühen Achtzigerjahren galt er als Backstage-Stammgast in der internationalen Konzertszene, wo er sich als Roadie für UFO, Wild Horses und sogar die Little River Band verdingte.

Der Name dieses italienischstämmigen Mannes lautet eigentlich Joe Furi. Sein familiärer Background war, wie er bekennt, „nicht furchtbar angenehm", was zu seiner Entscheidung beitrug, seinen Namen zu Fury abzuändern. Seine Schwester Jan ist die Witwe des australischen Musikjournalisten und Magazinherausgebers Ed Nimmervoll. Über diese Connection gelangte Clinton Walker in Kontakt mit Joe – und auch mit Silver.

Wie Silver erklärt: „Ich erhielt eine Nachricht von Joe, in der er mir mitteilte, dass sein Schwager ihm gesagt hätte, Walker wäre in Ordnung, falls ich mit ihm sprechen wollte."

Joe sagt, dass er Walkers Buch nie gelesen hätte, es aber bereuen würde, die Brücke zu Silver gebaut zu haben: „Ich war ein wenig zögerlich. Ich fühle mich immer noch ein wenig schuldig gegenüber Bon, weil ich vermutlich nicht gut genug auf Silver aufgepasst habe."

Bartons Artikel in *Classic Rock*, in dem Paul Chapman sich zu ihm äußerte, hatte er nicht gelesen. Kurz nachdem ich ihm eine Kopie des Artikels per E-Mail geschickt hatte, meldete er sich bei mir und zeigte sich unbeeindruckt: „Das ist die größte Ansammlung von Mist, die ich je gelesen habe … Ich weiß ja nicht, wo [Barton] sich herumtreibt, aber wenn er das damals so zu mir gesagt hätte, dann hätte ich ihm eine verpasst."

Ihm war nicht einmal bewusst, dass vermutet worden war, bei Alistair Kinnear handelte es sich um ihn. Auch dass Alistair 2005 gegenüber der Presse Stellung bezogen hatte, war ihm nicht bekannt. Erstaunlicherweise war ihm komplett entgangen, dass Alistair tot war. Wie Joe es trocken formulierte, war er „mit anderen Dingen beschäftigt als dem Rock 'n' Roll aus den späten Siebzigern".

* * *

Bon und Joe hatten sich Anfang 1978 noch in Sydney angefreundet. Joe lernte den Leadsänger von AC/DC und dessen Freundin Silver über Rose Tattoos Gitarristen Mick Cocks kennen. Der wohnte damals in der Privatpension, die sich in einem dreistöckigen, über insgesamt 21 Proberäume verfügenden Studiogebäude befand und von Joe betrieben wurde. Joe besuchte sogar die Albert Studios, als AC/DC dort *Powerage* aufnahmen. Ihm fiel sofort auf, wie gering die Rolle war, die Bon in AC/DCs allgemeiner musikalischen Strategie spielen durfte.

„Bon hatte keine Chance, irgendetwas im Studio beizusteuern. Er kam einfach nicht vorbei an Malcolm und Angus – und schon gar nicht an den großen Jungs [George Young und Harry Vanda], denen wiederum Malcolm und Angus gehorchten. Die waren sogar angepisst, dass Bon [während der *Powerage*-Sessions] überhaupt mit den anderen ins Studio gekommen war."

Als sich Bon und Silver kurze Zeit später trennten beziehungsweise eine zwölfmonatige Pause voneinander einlegten, reisten sie und Joe auf dem Landweg durch Asien nach Europa. Bon, sagt Joe, „war irgendwie dagegen, dass Silver sich alleine auf den Weg machte", weshalb Joe sie begleitete – mit dem Segen ihres gemeinsamen Freundes. Bon bezahlte sogar Joes Fahrkarte.

Während dieser Reise ließen sich Joe und Silver auf ein intimes Verhältnis ein. Nachdem sie in London eingetroffen waren, arbeiteten sie schließlich gemeinsam im Tudor Rose, einem Pub in Richmond, und teilten sich eine nahegelegene Einzimmerwohnung, wo Bon die beiden besuchte. Trotzdem bestritt Silver, zur Zeit von Bons Tod mit Joe liiert gewesen zu sein.

„Die Leute nahmen nicht ganz unberechtigterweise an, dass Joe und ich eine Beziehung miteinander hatten, aber sobald man uns kennenlernte, begriff man, dass es doch etwas ganz anderes war. Wir waren uns einfach unglaublich ähnlich, wie Zwillinge … Wir verstanden uns einfach richtig gut. Viele gemeinsame Interessen und so, esoterischer Kram."

Joe war ihr auch „der ideale Reisegefährte" und viel besser für das Unternehmen geeignet als Bon. „Ich wusste, dass ich nie mit Bon auf dem Landweg durch Asien gereist wäre. Wann hätte er denn frei bekommen? Ich hätte so etwas nie mit Bon unternommen. Es wäre gut möglich gewesen, dass er umgebracht worden wäre *[lacht]*. Man sucht sich Bon nicht als Reisegefährten für so einen Trip aus."

Joes Version hört sich ein wenig anders an. Laut ihm hatten Silver und er „eine ungewöhnliche Beziehung", bei der sie „zu einer Art Einheit" verschmolzen. Bon wusste, was sich abspielte. Dennoch fühlte er sich davon nicht bedroht, weil Joe, wie er es ausdrückt, nichts weiter war als ein „Lückenbüßer für die Zeit, bis Bon mit AC/DC fertig war". Er stellte „keine Gefahr" für Bon und Silver als Paar dar.

„Freunde von mir sagten: ‚Was zum Teufel machst du da bloß? Man wird dich noch umbringen. Du vögelst mit der Freundin von AC/DCs Leadsänger. Wie lange, glaubst du, wirst du das überleben *[lacht]*?' Als ich ein paar Jahre später [nach Bons Tod] daran zurückdachte, war ich überrascht, dass er mir keine Baseball-Keule über den Schädel gezogen hat *[lacht]*."

Silver war, so Joe, Bons wahre Seelenverwandte, die Frau, mit der er vielleicht nach Australien zurückgekehrt wäre, um dort zur Ruhe zu kommen.

„Wenn ich sie zusammen sah, wirkten sie wie ein altes Paar, obwohl sie noch gar nicht so alt waren. Man hätte sich gut vorstellen können, wie Bon Slipper trug und ein Pfeifchen rauchte, während sie ihm ein Tässchen Tee kredenzte. So in der Art sah ihre Beziehung aus. Keinerlei Rock-Hysterie, Scheiß-Ruhm und Showbiz-Elemente, überhaupt nichts. Sie waren einfach zwei Aussies aus South Australia. Bon hätte im Garten den Rasen mähen und im Schuppen irgendwelche Sachen reparieren können. Sie hätte vielleicht gerufen: ‚Die Scones wären dann fertig.' Ich glaube nicht, dass Bon sich auf allzu viele andere Frauen außer Silver emotional eingelassen hätte. Was auch immer es war, das sie hatten – diese Verbundenheit, ihre gemeinsame Geschichte, ganz egal –, war ihm wichtiger als irgendeine Tusse zu haben. Es ging darum, seinem wahren Ich eine Art Erdung zu bieten, einen Kontrapunkt zur Fassade des wilden Rockers zu setzen. Ich habe keinen Zweifel daran, dass er und sie, sobald er sein Ziel mitsamt Ruhm und Reichtum erreicht hätte, sich wahrscheinlich irgendwo in Australien niedergelassen hätten, und das wäre es dann gewesen. Ich wollte mich nie dazwischendrängen und hatte nie wirklich das Gefühl, dass ich irgendetwas hätte tun können, das ihre Beziehung zerstört hätte."

Doch Joe vermutet, dass Bon Silver auch schon hinter sich gelassen haben könnte.

„Es gab da eine amerikanische Freundin. Als AC/DC auf ihrer *Highway To Hell*-Tour waren, kam er zu Besuch. Silver und ich teilten uns eine kleine Wohnung in Richmond. Ich erinnere mich daran, wie Bon auf einen Sprung vorbeischaute und mir ein paar T-Shirts von der Tour mitbrachte. Unsere Bude war ziemlich klein, nur ein Schlafzimmer und so. Also nehme ich an, dass Bon zu diesem Zeitpunkt wissen musste, dass Silver und ich mehr oder weniger zusammen waren. Es gab keinerlei Animositäten … und an diesem Punkt spürte ich, dass er eine andere Freundin in Amerika hatte."

Bon hatte seiner verlorenen Flamme Silver jedoch bereits ein Denkmal gesetzt – und zwar in Form des Songs „Gone Shootin'" vom Album *Powerage*. Dem Publikum in Columbus, Ohio, erklärte er im September 1978, dass der Song „von einer Lady handelt, die es sich zur Aufgabe gemacht hat, zu tun, was immer sie eben tun will.“[42]

Zum hartnäckigen Gerücht, dass Malcolm Young Joe nach Bons Tod aus welchen Gründen auch immer verprügeln ließ: Das ist nie passiert. Tatsächlich sollten sich weder Joes noch Silvers Wege jemals wieder mit denen von AC/DC kreuzen.

„Nicht Joe war das Problem zwischen Bon und mir“, erklärte mir Silver staubtrocken.

Bons Problem war also prinzipiell er selbst?

„Yeah“, lachte sie heiser.

---

42 Offenbar litt er immer noch unter ihrer Entscheidung, getrennte Wege zu gehen. Silver sagte, dass Bon den Song „wahrscheinlich“ über sie geschrieben hatte: „Künstlerische Freiheit. „Gone Snortin' klingt einfach nicht so gut, oder?“ Die erste Strophe scheint sich auf Silver zu beziehen: Eine Frau kauft sich eine Fahrkarte an einen unbekannten Ort. Damit könnte ihr Beschluss, sich 1977 auf Tour in Indianapolis zu trennen, gemeint sein – und nicht ihre Reise durch Asien im Jahr 1978.

27

Let Me Put My Love Into You

So wie schon Mark Evans vor ihm, sagt auch Paul Chapman, dass Joe Fury, als Bon im Januar 1980 in London eintraf, für den Leadsänger von AC/DC als „eine Art Aufpasser" fungierte. Gerüchten zufolge teilten Bon und Joe sich sogar eine Wohnung. Allerdings war Joe nie Bons Angestellter und wohnte auch nicht mit ihm zusammen. Bon wohnte alleine in Victoria, einem Bezirk der City of Westminster.

Joe pendelte schließlich zwischen Silvers neuem Apartment im Emperor's Gate und einer Wohnung in der Kensington Church Street, die er sich mitunter mit Mick Cocks teilte, hin und her. Bon tat finanziell, so berichtet er, schon mehr als genug für ihn – da musste er ihn nicht auch noch anstellen oder mit ihm zusammenwohnen.

„Bon wirkte ziemlich unbekümmert. Er war ein überaus authentischer Typ. Egal wohin er dich mitnahm, er musste immer für alles bezahlen. Als er nach London kam, gab er sich unglaublich spendabel. Gleich als Erstes hieß es: ‚Ich führe euch zum Abendessen aus.' Also gingen Silver, ich und noch ein paar andere mit ihm essen. Er nahm uns in die Restaurants mit, die aufstrebende Rockstars zu dieser Zeit eben besuchten. Ich erinnere mich noch, dass ich einmal einen raschen Blick auf die verdammte Rechnung erhaschen konnte – es waren neunhundert oder tausend Pfund *[lacht]*. Es war einem schon fast peinlich, wenn er dich anrief und fragte, was du gerade so machtest."

Doch laut Chapman brauchte Joe keine Hilfe von Bon, wenn es darum ging, sich in den sozialen Zirkeln der Londoner Szene zu etablieren.

„Ich traf all diese Leute [bei Joe], die ich vorher noch nicht gekannt hatte. So lief mir Jimmy Bain [früher Bassist bei Rainbow, Wild Horses und Dio, mittlerweile verstorben] in Joes Badezimmer über den Weg. Jimmy und ich wurden daraufhin enge Freunde. Es war schon schräg, wen man mitunter bei Joe zu Hause traf."

Zu jener Zeit schrieb Bain gerade Songs zusammen mit Phil Lynott, der mit Silver befreundet war, für dessen Album *Solo In Soho*. Er spielte auf demselben Track Synthesizer und Piano, zu dem Silver Hintergrundgesang beisteuerte, nämlich „Girls".

„Joe ging mit Silver", fährt Chapman fort. „Das war, nachdem Joe für mich gearbeitet hatte. Ich hatte ihn schon eine Weile nicht mehr gesehen. Ich weiß nicht mehr, ob Joe auch in den USA für UFO arbeitete. Ich erinnere mich, dass er in Europa, Großbritannien und Irland mit dabei war. Er dürfte nicht ganz ein Jahr für mich gearbeitet haben." Laut Chapman tauchte Joe zwischen acht und zehn Monate später – möglicherweise war es auch ein ganzes Jahr – im Februar 1980 gemeinsam mit Bon beim zweiten oder dritten von insgesamt vier Konzerten auf, die UFO im Hammersmith Odeon im Rahmen ihrer *No Place To Run*-Tour spielten. Diese Konzerte fanden vom 4. bis zum 7. Februar statt. Bon hatte im Vormonat sieben Gigs in Frankreich und zwei in Newcastle und Southampton absolviert – es waren seine letzten Auftritte mit AC/DC. Die Vorbereitungen auf die Aufnahmesessions zu *Back In Black* waren bereits im Gange. Allerdings war er nun vorerst außer Dienst, was etwaige Tour-Verpflichtungen betraf.

„Wir fuhren alle auf ‚Braunes' ab. Joe kam sofort auf mich zu und sagte, dass es toll wäre, mich zu sehen. Bon und ich gaben uns die Hand. Wir hatten uns eine Weile nicht gesehen. Ich glaube, es war Pete [Way], der sagte, dass Bon erst gerade angekommen wäre. Wir fielen uns in die Arme und sagten so was wie: ‚Hey, wie geht's? Wir haben uns ja seit Ewigkeiten nicht mehr gesehen', was wahrscheinlich ein paar Monate waren."

Joe stellt jedoch in Abrede, dort gewesen zu sein: „Ich war nie mit Bon im Hammersmith Odeon bei einem UFO-Gig."

Chapman betont, dass er niemals sah, wie Bon „irgendetwas in der Art von" Heroin nahm, aber auch nicht überrascht wäre, wenn Bon die Droge konsumiert hätte. Schließlich war er permanent davon umgeben. Einer von Bons Londoner Freunden war Joes Teilzeit-Mitbewohner Mick Cocks. Er und Joe hielten sich öfters in Bons Apartment in Victoria auf, wo dieser Zuflucht vor den Youngs fand und die Platten hören konnte, auf die er eben Bock hatte.

Hinter seiner Wohnungstür musste Bon nicht Bon Scott, den Leadsänger von AC/DC, spielen. Hier konnte er einfach nur er selbst sein.

„Mick und ich schauten bei ihm vorbei und hingen einfach ab. Bon legte Platten auf, Pretenders und so. Mick und ich sahen uns an: ‚Die Pretenders?' *[lacht]*. Bon stand echt auf die Pretenders. Wem hätte er das erzählen sollen? Mit wem hätte er sich an einen Tisch setzen können und nicht Bon Scott sein müssen? [Imitiert Bons Stimme] ‚Yeah, Kumpel, fuck, yeah, rahrahrah.' Er war in seiner Rolle gefangen."

Cocks war – wie anscheinend jeder in der damaligen Londoner Rockszene – dem Heroin durchaus zugetan. Tatsächlich behauptete eine meiner anonymen Quellen, die Rose Tattoo nahestand, dass jemand aus dem Umfeld der Band während jener Zeit „ein Krimineller" gewesen wäre, der mit Heroin dealte. Was den Verdacht, dass Cocks als negativer Einfluss auf Bon wahrgenommen wurde, noch weiter schürte, war der Umstand, dass dieser selbst gegenüber Clinton Walker einräumte, Malcolm Young hätte nach Bons Tod versucht, ihn zu schlagen.

„Leider war Michael [Mick Cocks] auf Tour schwer zu kontrollieren", erzählt der langjährige Roadie der Band Grahame Harrison. „Er war wegen seiner Drogen- und Alkoholprobleme völlig unzuverlässig. Es kam vor, dass Bear [Roadie Greg Horrocks] und ich in seine Wohnung in Kings Cross [in Sydney] einbrechen und ihn aus dem Bett schleifen mussten, um ihn in die Schlafkoje des Trucks zu werfen und zum nächsten Gig zu fahren. Wir mussten das tun, um sicherzustellen, dass er dort rechtzeitig aufkreuzte. Auch als Musiker wurde Michael nie besser. Er erreichte ein gewisses Level, das genügte, um ihm seinen Platz bei den Tatts zu sichern. Allerdings war er zu faul und zugedröhnt, um sich noch zu verbessern. Klar, das ist schon traurig, aber es gibt dir auch eine Vorstellung davon, wie dieser Mann war. Er wurde von den Tatts ein paarmal gefeuert und [mehrmals] durch Rob Riley ersetzt. Rose Tattoo sind heute ein trauriger Abklatsch der Originalband. Ich nenne die derzeitige Besetzung ‚die Band, die sich momentan als Rose Tattoo ausgibt'."[43]

„Alle waren auf Heroin", sagt Chapman. „Fast jeder dort [bei den UFO-Konzerten im Hammersmith Odeon] war drauf. All die Leute hinter der Bühne. Ich könnte da einige Namen nennen, aber das wäre echt nicht fair. Jede einzelne Person, die ich hinter der Bühne kannte, hatte einen kleinen Vorrat dabei."

Auch wenn du sagst, dass du nie gesehen hast, wie Bon Heroin konsumierte, wärst du auch nicht überrascht, wenn er es trotzdem getan hätte?

„Nein. Das wäre ich nicht. Auf gar keinen Fall."

* * *

Auf einem der letzten Fotos von Bon ist er mit Pete Way zu sehen. Chapman und Way nehmen beide an, dass es bei einer der Shows im Hammersmith entstand. Doch Fotograf Ross Halfin besteht darauf, dass er es am 18. Februar 1980 schoss, was Gerüchte schürt, denen zufolge Bon sich am Vorabend seines Todes in Gesellschaft

---

43 Rob Riley gestand mir: „Ich habe mich immer bloß als Ersatzmann für Mick Cocks gefühlt, da ich immer dann zum Zug kam, wenn er mal wieder Scheiße gebaut hatte. Meines eigentlichen Stellenwerts war ich mir nie bewusst, was schon irgendwie komisch ist, da ich ja immerhin die Singles vom Album *Scarred For Life* [von 1982] geschrieben habe. Außerdem spielte ich bei der einzigen Amerikatournee der Tatts vor dreißig Jahren oder so."

der UFO-Mitglieder befand. Was auch immer zutreffen mag, es wird wenig daran ändern, dass gemunkelt wird, die Mitglieder dieser Band wüssten mehr, als sie zugeben möchten.

„Ich drückte nur zweimal ab", erzählt Ross. „Bon war – ganz konträr zu seinem freundlichen Image – immer ein Arschloch im Umgang mit Fotografen. Ich brachte Pete dazu, sich mit ihm in Pose zu werfen. Ich kann mich nicht mehr erinnern, wer die Band war [die an diesem Abend spielte]. Bon brach auf und am nächsten Tag war er tot."

Bist du dir absolut sicher, dass Bon am Tag, nachdem das Foto entstanden war, starb?

„Ja, weil Peter Mensch UFO vorwarf, dass sie ihm Drogen gegeben hätten. Das war nicht bei einer UFO-Show. Ich war mit Pete und Wilf [Wright], UFOs Manager, unterwegs ... Das war der Abend, bevor er starb. Ich weiß noch, dass ich ziemlich unter Schock stand, als ich am nächsten Tag das Foto hatte."

The Clash traten am 18. Februar im Lewisham Odeon auf. Wäre das eine Option?[44]

„Ja, das ergibt Sinn, da Bon ja in Catford aufgefunden wurde, das neben Lewisham liegt. East Dulwich/Catford – dieselbe Gegend."

Wie lautete der Grundtenor von Menschs Vorwürfen? Weißt du darüber Bescheid?

„Nein, aber er versuchte sich einen Reim auf das zu machen, was vorgefallen war, und da zu jener Zeit jeder Drogen nahm und das auch auf UFO zutraf, nahm er an, dass Bon von Pete Drogen bekommen hätte, was *absolut* nicht der Wahrheit entspricht."

Das mag stimmen, doch erhält man so auch einen Einblick in das, was womöglich in den Köpfen von AC/DC und ihrem Team nach Bons Tod vorgegangen sein mag. Akute Alkoholvergiftung scheint ihnen dabei absolut nicht in den Sinn gekommen zu sein.

---

44 Diese Location befand sich nur dreieinhalb Meilen mit dem Auto von Alistair Kinnears Wohnung in der Overhill Road 67 entfernt. Das Odeon wurde 1991 abgerissen.

Way sagt, dass er zwar Silver Smith nicht kennen würde, aber sich daran erinnert, dass es Joe war, der Bon zu jenem UFO-Konzert im Hammersmith Anfang Februar 1980 begleitete. (In seiner im Mai 2017 veröffentlichten Autobiografie *A Fast Ride Out of Here: Confessions of Rock's Most Dangerous Man* sagt er, es wäre der 7. gewesen.)

„Nach ein paar Drinks oder so bin ich einfach nach Hause gegangen … An diesem Abend zog Bon mit seinen australischen Freunden los."[45]

Er bleibt dabei, dass Paul Chapman und Joe „viel Zeit" miteinander verbrachten, „wenn sie gerade nicht auf Tour waren".[46]

„Ich sah Bon und den Typen, den du erwähnt hast, Joe, der uns tatsächlich mit gewissen Drogen versorgte. Das war es auch schon. Es ist immer so überfüllt, wenn du aus London stammst und dann dort auftrittst. Natürlich hätte ich meine Zeit mit Bon verbracht, da es, ähem, immer ein großes Vergnügen war, sich mit ihm zu unterhalten. Ich wusste, dass auch Joe da sein musste, weil es plötzlich – wie von Zauberhand – Drogen in der Garderobe gab."

Ein merklich verstimmter Joe streitet vehement ab, dass er im Hammersmith mit von der Partie gewesen wäre: „Pete Way war nicht gerade die hellste Glühbirne im verdammten Kronleuchter, das kann ich dir sagen. Strunzdumm war der. Ich erinnere mich jedenfalls nicht daran. Es könnte aber vorgekommen sein, dass

---

45 Dabei handelte es sich wahrscheinlich um Joe und Mick Cocks, obwohl Joe abstreitet, an diesem Abend dabei gewesen zu sein.

46 In Murray Englehearts *AC/DC, Maximum Rock & Roll: The Ultimate Story of the World's Greatest Rock Band* sagt Ian Jeffery, Bon hätte sich mit Phil Mogg und Pete Way von UFO am Sonntag, dem 17. Februar 1980, auf ein paar Drinks getroffen: „Sie gingen ins Pub wie sonst auch und von dort ging es dann weiter in die Camden Music Machine, was ein Treffpunkt für Sonntagabend war. Ich sprach nachher mit Pete und er meinte: ‚Wir ließen uns volllaufen. Als wir gingen, wollte Bon noch nicht los – er wollte noch weitertrinken.'" Way bestreitet dies: „Nein, soweit ich weiß, habe ich sicherlich nichts mit Phil [Mogg] unternommen." Es gibt auch keine Beweise dafür, dass Bon vorhatte, sich mit Mogg und Way für den Abend darauf in der Music Machine zu verabreden, wie etwa in Paul Stennings Biografie und diversen anderen Berichten behauptet wird. Ich habe zwar versucht, für dieses Buch mit Mogg Kontakt aufzunehmen, doch sein Manager verwies darauf, dass er sich gerade einem chirurgischen Eingriff unterzöge und nicht in der Lage sei, einen Kommentar abzugeben.

mal jemand [aus UFOs Team] mich bat, Drogen oder irgendetwas anderes zu Way zu bringen.

Way lässt sich nicht beirren.

„Ich glaube, [Bon und Joe] standen sich zu diesem Zeitpunkt schon sehr nahe. Sie waren ja beide Australier. Ich denke, dass sie damals [*Back In Black*] aufnahmen und Bon gerade freigestellt war, weshalb er dann mit ihm abhing. Joe, ich glaube, er hieß ‚Joe Silver', aber ich bin mir nicht sicher, ob das sein richtiger Name ist – ich möchte ihm nichts unterstellen. So auf die Art: ‚Yeah, er lieferte die Drogen und Bon nahm welche und betrank sich.' Mit Alkohol ist das so eine Sache, denn wenn du etwas genommen hast und dann trinkst, kann das zu Problemen führen. Das kam oft genug vor."

War Joe denn tatsächlich als Gitarrentechniker für Paul Chapman tätig, wie dieser behauptet?

„Nein, eigentlich nicht – außer er hätte ohne unser Wissen diesen Job bekommen. Er war im Grunde genommen jemand, der sich regelmäßig um Umfeld der Band herumtrieb, üblicherweise mit Paul Chapman, weil er Kokain und Heroin zu unseren Konzerten mitbrachte."[47]

Diese Aussage wirkt ein wenig seltsam, da Way Joe in seiner Autobiografie als „einen Freund von mir" bezeichnet, obwohl er darin nicht näher auf seine Identität eingeht und ihn als „einen australischen Typen" bezeichnet. Ich frage Way: Haben du und Bon gemeinsam Quaaludes genommen?

47 Chapman ist völlig von den Socken, als ich ihm erzähle, Way könnte sich nicht daran erinnern, dass Joe für ihn als Gitarrentechniker gearbeitet hätte.
„*Daran* kann er sich nicht erinnern?"
Laut ihm hat Joe euch damals mit Kokain und Heroin versorgt.
„Das hat er getan, *jup*."
Er sagt, dass seine Zeit bei UFO endete, als er sich mit dem Manager der Band in die Haare geriet. Zwar kann er sich nicht mehr an dessen Namen erinnern, doch es dürfte sich um Wilf Wright gehandelt haben, der meine Interviewanfrage nicht beantworten wollte. Joe arbeitete schlussendlich „auf privater Basis" für Chapman: „Er passte mit seiner Frau auf [mein] Haus auf und so."

„Wenn ich Quaaludes nahm, dann im privaten Ambiente meiner Garderobe. Nein, ich hätte Quaaludes erst nach der Show eingeworfen. Eigentlich gingen wir mit allen Drogen einigermaßen diskret um.“

Also hast du nie gesehen, wie Bon Quaaludes nahm?

„Nein, aber ich bin mir sicher, dass er manchmal welche nahm, um schlafen zu können. Es ist absolut möglich, dass er auf Kokain war. Und Quaaludes helfen dir beim Einschlafen. Soweit ich weiß, wurde Bon auf der Rückbank eines Autos [vor Alistair Kinnears Apartment] zurückgelassen. Die haben sich wahrscheinlich gedacht, ach, dem geht's gut, lassen wir ihn einfach pennen. Der wird dann schon nachkommen. In der Wohnung war ich nie. Aber Quaaludes können sehr wohl auch dazu führen, dass man erstickt. Ich habe es immer für möglich gehalten, dass das passiert ist. Ich habe Bon zwar nie Heroin konsumieren gesehen, aber auch das kann ein Erbrechen verursachen. Außerdem kann es dich auch müde machen. So [*hält inne*] könnte es passiert sein. Ich könnte mir vorstellen, dass ich mir [wäre ich in Alistairs Wohnung gewesen] gedacht hätte, dass es Bon gut ginge und er ja wüsste, wo die Türklingel ist, wenn er nachkommen wollte. Ich kann also schon verstehen, dass sie ihn auf der Rückbank des Wagens zurückließen. Sie wollten ihn wahrscheinlich nicht stören.“

Vermutest du, dass hinter Bons Tod mehr stecken könnte als eine akute Alkoholvergiftung?

„Ob er nun irgendwelche Drogen konsumiert hatte oder nicht, nun, diese Frage hat mich im Hinterkopf immer beschäftigt, weil Paul Chapman mich an [Bons] Todestag ja um sechs Uhr morgens anrief, um mir mitzuteilen, dass Bon gestorben war. Das war natürlich ein schrecklicher Schock für mich.“

Woran kannst du dich von diesem Anruf noch erinnern?

„[Paul] fragte mich, ob ich irgendwelche Telefonnummern von AC/DC hätte, weil wir die Band darüber informieren müssten. Tatsächlich hatte ich Angus' und Malcolms Nummern. Also gab ich Paul

Chapman Malcolms Nummer.[48] Ich zog es vor, nicht anzurufen … Nun ja, ich wollte wirklich nicht derjenige sein, der es ihnen sagen musste. Das lief dann über Paul Chapman. Ich weiß nicht, ob es nun Joe oder Paul war, der den Anruf tätigte.[49] Ich weiß nicht einmal, ob Paul Chapman dort [bei Bon und Alistair] war oder nicht."

Kanntest du Alistair?

„Wahrscheinlich. Ich meine, der Name sagt mir etwas. Damals kannte ich viele Leute und irgendwie waren das alles bekannte Gesichter. Aber um ganz genau zu sein: Wenn sie nicht zu AC/DCs Roadcrew gehörten, dann waren es vermutlich bloß Freunde von Bon. Selbstverständlich hätte er ohne Probleme Backstage-Pässe für seine Freunde auftreiben können. Es ist also gut möglich, dass ich ihn kannte."

Wie kamst du an deine Drogen?

„Ich ging dafür jetzt nicht speziell in Clubs, aber wenn wir probten, kreuzte schon mal jemand auf, der irgendetwas dabei hatte. Ich nahm damals Heroin, aber auch Kokain. Ich kombinierte es. Das nennt sich Speedball. Das lässt mich darüber nachgrübeln, ob Bon, der wirklich,

---

48 Pete Way erzählte Mark Putterford etwas anderes: „Ich glaube, ich gab ihm Angus' Nummer." AC/DCs Tourmanager Ian Jeffery, der den Youngs damals sehr nahestand, erklärte AC/DC-Biograf Murray Engleheart, dass er von Malcolm angerufen wurde, der wiederum als Erster von Angus über Bons Tod informiert worden war. Jedoch hat Way auch schon früher zu Protokoll gegeben, keine Lust darauf gehabt zu haben, Angus anzurufen, weshalb er Chapman Malcolms Nummer gab, um ihn die Hiobsbotschaft überbringen zu lassen. (In seiner Autobiografie von 2017 sagt er, es wäre Malcolm gewesen.) Ob nun Angus oder Malcolm Young als Erster von Bons Tod in Kenntnis gesetzt wurde, konnte nie schlüssig belegt werden. Ob mehr als eine Person darin involviert war, die schlechte Nachricht zu überbringen, und wann dies genau passierte, bleibt ebenso umstritten. Es gibt hier mehrere einander widersprechende Aussagen.

49 Auch hier weicht Way gegenüber der Version ab, die er Putterford erzählt hat: „[Chapman] sagte, dass er gerade einen Anruf von [Joes] Freundin [Silver] bekommen hätte und Bon tot wäre." Es gibt eine Reihe von Ungereimtheiten in Bezug auf Ways Erinnerungen an diesen Tag. Ein Freund von Way, der freiberuflich tätige Tontechniker Chris LaMarca, der für Way als Gitarrentechniker gearbeitet hat, postete 2013 auf Facebook über Bon, dass Heroin der Grund für seinen Tod gewesen wäre: „Wir sollen das [aber] nicht wissen, oder?" Als ich LaMarca drei Jahr später zu seinen Erkenntnissen zu diesem Thema befragte, gab er sich verschlossen: „Ich war nicht dabei und enthalte mich jedes weiteren Kommentars dazu." Das war schon eine bemerkenswerte Reaktion für jemandem, der mit UFO und Way in Verbindung stand. In seinem Buch behauptet er, dass Bon nicht regelmäßig harte Drogen nahm, aber es zumindest nicht unwahrscheinlich ist, dass er an diesem Abend Heroin geschnupft hatte und dann das Bewusstsein verlor.

hmm, irgendwie, ähm … Ich kann das gar nicht in Worte fassen. Ich würde ja ‚aufgeschlossen' sagen, aber das ist das falsche Wort … weißt du, ich kann mir vorstellen, dass er sich eine Line von etwas genehmigt hat, das er für Kokain hielt. Meines Wissens ließ er die Finger vom Heroin. Aber es ist meiner Meinung nach möglich, dass das so abgelaufen ist und das dann für seinen Tod verantwortlich war. Das könnte tatsächlich passiert sein, weil ich weiß, dass er kokste. Aber, noch einmal, er tat das diskret und erzählte es nicht groß herum."

Mir kommt es so vor, als würde Way auf etwas Bestimmtes hinauswollen, aber letztlich noch nicht ganz bereit dazu ist, es in Worte zu kleiden. John Belushi und River Phoenix starben am gleichen Drogencocktail, nämlich einem Speedball.

Sprach Bon jemals mit dir darüber, Heroin konsumiert zu haben?

„Nein. *Nein*. Ganz bestimmt nicht."

Aber du erwähnst die Möglichkeit, dass Bon einen Speedball erwischt haben könnte. Du hast einmal gesagt, dass man, wenn man nicht im Umgang mit Heroin geübt ist, sich auf einen Tanz mit dem Teufel einlässt. Glaubst du, dass Bon früh morgens versehentlich ein Drogenunfall unterlief? Oder dass ihm seine eigene Sicherheit so wenig bedeutete, dass er sich auf so etwas eingelassen hätte?

„Ich denke, wenn es sich um einen Speedball gehandelt hat, dass es ein Versehen war. Ich würde nicht sagen, dass Bon sonderlich vorsichtig war. Er sah vor dem Trinken nicht nach, was noch in der Flasche war. Es könnte ein Unfall gewesen sein. Er war sehr besonnen. Ich sah ihn nie wirklich betrunken. Er wurde nie irgendwo hinausgetragen. Außerdem war er sehr fit."

Ways Gedankengang entbehrt nicht einer gewissen Logik: Warum sollte Bon Heroin konsumieren, wo er doch wusste, dass er bereits eine Überdosis hatte wegstecken müssen und er in wenigen Wochen schon das wichtigste Album seiner Karriere aufnehmen würde? Entweder wurde er Opfer eines Versehens, war unglaublich selbstsüchtig und dämlich oder wollte einfach nur aussteigen. Am wahrscheinlichsten war jedoch eine Kombination aus allen drei Optionen.

(28)

Given The Dog A Bone

UFOs Gig im Hammersmith Odeon fand gut zwei Wochen vor Bons Tod statt. Paul Chapman hat in einem Interview mit dem amerikanischen Radiomoderator Eddie Trunk zu Protokoll gegeben, dass er vom Hammersmith gemeinsam mit seiner damaligen Frau, der Niederländerin Linda Melgers, und Joe Fury in seine Wohnung in Fulham weiterzog, „wo Bon sich mit uns treffen wollte, aber nicht auftauchte". Am nächsten Morgen erfuhr er, dass Bon tot war. Doch da UFO am 18. Februar kein Konzert im Hammersmith spielten, kann dies unmöglich so gewesen sein.

Als ich Chapman damit konfrontierte, wirkte er nicht weniger verwirrt als ich. „Es mag da Diskrepanzen geben", hatte er Trunk noch vorgewarnt. Da lag er richtig. So etwas kann in Bezug auf das Erinnerungsvermögen eines ehemaligen Drogenabhängigen durchaus vorkommen. Bildfetzen und Erinnerungen verschmelzen miteinander, chronologische Abfolgen werden schwammig und Details unklar. Widersprüchliche Angaben zu Ort und Datum von Ross Halfins Foto helfen dabei auch nicht wirklich weiter. Zu Chapmans Verteidigung muss gesagt werden, dass er auch einmal festhielt, sein angebliches Treffen mit Bon und Joe hätte sich „ein paar Tage nach den Hammersmith-Gigs" ereignet. Mir gegenüber räumte er ein: „Ich dachte, alles hätte sich nach einer Show im Hammersmith zugetragen, was offenbar nicht möglich ist."

Diese Ungereimtheiten müssen zwar berücksichtigt werden, doch machen sie seine Version nicht unbedingt null und nichtig. Was die Essenz der abendlichen Ereignisse des 18. Februar 1980 betrifft, so ist sich Chapman völlig sicher: Er, Joe und Bon trafen sich irgendwo im Londoner Stadtzentrum – doch wo genau das war, ist ein Detail, das der Lückenhaftigkeit von Chapmans Gedächtnis zum Opfer gefallen ist. Laut ihm machte sich Bon auf den Weg, um Heroin aufzutreiben.

„Joe sagte, er hätte echt gutes Koks und etwas Heroin. Das hatte ich auch. Aber nicht sonderlich viel, weshalb ich erklärte, dass ich auf dem Heimweg noch wo anhalten wollte, um noch ein wenig mehr zu organisieren. Er meinte darauf, dass wir mit seiner und meiner Ration zumindest so lange ausharren könnten, bis Bon zurückkäme. Und ich fragte, von woher er zurückkommen sollte. Joe sagte, dass [Bon] losziehen würde, um noch mehr zu holen. Das ist alles, woran ich mich noch erinnern kann. Das schwöre ich beim Leben meiner Tochter. Ich schlug ihm vor, dass er ihn begleiten sollte, um sicherzustellen, dass alles glatt lief, bevor sie dann zu meinem Haus zurückkehrten. Er meinte, er hätte da eine bessere Idee. Er wollte mit zu mir kommen und Bon würde sich auf den Weg machen und sich um alles kümmern, bevor er sich mit uns bei mir zu Hause treffen würde. Das würde wahrscheinlich gegen zwei Uhr morgens sein. So etwas in der Richtung."

Sie begaben sich zusammen nach Fulham zu Chapmans Wohnung, um dort auf Bon zu warten.

„Ich hatte ja keine Ahnung, dass Bon die Music Machine aufsuchte. Ansonsten hätte ich selbst auf dem Heimweg angehalten und noch etwas [Heroin] für mich aufgetrieben, damit ich nicht mit Joe bis morgens um halb sechs hätte herumhängen müssen. Ich habe Joe seit damals nicht mehr wiedergesehen. Selbst in den darauf folgenden Tagen und Wochen lief mir Joe nicht mehr über den Weg. Ich glaube nicht, dass ich ihn bis heute noch einmal getroffen habe. Wohin auch immer Bon [an diesem Abend] ging, er wollte [Drogen] auftreiben.[50] Ich habe keine Ahnung, warum er [bei Alistair Kinnears Wohnung in East Dulwich] auftauchte. [Heroin] gab es damals überall. Selbstverständlich erscheint aufgrund unseres damaligen Zustandes alles sehr verschwommen. Nichts davon findest du in irgendeiner dieser *Behind the Music*-Dokus, Interviews [mit AC/DC], Büchern über die Band oder sonst irgendwo. Das wird immer irgendwie wegretuschiert. Darüber habe ich viel nachgedacht. Ich habe viele Dokumentationen gesehen, auf VH1 und so. Das ist doch alles Bockmist. All diese *Behind the Music*-Shows mit Leuten, die ich kenne, liegen meist unfassbar falsch. Alles in allem glaube ich, dass es ein unvorstellbarer Fehler war, ihn im Auto zurückzulassen, egal, wer dafür verantwortlich war. Alles deutet dabei auf Alistair Kinnear hin. Joe und ich blieben wach, bis es wieder hell war, aber es kam niemand. Meine Frau [Linda] war bereits zu Bett gegangen. Ich erinnere mich noch, dass es circa 5.30 Uhr war und [Joe] sagte, dass er sich nun auch besser auf den Weg machen sollte, weil es nicht mehr danach aussah, als würde Bon noch kommen."

Chapman bot Joe an, ein Taxi zu rufen.

„Er sagte nur ‚nein, nein, nein' und dass ich das nicht tun müsste. Er wollte einfach die Straße hinunter spazieren; die Wandsworth Bridge Road war um diese Zeit bereits ziemlich stark befahren und er würde dort höchstwahrscheinlich schnell ein Taxi ergattern können."

Chapman schloss Joe noch eine versperrte Tür auf und begleitete ihn über einen Flur vor das Gebäude.

„Als ich ihn hinausbegleitete, ging gerade die Sonne auf. Ich erinnere mich noch, dass sein Gesicht ganz grün war – so grün wie eine Palme. Wie eine Pflanze. Als würde er gleich kotzen. Ich fragte ihn, ob alles in Ordnung wäre, was er bejahte. Dann brach er auf und schlenderte die Straße entlang."

Chapman begab sich daraufhin zurück in sein Apartment.

---

50 Joe behauptet, er hätte die Jungs von UFO später noch einmal in Los Angeles getroffen.

„Ich besaß keine Möbel. Alles, was ich hatte, waren Kissen, die überall am Boden lagen … Ich fläzte mich am Boden neben dem Telefon hin und döste dann irgendwann weg. Weniger als eine Stunde später klingelte dann das Telefon; es war Joe."

Chapman wunderte sich darüber, dass Joe so bald nach seinem Abschied schon wieder anrief.

„Bist du gut nach Hause gekommen? Was ist denn los? Steckst du irgendwo fest? Stehst du etwa immer noch an der Straße? Warum rufst du an?"

„Sitzt du?"

„Ich liege dort, wo du mich zurückgelassen hast."

„Bon ist tot."

„Was?"

„Yeah", sagte Joe laut Chapman unter Tränen, „ich brauche eine Nummer [von jemandem aus der Band]. Kannst du mir Petes Nummer geben?"

„Nein, nicht wirklich." Chapman wollte Ways Telefonnummer nicht an Joe weitergeben. „Gib mir lieber deine Nummer, dann rufe ich dich zurück."

Chapman rief sofort bei Way an und organisierte Malcolm Youngs Telefonnummer für Joe.

Laut Chapman war Way „angepisst", weil ihn dieser aus den Federn geholt hatte. „Pete gab mir Malcolms Nummer, woraufhin ich Joe zurückrief, um ihm die Nummer durchzusagen. Das ist alles, woran ich mich erinnern kann."[51]

Was war mit Alistair?

---

51 Als er mit Eddie Trunk über die Sache sprach, sagte Chapman, er hätte Angus' und nicht Malcolms Nummer weitergegeben. Seltsamerweise sagt Joe, dass er nie einen Rückruf von Chapman erhielt: „Ich kann mich nicht erinnern, dass Chapman sich noch einmal bei mir gemeldet hätte, um mir zu sagen, dass er Angus Young erreicht hätte. Nichts in der Art. Ich weiß nicht, wer die Youngs schließlich informierte. Ich nehme an, dass es irgendjemand tat … Es gab ganz sicher keinerlei Nachbesprechung mit Paul Chapman bezüglich unserer Unterhaltung [über Bons Tod]." Als ich ihn jedoch mit der Chronologie der Ereignisse rund um den Anruf laut Chapman und Way konfrontierte, räumte er ein, dass sich ihre Version ziemlich plausibel anhört.

„Ich weiß nichts über diese Alistair-Type, habe keinen blassen Schimmer, wer das war. Ich glaube, dass dieser Alistair Kinnear, so wie es sich anhört, nichts als Scheiße labert."

Ich frage Chapman, ob er jemals Heroin von Silver Smith kaufte, immerhin war sie in seiner Wohnung in Fulham zu Gast gewesen.

„Yeah, andauernd. Von ihr und Joe. Manchmal hatte er [das Heroin], manchmal sie. Sie hatte eine echt nervige Lache: ‚Hehhh, hehhh, hehhh, hehhh.'"

Aber er sagt auch, dass Silver „sehr nett" und „fast schon überschwänglich" war. Das wirft die Frage auf, warum Bon loszog, um auf eigene Faust Heroin zu besorgen, wenn ein simpler Anruf bei Silver – Bons ehemaliger Geliebter, Joes „Seelen-Zwilling" und ebenfalls Dealerin – die Lösung des Problems gewesen wäre. Außerdem kannte sie noch weitere Leute im Drogengeschäft, was auch auf Joe zutraf. Eine mögliche Antwort, die manche Leute überraschen dürfte, könnte sein, dass sie schlichtweg nicht einverstanden war, Bon härtere Drogen zuzuführen, da sie wusste, wie destruktiv er sein konnte, wenn er nicht mehr Herr seiner Sinne war. Bon hätte es bestimmt vermieden, Silver um Heroin zu bitten.

Wenn man Chapmans Version Glauben schenken will: Wie hätte Joe schon so früh von Bons Tod erfahren sollen? Er stand Silver nahe, die wiederum mit Alistair befreundet war. Könnte Silver schon am Morgen des 19. Februar von Bons Tod gewusst haben? Oder besteht die Möglichkeit, dass Chapman den Morgen des 19. mit dem 20. Februar verwechselt?

Um fair zu bleiben: Es besteht die Möglichkeit, dass sich Chapmans Heroin-Story rund um Bon tatsächlich nach einer der UFO-Shows im Hammersmith abgespielt hat und er dieses Ereignis mit dem verschmilzt, von dem Silver und Joe behaupten, dass es sich am Morgen des 20. Februar ereignet hat. Beide glauben, dass dies der Ursprung für die Verwirrung sein könnte, da die beiden Geschichten sich in puncto des zeitlichen Ablaufs diametral zu widersprechen scheinen. Laut Chapman verbrachte Joe die gesamte Nacht vom 18. auf den 19. Februar mit ihm, um auf Bon zu warten.

Laut Silver befand sich Joe während desselben Zeitfensters „wahrscheinlich" bei ihr – genau wie auch am Abend des 19. Februar im King's College Hospital, nachdem sie von Bons Tod erfahren hatte und gebeten worden war, vorbeizukommen. Joe behauptet, vom Abend des 18. durchgehend bis zum Morgen des 20. Februar mit Silver zusammengewesen zu sein, obwohl auch er sich nicht hundertprozentig sicher ist, wo sie sich während dieser Zeitspanne überall aufhielten.

„Ich bin mir nicht völlig sicher, ob [Joe] bei mir [in meinem Apartment] war, aber es ist wahrscheinlich", sagte Silver. Am 18. Februar schien es für alle Beteiligten ein längerer Abend gewesen zu sein. Wenn das war, nachdem die U-Bahn aufgehört hatte zu fahren – und damals tat sie das schon einigermaßen früh –, dann rief ... Joe wahrscheinlich Paul Chapman aus meiner Mansarde an, nachdem wir [am 19. Februar] aus dem Krankenhaus zurückgekehrt waren, und zwar in den ganz frühen Morgenstunden des 20. Februar."

Das wäre absolut plausibel und Joe scheint ihre Aussage zu bestätigen. Er sagte, dass er sich in Silvers Apartment aufgehalten hatte, als Bon sie am Abend des 18. anrief, und sich ebenfalls dort befand, als Alistair am frühen Morgen des 19. zweimal anrief. Doch widerspricht er Silvers Darstellung, wonach er seine eigene Wohnung in der Stadt – „eine Hausmeisterwohnung in einem Geschäftsgebäude" – gehabt hätte.

„Wir waren zu Hause. Ich teilte mir zu diesem Zeitpunkt eine Wohnung mit ihr ... In der betreffenden Nacht, in der Bon starb, hatte er zuvor noch angerufen, um uns zu überreden, mit ihm auszugehen. Ich weiß nicht mehr, warum ich mich dagegen entschloss, aber es kann zum einen daran gelegen haben, dass es schwer war, mit ihm mitzuhalten. Wenn er ausging, dann ging er *wirklich* aus. Man wusste, auf was man sich da einließ. Da gab es dann kein Entkommen mehr *[lacht]*. Und zweitens war es hart, weil es ihm nicht in den Sinn kam, dass man für sich selber zahlen oder mal eine Runde spendieren sollte. Er liebte es, großzügig zu sein. Er teilte so gerne seine Erfolge mit einem. In der Nacht von Bons Tod [18.-19. Februar] bin ich nachher vielleicht noch ausgegangen, aber [Silver und ich] sind an diesem Abend nicht mit Bon unterwegs gewesen. Er bat mich definitiv nicht um Drogen oder so. Er ging bloß aus und machte die Clubs unsicher."[52]

Joe sagt, dass ihm Chapmans Version der Geschichte die Sprache verschlägt. Er geht sogar so weit und bezeichnet sie als etwas, das „aus *The Twilight Zone*" stammen könnte. Er vermutet, dass Chapman auf diese Weise wieder in die Medien gelangen will. Auch simple Rache für eine unbeabsichtigte Kränkung will Joe als Motiv nicht gänzlich ausschließen: „Als hätte ich mit seiner Frau gevögelt oder so." In Bezug auf Chapmans Behauptung, dass sich Joes Haut in der Morgensonne grün verfärbt haben soll, winkt dieser ab und unterstellt Chapman eine romanhafte Übertreibung: „Da schmückt er doch ein wenig aus."

„Hier sind die Fakten", sagt Joe. „Ich sah Bon nie beim Heroinkonsum und ich kann mir nicht einmal vorstellen, dass er damit häufig in Kontakt kam. Er hat vielleicht … weißt du … ich meine, seien wir mal ehrlich: Damals waren diese Drogen praktisch allgegenwärtig. Aber soweit ich weiß, erhielt Bon zu keiner Zeit Heroin von mir oder Paul Chapman. Ich saß auf keinen Fall jemals irgendwo herum und wartete darauf, dass Bon mit Heroin aufkreuzte. Das ist verdammt absurd … Bon, Paul Chapman und ich hielten uns nie zur selben Zeit am gleichen Ort auf. Bon war nie der Heroin-Typ. Bon war *Trinker*. Er probierte alles mal aus, was er für gesellig hielt und alle anderen auch taten. Er stellte sich nie hin, um moralische Vorträge zu halten oder so. Seine Stärke war das Trinken. Scotch. Er trank nur. Ich sah ihn nie in Zusammenhang mit Heroin. Auch hätte ich nie mitbe-

52 Joe und ich unterhielten uns mehrmals. Später widersprach er sich, als ich ihn explizit danach fragte, ob er an diesem Abend die Music Machine aufsuchte, und antwortete: „Nein, an diesem Abend war ich nicht aus."

kommen, dass er herauszufinden versuchte, wo es Drogen gab oder so. Er war schon glücklich, wenn er eine Flasche Scotch hatte. In dieser letzten Phase [vor seinem Tod] trank er nicht mehr wirklich so viel wie in den [Mitt- und Spät-]Siebzigern … Bon hatte auch seine Abgründe. Er pennte auf der Couch ein, wachte dann mitten in der Nacht auf und dachte, er wäre auf dem Klo. Dann pisste er dir im Wohnzimmer auf den Boden und legte sich anschließend wieder auf die Couch *[lacht]*. Man musste ihn schon im Auge behalten … Ich kann mir vorstellen, dass das für die Young-Brüder schon ziemlich anstrengend gewesen sein muss, sich um diese Eigenheiten von Bon zu kümmern."

Allerdings steht gerade Chapmans Detailliertheit – besonders seine Erinnerungen an die Wortwechsel mit Joe – in Bezug auf den 18. und 19. Februar 1980 in krassem Gegensatz zur Vagheit, mit der Joe und Silver sich an diese Stunden erinnerten beziehungsweise sich zu Joes Aufenthaltsort äußerten: War er nun aus oder doch bei Silver zu Hause – oder doch woanders? Auch eine absolut fundamentale Frage bleibt unbeantwortet: Sollten sowohl Chapman als auch Way mit ihrer Behauptung, kurz nach Sonnenaufgang des 19. Februar über Bons Tod informiert und nach einer Telefonnummer von AC/DC gefragt worden zu sein, richtigliegen – warum erfuhr die Band dann erst irgendwann nach Mitternacht am 20. Februar, was passiert war?

„Ich kann mir nicht vorstellen, dass ich daran gedacht hätte, Chapman oder irgendwen sonst vor dem nächsten Tag [nach Bons Tod] anzurufen", erklärte mir Joe irgendwann. „Nicht in dieser Nacht. Das glaube ich nicht … erst am Tag nach Bons Tod. Vielleicht rief ich ihn auch erst zwei Tage später an, nachdem ich andere Leute verständigt hatte oder so, da bin ich mir nicht sicher … Er wäre nicht der Einzige gewesen, den ich angerufen hätte."[53]

53 Auch hier widersprach sich Joe später bezüglich des Zeitpunkts des Telefonats: „Es dürfte entweder in der Nacht gewesen sein, nachdem Silver und ich im Krankenhaus waren, oder am nächsten Tag."

Sich mit Silver und Joe auf Details zu einigen und sich diese bestätigen zu lassen, stellte sich als schwierige Aufgabe heraus. Vor ihrem Tod zeigte sich Silver zunehmend irritiert, was meine wiederholten Nachfragen bezüglich des Zeitrahmens betraf. Je mehr ich sie unter Druck setzte, desto genervter zeigte sie sich.

„Niemand wusste am Morgen [des 19. Februar], dass Bon tot war. Und ich weiß nicht, wie lange es dauerte, bis das Krankenhaus mich anrief, nachdem Alistair ihn am Abend gefunden hatte. Ich kann auch nicht sagen, wie lange es gedauert hat, dorthin zu gelangen, oder wie lange Joe und ich für den Rückweg brauchten, um dann zu telefonieren. Das ist eine lange Strecke. Das weiß ich. Ich kann auch nicht mehr sagen, als dass es verdammt spät in der Nacht war, wahrscheinlich schon früh am Morgen [des 20. Februar], aber immer noch dunkel. Mir ging es schlecht, ich stand unter Schock und zusätzlich musste ich am nächsten Tag noch versuchen, [Bons Exfreundin] Anna Baba und Alistair zu helfen, denen es sogar noch schlechter ging. Da schaute ich nicht auf die Uhr."

Aber wenn sie und Joe „früh am Morgen" des 20. Februar bei Chapman anriefen, nachdem sie aus dem Krankenhaus zurückgekehrt waren – und darauf bestand sie –, warum bestätigt dann Way Chapmans Geschichte, derzufolge er irgendwann nach sechs Uhr morgens am 19. Februar einen Anruf erhielt? Die Sonne ging an diesem Tag in London um circa 7.10 Uhr auf. Wenn Joe Chapmans Wohnung nach Tagesanbruch verließ und etwa eine Stunde später bei sich zu Hause eintraf, dann muss sich der Anruf, von dem Chapman behauptet, Joe hätte ihn getätigt, wahrscheinlich zwischen acht und zehn Uhr morgens ereignet haben. Und da war es nicht mehr dunkel.

29

Have A Drink On Me

AC/DC berichten, dass sie irgendwann nach Mitternacht am 20. Februar über Bons Tod in Kenntnis gesetzt wurden. Sie können nicht vor Pete Way davon erfahren haben, da er es war, der Paul Chapman AC/DCs Telefonnummer gab, damit dieser sie an Silver Smith und Joe Fury weiterleiten konnte, die dann wiederum bei AC/DC anriefen.

Damit Silvers Version nun zu jener von UFO passt, müsste Chapman Way irgendwann zwischen Mitternacht und zwei Uhr des 20. Februar angerufen haben. Sowohl Chapman als auch Way hoben eigens hervor, dass das Telefonat *nach* Sonnenaufgang stattfand. Aber obwohl Way mir erzählte, dass der Anruf um circa „sechs Uhr morgens an Bons Todestag" erfolgte und gegenüber Geoff Barton meinte, es wäre „früh am Morgen" gewesen, verlegte er in seiner Autobiografie den Zeitpunkt auf „spät eines Nachts". Chapman beteuert, dass es schon hell war: „[Joe] verließ mein Wohnhaus durch den Haupteingang, von wo aus man direkt den Sonnenaufgang sehen konnte. Deshalb sah ich auch, dass er so grün war. Das ist der Grund, warum ich mich daran erinnern kann. Die Eingangstür befand sich unter den Fenstern meines Wohnzimmers … Wenn die Sonne aufging, schien sie einem direkt ins Gesicht … Sie stand zu diesem Zeitpunkt bereits ein paar Stunden am Himmel."[54]

54 Wie erfuhren AC/DC vom Tod ihres Leadsängers? Laut der allgemein akzeptierten (und vermutlich korrekten) Version war es Angus Young, der zuerst angerufen wurde, entweder von einer oder zwei Personen (er hat sowohl das eine als auch das andere behauptet). In Mick

Silver ließ sich nicht beirren. Sie verurteilte Chapmans Version als „verrücktes, wildes Märchen“ und ließ kein gutes Haar an dessen Darstellung der Ereignisse: „Und dann schwebten die Engel herab und hoben ihn empor gen Himmel, der voller winziger Schweine mit Flügeln war. Es gab keine finsteren Verschwörungen – nur etwas, das sich verheerend auf uns alle auswirkte, vor allem auf Alistair, der alles

---

Walls Biografie steht, dass Silver dem Krankenhaus Peter Menschs Nummer gab und sie Angus anrief, als sie wieder zu Hause war. Als Nächstes verständigte Angus seinen Bruder Malcolm. In einem Interview mit *Sounds* vom März 1980 ist vermutlich sie mit „die Freundin des aufgebrachten Freundes“ gemeint, die Angus anrief. „Das Mädchen gab mir die Nummer des Krankenhauses ... Ich rief sofort Malcolm an, weil ich zu diesem Zeitpunkt dachte, dass sie vielleicht etwas durcheinanderbrachte.“

Das *Mädchen*? Das klingt nicht nach jemandem, den Angus kannte – und Silver kannte er gut, obwohl Angus sich hier vielleicht einfach nur so vage wie möglich geben wollte, was typisch für ihn gewesen wäre.

Malcolm Version bestätigt die seines Bruders: „Angus rief mich an. Ich war einfach nur komplett fassungslos.“ Allerdings wollte er verstanden haben, dass Silver gar nicht im Krankenhaus war. „Angus erhielt einen Anruf von einer ‚gemeinsamen Freundin‘ von Alistair und Bon“, schrieb Sylvie Simmons 2010 in *MOJO*. „Sie war eine von Bons Exfreundinnen, die laut ihm ‚hysterisch‘ war und ‚Informationen einzuholen versuchte‘. Sie sagte ihm, dass sie gehört hätte, Bon wäre tot ins Krankenhaus eingeliefert worden. Angus legte auf und rief Malcolm an ... Die Frau hatte ihm die Nummer des Krankenhauses gegeben, woraufhin er dort angerufen hatte. Allerdings verweigerte man ihm dort jegliche Auskunft ... Peter Mensch meldete sich aus einem Krankenhaus in Südlondon. Er hatte die Leiche identifiziert.“

Auch in *Behind the Music*, der Doku-Reihe auf VH1, wird berichtet, dass es Angus war, der als erstes Bandmitglied informiert wurde. Er ließ sich die traurige Nachricht von Peter Mensch bestätigen: „Ich rief den Typen an, der uns managte, und fragte ihn, ob es stimmte, dass [Bon] tot wäre.“ Die alternative Darstellung der Ereignisse besagt, dass Malcolm zuerst von Bons Tod erfuhr. Dies ist im Grunde genommen die Geschichte, wie sie Paul Chapman und Pete Way erzählen, obwohl sich beide hier ebenfalls schon widersprochen haben, indem sie auch sagten, Angus wäre zuerst kontaktiert worden. Ian Jeffery hat wiederum berichtet, er wäre um morgens um halb drei oder um drei Uhr von Malcolm über Bons Tod informiert worden. Anna Baba widerspricht dem. Sie wohnte bei den Jefferys und sagt, dass der Anruf um Mitternacht gekommen wäre. Seltsamerweise war es Anna, die laut Clinton Walker den Hörer abhob und ihn an Suzucho, Jefferys Frau und ihre Freundin, weiterreichte. Laut Wall wurde sie durch „Schreie aus dem Nachbarzimmer“ geweckt. AC/DCs Produktionsmanager Jake Berry besuchte die Jefferys, Mensch rief an und sagte, dass sie die Leiche identifizieren sollten. Berry brachte Jeffery zu Mensch nach Hause, von wo aus Mensch und Jeffrey zur Leichenhalle aufbrachen.

All dies mag trivial wirken, ist es aber in Wirklichkeit nicht. Vielmehr werden so die vielen Widersprüche in den Erinnerungen an die Ereignisse nach Bons Tod aufgezeigt. Man spricht hier auch von Rashomon-Effekt. Es sind also durchaus Zweifel an der üblichen Erzählweise der Tragödie von 1980 angebracht. Kein einziger Bericht seitens der AC/DC-Bandmitglieder, ihres Managements oder ihrer Angestellten erwähnt die zeitliche Abfolge der Ereignisse des frühen Morgens des 19. Februar 1980, welche Bons Tod mit Joe, Chapman und Way verband.

getan hatte, um so etwas zu vermeiden. Bon besorgte sich ja nicht einmal Zigaretten oder so selbst. Die Leute versorgten ihn mit allem. Also ist die Vorstellung, dass er mit dem Zug von Westminster nach Fulham fuhr, um irgendwo im Süden Londons ausgerechnet Heroin für Paul Chapman aufzutreiben und dann mit der U-Bahn zurück nach Fulham zu fahren, nichts als Nonsens. Der blanke Wahnsinn. Entweder hat sich der Typ [Barton] das aus den Fingern gesogen oder was auch immer. Als ich das hörte, machte ich mir Sorgen um Paul Chapman. Der Schreiberling [Barton] hat wahrscheinlich die Hälfte erfunden und Paul war vermutlich einfach verwirrt, weil er garantiert nicht mit voller Absicht lügen würde. So ein Typ war er einfach nicht. Ich kann mir nicht vorstellen, dass Paul das in irgendeiner bösen Absicht tat. Er war verwirrt in Bezug auf das, was er dem [Journalisten] erzählte und dieser dichtete den Rest dazu; es ist einfach kompletter Schwachsinn."

An Bartons Artikel störten sie besonders jene Stellen, wo Chapman darauf bestand, dass Joe den Abend des 18. Februar sowie die Morgenstunden des 19. Februar nicht mir ihr, sondern mit ihm verbracht hätte, sowie seine Behauptung, dass Bon von Chapmans Apartment aus aufgebrochen wäre, um Heroin zu besorgen.

„Joe und ich kannten beide eine Handvoll Leute, die zu Fuß erreichbar gewesen wären und Heroin hätten zur Verfügung stellen können", sagte sie. „Dasselbe trifft auf Bon zu. Dass Bon durch East Dulwich zog, um Heroin aufzutreiben, ist absurd. Meiner Meinung nach ist die Annahme, Bon hätte für irgendwen Heroin besorgt, völlig lächerlich."

Silver erzählte jedoch eine in einem Punkt sehr ähnliche Geschichte wie Chapman, nämlich bezüglich des Anrufs, den Way erhielt.

„Joe kam erst ins Spiel, als er mich ins Krankenhaus begleitete, und wenn er nicht gelegentlich für Paul Chapman gearbeitet hätte, wäre es mir unmöglich gewesen, eine Nummer aufzutreiben, um den Youngs die schlechte Nachricht zu übermitteln. Auf dem Rückweg vom Krankenhaus fragten wir uns, wie wir sie benachrichtigen sollten. Dann erinnerte sich Joe daran, dass Paul Chapman gesagt hätte, eines der anderen Bandmitglieder von UFO hätte sich mit Malcolm angefreundet. Mir missfiel zwar die Vorstellung, dass irgendjemand vor der Familie und der Band verständigt würde, aber was sonst hätten wir tun sollen? Ich hätte [Bons Mutter] Isa anrufen sollen, aber mir waren irgendwie die Rollläden runtergegangen; ich stand vermutlich unter Schock."

Dieses UFO-Mitglied war Pete Way?

„Ja, das war Pete Way. Also riefen [Joe und ich] Paul Chapman an, der dann mit [Way] telefonierte, der die Nummer von Malcolm und Angus hatte."

Es war das erste Mal, dass Silver sowohl Chapman als auch Way erwähnte und damit bestätigte, was der UFO-Gitarrist schon die ganze Zeit gesagt hatte, nämlich dass er einen Anruf von Joe erhielt, da dieser eine oder mehrere Nummern der Youngs benötigte. Es stellt sich die Frage, wann Chapman von Joe angerufen wurde. Am Morgen des 19. Februar, wie Chapman sagt, oder doch zwischen 16 und 18 Stunden später, nachdem Alistair Bons Leiche im Wagen entdeckte und sich Silver und Joe ins Krankenhaus begaben? Hier besteht eine entscheidende Diskrepanz.[55]

„Wenn Joe nicht für Paul gearbeitet hätte, hätte ich nicht gewusst, was wir tun hätten sollen", fuhr Silver fort. „Es ist eine enorme Belastung, wenn du der einzige Mensch bist, der weiß, dass so etwas geschehen ist. Es war also reines Glück, dass wir in der Lage waren, Malcolm und Angus noch in derselben Nacht zu informieren."

* * *

55 In Walkers Buch sagte Silver, dass sie dem Krankenhaus Peter Menschs Nummer gegeben hätte. Mir erzählte sie jedoch, dass sie Mensch erst ein paar Tage nach Bons Tod und rein zufällig auf der Straße traf: „Er lebte nur zwei Häuser von mir entfernt. Was für eine Ironie." Phil Carson, Senior-Vizepräsident von Atlantic, sagt, dass er gerade mit Mensch am Check-in-Schalter von Air India in New York stand, als sie die Nachricht von Bons Tod erhielten.

Es ist verwunderlich, dass Joe, der angeblich in Tränen aufgelöst war, als er Chapman anrief, sich nicht mehr an viel erinnern kann: „Wir dürften versucht haben, AC/DC zu kontaktieren … Vielleicht habe ich Paul Chapman in dem Wissen angerufen, dass er eventuell wen kannte … Diese beiden Bands waren ja gemeinsam auf Tour und so."

Kanntest du Alistair überhaupt?

„Nein, nicht wirklich. Ein Brite. Silver kannte ihn. Ich hatte ihn, glaube ich, damals gerade erst kennengelernt."

Clinton Walkers Verdacht, dass Joe und Alistair ein und dieselbe Person waren, war für den Betroffenen komplett neu.

„Ich war nicht Alistair Kinnear."

Silver konnte sich nicht einmal mehr daran erinnern, welchen der Youngs sie angerufen hatte.

„Ich weiß nicht einmal mehr, ob es Malcolm oder Angus war, mit dem ich damals sprach."

Aber an eine Sache konnte sich sehr wohl noch erinnern.

„[Die Way/Chapman-Story] ergibt keinen Sinn. Nichts davon. Joe saß nicht vom frühen Abend an die ganze Nacht bei Chapman herum. Warum zum Henker soll er grün gewesen sein? Joe hing ja nicht die ganze Nacht mit Chapman im siebten Kreis der Hölle ab und wartete auf Bon. Das ist lächerlich."

Joe stimmt seiner verstorbenen Freundin zu, dass die Wahrheit in Chapmans Version der Geschichte verlorengegangen ist. Er sagte mir, dass es schlichtweg keinen Grund gegeben hätte, warum er sich in Fulham hätte aufhalten sollen.

„[Chapman] hatte im Musikgeschäft viel harte Arbeit leisten müssen, als er mich beschäftigte. Zu jener Zeit arbeitete ich nicht mehr für ihn. Es muss ein gutes Stück später gewesen sein, nachdem wir viel Zeit miteinander verbracht hatten. Wir hatten nicht [mehr] so viel Kontakt zueinander. Ich weiß nicht, ob er die Sache nicht mit etwas vermischt, das sich früher ereignet hat. Bon war nie jemand, der loszog, um Drogen zu besorgen. Klar, er nahm sie, wenn sie gerade da waren, aber eigentlich wollte er nur seinen Scotch. Er machte sich nicht auf die Suche nach Stoff. Eigentlich war er nicht der Typ, der sich irgendwohin zurückzog, um sich in privatem Rahmen die Kante zu geben. Ihn trieb es vielmehr unter die Leute. UFO hatten ihre eigenen internen Dramen. Ich weiß, dass Paul die ‚langsameren' Drogen bevorzugte. Vielleicht dachte er ja, dass ich, als ich auf sein Haus aufpasste und mich für ihn um [seine Frau Linda] kümmerte, ihr ein wenig näher kam, als ich das hätte sollen *[lacht]*.[56] Womöglich glaubte er das, ja, aber so war das nicht. Yeah, ich hatte immer eine Schwäche für Paul und hielt ihn für einen netten Typen. Er war keiner von den üblen Kerlen, denen man da draußen begegnet."

Einer dieser üblen Kerle, so enthüllt Joe, war ein damals prominenter Bandmanager, der die Mitglieder seiner eigenen Band mit harten Drogen versorgte, für die sie mit ihrem Tageslohn, den sie von ihm erhielten, bezahlten. So sackte er die Profite ein, während er die Gruppe süchtig nach Heroin machte.

Irgendwo zwischen Chapmans, Ways, Silvers und Joes Versionen verbirgt sich wohl die Wahrheit über Bon Scotts letzte Stunden. Doch je tiefer man sich vorwagt, desto verwirrender wird alles.

* * *

Clive Edwards war ein guter Freund des inzwischen verstorbenen Jimmy Bain sowie dessen Schlagzeuger bei Wild Horses. Was er zu sagen hat, könnte einen wichtigen Durchbruch im Fall Bon Scott darstellen. Immerhin behauptet er, dass er sich mit Silver am Abend des 19. Februar in Bains Haus befand, als sie telefonisch gebeten wurde, sich ins King's College Hospital zu begeben. Er sagt, dass er Joe nicht kannte, obwohl Joe auch als Roadie für Wild Horses arbeitete und zu Bains persönlichen Freunden zählte. Edwards erinnert sich jedenfalls an keinen „Joe", der mit von der Partie gewesen wäre.

56 Joes privates Housesitter-Arrangement wurde von einer unabhängigen Quelle bestätigt: „Joe sah öfters mal bei Linda nach dem Rechten, wenn Paul auf Tour war."

„Silver hing oft mit Jimmy ab. Tatsächlich befand sie sich auch in jener Nacht, als Bon starb, in seiner Wohnung in Richmond."

Also kanntest du Silver aus der Drogenszene?

„Ja, die waren alle involviert – und sie alle liebten Heroin. Ich war auch vor Ort. Es war ein Schock. Ich verbrachte viel Zeit bei Jimmy. Ich hielt mich aber großteils vom krassen Zeug fern und rauchte nur eine Menge Dope."

Du warst also mit Silver und Jimmy bei Jimmy zuhause, während sie Heroin konsumierten?

„Ja. Jimmys Frau Sofie war auch dabei. Es gab da einen kleinen Zirkel, der dort aus und ein ging."[57]

An was kannst du dich in Bezug auf das Telefonat noch erinnern?

„Alles, was ich mitbekam, war, dass jemand angerufen hätte und Bon tot wäre. Ich glaube, Silver sollte ihn identifizieren. So hat sie es gesagt."

Wie war Silver so?

„Ich kannte sie nicht so gut, da ich keiner von den Junkies war – nur durch so simples Geschwafel eben, bevor sie alle wegdösten, nachdem sie sich eine Line gegönnt hatten."

Sie zogen sich das Heroin also durch die Nase. Ist dir bekannt, ob Bon sich auch mit auf die Londoner Heroin-Szene einließ?

„Bei Heroin gab es nicht viel soziale Interaktion. Da kratzte man sich nur noch im Gesicht, bevor man einpennte. Ich hatte nicht viel Kontakt mit Bon, also kann ich nichts dazu sagen."

Du hast also nur wenig mit den Leuten zu tun gehabt?

„Ja, nur oberflächlich. Jeder ging zu irgendwem nach Hause, zog ein oder zwei Lines und sprach dann stundenlang kein Wort mehr. Das war nicht wie mit Charlie [Kokain], wo du für Stunden nicht mehr aufhören kannst, wie ein Wasserfall zu plappern. Bei Jimmy und den Jungs sah ich nie irgendwelche Nadeln. Phil Lynott habe

57 Lady Sophia Crichton-Stuart war damals laut Silver ihre beste Freundin. Crichton-Stuart heiratete Bain 1979 und ließ sich 1988 wieder von ihm scheiden.

ich auch nie mit Nadel gesehen, aber zum Ende hin hat er das auch gemacht."

Hast du dich je über die Umstände von Bons Tod gewundert?

„Nun, ich fand es nicht gut, dass er auf der Rückbank des Autos zurückgelassen worden war. Ich hörte davon, dass jemand in Alistairs Wohnung kam und [Bon] draußen ließ. Sie hätten ihn nicht im Auto liegen lassen sollen. Darüber habe ich mich aufgeregt."[58]

Wie viele Leute waren in Alistairs Wohnung? Weißt du, um wen es sich handelte?

„Nein, ich kannte sie nicht. Ich hatte nur von Silver gehört, dass sie ihn betrunken mit einer Flasche Whisky draußen gelassen hatten."

Aber es waren mehr als nur einer?

„Das habe ich so gehört. Bandkollegen hätte unter diesen Umständen nie jemanden allein zurückgelassen, also dürften es irgendwelche Trittbrettfahrer gewesen sein."

Silver hatte zuvor schon einmal gesagt, dass sie am Morgen des 19. Februar zwei Anrufe von Alistair erhalten hatte. Sie wies ihn an, Bon mit einer Decke zuzudecken und ihn im Auto schlafen zu lassen, damit er ausnüchtern konnte. Überrascht dich das?

„Ja, das tut es. Aber sie muss komplett zugedröhnt gewesen sein, als sie den Anruf erhielt. Man muss doch [wegen so was] nicht telefonieren. Man nimmt [die betreffende Person] einfach mit in die Wohnung. Punkt."

Das verwundert mich so. Warum wurde er nicht in die Wohnung getragen?

„Man lässt doch einen Kumpel nicht so zurück", antwortet Edwards.

Ganz bestimmt nicht. Vor allem nicht im tiefsten Winter. Also warum wurde Bon im Auto zurückgelassen?

58 Seltsamerweise hat auch Herman Rarebell von den Scorpions eine ähnliche Geschichte gehört: „Bon blieb im Auto, soweit ich weiß, und die anderen sind mit ein paar Tussis die Treppe hoch, um weiterzufeiern. Sie vergaßen ihn im Auto. Er war volltrunken und so starb er schließlich."

30

Back In Black

Bons Tod ist für die Rockmusik vermutlich dasselbe wie das Attentat auf John F. Kennedy für die amerikanische Politikgeschichte: das größte ungelöste Rätsel unserer Zeit. Die darin verwickelten Akteure widersprechen einander, es fehlen wichtige Informationen und nur sehr wenig dessen, was als Fakt präsentiert wurde, hält einer gründlichen Untersuchung stand. All diese Umstände bereiten den Boden für zahlreiche Verschwörungstheorien.

Die weithin akzeptierte Version der Ereignisse orientiert sich an den Zeugenaussagen von Alistair Kinnear, Joe Fury und Silver Smith – also drei Menschen, die angeblich in irgendeiner Weise mit Heroin zu schaffen hatten – sowie den wortkargen Mitgliedern von AC/DC und der Japanerin Anna Baba, einer Schulfreundin von Ian Jeffreys Ehefrau Suzucho.

Bon hatte erst kurz vor seinem Tod das zwanglose Verhältnis mit Anna beendet, das weniger als vier Wochen gehalten hatte. In der Nacht seines Todes waren sie sich gar nicht begegnet.[59]

---

59 Silver äußerte sich folgendermaßen über sie: „Joe traf sich hin und wieder mit ihr. Sie war ein wenig ätherisch und sehr, *sehr* jung. Sie sprach nur wenig Englisch und fand sich in einer für sie völlig fremden Kultur wieder, was sie ziemlich überforderte. Wir beide widmeten ihr in den Tagen [nach Bons Tod] viel Zeit am Telefon … Sie war einer jener Menschen, die echt liebenswert sind, aber sich irgendwie nicht auf dem Planeten Erde zu befinden scheinen. Man muss akzeptieren, dass sie sich in einer leicht entrückten Dimension aufhalten. [Clinton] Walker muss man anrechnen, dass sie so, wie sie in seinem Buch dargestellt wurde … tatsächlich war. Ich glaube, er konnte sie ganz gut deuten. Sie war ein liebes

Nun kann das, was ich für die wahre Geschichte halte, endlich erzählt werden – und das geht ganz einfach, indem man Alistairs Stellungnahme gegenüber Maggie Montalbano aus dem Jahr 2005 dekonstruiert. Sie lautete:

> Ende 1978 traf ich Silver Smith, mit der ich in eine Wohnung in Kensington zog. Sie war eine ehemalige Freundin von Bon Scott. Bon kam uns für zwei Wochen besuchen, in denen er und ich uns anfreundeten. Silver kehrte für ein Jahr nach Australien zurück und ich zog in die Overhill Road in East Dulwich. Am Abend des 18. Februar 1980 lud mich Xena [sic] Kakoulli, Managerin von The Only Ones und Ehefrau des Bandleaders Peter Perrett, zum ersten Gig ihrer Schwester in der Music Machine in Camden Town ein (1982 in Camden Palace umbenannt).

Peter Perrett und seine damalige Ehefrau Xenoulla „Zena" (manchmal auch „Xena" geschrieben) Kakoulli waren laut Silver gute Freunde von Alistair: „Sie kannten einander bereits ewig. Ich traf Peter und seine Frau nur einmal, aber ich weiß, dass ihre Beziehung sehr intensiv war."

Sie waren auch für ihre Vorliebe für Heroin bekannt. Richard Lloyd, der Gitarrist von Television, verabreichte sich eine Überdosis, nachdem er sich (laut Perrett selbst) Heroin durch die Nase gezogen, getrunken sowie Downer eingeworfen hatte, woraufhin er in aller Eile ins University Hospital Lewisham gebracht wurde. Perrett erinnerte sich, dass Lloyds Mund sich blau verfärbt hatte: „Er war komplett hinüber."

Mädchen. Sie hatte keine negativen Seiten. Aber es machte für Bon keinen Sinn, eine langfristige Sache daraus zu machen … Sie verehrte ihn und tat alles für ihn, was ihm gut behagte, aber er fing an, sich *richtig* zu langweilen. Als er versuchte, sich dem Album [*Back In Black*] zu widmen, empfand er ihre Gegenwart als ernsthafte Ablenkung, weshalb er sie [zu den Jefferys] wegschickte, um arbeiten zu können." Joe bestreitet, sich je mit Anna getroffen zu haben.

2009 beschrieb Perrett die Londoner Drogenszene dieser Tage gegenüber *MOJO*: „In Amerika konnte ich fünfhundert Dollar pro Tag ausgeben und mitunter gar nicht wirklich etwas spüren, weil das Heroin so schwach war. Der Stoff, den du dort auf der Straße bekamst, hatte nur zwei bis sechs Prozent Heroin-Anteil, weil das Geschäft schon so lange von der Mafia und dem organisierten Verbrechen kontrolliert wurde und die das Zeug eben auf diese Weise verschnitten. Deshalb erlitten auch so viele amerikanische Junkies Überdosen, wenn sie nach England kamen … Wir hatten reichlich von diesem braunen iranischen Heroin, das reiche Iraner, die aus ihrem Land geflohen waren, mitgebracht hatten. Das war für sie einfacher, als ihr Geld in Goldbarren zu schmuggeln. Verstehst du, in den Sixties bekamen die Junkies ihren Stoff in erster Linie von Ärzten. Das war pharmazeutischer Stoff, was nicht wirklich dasselbe ist. Gelegentlich gab es weißes Heroin, das aus dem Goldenen Dreieck stammte. Das war normalerweise ziemlich schwach, aber es gab nicht so viele Junkies und auch keinen Schwarzmarkt dafür. Außerdem musste man den Stoff injizieren und im Vergleich damit, einen Joint zu rauchen oder ein bisschen Koks zu rüsseln, war es schon ein großer Schritt, sich eine Nadel in den Arm zu stecken. Aber das braune Heroin konnte man durch die Nase ziehen oder einfach rauchen – und rauchen erschien einem weniger bedrohlich."

Natürlich trügt hier der Schein. Zwar gilt intravenöser Heroinkonsum als die bei Weitem tödlichste Methode, doch auch das Schnupfen oder Rauchen von Heroin kann zum Tod führen. Es ist weithin bekannt, dass Jim Morrison 1971 in Paris daran starb, Heroin nasal konsumiert zu haben, obwohl der Leichenbeschauer damals Herzversagen als offizielle Todesursache angab.

Eine von Forschern des Stockholmer Karolinska Institutet 2003 veröffentlichte Studie mit dem Titel *Fatal Intoxication as a Consequence of Intranasal Administration (Snorting) or Pulmonary Inhalation (Smoking) of Heroin* ergab, dass bei 239 Todesfällen in Stockholm zwischen 1997 und 2000, die im Zusammenhang mit Heroin standen, 188 der

Betroffenen Heroin gespritzt, elf geschnupft und sieben geraucht hatten. Bei 33 ließ sich die Ursache nicht ermitteln. Von den 18 Toten, die entweder geschnupft oder geraucht hatten, waren wiederum 83 Prozent Männer, im Durchschnitt 32 Jahre alt. Fünf von ihnen galten als gelegentliche Konsumenten oder „Party-Konsumenten". In acht Fällen gab es Augenzeugen. Drei der Opfer fielen sofort nach dem Rauchen oder Schnupfen von Heroin tot um, „die anderen fünf schliefen ein und wurden später tot aufgefunden". Das Forschungsteam fand außerdem heraus, dass Faktoren wie Alkohol und andere Drogen einen „wichtigen" Beitrag zu Todesfällen aufgrund einer Heroin-Überdosis leisteten.

Braunes Heroin brennt bei einer niedrigeren Temperatur als weißes, weshalb es zum Rauchen verwendet wird. Um weißes Heroin injizieren zu können, muss man es mit Essigsäure versetzen, um es löslich zu machen und in ein Salz umzuwandeln. Anfang 1980 war es in London angesagt, braunes Heroin entweder zu rauchen oder zu schnupfen. Dann gab es da noch jene Methode, die als „chasing the dragon" bekannt war und auch von Richard Davenport-Hines in seinem Buch *The Pursuit of Oblivion: A Global History of Narcotics* beschrieben wurde: „Man platziert das Heroin auf einer Aluminiumfolie, erhitzt es und inhaliert den Dampf."

„In Amerika", so Paul Chapman, „war Heroin damals tabu. Wenn du nun zurück nach London kamst, riefst du zuallererst jemanden an, von dem man wusste, dass er etwas vorrätig hatte. Ich dachte mir, dass Bon zwar gerade erst angekommen war … aber wenn er noch nicht mit Heroin in Berührung gekommen wäre, hätte mich das überrascht, wo doch alle es nahmen."

Silver erzählte mir, dass der Heroinhandel im London von 1980 „ein Hippie-Ding [war], das sich im kleinen Maßstab abspielte. In sehr kleinem Umfang. Der Importmengen betrugen jeweils nur wenige Unzen. Da ging es nicht um organisierte Containerladungen."

Londoner Konsumenten bevorzugten braunes Heroin zum Schnupfen, was auch auf Silver und den Großteil ihrer Freunde und Bekannten zutraf. Ein paar wenige rauchten es, aber sie sah „nie eine Nadel, nie eine Feuerwaffe, nichts in der Art, nichts von diesem verwerflichen Zeug. Ein paar Fernreisende brachten etwas mit, das sich ‚Thai White' oder ‚China White' nannte. [Mit Heroin zu dealen] war damals keine ehrenrührige Beschäftigung. Man musste nur ein paar Dinge beachten. Du weißt schon, *Diskretion.* Das war auch so ein Problem: Bon war schrecklich indiskret. Er dachte einfach nicht nach."

* * *

Alistair fuhr fort:

> Ich rief Silver an, die nun wieder in London lebte, um sie zu fragen, ob sie mitkommen wollte. Allerdings hatte sie für den Abend schon andere Pläne. Aber sie meinte, dass Bon vielleicht interessiert wäre, da er sie vorher schon angerufen hatte, weil er etwas unternehmen wollte. Ich rief ihn also an und er willigte ein. Daraufhin holte ich ihn von seiner Wohnung beim Ashley Court in Westminster ab.

Hier wird die Sache kompliziert, da Alistairs Version nun jener von Silver widerspricht. Die Unterschiede sind nicht „unwichtig", wie sie behauptete, sondern von großer Bedeutung. Silver lebte nicht in einer Wohnung in der Gloucester Road, Kensington, wie weithin angenommen wird, sondern in einer, wie sie es beschreibt, „winzigen Mansarde" im Emperor's Gate, South Kensington, von wo aus man bis zu Bons Wohnung im Ashley Court, Victoria, mit dem Auto circa zwanzig Minuten unterwegs war.

„Bons Wohnung war einfach nur … *au Backe*", sagte sie. „Es war ziemlich daneben. Sehr luxuriös, aber kein natürliches Licht … Seine Wohnung war kalt. Überall Rauchglas und Marmor und so ein Mist eben. Es war zwar nicht billig, aber es war *zum Davonlaufen.* Dort war es finster. Ich bin mir sicher, Bon hätte sich so etwas nicht selbst ausgesucht. Die Bude hatte einfach eine schreckliche Wirkung auf mich. Ich hätte dort nicht wohnen können. Da wäre ich schon unglücklich gewesen, wenn ich nur eine Nacht dort hätte verbringen müssen. Der Grund, weswegen ich ihn nicht danach fragte, ob er oder jemand anders die Wohnung ausgesucht hatte, war, dass er so stolz darauf war, möglicherweise zum ersten Mal, aber sicherlich zum ersten Mal seit geraumer Zeit, eine Wohnung zu haben, die ganz *ihm* gehörte. Sonst hatte er immer mit anderen Leuten zusammengewohnt. Im ersten Jahr unterstützte ich ihn in der Gloucester Road. Er bekam fünfzig Pfund in der Woche, das deckte noch nicht einmal seine Scotch-Rechnung. Irene und ich unterstützten ihn jahrelang."

Silver hatte in mehreren Stadtteilen von London gewohnt: Kensington, Richmond und South Kensington. Von Alistairs damaliger Wohnung in der Overhill Road, East Dulwich, ist es eine knapp vierzigminütige Fahrt zum Emperor's Gate in South Kensington. Dem australischen Sender ABC Adelaide verriet sie 2010, dass Alistair am Abend des 18. Februar 1980 vorgehabt hätte, ihr einen Besuch abzustatten. Als Bon sie um etwa 19.30 Uhr anrief, um sie zu fragen, ob sie ausgehen wolle, lehnte sie ab, da sie schon andere Pläne hatte. Sie schlug ihm vor, sich mit Alistair zusammenzutun. Bon wollte ins Dingwalls gehen, einen Club in Camden Lock.[60]

Silver berichtete, sie hätte zu Bon gesagt: „Alistair kommt später vorbei. Möchtest du, dass ich ihm ausrichte, er soll dich anrufen?

60 Silver: „Ich hatte bereits mit Joe [Fury] und einem Bassisten, den er kannte und dessen Namen ich vergessen habe, ausgemacht, ein paar Songs für elektrisches Piano, Gitarre, Bass und Gesang auszuarbeiten, da wir überschüssige Studiozeit gutgeschrieben bekamen." Der Spender, der seinen Termin im Studio zur Verfügung stellte, könnte entweder Phil Lynott oder ein Mitglied von Wild Horses gewesen sein. Joe erwähnte mir gegenüber all dies mit keinem Wort. Und es widersprach Paul Chapman, der behauptete, Joe wäre an diesem Abend bei ihm gewesen. Sie fügte noch hinzu: „Die Zeit im Studio nahmen wir letztlich nie in Anspruch ... Ich war an beiden Abenden zu Hause: jenem, an dem Bon anrief, sowie jenem, an dem das Krankenhaus anrief." Das wiederum widersprach Clive Edwards' Aussage, dass sie am 19. Februar bei Jimmy Bain gewesen sei. Joe sagte mir auch, dass es Alistair war, der Silver informierte – und nicht das Krankenhaus: „Alistair verständigte Silver." Obwohl er gesteht: „Ich hab das Telefonat nicht direkt gehört."

Vielleicht schließt er sich dir an." Ihrer Erinnerung nach kam es dann auch so, und die beiden zogen zusammen los.

Doch in der Originalausgabe von Walkers *Highway to Hell* aus dem Jahr 1994 beschrieb sie ein völlig anderes Szenario: Alistair befand sich demzufolge bereits in ihrer Wohnung, als Bon anrief, und sie sagte: „Ach, Alistair ist hier, ich frage ihn mal, ob er ausgehen will."

Wie konnten sich diese Details im Verlauf von sechzehn Jahren so dramatisch ändern? Warum blieb unerwähnt, dass Joe die Wohnung mit ihr teilte, wie er behauptete, als ich ihn für dieses Buch interviewte?

Alistair und Bon waren auf gewisse Weise ein seltsames Duo, doch sie kannten einander gut und waren Freunde. Silver erzählte mir, dass die beiden sich Jahre zuvor in ihrer damaligen Wohnung in Abingdon Villas, Kensington, kennengelernt hätten. Alistair zog eine Zeit lang sogar zu ihnen. In Hinblick auf dieses Detail ist Alistairs Stellungnahme gegenüber Montalbano also belegt.

„Er wohnte tatsächlich ein paar Monate lang bei uns – bei Bon und mir –, weil er einen Job in der City hatte."

Im Anschluss daran verloren sie sich aus den Augen: „Vor der Nacht, in der Bon starb, hatten wir ihn eine Weile lang nicht gesehen."

Walker misst Alistairs Behauptung, er habe Bon gut gekannt, große Bedeutung bei und kommt zu dem Ergebnis, Anna Baba hätte Alistair nach Bons Tod angerufen. Sie besaß seine Nummer, denn die stand neben seinem Namen auf der inneren hinteren Umschlagseite eines Notizhefts, das angeblich Bon gehört hatte, sich aber nun in Annas Besitz befand.

„Als ich ihn in der Wohnung antraf, war Bon bereits ziemlich angetrunken", soll Alistair zu Anna gesagt haben. Und er wiederholte es in einem kurzen Interview mit dem Londoner *Evening Standard* im Jahr 1980: „Bon war ziemlich betrunken, als ich ihn abholte."

Daher ist es komisch, dass Alistair in seiner Stellungnahme gegenüber Montalbano gar nicht erwähnt, dass Bon betrunken war, als er ihn zwischen 22 Uhr und Mitternacht in seiner Wohnung abholte. Joe Fury glaubt, dass es untypisch für Bon gewesen wäre, schon zu Hause und dann auch noch so früh am Abend bereits betrunken gewesen zu sein: „Das fand ich schon ein bisschen witzig … ungewöhnlich für Bon. Da muss er schon ziemlich arg alkoholisiert gewesen sein, als Alistair ihn abholte, wenn [Alistair] sagte, er wäre betrunken gewesen. Schließlich vertrug er schon eine Menge, ohne dass man ihm das angemerkt hätte."

Noch seltsamer ist, dass in Bons Totenschein seine Adresse mit „Morfort Crescent" angegeben wird. Aber zumindest in London gibt es kein „Morfort Crescent" – interessanterweise aber in Sheidow Park, einem Vorort von Bons alter Heimat Adelaide. Tatsächlich hätte in diesem Dokument „Morpeth Terrace" als Wohnort aufscheinen müssen. Es ist schon erstaunlich, dass dieses Detail noch nie wirklich zur Sprache gebracht wurde. Warum sollte bitte eine nicht existierende Adresse auf Bons Totenschein stehen? Ein Fehler bei der Abschrift?

Unwahrscheinlich.

War der Polizei etwa eine falsche Adresse übermittelt worden – und wenn ja, warum und von wem? Vielleicht, um unbekannten Individuen genügend Zeit zu verschaffen, noch vor Eintreffen der Polizei Bons Wohnung umzupflügen? Das wäre eine Möglichkeit. Aber warum fiel das auch später niemals auf? Es gibt ausreichend Informationen, die Zweifel an der Glaubwürdigkeit von Bons Totenschein aufkeimen lassen.[61]

In einem Interview mit einem kanadischen Podcast sagte Colin Burgess, AC/DCs erster Drummer, er und sein Bruder Denny seien in jener Nacht vielleicht in der Music Machine zu Gast gewesen. Allerdings musste er einräumen: „Ich bin mir nicht ganz sicher …

61 Wirkt Bons Totenschein mitsamt falscher Adresse denn authentisch? Scotland Yard sollte zumindest die Untersuchung rund um Bons Tod neu aufrollen, um sicherzustellen, dass bei den damaligen Ermittlungen (wenn davon überhaupt die Rede sein kann) nichts übersehen wurde.

Wir waren mit Bon dort … Ich kann mich nicht mehr genau erinnern. Es ist schon so lange her."

Er hatte andernorts auch schon zu Protokoll gegeben, dass Bon auf ihn nicht alkoholisiert gewirkt hätte: „Bon war nüchtern … Ich kann mich nicht daran erinnern, dass Bon betrunken genug gewesen wäre, um sich in einem Auto umzubringen. Also wirklich!" Und trotzdem: Wenn wir Alistairs vorangegangenen Kommentaren Glauben schenken wollen, war Bon bereits betrunken und wurde im weiteren Verlauf des Abends immer noch betrunkener – angeblich soll er sich sieben doppelte Whiskys genehmigt haben.

> Es war ein tolle Party. Bon und ich tranken viel zu viel. Wir bedienten uns an der Gratis-Bar im Backstage-Bereich und auch an der Bar die Treppe hoch. Allerdings sah ich ihn an diesem Abend überhaupt keine Drogen nehmen.

Nur weil ihn niemand dabei *sah*, heißt es nicht, dass er keine Drogen genommen hatte. Die Band, die an diesem Abend auf der Bühne stand, hieß Lonesome No More. Ihre Leadsängerin Koulla Kakoulli, Zenas Schwester, hatte 1978 sowohl Johnny Thunders als auch Peter Perretts neue Band The Only Ones als Hintergrundsängerin unterstützt. Entgegen anders lautenden Berichten in unterschiedlichen AC/DC-Biografien spielte noch nicht der zukünftige Gitarrist von The Cult, Billy Duffy, bei Lonesome No More – obwohl er sich tatsächlich vor Ort befand.

„Es ist ganz einfach", sagt Duffy. „Ich wurde eingeladen, um mir an diesem Abend Lonesome No More anzuschauen, weil die Möglichkeit bestand, denke ich, den Gitarristen zu ersetzen, was dann ja auch tatsächlich so kam. Aber zu diesem Zeitpunkt spielte ich noch nicht bei ihnen. Ich hielt mich an der Bar neben der Bühne auf und ich weiß auch noch, wie Bon und noch ein anderer Typ an mir vorbeigingen, sich wahrscheinlich einen Drink holten und dann hinter der Bühne verschwanden. Das ist alles. Ein paar Jahr zuvor hatte ich AC/DC in Manchester gesehen und war ein riesengroßer Fan, weshalb es unmöglich ist, dass ich ihn verwechselt habe."

* * *

> Als die Party vorüber war, bot ich ihm an, ihn nach Hause zu fahren. Als wir uns seiner Wohnung näherten, bemerkte ich, dass Bon inzwischen in die Bewusstlosigkeit abgedriftet war. Ich ließ ihn im Auto und läutete an seiner Türklingel, aber seine aktuelle Freundin, mit der er zusammenwohnte, reagierte nicht. Mithilfe von Bons Schlüsseln gelangte ich in die Wohnung, aber niemand war da. Ich schaffte es nicht, Bon aufzuwecken, weshalb ich Silver anrief, um sie zu fragen, was ich nun am besten machen sollte. Sie sagte, dass er relativ regelmäßig [auf diese Weise] wegpennte und es am besten wäre, ihn einfach in Ruhe schlafen zu lassen.

Auch hier weicht Alistairs Bericht von Silvers ab. Ihrer Erzählung zufolge verklemmte sich nämlich einer der Schlüssel im Schloss, als Alistair versuchte, Bons Wohnung zu betreten. Alistair erwähnt dies mit keinem Wort.

„Silver zufolge war Kinnear, als sie bei Ashley Court eintrafen, nicht in der Lage, Bon zu bewegen", schrieb Walker. „Er rüttelte ihn, aber Bon konnte oder wollte sich nicht rühren. Da er dachte, Bon ließe sich vielleicht einfacher nach drinnen führen, wenn er zuerst den Weg freimachte, griff sich Kinnear Bons Schlüssel, öffnete die Wohnung und ließ die Tür angelehnt. Die Haustür bereitete Kinnear jedoch Probleme, und nachdem es ihm endlich gelungen war, sie zu öffnen, sperrte er sich schlussendlich aus."

Hatte sich nun der Schlüssel verklemmt oder hatte Alistair sich ausgesperrt? Eine weitere Unstimmigkeit, die noch rätselhafter wird, da Alistair den wichtigen Faktor, den Bons Hausschlüssel eigentlich dargestellt hätte, in seinem Statement gänzlich unerwähnt ließ. Und was den Anruf betraf: Warum sollte Alistair Silver telefonisch um Rat bitten, wenn er sich schon in Bons Wohnung im vierten Stockwerk, Tür Nummer 15, befand? Wäre es nicht naheliegend gewesen, ihn die Treppen hinaufzuschleppen – oder es zumindest zu versuchen?

Er war bereits, wie er selbst zugab, betrunken von der Music Machine zu Bons Wohnung gefahren. Wäre es denn echt so schwer gewesen, einen Arm um Bons Taille zu legen und zu versuchen, ihn ins Haus zu bugsieren? Silver sagte, sie wäre um ein Uhr morgens herum von einem „sehr verzweifelten Alistair" angerufen worden.

„Er ist weggepennt. Er ist halb bewusstlos", informierte er sie und fragte: „Was soll ich jetzt nur tun?"

Es war nicht außergewöhnlich, dass Bon im Suff in einen Zustand völliger Benommenheit abdriftete. Warum also sollte Alistair nun Silver in einer solchen Panik aus Bons Wohnung anrufen, wenn er davon ausging, dass es sich bloß um einen Alkoholrausch handelte?

„Ich schlug ihm vor, ihn zu sich nach Hause [also in Alistairs Wohnung in East Dulwich] mitzunehmen", berichtete Silver. „Dort könnte er vielleicht Hilfe organisieren, damit er ihn in die Treppen hoch bekam."

Oder in anderen Worten: Sie schlug dem alkoholisierten Alistair vor, in dessen Auto der bewusstlose Leadsänger von AC/DC lag, den doppelt so weiten Weg zu sich nach Hause in Angriff zu nehmen, anstelle ihre Wohnung im Emperor's Gate anzusteuern, wo sie – und Joe, den sie vergaß zu erwähnen – ihm zumindest ein bisschen hätten unter die Arme greifen können.

„Bei mir musste man fünf Treppen hoch, bei ihm nur drei – das erschien von daher sinnvoll. Immerhin wog ich gerade einmal vierzig Kilo und trug zehn Zentimeter hohe Absätze … Ich war schon oft in derselben Situation mit Bon gewesen, und es war schwierig, das kannst du mir glauben."

Wen hätte Alistair denn eigentlich um diese Uhrzeit noch um Hilfe bitten können? Warum konnte Silver nicht Joe darum bitten, Alistair zu helfen, oder gar selbst mit Hand anlegen? Warum rief Alistair nicht seinen eigenen Vater an, den Arzt Angus Kinnear, wenn er sich ernsthaft Sorgen um Bons Gesundheit machte und nicht mit ihm ins Krankenhaus fahren wollte? Dieser wohnte in Forest Hill, direkt neben East Dulwich, gerade einmal eine Meile von Alistairs Apartment entfernt.

Heute tut es Joe aufrichtig leid, dass er Alistair nicht geholfen hat. Er macht sich Vorwürfe, an diesem Abend nicht mit Bon ausgegangen zu sein, um auf ihn aufzupassen, beziehungsweise Alistair nicht assistiert zu haben: „Wenn ich nur Alistair geholfen hätte, Bon in seine eigene Wohnung zu manövrieren."

Er glaubt, dass Alistair, sollte er tatsächlich Bons Schlüssel verloren haben, vor der Frage stand, wohin er Bon bringen sollte, da er nun nicht in dessen Wohnung gelangen konnte. Dies ist verständlich, falls es in Joes und Silvers winzigem Apartment nur ein einzelnes Bett und sonst nicht viel gab. „Aber nachdem es so oft vorkam [dass Bon einfach einpennte], denkt man sich wohl, dass das eben nur wieder so ein Abend ist: ‚Soll er seinen Rausch doch im Auto ausschlafen.'"

Joe sagt, er hätte vielleicht anders auf Alistairs Hilferuf reagiert, „wenn Bon sich in einer annehmbaren Verfassung befunden hätte und nicht ständig betrunken gewesen wäre".

Die Schuldgefühle belasten ihn bis heute, auch wenn die Erinnerungen an jenen schicksalhaften Morgen verschwommen sind.

„Ich fühlte mich Bon verpflichtet, weil er immer sehr großzügig zu mir war. Später dachte ich mir: ‚Scheiße, er rief an und fragte, ob ich mit ihm ausgehen wollte. Ich hätte zusagen sollen.' Wenn ich mit ihm unterwegs gewesen wäre, dann hätte ich ihn nach drinnen geschafft, irgendwie hätte ich ihn nach Hause gebracht. Als Alistair anrief, hätte ich vielleicht sagen sollen: ‚Okay, bleib, wo du bist, ich komme vorbei.' Oder auch: ‚Bring ihn hierher.' So etwas eben. Dabei fällt mir ein, dass ich mich wahrscheinlich bei Silver zu Hause aufhielt."

Wenn Bons Story nun ein Fernsehkrimi wäre, würde sich hier als Schlussfolgerung anbieten, dass Bon zu diesem Zeitpunkt bereits tot war. Rief Alistair Silver deswegen in einem Anfall blinder Panik an?

Hatte er Silver und Joe die ganze Wahrheit gesagt? Ein Mann, der sich in einem solchen Dilemma wiederfand, könnte gedacht haben, dass es vielleicht so aussähe, als ob Bon in der Wohnung gewesen wäre, wenn er dort dessen Schlüssel deponierte – als hätte er einen Zwischenstopp eingelegt, um irgendetwas zu holen, bevor er weitergezogen wäre.

Aus Walkers Buch wissen wir, dass der Hausmeister des Ashley Court am 19. Februar eine Notiz für Bon hinterließ: Ein Schlüsselbund war auf dem Fußabstreifer hinter der Haustür [im Haus] gefunden worden, seine Wohnungstür stand offen, alle Lichter waren an und es liefen Radios.[62]

Aber warum sollten die Radios in Betrieb gewesen sein? Ein Radio einzuschalten, ist sicher nicht das Erste, was man spätnachts tut, wenn man versucht, einen bewusstlosen Freund in sein Schlaf- oder Badezimmer zu schleppen – außer man versucht, ihn aufzuwecken.

* * *

> Als Nächstes fuhr ich zu meiner Wohnung in der Overhill Road und versuchte, ihn aus dem Wagen zu hieven, aber er war zu schwer für mich in meinem alkoholisierten Zustand, weshalb ich den Beifahrersitz umlegte, damit er flach liegen konnte. Ich bedeckte ihn mit einer Decke, hinterließ eine Notiz mit meiner Adresse und Telefonnummer und stiefelte die Treppe hoch, um ins Bett zu gehen.

62 Laut Walkers Buch suchte Anna Baba am Wochenende nach Bons Tod Ashley Court auf und nahm die Notiz an sich. Der Hausmeister informierte sie, dass die Wohnung am Mittwoch, dem 20. Februar, dem Tag, an dem Alistair Kinnear Bons Leiche entdeckt hatte, durchstöbert worden war. Dies ist bemerkenswert, weil Anna behauptete, ihr wäre der Zutritt zu Bons Wohnung nach seinem Tod verweigert worden, was nahelegt, dass sie nicht mehr – wie Alistair gesagt hatte – zusammenlebten. Ansonsten hätte sie wohl einen Schlüssel besessen. Joe erzählte mir, dass nur Bon über einen Schlüssel zur Wohnung in Victoria verfügte. Silver glaubt, dass die beiden AC/DC-Crewmitglieder, die in Bons Apartment eindrangen, Jake Berry und Ian Jeffery, sich mithilfe der Management-Firma (also Peter Mensch) Zutritt verschaffen konnten.

Ich konfrontierte Paul Chapman mit der Theorie, dass Bon vielleicht schon tot war, Alistair in Panik geriet und beschloss, Bons Leiche im Auto zurückzulassen, damit es so aussah, als wäre er in der Nacht eines natürlichen Todes gestorben. In der Overhill Road 67 befanden sich nur sechs Wohnungen. Es war kein großes Gebäude. Alistairs Einzimmerwohnung, Tür Nummer 6, befand sich im zweiten Stock. Es wäre wirklich kein übermäßig großer Aufwand gewesen, Bon die Treppe hoch und in die Wohnung zu bekommen.

„Natürlich würde man ihn nicht einfach dort zurücklassen, oder? *Wow*. Daran habe ich noch nie gedacht. Das hat gerade eine völlig neue Dimension in meinem Kopf eröffnet. Wer würde denn so etwas tun? Jemand da oben – egal, wo *da oben* nun war – hätte komplett neben der Spur gewesen sein müssen und vergessen haben, dass Bon sich im Auto befand. Ich erinnere mich noch, wie kalt es in meiner Wohnung sein konnte, wenn kein Gas zum Heizen mehr da war – ganz zu schweigen davon, wie es in einem Auto im Freien gewesen sein muss. Wer auch immer mit Bon in East Dulwich war, muss oben in seiner Wohnung weggepennt sein. Was anderes kann ich mir nicht vorstellen. Ich kann nicht glauben, dass irgendjemand bei dem Wetter nicht rausgehen und nach ihm sehen würde."

Chapman erwähnt das Wetter und es zahlt sich aus, das Thema genauer zu beleuchten. Es gibt allerlei irreführende Geschichten darüber, dass Bon an Unterkühlung starb oder schlichtweg erfror. Im Dokumentarfilm *Don't Blame Me* von 1991 behauptete Ozzy Osbourne: „Tatsächlich ist Bon an Unterkühlung in seinem Auto gestorben … Es war Winter und er ist erfroren."

Ich habe beim britischen Wetterdienst nachgefragt: Laut Mark Beswick vom Met Office National Meteorological Archive lagen die Temperaturen am Morgen des 19. Februar 1980 bei nicht weniger als fünf Grad Celsius. Er übermittelte mir ein paar Daten.

18. Februar 1980
Höchsttemperatur: 10,4 Grad Celsius (leicht über dem Durchschnitt)
niedrigste Temperatur: 3,9 Grad Celsius (leicht über dem Durchschnitt)
Niederschlag: 0,0 mm
Sonnenschein: 3,4 Stunden (in Heathrow)
Ein trockener Tag mit ein paar sonnigen Intervallen sowie einer sanften bis moderaten Brise aus südöstlicher Richtung.

19. Februar 1980
Höchsttemperatur: 10,6 Grad Celsius (leicht über dem Durchschnitt)
niedrigste Temperatur: 5,0 Grad Celsius (über dem Durchschnitt)
Niederschlag: 0,0 mm
Sonnenschein: 2,3 Stunden (in Heathrow)
Ein trockener Tag mit ein paar sonnigen Intervallen sowie einer sanften bis moderaten Brise aus östlicher Richtung.

Also gab es keinen Frost. Der *Monthly Weather Report* des Met Office vom Februar 1980 bestätigt diese Daten: „Der Monat als Ganzes war sehr mild mit mittleren Temperaturen, die allerorts über dem Durchschnitt lagen."

Die Luft war also nicht *so* kalt, dass Bon hätte erfrieren müssen. Er war ja auch weder Wind noch Regen ausgesetzt. Bon war bekleidet, trocken und laut Alistair mit einer, möglicherweise sogar zwei Decken zugedeckt. Unterkühlung tritt normalerweise auf, wenn man einer Kombination aus Wind, Wasser und kalter Luft ausgesetzt ist – oder wenn zumindest zwei dieser Faktoren auftreten. Und obwohl Alkohol und Drogen die Körpertemperatur senken können und Kälte einen Asthmaanfall auslösen kann, hätte Bon schon ganz besonderes Pech haben müssen, um an Unterkühlung zu sterben, solange er sich in trockener Kleidung und vor dem Wind geschützt in einem geschlossenen Raum aufhielt und die Temperatur „über dem Durchschnitt“ lag.

Angesichts der Wahrscheinlichkeit und all der vorliegenden Beweise weist nur sehr wenig darauf hin, dass Bon an Unterkühlung starb. Jedoch scheint viel für eine andere Todesursache zu sprechen.

31

What Do You Do For Your Honey Money

An diesem Punkt der Geschichte ist Alistair Kinnear – laut eigener Angabe – alkoholisiert. Trotz seiner Berauschtheit hat er gerade seinen Renault 5 ganze elf Meilen durch London navigiert, nämlich von Kings Cross/Camden über Victoria/Westminster nach East Dulwich.

Laut Silver Smith rief er um ein Uhr morgens von Victoria aus an. Alistair erwähnt in seiner Aussage gegenüber Maggie Montalbano keinen weiteren Anruf, obwohl sowohl Silver als auch Joe Fury in Interviews behaupteten, es wäre ein noch zweiter Anruf erfolgt. Silver stritt ab, dass Joe und sie sich jemals diesbezüglich abgesprochen hätten. Und Joe bleibt felsenfest dabei, dass er sich nicht bei Paul Chapman in Fulham aufgehalten habe.

„Als [Alistair] dort [in East Dulwich] eintraf, war Bon bereits völlig bewusstlos", berichtet Silver. „Alistair konnte ihn nicht einmal aus dem Auto ziehen."

Joe schätzte, dass der zweite Anruf um drei Uhr erfolgte – also zwei ganze Stunden nachdem Alistair Silver zum ersten Mal angerufen hatte. Eine Autofahrt von elf Meilen um ein Uhr in der Früh sollte auch in London nicht allzu lange dauern. Was unternahm Alistair zwischen Victoria/Westminster und East Dulwich, das zwei Stunden in Anspruch nahm? Hatte er etwa versucht, einen sterbenden oder toten Bon wiederzubeleben?

„Als Alistair zu Hause ankam, rief er mich noch einmal an und sagte, dass Bon unten im Auto wäre und er es nicht schaffte, ihn in seine Wohnung hinaufzuschleppen“, erklärte Silver gegenüber ABC, „woraufhin ich ihn bat, ein paar Decken hinunterzubringen.“

Im Gespräch mit mir wies sie die Ansicht zurück, dass sie unmittelbar nach dem Telefonat mit Alistair hätte Kontakt mit AC/DC aufnehmen sollen.

„Die Leute nehmen an, dass es damals so war wie heute, wo jeder Facebook hat und jeder sein verdammtes Handy ständig bei sich trägt. Jede Minute, jeden Tag. So war das aber nicht.“

Sogar wenn sie deren Nummern gehabt hätte – was nicht der Fall war –, glaubt sie, dass sie einfach ignoriert worden wäre, falls sie die Youngs angerufen hätte, um ihnen mitzuteilen, dass Bon bewusstlos aufgefunden worden sei. So unbehaglich und provokant sich dieses Argument für manche auch anhören mag: Ganz falsch dürfte sie damit auch nicht gelegen haben.

„Wenn ich Malcolm und Angus um zwei Uhr morgens [sic] angerufen und gesagt hätte, dass Bon in South London bewusstlos in einem Auto liegt – die hätten doch bloß gesagt: ‚Warum zum Geier erzählst du mir das?‘ Verstehst du, was ich meine? So auf die Art: ‚Was ist daran neu?‘“

Joe sieht die Sache ähnlich: „Es ist vier Uhr morgens [sic] und jemand soll sich *wieder mal* um Bon kümmern. Als ich Silver kennenlernte und mich mit ihr über ihre Beziehung zu Bon unterhielt, hörte ich viele solche Dinge. Das hört sich ja alles gut an, aber wenn er irgendwo aus den Latschen kippte, dann war das harte, sehr harte Arbeit … Daraus hat sich zum Teil dann auch unsere Beziehung entwickelt – sie wollte jemanden, der ein wenig organisierter war, ein bisschen mehr auf der Höhe.“

„Außerdem bräuchten wir wohl“, fuhr Silver fort, „viel mehr Einsatzfahrzeuge und einen massiven Ausbau des Krankenhaussystems, wenn jeder einen Krankenwagen rufen würde, sobald ein Freund betrunken einschläft. Das wäre doch dämlich. Da denkt man sich doch: ‚Ach du Scheiße, ernsthaft jetzt?‘ Ich meine, es war ganz logisch, dass wir uns so verhielten. Wie oft sind schon Freunde von dir betrunken eingepennt, vor allem, als du jung warst? Da ruft man doch nicht den Notarzt und lässt sie ins Krankenhaus bringen. Sie wären dir am nächsten Morgen sicher nicht dankbar. Bei Bon war das ganz alltäglich. Er dachte nie darüber nach, wie sich das auf die Leute um ihn herum auswirkte. *Nie.*“

Doch trotz Silvers legitimer Einwände ist es doch auch verwunderlich, dass sie – wie sie ja selbst sagte – zunächst zwei Anrufe des offenbar panischen Alistair entgegennahm und dann am 19. Februar den ganzen Tag lang keinerlei Anstalten machte, entweder ihn anzurufen, um sich nach Bon zu erkundigen, oder mit Bon selbst Kontakt aufzunehmen oder auch jemanden zu Alistairs Wohnung zu schicken, um bei den beiden nach dem Rechten zu sehen.

Und dann war da noch die Sache mit der Decke oder den Decken. Silver erzählte mir, Alistair hätte Bon „Kissen und Decken“ gebracht.

„Ich glaube nicht, dass da eine Decke war“, sagt Chapman. „Nein, ich glaube, da war gar nichts. Wer auch immer ihn da im Auto zurückließ, hat vermutlich angenommen, dass sie ohnehin nicht lange bleiben würden.“[63]

Ohne Decken wäre Unterkühlung durchaus möglich.

„Verstehst du, was ich meine? ‚Wir sind in einer Minute wieder da. Ach, guck mal, er pennt. Lassen wir ihn kurz hier.‘ Dann gehen sie – wer auch immer sie sind – hinein und sagen: ‚Gib uns doch was von dem Stoff.‘ Und dann genehmigen sie sich ein bisschen davon. Als Nächstes lässt du den Kopf auf die Brust sinken und denkst dir, wie großartig das Zeug einfährt. Und auf einmal döst du weg. Ich glaube, wer auch immer Bon nach Dulwich [sic] begleitete, hat etwas von dem Stoff, den sie dort holen wollten, probiert. Ich zumindest hätte es genau so gemacht.“

---

63 AC/DC-Biograf Mark Putterford behauptet, Alistair hätte zumindest „aus Sicherheitsgründen“ die Wagentüren verriegelt, doch liefert er keinerlei Belege für diese Aussage.

Chapman hat sich lange den Kopf über Bons Tod zerbrochen.

„Ich bin ausgebrannt, was das betrifft. Wenn ich sage ‚ausgebrannt', dann meine ich damit, dass mir einfach nichts mehr dazu einfällt, so tief ich in meinem Gehirn auch graben mag." Er hält einen Moment lang inne. „Nachdem all das geschehen war, besuchte ich meinen Dealer, und dort traf ich jemanden, der nicht dort hätte sein sollen." Chapman nennt mir den Namen. Es handelte sich um ein Bandmitglied von AC/DC – und dieser jemand kaufte Heroin.

„Er legte los: [*mit erschrockener Stimme*] ‚Herrje, Tonka! Was zum ... Ich muss weg.' Und dann war er schon zur Tür hinaus. Ich sagte nur ganz erstaunt [zum Dealer]: ‚Ich wusste gar nicht, dass du den kennst.'"

Pete Way sagt, dass dasselbe Bandmitglied später ein ehemaliges AC/DC-Mitglied, das ihm überraschend einen Besuch abstattete, mit einer Flinte bedroht hätte.

„Er verlor die Kontrolle. Er war sehr nervös und in einer komischen Verfassung. Da hatte er sich in einer Art Wahn eine Flinte besorgt. Der andere Typ kam nur vorbei, um kurz Hallo zu sagen. Der hatte nicht erwartet, dass er mit einer Flinte begrüßt würde. Damals passierten eine Menge Dinge, die nicht hätten passieren sollen."

* * *

Laut Silver hinterließ Alistair einen Zettel mit seiner Adresse im Wagen. Er habe sich gedacht, wenn Bon zu sich käme, würde er ihm dann schon in die Wohnung hinauf folgen.[64] Alistair sagte:

> Es muss so vier oder fünf Uhr morgens gewesen sein. Ich schlief dann bis ungefähr elf Uhr, als mich ein Freund namens Leslie Loads aufweckte. Verkatert wie ich war, bat ich Leslie, mir einen

64 Gehörte diese Notiz zu den Beweismitteln bei den polizeilichen Ermittlungen – oder verschwand auch sie?

Gefallen zu tun und nach Bon zu sehen. Das tat er auch, und als er zurückkehrte, sagte er, dass mein Wagen leer wäre. Also bin ich wieder zurück ins Bett, da ich annahm, Bon wäre inzwischen aufgewacht und mit einem Taxi heimgefahren.

Das ist wohl die verblüffendste Passage in Alistairs Stellungnahme. Wer um alles in der Welt ist bitte dieser „Leslie Loads"? Nie ist ein Loads zu Bons Todestag befragt worden, nie hat er sich öffentlich zu diesem Thema geäußert, was sicherlich inzwischen passiert wäre – es sei denn, bei Loads handelt es sich, wie ich vermute, um ein Pseudonym.[65]

„Der arme Alistair, der ja nicht ans Trinken gewöhnt war, erwachte am nächsten Tag mit einem schrecklichen Kater und beschloss, nicht zur Arbeit zu gehen, sondern sich stattdessen wieder ins Bett zu legen", erklärte Silver 2010 in ihrem Interview mit dem Radiosender ABC. „Als er dann später wieder aufstand, also irgendwann mitten am Nachmittag, lag der arme Bon immer noch im Auto."

Wo genau arbeitete Alistair? Laut Silver „arbeitete er viel im Londoner Stadtzentrum". Allerdings konnte sie sich nicht erinnern, welcher Beschäftigung er zur Zeit von Bons Tod nachging. „Er reparierte viele mechanische Dinge … Auch Schmuck konnte er reparieren, also arbeitete er viel für Marktleute. Alistair bastelte auch an Sound-Equipments herum. Er war ein echter Zauberer, wenn es darum ging, kleine, private, leicht zugängliche, aber unsichtbare Geheimverstecke

---

65 Das britische Wählerverzeichnis von 2011 enthielt nur einen einzigen Leslie Loads, wohnhaft am Jack Boddy Way in Swaffham in Norfolk – die Adresse eines Pflegeheims für Senioren und Demenzkranke namens Iceni House. Nachfragen an diese Einrichtung bezüglich der Existenz eines Leslie Loads blieben aber unbeantwortet. Der einzige in Großbritannien geborene Leslie Loads ist ein Mann namens Ernest Leslie Loads, ebenfalls aus Norfolk, der 1916 geboren wurde und 1974 verstarb. Seine Adresse lautete Garden Bungalows 4, Swafield, Norfolk. Swafield befindet sich etwas mehr als 40 Meilen von Swaffham entfernt.
In den wenigen Interviews, die sie vor ihrem Tod gab, erwähnte Silver nie einen Loads und wusste auch nichts über ihn, als ich sie nach ihm fragte: „Ich kenne ihn nicht und habe noch nie von ihm gehört. Andererseits kannte ich niemanden aus [Alistairs] Szene unten in South London."

in Häusern einzubauen, üblicherweise in große Türen oder Kaminsimse – eine noble und historisch zuverlässige Profession. Eines Tages platzte Ron Wood herein [in mein Apartment] und spielte einen Nachmittag lang Hausfrau mit meiner Drachen-Teekanne, weil ich damit beschäftigt war, die Türe zu streichen."

Doch Alistairs Sohn Daniel Kinnear verrät mir, dass seine Mutter Mo und er „null finanzielle Unterstützung" von Alistair erhielten. Stattdessen wuchs Daniel in einem „sozial äußerst benachteiligten Haushalt" auf: „Wir lebten von staatlicher Unterstützung und etwas zusätzlichem Geld, das meine Mutter mit Putzen in Pubs und in anderer Leute Häuser dazuverdiente." Mo, sagt er, „war eine alleinerziehende Mutter, stand ohne Familie da. Sie war ja selbst eine Waise und wurde daher auch nicht von irgendwelchen Angehörigen unterstützt. So wie Al hatte auch sie Drogenprobleme und war psychisch krank. Meine ganze Kindheit hindurch war sie praktisch Stammgast in verschiedenen Einrichtungen."

Die Behauptung, dass Alistair einen lukrativen Job hatte, wirkt höchst unwahrscheinlich – nicht weniger unwahrscheinlich als die These, dass ein mysteriöser Mr. Loads im Auto nach dem Rechten gesehen hätte. Ein komatöser, in zwei Decken gewickelter Mann wäre sicherlich aufgefallen, egal ob er nun auf der Rückbank oder dem umgelegten Beifahrersitz lag. In ihrer beider Version der Geschichte wurden Way und Chapman außerdem schon lange, bevor Loads angeblich Alistairs Wagen leer vorfand, von Bons Tod in Kenntnis gesetzt.

Loads' Auftreten in Alistairs Geschichte erscheint einfach in jeglicher Hinsicht unplausibel. Versuchte Alistair sich dadurch eine Art Alibi zu verschaffen, indem er es aussehen ließ, als hätte Bon den Wagen verlassen, um kurz woanders hinzugehen? War Loads schon die ganze Zeit mit dabei gewesen, wollte aber nicht identifiziert werden? Handelte es sich bei ihm überhaupt um einen Mann? Und wenn die Behauptung tatsächlich stimmen sollte, dass ein gewisser Loads vor Ort war – hätte Bons toter Körper etwa unter einer Decke oder anderen Gegenständen im Wagen unentdeckt bleiben können? Vor dem Eintreten der Totenstarre wäre es möglich gewesen – wenn auch unwahrscheinlich. Der Kofferraum eines Renault 5 ist einen Meter und 24 Zentimeter breit. Der Mindeststauraum beträgt 270 Liter, kann sich jedoch auf knapp über 900 Liter vergrößern, wenn die Rückbank umgeklappt wird.

* * *

Zum ersten Mal kann ich nun die Identität einer dritten Person preisgeben, die sich mit Bon und Alistair in den frühen Morgenstunden des 19. Februar 1980 in East Dulwich aufhielt. Das Eingeständnis war Teil einer Online-Korrespondenz, die ich Ende 2015 führte.

„Ich war dort, als er starb, da ich die Nacht in Alistairs Wohnung verbrachte", sagt Zena Kakoulli, Peter Perretts Ehefrau und Managerin seiner Band The Only Ones. „Ich weiß nicht, warum [ich dort übernachtete], denn ich wohnte gar nicht weit entfernt. Alistair und Bon hatten sich schon vor diesem Abend kennengelernt. Es war nicht ihre erste Begegnung."

Das bestätigt eindeutig das, was Alistair und Silver über die Freundschaft zwischen Alistair und Bon gesagt haben. Die beiden kannten sich.

Du hast in Alistairs Wohnung geschlafen, als Bon im Wagen lag?

„Ja."

Bist du mit Bon und Alistair im Auto nach East Dulwich gefahren, oder bist du erst später dort eingetroffen? War Peter Perrett bei dir?

„Ich fuhr mit Alistair und [Bon] zu Alistairs Wohnung. Es war schon sehr spät, als wir ankamen. Ich erinnere mich, dass es sehr kalt war. Peter war an diesem Abend nicht dabei … Alistair war ein enger Freund. Das letzte Mal sah ich ihn, kurz bevor er [2006] in See stach und leider verschwand … Ich bin Bon Scott an diesem Abend begegnet, weil Alistair mit Silver befreundet war und über sie, glaube ich, auch Bon kennengelernt hatte. Das ist eine traurige Erinnerung, die mich bis heute verfolgt."

Habt ihr Bon im Auto zurückgelassen, weil er für euch beide zu schwer war? Lebte er denn noch, als ihr in die Wohnung gegangen seid? Weißt du, ob er auf Heroin war? Ich bin nur interessiert daran, die Wahrheit herauszufinden.

Sie ignoriert meine ersten beiden Fragen, enthüllt aber schließlich mehr, als ich erwartet hätte.

„Ich habe nicht gesehen, dass er Heroin nahm, aber sowohl Alistair als auch Silver waren damals auf dem Stoff. Ich hielt es für wahrscheinlich, dass auch Bon Heroin konsumierte, denn ich bin nicht davon ausgegangen, dass einem Gewohnheitstrinker davon übel geworden wäre. Es ist allgemein bekannt, dass, wenn man Heroin nimmt und getrunken hat – vor allem, wenn man das sonst nicht tut –, es dazu kommen kann, dass man sich übergibt. Eventuell verliert man auch das Bewusstsein. Aber ich kann nur annehmen, dass es das war, was ihn zuerst einschlafen ließ und später zum Erbrechen brachte. Er wirkte nicht übermäßig alkoholisiert. Wenn er Heroin konsumiert hatte, dann mit Silver und Alistair im Club. Ich sah ihn jedenfalls nicht dabei. Leider waren Silver und Alistair die Einzigen, die darüber Bescheid wussten. Ich weiß, wie niedergeschlagen Alistair war und wie sehr ihn die Sache über Jahre hinweg belastete. Es ist ja so schlimm, dass wir nie wissen werden, was Alistair zugestoßen ist. Er war ein herzensguter Typ und sein Verschwinden ist irgendwie beunruhigend. Ich vermisse ihn."

Das ist eine gewaltige Enthüllung nach fast vierzig Jahren des Stillschweigens, und das aus einer Vielzahl an Gründen. Zena hatte sich die ganze Zeit mit Bon und Alistair in East Dulwich aufgehalten, wodurch alle Erklärungsversuche von Alistair, Silver und Joe, warum Bon im Wagen zurückgelassen wurde, plötzlich unlogisch erscheinen, auch wenn es keine Beweise dafür gibt, dass Silver oder Joe von ihrer Anwesenheit wussten.

Zena zufolge befanden sich also zwei körperlich gesunde Leute mit Bon im selben Wagen, nämlich Alistair und sie selbst. Sie hätten ihn entweder in Silvers Apartment (mit Silvers und Joes Hilfe, insofern er dort war, wie er behauptet) oder aber (ohne fremde Hilfe) in Alistairs Wohnung tragen können.

Warum bot Zena Alistair keine Unterstützung an? Oder hat sie das vielleicht sogar getan? Warum brachte Alistair Bon nicht in ein Krankenhaus? Immerhin war ihm laut Zena „übel" geworden und er hatte sich übergeben müssen, gewiss ein Zeichen für eine mögliche Überdosis Heroin, wofür schon die Gesellschaft, in der er sich in der Music Machine befunden hatte, ein Indiz darstellte. Falls Alistair wirklich von einem Fall schwerer Trunkenheit ausging, wieso hätte er dann Silver angerufen? Wer holt jemanden telefonisch um ein und um drei Uhr morgens aus den Federn, wenn es sich nicht um einen krassen Notfall handelt? Die gängige Version der Tragödie rund um Bons Ableben – nämliche jene von Silver, Joe und Alistair – zerbirst gerade in tausend Stücke.

Ich versuchte, Kontakt mit Zena aufzunehmen, damit ich ihr eine Reihe weiterer Fragen stellen konnte, um Klarheit bezüglich einiger ihrer Aussagen gewinnen zu können – doch meine Nachrichten blieben leider alle unbeantwortet. Und doch hatte sie mich mit ausreichend Informationen versorgt, um mich davon zu überzeugen, dass Bon einer tödlichen Überdosis Heroin zum Opfer gefallen war, was in weiterer Folge vertuscht wurde.

Zena, die einst selbst Heroin konsumierte und inzwischen unter der chronisch obstruktiven Lungenerkrankung COPD leidet – einer Krankheit, die in der wissenschaftlichen Literatur weithin in einen Zusammenhang mit dem Inhalieren von Heroin gestellt wird –, hält es für „wahrscheinlich", dass Bon Heroin nahm. Sie war dabei, als Bon das Bewusstsein verlor, und glaubt nicht, dass er so viel Alkohol getrunken hatte, dass dies geschehen konnte. Sie bestätigt auch, dass er sich übergab, obwohl nicht klar ist, ob sie es mit eigenen Augen sah oder ob ihre Aussage auf diesbezüglichen Medienberichten basiert. Sensationellerweise stellt sie in den Raum, dass Silver mit Alistair und Bon im Club gewesen ist, was die allgemein akzeptierte Version der Geschichte, wie sie in Walkers Buch präsentiert wird, endgültig unterminiert. Allerdings gibt es keine Beweise dafür, dass sich Silver tatsächlich in der Music Machine aufhielt. Wenn dem tatsächlich so war, so hatte sie dies zeitlebens nie zugegeben.

Auch Zenas Schwester Koulla Kakoulli von Lonesome No More war Bon in seinen letzten Stunden aufgefallen: „[Bon] hatte so viel, für das es sich zu leben lohnte. Ja, er kam zu unserem Gig. Wenn ich mich richtig erinnere, fand man ihn am nächsten Tag in seinem Auto. Alistair verbrachte den Großteil des Abends mit ihm."

Also kanntest du Alistair? Tranken sie, nahmen sie Drogen?

„Ich glaube nicht, dass ich darauf antworten sollte. Alles, was ich sagen kann, ist, dass Alistair damals, als Bon starb, schwer auf Heroin abfuhr. Ich weiß, dass Bon tot draußen in seinem Auto entdeckt wurde."

Eine Person, die an diesem schicksalhaften Abend auf der Bühne stand, aber nicht namentlich genannt werden will, lässt eine weitere Bombe platzen: „Bon hatte ordentlich einen getankt in dieser Nacht – und ich wäre schon sehr überrascht, wenn er nicht auch [so wie Alistair] einiges an Drogen konsumiert hätte, hauptsächlich Heroin. Ich möchte zu einem so späten Zeitpunkt niemanden mehr aufregen. Letzten Endes war es ein tragischer Unfall. Aber als Ex-Junkie kann ich sagen, dass Bon *stoned* aussah."

Nur um das klarzustellen: Hier geht es nicht um Marihuana.

Von Heroin ist die Rede.

32

Rock And Roll Ain't Noise Pollution

Um circa 19.30 Uhr an jenem Abend ging ich runter zu meinem Auto, weil ich vorhatte, meiner Freundin, die im Krankenhaus lag, einen Besuch abzustatten …

Wie bitte, Alistair entdeckte Bon um 19.30 Uhr? Aber Silver Smith hatte doch von „mitten am Nachmittag“ gesprochen. Der Ansager von *Behind the Music* auf VH1 erklärte fälschlicherweise (oder vielleicht auch völlig wahrheitsgetreu): „Am Morgen wurde [Bon] tot aufgefunden.“

Und wer war Alistairs Freundin?

„Die einzige Freundin, an die ich mich erinnern kann“, so Daniel Kinnear, „war eine Lady namens Janice … Ich erinnere mich daran, dass ich [1982] zum Endspiel um den Milk Cup – Liverpool gegen Tottenham – mitgenommen wurde. Das war mein erstes Fußballspiel. Ich glaube, Janice' Mutter (oder Vater) gehörte zum Vorstand von Tottenham Hotspur FC. Damals war ich neun Jahre alt.“

Silver erzählte mir ebenfalls unabhängig von Daniel von dieser Janice, womit sie diesen Teil seiner Geschichte bestätigte.

„Der Grund, warum [Alistair] an diesem Abend frei war beziehungsweise sich wieder mal mit mir treffen wollte, war, dass Janice im Krankenhaus lag. Sie hatte ein paar Jahre zuvor einen Unfall gehabt und musste deshalb immer wieder Korrekturoperationen über sich ergehen lassen. Es war was mit dem Rücken. Sie brauchte eine Krücke. Er besuchte sie im Krankenhaus, und da meinte er: ‚Da könnten wir uns doch mal wieder treffen.' Es war also reines Pech, eine Wendung des Schicksals, dass der arme Kerl da hineingeriet."

Warum sollte niemand an eines der Autofenster geklopft haben? Immerhin lag der Leadsänger von AC/DC praktisch einen *ganzen* Tag im Wagen. Direkt gegenüber von Overhill Road 67 steht ein fünfeinhalb Hektar umfassender Wohnkomplex namens Dawson's Heights mit insgesamt 296 Wohnungen, der 1972 fertiggestellt worden war. Die Vorstellung, dass niemand Bon Scott, der gerade erst zwei Wochen zuvor noch bei *Top of the Pops* auf BBC-1 aufgetreten war, gesehen und erkannt haben soll, scheint doch ein wenig weit hergeholt. Befand sich Bon überhaupt im Auto? Welchen Beweis abseits der Aussagen von Alistair und nun auch Zena Kakoulli haben wir dafür? Ein toter Bon hätte doch auch im Schutz der Dunkelheit, um nicht den Verdacht der Nachbarn auf sich zu ziehen, in Alistairs Auto abgelegt oder aus dem Auto entfernt werden können. (Der Sonnenuntergang setzte an diesem Tag um circa 17.20 Uhr ein und um 18 Uhr dürfte es finster gewesen sein.) War der Besuch im Krankenhaus etwa in der Hoffnung, es würden keine Spuren von Heroin mehr in seinem Körper gefunden, so lange wie möglich hinausgezögert worden?

> … und stellte schockiert fest, dass Bon immer noch flach auf dem Vordersitz lag, offensichtlich in sehr schlechtem Zustand. Er atmete nicht. Ich fuhr ihn sofort ins King's College Hospital, wo Bon bei unserem Eintreffen für tot erklärt wurde. Im Bericht des Coroners von Lambeth war von akuter Alkoholvergiftung und einem Unfalltod die Rede.

Warum hat Alistair nicht einen Notarzt verständigt, als er angeblich Bons leblosen Körper entdeckte? Stattdessen transportierte er Bon in einem wichtigen Beweisstück – dem Wagen, in dem er offiziell gestorben war – zum Krankenhaus. Als Alistair im Krankenhaus in Denmark Hill, Camberwell, eintraf – man legt diese Strecke in circa zehn Minuten zurück –, hinterließ er laut eigenen Angaben Silvers Namen als Kontakt und brauste im selben Wagen davon.[66] Er wollte eventuell vermeiden, dass Rettungssanitäter und Polizeibeamte Bons Leiche an Ort und Stelle untersuchten.

Das Krankenhaus rief Silver an, man verschwieg ihr jedoch, dass Bon, den man bereits identifiziert hatte, tot war. Ihr wurde nur gesagt, dass sein Zustand ernst sei.[67] Silver und Joe Fury begaben sich angeblich gemeinsam zum Krankenhaus, doch falls man Paul Chapmans Version Glauben schenken will, wusste Joe ja bereits seit mehr zwölf Stunden, dass Bon tot war.

Was für noch mehr Verwirrung sorgt, ist der Umstand, dass Joe, als ich mit ihm sprach, meinte, Silver hätte „am späten Nachmittag" erfahren, dass Bon tot war: „Ich glaube, es war am späten Nachmittag, weil ich mich daran erinnere, dass wir in der Nacht oder am Abend ins Krankenhaus gefahren sind."

Später widersprach er sich jedoch selbst, als er behauptete, Alistair hätte sie angerufen: „Er sagte, dass sie [Bon] ins Krankenhaus gebracht hätten. Er glaubte, dass er tot sein könnte. Wir begaben uns dann direkt ins Krankenhaus. Dort angekommen, wurden wir informiert, dass er tatsächlich tot war."

Wenn es nun doch nicht Alistair war, der Bon ins Krankenhaus gebracht hatte, wer dann? Wer waren „sie"? Etwa die Rettungssanitäter? Joe glaubte, dass Alistair Silver anrief, nachdem er Bon im Auto gefunden, den Krankenwagen verständigt und „all diese Dinge eben" erledigt hatte.

---

66 Der Renault 5 wurde zwischen 1972 und 1985 produziert. Was mit Alistairs Wagen passiert ist, bleibt ein Rätsel. Inzwischen wäre er wohl ein Sammlerstück – wenn auch ein sehr makabres. Wurde das Auto jemals von einem Tatortermittler forensisch nach Spuren von Drogen untersucht? Vermutlich nicht.

67 Oder war es doch Alistair, der den Anruf tätigte, wie Joe behauptet?

Leider werden alle diesbezüglichen Ambulanz-Unterlagen nach einer Mindestfrist von zehn Jahren vernichtet. Der London Ambulance Service informierte mich, dass man dort keine Unterlagen von 1980 besäße. Falls es Belege gegeben hätte, so existieren sie nicht mehr.

Außerdem war es unmöglich, an die Krankenhausakten heranzukommen. Ich stellte an das King's College Hospital gemäß dem Informationsfreiheitsgesetz einen Antrag auf Einsicht in Bons medizinische Akte. Allerdings wurde mir daraufhin mitgeteilt, dass ich keinen Zugang erhielte, weil ich weder ein Familienmitglied war noch irgendeinen aus seinem Tod resultierenden Anspruch geltend machen konnte: „Unsere Schweigepflicht hält auch nach dem Tod eines Patienten an. Der Health Records Act von 1990 gibt bestimmten Personen das Recht, sich Zugang zu den Unterlagen eines Verstorbenen zu verschaffen."

Ich ließ aber nicht locker. Das Krankenhaus versuchte, mir zu helfen, konnte jedoch nichts finden.

„Leider findet sich mithilfe der zur Verfügung gestellten Informationen keine Spur von Mr. Ronald Belford Scott in unserer Datenbank ... Das Gesundheitsministerium schreibt vor, dass die Akten nach einem Todesfall für acht Jahre verwahrt werden müssen. Daher können wir nur davon ausgehen, dass die Unterlagen unter Wahrung der Geheimhaltung vernichtet wurden. Doch auch wenn noch Unterlagen vorhanden gewesen wären, hätten wir keinerlei Informationen über einen Patienten an eine dritte Partei zur Einsicht freigeben dürfen."

Laut Angus Young wollte das Krankenhaus nichts sagen, bis die Polizei die Eltern informiert hatte. „Wir schickten unseren Manager [Peter Mensch] und unseren Tourmanager [Ian Jeffery] ins Krankenhaus, um der Sache nachzugehen ... Als wir alles herausfanden, waren wir furchtbar bestürzt", sagte er.

„Ich erhielt einen Anruf, dass Bon Scott tot wäre und ich kommen sollte, um die Leiche zu identifizieren", sagte Peter Mensch. „Ich fragte den Rest von AC/DC, ob nicht sie [statt mir] das übernehmen könnten. Sie meinten aber, dass ich das machen sollte, weil ich der Manager wäre. Also zog ich los und da lag er, *death by misadventure*. Das war das erste Mal, dass ich diese klassisch britische Phrase hörte, die beschrieb, dass sich jemand zu Tode getrunken hatte."[68]

* * *

> Seit Langem wird spekuliert, dass Bon an seinem eigenen Erbrochenen erstickt ist. Ich kann dies weder bestätigen noch entkräften. Auch auf seinem Totenschein findet sich nichts dazu. Im Auto sah ich kein Erbrochenes und entgegen anderslautenden Berichten, die ich gelesen habe, war er nicht um den Schaltknüppel gekrümmt, als ich ihn fand. Ich gab gegenüber der Polizei im Krankenhaus eine Stellungnahme ab und sprach später bezüglich allem, was ich damals wusste, mit dem *Evening Standard*.

Dass Alistair nicht in der Lage war, zu bestätigen oder zu entkräften, dass Bon sich übergeben hatte, war seltsam. Entweder war dem so oder eben nicht. Er hätte gewusst, ob Bon gekotzt hätte, auch wenn sich kein Erbrochenes im Auto befunden hätte. Eine einfache Untersuchung seines Mundes hätte Alistair Klarheit verschafft – ein übliches Vorgehen, wenn man einen Freund findet, der nicht atmet.

Joe Fury erzählte mir, dass ihm damals mitgeteilt wurde, dass Bon sich in der Tat übergeben hätte: „Fakt ist, dass Bon, soweit ich das verstanden habe – ich meine, das ist die Info, die ich erhalten habe –, an seinem eigenen Erbrochenen oder so im Auto erstickt wäre."

Also warum sollte Alistair sich so zieren, zuzugeben, dass Bon sich übergeben hatte, sofern er nicht der Meinung war, dass dies auf Drogen als Todesursache hindeutete?

---

68 Ian Jeffery sagte, er hätte Mensch angerufen, um ihn einzuweihen, nachdem er mit Malcolm gesprochen hatte. Mensch war schockiert und wollte ihm nicht glauben: „Mach keine Scheiß-Witze! Weck mich nicht auf, um mir so einen verdammten Scheiß zu erzählen."

Der Journalist des *Evening Standard* hieß John Stevens. Er berichtete von einem „verstörten" Alistair, der sich mit Bon traf, um nach Camden zu fahren. „Aber er war schon ziemlich betrunken, als ich ihn abholte", wurde Alistair da zitiert. „Als ich ankam, trank er einen vierfachen Whisky pur aus einem Glas. Ich konnte ihn einfach nicht bewegen, weshalb ich ihn mit einer Decke zudeckte und ihm eine Nachricht hinterließ, damit er wüsste, wie er zu meiner Wohnung gelangte, sollte er aufwachen. Ich ging schlafen und als ich später, am Abend, hinaus zum Auto ging, wusste ich sofort, dass da etwas nicht stimmte."

Angus nahm an, dass Bon „mehr oder weniger, du weißt schon, erstickt ist". Malcolm Young war der Ansicht, dass Bon „im Verlauf der Nacht erstickt ist; bei der Position, in der er da schlief". Auch Bons Nachfolger Brian Johnson hielt sich an die von den Youngs ausgegebene Version: „Tatsache ist, dass Bon starb, weil er erbrach, als er mit verdrehtem Hals da lag. Daran ist er erstickt. Wäre jemand bei ihm im Auto gewesen, wäre die Geschichte vielleicht anders ausgegangen. Unfälle dieser Art passieren jeden Tag, aber weil er ein Star war, wurde die Story aufgeblasen."[69]

Bons Familie gab niemandem die Schuld an Bons Tod. „Es war nicht Alistairs Schuld", sagte etwa Graeme Scott. „Er ging bloß mit Ron [sic] aus, um sich in einer Bar in Kings Cross ein paar Drinks zu gönnen. Es war einfach ein Unfall. Er schlief ein und sein Kopf lag dabei in einem falschen Winkel. Das passiert ständig irgendjemandem. Seitdem er fünfzehn war, trank er ununterbrochen. Das war nichts Außergewöhnliches."

---

69 Die Geschichte mit dem verdrehten Hals tauchte zum ersten Mal in Walkers Biografie von 1994 auf: „Sein Körper war um den Schaltknüppel gewunden, sein Hals verdreht und seine Zahnprothese verrutscht." Auch in einem Artikel von Carmel Egan aus dem Jahr 2000, der im *Advertiser*, einer Zeitung aus Adelaide, erschien, war davon die Rede: „Bon hatte seinen 162 cm großen Körper um den Schaltknüppel gewickelt und seinen Hals so verdreht, dass Erbrochenes seine Luftröhre im Schlaf verstopfte." Silver tat dies als Gerücht ab. Alistair, so sagte sie, hatte Bon in eine sichere Position gebracht und er hatte sich nicht bewegt." Und was Bons Zahnplatte betraf: „Bon hatte sich eine Brücke anpassen lassen am Tag, als er 1976 nach Australien aufbrach. Das war der Grund dafür, dass er nicht mit der Band zum Flughafen fuhr. [Die Brücke] sah viel besser aus."

Auch Derek Scott vertrat diese Meinung: „Vor der Nacht, in der er starb, hatte er den ganzen Tag lang an Songtexten geschrieben. Irgendwann hatte er aber auch mal genug, und als sein Kumpel ihn anrief, um ihn zu fragen, ob sie nicht auf ein Bierchen gehen sollten, war Bon einverstanden, nur um sich eine Pause zu gönnen."

Doch Silver sagte, dass Bon seiner Familie nicht sehr nahestand und nur sehr wenig mit seinen beiden Brüdern gemeinsam hatte.

„Ich bin Derek nie begegnet. Bon sprach nicht viel über ihn. Ich glaube nicht, dass sie sich nahestanden, allerdings gab es, soweit ich weiß, auch keine Probleme. Wahrscheinlich waren sie schon von Kindheit an sehr verschieden. Er sprach gut über ihn, aber ich hatte nie den Eindruck, dass sie sich wirklich nahestanden oder so. Sie waren einfach sehr unterschiedlich. Ich glaube, Derek heiratete auch schon sehr jung und hatte kurz darauf gleich Kinder. Und Graeme stand nicht auf Musik. Er las auch nicht. Na ja, ein bisschen schon. Aber er hatte nichts übrig für Literatur. Eigentlich interessierte er sich für gar nichts. Er war wahrscheinlich einer der langweiligsten Menschen, die ich je kennengelernt habe. In Bangkok blieb er einfach in seinem Zimmer. Nicht einmal asiatisches Essen aß er. Zu dieser Zeit hatte er bereits ein paar Jahr dort gelebt. Damals war es noch sehr schwierig, dort westliches Essen aufzutreiben. Er aß nur Fleisch und Kartoffeln. Das war alles. In seinem Zimmer hingen keine Bilder oder so. Es war sehr dröge. Ich mochte Graeme nicht sonderlich und fand, dass er eine sehr schwierige Person war. Mir missfiel seine Haltung gegenüber Bon, sein Mangel an Respekt. Er fand sich in London nicht gut zurecht und verstand nicht, wie die Dinge hier liefen."

So wie schon beim King's College Hospital berief ich mich auf das Informationsfreiheitsgesetz, als ich den Metropolitan Police Service kontaktierte, um Einsicht in die Akte Bon zu erlangen. Mir wurde schließlich mitgeteilt, dass zwar nach etwaigen Unterlagen im MPS Performance Risk & Assurance – der Datenverwaltung – gesucht worden war, aber keine für mich relevanten Informationen gefunden werden konnten: „Daher befindet sich die von ihnen erbetene

Information wohl nicht im Besitz des MPS. Trotz gründlicher Suche konnte keinerlei Information zu dieser Angelegenheit von vor über 35 Jahren lokalisiert werden. Gemäß den Aufbewahrungsrichtlinien des MPS werden Akten nach sieben Jahren geprüft und in weiterer Folge weiterhin aufbewahrt oder vernichtet. Nichts in den allgemeinen Unterlagen scheint darauf hinzudeuten, dass Mr. Scotts Tod irgendetwas Verdächtiges oder Kriminelles anhaftet."

Pattee Bishop lässt sich davon nicht überzeugen. Laut ihr gibt es zu viele Ungereimtheiten und irritierende Details in der allgemein akzeptierten, von AC/DC abgesegneten Erklärung für Bons Tod.

„Die vielen Anrufe an Silver, die Notiz im Auto, die Decke, das Erbrochene, die ganze Sache ... Ich glaube, Silver wusste über fast alles Bescheid, was sich an diesem Abend rund um Bon abgespielt hat. Dieser Typ [Alistair] war mit ihr befreundet. Ihrer Aussage nach war Alistair kein starker Trinker. Sie wies ihn an, Bon im Auto zu lassen und ihm einen Zettel hinzulegen. Mein Gott, wer tut denn so etwas, wenn da nicht mehr dahintersteckt als nur das Trinken? Silver war doch selbst im Eimer, mit dem ganzen Heroin und so. Warum brachten sie ihn nicht ins Krankenhaus? Ich habe Bon schon zugedröhnt erlebt, aber nie so sehr, dass ich mir nicht mehr sicher sein konnte, ob er noch okay wäre. Ich bin überzeugt, dass er sich eine Überdosis einfing, weil er mit Silver abhing. Er war nicht an das Zeug gewöhnt. Ganz sicher, so ist es gewesen, als er starb. Ich war damals fünfundzwanzig. Das hat mich umgehauen. Wie konnte er zwischen 1977 und 1979 ein Junkie werden, ohne dass Malcolm eingriff? Das meine ich mit Silver. Sein Leben endete auf gewisse Weise ihretwegen."

Du glaubst also wirklich, Bon starb wegen ihr?

„Absolut."

Das ist eine schonungslose Einschätzung, die ich persönlich nicht teile, die aber auch typisch für viele AC/DC-Fans ist, die Silver als Bons Zerstörerin oder, wie sie selbst vor ihrem Tod noch sagte, als „gefürchtete, düstere Königin" sehen wollen.

Roy Allen, Bons Saufkumpan, ist ebenfalls der Ansicht, dass sich mehr hinter der Geschichte verbergen könnte: „Ich kann einfach nicht glauben, dass ihn jemand so im Auto zurückließ. Und auch wenn die Todesursache laut Totenschein eine Alkoholvergiftung war, bin ich da auch nicht hundertprozentig überzeugt. Bon konnte so viel trinken und hatte eine solch hohe Alkoholtoleranz, da wäre schon verdammt viel Alkohol nötig gewesen, um ihn umzubringen – aber er und ich tranken damals natürlich auch verdammt viel. Ich halte es jedoch für ausgeschlossen, dass Bon an einer Alkoholvergiftung starb. Da war nicht nur Alkohol im Spiel, das garantiere ich dir."

* * *

Ian Jeffery, der Bons Leiche tatsächlich zu Gesicht bekam, fiel laut Walker auf, dass Bons Hals „verdreht" und „zerschrammt" war: „Man ging damals davon aus – eine Autopsie stand noch aus –, dass Bon an seinem eigenen Erbrochenen gestorben war."

Das ist womöglich ein wichtiger Hinweis. Wie lassen sich die Druckstellen, die Jeffery angeblich auf Bons Hals sah, erklären? Sie ließen sich auch nicht durch Ersticken erklären – es sei denn, Bon hätte verzweifelt gegen das Ersticken angekämpft und sich selbst am Hals gepackt, um seine verstopfte Luftröhre zu frei zu bekommen. Roy Allen wäre fast selbst einmal an seinem eigenen Erbrochenen erstickt. Er betont, wie schnell das passieren kann – und wie leicht es Bon hätte zustoßen können.

„Ich spürte brennende Batteriesäure in meinem Rachen. Es fühlte sich an, als würde ich nicht atmen können. Als würde ich gleich wegen Sauerstoffmangels das Bewusstsein verlieren. Also atmete ich tief ein. All das trug sich in einem Sekundenbruchteil zu – und als Nächstes drang diese Batteriesäure-artige Substanz in meine Lungen ein und es war, als würde sie in Flammen stehen. Ich versuchte verzweifelt, das Ganze rauszuhusten und Luft zu bekommen, während ich aus dem Bett sprang, um mir Wasser zu holen. Allerdings fiel ich gleich wieder zurück. Ich keuchte laut durch meinen verstopften Hals und nach ein paar sehr langen Minuten gelang es mir schließlich wieder, ein wenig zu atmen. Darüber bin ich lange nicht hinweggekommen. Es war schrecklich und bereitete mir eine Heidenangst. Das war verdammt knapp. Ich weiß noch, dass ich mich fühlte, als hätte ich gerade noch einmal Glück gehabt, als hätte ich gerade noch überlebt. Wenn ich in diesem Moment nicht zu mir gekommen wäre, dann hätte sich das Ganze abgespielt, während ich immer noch bewusstlos vom Luftmangel gewesen wäre. Ich kann mir vorstellen, dass Bon etwas Ähnliches widerfahren ist. Wachte er noch auf, als es schon zu spät war? Oder blieb er einfach bewusstlos und ertrank in seiner Magensäure?“

So wie Roy – ein Alkoholiker, der so wie Bon am Abgrund stand – es beschreibt, scheint es absolut im Bereich des Möglichen zu liegen, dass Bon auf ähnliche Weise starb. Was allerdings weiter unklar bleibt, ist der Grund: *Warum* hatte er sich erbrechen müssen? Außerdem, wäre Bon vom Erstickungsgefühl aufgeschreckt – rechtzeitig, um sich selbst an Mund und Hals zu fassen –, wäre er sicher geistesgegenwärtig genug gewesen, um eine Tür des Wagens aufzustoßen und zu versuchen, Hilfe zu bekommen. Das geschah jedoch nicht.

Plausibler erscheint, dass die Druckstellen von einer Mund-zu-Mund-Beatmung stammen, die im Jargon der forensischen Pathologie als „Schäden“ eingestuft werden.

Laut dem forensischen Handbuch *Knight's Forensic Pathology* zählen „Abschürfungen im Gesicht und am Hals, Finger- und Nagelspuren im Gesicht und Hals sowie Schäden an Lippen und am Zahnfleisch“ zu den Anzeichen für eine „Mund-zu-Mund-Beatmung, bei der Gesicht und Hals mit den Händen gepackt wurden“.

In diesem Fall, falls da tatsächlich Druckstellen am verdrehten Hals waren, würde es nahelegen, dass Alistair oder sonst jemand – möglicherweise Zena – versucht hatte, Bon wiederzubeleben, und ihn anschließend bewegten, was die These unterstützen würde, dass er bereits tot war, als sie bei Alistairs Wohnung in East Dulwich ankamen. Oder aber er wurde erst am nächsten Tag tot und mit verdrehtem Hals aufgefunden, woraufhin vergeblich Wiederbelebungsmaßnahmen eingeleitet wurden. Bon hatte sich 1974 bei seinem Motorradunfall eine Halsverletzung zugezogen. Verletzungen der Halsmuskulatur können im Schlaf auftretende Fehlhaltungen und Verkrampfungen (Torticollis) auslösen.

„Auf keinen Fall hätte man Bon *tot* auf dem Vordersitz übersehen", sagt Pattee. „Ich glaube, dieser Typ [Alistair] wusste, dass er tot war, und hatte keine Ahnung, was er tun sollte, und ließ ihn deshalb einfach zurück, bis er *irgendwas* tun musste. Alles streng geheim. Nichts ergibt Sinn."

Könnte das eine Erklärung dafür liefern, warum niemand – nicht eine einzige Person – Bon am nächsten Tag im Wagen liegen sah, bis Alistair seine Wohnung verließ, um nach ihm zu sehen? Lag Bon vielleicht unter einer Decke verborgen? Laut unfundierten Presseberichten war Bons Körper „immer noch in Decken gehüllt", als er gefunden wurde. Oder befand sich seine Leiche doch für den Großteil des 19. Februar in Alistairs Wohnung? Eine Leiche bewusst mehr als einen halben Tag in einer belebten Straße zurückzulassen, wäre furchtbar riskant gewesen.

„Das ist doch alles Bockmist", klagt Pattee an. „Er hätte nicht sterben müssen. Ich habe Bon schon beim Gehen geholfen, wenn er betrunken war, damit konnte ich umgehen. Irgendetwas war passiert. Er starb oder benötigte Hilfe und wer auch immer bei ihm war verfiel in Panik. Einen toten Bon an der Backe zu haben, muss die Hölle gewesen sein."

Es war tatsächlich die Hölle, als die Medien begannen, über seinen Tod zu berichten.

„Ehrlich gesagt versteckten wir beide [Alistair und ich] uns damals vor der Presse, weil es so schwierig war", gestand Silver. „Teile der Presse können in solchen Zeiten ziemlich aufdringlich sein."

Vielleicht tun sie aber auch bloß das, wofür sie schließlich bezahlt werden, nämlich die Wahrheit ans Tageslicht zu bringen.

* * *

Am nächsten Tag stattete mir Silver einen Besuch ab. Sie weihte mich ein, dass sich Bon zwar wegen eines Leberschadens in Behandlung befand, aber schon etliche Arzttermine hatte sausen lassen. Ich wünschte, ich hätte das damals gewusst. Ich bedaure Bons Tod zutiefst. Im Nachhinein weiß man immer alles besser. Ich hätte ihn ja ins Krankenhaus gefahren, als er das Bewusstsein verlor, aber in dieser exzessiven Ära war Bewusstlosigkeit nichts Außergewöhnliches und kein Grund für ernsthafte Besorgnis.

„Ich kann mich nicht daran erinnern, jemals davon gesprochen zu haben, dass Bon einen Leberschaden hatte", kommentiert Silver Alistairs Statement, „aber angenommen habe ich es durchaus."[70] Doch wenn Bewusstlosigkeit „kein Grund zu ernsthafter Besorgnis" war, warum rief Alistair Silver dann nicht einmal, sondern gleich zweimal in den frühen Morgenstunden des 19. Februar an? Das ergibt einfach keinen Sinn. Noch beunruhigender als all diese Ungereimtheiten in Alistairs Aussage ist ein direktes Zitat von ihm, das 1981 in der Liechtensteiner Veröffentlichung *AC/DC: Aktuelle Dokumentation Nr. 5* erschien und fast allem widerspricht, was er gegenüber Maggie Montalbano zu Protokoll gab. In der Verfasserzeile steht Tenner & Co, Berlin. Für Authentizität kann nicht garantiert werden, doch der Inhalt ist dennoch höchst brisant.

Laut dem Bericht traf Alistair um 1.30 Uhr in der Music Machine ein. Er und Bon hätten daraufhin zwei Stunden dort verbracht, während derer Bon mit ein paar Mädchen an der Bar geredet und Witze gerissen hätte. Vor ihrem Eintreffen im Club hätte Bon ein halbe

---

70 Im Allgemeinen wird davon ausgegangen, dass Alkohol die Ursache für einen möglichen Leberschaden Bons war. Allerdings gibt es da noch eine weitere Möglichkeit, nämlich den Hepatitis-C-Virus (kurz: HCV), welcher mittels Blut übertragen wird. Bei seiner Überdosis im Jahr 1975 in Melbourne hatte Bon eine Nadel verwendet. Hepatitis-C führt zu Entzündungen, Fibrose und (falls chronisch) sogar zu einer Zirrhose der Leber, was wiederum Leberkrebs und Tod zur Folge haben kann. Alkohol verschlimmert die Symptome nur noch. Mit HCV in Zusammenhang stehende Krankheiten gelten als häufige Todesursache unter Rockstars (z. B. Lou Reed und Mick Cocks).

Flasche Bourbon getrunken. Alistair beförderte den stockbesoffenen Bon schließlich um 3.45 Uhr in sein Auto. Mit keinem Wort wird hier davon berichtet, dass sie zu Bons Wohnung gefahren wären und Alistair sich ausgesperrt hätte. Vielmehr trafen Alistair und Bon um vier Uhr morgens in East Dulwich ein – nach gerade einmal fünfzehn Minuten Fahrt. Nichts über Leslie Loads, der zum Auto ging und Bon nicht sah. Stattdessen sagte Alistair, dass er am „Nachmittag" erwachte, aus dem Fenster blickte und sah, dass Bon immer noch lag, wo er ihn zurückgelassen hatte. Ein höchst interessantes Detail, da es die Frage aufwirft, warum Loads – egal, um wen es sich dabei handelte oder ob diese Person überhaupt existierte – hätte nachsehen sollen, ob Bon sich noch im Auto befand, wenn man das Fahrzeug ohnehin vom Schlafzimmer aus sehen konnte. Die Hausfront befand sich sehr dicht an der Straße sowie nahe einer Hofeinfahrt.

Als Alistair dann zu seinem Auto ging, fand er Bon auf der Rückbank und nicht auf dem Beifahrersitz. Sein Kopf war über die Rücklehne gebeugt und überall befand sich Erbrochenes. Er war tot und Alistair wurde später (von nicht genannten Behörden) darüber informiert, dass Bon acht Stunden bevor Alistair ihn entdeckt hatte verstorben sei, was bedeuten würde, dass der Tod um circa elf Uhr morgens eingetreten wäre. Im selben Artikel erzählte Alistair, dass Bon erstickt wäre und sich seine Leber vom Alkohol in einem jämmerlichen Zustand befunden hätte.

Angus Young war jedoch bereit, Alistair wegen seiner Vorgehensweise an diesem schicksalhaften Tag – nach dem Motto: Im Zweifel für den Angeklagten – freizusprechen: „Ich nehme an, er fühlt sich schlecht deswegen, aber möglicherweise dachte er, dass er das Richtige tat. Schließlich war er schon ein paarmal mit Bon unterwegs gewesen, und Bon hatte so eine Nummer auch früher schon abgezogen."

Auch Joe gibt Alistair keine Schuld, deutet aber an, dass außer Alkohol noch etwas anderes im Spiel gewesen sein könnte: „Alistair war nicht Bons Babysitter. Bon war offenkundig zugedröhnt, auf die eine oder andere Weise – egal, ob er an diesem Abend irgendwelche Drogen nahm oder nicht. Er beförderte sich mit Alkohol oder [anderen Substanzen] in einen Zustand, der anderen Leuten abverlangte, ihn nach Hause zu tragen … Bon warf weg, was er hatte. Niemand kann ihm diese Verantwortung abnehmen."

Joe vermutet sogar, dass Bons lange Tour durch Nordamerika eine Rolle bei dessen Tod gespielt haben könnte.

„Vielleicht war er ja nicht mehr ganz derselbe Mensch wie davor. Ich weiß nicht, wie kräftezehrend die Tour durch die Vereinigten Staaten tatsächlich war, ob sie ihren Tribut forderte und Bon anfing, härtere Drogen als nur Alkohol für sich zu entdecken. Vielleicht gibt es ja Indizien, die genau darauf hindeuten. Ich würde das verstehen. Möglicherweise ist das ja passiert … [aber] wenn er Drogen nahm oder sich betrank oder was auch immer, dann deshalb, weil er versuchte, sich zu pushen, um zu garantieren, dass seine Performance so gut wäre, wie das alle erwarteten."

Bon zog für alle seine Show ab – bis zum bitteren Ende.

* * *

> Es wurde unterstellt, dass ich auf rätselhafte Weise „verschwunden" wäre. Tatsächlich lebe ich seit zweiundzwanzig Jahren an der Costa del Sol und arbeite immer noch als Musiker. Ich stehe in Kontakt mit den meisten meiner alten Freunde in England und anderen Teilen der Welt. Ich verstecke mich also vor niemandem. Was ich in Bezug auf diese bedauerliche Erfahrung weitergeben möchte, ist, dass wir besser auf unsere Freunde achten und lieber auf Nummer sicher gehen sollten, wenn wir nicht alle Fakten wissen.

Es mag vielleicht fast vierzig Jahre gedauert haben, alles zusammenzutragen, doch nun liegen die Fakten vor – und irgendetwas passt hier offensichtlich nicht zusammen.

Teil V

Die Nachwirkungen

Rocker

Am Mittwoch, dem 20. Februar 1980, veröffentlichte Scotland Yard eine Stellungnahme, in der es verkündete, dass Bons Tod unter „keinerlei verdächtigen Umständen“ erfolgt wäre, was doch ein wenig überhastet und anmaßend wirkte, da Bon ja erst am Tag zuvor verstorben war. Wie sorgfältig konnte die Polizei ihre Ermittlungen schon durchgeführt haben? Die Akte Bon kann wohl nicht einmal als abgelegter Fall bezeichnet werden, denn sie war eigentlich nie wirklich ein Fall.

Wie ein nicht namentlich genannter Bobby in einem Zeitungsartikel zitiert wurde: „Scott wurde gestern Abend um circa 19.45 Uhr ins Krankenhaus gebracht. Wir vermuten kein Verbrechen, warten jedoch noch die Obduktion ab.“ Am nächsten Tag – Donnerstag, dem 21. Februar –, wurden die Ergebnisse präsentiert. Am Freitag, dem 22. Februar, fand das offizielle Verfahren statt. Auch Alistair Kinnear befand sich vor Ort, als Sir Montague Bernard „Monty“ Levine, Assistant Deputy Coroner in Southwark, ebendieses Prozedere leitete. Von der Entdeckung von Bons Leiche bis zum Ende der Untersuchung vergingen nicht einmal zweiundsiebzig Stunden.

Aber warum so schnell? Hierfür gibt es eine Reihe von möglichen Gründen, über die man jedoch nur spekulieren kann. Doch ein entscheidender Punkt, der in praktisch jeder Veröffentlichung zu Bons Tod übersehen wird – mit Ausnahme von Paul Stennings und Mick

Walls AC/DC-Biografien –, ist, dass das Niveau von Autopsien in England nicht unbedingt als herausragend eingestuft wird. Laut einer landesweiten Untersuchung muss „der diagnostische Genauigkeitsgrad" nur „wahrscheinlich" der Wahrheit entsprechen und nicht über „jeglichen begründeten Zweifel" erhaben sein. Zusätzlich gelten toxikologische Tests aufgrund hoher Preise als unerschwinglich und zeitaufwendig, weshalb nicht für jeden Überdosis-Fall vom Coroner solche Tests angeordnet werden. Offenbar traf dies auch auf Bons Tod zu.

Grahame Harrison sagt, dass eine toxikologische Überprüfung – wäre sie durchgeführt worden – „die Ärzte ein wenig verblüfft hätte": „‚Wie war er nur in der Lage, *dies dies dies dies dies* und *dies* zu nehmen und auch noch *jenes* zu rauchen, sich *das* durch die Nase zu ziehen und *dies* zu spritzen – und das innerhalb von gerade mal zwölf Stunden? War der Typ denn ein Übermensch oder was? Wie sollte er das denn überleben?' Außerdem wäre ich nicht allzu überrascht, wenn Teile von Bons Anatomie wegen seines jahrelangen Alkohol- und Drogenkonsums langsam den Geist aufgaben. Fuck, seine Leber muss im Eimer gewesen sein. Und wer weiß, in welchem Zustand sich seine Lungen befanden? Schließlich rauchte er [Pot] wie ein Schlot."

Eine gerichtliche Untersuchung der Todesursache wird – neben vielen anderen Gründen – dann in die Wege geleitet, wenn unklar ist, woran jemand gestorben ist, und Bedarf besteht, herauszufinden „wo, wann und warum" der Tod des Betroffenen eintrat. Zu Fragen von Strafbarkeit oder zivilrechtlicher Haftung darf die Gerichtsmedizin keine Stellung beziehen. Sobald diese Prozedur abgeschlossen und der Coroner überzeugt ist, dass die Todesursache festgestellt wurde, benachrichtigt er oder sie das Standesamt, woraufhin ein Totenschein ausgestellt wird. Solch eine Untersuchung kann sich durchaus über Monate erstrecken, falls es so lange dauert, notwendige Informationen zu sammeln – doch in Bons Fall wurde sehr schnell verfahren, obwohl es sich hier offenbar nicht bloß um eine „akute Alkoholvegiftung" und „Tod durch Unfall" handelte.

Der Pathologe, der sich mit Bons Tod befasste, war der inzwischen verstorbene Dr. Arthur Keith Mant, einst Leiter der medizinischen Spezialabteilung der War Crimes Group der britischen Armee, die sich mit den Gräueltaten der Nazis im Zweiten Weltkrieg beschäftigt hatte. Laut seiner Todesanzeige im *Guardian* war er an zwei Medical Schools in London, darunter auch am King's College Hospital, ehrenamtlich als Dozent für forensische Medizin tätig. Also war er absolut qualifiziert, die Aufgabe, die ihm Levine aufgetragen hatte, auch auszuführen.

Die Forensik war 1980 bereit fortgeschritten genug, um Spuren von Drogen und Giften – selbst in niedriger Konzentration – bei Toten festzustellen. Doch wie genau suchte Mant wirklich nach ihnen? Ein Autopsiebericht wurde jedenfalls nicht veröffentlicht, sondern nur der Totenschein. Auch ein toxikologischer Test wurde nie durchgeführt (oder dessen Resultate geheimgehalten). Eine solche Prozedur hätte – wenn korrekt gehandhabt – Tage, Wochen oder sogar Monate in Anspruch genommen. Eine histopathologische Untersuchung (eine mikroskopische Überprüfung von Proben einzelner Organe und ganzer Gewebe)? Fehlanzeige!

Wurden Blut und Urin gründlich auf Drogen untersucht? Handelte es sich bei der Autopsie bloß um eine Standardprozedur (innere und äußere Untersuchung) oder doch um eine gründlichere forensische Obduktion, die im Falle von verdächtigen Todesfällen durchgeführt wird? Welche biografischen Informationen wurden Mant übermittelt – abgesehen davon, dass Bon ein Rock 'n' Roller und starker Trinker war? Wer stellte diese Informationen zur Verfügung? Wurde überhaupt erwähnt, dass Bon auch schon mit Kokain, Quaalude und Heroin in Kontakt gekommen war? Nahm Mant auch Alistairs Auto unter die Lupe?

Vince Lovegrove behauptete 2006 in einem im *West Australian* erschienenen Artikel, dass ein Bluttest durchgeführt worden sei: „Dem Bericht des Coroners zufolge wurden keinerlei Spuren von Drogen in seinem Blut ausfindig gemacht." Allerdings lieferte er keine

Beweise dafür und außerdem würde nur ein toxikologischer Befund das Vorhandensein diverser Drogen nachweisen können.[71] Bluttests werden nach dem Ermessen des jeweiligen Pathologen durchgeführt.

Aber wenn das tatsächlich stimmen sollte, dann würde dieser Text höchstwahrscheinlich nicht das anzeigen, was er eigentlich sollte. Wie Paul Stenning korrekterweise in *Two Sides to Every Glory* erklärte: „Wenn eine überhöhte Menge Alkohol im Blutkreislauf festgestellt wurde, war es damals üblich, davon auszugehen, dass dies die Todesursache war, anstelle weiteren ‚Spuren' nachzugehen."

Heroin kann bereits sechs bis zwölf Stunden nach dem letzten Konsum nicht mehr nachgewiesen werden. Zwischen dem Zeitpunkt, an dem Bon im Auto zurückgelassen worden war, und jenem, als er tot ins Krankenhaus eingeliefert wurde, waren ebenfalls knapp zwölf Stunden vergangen. Misstrauische Gemüter könnten darauf hinweisen, dass dies schon sehr bequem war – obwohl es sich hierbei auch um nichts als einen Zufall handeln könnte.

* * *

In seinem Buch *Michael Hutchence: A Tragic Rock 'N' Roll Story – A Definitive Biography* hinterfragte Lovegrove die Ergebnisse, zu denen ein australischer Coroner gelangte, der Selbstmord als Todesursache des INXS-Frontmannes angegeben hatte. Lovegrove glaubte nämlich, dass autoerotische Atemkontrolle beziehungsweise Strangulation zu Hutchence' Tod beigetragen hatten. 1999 verkündete er öffentlich: „Es gibt viele Fragen zu seinem Tod und dem Bericht des Coroners, die unbeantwortet geblieben sind. Warum wurde der Autopsiebericht

71 Lovegrove kommt im selben Artikel zu folgendem Schluss: „26 Jahre lang haben uns Gerüchtemacher, selbsternannte Experten und sensationslüsterne Leute zum Verdruss seiner engsten Freunde und Familie glauben lassen, dass er an einer Überdosis Drogen starb. Sein bezaubernder Charakter war in Wahrheit jedoch weit entfernt von dem, was da aufgrund von drogenvernebelten Vermutungen überspitzt dargestellt wird." Doch Lovegrove – so wie viele andere in Scotts Umfeld, wie etwa auch seine Familie – wusste nicht, was die Akteure jener Stunden zwischen dem 18. und 19. Februar 1980 wussten, um sagen zu können, ob Bon nun an einer Überdosis starb oder nicht.

nicht veröffentlicht?" Warum forderte er nicht auch mit derselben Skepsis die Veröffentlichung des Autopsieberichts seines Kumpels Bon, dessen Tod doch viel mysteriöser war?[72]

Wurden irgendwelche Tests bezüglich synergistischer Reaktionen, hervorgerufen durch den kombinierten Konsum unterschiedlicher Substanzen, durchgeführt? In Bons Fall hätten das Alkohol und Kokain, Quaalude und Heroin oder jegliche denkbare Kombination dieser Rauschmittel sein können. Bei routinemäßig durchgeführten Autopsien wird alles untersucht, was *sichtbar* ist, wie etwa Organe. Bons Autopsie hatte ergeben, dass seine Leber und Nieren sowie seine allgemeine Gesundheit sich in exzellentem Zustand befanden, was „angesichts seines Rufs, gerne mal über die Stränge zu schlagen", doch überraschte. Sein Magen war mit dem Inhalt „einer halben Flasche Whisky" gefüllt. Diese Kommentare beziehen sich auf Bons innere Organe, was nahelegt, dass Bons Autopsie rudimentär und nicht sehr ausführlich war. Welche Tests wurden denn in Bezug auf jene Dinge, die mit bloßem Auge nicht erkennbar waren, durchgeführt? Heroin wird vom Körper rasch in 6-Monoacetylmorphin (6-MAM) und dann Morphium umgewandelt, das mittels Tests in Blut, Spucke, Haaren, Leber, Urin und Galle nachgewiesen werden kann. Wurde denn kein Nasenabstrich durchgeführt und die Probe analysiert?

Ist es nicht ein wenig seltsam, dass keine offiziellen Angaben zu Bons Blutalkoholgehalt gemacht wurden? Led Zeppelins Schlagzeuger John Bonham starb ein paar Monate später, nachdem er über zwölf Stunden verteilt 40 Wodka-Shots getrunken hatte. Der Country-Musiker Keith Whitley starb 1989 im Alter von 34 Jahren mit einem Pegel von 4,77 Promille im Blut, was ungefähr 20 Shots Whisky entspricht. Bei Amy Winehouse waren es 4,16 Promille – ebenfalls ein *death by misadventure*. Alistair zufolge trank Bon

72 Auf seiner Website behauptete Lovegrove fälschlicherweise: „[Bon] ist nach einer von vielen heftigen Sauf-Sessions an seinem eigenen Erbrochenen erstickt. Er hatte seiner Leber schwere Schäden zugefügt. Er war Asthmatiker und am Abend seines Todes war es bitterkalt, sogar unter null Grad."

sieben doppelte Whiskys (also circa eine halbe Flasche) in der Music Machine, wo man 1980 auf den Eintrittskarten folgendermaßen für sich warb: „Livebands, Essen, Bars, Tanz 20–2 Uhr." Also lässt sich davon ausgehen, dass er den Club irgendwann zwischen ein und zwei Uhr morgens verließ. Vielleicht aber auch erst um drei Uhr. Das war nicht annähernd genug Alkohol, um ihn außer Gefecht zu setzen – auch wenn er bereits bei sich zu Hause in Victoria getrunken hatte, bevor Alistair ihn abholte. Zu lange wurde Dr. Mants offenbar nur flüchtige Untersuchung von Bons Leichnam als der Weisheit letzter Schluss behandelt. Doch eine Autopsie ist auch nur ein Teil des Prozesses.

Wie die amerikanische forensische Pathologin Dr. Judy Melinek in einem in *Forensic* erschienenen Artikel argumentierte: „Der obduzierende Pathologe kann aus einem toten Körper nur so und so viel ablesen. Der Versuch, eine Todesursache ohne Kenntnis des Vorgangs, der begleitenden Umstände und der medizinischen Vorgeschichte des Verstorbenen zu bestimmen, wäre, als ob ein Chirurg probieren würde, ohne Voruntersuchung, medizinische Unterlagen und Röntgenbilder eine Operation an einem bewusstlosen Patienten durchzuführen."

Der Coroner, Sir Montague Levine, konnte auf keine Aussagen von Augenzeugen außer jener Alistair Kinnears zurückgreifen, der wiederum nur seine Sicht der Dinge wiedergeben konnte.

Die ganze Ausführung war mangelhaft.

***

Die Aussagen dazu, was während der Untersuchung geschah, widersprechen sich. Auch Sir Montague Levines Schlussworte waren wenig hilfreich: „Scott war ein Mann mit beachtlichen Talent, der der Herr seines eigenen Schicksals war."

Silver nahm ihn in Schutz: „[Levine] war ein anständiger Kerl, sehr einfühlsam und sanftmütig gegenüber dem armen Alistair."

Doch wie auch alle sonstigen Unterlagen zu Bons Tod scheinen auch die zur gerichtlichen Untersuchung wie vom Erdboden verschluckt. Nachdem der Inner South London Coroner's Court in meinem Namen bei den London Metropolitan Archives formell beantragt hatte, mir Einblick in die Unterlagen zu gewähren, wurde mir mitgeteilt: „Mr. Scotts Akte wurde nach ihrer letzten Überprüfung nicht länger aufbewahrt."

„Er starb an etwas, was man [im Englischen] als *misadventure* bezeichnet", versuchte Angus Young zu erklären, wobei ihm offenbar der Unterschied zwischen „Todesart" – in Bons Fall war dies ein Unfall, der aus einer freiwilligen Handlung resultierte – und „Todesursache" nicht geläufig war. „Er starb nicht an Alkoholvergiftung. Der Coroner sagte, dass Bons Niere in guter Verfassung war, was auch auf seine Leber zutraf. Er war völlig gesund."

Ian Jeffery vertrat denselben Standpunkt: „Wenn Bon zum Arzt gegangen wäre, hätte ich davon gewusst. Ich sah aber nie irgendwelche Unterlagen oder Rezepte und brachte ihn auch nie zu irgendwelchen Terminen."

Silver behauptete, dass Levine „den Mediziner [Mant] als Zeugen befragte. Er sagte, die Vergiftung hätte ein massives Organversagen ausgelöst, was schließlich zum Tod führte. Also wurde als Todesursache ‚akute Alkoholvergiftung' angegeben."

Sie glaubte, es war Dr. Mant, der sagte, Bons Organe hätten „wie die eines Sechzigjährigen" ausgesehen.[73] „Joe und ich trafen Alistair [bei der gerichtlichen Untersuchung]. Ich kann mich nicht daran erinnern, ob [Alistairs Vater] Dr. [Angus] Kinnear dort war oder nicht und ob er aussagte. Wahrscheinlich schon. Der Coroner gab abschließend auch ein paar Kommentare zu Bon ab. Es waren nicht viele Journalisten gekommen. Sie hatten das Interesse verloren und ließen uns in Ruhe."

73 Joe erinnerte sich unabhängig von ihr an dieselbe Aussage des Mediziners: „Mir blieb ihm Gedächtnis, dass er sagte, Bon hätte die Venen oder Organe eines Sechzigjährigen."

Phil Carson, der aus New York eingeflogen war, begab sich ebenfalls ins King's Hospital College und berichtet von einer „vagen Erinnerung daran, mit jemandem gesprochen zu haben, der erklärte, dass viele Leute in derselben Nacht auf dieselbe Weise gestorben waren – und zwar weltweit. Sie tranken zu viel, ihr Kopf befand sich in einer falschen Position, sie übergaben sich, konnten aber das Erbrochene nicht ausspucken. So kommen Menschen ums Leben. Ich weiß noch, dass er – vermutlich ein Arzt – mir das erzählte."

Silver behauptete sogar, Bon wäre in Bezug auf Betäubungsmittel auf gewisse Art unbedarft gewesen: „Was Alkohol betraf, verschob Bon die Grenzen dessen, was je jemand von uns erlebt hatte. Die Leute gaben ihm aus diesem Grund nur ungern Drogen, obwohl sie damals weit verbreitet waren."

Das ist nachweislich falsch. Carson besaß eine Kopie von Bons Autopsiebericht, entsorgte jedoch einen Großteil seiner Unterlagen, nachdem sie während des Hurrikans Sandy 2012 Schaden genommen hatten.

„Ich kann mich nicht einmal mehr daran erinnern, warum ich den Autopsiebericht aufbewahrte. Ich weiß nur, dass er jahrelang auf einem Regal lag und verstaubte."

Erinnerst du dich an irgendwas, was darin stand? Wurden etwa Drogen erwähnt?

„Ich erinnere mich nicht, dass darin Drogen erwähnt worden wären."

Der Bericht verwies ihm zufolge bloß auf „eine Überdosis Alkohol und darauf, dass Bon sich übergeben hatte. Das ist alles, was ich weiß."

Wie glaubst du, ist Bon gestorben?

„So wie es im Bericht des Coroners steht. Mir wurde gesagt, dass [Alistair und Bon] nicht genügend Kohle für ein Curry gehabt hätten."

Was denn bitte für ein *Curry*?

Carson erklärt mir, dass ihm erzählt worden sei, Alistair und Bon hätten in mehreren Etablissements getrunken – und nicht nur in der

Music Machine. Anschließend hätten sie einen Zwischenstopp bei Alistair zu Hause eingelegt, wo dieser kurz in seine Wohnung gehen wollte, um Geld zu holen, dort aber einschlief oder bewusstlos wurde und so Bon unabsichtlich im Auto zurückließ.

„So wurde es mir erzählt. Eventuell von Peter Mensch oder Ian Jeffery."

„Davon habe ich noch nie gehört", sagt Paul Chapman skeptisch. „Warum hätte er *dafür* den ganzen Weg [nach East Dulwich] fahren sollen?"

Dennoch – in einem Punkt stimmt Carsons Geschichte mit dem überein, was auch Clive Edwards von Wild Horses sowie Herman Rarebell von den Scorpions zu Ohren gekommen war, nämlich dass Bon *versehentlich* im Auto zurückgelassen wurde. Allerdings unterscheiden sich ihre Geschichten darin, dass sie im Gegensatz zu Carson gehört hätten, dass sich noch andere Leute in Alistairs Wohnung befunden hätten. Doch sollte Carson richtig liegen, wäre Chapmans These, derzufolge Leute oben in Kinnears Wohnung in der Overhill Road 67 „wegpennten", eigentlich sehr schlüssig. Sicherlich wäre niemand mehr nach draußen gegangen, um Bon eine Decke zu bringen, wenn er oder sie auf der Suche nach Geld für Kokain oder beim Schnupfen von Heroin oder wobei auch immer eingeschlafen wäre.

Alistair, der von jedem Verdacht, irgendetwas Falsches getan zu haben, freigesprochen wurde, sagte im Rahmen der gerichtlichen Untersuchung aus, dass Bon schon getrunken hätte, bevor er ihn in Victoria abholte, und in weiterer Folge noch mit sieben doppelten Whiskys in der Music Machine weitergemacht hätte. Ihm zufolge verließen Bon und er den Club um drei Uhr (und nicht um ein Uhr, wie er Maggie Montalbano erzählte). Mit keinem Wort erwähnte er das Phantom „Leslie Loads".

Im *Guardian* konnte man lesen, dass „Mr. Kennear [sic] sagte, er hätte sich, nachdem er um circa 17 Uhr am nächsten Tag erwacht war, zum Auto begeben. ‚Als ich dort ankam, war Bon immer noch da.' Er hielt ihn für tot und fuhr mit ihm ins King's College Hospital, wo Mr. Scott bei ihrer Ankunft für tot erklärt wurde."

Jetzt ist auf einmal von 17 Uhr die Rede? Und nicht etwa 19.30 Uhr, wie er 2005 gegenüber Maggie Montalbano erklärt hatte? Alistairs Zeitgefühl war völlig durcheinander. Seine Beschreibung dieses Tages muss als höchst unzuverlässig eingestuft werden.

2016 ist Joe Fury immer noch verwirrt, als er sich für mich an den genauen Zeitpunkt, an dem Alistair Bons Körper entdeckte, erinnern soll: „Offensichtlich stand er am Morgen auf … Er stand wahrscheinlich mittags auf und realisierte, dass Bon sich immer noch im Auto befand. Schließlich hatte er einen großen Ausgehabend hinter sich. Da war er wohl noch nicht so früh auf und klar im Kopf, um nach dem Wagen zu sehen. Also war es wohl … Ich kann mir vorstellen, dass es irgendwann spät am Nachmittag war. Es war am frühen Abend."

Bezüglich AC/DCs Sichtweise dazu, wie ihr Leadsänger ums Leben gekommen war, erzählte Peter Mensch „dem Gericht, dass Scott, der sich der Band in Australien zuerst noch als Roadie angeschlossen hatte, vor und nach Gigs viel trank, ‚aber er war immer in der Lage, aufzutreten' … Die Mitglieder der Band können sich nur an einen Gig mit ihnen erinnern, den Scott versäumte – als er irrtümlich in einer falschen Stadt aus dem Flugzeug stieg."

Die Band hätte die Untersuchung von Bons Todesursache nicht dafür nutzen sollen, mal wieder eine witzige Anekdote zu erzählen. Mensch vergaß zu erwähnen, was Ross Halfin mir gegenüber behauptete, nämlich, dass Mensch Pete Way beschuldigte, Bon Drogen gegeben zu haben. Tatsächlich wurden Way, Paul Chapman und der Rest von UFO mit keinem Wort erwähnt. Und doch gab es in späteren Jahren von AC/DC-Bandmitgliedern mehrere Andeutungen, dass bei Bons Tod mehr als nur eine simple Alkoholvergiftung eine Rolle gespielt haben könnte.

„Wir waren zwar nicht dabei, aber wir wissen genau, was sich dort abspielte", lautet eines von Malcolm Youngs diesbezüglichen Zitaten.

„Wir haben noch immer nicht erzählt, was wir wissen, weil es eher eine persönliche Angelegenheit von Bon ist … Bon war niedergeschlagen und er war ein starker Trinker. An diesem Abend ging er eben ein bisschen weiter. Aber er trank sich nicht zu Tode. So viel war mal klar. Er hatte zu viel, wofür es sich zu leben lohnte."

Es handelte sich um eine kollektive Pflichtverletzung; man hätte mehr auf Bon achtgeben müssen. Und hätten AC/DC und ihr damaliger Manager Peter Mensch damals die Wahrheit über Bons Vorgeschichte in Bezug auf Drogenkonsum gesagt, wäre Levines Untersuchung vermutlich völlig anders verlaufen. Es wäre eine Chance gewesen, Levine zu helfen – und sie wurde nicht genutzt. Allerdings kam es einer ambitionierten Band und ihrem nicht minder ehrgeizigen Manager weitaus gelegener, die Legende eines Leadsängers zu verbreiten, der liebend gern Jack Daniel's trank, als zuzugeben, dass er Heroin nahm.[74]

---

74 In Murray Englehearts Bandbiografie findet sich ein interessantes Zitat: „1980, während eines Interviews mit einem US-Magazin, sagte ein Bandmitglied, dass Bon laut dem Coroner erstickt wäre. Das [anonyme] Bandmitglied erklärte außerdem, dass die heftige Reaktion durch ‚gewisse Dinge ausgelöst wurde, die nicht veröffentlicht wurden'."

Ain't No Fun (Waiting 'Round To Be A Millionaire)

Bons Tod wurde zwar auf der ganzen Welt wahrgenommen, war jedoch alles andere als eine Top-Schlagzeile. „Der in Schottland geborene Rocksänger Bon Scott von der Rockband AC-DC [sic] trank sich zu Tode, bestätigte gestern ein Coroner in Southwark", schrieb etwa der *Glasgow Herald*. „Eine Untersuchung befasste sich mit dem 33-jährigen Scott, der im Ashley Court, Westminster, wohnte und tot in einem Auto in East Dulwich in London aufgefunden wurde. Sein Tod wurde als Unfall eingestuft." Die *Daily Mail* berichtete unter der Schlagzeile „Killer Spree", dass er „nach einer spätabendlichen Sauftour im Auto eines Freundes" verstorben war. Laut *Montreal Gazette* war es ein gewisser „Don Scott", der gestorben war. Im *Australian* wurde Bons Alter mit 35 angegeben. Außerdem hieß es dort: „In den sechs Jahren seit ihrer Gründung haben [AC/DC] ein Image kultiviert, das sie als Marathontrinker, unersättliche Schürzenjäger und Performer auswies, die bei jeder Gelegenheit mit der Gefahr und dem Gesetz flirteten." Bons Tod war „eine typische Episode und ergab sich einfach aus Scotts Lebensstil".

Hier gibt's nichts zu sehen, bitte weitergehen.

In England ließ die *Times* den Namen der Band unerwähnt und bezeichnete Bon als „Rocksänger", der an „Alkoholvergiftung starb, nachdem er eine große Menge Alkohol konsumiert hatte". Laut *New*

Musical Express kam sein Tod „zu einem Zeitpunkt, an dem AC/DC einen Höhepunkt an Popularität in diesem Land erreicht haben und ihrem Namen auf der Rückseite zahlloser Jeansjacken in stiller gestickter Form gehuldigt wird". Die BBC zitierte eine anonyme Frau: „[AC/DC] befanden sich gerade in London, um die Produktion ihres nächsten Albums auf Atlantic Records vorzubereiten. Alles liegt nun erst einmal auf Eis. Alle stehen unter schwerem Schock. Die Band wird weitermachen, daran besteht kein Zweifel."

Smash Hits, deren jugendliche Leserschaft kaum zu AC/DCs Zielgruppe gehörte, zeigte sich zumindest bewegt genug, um ein paar durchdachte Zeilen zu veröffentlichen: „Obwohl wir kaum behaupten können, dass ‚Smash Hits' jemals besonders begeistert von AC/DC gewesen wäre, lässt sich unmöglich leugnen, dass sie ungeheuer populär waren und – was noch wichtiger ist – niemals ihre britischen Fans vergaßen, als sie extrem erfolgreich in Amerika waren. Sie waren ständig auf Tour und bereiteten vielen Menschen Freude. Selbst eine Tragödie wie diese wird kaum das Ende der Band bedeuten."

Zu Hause in Australien berichtete der Radiosender 2SM in Sydney, dass Bons Eltern „am späten Nachmittag" vom Tod ihres Sohnes erfahren hatten. „Die AC/DC-Mitglieder sind von Vertretern der Plattenfirma zu einem Gespräch über die Zukunft der Band eingeladen worden. Noch einmal, Bon Scott, Leadsänger von AC/DC, wurde tot in London aufgefunden."

Es war Malcolm Young, der Chick und Isa die traurige Nachricht überbrachte: „Jemand musste es ihnen sagen. Es war besser, wenn es von einem aus der Band kam, als wenn sie es aus der Zeitung erfahren hätten. Das war das Schwerste, das ich jemals tun musste. Gott weiß, wie sie sich gefühlt haben. Ich hoffe nur, dass ich nie wieder so etwas tun muss."

Dem australischen *Rolling Stone* lagen offenbar anderslautende Informationen vor: „Bons Eltern erfuhren zuerst aus dem Radio vom Tod ihres Sohnes." Und auch Isa selbst erzählte etwas anderes. Einen Tag vor Bons Tod hatte sie noch ihren 61. Geburtstag gefeiert.

„Ich kann mich noch erinnern, als wäre es erst gestern gewesen, dass ich hörte, Bon wäre gestorben", erzählte sie 2006. „Ich kam gerade aus dem Bowling-Club, als das Telefon läutete. Ich hob ab und fragte: ‚Ron?', aber es war Angus Young. Ich werde diesen Tag nie vergessen. Ich dachte, ich würde mit Ron sprechen. Angus sagte mir gerade heraus, dass Ron gestorben war. Ich konnte nicht sprechen, also gab ich meinem Mann den Hörer. Angus hat inzwischen gesagt, dass es auch der schlimmste Tag in seinem Leben war. Es lief überall im Radio. Dann kam die Polizei und es war unmöglich, einen klaren Gedanken zu fassen."

Ein Reporter vom Dubliner *Sunday Independent* namens Mark Smith telefonierte mit Alberts in Sydney. In einem Artikel aus dem Jahr 1994 erinnerte er sich: „Ich rief das australische Studio an, wo die Band ihre ersten Aufnahmen gemacht hatte, um sie in Kenntnis zu setzen und eine Reaktion zu bekommen. Es war dort gerade Mitternacht und ein schläfriger Produzent hob den Hörer ab. ‚Bon Scott ist tot', sagte ich zu ihm. Aus einer Entfernung von zehntausend Meilen erklang seine Antwort: ‚Da bin ich aber gar nicht sonderlich überrascht, Kumpel.'"

In Musikerkreisen versuchten Bons Freunde, die Nachricht zu verdauen.

„Ich war sehr schockiert, als er starb", sagt Herman Rarebell. „Bis heute bin ich deswegen sehr traurig. Er war so ein toller Kerl und ein großartiger Sänger – meiner Meinung nach der beste Sänger, den AC/DC jemals hatten … Bon ist eben Bon."

So wie der anonyme Produzent in Sydney hatte auch Ted Nugents Sänger und Rhythmusgitarrist Derek St. Holmes schon seine Vorahnungen gehabt.

„Ich war leider nicht überrascht. Wir alle trieben damals einige Dinge bis zum Exzess … [Bon] trank wild drauflos. Ich sah ihn niemals [Drogen nehmen], aber ich wusste, dass er es tat … Wir nahmen eine Menge Kokain und tranken sehr viel."

Wie sah es mit Quaalude aus?

„Ja, wir nahmen all diese Dinge, yeah … Die Anstrengungen des Tour-Alltags. Man hat versucht, wieder vom allabendlichen Hochgefühl herunterzukommen. Als man versuchte, den Stress wegzustecken, der einen plagte, wenn man so lange unterwegs war."

Das konnte bis zu sechs Monate am Stück in Anspruch nehmen, manchmal sogar acht. Aber laut St. Holmes traf es Bon und AC/DC noch schlimmer.

„Ich wusste, dass es schwer für sie war, weil sie vollkommen abseits ihres Heimatlandes hier [in Nordamerika] agierten. Das verlangte uns allen viel ab. Allerdings hatten wir uns ja auch dafür entschieden, dies in Kauf zu nehmen, als wir Rock 'n' Roller sein wollten, oder? Ich konnte mir damals nicht vorstellen, dass sie in der Lage sein würden, jemanden zu finden, der ihn ersetzen konnte. Niemand könnte auch nur annähernd so sein wie Bon. Wie sich herausstellte, haben sie auch tatsächlich niemanden wie ihn finden können. Sie fanden sich in einer komplett neuen Situation wieder. Nicht falsch verstehen, ich mag den anderen Typen [Brian Johnson], der ist toll, aber es ist einfach eine ganz andere Sache. Ich finde, sie waren mit Bon eine echte, sexy Rock-'n'-Roll-Band – direkt aus der Garage. Du sahst ihnen an, dass sie alle aus derselben Straße stammten, verstehst du? Da gab es einfach diese Verbundenheit. Es schien so, als wäre das das einzig Wahre. Als er dann starb, war das niederschmetternd. Ich fragte mich nur, wie das nun weitergehen würde. Ich wusste ganz ehrlich nicht, was die Band nun machen würde. Allerdings glaube ich, dass sich alles gut für sie entwickelt hat. Sie wurden auf jeden Fall viel kommerzieller."

Mick Jones stimmt dem zu: „Ich glaube, Bon war wahrscheinlich von größerem Einfluss, als uns überhaupt bewusst ist. Seine Phrasierungen waren großartig, sein Ausdruck, alles – an ihn kam nichts heran. In ihren Songs gab es immer ein Augenzwinkern. So australisch. Ich habe das mit den Jahren zu schätzen und lieben gelernt. Allerdings war da auch immer eine Spur düsteren Humors mit dabei. Sie stehen für eine starke Haltung, AC/DC. Bon bereitete auch den Weg für Dinge, die nach ihm kamen. Wer weiß, was noch alles passiert wäre? Für mich gehört er definitiv zu den fünf besten Rocksängern – vielleicht sogar zu den besten drei."

„Bon führte AC/DC auf ein neues Level, und für die Leute war er fast wie ein Gott", sagt Pete Way. „Er sang und lebte die Texte [seiner Songs]. Ich denke, die Erwartungen waren so hoch. Und das muss man AC/DC lassen: *Back In Black* war ein sehr, sehr gutes Album. Sie waren scharf auf ihr Nummer-eins-Album. Es war alles angerichtet. Sie hatten sich ihre Fanbase aufgebaut und sehr hart gearbeitet."

David Krebs, der Mann, der das Schicksal von AC/DC entscheidend prägte, indem er sie auf Tour mit Aerosmith schickte, erklärt: „Versteht mich nicht falsch. Ist Angus der Hammer? Klar doch. Aber in puncto Magie konnte Bon Scott sich mit Steven Tyler, Klaus Meine [von den Scorpions], Steve Marriott [von Humble Pie] und noch anderen Sängern, mit denen ich gearbeitet habe, messen. Dieser Typ war umwerfend. Magisch. Er verkörperte die Sexualität der Band. Er war das Sexsymbol. Wie viel Sexualität strahlten schon die Young-Brüder aus? Null. Jeder mochte Bon. Ich kann mich nicht daran erinnern, jemals ein schlechtes Wort über ihn gehört zu haben. Das war meine Erfahrung mit ihm. Wenn du das Thema Persönlichkeit ansprechen willst *[lacht]*: Er hatte von den dreien am meisten davon zu bieten."

***

Die Aufgabe, Bon einzubalsamieren, oblag dem mittlerweile selbst verstorbenen Desmond C. Henley, Träger des Ordens des Britischen Empires, vom Bestattungsunternehmen J. H. Kenyon Ltd. in Paddington. Zuvor hatte er bereits Jimi Hendrix, Winston Churchill, Earl Mountbatten, König George VI., Königin Mary und Judy Garland denselben Dienst erwiesen. Bons Sarg wurde in ein Flugzeug verladen und nach Perth transportiert. Im selben Flugzeug saßen auch die Band und ihre Entourage. Er wurde schließlich am 29. Februar

1980 – es war ein Schaltjahr – eingeäschert. Am nächsten Tag fand eine öffentliche Trauerfeier nach dem Ritus der Uniting Church in einer Kapelle auf dem Friedhof von Fremantle statt. Seine Asche wurde schlussendlich in einer Bodennische beigesetzt. Silver, Pattee und Holly nahmen nicht an der Zeremonie teil.[75]

Laut Joe hatten die Young-Brüder Silver daran gehindert, Bon auf Tour zu treffen: „Sie ließen sie nicht in seine Nähe." Das hatte Bon viel Kummer bereitet. Daher überraschte es niemanden, dass es nach Bons Tod „keinerlei Kontaktaufnahme" vonseiten der Band gab und Silver unter anderem auch vom Begräbnis „komplett ausgeschlossen" wurde.

„Ich wunderte mich oft, warum sie so rachsüchtig waren, dass sie sogar nach seinem Tod nicht anerkennen wollten, was sich da zwischen ihnen [in Silvers Beziehung zu Bon] abgespielt hatte – ob es nun vom Managment ausging oder von diesen beiden Jungs persönlich. Falls Malcolm und Angus persönlich dahintersteckten, dann kann ich nur sagen, nun, dass Malcolm es schon spüren dürfte und Angus vielleicht auch schon bald an der Reihe ist. Sie rechtfertigten dies [den Ausschluss vom Begräbnis], indem sie sagten, sie hätten sich schließlich um seine unmittelbare Familie zu Hause in Western Australia gekümmert. Allerdings gab es nicht die geringste Anerkennung dafür, dass [Silver] schon mit Bon abhing, als sie praktisch noch eine beschissene kleine Pub-Band waren. Sie war nicht darauf aus, mit einem berühmten Rockstar zusammen zu sein. Sie war attraktiv und in der Szene bekannt genug, sodass sie sich jeden beliebigen Rockstar hätte aussuchen können, etwa Ron Wood. Es hätte sicherlich kein Typ mit Tätowierungen sein müssen, der schreiend vor einer Rockband herumturnte. [Bon] kam immer wieder [nach England] und hielt den Kontakt zu ihr aufrecht und besuchte sie, obwohl er vielleicht eine amerikanische oder eine japanische Freundin hatte.

75 Es sollten nur acht Jahre vergehen, bis Bons Gedenktafel gestohlen wurde. 2006 wurde Bons Grabstätte vom National Trust of Australia in den Rang eines Nationalerbes erhoben. Seine letzte Ruhestätte ist angeblich das meist besuchte Grab Australiens.

[Den Youngs] muss doch aufgefallen sein, dass sie die wichtigste Bezugsperson in seinem Leben war. Und sie dann nicht einmal am ganzen Trauerprozess teilhaben zu lassen … Da ging irgendjemand mit voller Absicht vor. Irgendjemand bestimmte, dass sie außen vor blieb und das auch endgültig so sein sollte. Ich glaube, Bon hätte das ziemlich grausam gefunden. Wenn er jemals [AC/DC] verlassen hätte, wäre es zu jener Zeit passiert. Es tat ihm wahrscheinlich oft leid, dass er die Youngs nicht zurechtwies, als sie begannen, ihm Vorschriften zu machen. Aber er wollte immer ein Rockstar sein und er stand auch knapp davor [ganz groß rauszukommen]. Dies war offensichtlich seine Chance, es zu schaffen. Vielleicht nagte das ja auch an ihm."

Am Tag seines Begräbnisses informierte auch *Billboard* über Bons Tod. Die Todesanzeige war absolut unangemessen für einen Mann, der in so kurzer Zeit so viel erreicht hatte: „Bon Scott 30 [sic], Sänger der Rockgruppe AC-DC, London, 19. Feb. Der Schotte wurde 1976 bekannt. Außerdem war er ein erfolgreicher Songwriter. Eine Autopsie folgt noch."

Bons Eltern schalteten eine gefühlvollere Todesanzeige in der Tageszeitung *West Australian*:

IN MEMORIAM
SCOTT Ronald (Bon): 19. 2. 80
In liebevoller Erinnerung an unseren Sohn.
Die Zeit schreitet still voran, doch ist sie immerwährend.
Mum und Dad

Bon hinterließ keinen letzten Willen. Obwohl sie nach seinem Tod praktisch exkommuniziert wurde, verband Silver über Jahre hinweg eine briefliche Korrespondenz mit Isa Scott.

„Seine Eltern waren wirklich glücklich in ihrer neuen Wohnung. Sie wollten gar kein großes Haus oder Geld. Sie waren glücklich und stolz darauf, was sie für ihre Familie erreicht hatten. Ich verstand das …

Sie waren gute, aber naive Menschen, Bons Eltern. Ich wollte Isa beschützen."

Sie erinnerte sich noch an einen besonderen Briefwechsel von 1982.

„Isa war ganz aufgeregt, weil Alberts ihr und Chick eine Woche Urlaub in Singapur spendierte", erzählte sie. „Das hat von Perth aus nur einen Pappenstiel gekostet. Sie war traurig, dass Bon nicht das große Geld verdiente, das er sich erwartet hatte. Ich schrieb ihr zurück und erklärte ihr den ganzen Kram wegen Copyright und Tantiemen beziehungsweise dass alles an seine Familie gehen sollte, da er kein Testament hinterlassen hatte. Ich sagte ihr, sie sollte sich eine Liste von Fachanwälten für Urheberrecht aus dem Verzeichnis der Perth Law Society herausschreiben und sich so schnell wie möglich für einen entscheiden. Sie sollte bloß nichts unterschreiben, was ihr Alberts zuschickte."

* * *

War es nun Heroin, das Bon das Leben kostete? Oder doch Quaalude? Oder war es einfach sein lebenslanger Konsum von zu viel Alkohol, der schließlich seinen Tribut forderte? Wenn es nach AC/DC ginge, hätte es an keinem dieser Dinge gelegen. Vielmehr war seine Körperhaltung, die Art, wie er im Auto lag, daran schuld, dass er an seinem eigenen Erbrochenen erstickte. Mein Standpunkt ist, dass es vermutlich eine Kombination von Faktoren war, zu denen aber auch Heroin gehörte. Das ist keine neue Sichtweise. Vor mir gab es schon andere Autoren – etwa Mark Putterford und Mick Wall –, die denselben Gedankengang verfolgten, doch ich glaube, dass ich ausreichend neue Informationen gesammelt habe, um diese Theorie unabweisbar zu machen.[76]

---

76 Wall, der selbst einst Heroin konsumierte und behauptet, er hätte persönlich gesehen, wie Bon in Silvers Apartment in der Glocester Road in Kensington eine Line Heroin oder Koks schnupfte (doch vermutlich handelte es sich um Heroin), schlug 2012 in seiner

Bon war ein Alkoholiker, der auch Drogen nicht abgeneigt war: Er konsumierte Marihuana, Kokain, Quaalude, Heroin und noch anderes. Aber es gibt Stimmen, die behaupten und weiterhin behaupten werden, dass er gar kein Alkoholiker gewesen wäre. So etwa Mark Evans: „Bon war mit Sicherheit kein Alkoholiker." Oder Pete Way: „Bon war kein Alkoholiker ... Ein Alkoholiker ist jemand, dessen Trinkerei seine Arbeit beeinträchtigt. Bon ließ es nie zu, dass der Alkohol sich negativ auf seine Arbeit auswirkte." Angus Young: „Er war kein Alkoholiker. Er trank gerne mal einen, aber für ihn war das ein Vergnügen, kein Laster."

„Ich habe oft erlebt, wie Bon drei Flaschen Bourbon killte – und er konnte ständig so trinken", erzählte derselbe Angus *Sounds* im Jahr 1980, einen Monat nach Bons Tod. Hier handelte es sich um denselben Typen, der behauptete, dass Bon kein starker Trinker gewesen wäre. „Er war ja prinzipiell gesund. Es war nur die Position, wie er im Auto lag, die dafür verantwortlich war. Vielleicht wäre alles in Ordnung mit ihm gewesen, wenn er in einem Bett geschlafen hätte, aber das lässt sich so auch nicht sagen, weil er dort vielleicht auf dem

---

AC/DC-Biografie viel Kapital aus seiner Heroin-Theorie. Allerdings beteiligte er sich 2015 am von Alberts abgesegneten Propagandafilm *Blood + Thunder*, wo er für seinen unterwürfigen Beitrag mit einer Abspannerwähnung als Rechercheur belohnt wurde. Als ob das nicht schon schlimm genug gewesen wäre, verfasste er kurze Zeit später eine Story über Bon für *Classic Rock*. Darin schrieb er: „Es ist nicht wirklich wichtig [wie er starb]. Wir sollten uns wirklich nicht an Bon Scotts Tod, sondern sein außergewöhnliches Leben erinnern."

Nicht wirklich wichtig? Walls schamlose Kehrtwendung verblüffte, weil er, als er sein Buch promotete, noch ganz andere Töne gespuckt hatte. 2015 hatte er in einem Interview mit ultimate guitar.com sogar behauptet, dass Bon an einer „verdammten Überdosis Heroin" gestorben wäre, die er von seiner „Junkie-Freundin" bekommen hätte. Nur um das klarzustellen: Silver stritt ab, dass Wall jemals ihr Apartment besucht hätte – und zwar aus gutem Grund: „Wall war nie in meiner Wohnung ... Ich zog Mitte Dezember 1976 aus. 1979 lebte ich allein im Emperor's Gate und Bon hat mich dort nie besucht." Allerdings kreuzten sich ihre Wege, als sie beide mit Wild Horses auf Tour waren.

„Ich traf ihn nur einmal. Er versuchte einen Job als Rock-Schreiberling zu ergattern. Er war eigentlich noch ein Junge und er leistete sich eine echt dumme Aktion in einem Hotel irgendwo in den Midlands. Das muss so 1978 oder 1979 gewesen sein. *Sounds* beauftragte ihn, ein Interview mit Wild Horses zu führen. [Die Redakteure] würden dann einen Blick darauf werfen. Ich las ihm die Leviten und fühlte mich anschließend schlecht deswegen, weil das nicht meine Art ist. Außer Joe war niemand da, der es hörte. Er war aber am Boden zerstört."

Rücken oder so gelegen hätte und ebenfalls erstickt wäre. Das kann jedem passieren, der etwas getrunken hat oder sich aus irgendeinem Grund übergeben muss. Er geriet in alle möglichen Schwierigkeiten, wenn wir ein wenig Freizeit hatten … Aber nichts war jemals *so* ernst. Ich weiß noch, dass er eines Nachts irgendwo war, wo ihn die Leute mit Dope bis zum Abwinken versorgten. Außerdem war er auch noch richtig betrunken. Aber zum Glück wurde er gleich ins Krankenhaus gebracht, wo man ihn für einen Tag dortbehielt. Danach war er wieder okay."

All dies ist inzwischen widerlegt worden. Bons Trinkgewohnheiten beeinträchtigten seine Leistungen sehr wohl – wie etwa beim katastrophalen Konzert in Warwick, Rhode Island, am 25. August 1978. Auch viele andere Shows litten unter Bons Trinkerei. Vielleicht trank er gern mal einen, wie es Angus fomuliert, aber das heißt nicht, dass er nicht auch abhängig davon war. Zwar war er nicht der archetypische Trinker, der mit einer Flasche in einer Papiertüte in der Gosse lag – er war Rockstar, dem hinter der Bühne eine eigene Bar zur Verfügung stand –, aber Alkoholiker gibt es eben in allen denkbaren Ausprägungen.

Auch die Feststellung, dass Bon Heroin konsumierte, stößt auf starken widerstand – so stark, dass man fast schon von willentlicher Realitätsverweigerung sprechen kann. 1994 behauptete Clinton Walker: „Scott nahm kein Heroin." Auf dasselbe wies er 2006 erneut hin: „Bon war Alkoholiker, kein Junkie – und der Coroner fand auch nur fast den ganzen Inhalt einer Flasche Scotch in seinem Organismus. Letztendlich hatte er einfach zu lange zu hart gelebt, und das brachte ihn schließlich um."

Das ist grundlegend falsch.

„Niemand steckte Bon Drogen zu", berichtete Silver gegenüber Walker. „Er hätte jederzeit etwas konsumieren können, wann immer er wollte, aber wir ließen das einfach nicht zu … Es hätte nämlich damit geendet, dass er blau am Boden gelegen hätte."

Diese Äußerung erscheint geradezu unheimlich angesichts der Dinge, die ich dank der Stellungnahmen Zenas und anderer, die ihn in der Music Machine „stoned“ von einer Substanz sahen, bei der es sich höchstwahrscheinlich um braunes Heroin handelte, in Erfahrung bringen konnte. Obwohl auch Quaaludes eine Rolle gespielt haben könnten, dürfte es in Anbetracht all der Informationen, die uns über Bons Todesnacht vorliegen, doch am wahrscheinlichsten sein, dass Heroin zu einer Überdosis im herkömmlichen Sinne führte oder in Kombination mit Alkohol eine tödliche Reaktion auslöste.

Die Vorstellung, dass Bon kein Heroin konsumierte, ist reines Wunschdenken. All die Leute, die in seiner letzten Nacht und am letzten Morgen seines Lebens direkt oder indirekt in Erscheinung traten, waren damals mutmaßliche Heroinkonsumenten: Alistair Kinnear, Zena Kakoulli, Peter Perrett, Silver Smith, Joe Fury, Paul Chapman, Pete Way. Bons Freund aus Australien, Mick Cocks, war ebenfalls auf Heroin. Wie Chapman behauptete, kaufte und nahm sogar ein weiteres Mitglied von AC/DC Heroin.

London war nach der Revolution im Iran überversorgt mit braunem Heroin – und Bon befand sich inmitten der Drogenszene. Bei der Gesellschaft, in der er sich aufhielt, hätte er schon ein buddhistisches Mentaltraining absolvieren müssen, um der Versuchung widerstehen zu können, mal eine Line zu ziehen – und Ronnie Roadtest war eben nicht so ein Typ. Er war zwar kein klassischer Junkie mit Nadel im Arm, aber dennoch konsumierte er Heroin. Es ist bereits allgemein bekannt, dass Bon möglicherweise zweimal eine Überdosis Heroin überlebt hatte: die erste 1975 und die zweite 1976. Ich bin der Auffassung, dass die dritte im Jahr 1980 zu seinem Tod führte.[77]

Laut Brian Johnson widerfuhr Bon „eine schlimme Sache, als er starb. Er war kein superwilder Mann – nicht wilder als all die anderen Jungs. Aber er hatte eben Pech. Wir haben alle dämliche, dumme

---

77 In seinem 1995 erschienenen Buch *AC/DC: The Kerrang! Files!, The Definitive History* spekulierte Malcolm Dome, dass Bon sich „eventuell“ mit Joe in Silvers Wohnung begab, wo er sich „zur Verfügung stehendes Heroin spritzte“ und sich daraufhin in die Music Machine begab, „wo er den unschuldigen Kinnear traf“. Nichts davon basiert auf irgendwelchen Augenzeugenberichten oder sonstigen Beweisen.

Dinge getan, als wir jung waren, aber wir kamen davon. Er nicht. Es war eines jener dummen Dinge, die nicht hätten passieren sollen. Es war ein Unfall und es war dumm."

Er benutzte gleich dreimal das Wort „dumm".

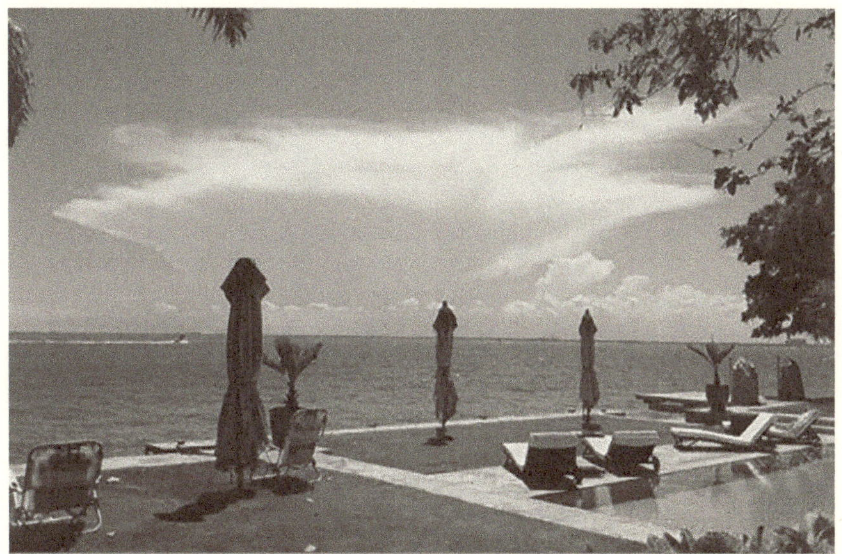

Der Ausblick auf die Biscayne Bay, wie er sich dem Betrachter von der Rückseite von Hollys früherem Zuhause in Miami aus bietet. Hier verbrachte Bon in seinem letzten Lebensjahr viel Zeit. „Key Biscayne war damals eine richtig reiche Gegend", sagt Henry Laplume. „Ein echt nettes Viertel. Der Alkohol floss in Strömen und auch alles andere, was so verfügbar war. Kokain war damals eine große Sache in Miami. Wir feierten alle wie die Rockstars." *Jesse Fink*

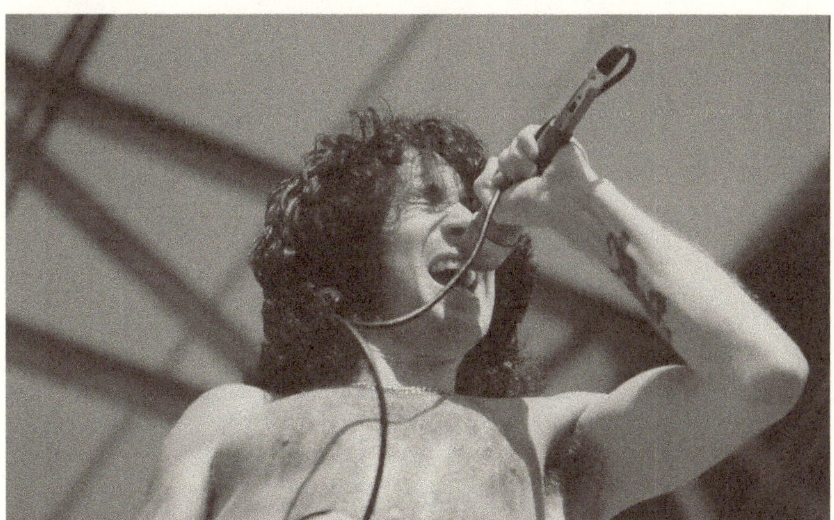

Bon war alles andere als ein Liebling der nordamerikanischen Kritiker. Daran änderte auch sein Tod nichts. Zu Bons Meisterwerk „Ride On" von der amerikanischen Version von *Dirty Deeds Done Dirt Cheap* aus dem Jahr 1981 schrieb der *Milwaukee Sentinel*: „Hier zeigt sich, dass Bon tatsächlich nicht singen konnte – obwohl er ein Macho-Schreihals erster Güte war." Die *New York Times* bezeichnete ihn in ihrer Rezension des Films *Let There Be Rock* 1982 als „einfältig". *Robert Alford*

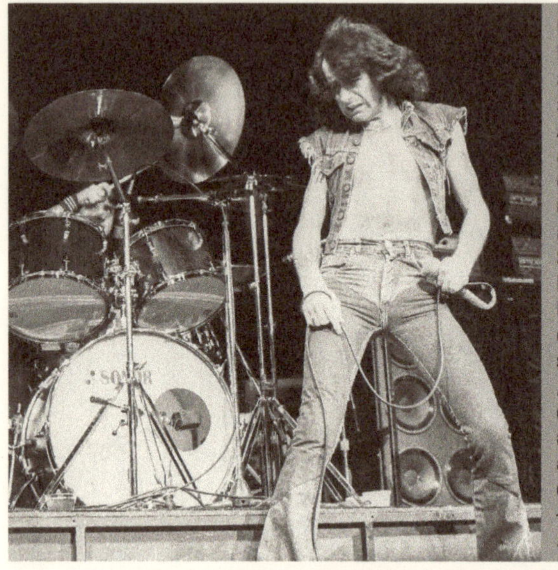

Nur selten wird erwähnt, dass Bon auf der Bühne auch dann auffiel, wenn er gerade nicht sang. Er wusste, wie er die Aufmerksamkeit des Publikums auf sich lenkte, etwa indem er das das Mikrokabel spannte und um seine Fäuste wickelte, als würde er gleich eine arme Seele strangulieren wollen. Bon räumte in einem Radio-Interview im November 1979 ein, auf der Bühne nicht auf seinen Leadgitarristen zu achten: „Angus wird mich wahrscheinlich dafür killen, aber ich höre nicht auf die Gitarren, sondern nur auf den Rhythmus. Das ist das einzige, woran ich mich orientiere – daran und am Feeling."
Lisa Tanner

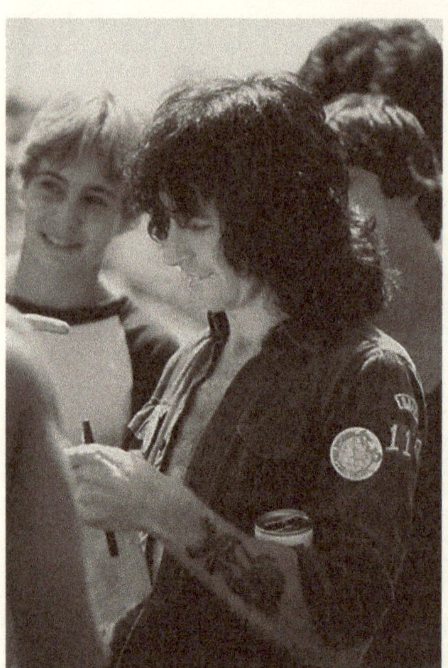

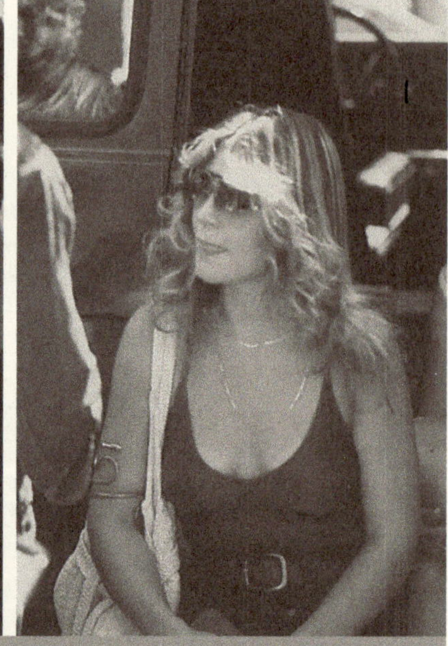

Vor einem weiteren Auftritt bei Day On The Green: Bon in Begleitung einer unbekannten Blondine beim vom Radiosender KSJO organisierten Event Travelling Rock & Roll Circus in San Jose, Juni 1979. Mick Jones von Foreigner wurde zum Fan der australischen Band: „Foreigner waren so mit sich selbst befasst, dass mir gar nicht bewusst wusste, was für ein großartiger, mächtiger Live-Act AC/DC doch waren." Immer mehr Menschen aus allen Gesellschaftsschichten gelangten irgendwann zur selben Erkenntnis. Das lag vor allem an Bon, einem Performer, dessen charmant-freche Persönlichkeit für die MTV-Ära wie geschaffen gewesen wäre.
Mit freundlicher Genehmigung von Bill Kaye

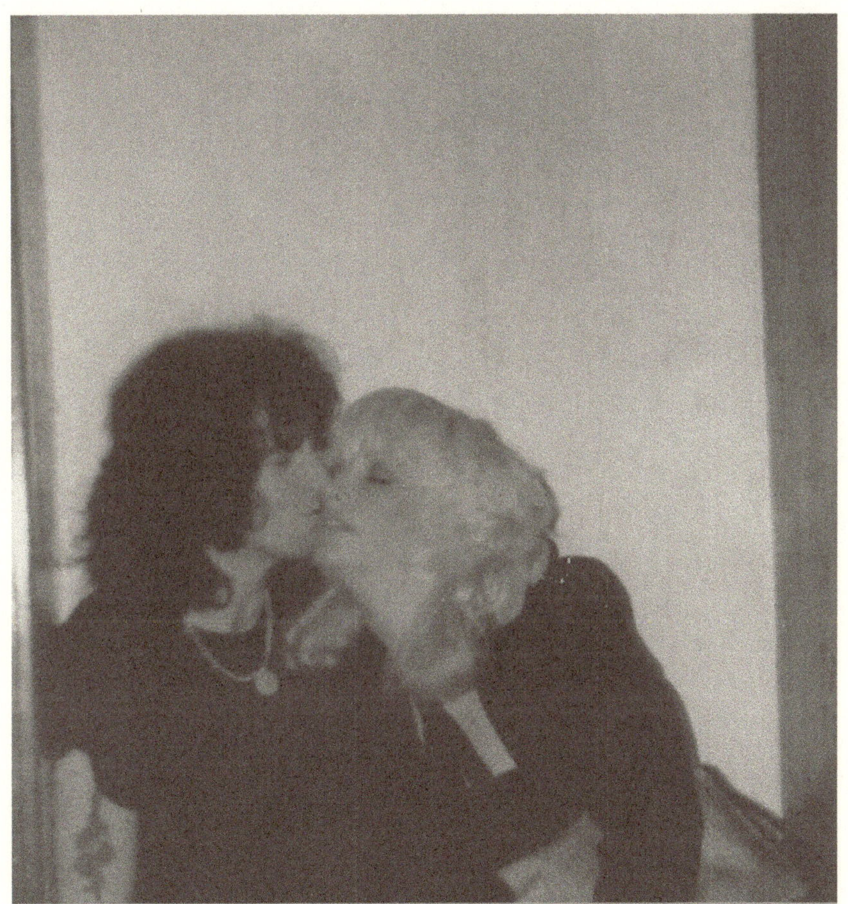

Bon und Pattee an ihrem letzten gemeinsamen Abend. *Mit freundlicher Genehmigung von Pattee Bishop*

Viele AC/DC-Fans geben Alistair Kinnear die Schuld an Bons Tod. Dies ist das einzige Foto von Alistair, das sein Sohn Daniel heute noch besitzt. „Er war schon ein bisschen ein Traumtänzer“, erklärte Silver Smith, „aber er war *unser* Traumtänzer und wir mochten ihn sehr.“ Kinnear konsumierte harte Drogen, während sich Bon als Alkohol-Weltmeister bezeichnen durfte und im Mittelpunkt jeder Party stand. Doch zog sich Bon schon auch mal Drogen durch die Nase, was Fragen bezüglich Alistairs und Bons Aktivitäten in der Nacht vom 18. auf den 19. Februar 1980 aufwirft.
Mit freundlicher Genehmigung von Daniel Kinnear

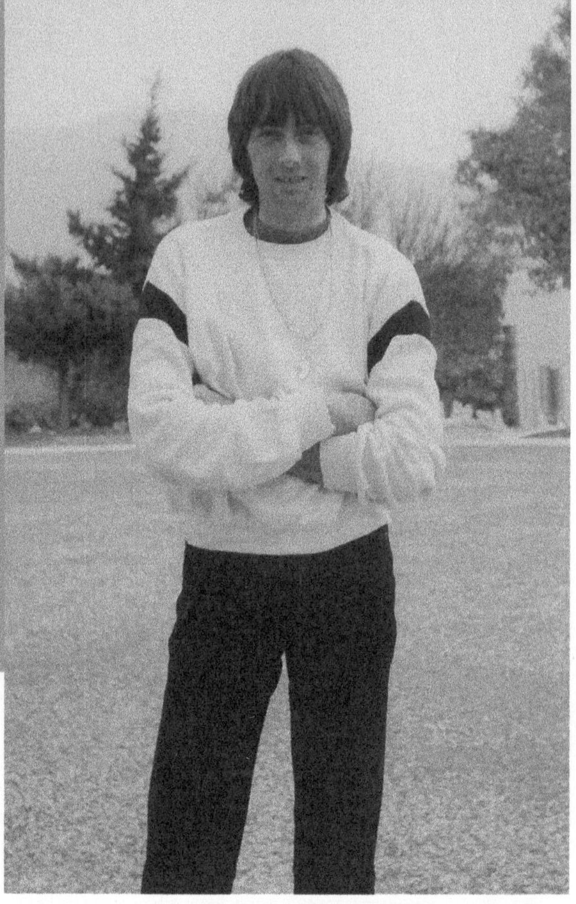

Página 1/1

Tomo: 51509 **P: 057** N.° 7933961/15

Registro Civil Central

Sección 1ª **Certificación Literal**

Anotación Soporte
ANOTACIÓN .- D./DÑA. ALISTAIR KEITH KINNEAR , hijo/a de ANGUS IAN e hijo/a de JEAN ALISON , sexo VARON , nacido/a en SELBORNE NURSING HOME - OOTACAMUND , REINO UNIDO , el veinte de abril de mil novecientos cincuenta . Este asiento constituye una simple anotación, tiene mero valor informativo y carece del valor probatorio propio de la inscripción, practicándose al exclusivo fin de que sirva de soporte para la sucesiva inscripción de DECLARACION DE FALLECIMIENTO .
Hora : diez horas veintiocho minutos
Fecha : veinticuatro de agosto de dos mil quince

(SIGUEN FIRMAS)

CERTIFICO que la presente certificación literal expedida con la autorización prevista en el art. 26 del Reglamento del Registro Civil, contiene la reproducción íntegra del asiento correspondiente obrante en Tomo **51509** *página* **057** *de la Sección* **1** *de este Registro Civil.*

Madrid , treinta de diciembre de dos mil quince

D./Dña ROSARIO MARÍA ACOSTA GARCÍA. Funcionario Delegado

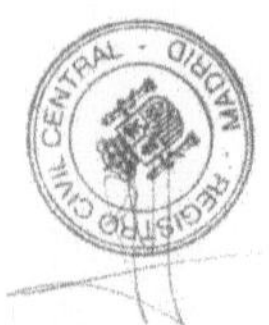

Kinnears Verschwinden während eines Segeltörns zwischen Frankreich und Spanien im Jahr 2006 bleibt unaufgeklärt. Dennoch stellte ein spanisches Gericht 2015 einen Totenschein aus.
Mit freundlicher Genehmigung von Daniel Kinnear

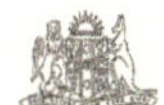

In the Supreme Court
Of New South Wales
Probate Division

No 900159 of 1980

The Estate of

RONALD BELFORD SCOTT

Late of

SPEARWOOD in the state of Western Australia

Deceased

Died on **19 FEBRUARY 1980**

BE IT KNOWN that upon a search being made in the Registry of the Court, Probate was made on **11 JULY 1980** in the above estate and was granted to:

JOHN MCEWEN as Attorney of CHARLES BELFORD SCOTT and ISABELLA CUNNINGHAM SCOTT claims that Administration of the Estate be granted to him until the said CHARLES BELFORD SCOTT or ISABELLA CUNNINGHAM SCOTT shall come in and obtain a Grant and that the Administration bond be dispensed with.

A copy of Letters of Administration & the Inventory of Property is hereunto annexed.

GIVEN at Sydney in the State of New South Wales on 15 January 2016.

A/Deputy Registrar

Inventory referred to in

FULL particulars and value of the estate and effects at the date of the death of the deceased chargeable with duty under the Stamp Duties Act, 1920.

Assets		*	Value $	c
REAL ESTATE				
Real estate possessed by the deceased at death, and Real Estate liable to duty under section 102 of the Stamp Duties Act, 1920	as per Schedule No.	Nil		
PERSONAL ESTATE				
Landed property held under lease	as per Schedule No.	Nil		
Rents accrued but unpaid	as per Schedule No.	Nil		
Furniture	as per Schedule No.	Nil		
Watches, jewellery, etc.	as per Schedule No.	Nil		
Money in hand or house or at business		Nil		
Money on current accounts	as per Schedule No.	Nil		
Money in banks or financial institutions on deposit including Interest accrued on same	as per Schedule No.	1	30,846	09
Life Policies (including Settlement Policies and Policies for payment of Death Duty) including Bonuses	as per Schedule No.	Nil		
Payments under any scheme of superannuation	as per Schedule No.	Nil		
Monetary value of long service or other leave, etc.	as per Schedule No.	Nil		
Payments under any Medical Benefits or Hospitals Contribution Fund	as per Schedule No.	Nil		
Funeral donations or other payments from any Lodge or Society	as per Schedule No.	Nil		
Taxation credits (Provisional tax, Group Certificates, etc.)	as per Schedule No.	Nil		
Shares in companies listed on an Australian Stock Exchange	as per Schedule No.	Nil		
Shares in companies not so listed	as per Schedule No.	2	316	43
Dividends declared but unpaid, including dividends on shares valued "ex-dividend"	as per Schedule No.	Nil		
Government Stock	as per Schedule No.	Nil		
Debentures (including interest accrued)	as per Schedule No.	Nil		
Mortgages (including interest accrued)	as per Schedule No.	Nil		
Debts due to Estate	as per Schedule No.	Nil		
Interest in a partnership	as per Schedule No.	Nil		
Interest in a deceased person's estate	as per Schedule No.	Nil		
Motor cars, Vehicles, etc.	as per Schedule No.	Nil		
Plant, Farming implements, Tools, etc	as per Schedule No.	Nil		
Stock (as per stock sheets) in shop or business	as per Schedule No.	Nil		
Goodwill	as per Schedule No.	Nil		
Live Stock	as per Schedule No.	Nil		
Wool unsold and moneys due for wool sold	as per Schedule No.	Nil		
Crops	as per Schedule No.	Nil		
Specialty debts. *Vide* section 103 (1) (a) of the Stamp Duties Act, 1920	as per Schedule No.	Nil		
Gifts of any kind whatever, made within three years preceding date of death	as per Schedule No.	Nil		
Voluntary disposition. *Vide* section 102 of the Stamp Duties Act, 1920	as per Schedule No.	Nil		
Other personal property not coming under any of the above headings	as per Schedule No.	Nil		
Dutiable estate		$	31,162	52
Total debts that may be deducted (section 107)		$	-	-
Final balance upon which duty is payable		$	31,162	52

To be signed here by executors or administrators making the affidavit. (Date) 9 - 7 - 1980

THE SEAL OF THE SUPREME COURT OF NEW SOUTH WALES

NOTE.—*In any cases where no asset exists corresponding to the above headings, the word "Nil" must be written against each of them in the column marked *. Property coming under each of the above headings must be particularised in Schedules.* If there are any assets not coming properly under any of the above headings, such assets must be included in the statement under a special heading describing the same.

Date of Death 19 / 2 /19 80.

Dokumente des Obersten Gerichtshofes von New South Wales belegen, dass Ronald Belford Scott an seinem Lebensende über gerade einmal 30.000 Dollar verfügte, während die Young-Brüder im Laufe der Zeit ein Vermögen von etlichen Hundert Millionen Dollar anhäuften, was einen bitteren Beigeschmack hinterlässt. Er hatte keine Erben benannt, weshalb das Geld aus seinem Nachlass an Familienmitglieder floss, mit denen er in seinen letzten Lebensjahren nur wenig Kontakt pflegte. *Supreme Court of New South Wales*

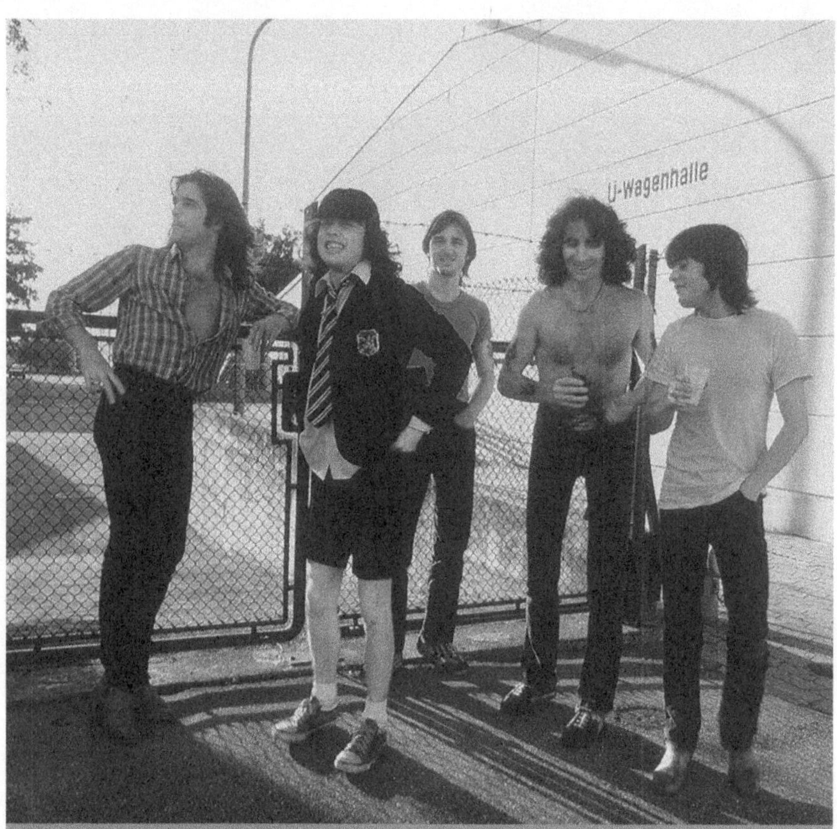

Entgegen der gängigen Erzählweise stand Bon dem Rest von AC/DC nicht sonderlich nahe – eine Sichtweise, die von drei seiner bedeutendsten Geliebten geteilt wird, nämlich Pattee Bishop, Holly X und der verstorbenen Silver Smith. Abseits der Gigs zog er sich zurück und las, besuchte Kunstausstellungen und hörte die Pretenders und Steely Dan. Bon – hier zu sehen mit (von links) Cliff Williams, Angus Young, Phil Rudd und Malcolm Young in München, August 1979 – trank in dramatischem Ausmaß mehr und mehr. Es wurde so schlimm, dass er sich mit dem Gedanken trug, die Band zu verlassen. *Robert Alford*

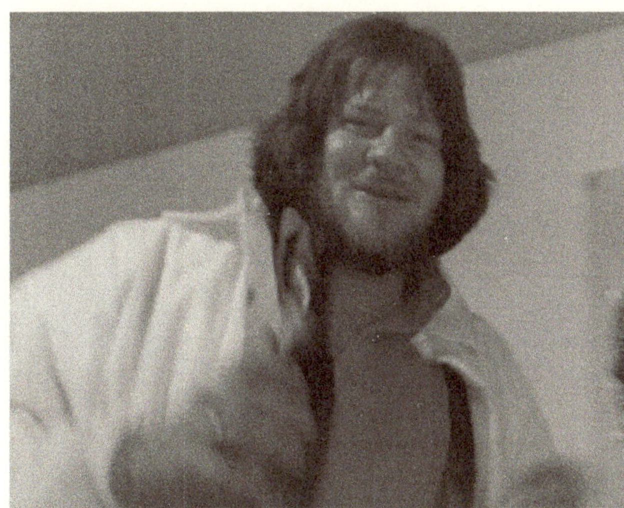

Roy Allen bei einer Silvesterfete, Dezember 1979. Im selben Monat rief ihn Bon ein letztes Mal an, um sich zu erkundigen, ob er zu Besuch nach Texas kommen dürfe, weil er trocken werden wollte. „Ich sagte ihm, dass ich für alles zu haben wäre. Er sollte einfach kommen, dann würden wir schon etwas ausknobeln", erzählt Roy. *Mit freundlicher Genehmigung von Roy Allen*

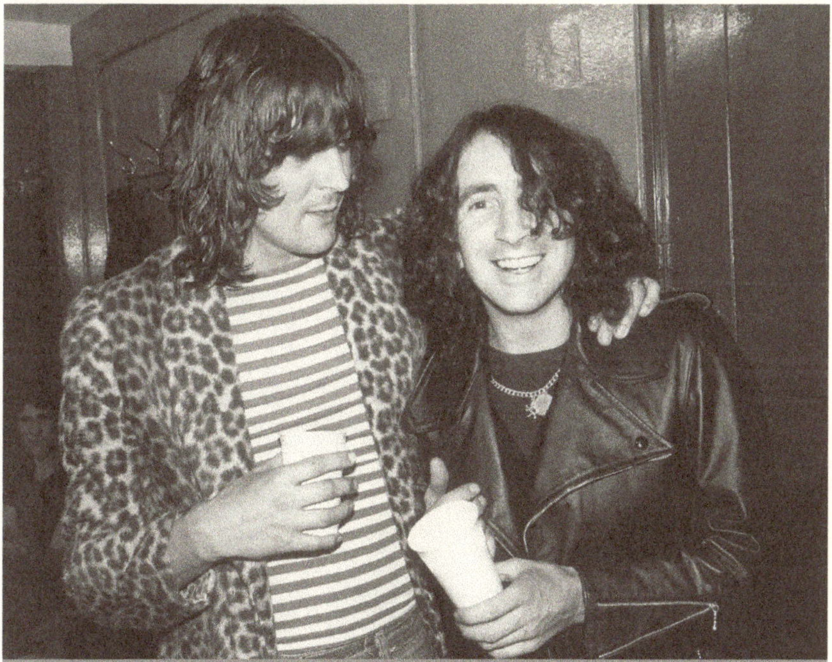

Bon mit Pete Way, Bassist von UFO, London, Februar 1980. Dies gilt weithin als eines der letzten Fotos von Bon. Way glaubt, dass es Anfang Februar bei einem UFO-Gig im Hammersmith Odeon entstand: „Ich glaube, dass es das letzte Foto [von Bon] war, das ein professioneller Fotograf schoss. Das war wahrscheinlich auf dem Weg runter zu unserer Garderobe nach der Show." Doch Ways Freund und Urheber des Schnappschusses, der Fotograf Ross Halfin, behauptet, dass es am 18. Februar gemacht wurde, eventuell beim Gig von The Clash im Lewisham Odeon. *Ross Halfin*

Eine Anzeige von Atlantic Records/WEA auf der Umschlagrückseite von *Billboard* vom 26. April 1980. Der Erfolg von *Highway To Hell* kam zu spät für Bon. Ein prominenter amerikanischer Rockmusiker, der anonym bleiben möchte, sagte mir: „Ich hörte jahrelang Gerüchte, laut denen es Aufnahmen von Bon gibt, auf denen er dieselben Texte wie Brian sang. Wenn das stimmt, bin ich mir sicher, dass George Young sie unter Verschluss hält." *Mit freundlicher Genehmigung von American Radio History*

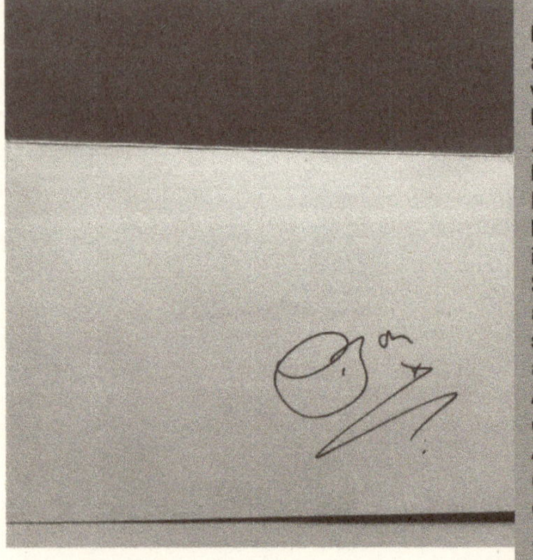

Bons unverwechselbare Unterschrift auf einer Karte aus dem Fundus von Holly X. Der Verfasser eines Leserbriefs klagte im Musikmagazin *Sounds* vom 8. März 1980: „AC/DC haben zwar noch Angus Young, aber Bon Scott war eben der Sänger. Er kommunizierte mit dem Publikum. Ohne ihn ist die Magie dahin." Bon war als Songwriter ebenso beeindruckend wie als Rockstar. Vielleicht hätte er aber sogar einen noch besseren Buchautor abgegeben. Dass seine Texte weltweit Anerkennung finden – obwohl sie in einem nicht gerade ermutigenden Ambiente rund um die Band entstanden, wo alles, was zu „clever" erschien, von Angus und Malcolm „zensiert" wurde –, führt einem vor Augen, wie gut er tatsächlich mit Worten umgehen konnte.
Jesse Fink

35

High Voltage

Irgendwann, nachdem Bons Leichnam entdeckt worden war, sprach Paul Chapman noch einmal mit Joe Fury. Er ist sich nicht sicher, wann dieser zweite Anruf erfolgte, sagt aber, dass dies innerhalb eines Tages nach Joes erstem Anruf geschehen sei. Anscheinend war neben anderen Gegenständen auch Bons teurer, hypermoderner Videorekorder verschwunden.[78]

„Joe beschwerte sich darüber, dass jemand in die Wohnung eingebrochen war und nun der Videorekorder und der Fernseher fort waren. Und dann ließ er sich über Peter Mensch aus: ‚Ich kann nicht fassen, dass ich ihn angerufen habe und er die Bude leer geräumt hat.'

78 Wenn diese Äußerung stimmt, dann muss sich der zweite Anruf am Mittwoch, dem 20. Februar 1980, ereignet haben – am selben Tag, an dem Ian Jeffery und Peter Mensch in die Leichenhalle fuhren, am selben Tag, an dem die Nachricht von Bons Tod im *Evening Standard* erschien. Auch Scotland Yard und die BBC gaben am 20. Februar öffentlich bekannt, dass Bon gestorben war. Wie man in Clinton Walkers *Highway to Hell* nachlesen kann, informierte der Hausmeister in Bons Wohngebäude Anna Baba, dass „zwei große Männer" sich am Mittwoch Zugang zum Apartment verschafft hätten. Mittlerweile wissen wir, dass dies Ian Jeffery und Jake Berry waren. In Mick Walls *AC/DC: Hell Ain't a Bad Place to Be* behauptet Jeffery, er hätte sich in Bons Wohnung begeben, um, nebst anderer Dinge, „sein [weißes] T-Shirt und ein Paar Jeans" zu holen. Jeffery brachte die Kleidungsstücke zum Bestattungsunternehmen und bat darum, sie ihm anzuziehen. Es würde absolut Sinn ergeben, dass Jeffery und Berry in Bons Wohnung eindrangen, bevor die Öffentlichkeit Wind von dessen Tod bekam. Doch wenn sich das zweite Telefonat zwischen Chapman und Joe erst am Donnerstag, dem 21. Februar, zutrug, dann würde viel für Silver Smiths Behauptung sprechen, dass Chapman tatsächlich den 19. und 20. Februar durcheinanderbringt. Wie auch immer, auch dies würde keine Erklärung für Chapmans und Ways Behauptung bieten, dass es nach Sonnenaufgang und nicht nach Mitternacht war, als sie zum ersten Mal von Bons Tod hörten.

Laut Joe war alles verschwunden. Die Wohnung war leer." Chapman behauptet, Joe hätte ihm außerdem von verschwundenen Notizheften mit Songtexten und Anmerkungen berichtet. „Joe erzählte mir das am Telefon. Ganz sicher sogar. Das war keine Halluzination."

„Sobald Bon tot war", sagt Joe heute, „sperrte die AC/DC-Maschine Silver und alle anderen praktisch aus. Als wäre sofort eine Mauer hochgezogen worden … Ich erinnere mich noch, dass Mick [Cocks] und ich uns fragten, was mit all den Songs geschehen würde, an denen er in seiner Wohnung gearbeitet hatte und die sich noch dort befanden."

Er bestreitet, später mit Mensch, wie Chapman behauptet, oder sonst irgendjemandem aus dem AC/DC-Lager gesprochen zu haben. AC/DCs Manager, ein New Yorker aus der Mittelschicht, erschien ihm suspekt.

„Er war genau so ein Typ, der in Bons Wohnung nach interessanten Dingen gesucht hätte. Aber vielleicht auch nicht … Ich glaube, ich habe mir den Groll der Young-Fraktion zugezogen, weil ich damals in London ziemlich frei Schnauze daherredete und Sachen sagte wie: ‚Fuck, wenn ihr [andere] Songs verwendet, warum veröffentlicht ihr [die Texte aus seinem] Songbuch nicht als Gedichte?' Aber wer weiß es schon? Man macht eben Anschuldigungen ohne Beweise. Ich weiß noch, dass ich Mensch überhaupt nicht leiden konnte … Mein Gefühl sagte mir, dass er Bon [vor seinem Tod] herumschubste. Ich spürte, dass er Bon keinen Respekt entgegenbrachte. Die Youngs – so vermutete ich – hatten ihm dafür wohl ihren Segen gegeben. Bon würde schon spuren. Es war unvermeidbar, dass sich Bon in der Hierarchie hinter den Youngs einreihen musste – aber ich hasste es, dass er auch unter einem Buchhalter aus dem beschissenen New York stand und dieser praktisch alles zu ihm sagen durfte, weil die Youngs ihm die Stange hielten. Zu diesem Zeitpunkt hätte Bon einen bezahlten Aufpasser haben sollen – jemand, der ihn herumgefahren hätte, damit er sich nicht dummerweise selbst ans Steuer setzt. Ein Typ eben, der ihn in die Clubs gebracht hätte, der als Entschuldigung hätte herhalten können, wenn er hätten gehen wollen, beziehungsweise wenn Bon darauf bestanden hätte, sich bewusstlos zu trinken, dann hätte ihn dieser jemand hinaustragen, zurück nach Hause fahren und ins Bett legen können. [Dieser Assistent] hätte nicht getrunken oder mit ihm auf den Putz gehauen. Es wäre sein *Job* gewesen. Künstler auf diesem Level wussten darüber Bescheid. Es war einfach so. Die [Management-]Firmen bezahlten für so etwas."

Offenbar nicht in jedem Fall. AC/DC standen kurz davor, das wichtigste Album ihrer Karriere aufzunehmen. Was würde jede ernst zu nehmende Band nun tun, wenn ihr rabaukenhafter, aber außergewöhnlich begnadeter Sänger und Songtexter gerade das Zeitliche gesegnet hätte, ohne die Songs, an denen er gerade schrieb, vorher noch abzuliefern? Wie würde man da im Normalfall reagieren? Man würde losziehen, um die betreffenden Unterlagen sicherzustellen.

Pete Way hatte sich inzwischen mit Angus Young unterhalten, der ihm gegenüber etwas Interessantes offenbarte.

„Ich sprach mit Angus. Ich rief ihn am nächsten Tag [nachdem ich von Bons Tod erfahren hatte] an und sagte zu ihm, dass es mir echt leid täte wegen Bon. Was ganz natürlich war. Und Angus sagte darauf [*imitiert Angus Akzent*]: ‚Yeah, es ist echt hart für mich, weißt du? Ich habe eine Menge von seinem Kram in der Wohnung.' Ob sie nun Zeug aus [Bons] Wohnung schaffen ließen oder nicht beziehungsweise warum sie das taten, kann ich nicht beantworten, aber ich weiß, dass Angus ein paar [von Bons Sachen] hatte … Vielleicht wollte er sie für sich behalten und sah sich gerade nach einer Wohnung um. Ich kann das also nicht beurteilen."[79]

Du sagst also, Angus hatte Bons Sachen in seiner Wohnung?

---

79 Way erzählte 1992 gegenüber Mark Putterford eine ähnliche Geschichte: „[Angus] sagte, er hätte noch einige von Bons Sachen in seiner Wohnung und er könnte sie sich nicht ansehen." Doch Pattee Bishop sagt, dass Bon sehr spartanisch wohnte: „Bon ließ nichts herumliegen. Er besaß nur sehr wenig. Wenn er etwas hatte, dann benutzte oder trug er es auch. Also wette ich, dass er nicht viel in seiner Wohnung hatte. Bon reiste mit leichtem Gepäck. Er hatte etwas gegen Plunder." Silver erzählte, dass sie ihm sogar Dinge leihen musste: „Ich lieh ihm eine Menge … Er borgte sich viel aus. Das verschwand alles … Alles verschwand einfach innerhalb von zwei Tagen. Er besaß einen vollen Koffer. Das war alles." In seiner Autobiografie ändert Way interessanterweise seine Version bezüglich des Zeitpunkts des Anrufs. Er sagt, er hätte Angus „später am Tag", an dem er von Bons Tod erfuhr, angerufen.

„Yeah, er sagte bloß, dass es schwerer für ihn wäre, weil er einige von Bons Sachen in seiner Wohnung hätte."

Als du dich mit Angus unterhalten hast, sagte er dir da, worum es sich bei diesen Sachen handelte?

„Nein, nein. Das lief ganz nebenbei ab, echt. Es fiel mir klarerweise nicht leicht [Angus anzurufen]. Es regte mich auf. Ich stand unter Schock. Dass mich [Paul Chapman] fragte, ob ich eine Telefonnummer von jemandem aus der Band hätte, machte es sogar noch schlimmer, weil ich mir überlegen musste: ‚Okay, ich rücke die Nummer heraus, aber wenn, dann Malcolms.' Hinter den Kulissen hatte immer Malcolm das Kommando … Vielleicht war es ja so, dass [Bons Kram zufällig] in [Angus'] Wohnung landete. Sie nahmen schließlich ein Album auf, oder? Ich denke, wenn du nach einem Jahr auf Tour in eine Wohnung ziehst, liegen wahrscheinlich überall Einzelteile herum. Das weiß ich selbst von diversen Umzügen: Du bekommst nicht alles gleichzeitig von einem Ort zum anderen."

Bons Familie erhielt nie die persönlichen Besitztümer, von denen die Band ihr zugesichert hatte, sie zu schicken. Silver sagte, sie hätte Mensch angerufen und ihr sei erklärt worden, dass die Wohnung „komplett leer geräumt" worden wäre.

Ich fragte sie, wer sie leer geräumt hätte. Etwa Ian Jeffery?

„Das wurde mir so gesagt."

Tatsächlich räumte Jeffery mir gegenüber vor ein paar Jahren ein, dass er noch eine Reihe von Bons Texten zu angeblich fünfzehn Songs besäße. Ich fragte ihn, wo sich diese Texte befänden, worauf er kryptisch antwortete: „Ich glaube, ich habe sie noch irgendwo." Außerdem sagte er, dass Bon „ziemlich oft" Dinge in seiner Wohnung zurückgelassen hätte. Er wollte damit wohl andeuten, dass die Songtexte eher in seiner Wohnung vergessen als aus Bons Apartment entwendet wurden. Das war auch schon so ziemlich alles, was Jeffery preisgeben wollte, obwohl er in Mick Walls AC/DC-Biografie zu Protokoll gab, dass der posthume Kehraus in Bons Bude „eine schnelle Säuberungsaktion" gewesen wäre. Jake Berry und er hätten „bloß seine Sachen in eine Plastiktüte gestopft".

Warum hätte Angus Bons Kram in seiner Wohnung herumliegen haben sollen, nachdem dieser bereits in seine eigene gezogen war? Falls Bons Notizhefte nicht zurückgegeben wurden, stecken dann die Bandmitglieder sowie ihre Angestellten dahinter, die als Bons Brüder und beste Freunde bezeichnet wurden?[80] Noch einmal: Joe glaubt, dass Mensch hinter dem mutmaßlichen „Einbruch" steckte, auch wenn er keine Fingerabdrücke auf der Wohnungstür hinterlassen hatte.

---

80 Clinton Walker sprach vor ihrem Tod mit beiden Elternteilen Bons: „Alles, was Chick und Isa bekamen, waren ein Koffer mit ein paar Kleidungsstücken und ein paar persönlichen Gegenständen. Sonst nichts. Keine Papiere. Keine Musikinstrumente, Platten, Fotoalben – nichts." Isa erzählte Vincent Lovegrove 2006: „Er hatte immer gesagt, dass er einmal Millionär sein würde. Ich wünschte nur, dass er das noch hätte erleben und auskosten dürfen. Fast jedes Jahr zu Weihnachten kam Ron zu Besuch. Das letzte Mal sahen wir ihn Weihnachten 1979, zwei Monate vor seinem Tod. Ron erzählte mir, dass er an *Back In Black* arbeitete und das dies die endgültige Wende bringen würde – dass er Millionär sein würde. Ich sagte: ‚Ja, sicher, Ron.'" Isa hatte noch viel mehr zu sagen: „Als er starb, schrieb er gerade an den Texten für ihr Album *Back In Black*. Er ging damals gerade mit einem japanischen Mädchen und man ließ sie nicht ins Zimmer, wo sie ihre Kleider und anderen Sachen – oder auch Bons Notizhefte mit seinen Texten für das Album – holen wollte. Ron war ein Teufel, ein liebenswerter Teufel."
Derek Scott, Bons Bruder, erzählte Lovegrove: „Als [Bon] starb, bekamen wir keine seiner Besitztümer zurück. Er hatte erst ein paar Tage dort gewohnt und das einzige, das wir [nach Australien] geschickt bekamen, war seine Reisetasche, mit der er ausgezogen war. Seine gesamte Plattensammlung und alles andere war verschwunden. Ich weiß nicht, was da in London nach Bons Tod vor sich gegangen war."
Die Band beteuert weiterhin, dass alles völlig korrekt abgelaufen wäre. Angus Young erklärte gegenüber Geoff Barton von *Classic Rock* im August 2005: „[Sein] ganzer Kram wurde direkt an seine Mutter und seine Familie geschickt. Das waren private Dinge – Briefe und so. Es wäre falsch gewesen, sie zu behalten." Er wiederholte dies 2014 in einem Interview mit Reddits „Ask Me Anything": „Sein gesamter Nachlass ging zurück an seine Familie. All seine Notizen, die er hinterlassen hatte, seine Nachrichten. Bon war schließlich ein großer Autor, auch abgesehen von seinen Songtexten und Ideen. Er war ein großer Briefschreiber … einer der fleißigsten, die ich je kannte. Alles, was sich dort befand, wurde an seine Familie geschickt."
Malcolm Young erzählte Philip Wilding von *Classic Rock* im Jahr 2000: „Das Einzige, was [Ian Jeffery] mir jemals gab, war eine Notiz mit ein paar Kritzeleien von Bon. Das war ein paar Tage nach seinem Tod. Es war irgendetwas ziemlich Privates. Er wollte es damals nicht Bons Eltern zukommen lassen. Da standen ein paar Textzeilen drauf, aber nichts mit einem Titel oder so – nichts, das einem Aufschluss gegeben hätte, wo er zu jener Zeit mit seinen Gedanken war. Aber ich bewahrte es auf und ich frage mich oft, ob ich es Bons Mutter schicken sollte … Es reichte nicht einmal aus, um daraus etwas zu konstruieren, das seinem Ruf gerecht geworden wäre."
Jake Berry, der andere Mann, der in Bons Wohnung war, erzählte mir 2013, dass ihm keine Notizhefte aufgefallen wären.

„Wenn irgendwer in seine Wohnung eindrang, um etwas da rauszuholen, wäre Mensch derjenige gewesen, der dies autorisiert hätte. Ich kann mir nicht vorstellen, warum ein Typ, der auf einem solchen Level arbeitet, selbst in [Bons] Wohnung einbrechen sollte. So etwas tut man doch nicht, wenn man auf diesem Level arbeitet. Weil … was glaubst du, dass du dort stehlen könntest? Ich könnte mir vorstellen, dass [vielleicht ein Roadie] so etwas machen würden, wenn man ihm auftragen würde, dorthin zu gehen und alles, was da ist, mitzunehmen, aber nie jemandem davon zu erzählen. Das könnte, so denke ich, durchaus möglich sein: Man schickt jemanden, der unter einem steht, damit der seine Fingerabdrücke an der Tür hinterlässt. Aber ich kann mir keinen Reim darauf machen, warum irgendjemand aus der Roadcrew losziehen sollte, um in jemandes Wohnung einzudringen, nachdem dieser gerade auf eine solche Art und Weise umgekommen war."

Der öffentlichkeitsscheue Peter Mensch, der später von AC/DC entlassen wurde, wurde mithilfe seiner dritten Ehefrau Louise Mensch für dieses Buch kontaktiert, zog es jedoch vor, sich jeglichen Kommentars zu enthalten.

Warum schweigt er so beharrlich zu AC/DC?

„Ich glaube, er ist der Ansicht, dass ihn [AC/DC] verarscht haben", sagt sein ehemaliger Boss David Krebs. „Und da bin ich übrigens ganz seiner Meinung."[81]

---

81 Warum wurde Mensch entlassen? Er selbst hat dazu keine konkrete Stellung bezogen. Gegenüber *Billboard* sagte er 2016 bloß: „Wer weiß? Sie haben es mir nie verraten." Krebs hat eine Theorie parat, bei der es sich um Menschs damalige Freundin und erste Ehefrau Susan „Su" Wathan, David Coverdales Exfreundin, drehte. Krebs zufolge hatten AC/DC etwas dagegen, dass Mensch Wathan mit auf Tour durch Australien mitnehmen wollte. „Sie glaubten, sie würde für die Merchandise-Firma arbeiten. Ich bekam einen Anruf von [AC/DCs] Anwalt. Ich war verblüfft … Sie dachten, [Mensch] hätte sie an die Merchandise-Firma verraten, indem er die Merchandise-Firma dafür bezahlen ließ, dass sie dorthin reiste, um sich um die Tour zu kümmern. Das ist hundertprozentig der Grund dafür, dass sie ihn feuerten, was ich für absurd hielt. Das habe ich ihnen auch gesagt."
Ich frage David Krebs, was genau das zu bedeuten hat.
„[Wathan] verkaufte Merchandise-Artikel und wurde auf Kosten der Merchandise-Firma von England nach Australien geflogen. Und [AC/DC] drehten deswegen komplett durch, weil sie, denke ich, glaubten, er würde sich ihnen gegenüber illoyal verhalten. Ich fragte mich nur, was da los wäre."

Laut Pattee Bishop sammelte Bon Bilder und Zeitschriftenartikel über sich sowie Backstage-Pässe.

„Er verwahrte alle Ausschnitte und Artikel, Fotos und [Backstage-] Pässe, all diese kleinen Dinge von den Touren. Ich schnitt sie für ihn aus, die aus den Zeitungen in Florida, und bewahrte sie in einem Umschlag auf, bis ich ihn wiedersah. Er nahm auch Untersetzer aus den Bars mit den Namen der Bars drauf mit. Diese Pappdinger eben."

Ebenso verschollen sind die Texte, die Bon für die mit ihm befreundete französische Band Trust schreiben wollte. Mit ihnen nahm er den letzten Song auf, auf dem er jemals sang – eine Jam-Version von „Ride On", die am 13. Februar 1980 im Scorpio Sound in Camden entstand. Bei den Texten handelte es sich um Adaptionen von Songs, die auf Trusts Album *Repression* erschienen waren. Eine Kassette, auf der Bon die Lyrics aufgenommen hatte, verschwand ebenfalls.[82]

Aber inwiefern illoyal?

„Sie verkauften [AC/DC] den Merchandise-Deal wahrscheinlich zu einem Schleuderpreis, damit sie für [Menschs] Freundin bezahlten. Wer weiß schon, was in ihren Köpfen vorgeht? Schau, du hast in [*Die Brüder Young – Alles über die Gründer von AC/DC*] auf vielen Seiten geschrieben, wie paranoid sie doch sind. Das stimmt … Ich bin sicher, [Mensch] versteht immer noch nicht, warum sie ihn gefeuert haben. Es gibt da diesen Typen, Greg Lewerke, der einst für mich gearbeitet hat. Wir managten Walter Egan. Er sagte mir, Mensch hätte mit ihm darüber gesprochen, [Leber-Krebs] gemeinsam mit Mensch und [Cliff] Burnstein den Rücken zu kehren. Sollte Mensch ihnen vorgeschlagen haben, uns zu verlassen, könnte das AC/DC erzürnt haben, weil wir am mächtigsten waren. Keine Ahnung.

„Wenn Mensch die Mitglieder von AC/DC direkt ansprach, ob sie mit ihm von Leber-Krebs weggehen wollten … könnte ihre Reaktion vielleicht gewesen sein, ihn in die Wüste zu schicken. Denn ich glaubte nie, dass seine Freundin als Kündigungsgrund ausreichte. Ich lief AC/DC nicht hinterher [als sie Leber-Krebs schließlich feuerten], weil von allen Künstlern, mit denen ich arbeitete, sich die Beziehung mit Malcolm am schwierigsten gestaltete. Er war nie der Grund, warum ich mich für die Band zu begeistern begann. Das lag an Bon, den ich für den Star hielt – und ich weiß, dass du da meiner Meinung bist. Ich weiß also, dass ich mit Leuten mit Überzeugung spreche *[lacht]*."

82 Das Artwork zu *Repression* enthielt eine handschriftliche Hommage an Bon, doch Trust verwechselten Bons Sterbedatum (22. Februar). Als sie dies für die englische Version ihres Albums korrigieren wollten, verhauten sie es erneut (18. Februar). Der Song „Passe" ist de facto ein Mix aus „Live Wire" und „Rock 'N' Roll Damnation". Auch ihr Song „Ton Dernier Acte" („Dein Letzter Gig") auf dem von Tony Platt produzierten Nachfolgealbum *Marche Ou Crève* ist ebenso als Hommage an Bon gedacht. Weitere Alben, die Bon gewidmet sind: Journeys Live-Album von 1981, *Captured* („dedicated to the memory of a friend from the highway"), Flash and the Pans *Lights In The Night* (1980) sowie *Long Way To The Top* von Nantucket (ebenfalls 1980).

„Sein damaliger Manager Peter Mensch – was für ein Arschloch – rückte niemals die acht Songs heraus, die Bon Scott für mich ins Englische übersetzt hatte“, beschwerte sich Trusts Leadsänger Bernie Bonvoisin. „Ich bekam sie nicht einmal zu lesen.“

36

It's A Long Way To The Top (If You Wanna Rock 'N' Roll)

Bons altem Freund Vince Lovegrove verdanken wir einen der aufschlussreichsten und schockierendsten Zeitungsartikel über AC/DC. Erschienen 2006 im *West Australian* entstand er anlässlich von Bons 60. Geburtstag. Darin bestätigte Lovegrove quasi die weitverbreiteten Gerüchte, dass den Erben von Bon Scott sowohl Verlags- als auch Songwriting-Tantiemen für jenes Album bezahlt wurden, mit dem er angeblich gar nichts mehr zu tun gehabt hatte, nämlich *Back In Black*.[83]

„Die Familie [Scott] teilt sich den Wohlstand, zu dem auch eine kleine Beteiligung an den Tantiemen zu *Back In Black* in Form von halbjährlichen Zahlungen beiträgt. Es gibt viele unbeantwortete Fragen zum Tod von Ronald Belford Scott, doch drehen sie sich mehr um seinen nicht in den Credits angeführten, aber mit Tantiemen entlohnten Beitrag zum monumentalen Album *Back In Black* sowie um das Verschwinden seiner privaten Besitztümer als um die Art und Weise, wie er starb.“

Und dennoch will Phil Carson, der einzige Vertreter von Atlantic Records, dem auf *Back In Black* gedankt wurde, nicht von seiner

---

83 Daniel and Paul Scott, die beiden Repräsentanten der Familie Scott, die Bon 2003 bei seiner Aufnahme in die Rock and Roll Hall of Fame vertraten, wurden zwar um Teilnahme an diesem Buch gebeten, zogen es jedoch vor, die Anfrage unbeantwortet zu lassen.

Überzeugung abrücken, dass es einzig Brian Johnson war, der die Lyrics zum Album verfasste.

„Er schrieb sämtliche Texte", sagt er. „Es ist scheißdämlich, irgendetwas anderes zu behaupten."

Möchtest du damit sagen, dass jeder, der Theorien aufstellt, die von etwas anderem ausgehen, scheißdämlich ist?

„Solange mir niemand Beweise liefern kann, dass es nicht so ist, halte ich es für provokant und, ja, dämlich. Schließlich weiß ich, dass Brian ein sehr guter Songtexter ist. Wozu bräuchte er Bon Scotts Lyrics? Bon Scott war sicher auch ein interessanter und gewitzter Texter mit ironischem Unterton ... [aber] ich finde es einfach bescheuert, diese Verschwörungstheorie am Leben zu halten. Alle, die sich daran beteiligen, sollten sich lieber mit den Kennedy-Verschwörungstheoretikern zusammentun."

Weißt du, wer letztendlich in den Besitz der Notizhefte gelangte?

„Nein, aber mit Sicherheit nicht Brian Johnson. Brian schrieb die Songtexte. Genau so war's."

Dir ist bewusst, dass die Familie Scott Tantiemen für *Back In Black* kassiert?

„Davon weiß ich absolut nichts. Ich kann mir nicht vorstellen, warum sie das sollten. Davon habe ich noch nie gehört."

Carson sagt es selbst: Warum sollten sie Tantiemen erhalten? Dass er Brian in Schutz nimmt, mag ja überzeugend wirken, und Carson – ein freundlicher, großzügiger, hilfsbereiter Kerl – ist kein Mann, den man in Zweifel zieht, wäre nicht Angus Young selbst diesbezüglich in ein Fettnäpfchen gestapft. Zuerst gab er an, dass Bon zur Zeit seines Todes an Lyrics arbeitete: „Er hatte da einen Stapel Texte, an denen er herumbastelte." Zweitens räumte er selbst ein – und zwar nicht einmal, sondern gleich *zweimal* –, dass Bons Texte ihren Weg auf *Back In Black* gefunden hätten. 1991 gab er Paul Elliott von *Kerrang!* ein Interview.

ELLIOTT: „Wer schrieb die Songtexte [zu „Given The Dog A Bone"] und anderen Songs auf *Back In Black*? Bon, Brian oder doch beide?"

ANGUS: „Bon schrieb ein bisschen was von dem Zeug."

1998 gelang es Elissa Blake vom australischen *Rolling Stone*, ihn aus der Reserve zu locken.

BLAKE: „Habt ihr euch je überlegt, alles hinzuschmeißen?

ANGUS: „Das einzige Mal, ja, als Bon starb. Wir waren uns unsicher darüber, wie es nun weitergehen sollte, aber wir hatten die Songs, die er geschrieben hatte, und wollten sie fertigstellen. Wir dachten, das wäre unsere Art der Ehrerbietung gegenüber Bon. Dieses Album wurde schließlich *Back In Black*. Wir wussten nicht, ob die Leute es überhaupt annehmen würden. Aber es war wahrscheinlich eines unserer größten Alben und hatte nachhaltigen Erfolg. Wir gingen mit diesem Album für zwei Jahre auf Tour. Es stellte also nach Bons Tod so etwas wie eine Therapie für die Band dar."

Es ist schon bizarr, dass Angus sowohl zuvor als auch danach parallel dazu noch einen zweiten, komplett anderen Sachverhalt präsentierte.

1981: „Manche Dinge können wir nicht, das waren grundsätzlich Bons Songs."

1996: „Nein, wir wollten in der Woche darauf [nach seinem Tod] mit ihm an den Lyrics arbeiten."

1998: „In der Woche, als er starb, hatten wir erst die Musik fertig. Er wollte in der nächsten Woche reinkommen und damit beginnen, die Songtexte zu schreiben."

2000: „Bon wollte schon sehr bald kommen und mit uns an der Arbeit an den Lyrics beginnen, kurz bevor er starb."

2005: „Nichts [auf *Back In Black*] stammte aus Bons Notizheft."

Und genau an diese Version klammert sich die Band mittlerweile hartnäckig, obwohl die Beweislast dafür, dass Bons Texte sehr wohl verwendet wurden, de facto überwältigend ist. Wie Ian Jeffery mir gegenüber verschlossen einräumte: „Ich bin mir nicht ganz sicher, was *Back In Black* betrifft, aber ich glaube, mich daran zu erinnern, dass da ein paar Textzeilen [von Bon stammten]. Vielleicht aber auch nicht."

Bei *Behind the Music: AC/DC*, einer Doku, die in Kooperation mit der Band entstand, gibt Malcolm Young die offizielle Linie vor.

„Wir sagten [zu Bon], dass wir fast schon so weit wären [dass er mit den Texten hätte anfangen können], vielleicht in der Woche darauf, ja? Und natürlich ist das leider niemals, *niemals* passiert … Er ging bloß noch schnell auf einen Drink, um sich zu entspannen. Vielleicht um den Kopf klar zu bekommen und sich dann mit Freude um seine Texte zu kümmern, ein paar Ideen vorzuschlagen, ihr wisst schon. Alles lag noch vor ihm."

„Bon sollte *nie mehr* Lyrics zur Musik, die Malcolm und Angus geschrieben hatten, beisteuern", kommentierte die VH1-Erzählstimme aus dem Off.

Doch vielleicht war es ja umgekehrt: Schrieb vielleicht die Young-Sippe *Musik* zu den Texten, die Bon geschrieben hatte? Immerhin hatten sie schon in der Vergangenheit Bons Notizheft geplündert. In *Vanda & Young: Inside Australia's Hit Factory*, einem Buch, das auf Harry Vandas Kooperation zählen konnte, was selten genug vorkommt, schrieb John Tait: „Vanda hat stets von Bon Scott als Songtexter geschwärmt … Bon hatte ein Schulheft, in das er seine Ideen notierte, wie sie ihm gerade so zuflogen. George [Young] blätterte darin herum und suchte nach Ideen."

Angus bestätigte dies: „George durchstöberte [Bons] Heft. Eines Tages fiel ihm die Zeile ‚a long way to the top if you wanna rock 'n' roll' auf. Die stand da einfach so. Er hatte noch keinen Text dazu, es war nur ein Titel."

2015 erzählte die mit den Youngs befreundete Fifa Riccobono von Alberts gegenüber *Classic Rock*, dass Bon sie ein paar Tage vor seinem Tod noch angerufen hätte.

„Er sagte, dass er sich gerade mit Malcolm und Angus getroffen und sich ein paar der Riffs, die sie für das neue Album komponiert hatten, angehört hätte. Er sagte: ‚Fifa, warte nur, bis du es zu hören bekommst – es wird brillant, ein fantastisches Album.' Soweit ich das noch im Kopf habe, wollte er drei oder vier Tage später ins Studio gehen."

Wäre es nicht komisch, wenn Bon so etwas zu einer Angestellten von AC/DCs australischer Plattenfirma gesagt, aber noch gar nichts vorbereitet hätte? Dieser Mann, der sich ständig Notizen machte, hatte doch sicherlich ein paar Ideen für Texte, an denen er arbeitete, parat; immerhin sollte er binnen weniger Tage im Studio aufkreuzen, oder? Der von Alberts abgesegnete Dokumentarfilm *Blood + Thunder* wiederholte die Version, derzufolge Angus und Malcolm für alles verantwortlich waren. Auch Riccobono trat dafür vor die Kamera.

„[Bon] sagte bloß: ‚Das wird eine richtig große [Platte]. Ein paar ihrer Ideen sind der Hammer.'"

Na, alles klar? *Ihre* Ideen. Wenn jetzt noch irgendwelche Zweifel daran bestehen sollten, welche Sicht der Dinge AC/DC und ihre Plattenfirmen verbreitet wissen wollen, dann war Brian Johnson so freundlich, diese im Rahmen von *VH1 Ultimate Albums* auch noch zu zerstreuen: „Später ärgerte es uns ein bisschen, wenn Leute behaupteten, Bon hätte die Songs bereits geschrieben gehabt. Das war lächerlich. Bon hatte sich noch nicht mit den Jungs zusammengetan. In der Nacht, als er starb, bereitete er sich gerade erst darauf vor."

Doch Joe Fury hat ganz andere Erinnerungen an den Februar 1980: „Ich war eines Nachts zu Besuch in Bons Wohnung. Es war jetzt kein großes Gelage oder so. Mick Cocks war auch da. Mick wollte sich im Musik-Business etablieren und sagte so: ‚Okay, Bon, du hast es geschafft.' Ich bilde mir ein, dass Bon darüber sprach, dass er das nächste Album oder den Großteil davon schon geschrieben hätte."

Auch Silver Smith gab rein gar nichts auf Riccobonos und AC/DCs Geschichten. Vielmehr stellt das, was sie mir verriet, alles, was die Band jemals über Bons Vorbereitungen auf das Album von sich gegeben hat, massiv infrage.

„Ich habe mir nie die Zeit genommen, um mir gezielt [*Back In Black*] anzuhören, aber in seiner Todesnacht wollte [Bon] ausgehen, weil er *fertig* geworden war. Ich war zu diesem Zeitpunkt schon wiederholt Zeugin des Schreibprozesses eines Albums geworden, weshalb ich seine Vorgehensweise kannte. Er schrieb *getrennt* von der

Gruppe. Während sie sich im Studio aufhielten, saß er oben in der Küche, ein paar Stockwerke höher oder so, wo er so ziemlich allein war. Die Jungs komponierten die Musik und Bon ließ sich die Texte einfallen – und dann mussten sie durch die Zensur. Sie strichen alles, was zu zotig oder zu politisch oder zu clever war, weil man nicht an der Erfolgsformel herumdokterte. Das ergibt Sinn. Daraus kann man ihnen echt keinen Strick drehen. Also ja, Zensur war durchaus üblich. Ich nehme an, dass das noch nicht passiert war, weil er ein paar Tage zu Hause verbracht hatte, um dort zu schreiben. Also waren es noch nicht die endgültigen Versionen. Doch er hatte die Songs für das Album bereits fertiggestellt."

Und Bon hat dir das gesagt?

„Yeah, deshalb wollte er ja ausgehen: ‚Ich bin endlich fertig, verdammt noch mal. Unter Dach und Fach. Ich muss es aber noch zensieren lassen.' [Die Youngs] hatten das letzte Wort. Alles, was sie nicht verstanden, musste raus. Alles, was zu clever war. Bon mochte etwa schrullige Sachen.[84] Er stand total auf Steely Dan, auf [Walter] Beckers und [Donald] Fagens Songtexte. Cleveres Zeug. Aber ich glaube, die meisten Leute wissen mittlerweile, dass Bon *Back In Black* geschrieben hat. Die Youngs und Alberts werden sich nie zu einem Kommentar dazu hinreißen lassen. Ich war immer der Ansicht, dass Bon den Großteil – wenn nicht sogar alles – auf *Back In Black* getextet hat, weil er mir in seiner Todesnacht erzählt hatte, dass er fertig wäre. Vielleicht haben sie noch Dinge abgeändert, weil [seine Texte zu diesem Zeitpunkt] ja noch nicht durch Malcolm und Angus redigiert worden waren."

---

84 Jeder, dessen Musikgeschmack so eklektisch war wie Bons, muss sich wohl gefallen lassen, als „schrullig" bezeichnet zu werden. Er begeisterte sich für alle möglichen Dinge: ZZ Top, Flash and the Pan, Al Jolson, Kenneth McKellar („Ich mag Kenneth wegen seiner schönen Balladen und der Art, wie er sie singt", sagte er 1975 im Magazin *Juke*), Randy Newman, Roxy Music, Rolling Stones, Swing, Blues, Jazz und sogar Gospel. „Wir gingen einmal zusammen zur Kirche", erzählt Pattee Bishop. „Bon wollte hineingehen und wir platzten mitten in den Gottesdienst hinein *[lacht]*. Seit damals war ich nicht mehr in der Kirche, aber ihm gefiel die Musik der Sängerinnen und Sänger."

37

Dirty Deeds Done Dirt Cheap

So wie die genauen Umstände von Bons Tod zu lange vertuscht wurden, so wurde vermutlich auch seine Beteiligung an der Entstehung der Songs auf *Back In Black* stets unter den Teppich gekehrt.

Warum sollten Bon Scotts Erben Tantiemenzahlungen von diesem Album erhalten, wenn er doch nichts zu den Songtexten beigetragen hatte? Aus reiner Nächstenliebe etwa? Das wäre zwar möglich, ist aber doch extrem unwahrscheinlich, weil das – rein historisch betrachtet – einfach nicht dem Charakter der Gebrüder Young entspräche. Schließlich schützen sie ihre finanziellen Interessen stets mit gefletschten Zähnen. Fragt nur mal bei Mark Evans nach, der sie erst verklagen musste, um an seine Albumtantiemen heranzukommen. Oder erkundigt euch bei Tony Currenti, dem Drummer auf *High Voltage* und *'74 Jailbreak*, der nicht einmal vorgelassen wird, um schlicht Hallo zu sagen, obwohl er die Band oft genug kontaktiert hat. Und Brian Johnson? Der wurde nach sechsunddreißig gemeinsamen Jahren, in denen er der Band als Sänger gedient hatte, einfach unter dem Vorwand, er würde sein Gehör verlieren, durch Axl Rose ersetzt. Doch schon lange zuvor gab es eine Reihe von finanziellen Disputen zwischen Johnson und den Youngs.

Aber zurück zu Bon: *Back In Black* ist jene AC/DC-Scheibe mit den mit Abstand höchsten Verkaufszahlen. Warum sollten Millionen an die Erben eines Bandmitglieds fließen, das Silver Smith zufolge seinen Brüdern nicht sonderlich nahestand, im Clinch mit Malcolm lag und sich möglicherweise vor seinem Tod mit dem Gedanken trug, die Band zu verlassen? Angus und Malcolm waren noch nie für ihre sentimentale Ader bekannt. Bon war für sie so ersetzbar wie jedes andere AC/DC-Mitglied, dessen Nachname nicht Young lautete. Oder griffen sie doch, wie so viele Leute zu wissen glauben, auf ein paar von Bons Titeln und Songtexten zurück? Die Motivation dahinter wäre durchaus verständlich gewesen, schließlich konnten sie es sich nicht leisten, mit *Back In Black* einen Flop abzuliefern, nachdem ihnen mit *Highway To Hell* gerade erst der Durchbruch gelungen war. Sind die regelmäßigen Zahlungen an die Familie Scott etwa eine Geste des guten Willens oder ein Versuch, Schuldgefühle zu besänftigen? Wurde etwa vor der Veröffentlichung des Albums mit Scotts Erben eine Übereinkunft (mitsamt Kompensation) ausgehandelt, derzufolge die Band Bons Texte verwenden und gleichzeitig Brian Johnson als deren Urheber angeben durfte?[85] Bon auf dem Album als Co-Songwriter anzuführen, hätte AC/DCs verständlichem Wunsch widersprochen, die Akzeptanz und Begeisterung für ihren neuen Sänger unter ihren Fans anzufachen. Engagierte Isa Scott, wie ihr Silver eindringlich empfohlen hatte, tatsächlich einen Fachanwalt, der ihr dabei half, ein Abkommen mit Alberts bezüglich der Tantiemen zu treffen? Wurde ihnen etwa mit rechtlichen Schritten gedroht?

Ein australischer Rock-Journalist mutmaßte: „Ein paar der Tracks auf *Back In Black* wurden noch vor Bons Tod als Demos aufgenommen – allerdings noch ohne Gesang, da noch keine Songtexte geschrieben waren. Bon spielte wie am Beginn seiner musikalischen Unternehmungen ausschließlich Schlagzeug auf diesen Demo-Tracks. Und dennoch geht ein Prozentsatz der Tantiemen dieses absoluten Mega-

85 Falls Brian tatsächlich vorschriftsmäßig und für alle Zeiten ein ganzes Drittel der Verlagstantiemen für *Back In Black* erhalten sollte, gäbe es nur wenig Gründe dafür, warum er seinen Anwalt George Fearon damit hätte beauftragen sollen, einen besseren Deal bezüglich seines Arbeitsverhältnisses mit den Youngs für ihn herauszuschlagen. *Back In Black* alleine hätte ihn auf ewig zu einem verdammt reichen Mann gemacht. Zwar ist Brian tatsächlich sehr reich, doch spielt er nicht in derselben Liga wie die Youngs.

sellers von einem Album bis heute an Bons Familie – und zwar in Anerkennung für seine unermesslichen Beiträge zur Band."

Das ist eine wohlwollende Einschätzung. Joe Fury denkt, dass Schuldgefühle eine Rolle spielen könnten: „Ich bin mir sicher, dass Bon, hätte er miterlebt, wie Silver nach seinem Tod behandelt wurde, eine Scheißwut gehabt hätte. Einfach deshalb, weil es *seine* Angelegenheit war, was er und Silver [zusammen machen wollten]. Er leistete seinen Beitrag zu der ganzen Kohle, die AC/DC verdienten. Da wäre es auf jeden Fall sein Recht gewesen, seinen Anteil dorthin fließen zu lassen [wohin er wollte]. Ich wusste nicht, dass die Familie Geld bekam und wie das zustande gekommen war. Ich wäre nicht überrascht, wenn es starke Schuldgefühle gäbe. Es gab genug Schuld, so wie Alberts seine Geschäfte betrieb ... Dort spielte man auf die harte Tour."

Falls es irgendwelche Unklarheiten bezüglich Vince Lovegroves Sicht der Angelegenheit gab, so schaffte er diese kurz vor seinem Tod via seines persönlichen Blogs am 12. Oktober 2011 noch aus der Welt: „Zwar war Scott auf *Back In Black* nicht als Songwriter angeführt, doch ließ mich sein älterer [sic] Bruder Derek wissen, dass die Familie stets auch Songwriting-Tantiemen für dieses Album erhalten hatte, was doch stark darauf hindeutet, dass Scott in der Tat den Großteil der Lyrics dazu beigesteuert hat. Das geschulte Gehör treuer AC/DC- und Bon-Fans sowie die Einzelberichte beteiligter Personen schienen dies zu bestätigen."

Ich traue mich zu behaupten, dass darin Lovegroves offensichtliche Abneigung gegenüber Brian begründet lag, die er in einem Online-Interview mit dem AC/DC-Fan Dr. Volker Janssen im Jahr 2001 an den Tag legte. Brian ist bekannt für seine liebenswürdige, freundliche Art, weshalb Lovegroves Gehässigkeit verblüffte.

JANSSEN: „Hast du AC/DC jemals live mit Brian Johnson gesehen? Hat es dir gefallen?"

LOVEGROVE: „Ich sah und traf Brian Johnson mit AC/DC auf ihrer ersten Welttournee nach Bons Tod. Mir missfiel sein Gesang schon bei der Band, bei der er vor AC/DC sang (Geordie, glaube ich), bei AC/DC gefiel mir sein Gesang auch nicht, bis heute nicht. Ich mag seine Songtexte nicht. Ich mag ihn weder als Entertainer noch als Menschen. Ich mochte ihn genauso wenig wie er mich. Aber das war vor langer Zeit. Ganz sicher ist er inzwischen ein Supertyp."

* * *

Pete Way wiederum hat seine eigene Theorie.

„Bei manchen Songs denke ich mir, dass sie exakt so klingen wie das, was Bon geschrieben hätte", sagt er. „Aber das bleibt jedem selbst überlassen. Ich glaube, dass Malcolm auch ganz schön viel Einfluss auf die Texte hatte, weil ich weiß, dass auf manchen Alben Malcolm die Lyrics schrieb. Aber ich denke, dass es, solange er dabei war, Bons Texte waren, weil sie auf seine Sachen abfuhren und er ein so wichtiger Bestandteil der Band war ... Bon konnte genau das schreiben, was sich [die Youngs] wünschten."

„You Shook Me All Night Long" klingt genau wie ein Song, der von Bon stammen könnte.

„Aber hallo! Ich ziehe in mancherlei Hinsicht immer noch die Songtexte vor, die offensichtlich so geschrieben wurden, wie Bon das getan hätte. Schließlich hatte er die einzigartige Fähigkeit, etwas mit ironischem Witz zu singen. Man war sich nicht sicher, ob er sich gleichzeitig nicht einfach ein wenig lustig machte. Es war nie wirklich bedrohlich. Sogar bei ‚Highway To Hell' scheint er irgendwie herumzualbern."

Eine Textzeile wie *She told me to come/But I was already there* klingt schon sehr nach Bon, oder?

„Total. Das ist *durch und durch* Bon. Ich habe mir die Texte der Alben nach Bon angehört. Ich möchte gar nicht behaupten, dass Brian Johnson nicht so viele [Songs] geschrieben hat, aber es muss eine neue Erfahrung für ihn gewesen sein, in diesem Stil zu schreiben, du weißt schon, genau an der Grenze [des Erlaubten]. Sachen wie eben *She told me to come/But I was already there*. Das ist schon sehr gewitzt, oder? Eine Doppeldeutigkeit. Man kann das interpretieren, wie man will."

Genau das fand ich auch immer so verblüffend am Titel des Albums selbst. Wenn man sich den Songtext zu „Back In Black" durchliest, fällt einem auf, dass es eigentlich darum geht, zu Geld zu kommen – eigentlich ist es gar kein Gedenksong, sondern ein Song übers Geld.[86]

„Nun, es ist durchaus möglich, dass [Bon] das so schrieb, und es passte dann irgendwie auch als Respektsbekundung an ihn auf das Album. Das stimmt absolut. So habe ich noch nie darüber nachgedacht."

Laut Joe Fury besteht kein Zweifel: Bon war sich vor seinem Tod bewusst, dass AC/DC der Durchbruch gelungen war und sie groß abkassieren würden.

„Bon wusste, bevor er starb, dass er sein Ziel erreicht hatte. Er hatte es geschafft ... Die allgemeine Stimmung war, dass sie ganz oben angekommen waren. Es beruhigt mich zu wissen, dass ihm selbst klar war, dass er es geschafft hatte. Ich wäre noch mehr am Boden zerstört gewesen, wenn sie erst im Anschluss durchgestartet wären und ihm nie bewusst gewesen wäre, wie groß sie geworden waren. Aber er wusste, dass sie groß waren ... Er *wusste* es. Ich erinnere mich, dass wir uns darüber unterhielten, und er sagte: ‚Wir haben es geschafft, wir sind am Ziel.'"

---

86 Malcolm Young erzählte bei *VH1 Ultimate Albums*: „Wir wollten mit [*Back In Black*] nicht Bons Geschichte erzählen, dachten uns aber gleichzeitig, dass er unsterblich wäre. Aus diesem Vibe heraus schrieben wir [die Songs]. Und die guten Zeiten spielten auch eine Rolle, du weißt schon, *in the back of a Cadillac, number one with a bullet, power pack*."
Interessanterweise gibt es offenbar eine Fehlpressung von *Back In Black*, bei der Bon versehentlich doch auf gewisse Weise als Songwriter aufscheint, da sie Tracks von *If You Want Blood You've Got It* enthält. Der Sammler Jack Dawson vom Magazin *Goldmine* sagt dazu: „Die *Back In Black*-Fehlpressung – die einzige offizielle Version von *Back In Black*, auf der Bon Scott auftaucht. Bezüglich *Back In Black* glaube ich, dass Bon tatsächlich den Großteil der Lyrics dazu beisteuerte. Dafür habe ich keine Beweise, aber die zweideutigen Songtexte waren Bons Markenzeichen."
Malcolm und Bon erwähnten 1976 in einem Radio-Interview mit Sydneys Radiosender 2SM den Song „Black Is Black" von Los Bravos. Könnte dieser Songtitel etwa „Back In Black" inspiriert haben?

Auch hatte er sich als Songtexter bewährt. Bon war immens geschickt darin, seine Worte in ihre wirksamste Form zu destillieren. Laut Joe hätte jede seiner Textzeilen ein neuer Songtitel sein können.

„In den späten Siebzigerjahren sprach man von Peter Gabriel als Songwriter. Jackson Browne war ein Songwriter. Bruce Springsteen war ein Songwriter. Man hätte niemals, selbst als [AC/DC] erfolgreich wurden, an Bon Scott als Songwriter gedacht … Wie er die Phrasen in diesen Songs wendete! Mir fällt niemand sonst ein – und ich habe Typen wie Keith Richards und ziemlich viele sogenannte Stars getroffen –, der über die Persönlichkeit verfügte, ein paar dieser Textzeilen zu schreiben. *The body of Venus with arms* … Es dauerte ein paar Jahre, bis ich begriff, was diese Zeile bedeutete. Wie kommt ein Typ wie Bon dazu, auf die Statue der Venus [von Milo] anzuspielen, die ja tatsächlich keine Arme hat *[lacht]*? In seinen Songs stecken subtile Details, die man mit dem simplen Image des Mannes, der sie singt, gar nicht so recht assoziiert."

Joe charakterisiert Bons Schreibstil als „australisch-lausbübisch mitsamt einer Kultiviertheit, die aber nie pompös wirkte … ganz typisch australisch. Das waren einfach *wir*, wir auf den Straßen und in den Pubs von Sydney."

Das war eine exzellente Beschreibung einer Musik, die selbst Jahrzehnte später Australiern quer durch alle Schichten sehr viel bedeutet. Ich vermute, sie erkennen ein wenig ihrer eigenen Lebensgeschichten in Bons Songs wieder. So viele von uns haben sich das eine oder andere Mal schon denselben Herausforderungen stellen müssen, sich in denselben Situationen wiedergefunden, die er beschreibt. Doch Bons große Gabe bestand darin, dass die alltäglichen Themen seiner Lyrics über Australien hinaus verständlich sind und Leute allerorts ansprechen.

David Krebs mutmaßt, dass Brian aus praktischen Gründen auf *Back In Black* anstelle von Bon als Songwriter gelistet wurde: „Ich glaube, AC/DC könnten das getan und das Geld Bon Scotts Familie gegeben haben. Das könnte stimmen – so wie auch Phil Carsons

Theorie, dass [der Präsident von Atlantic] Doug Morris einen Fehler beging, indem er [*Dirty Deeds Done Dirt Cheap*] im Anschluss an [*Back In Black*] veröffentlichte … Dieselbe Denkweise könnte dahinterstecken, dass sie [Brian Johnson] als Songwriter angaben. Sie hätten viel schwächer gewirkt, wenn auf [*Back In Black*] ‚Bon Scott' und nicht ‚Brian Johnson' gestanden wäre. Ich hatte mit dieser Entscheidung nichts zu tun."

Roy Allen hat seine eigenen Vermutungen zu *Back In Black*.

„Ich kann nicht behaupten, jemals das ganze Album gehört zu haben. Ich verband damit zu viele schmerzhafte Gefühle. Überhaupt hörte ich danach nicht mehr viel AC/DC. ‚You Shook Me All Night Long' klang wie etwas, das Bon gesungen hätte … Es könnte sich dabei ja sogar um einen Song handeln, den er selbst geschrieben hat. Denk mal darüber nach. Stell dir seine Stimme zu diesem Song vor. Sie würde perfekt dazu passen. Ich kann mir beim besten Willen nicht vorstellen, dass er nichts zu dem Album beigetragen hat."

Sie nahmen es nicht einmal zwei Monate nach seinem Tod auf.

„Das beantwortet die Frage ja eigentlich sofort. Ob es die Band nun zugibt oder nicht, für mich ist ziemlich offensichtlich, dass Bon zumindest zu ein paar der Songs auf *Back In Black* etwas beigetragen hat – vor allem, da es schon so bald nach seinem Tod erschienen ist. Wenn ich diese Jungs traf, hatte ich immer das Gefühl, dass Musik und Freundschaft bei ihnen wichtiger waren als das Geld. In meinen Augen ergibt es Sinn, dass sie, da Bon wahrscheinlich etwas zum Album beitrug, [seine Familie beteiligen] ohne rechtlich dazu verpflichtet zu sein. Sie standen sich alle sehr nahe und ich hatte immer das Gefühl, sie wären sich bewusst, dass es Bon war, der sie zu dem gemacht hatte, was sie waren. Damals machte sich in dieser Hinsicht keiner Illusionen, keiner kehrte sein Ego hervor. Bon *verkörperte* AC/DC – knapp vor Angus. Aber da er nun tot war und sie irgendwie weitermachen musste, enthielten sie ihm den Songwriter-Credit wohl vor, da die Band als Unternehmen versuchen musste, sich ohne ihn zu etablieren. Ich bin mir sicher, dass das eine sehr schwere Zeit für die Band war – mit vielen unbekannten Faktoren und voller Ängste. Sie wollten sich gegenüber ihrem Freund anständig verhalten, aber dennoch weitermachen. Das ist bloß meine Meinung, aber ich glaube doch, dass auch ein wenig Wahrheit darin steckt."

Paul Chapman sagt, dass er Bons Songtexte sofort als seine identifiziert hätte, als er das Album zum ersten Mal hörte.

„Aus irgendeinem Grund konnte ich das irgendwie fühlen. UFO tourten durch Großbritannien, als [*Back In Black*] veröffentlicht wurde. Ich besorgte mir die Kassette und hörte sie mir im Auto an. Die Glocke [auf dem ersten Tack ‚Hells Bells'] erklang – und sobald sie loslegten, blickten wir uns alle gegenseitig an und sagten, dass es ihnen dieses Mal endgültig gelungen wäre. Das wusste man sofort … schon ab *I'm rolling thunder/Pouring rain/I'm comin' on* … Das ist Bons Art, zwei und zwei zusammenzuzählen. Für mich deutet das als Bon auf Urheber hin, diese Lyrics, genau dort."

Einer von Chapmans engen Freunden war der inzwischen verstorbene Larry Dankert, der laut Chapman mit AC/DC in Nordamerika zusammenarbeitete: „[Er war] für die Backline zuständig, vielleicht war er Malcolms Techniker. Larry sagte: ‚Yeah, diese Wichser. Ich wusste, dass sie das abziehen würden. Früher oder später mussten sie es tun.' Larry und ich lachten darüber. Er sagte, dass er es schon witzig fände: Ihm war immer klar, dass sie das tun würden – aber es klänge für ihn nun einmal sehr nach Bon. Und ich stimmte ihm zu. Die ganze Sache stank förmlich danach. Vielleicht nicht alles, aber die eindringlichen Sachen. Die Dinge, die ich herausragend finde … die Refrains, gewisse Teile, die eben Eindruck hinterlassen."

Etwa die erste Strophe und der Refrain von „You Shook Me All Night Long?"

„Yeah, da findet sich viel, das mich auf diese Weise fesselt."

Was ist mit „Back In Black" als Song, der eigentlich eher davon handelt, zu Geld zu kommen – und weniger als Hommage an Bon gedacht ist?

„Sogar auf die Melodie trifft das zu."

Findest du, Bon stünde eine gewisse Anerkennung für seine Arbeit an *Back In Black* zu, wenn bewiesen werden könnte, dass er tatsächlich Songtexte beigetragen hat?

„Ich glaube, auf eine witzige Art und Weise ist das ja schon so, denn ich glaube nicht, dass das Album so groß geworden wäre, wenn Bon nicht gestorben und schließlich nicht Brian darauf gesungen hätte."

* * *

Was hält eigentlich Brian von der Behauptung, Bon hätte zu den Lyrics auf *Back In Black* etwas beigesteuert?

„Das ist doch Mist. Nichts als Bockmist", erklärte er im Jahr 2000 gegenüber dem britisch Rock-Schriftsteller Philip Wilding. „Jemand hat unlängst zu mir gesagt, dass Bon im Tod größer ist, als er das im Leben war. Das sehe ich anders. Doch Legenden wachsen mit den Jahren und solche Geschichten sind toll, um sie jungen Typen an der Bar zu erzählen. Früher dachte ich, dass das Internet dabei helfen würde, diesen ganzen Scheiß aufzuklären, aber stattdessen hat es nur weiter dazu beigetragen. Ich kann dir sagen, dass Bon noch nicht einmal im Studio aufgetaucht war, um mit den Jungs zu proben. Er machte sich gerade startklar, um die Arbeit an den Texten in Angriff zu nehmen, als er starb."

Diesen ganzen *Scheiß. Startklar* machen, um die Arbeit an den Texten in Angriff zu nehmen … Es würde schon helfen, wenn Brian und die Youngs ihre Geschichte miteinander abstimmen würden.

Rock 'N' Roll Singer

Im März 1980 verkündete „Wild Bill" Scott – ein DJ, der die Band schon früh im nordamerikanischen FM-Radio unterstützt und Gartenpartys mit Bon und Angus gefeiert hatte – den ehemaligen Frontmann der Easybeats Stevie Wright als neuen Sänger von AC/DC.

„Er wird AC/DCs neuer Leadsänger", erklärte er live auf Sendung bei WABX Detroit. „Doch werden sie nicht in der Lage sein, ein Album zu veröffentlichen, bevor sie nicht die Lyrics, die so auf Bon Scotts Leben zugeschnitten waren, zu etwas umgearbeitet haben, das auch für ‚Little' Stevie Wright einen Sinn ergibt. Somit wird es sicher ein interessantes Album – auf die eine oder Art. Keine Ahnung, was darauf so passieren wird. Wir werden wohl abwarten müssen, bis wir es zu hören bekommen."

Sowohl Wild Bill als auch Stevie sind inzwischen tot. Wild Bill starb 2014 und Stevie 2015. Stevie verriet mir aber noch vor seinem Ableben, dass die Gerüchte in der Tat wahr gewesen seien: „Sie fragten mich nach Bons Scotts Tod, ob ich bei AC/DC einsteigen wollte." Stattdessen wurde aber letztendlich Brian Johnson im April jenes Jahres als neuer Sänger von AC/DC ausgerufen.

Der weithin bekannten Geschichte zufolge soll Bon im April 1973 Brian dabei gesehen haben, wie er Geordies Gitarristen Vic Malcolm auf den Schultern über eine englische Bühne trug. Damals verdingte sich Bon bei Fraternity, die sich bereits im Todeskampf befanden und noch unter dem Namen Fang firmierten. Dieser Rock-Event mitsamt seinen seismischen Auswirkungen soll sich entweder in der Guild Hall von Plymouth oder der Town Hall von Torquay und zwar gegen Ende besagten Monats zugetragen haben. Wie Brian selbst berichtet: „Ich traf Bon schon Jahre zuvor in Hull, als er vor uns auftrat."

Über Jahrzehnte hinweg wurde den Rockfans eingetrichtert, Bon hätte praktisch persönlich Brian seinen Segen gegeben, indem er den „Jungs" gesagt hätte, Johnson würde, falls er einmal das Zeitliche segnen sollte, einen idealen Ersatzmann abgeben. Wie es AC/DCs Tontechniker Mark Opitz in seiner Autobiografie formuliert: „Bon wurde zum Fan von Geordies Leadsänger Brian Johnson und sagte später angeblich gegenüber seinen Bandkollegen bei AC/DC: ‚Wenn ich je sterbe, solltet ihr euch diesen Typen angeln.'"

„Dieser Tag hat mein Leben verändert", sagte Brian dazu. „Schließlich hat er den Jungs erzählt, dass er noch nie jemanden wie mich singen gehört hätte."

Diese Geschichte wurde nie hinterfragt. Sollte sie aber. Zwar dürfte Bon tatsächlich gewusst haben, wer Brian war – Joe Fury erzählte mir, er wüsste, dass Bon „den Typen, der ihn ersetzte", gut fand –, doch bleibt ungeklärt, wie gut Brian Bon wirklich kannte.

„Ich traf Bon, als er noch bei einer anderen Band war", erzählte Brian der *Village Voice* aus New York im Jahr 2014. „Er trat vor Geordie auf, der Band, bei der ich war. So lernten wir uns kennen. Er war ein echt lustiger Kerl und wir amüsierten uns sehr."

Und doch behauptete er 1983 gegenüber *Circus* etwas anderes: „Ich kannte [Bon] nicht wirklich … Und ich wusste nicht, dass er das war … An die Band [Fraternity] erinnere ich mich, aber ich kann nicht reinen Gewissens sagen, dass er mir von ihnen besonders in Erinnerung geblieben wäre."

Also wie nun bitte?[87]

---

87 Auch die Geschichte seines Vorsingens fußt eher auf Fiktion als auf Tatsachen. 1980 erzählte Johnson im Gespräch mit *Trouser Press*: „Es ist beängstigend, in den Schuhen von jemandem zu stehen, den ich sehr bewundert habe." Doch der Mann, der Johnson das

Buzz Shearman von Moxy, jener kanadischen Band, vor der AC/DC bei ihren ersten vier Shows auf nordamerikanischem Boden 1977 in Texas aufgetreten waren, wurde gefragt, ob er als Ersatzmann für Bon vorsingen würde. Moxys kanadische Booking-Agentur Dixon-Propas trat mit der Bitte an seine Frau Valerie heran, ihn zu fragen, ob er interessiert wäre.

„Die Agentur rief mich an, um sich zu erkundigen, ob ich eventuell mit Buzz über ein mögliches Vorsingen für das Album *Back In Black* in L. A. sprechen könnte. Es war bereits fertig geschrieben, alle Songs stünden parat, er müsste sich über nichts mehr Sorgen machen."

Ich bat sie, das zu verdeutlichen. Texte und Musik waren bereits fertig? Das würde bestätigen, was Silver über jenes Telefonat zwischen ihr und Bon am Abend des 18. Februar 1980 berichtet hatte.

„Angeblich, ja. Als ich den Anruf von der Agentur erhielt, meinten sie, dieses Album, *Back In Black*, sei bereits fertig. Es wäre schon geschrieben, alles wäre unter Dach und Fach. Alles, was man noch tun musste, war, die Songs zu singen. Sie ließen es sehr einfach klingen. So auf die Art, dass [Buzz] sich keine Sorgen machen sollte."

Noch einmal: Wir sprechen hier auch von den Songtexten?

„Das glaube ich, ja." Sie zögert kurz, womöglich weil ihr die Bedeutung dieser Frage bewusst wird. „Vielleicht waren sie ja noch nicht *ganz* fertig. Die Fakten kenne ich nicht. Aber sie sagten, dass das Album so ziemlich fertig wäre. Das entnahm ich der Information damals – und ich erinnere mich ziemlich genau daran. Sie versuchten, es als simple Aufgabe hinzustellen: ‚Mach dir keine Sorgen, komm einfach vorbei und kümmere dich um den Gesang.'"

Wenn das stimmen sollte, dass das Album tatsächlich schon „so ziemlich fertig" war, dann könnte an den Gerüchten, denen zufolge

---

Geld lieh, um von Newcastle nach London zu fahren, um vorzusingen, der Radiomoderator James Whale, schrieb 2007 in seiner Autobiografie, dass „er noch nie wirklich von der Band gehört hatte und nicht gerade vor Enthusiasmus strotzte".

Bon nicht nur die Lyrics geschrieben, sondern auch Gesang für das Album aufgenommen hatte, tatsächlich etwas dran sein.

„Ich bekam das mit", sagt Moxys Gitarrist Earl Johnson über AC/DCs Interesse am Leadsänger seiner Band. „Buzz und Bon verfügten über eine sehr ähnliche Bühnenpräsenz. Ich würde sagen, dass Bon der stärkere Sänger war und Buzz dafür der bessere Frontmann. Buzz bearbeitete die Bühne richtiggehend … Sein Auftreten auf der Bühne, seine Persönlichkeit – das war sehr intensiv."

Doch Buzz schlug die Einladung zum Vorsingen aus.

„Bon war erst ein paar Wochen tot", sagt Valerie. „Buzz war immer noch ziemlich geknickt deswegen. Er fand das irgendwie unheimlich … Es beunruhigte ihn sehr. Er empfand es als unheimlich, in seine Fußstapfen treten zu sollen. Ich sagte, dass er ihm auf diese Weise ja auch seine Ehre erweisen könnte. Aber ich war einundzwanzig und er sagte, dass ich mich da raushalten sollte. Also ließ ich ihn irgendwann in Ruhe damit."

Die Shearmans wurden von AC/DC zu Brians Debütkonzert nach Toronto eingeladen.

„Buzz schluchzte das ganze Konzert lang. Die große Glocke und das ganze Drumherum. Ich wusste jedoch nicht, ob er nun flennte, weil er sich dachte, er hätte den Job doch annehmen sollen, oder weil er Bon tatsächlich so sehr vermisste. Er war untröstlich. Es war hart für ihn. Es wird behauptet, dass er den Posten bei AC/DC ablehnte, weil er mit seiner Stimme zu kämpfen hatte. Dem war ganz und gar nicht so. Er hatte nie irgendwelche stimmlichen Probleme. Der Typ konnte singen wie ein Vogel, den ganzen Tag lang. Es lag auf keinen Fall an seiner Stimme."

Shearman starb 1983 im Alter von 32 Jahren bei einem Motorradunfall. Er hatte selbst mit Alkoholproblemen zu kämpfen und hatte vor seiner letzten Fahrt Tequila getrunken.

„Buzz fuhr mit einem anderen Motorradfahrer heimwärts. Es war noch gar nicht so spät. Sie fuhren mit circa hundert Stundenkilometern Seite an Seite und unterhielten sich. Buzz krachte in das hintere Ende eines LKWs und war auf der Stelle tot. Hätte er diese Gelegenheit [als AC/DC-Sänger wahrgenommen], wäre sicher vieles anders gekommen. Vielleicht wäre er dann immer noch am Leben. Es ist schon komisch, in welche Richtungen einen das Schicksal verschlägt."

Wenn das mal nicht ein wahres Wort ist.

39

You Shook Me All Night Long

Brian Johnson behauptet, dass „You Shook Me All Night Long" der erste Song ist, den er jemals für AC/DC verfasste. Bevor er sich AC/DC anschloss, trat er nur bei einer Handvoll Songs als Co-Songwriter auf drei von insgesamt vier Alben von Geordie in Erscheinung – und keiner davon wurde wirklich im Radio gespielt: „Goin' Down" auf *Don't Be Fooled By The Name* (1974); „I Cried Today", „She's A Lady", „We're All Right Now" und „Light In My Window" auf *Save The World* (1976); sowie „Going To The City" auf *No Good Woman* (1978). In erster Linie schrieb Vic Malcolm die Songs bei Geordie. Und dennoch gelang es Brian Johnson, der sich im April 1980 in eine Strandhütte auf der zu den Bahamas gehörenden Insel New Providence zurückgezogen hatte, unter dem Druck, etwas einbringen zu müssen, spontan gleich einmal, sich die allerbeste Melodie in AC/DCs gesamter Karriere einfallen zu lassen.

„Ich glaube zwar nicht an Geister und so", erzählte er, „doch irgendetwas ist in dieser Nacht in diesem Zimmer in mich gefahren. Irgendetwas durchdrang uns und es fühlte sich fantastisch an. Es ist mir scheißegal, ob die Leute mir glauben oder nicht, aber irgendetwas strömte in mich ein und beruhigte mich: ‚Ist schon gut, Sohn, ist schon gut.' Diese Art von Gelassenheit eben. Ich stelle mir gerne vor, dass es Bon war, aber das kann ich nicht, weil ich dafür zu zynisch bin und vermeiden möchte, dass sich die Leute zu sehr hineinsteigern. Aber irgendetwas ist tatsächlich passiert und ich fing an, den Song zu schreiben."

Er benötigte dafür gerade mal fünfzehn Minuten.

„Ungefähr drei, vier [sic] Monate nach Bons Tod saß ich auf den Bahamas. Es war nervenaufreibend. Nach drei Tagen oder so sagten die Youngs zu mir: ‚Brian, hör dir das mal an und sieh zu, ob du dazu nicht einen Text schreiben kannst.' Sie hatten diesen sehr simplen Riff und meinten, sie würden es vermutlich ‚You Shook Me All Night Long' nennen. Ich setzte mich an diesem Abend mit einem leeren Blatt Papier hin und innerhalb von fünfzehn Minuten hatte ich diesen Song geschrieben."

Eine beachtliche Leistung – immerhin gab er selbst zu, dass er „bei den Songs nicht viel zu sagen [hatte] … Bons Songs waren ja eher dokumentarisch, sehr lebensnah. Meine hingegen waren mehr Aneinanderreihungen von Lebenssituationen."

Malcolms „spezielle" Freundin Robin Jackson-Fragola verbrachte ungefähr zur Zeit der Aufnahmesessions für *Back In Black* zusammen mit Angus' und Bons ehemaliger Geliebten Beth Quartiano sowie Cliffs einstiger Gespielin Maria DeLuise ihren Urlaub in Nassau, der Hauptstadt der Bahamas. Compass Point, wo die Band arbeitete, befand sich nur neun Meilen von Nassau entfernt.

„Beth, Maria und ich wohnten in Freeport gemeinsam in einem Haus, dem zweitgrößten auf der Insel [Grand Bahama]", erinnert sie sich. „Wir wechselten ständig von Insel zu Insel. Wir liehen uns Scooter aus und erkundeten ganz Nassau … Wir hatten auch einen Lieblingsplatz, bei einem alten Ruderboot am Strand, genau gegenüber vom Compass Point Studio. Gewisse Leute gesellten sich aus dem Studio zu uns und meinten, wir sollten doch mit hineinkommen. Bessere Vibes."

Sie glaubt nicht an die von der Band abgesegnete, von Brian Johnson zum Besten gegebene Version, wie *Back In Black* entstand.

„Hör dir nur mal die Texte an und denk über die Songtitel nach. Die konnten nicht von einem Mann stammen, der gerade erst ins

Territorium der Band eingedrungen war. Ich weiß ganz genau, was es mit den Songs auf *Back In Black* auf sich hat. Wir witzelten darüber, warum [diese Songs] geschrieben wurden und von wem sie handelten. Sollten [Angus und Malcolm] es vorgezogen haben, Brian als Co-Songwriter dieser Songs anzugeben, dann soll das so sein. Ich weiß es aber besser. Bon ist tot und Mal ist inzwischen ziemlich von der Rolle. Mir fehlen die Worte dafür. Vielleicht gaben sie Brian ja ein paar von Bons Texten und baten ihn, daran herumzudoktern, wer weiß? Ich weiß einfach, dass Brian sie nicht [allein] geschrieben hat. Ich erinnere mich nicht einmal, ob ich ihn überhaupt jemals getroffen habe. Vielleicht habe ich das ja. Da wir die Songs schon besprachen, bevor [Brian Johnson] auftauchte, müssen sie wohl geschrieben gewesen sein. Wenn man bei der Doku [auf VH1] genau hinhört, hört man heraus, dass die Sachen schon vor Bons Tod geschrieben waren. Zuerst spricht Brian noch davon, dass ihm nichts einfiel und dann – simsalabim – eine Vision von Bon höchstpersönlich.[88] Ihm wurden Schriftstücke vorgelegt und er musste seinen Stil daran anpassen. Ang und Brian werden nichts von dem zurücknehmen, was bereits gesagt worden ist. So hinterlässt die Band bei den Fans einen echt bitteren Beigeschmack."

„Bon war nie wirklich ein Mitglied der Band", behauptet Joe Fury. „Er war nie einer der Youngs … zwischen den Youngs und Bon gab es eine Art Trennlinie."

Das hatte nicht nur mit dem Altersunterschied zu tun.

„Ich glaube, diese Typen und ihr Bruder [George] waren so getrieben, dass sie Bon in vielerlei Hinsicht als Belastung für ihre Firma,

88 Bei VH1s *Ultimate Albums* wird Brians Erweckungserlebnis, aus dem die Lyrics zu „You Shook Me All Night Long" resultiert haben sollen, als „übernatürliche Zusammenkunft" mit Bon bezeichnet: „Brian Johnson trug die Last, Songtexte zu verfassen, die AC/DC würdig waren. Die Inspiration dazu ereilte ihn eines Abends, als der Geist von Bon Scott dem Neuen einen unerwarteten Besuch abstattete – eine übernatürliche Zusammenkunft, über die er 23 Jahre später nur ungern spricht." Und was berichtete Brian selbst in besagter Doku? „Irgendetwas ist mit mir geschehen und ich will nicht darüber sprechen. Aber irgendetwas ist mir tatsächlich widerfahren und das ist alles, was ich dazu sagen werde. Und, ja, ähm … es war gut. Es war eine gute Sache, die mir da passiert ist."

wenn man so will, empfanden. Ich kann mir gut vorstellen, dass AC/DC sich dachten: ‚Er wird sicher mitten auf der größten Tour unseres Lebens sterben und dann sind wir im Arsch.' Bei seinem Lebensstil … Sie waren einfach so auf den Erfolg fokussiert – und Bon gab sich seinem Spaß hin. Aber andererseits wussten sie offensichtlich zu schätzen, dass es Bons Persönlichkeit war, die die Band benötigte … Die Magie, die diese Filmclips ausstrahlten, diese kurzen Blicke, und dann noch die Songtexte … Bon verlieh AC/DC ihre Strahlkraft. Dieser witzige Typ vor diesem massiven Schlachtschiff, das in dich hineinrammte, sorgte für die Ausgeglichenheit."

Joe geht sogar noch weiter und beschreibt Bon als „Solo-Act, als er noch mit ihnen auf der Bühne stand. Ich weiß, dass [die Youngs] ihn unter Druck setzten und es ihnen missfiel, wenn jemand irgendeinen Einfluss [auf ihn] ausübte. Am Ende jeder Show hätten sie ihn gerne in eine Kiste gestopft, um ihn dann erst vor dem nächsten Konzert wieder freizulassen. Er war bei der wahrscheinlich heißesten Rock-'n'-Roll-Band dieser Tage dabei – und auf gewisse Weise auch wieder nicht."

Was war nun an den Gerüchten um sein angeblich geplantes Soloalbum dran?

„Nein, ich habe ihn nie darüber sprechen gehört. Ich kann mir vorstellen, dass man ihm den Hinweis gab, dass er sich doch verpissen könnte, wenn es ihm nicht gefiele. Vielleicht musste er sich das gelegentlich anhören."

* * *

Abgesehen von Silvers außergewöhnlicher Behauptung, dass Bon ihr am selben Abend, an dem er sich zusammen mit Alistair Kinnear auf den Weg in die Music Machine machte, gesagt haben soll, dass er die Songtexte für das gesamte Album *Back In Black* fertig geschrieben hätte, untermauert allein schon eine textliche Analyse von „You Shook Me All Night Long" die Annahme, dass er daran beteiligt gewesen war.

Da ist die Rede von einem „clean motor" (Bons Vorliebe für saubere Vaginas), von „sightless eyes" (möglicherweise war das Wörtchen „chartreuse" einfach zu clever für die Zensoren im AC/DC-Lager) und von einer *seduction line that took double time* (rein zufällig gab es da ein Pferd dieses Namens, dass Bons Freundin in Miami gehörte). Sie wollte sich nicht festlegen – *taking more than her share* – und ließ Bon nach Luft ringen (*fighting for air* – vielleicht eine dritte Anspielung auf Holly X). Das sehr nach Bon klingende Wortspiel *She told me to come/ But I was already there*, das Bon laut Silver Smith 1976 in einen Brief an einen Freund einbaute, sprach ebenfalls eine deutliche Sprache. Und dann waren da natürlich auch noch diese berühmten „American thighs", die Bon vielleicht schon 1976 ersonnen hatte oder die auch Holly oder seiner anderen blonden Freundin Pattee Bishop gehört haben könnten. Beide Frauen verfügten schließlich über die Art körperliche Attribute, die auch dem auf Titelblatt der Bademoden-Ausgabe der *Sports Illustrated* nicht fehl am Platz gewesen wären.

All dies beruht auf Hörensagen, Indizien und subjektiven Einschätzungen – und ist dennoch überzeugend, vor allem da Brian ja selbst sagte, dass Bon sich „mehr, als ich das jemals tat, beim echten Leben bediente, wohingegen ich, wenn ich dasselbe tat, meiner Fantasie freien Lauf ließ. Bons Songs, die waren fast schon dokumentarisch … Er lebte sie."[89]

---

89 Tony Platt erzählte mir 2013: „Es wurden viele Textzeilen vorgeschlagen, von jedem eigentlich." Mick Wall sagte er: „Ein paar Textstellen waren immer noch unvollständig, oder irgendetwas passte nicht zum Rhythmus oder dem Versmaß, also wurden sie noch abgeändert." Das klingt sehr danach, als hätte die Band ihre Songtexte um bereits feststehende Worte und Textzeilen herumgebastelt. Er gab zu: „Es könnte gewesen sein, dass bereits ein paar Lyrics vorhanden waren." Ian Jeffery gestand gegenüber Wall ebenfalls: „Ein paar von [Bons] Textzeilen stecken in [*Back In Black*]. Aber keine Titel oder so etwas. So weit war das noch nicht fortgeschritten." Wenn Brian „You Shook Me All Night Long" in „15 Minuten" schrieb, wie er behauptet, warum wurden noch ein paar Textstellen per Gruppenentscheid im Studio geschrieben? Vielleicht weil noch Textschnipsel von einer anderen Quelle zuhilfe genommen wurden? Das erscheint plausibel. Deshalb bat ich Platt, klarzustellen, wie er in das Schreiben des Texts verwickelt wurde.
Bezüglich deines Beitrags zu den Lyrics von „You Shook Me All Night Long" hast du gesagt, dir wäre *Working double time/On the seduction line* eingefallen und dass eine Reihe von Leuten Textzeilen besteuerten. Sie kamen von überall. Mich würde interessieren, wie das

Ich frage den ehemaligen Van-Halen-Bassisten Michael Anthony, was er von der Annahme hält, dass Bons Texte ihren Weg auf *Back In Black* gefunden haben könnten. Die nun von Brian Johnson angeführten AC/DC traten 1984 als Headliner gemeinsam mit Van Halen bei Monsters of Rock in Donington, England, auf.

„War das so? *[Lacht]* Das könnte schon sein, immerhin wirkten die Inhalte schon sehr ähnlich wie das, was Bon geschrieben hätte. Keine Ahnung." Er lächelt. „Was meinst du denn?"

Holly X sagt, dass sie zwar nie irgendwelche Lyrics gesehen hätte, Bon aber an Melodien tüftelte. „Es wird wohl mehr um den Gesang gegangen sein: [Bon] summte und sang [die Melodien]. Er war sehr

---

funktioniert hat. Warum wurde gemeinsam an diesem Song gearbeitet? Waren bestimmte Wörter der Textzeile, die du beigetragen hast, schon vorhanden? Wurdest du eventuell gebeten, eine komplette Zeile um „seduction line" oder „double time" herumzuschreiben? „Der Kontext ist hier sehr wichtig. Wir nahmen den Gesang in den Compass Point Studios auf und Brian musste die Lyrics für die Songs abschließen. Es ist nicht ungewöhnlich, dass während einer Gesangssession über die Songtexte diskutiert wird und sich jeder einbringt. Der entscheidende Faktor waren interessante Wortspiele, und mir fiel eben dieses eine ein und es passte. Es war keine formelle textliche Zusammenarbeit, so funktioniert das nun mal nicht. Ich trug zum Songtext auf dieselbe Weise bei wie auch zum Sound: Sie spielten und ich dokterte herum. Ich glaube, du musst dich von der Vorstellung verabschieden, dass die Sessions sonderlich koordiniert abliefen. Vieles musste spontan geschehen und vielleicht trug das ja auch zum ‚Funken' des Albums bei."
Du hast dir *Working double time/On the seduction line* also komplett selbstständig einfallen lassen – oder spielten AC/DC schon mit den Worten „double time"?
„Ich fürchte, da kann ich mich nicht wirklich daran erinnern – das ist ja alles schon so lange her … Brian hatte sicherlich schon den Großteil der Lyrics vorbereitet und hatte sie vermutlich ziemlich schnell geschrieben – es ist ein toller Riff, eine großartige Melodie, mit der man da arbeitet. Irgendwo, in irgendeinem Tresorraum schlummern gewiss die mehrspurigen Tonbänder, und in derselben Box finden sich auch meine Unterlagen und Notizen, auch mit den Seiten für den Gesang. „Ich glaube, dass du nach etwas suchst, das nicht wirklich da ist. Bon war während der Arbeiten an diesem Album allgegenwärtig, aber das lag daran, weil er in unseren Herzen und Köpfen war – alles andere musste weitergehen, damit die Band überleben konnte."
Nur so nebenbei bemerkt: Doubletime, Hollys Pferd von 1973/74 bis 1979, wurde verkauft, da sie nicht genug Zeit hatte, sich um es zu kümmern. Ihre Hefte und Alben aus der Kindheit enthalten Zeichnungen und Skizzen von Pferden. Ich habe sie selbst gesehen. Sie war geradezu besessen von Pferden. Wie kam Doubletime zu diesem Namen? Sie arbeitete mit einem Pferdetrainer, der Pferden Namen gab, die das Wort „time" enthielten: Overtime, Halftime, Time and Again. Alles reiner Zufall? Wenn ja, dann schon ein ganz gewaltiger. Brian behauptet, *She told me to come/But I was already there* wäre sein Werk. In einem Interview mit Paul Elliott von *Classic Rock* im Jahr 2010 erzählte er: „Ich dachte, ich wäre damit zu weit gegangen. Aber es schien niemanden zu stören."

enthusiastisch in Bezug auf seine Musik. Ich erinnere mich, wie er herumsprang und die Texte vorsang und die Musik summte. Als der Song dann erschien, sagte ich: ‚Oh mein Gott, das ist der Song! Und jemand anderer singt ihn. Wie schrecklich ist das denn?‘ Und als ich dann auf der Plattenhülle nachsah, stand da, dass es der neue Sänger geschrieben hätte. Ich fragte mich nur, wie Malcolm ihm nach seinem Tod so etwas antun konnte.“

Brian hatte noch nie zuvor die USA besucht. Tatsächlich gab er 1980 sogar zu, dass er nur einmal, noch mit Geordie, *beinahe* in Amerika eingereist wäre: „Wir legten einen zwanzigminütigen Tankstopp in Alaska ein, als wir uns auf dem Rückweg von Australien nach London befanden.“ Doch seit damals lieferte er unterschiedliche Erklärungen zu jener denkwürdigen Erwähnung „amerikanischer Oberschenkel“.

So im Jahr 2000: „Fahr nur mal nach Texas. Da gibt es schon ein paar lange Beine in diesem Land. Gott schütze die Vereinigten Staaten.“

Oder 2001: „Wir waren auf den Bahamas, da sieht man schon ein paar amerikanische Girls. Die waren wunderschön. Sie waren blond, gebräunt, großgewachsen … Also ließ ich eben meine Fantasie spielen. Was würde ich tun, falls ich könnte? Aber Bon hat natürlich nie etwas anbrennen lassen.“

Dann 2003: „Ich hatte [amerikanische Frauen] im Fernsehen gesehen. Und ich hatte immer schon mal eine ficken wollen! Sie sahen einfach hinreißend aus. Bei denen zeigte alles nach Norden.“

Und 2014: „Es musste alles ganz schnell passieren. Und so kam es dann auch in jener Nacht. Ich nehme an, ich versuchte, jemanden zu beeindrucken … Es war einfach etwas, dass mir damals in den Kopf kam. Ich glaube immer noch, dass es einer der besten Rock-’n’-Roll-Riffs aller Zeiten ist, die ich jemals gehört habe. Daher war es gar nicht so schwer … Die Jungs hatten schon einen Titel. Malcolm und Angus sagten: ‚Hey, hör mal, wir haben da diesen Song. Er heißt „You Shook Me All Night Long“. So soll der Song heißen.‘ Und wenn du dir die Akkorde anhörst – das ging so *[singt]*, du weißt schon, *you shook me all night long* –, das fügte sich einfach zusammen, also kann ich darauf keinen Anspruch erheben. Der Rest war nur die Draufgabe – die Strophen und so. Und alles funktionierte blendend."[90]

Barry Bergman, AC/DC und der Familie Young stets treu ergeben und immer noch in Kontakt mit der Band, ist sich nicht sicher, ob Bon bei den Songtexten auf *Back In Black* seine Hände im Spiel hatte.

„Ich weiß nicht", sagt er. Es folgt eine lange Pause. „Vielleicht war das ja so … vielleicht."

Als du mit der Band in den späten Siebzigerjahren in Nordamerika auf Tour warst, sahst du Bon da in sein Notizheft schreiben?

„Ich habe eigentlich keinen dieser Typen dabei beobachtet, wie sie irgendetwas in irgendwelche Hefte notierten – und ich sag dir auch, wieso: Ich glaube, dass das alles direkt im Studio geschrieben wurde, ganz ehrlich. Ich weiß das nicht hundertprozentig, aber ich denke mal, dass all diese Songs vor Ort entstanden."

Viel Zeit stand ihnen dort ja nicht gerade zur Verfügung.

„Sie waren sehr produktiv. Immens talentiert. Naturtalente. Sie erinnern mich ja an die Rolling Stones, wo zwar gestritten wurde, aber sie gleichzeitig auch die besten Freunde waren. Mich überraschte nichts [an *Back In Black*]. Die magischen Songs waren alle da. ‚You Shook Me All Night Long' war magisch. Und ich war ohnehin nie der Meinung, dass die Band nach dem Tod von Bon Scott vor dem Ende stünde. Es war Schicksal, dass sie auf Brian stießen. Wenn ich mich recht erinnere, wurden sie in einem Brief von einem Fan auf ihn aufmerksam gemacht … Die Jungs von der Band lasen nämlich ihre Fanpost."

Natürlich taten sie das. Aber lasen sie auch Bons Notizhefte?

---

90 Brian wurde auch der Titel „Back In Black" von den beiden Young-Brüdern vorgeschrieben, wie er bei einem Interview 2010 mit Leona Graham vom Londoner Radiosender Absolute Radio einräumte: „Sie spielten mir eine Reihe von Riffs vor, die sie bereits für *Back In Black* komponiert hatten … Sie sagten, dass ich zusehen sollte, ob ich dazu singen könnte. Eines [dieser Riffs] war „Back In Black" – alles, was sie hatten, war der Titel. Das war alles, was ich dazu sang. Das ging dann so [imitiert das Riff] und ich sang ‚Back in blaaack, back in blaaack.'"

40

Live Wire

Das Problem an Barry Bergmans Theorie bezüglich des Schreibprozesses von *Back In Black* besteht darin, dass Angus Young, dessen loses Mundwerk die Band regelmäßig in Schwierigkeiten brachte, in einem Interview mit Allan Handelman 1983 zugab, dass bei AC/DC das Songwriting ein wenig anders ablief.

„Wir waren [1979] in Miami. Nun, eigentlich ging es schon in Australien los ... [Bon] kam für gewöhnlich mit Gedichten und solchen Sachen [ins Studio]. Malcolm und ich feilten gerade an dem Riff für einen Song und er meinte, er hätte da etwas, das ganz gut dazu passen würde, etwas mit dem Titel ‚Beating Around The Bush'."

Sogar noch früher, nämlich 1975, gab Bon bezüglich AC/DCs erster australischer LP *Highway Voltage* so ziemlich dasselbe zu Protokoll: „Dieses Album ist im Eiltempo aufgenommen worden. Angus und Malcolm komponierten die Musik und ich zauberte aus meinem Gedichtbüchlein *[lacht]* etwas hervor, das zu dem passte, was sie spielten."

„Die Musik stand bereit, bevor Bon mit den Songtexten dazustieß", erzählt Pattee Bishop. „Er schrieb die Lyrics. Das war seine Rolle. Die Youngs hatten damals kein Interesse daran. Allen Songs lag eine eigene Story zugrunde. Bon fand sie witzig, weil sie alle auf wahren Begebenheiten beruhten."

Nun sollen wir glauben, dass Bon diese jahrelange Gewohnheit ablegte und noch nichts zu Papier gebracht hatte, keine Titel, rein gar nichts, als sie kurz davorstanden, die Aufnahmesessions zu *Back In Black* in Angriff zu nehmen? Woher genau stammte der Arbeitstitel der Youngs, „Shook Me All Night Long“? Als Brian zu einem Vorsingen eingeladen wurde, stand auch der Songtitel „Back In Black“ bereits fest, wie er selbst sagte: „Das war alles, was sie hatten, nur der Titel.“ Aber schon allein der Gedanke, dass Bons Texte auf *Back In Black* zum Einsatz gekommen sein könnten, ist „kompletter Schwachsinn“, zumindest wenn es nach Malcolm geht: „Der arme alte Brian muss sich nun schon zwanzig Jahre lang damit herumschlagen. Das hört einfach nicht auf.“

Wenn es denn nun tatsächlich so wäre, warum sollte Angus dann zugeben, dass Bons Lyrics sehr wohl verwendet wurden? Diese Ungereimtheiten bestehen bereits seit Jahren, doch der Großteil der Musik- und Promi-Journaille scheint sich nur dafür zu interessieren, woher Angus die Idee für sein Schuljungen-Outfit hatte, wie der Name AC/DC entstand, wie viele Platten sie verkauft hätten und wie tapfer sie nach Bons Tod auf Kurs geblieben wären. Nein, diese Ungereimtheiten sollten doch augenscheinlich sein. Stattdessen schluckt die Welt die gängige Version ihrer heldenhaften Geschichte: zwei trauernde Brüder und ein Greenhorn mit Geordie-Akzent sowie praktisch null Erfahrung, was das Schreiben von Songtexten betrifft, schaffen es allen Widrigkeiten zum Trotz, eines der meistverkauften Alben aller Zeiten zu schreiben – und das nur wenige Wochen, nachdem die Band ihrer Triebfeder beraubt worden war: Ronald Belford Scott.

Malcolm zufolge sagte Chick Scott zu ihnen auf dem Begräbnis: „Ihr müsst jemand anderen finden. Was auch immer ihr tut, hört bloß nicht auf.“

„Ich weiß, dass [Bon] das gut findet, was die neue Besetzung versucht zu machen“, sagte Brian. „Er hätte sich gewünscht, dass wir auf dem Geist, den er hinterlassen hat, weiter aufbauen.“

Schließt dieser Geist auch mit ein, seiner Familie gewisse Dinge nicht zurückzugeben? Es steht mittlerweile fest und kann nicht geleugnet werden, dass Bon vor seinem Tod noch an Songtexten arbeitete. So schrieb Clinton Walker 2006 in einem Artikel für den australischen *Rolling Stone*: „Scotts Mutter Isa sagte mir, dass der Frontmann bereits etliche Texte für das Album verfasst hatte."

Wenn man Bons lieber verstorbener Mutter nicht mehr glauben kann, wem dann? Bon reiste übrigens nicht nur mit Notizheften, sondern auch mit einem Kassettenrekorder. Während der *Highway To Hell*-Tour verlor er ihn aber, wie Angus behauptete.

„Eines Nachts ließ sich Bon volllaufen. Drei Monate später nüchterte er aus und das Ding war weg … Seine Methode, Songs zu schreiben, besteht darin, im berauschten Zustand Ideen in das Mikro zu singen. Dann spielt er es seiner Mutter vor. Wenn sie sagt, dass etwas ‚nicht nett' ist, bewahrt er es auf."

* * *

Im Rahmen eines Interviews, das *Sounds* nur Wochen nach Bons Tod mit Angus führte, als die Band noch neue Sänger ausprobierte, machte der britische Journalist David Lewis klar, dass keinerlei Material von Bon auf *Back In Black* landen würde.

„Obwohl Bon noch ein paar Lyrics hinterlassen hat und es auch ein paar Tracks gibt, die für nicht gut genug befunden wurden, wird nichts davon für das nächste Album der Band verwendet werden", schrieb er. „In Angus' Augen wäre das nichts als berechnende Leichenfledderei – und damit will er nichts zu tun haben."

„Ein Menge Leute", so Angus, „kratzen gerne auch noch den letzten Rest vom Boden eines Fasses. Sie reißen sich noch schnell so viel wie möglich unter den Nagel, wenn jemand stirbt. Wir wollen das nicht tun. Das wäre, als würden wir uns an seinem Tod bereichern. Wenn wir im Studio noch irgendetwas mit ihm aufgenommen hätten, hätten wir möglicherweise darauf zurückgegriffen. Aber es ist wahrscheinlich auch für ihn das Beste, dass wir das nicht tun. Es gibt noch ein paar Sachen mit ihm, Songs von anderen Alben. Aber es wäre nicht das Richtige, sie zu verwenden, weil wir sie damals abgelehnt haben und wir nun einfach nur nach Resten fischen würden. Das wäre vermutlich das Schlimmste, was wir tun könnten."

Fischten AC/DC nach Resten? Diese Frage will einfach nicht verstummen.

„Wir könnten dazu nicht wirklich etwas sagen, weil das eine Sache zwischen den Youngs und den Scotts ist, zwischen AC/DC und uns", sagte Graeme Scott zu Clinton Walker, als dieser ihn nach Tantiemenzahlungen für AC/DCs Backlist fragte. Warum sollte Bons jüngerer Bruder sich so geheimniskrämerisch geben, wenn Scotts Erben einfach jene Tantiemen bezahlt würden, die ihnen ohnehin zustünden, nämlich für jene Songs, die Bon Scott zwischen den Alben *High Voltage* und *Highway To Hell* zur Band beisteuerte? Das ergibt keinen Sinn. Doch sollten die Erben tatsächlich für die Songtexte zu *Back In Black* entschädigt werden, dann wäre Verschwiegenheit selbstverständlich oberstes Gebot. Das wäre eine schlagzeilenträchtige Sensation. Rund um diese Angelegenheit herrscht jedoch nichts als Schweigen.

„Als Familie waren wir alle total überrascht, als wir erfuhren, wie viel Geld seine Songs abwarfen", gestand Graeme in einem anderen Interview. Kurioserweise erhielt er 1984 einen Brief seines verstorbenen Bruders Bon, in dem ihm dieser mitteilte, dass er an Texten für *Back In Black* schrieb. Die Post hatte über drei Jahre dafür gebraucht, das Schreiben zuzustellen.

Derek sagte: „Bon meinte, wenn es mit dem nächsten Album nicht klappen würde, wollte er sich aus dem Geschäft zurückziehen. Er sagte: ‚Ich bin dreiunddreißig. Womit soll ich bloß meinen Lebensunterhalt verdienen?' Er war um so vieles älter als die anderen bei AC/DC. Und damals, wenn du erst einmal dreißig und in einer Band warst, war es vorbei. Der Zug war abgefahren. [Bon] hatte nie mehr als hundert Mäuse in der Tasche. Das war ihr Taschengeld. Zu mir sagte er, dass er die ganze Zeit gearbeitet hätte und jetzt nur hundert Kröten in der Woche verdiente."[91]

* * *

Innerhalb eines Jahrzehnts nach der Veröffentlichung von *Back In Black* sollte Brian von seiner Aufgabe, Texte zu AC/DCs Songs beizusteuern, vollständig entbunden werden. 27 Jahre lang, von 1989 bis 2016, als er Abschied von der Band nahm, wurde er kein einziges Mal mehr als Songwriter erwähnt – eine seltsame Art und Weise für die Youngs, einen Mann zu behandeln, der maßgeblich daran beteiligt gewesen sein soll, eines der am meisten verkauften Alben aller Zeiten zu schreiben.

„Ich weiß gar nicht, ob das jemals begründet wurde", sagt Phil Carson. „Die Youngs hatten das Sagen in der Band und ihnen war klar, dass sie mehr Geld scheffeln würden, wenn sie die [Songwriting-Tantiemen] nicht mit Brian teilen müssten – so funktionierte das. Ich habe das immer als Fehler empfunden, weil Brians Beiträge über eine Schärfe verfügten, die wirklich gut zur Band passte. Malcolm und Angus schrieben nie bessere Songs, als das Malcolm, Angus und Brian getan hätten."

Seinerseits ist Brian, der inzwischen zum dutzendfachen Millionär avanciert ist – sein Vermögen wurde 2016 von der *Sunday Times* auf

---

91 Das Thema eines seiner besten Songs, „Down Payment Blues" vom Album *Powerage* (1978), griff er bereits früher in einem Song auf, der jedoch nie veröffentlicht wurde und den Titel „Rock 'N' Roll Blues" trug. Die Nummer entstand während der Sessions zu *Dirty Deeds* im Jahr 1976. Die von Hand geschriebenen Lyrics wurden 2013 zusammen mit weiteren titellosen, rudimentären Ideen versteigert. Die Entwürfe erinnerten ein wenig an „Kicked In The Teeth" von *Powerage* (*Two face women why'd you put me down*), „Shot Down In Flames" von *Highway To Hell* (*Well I headed on down/To an all night bar/Where the ladies are*) sowie „What Do You Do For Money Honey" von *Back In Black* (*Before they let you drink/They wanna see your money first*). „Damen der Nacht" kamen reichlich in Bons Songs vor. Die beiden Auktionsstücke brachten jeweils 4.480 US-Dollar ein.

über 80 Millionen US-Dollar geschätzt – auch heute noch stolz auf „You Shook Me All Night Long“: „Meiner Meinung nach dürfte das einer der besten Rocksongs sein, die jemals geschrieben wurden – wenn ich das selbst behaupten darf.“

41

Let There Be Rock

Als Bon zum letzten Mal Amerika verließ, waren *Zehn – Die Traumfrau* sowie *Apocalypse Now* gerade Kassenschlager im Kino, *M*A*S*H*, *Dallas* und *Mork vom Ork* erzielten im Fernsehen die höchsten Quoten und Herb Alperts Instrumental-Scheibe *Rise* stand an der Spitze der Albumcharts.

Bons freche Bemerkung bezüglich Barry Manilow auf *Highway To Hell* hatte sich nicht wirklich bewahrheitet: Manilow wurde immer noch gespielt, mittlerweile mit seiner schmachtenden Ballade „Ships". Aber AC/DC hatten eine Hit-LP und *Highway To Hell* mauserte sich weltweit zum ersten Millionenseller der Band. Am 18. März 1980 erreichte das Album Platin in den USA – fast exakt einen Monat nach Bons Tod.

Albert Productions hatten in der Fachpresse der amerikanischen Musikbranche drei Tage zuvor noch eine Anzeige geschaltet, bei der komplett auf eine Erwähnung Bons verzichtet wurde: „Schwung, Entschlossenheit, Charakter, Energie, Kraft, Konsequenz – letztendlich zahlt sich das alles aus." Im Oktober desselben Jahres wurde *Highway To Hell* zu einer der besten 300 LPs der vergangenen fünf Jahre gekürt – damit standen AC/DC in einer Reihe mit anderen Atlantic-Acts wie ABBA, Chic, Sister Sledge, Crosby Stills & Nash, Genesis, Roberta Flack, Firefall und Foreigner.

Roy Allen erfuhr vom Tod seines Freundes im Radio. Er lebte zu dieser Zeit gerade bei seiner Tanta Wanda in Vancouver im US-

Bundesstaat Washington, wohin er von seinem besorgten Vater Roy Leonard Allen Sr. geschickt worden war, um sein Leben in Ordnung zu bringen. Allerdings verlief dieses Vorhaben nicht nach Plan. So wurde Roy wegen des Diebstahls einer Flasche Augentropfen verhaftet. Der Richter stellte ihn vor die ultimative Wahl: entweder 30 Tage Knast oder 30 Tage Entzugsklinik. Er entschied sich für Letzteres.

„AC/DC sollten bald schon in Portland spielen und ich hatte vor, Bon dort zu treffen. Ich werde es immer bereuen, dass ich nicht in der Lage war, Bon ein besserer Freund zu sein, als er einen gebraucht hätte. Ich wünschte, ich hätte besser hingehört. Ich habe Frieden mit all dem gemacht, aber manchmal belastet es mich doch noch. Ein Therapeut erinnerte mich einmal daran, dass ich damals ein schwerer Alkoholiker war und mir nicht selbst helfen konnte – geschweige denn anderen. Das half mir aber auch nicht viel."

Fast wurde er das dritte Mitglied der Familie Allen, das sich das Leben nahm.

„Ich landete einen Monat oder so [nach Bons Tod] in Behandlung und hörte ein paar Monate [mit dem Trinken] auf. Innerhalb eines Jahres trank ich dann rund um die Uhr. Was für ein schrecklicher Zustand. Ich fühlte mich so hoffnungslos. Das Einzige, was im Leben zählte, war Alkohol. Ich kaufte mir eine Pistole, 50 Tabletten 2-Milligramm-Valium und eine Flasche Whisky. Ich merkte, dass ich nicht in der Lage war, mich zu erschießen, also schluckte ich im Verlauf von ein paar Stunden sämtliche Pillen und trank den Whisky – aber am nächsten Morgen erwachte ich wieder. Ich landete erneut in Behandlung und hörte für fünf Jahre mit dem Trinken auf. Mein Dad starb nach einem langen Kampf gegen den Krebs. In derselben Woche wurde meine Ehe geschieden. Es dauerte noch eine Weile, aber im Jahr darauf fing ich wieder zu trinken an. Nach kurzer Zeit fühlte ich mich bereits wieder richtig krank. Also begab ich mich im März '87 noch einmal in Behandlung und habe seither nicht mehr getrunken.

So ziemlich jedes Mal, wenn ich über Bon sprach, wollten mir die Leute offensichtlich nicht glauben – oder es war ihnen egal. Also hörte ich irgendwann auf, ihn zu erwähnen. Ich behaupte nicht, dass Bon und ich die allerbesten Freunde waren, aber ich würde uns schon als gute Freunde bezeichnen, und auf einer gewissen Ebene hatten wir einen echt ausgezeichneten Draht zueinander. Ich wünschte, wir hätten in unserem Leben noch mehr gemeinsame Zeit verbringen können – egal, wie kurz sie letztendlich gewesen wäre."

Roy vertraut mir an, dass er vor Jahren begann, einen Brief an Malcolm Young zu schreiben, ihn aber nie beendete. Auf einem alten PC in seiner Garage findet er eine Kopie davon. Er ist sich nicht sicher, wie er ihn weiter aufbewahren soll – der alte Computer verfügt noch über ein Diskettenlaufwerk. So schickt er mir ein paar Fotos des Word-Dokuments, wie es auf dem Bildschirm zu sehen war. In diesem Brief schreibt Roy, dass Bon sich eine „Auszeit" von AC/DC nehmen, aber nicht aus der Band aussteigen wollte. Er entschied sich für diese Formulierung, weil er nicht wusste, „ob ich Malcolm das erzählen wollte. Ich hatte nicht vor, ihn aufzuregen, seine Gefühle zu verletzen oder sonst irgendetwas."

Roy schrieb den Brief nach der Ausstrahlung von *Behind the Music: AC/DC* im Jahr 2000, weil er wusste, dass auch Malcolm einen Entzug hinter sich hatte.

„Es war mir wichtig, ihn wissen zu lassen, dass Bon einen Punkt erreicht hatte, an dem er sich an andere wandte, und ich mir sicher war, dass er erfolgreich den Alkohol hinter sich hätte lassen können, wenn er nur die Gelegenheit dazu bekommen hätte. Außerdem wollte ich, dass er über den Rest des letzten Anrufs von Bon Bescheid wüsste."

Die Band fand in der VH1-Produktion auch lobende Worte für Bon, was ihn beeindruckte: „Sie priesen Bon während der ganzen Sendung. Mit Recht."

Roys Brief wurde ein wenig formal bearbeitet, um etwas mehr Klarheit zu schaffen, jedoch wurden keine Wörter ersetzt. Er wurde nie an Malcolm abgeschickt, weil Roy nicht wusste, an welche Adresse er ihn senden sollte. Als er geschrieben wurde, war es bereits zu spät,

Bon zu retten – und mittlerweile ist es schon zu spät, um damit zu Malcolm, der unter Demenz leidet, durchzudringen. Ich wünschte, ich hätte ihm den Brief 2014 in Sydney, als er an mir vorüberging, geben können. Doch damals wusste ich noch nicht von seiner Existenz. Allerdings verdient er es, endlich gelesen zu werden.

Hi Malcolm,

es ist Roy Allen, der Dir hier schreibt. Vielleicht erinnerst Du Dich ja noch an mich – vielleicht aber auch nicht. Ich war während der späten Siebziger mit Bon befreundet. Wir haben uns zum ersten Mal 1977 in Austin, Texas, getroffen. Ich hing mit Euch ab, wann immer die Band in diesen Jahren in Texas oder in der Nähe Station machte.

Der Grund, warum ich Dir schreibe, ist, dass ich Dir von einem Anruf berichten möchte, den ich von Bon nicht lange vor seinem Tod erhielt. Ich weiß, das ist schon sehr lange her, aber ich habe immer das Bedürfnis verspürt, einen von Euch wissen zu lassen, was er an jenem Tag zu mir sagte. In Texas war es früher Morgen und ich war bereits zugedröhnt, als das Telefon klingelte. Zu meiner Überraschung war es Bon und ich war total begeistert. Er meldete sich von irgendwo in Europa und er klang nicht sonderlich gut, allerdings realisierte ich das zunächst nicht. Er erzählte mir, dass er es einfach nicht länger aushielte. Es würde ihn umbringen und er brauchte eine Auszeit vom Alkohol, dem Touren und seinem hektischen Lebensstil. Er sagte, dass es ihm einfach zu viel würde, und er fragte, ob er nach Texas, wo ich wohnte, kommen könnte, um dort das Trinken aufzugeben. Er schlug sogar vor, dass wir das zusammen versuchen könnten. Rückblickend klang seine Stimme so, als würde er um Hilfe bitten.

Da ist etwas, das ich immer bereut habe. Er sagte nicht direkt „das Trinken aufgeben“ – er verwendete einen Ausdruck, an den ich mich nicht erinnern kann, der in Richtung „trocken werden“ oder „sich trocken legen“ ging. Wie Du weißt, sprachen wir zwar beide Englisch, aber es gab trotzdem eine Sprachbarriere zwischen uns – in Bezug auf Ausdrücke und Slang. Daher wurde mir das mit dem Trinken aufhören erst richtig bewusst, als wir bereits aufgelegt hatten. Angesichts der Vorstellung, dass er mich besuchen würde, und all des Spaßes, der auf uns wartete, geriet ich wohl zu sehr aus dem Häuschen, weshalb ich nur davon sprach. Er sagte immer wieder „nein“. Er hatte das satt und suchte nach einem Ort, wo er mit alldem aufhören konnte. Nachdem wir aufgelegt hatten, begriff ich schlagartig, was er mir versucht hatte zu sagen. Ich versuchte, ihn zurückzurufen, indem ich Eure Plattenfirma anrief, um herauszufinden, wo die Band untergebracht war, aber ich hatte kein Glück. Es war das letzte Mal, dass ich mit Bon oder überhaupt irgendeinem von Euch gesprochen habe. Bald nach dem Anruf erhielt ich noch eine Snoopy-Weihnachtskarte von ihm. Auf der Karte saß Snoopy auf seiner Hundehütte, die Beschriftung darauf war Französisch und Bon hatte unterschrieben. Ich fuhr gerade auf einer Straße in Portland, Oregon, als ich die Nachricht von Bons Tod im Radio hörte. AC/DC hätten irgendwann Anfang 1980 in Portland auftreten sollen, glaube ich, und ich hatte mich schon sehr darauf gefreut, Euch alle wiederzusehen. Nicht ganz drei Monate nach Bons Tod wurde ich wegen Trunkenheit und meines dummen Benehmens festgenommen und zu einem 30-tägigen Alkoholentzug verdonnert. Ich war 24 Jahre alt. Es dauerte ein paar Jahre, bis ich an den Punkt gelangte, wo Bon sich befunden hatte, und ich schlussendlich trocken blieb. Ich habe seit 1987 keinen Drink mehr zu mir genommen. Irgendwie half mir der Gedanke, eine Chance erhalten zu haben, die Bon leider nicht bekam.

Eines der Dinge, an die ich mich in Bezug auf Bon erinnern kann, war, dass er einer der wenigen Leute war, die wie ich tranken. Er bat um einen Doppelten und ich brachte Dreifache, worauf er mir dieses spezielle Grinsen schenkte.

Alkoholentwöhnung war 1980 eine neue Sache und ich habe mir immer gewünscht, es wäre schon besser bekannt gewesen, da ich glaube, dass Bon wie manche von uns Alkoholikern an diesem Punkt angelangt war, wo man einfach genug hat. Hätte er die Möglichkeit gehabt, so glaube ich in meinem Herzen, hätte Bon mithilfe des Programms erfolgreich mit dem Trinken aufgehört und wäre heute noch bei uns. Es tut mir leid, dass ich ihm kein besserer Freund sein konnte oder ihn besser kennenlernen durfte. Bon zu kennen, hat mein Leben auf positive Weise beeinflusst. Bon war ein Mann mit einer Gabe und einem sanften Geist – und ich wünschte, er würde immer noch unter uns weilen.

Bon sagte einmal zu mir: „Eines musst du uns schon lassen, Roy, wir wissen, wie man richtig rockt." Und natürlich tut Ihr das.

Ich hoffe, dieser Brief findet seinen Weg zu Dir und es geht Dir gut und Du bist gesund.

Ganz herzliche Grüße

Roy Allen

* * *

Bon veränderte Roys Leben zum Besseren, so wie er auch das Leben Millionen anderer Menschen auf der Welt verändert hat.

„Ich nutzte Bons Tod als eine Art Ansporn, als ich mich sehr bemühen musste, nicht zu trinken. Es war, als würde ich für uns beide aufhören, obwohl er nicht mehr da war. Irgendwie habe ich mich auch bis zu einem gewissen Grad schuldig gefühlt, da es durchaus möglich wäre, dass für mich nicht alles so gekommen wäre, wenn er nicht gestorben wäre. Das habe ich sehr lange mit mir herumgeschleppt. Bons Geschichte ist eine von Jugendlichkeit, Leben und Abenteuer. Er war kein introvertierter Sonderling. Kein Heroin-Junkie oder Teufelsanbeter. Er war nicht depressiv. Er trug keine inneren Konflikte mit sich aus. Auf persönlicher Ebene war er nicht kompliziert. Er war besonders. Er war liebenswürdig. Er liebte seinen Job, bis er zu krank wurde. Seine Geschichte ist in vielerlei Hinsicht einzigartig. Ich sah in ihm einen gewöhnlichen australischen Typen, der stolz auf seine schottische Abstammung war. Er steckte voller Leben und steckte alle um ihn herum mit seinem Enthusiasmus an. Er war herausragend talentiert und konnte ein Publikum wie kaum ein anderer in seinen Bann ziehen. Er war ein Mensch, der dann am glücklichsten war, wenn er andere glücklich machen konnte. Auch war er ein Alkoholiker, der gerne einen draufmachte und das Leben in vollen Zügen genoss – oder zumindest so, wie wir uns das vorstellten: Schließlich war er ein Alkoholiker, der nie die Chance auf einen Entzug erhielt. Seine Trinkerei lief im letzten Jahr oder so aus dem Ruder. Somit ist das ein kleiner, aber wichtiger Teil seiner Geschichte. Was er alles vollbrachte, obwohl er eigentlich so krank war, ist ein Vermächtnis für sich. In vielerlei Hinsicht ist er der Inbegriff des Siebzigerjahre-Lifestyles."

Doch anders als Roy, anders als Mick Jones, Holly X oder auch Malcolm Young blieb Bon die Chance, sich den Anonymen Alkoholikern anzuschließen, verwehrt. Zwischen 1977 und 1980 durchliefen AC/DC eine kritische Phase, in der sie für niemanden eine Pause eingelegt hätten. Dass Bon es sogar in Erwägung zog, alles, wofür er so hart geschuftet hatte, hinzuschmeißen, genau als die Band Reichtum und Ruhm bereits vor Augen hatte, unterstreicht, wie sehr dieser Mann mit seinen Dämonen zu kämpfen hatte. Es ist auch Zeichen seiner persönlichen Integrität, dass er bereit gewesen wäre, all dies hinter sich zu lassen und zwar zugunsten jener einen Sache, die wirklich zählte, nämlich seiner Gesundheit. Die größte Tragödie ist nicht, dass *Back In Black* so groß wurde, nachdem Bon tot war, sondern dass er nicht die Hilfe bekam, die er so dringend nötig gehabt hätte.

Doch Bon besucht Roy immer noch, auf seine eigene Weise.

„Nicht einmal ein Jahr, nachdem ich zum zweiten Mal mit dem Trinken aufgehört hatte, hatte ich einen lebhaften Traum – und zwar jene Art Traum, aus der man nach dem Aufwachen nur ganz allmählich wieder in die Wirklichkeit zurückfindet: Bon und ich glitten auf Surfbrettern durch das Weltall. Wir flogen Seite an Seite durch das Sonnensystem, vorbei an Jupiter und durch die Ringe des Saturns. Wir grinsten, lachten und amüsierten uns. Wenn ich an Bon denke, ist das die Art, wie ich mich an ihn erinnern möchte.“

Ausklang

Ride On

Back In Black wurde am 25. Juli 1980 weltweit veröffentlicht. In weniger als drei Monaten verkauften sich davon eine Million Exemplare allein in den USA. 1982 waren AC/DC laut einer Jugendumfrage des Meinungsforschungsinstituts Gallup die landesweit beliebteste Band vor Styx und den Rolling Stones.

In einem Interview mit *Circus* wurde Brian Johnson gefragt, ob nicht Bon Scotts Tod AC/DC letztendlich auf eine perverse Art und Weise sogar geholfen hätte.

„Das ist schwer zu beantworten", versuchte er es trotzdem. „Aber ja, angesichts all der Vorab-Publicity und dem Umstand, dass wir ein neues Album herausbrachten, *Back In Black*, sowie der Tatsache, dass wir in diesem Jahr noch auf Tour gingen, half uns das sehr."

Im Rahmen der zwei knapp aufeinanderfolgenden Touren anlässlich der beiden Alben *Back In Black* and *For Those About To Rock We Salute You* trat die Band zum ersten Mal in Japan auf – ein Land, das Bon niemals besuchen durfte. Doch Nordamerika genoss stets oberste Priorität bei den so emsigen Gebrüdern Young. Keith Dunstan vom *Sydney Morning Herald*, der im Februar 1982 ihren Auftritt in Los Angeles miterlebt hatte, war ganz ergriffen von AC/DCs Triumph: „Ich sah amerikanische Kids, die völlig außer sich waren wegen einer – gepriesen sei der Herr – australischen Band ... Ich glaube, dass die Kids dabei nie an den früheren Leadsänger Bon Scott dachten, doch ihre Eltern tun dies."

Back In Black sollte in den USA schlussendlich sogar 22-faches Platin einheimsen. Öfter verkauften sich nur Michael Jacksons *Thriller*, *Eagles: Their Greates Hits, 1971–1975*, Billy Joels *Greatest Hits, Volumes I & II*, Pink Floyds *The Wall* sowie *Led Zeppelin IV*.[92] Weltweit betrachtet liegt es in der Rangliste der meistverkauften Alben mit einer zertifizierten Verkaufszahl von 25 Millionen – inoffiziell sind es sogar doppelt so viele – Tonträgern an zweiter Stelle.

Die erste Single, „You Shook Me All Night Long", erreichte am 25. Oktober 1982 Platz #35 in den US-Charts und hielt sich drei Wochen lang in den amerikanischen Top 40. 1985 wurde der Song noch einmal als „Limited Edition Gatefold Sleeve Package" veröffentlicht. Auf der B-Seite befand sich eine von Bon gesungene Live-Version von „She's Got Balls". 2003, als AC/DC in die Rock and Roll Hall of Fame in Cleveland aufgenommen wurden, sprach Aerosmith-Sänger Steven Tyler vom „Urgestank" dieses Songs, der „ein Feuer im Bauch eines jeden Jugendlichen entfachte, der geboren worden war, um die Regeln zu brechen". 2016 lief die Nummer in derselben Stadt bei der Republican National Convention, als Donald Trump zum Kandidaten der Republikaner für das Amt des Präsidenten der Vereinigten Staaten gekürt wurde. Er sollte nicht nur in Ohio siegreich bleiben, sondern auch die landesweite Wahl, die später im selben Jahr stattfand, für sich entscheiden.

AC/DC im FM-Radio oder über die Lautsprecheranlagen in Footballstadien zu hören, gehört heute so sehr zum Alltag im amerikanischen Kernland wie Applebee's, Walmart oder die National Rifle Association: welche Ironie für eine Band, die zu Beginn ihres nordamerikanischen Abenteuers mit Bon im Jahr 1977 von Kritikern in der Luft zerrissen und von Programmdirektoren allerhöchstens ignoriert wurde. In den Linernotes der CD-Neuveröffentlichung von *Back In Black* aus dem Jahr 2003 brachte es David Fricke auf den Punkt,

92 Die offiziell den Songwritern Young/Young/Scott zugeschriebenen Alben verkauften sich zwischen 1976 und 1997 insgesamt ebenso oft.

warum das Album im Landesinneren so großen Anklang fand: „Die Geschichte dieses Albums beginnt mit dem Ende eines Lebens … *Back In Black* ist eigentlich eine stille Hommage an Bon Scott, mit ganz in Schwarz gehaltenem Cover und erhabenen, an Grabinschriften erinnernden Lettern. Man findet keine Widmung, keine Erwähnung seines Namens. Aber die Entschlossenheit der Youngs, zu rocken, egal, was kommen mochte, war die ultimative Verbeugung."

Das Geld strömte nur so auf die Konten der Youngs.

„Wenn man es von der finanziellen Seite her betrachtet … Wir verdienten nicht wirklich Geld, bis wir *Back In Black* veröffentlichten", sagte Angus Young. „Vorher schrieben wir immer nur rote Zahlen … Es kostete nämlich viel Geld, die Band fortlaufend auf Tour zu schicken."

Doch Bon, AC/DCs charismatischer Frontmann, jener Mensch, der den Youngs alles ermöglicht hatte, war nun tot. Hatte die Band ihm ausreichend geholfen? Ich glaube nicht. Bis zu einem gewissen Grad ließen ihn die Band, ihr Management und ihre Plattenfirma im Stich. Vince Lovegrove vertrat einen ähnlichen Standpunkt.

„Jene von uns in Australien, die Bon gut kannten, jene von uns, die ihn bereits seit den Sechzigern kannten, konnten nicht begreifen, wie es möglich war, dass er so kurz vor dem internationalen Durchbruch alleine in einem Auto draufging, das an einer einsamen Londoner Straße parkte, mitten im Winter, ohne Freund weit und breit."

Sicherlich trug AC/DC – jene unbeugsam ambitionierte Band der Gebrüder Young – letzten Endes auch zu Bons Tod bei. Aber niemand außer Bon selbst ist verantwortlich dafür, dass er diese Möglichkeit, die sich ihm bot, wegwarf. Bon war seines Glückes Schmied. Er entschied sich, Heroin zu konsumieren. Es war seine Entscheidung, harte Drogen und Alkohol zu kombinieren. Er selbst beschloss, der Rolle, in der ihn seine Fans und Bandkollegen erwarteten, gerecht zu werden, obwohl er tief drinnen ein ganz anderer Mensch war, der sich nach einem neuen Leben – mit Ehefrau, Kindern, einem Zuhause – sehnte, aber nicht wusste, wie er sein gegenwärtiges Leben hinter sich lassen sollte. Es sollte ihm nie gelingen, den Youngs, AC/DC, den Drogen oder der Flasche den Rücken zu kehren. Jeder will geliebt werden. Jeder wünscht sich, für seine Arbeit respektiert zu werden. Jeder möchte die beste Version seiner selbst werden. Am Ende hatte Bon eigentlich keines dieser Ziele erreicht. Auch wenn Berühmtheit und Reichtum vor der Tür standen, hätten sie Bon nie wirklich glücklich gemacht, wenn er doch innerlich so zerrissen war.

So wie Lynn Lankford, der gegen Roy Allen auf jenem düsteren, desolaten Streckenabschnitt der Route 79 um die Wette fuhr, ließ sich Bon an jenem Morgen in London auf ein Risiko ein, weil das seine Art war, sein Leben zu leben: ganz im Augenblick. Dies war seine „zerstörerische Seite", wie Silver es nannte, seine Neigung, komplett unvorhersehbar und gleichgültig gegenüber möglichen Konsequenzen für sich selbst und andere zu handeln. Nur sollte er dieses Mal kein Glück haben.

Beide Männer – Lynn und Bon – bezahlten mit dem Leben. Der eine erstickte an seinem Blut, der andere an seinem Erbrochenen. Bon traf eine schlechte Entscheidung, eine, die ihm keine Rückkehr offenließ – aber er begab sich aus freien Stücken auf diesen seinen letzten Highway.

Ganz egal, wie es in ihm aussah, als er starb, ob er träumte oder anderswo war: Man kann nur hoffen, dass er endlich mit sich selbst im Reinen war.

***

Im November 2015 begab ich mich in ein zu Dreivierteln gefülltes Fußballstation in Sydney, um die *Rock Or Bust*-Megashow zu sehen, die sich schlussendlich als zweistündiges Angus-Young-Gitarrensolo herausstellte. Brian Johnson plagte sich ab und verfehlte wiederholt die richtigen Töne, was er, wann immer seine Stimme ihren Dienst versagte, mit aufmunternden Ausrufen wie „C'mon!" zu kaschieren versuchte. Zuhören zu müssen, wie er „Sin City" – einen Song, der stellvertretend für Bons Können als Songwriter und sein Leben stand, ein Song, den er auf der Bühne eines kleinen Clubs in Florida Pattee Bishop widmete – mit seiner Darbietung verstümmelte, tat im Wissen um die einstmalige Größe dieser Band besonders weh.

Oft heißt es, dass AC/DC nach Bons Tod zu fruchtbareren Ufern aufbrachen, was niemand abstreiten kann. Doch mit Bon wäre vielleicht noch viel mehr möglich gewesen. Mick Jones von Foreigner glaubt, dass AC/DC in riesigem Ausmaß vom Phänomen der Markenbildung profitieren konnten. Sie und Kiss beschreibt er als die beiden „großen Logo-Bands. AC/DC besitzen ein fantastisches Logo, mit dem sich jeder blicken lassen will … Sie bezogen ihre Nische als Live-Act auf Tour, den man vor Ort bestaunen konnte – vor allem nachdem Led Zeppelin nicht mehr angesagt waren. Daraus haben AC/DC wahrscheinlich Profit schlagen können. Sie formten einen Bereich, der noch fehlte."

Doch die beste Marke von allen war selbstverständlich Bon. Mittlerweile – ohne Malcolm Young, Phil Rudd, Brian Johnson und Cliff Williams – sind AC/DC nicht mehr als *die* Angus-Show. Er verkörpert eine einzigartige musikalische Urgewalt – ein Weltstar, dem all die Lorbeeren für sein Können als Musiker und Entertainer auch zustehen. Begeisterte Fans, die sich T-Shirts zu unverschämten Preisen zulegen, wissen nicht, dass der Typ, der das Logo, das sie nun tragen werden, entworfen hat, absolut nichts damit verdient. Beim Konzert in Sydney ist offensichtlich, dass die Macht der Marke die Band in den Schatten stellt. Neben all den pyrotechnischen und audiovisuellen Effekten, Feuerwerkseinlagen, der Lichtshow, den Nebelmaschinen, Hubplattformen, Animationen, Kanonen, Glocken, der abgeschmackten Karaoke-Einblendungen bei „You Shook Me All Night Long" und einer gigantischen Rosie samt Zylinder gab es kein einziges Bild von Bon zu sehen. Zwar wurde er später beim Konzert in Perth gezeigt, als Hommage an seinen Heimatsbundesstaat [Western Australia], doch das war nicht annähernd genug. Das ist es niemals.

Angus springt am Ende jedes Songs, um zu signalisieren, dass er vorüber ist. Jedes Mal werden die Lichter heruntergefahren. Doch das geht ins Leere, da alles so künstlich wirkt. Die Gänsehaut und das Rauschgefühl bleiben aus. Es wird einem die Erinnerung an eine einst großartige Band verkauft – eine Band, die mit Sicherheit einmal die kompromissloseste Rock-'n'-Roll-Gruppe aller Zeiten war. Bon war mehr als nur der Blitz bei AC/DC. Er verkörperte den Spirit des Rock.

Mark Evans erzählte mir voller Wehmut: „Manchmal denke ich mir, Junge, es wäre toll gewesen, wenn Bon nur noch eine Platte machen hätte können."

Das ist etwas, das sich – und es muss gesagt werden – wohl alle AC/DC-Fans jener Ära irgendwann mal gedacht haben. Deshalb war es schön, es von jemandem zu hören, der tatsächlich bei AC/DC dabei war, mit Bon auf der Bühne stand und somit einer erlesenen wie privilegierten Gruppe von Menschen angehört.

„Aber dann wäre es eine andere Platte geworden", fährt Mark fort. „Wäre sie dann auch so erfolgreich gewesen? Ich weiß es nicht. Alles erreichte eine kritische Masse, und so ist es nun einmal passiert. Man kann die Dinge nicht ändern."

Das ist das Problem mit dem Tod – er stellt einen Endpunkt dar.

Epilog

Carry Me Home

Also wie starb Bon denn nun? Was passierte am Abend und in der Nacht des 18. Februar, nachdem er beschlossen hatte, sein Apartment zu verlassen, und bis zu Silver Smiths Anruf am Morgen des 20. Februar, als sie AC/DC von Bons Tod benachrichtigte?

Auf der Grundlage der Beweise, die ich für dieses Buch gesammelt habe, sowie der bereits öffentlich zugänglichen Informationen kann ich zwei Theorien zum Ableben der AC/DC-Legende am 19. Februar 1980 präsentieren. Erstere ist beinahe völlig neu. Die Zweitere ist größtenteils jene, die AC/DC-Fans weithin geläufig sein dürfte – doch mit einer Überdosis Heroin anstelle der Alkoholvergiftung.

Es sind bloß Theorien – und manche werden sie zweifellos als auf Vermutungen basierend abtun –, doch berücksichtigen sie die wichtigen Elemente jener Version, die Paul Chapman und Pete Way von UFO in den Raum gestellt haben, sowie die althergebrachte Silver Smith/Joe Fury/Alistair Kinnear-Version dessen, was sich vor und nach Bons schicksalhaftem Abstecher in die Music Machine in Camden zugetragen hat.

Es gibt zwei Handlungsstränge in Bons Geschichte, die sich nie miteinander in Einklang bringen ließen. Auch hier ist das keineswegs perfekt geglückt, doch liegen dem kritischen Leser ausreichend allgemeine Informationen vor – vorausgesetzt, er oder sie glaubt nicht an den Befund „Alkoholvergiftung“ des Coroners –, um sich selbst eine

Meinung über Bons Schicksal zu bilden. Im Interesse der Fairness: Die erste Theorie beruht auf der Grundlage, dass Chapman und Way die Wahrheit sagen und Silver und auch Joe falsch liegen. Die zweite basiert auf der Annahme, dass es sich umgekehrt verhält: Silver und Joe sagten die Wahrheit und Chapmans und Ways Berichte treffen nicht zu. Ockhams Rasiermesser kann hier nicht unbedingt zum Einsatz gebracht werden. Was Alistair betrifft, so hat dieses Buch umfassend belegt, dass er zu Lebzeiten nicht die vollständige Geschichte erzählt hat. Sein gesamter Bericht muss mit Vorsicht genossen werden.

Ich kann nicht mit Sicherheit sagen, wer richtig und wer falsch liegt. Silver weilt nicht länger unter uns, um sich zu verteidigen. Meiner nach vielen Erwägungen gebildeten Meinung nach haben alle Parteien Wahrheiten mitgeteilt, doch kann ich mir nicht vorstellen, warum Chapman sich seine ganze Geschichte aus den Fingern saugen sollte, wie Silver und Joe das behaupten. Was sollte das bringen? Way, der nicht gerade zum engeren Freundeskreis Chapmans zählt, belegt ebenfalls deren Glaubwürdigkeit. Es ist kein Grund bekannt, warum er lügen sollte.

Ebenso könnten Zyniker darauf hinweisen, dass die beiden Musiker von UFO, Chapman und Way, eventuell etwas zu verbergen haben. Aber abgesehen von Ross Halfins Behauptung, dass Peter Mensch Way beschuldigte, Bon Drogen gegeben zu haben, deutet praktisch nichts auf eine ruchlose Verschwörung rund um UFO hin. Um es noch einmal festzuhalten: In seiner Autobiografie streitet Way ab, irgendetwas mit Bons Tod zu tun gehabt zu haben. Er sagt dort, dass er Bon nach der letzten UFO-Show im Hammersmith am 7. Februar 1980 nicht mehr wiedergesehen hätte.

Silver und Joe beharrten darauf, dass sie es waren, die die Wahrheit sagten. Wenn dem so ist, würde das bedeuten, dass Chapmans gesamte Geschichte, derzufolge er die Nacht des 18. und den frühen Morgen des 19. Februar mit Joe in seiner Wohnung in Fulham verbrachte, wo sie auf Bon warteten, schlichtweg falsch ist. Laut dem Silver/Joe-Szenario müssten sich die entscheidenden Anrufe an

Chapman und Way zwischen Mitternacht und zwei Uhr morgens des 20. ereignet haben – und nicht irgendwann nach Einbruch der Morgendämmerung des 19. Februar. Zugegeben, man sollte nicht außer Acht lassen, dass der ehemals heroinabhängige Chapman bei seiner Darstellung gewisse Dinge schrecklich durcheinanderbringt und Ereignisse, die an verschiedenen Kalendertagen und in verschiedenen Wochen geschahen, zusammenfügt. Auch Way war früher heroinabhängig und neigt dazu, im Gespräch Dinge auszuschmücken, was auch ihn zu einer nicht gänzlich zuverlässigen Quelle macht. Aber waren das Silver und Alistair vor ihrem Tod? Ist Joe das etwa? Wem sollen wir glauben?

Am bedeutendsten für mich ist der Umstand, dass Chapman sagt, Bon wäre – irgendwann im Monat seines Todes – mit Heroin in Kontakt gekommen und hätte sich aktiv daran beteiligt, Heroin aufzutreiben. Allein aus diesem Grund ist Chapmans Story, wann auch immer sie sich zutrug, von Bedeutung. Wenn es außerdem wahr sein sollte, dass Mensch Way beschuldigte, Bon Drogen gegeben zu haben, was Mensch bei der Untersuchung der Todesursache komplett unerwähnt ließ, dann glaube ich, kann man Heroin als wahrscheinlichsten Faktor bei Bons Tod ins Auge fassen.

Ich widerspreche jenen Leuten – etwa Bons Exfrau Irene Thornton –, die sagen, dass es keine Rolle spielt, wie Bon ums Leben kam. Irene schrieb in ihrem Buch: „Es ist nicht wichtig für mich. Die wahre Geschichte zu kennen, würde nichts an ihrem Ende ändern." Doch als Bon am Abend des 18. Februar 1980 außer Haus ging, hatte er nicht vor, zu sterben. Ihm war am darauffolgenden Morgen nicht klar, dass er eine tödliche Überdosis erwischt hatte, als er die Augen schloss, sich zu erbrechen begann und nie wieder aufwachen würde. Unser Andenken an ihn verdient die Wahrheit. Die wahre Geschichte verdient es, erzählt zu werden – und sie verdient einen Abschluss und nicht die Fortsetzung eines wilden Mythos.

Was den Verlauf meiner Nachforschungen dramatisch beeinflusste, waren Zena Kakoullis Geständnis, sie hätte sich mit Bon und Alistair in East Dulwich aufgehalten, sowie der gut positionierte Augenzeuge in der Music Machine, der Bon „stoned" sah, laut dieser Person offenbar auf Heroin. Der Umstand, dass diese Person darauf hinweist, „zu einem so späten Zeitpunkt niemanden mehr aufregen" zu wollen (und es lieber dabei zu belassen) überzeugte mich davon, dass Heroin bei Bons Tod eine Rolle spielte – abgesehen von den ganzen anderen Indizien, die auf eine Überdosis hindeuteten.

Diese beiden äußerst wichtigen Augenzeugenberichte in Kombination mit Clive Edwards Erinnerung daran, dass Silver bei Jimmy Bain zu Hause war und Heroin schnupfte – und nicht etwa in ihrer Wohnung –, als sie telefonisch über Bons Tod informiert wurde, verändern meiner Meinung nach die Situation grundlegend. Das sind sicherlich ausreichend neue Informationen, um das, was wir über Bons Tod zu wissen glauben, auf den Kopf zu stellen.

Es ist offenkundig, dass die polizeilichen Ermittlungen und die gerichtliche Untersuchung der Todesursache absolut unzureichend, nachweislich fehlerhaft und möglicherweise sogar inkompetent geführt wurden. Die sehr reale Möglichkeit, dass Bon vielleicht schon tot war, als er in Alistairs Wagen zurückgelassen wurde, wäre ebenfalls prüfenswert. Diese Möglichkeit, so erschreckend sie auch sein mag, kann nicht ausgeschlossen werden.

Ich beurteile und verleumde keine der Personen, die ich für dieses Buch befragt habe – am wenigsten Silver und Joe. Ich glaube, dass keiner von beiden direkt etwas mit Bons Tod zu tun hatte. Es gibt keine Beweise dafür, dass sie Bon mit Heroin versorgten oder auch nur zugegen waren, als er starb. Beide machten auf mich einen freundlichen, hilfsbereiten, liebenswerten und aufrichtigen Eindruck. Sie haben ihre eigenen Versionen der Begebenheit und blieben ihnen treu. Doch bleiben sie zwangsläufig Figuren in den finalen Stunden in Bons Leben, die in ihrer Rätselhaftigkeit durchaus mit denen im Spielfilm *Fargo* mithalten können.

Ob gewisse Leute, tot oder lebendig, nicht ganz ehrlich waren oder andere immer noch geschützt werden, ist wiederum eine ganz andere

Frage. Mit der Zeit, so hoffe ich, werden neue Einzelheiten über Bons Tod ans Licht kommen. Ich präsentiere hier lediglich zwei Theorien, in denen jeweils Heroin eine Rolle spielt. Ich stütze mich dabei auf die einzigen Berichte, auf die wir in näherer Zukunft zählen können.

Ich würde mich freuen, wenn Leser mit zusätzlichen Informationen sich über die offizielle Facebook-Seite dieses Buches (facebook.com/acdcbooks) oder meine private Facebook-Seite bei mir melden würden, um diese mit mir zu teilen. Wenn jemand seine eigene Hypothese hat, so ist er ebenfalls mehr als willkommen, in Kontakt mit mir zu treten.

THEORIE EINS:
ALISTAIR VERSTECKT DIE LEICHE

Es war ein Montagabend wie jeder andere in London. Bon hätte zu Hause in seinem Apartment in Victoria bleiben und sich auf BBC-2 *Rock Goes to College* mit Spyro Gyra, die live an der Leeds University auftraten, *The Goodies* und *Des O'Connor Tonight* anschauen können – doch hatte er die Arbeit an den Songtexten für das nächste AC/DC-Album, das schließlich *Back In Black* heißen würde, abgeschlossen, weshalb er sich in Feierlaune befand.

So traf er sich stattdessen mit Paul Chapman und Joe Fury irgendwo im Stadtzentrum von London. Möglicherweise traf er auch auf Pete Way – wie Ross Halfin behauptet –, doch das ist unwahrscheinlich. Ganz egal, er war auf der Piste und mischte sich unter seine Freunde aus der Rockszene. Bon sagte, er würde losziehen, um etwas Heroin aufzutreiben, und sich später erneut mit Chapman und Joe treffen, die sich inzwischen in Chapmans Wohnung nach Fulham begaben. Bon rief Silver an, um ihr zu berichten, dass er die Lyrics fertig geschrieben hätte, und sie zu fragen, was sie so triebe. Hätte sie eventuell Lust, mit ihm auszugehen? Er rief nicht an, um Silver nach Heroin zu fragen. Ihm war bewusst, dass dies kein Thema war, das er gegenüber der Frau, die er so oft mit seinem Verhalten bitter enttäuscht hatte, ansprechen sollte.

Silver schlug ihm vor, er sollte sich doch mit Alistair treffen. Bon wusste genau, dass Alistair Heroin konsumierte, da er ihn schon lange kannte. Alistair und er vereinbarten schließlich, gemeinsam zu einem Gig von Lonesome No More in die Music Machine zu gehen, wo es Heroin und Freigetränke im Überfluss gab. Dort würden sich auch Alistairs Freunde Peter Perrett und Zena Kakoulli treffen, die beide ebenfalls dem Heroin zugeneigt waren. Also begab sich Bon nach Camden und trank seine übliche Ration Whisky. Allerdings schnupfte er auch hinter der Bühne im Beisein von Unbekannten Heroin. Alistair war auch dabei.

In den frühen Morgenstunden des 19. Februar verließen Bon, Zena und Alistair den Gig in Alistairs Wagen, um entweder andernorts weiterzufeiern, noch mehr Heroin von einem Dealer zu besorgen oder zu Chapman nach Fulham zu fahren (wie Bon ja versprochen hatte). Aber bereits nach kurzer Fahrt fing Bon an, wegzudösen. Er verlor das Bewusstsein und übergab sich. Alistair bekam es mit der Angst zu tun und tätigte seine Anrufe an Silver.

Da Silver nicht wusste, dass Bon Heroin geschnupft hatte, nahm sie verständlicherweise an, dass er zu viel getrunken hätte und deswegen bewusstlos wäre. Das hatte er bereits oft getan. Alistair – der zu diesem Zeitpunkt nicht preisgab, was er im Backstagebereich der Music Machine gesehen hatte – entspannte sich, nachdem sie ihm dies mitteilte. Vielleicht handelte es sich ja doch nur um eine Alkoholvergiftung. Doch dann hörte Bon auf zu atmen. Alistair versuchte vergeblich, ihn wiederzubeleben, wobei er Spuren an Bons Hals hinterließ. AC/DCs Leadsänger war tot und es war noch nicht einmal die Morgendämmerung über London hereingebrochen.

Inzwischen war Alistair in hellem Aufruhr, immerhin lag der mausetote Leadsänger von AC/DC in seinem winzigen Renault 5. Er wusste nicht, was er nun tun sollte. Er zögerte, Silver erneut anzurufen, vor allem mit solchen Neuigkeiten. Aber was sollte er mit dem Körper des Toten anstellen? Wenn er ihn ins Krankenhaus bringen würde, würde sofort das Heroin festgestellt werden. Zena wäre keine große Hilfe dabei, den Leichnam in Alistairs Wohnung zu schleppen.

In Fulham warteten Paul und Joe immer noch darauf, dass Bon endlich auftauchte. Schließlich reichte es Joe und er brach in Richtung von Silvers Wohnung in South Kensington auf. Als er dort eintraf, wurde er von Silver über Bons Überdosis informiert. Alistair hatte sie erneut angerufen und ihr mitgeteilt, dass Bon tot wäre.

Alistair brauchte Hilfe.

Joe tätigte daraufhin seinen frühmorgendlichen Anruf an Chapman. Dieser telefonierte mit Way. Way gab Chapman eine Nummer, unter der man AC/DC erreichen könnte. Chapman erklärte Way, dass er und Joe sich darum kümmern würden, die Nachricht von Bons Tod zu überbringen. Chapman gab die Nummer an Joe weiter.

Doch Alistair war absolut bewusst, dass er – und womöglich einer seiner bekannteren Freunde wie Zena und Peter – in ernsthafte Schwierigkeiten geraten könnte, wenn die pathologischen Untersuchungen ergäben, dass Bon sich Heroin, das entweder er oder einer seiner Freunde in der Music Machine organisiert hatte, durch die Nase gezogen hätte. Die Klatschpresse würde sie kreuzigen. Die Polizei würde ebenfalls Fragen stellen, warum Bon unterwegs war, um Heroin zu kaufen, und für wen er dies tat. Die Konsequenzen waren gar nicht abzusehen.

Also wies er Silver und Joe an, mit ihrem Anruf noch zu warten.

Die Chance, dass Chapman oder Way AC/DC von Bons Tod benachrichtigen würden, bevor es nicht von Silver oder Joe kam, war gering. Alistairs Priorität bestand darin, sicherzustellen, dass das Heroin nicht mehr nachweisbar war. So ließ er Bons Körper nicht auf dem Fahrersitz des Wagens, sondern unter einer Decke auf der Rückbank oder sogar im Kofferraum, wobei die Rückbank umgelegt war. Es besteht auch die erwägenswerte Möglichkeit, dass Bon Körper überhaupt an einem anderen Ort wie etwa Alistairs Wohnung verstaut wurde.

Dies könnte erklären, warum auch im Tageslicht des 19. Februar keine Passanten Bon erspähten und warum Alistairs Phantom-Freund

„Leslie Loads“, wer immer das auch sein mochte, Bon nicht vorfand, als er vom angeblich schlaftrunkenen Alistair gebeten wurde, hinunterzugehen und nach nach ihm zu sehen. Wo auch immer Bon gewesen sein mochte, er war gut versteckt und de facto unsichtbar.

Es verging ein halber Tag. Alistair verbrachte ihn drinnen, lief panisch auf und ab und wartete darauf, dass es dunkel wurde. Als der Abend anbrach, machte er seinen Zug. Falls Bons Körper sich im Wagen befand, entfernte Alistair die Decke, unter der er verborgen war, und brachte ihn auf einem der Sitze in eine aufrechte Position. Sollte sich die Leiche in der Wohnung befunden haben, so half ihm eine oder mehrere unbekannte Personen, sie hinunter ins Auto zu tragen.

Alistair fuhr Bons Leiche daraufhin direkt ins Krankenhaus und machte sich von dort so schnell wie möglich wieder aus dem Staub. Silver, die sich bei Jimmy Bain zu Hause aufhielt, erhielt einen Anruf, dass sie ins Krankenhaus kommen solle. Joe begleitete sie. Nachdem er sich am Morgen dieses Tages AC/DCs Telefonnummer von Paul Chapman geholt hatte, der wiederum Pete Way danach fragen musste, gab Joe die Nummer an Silver weiter. Sie hob den Hörer ab und tätigte den Anruf.

THEORIE ZWEI: ALISTAIR UND DER SCHOCK SEINES LEBENS

Es war so gegen 19.30 Uhr am Montag, dem 18. Februar 1980. Bon hatte die Arbeit an den Texten zu *Back In Black* vollendet. Aufgeregt rief er Silver von seiner spärlich eingerichteten Wohnung in Victoria aus an, weil er wissen wollte, ob sie an diesem Abend schon etwas vorhätte. Er hatte sie schon eine Weile nicht mehr gesehen und sehnte sich nostalgisch nach ihrer Gesellschaft.

Silver war schon verplant, aber Alistair hatte Zeit. Sie verabredeten sich und Alistair holte Bon in Morpeth Terrace ab. Er hatte schon gut Scotch getankt, als Alistair eintraf, und war in der Stimmung, einen draufzumachen. Dank Alistairs Freundschaft mit Peter Perrett und Zena Kakoulli standen sie beide auf der Gästeliste für den Gig von Lonesome No More in der Music Machine. Zwar war es nicht ganz sein bevorzugter Sound, doch die Aussicht auf kostenlose Getränke an der Backstage-Bar überzeugten Bon.

Bon und Alistair fuhren nach Camden und trafen sich mit Peter und Zena. Es wurde offen Heroin konsumiert. Bon war überaus zufrieden mit sich, schließlich hatte er gerade Songtexte für ein ganzes Album fertiggestellt. Darunter befanden sich einige seiner bisher besten Arbeiten. So gönnte auch er sich ein diskretes Näschen – immerhin war er heute Bon Scott, Rockstar in Amt und Würden – und lauschte dem Konzert. Aber ganz sein Ding war es nicht und er liebäugelte mit einem baldigen Tapetenwechsel. Zena, die Bon erst gerade kennengelernt hatte, wollte noch etwas mehr Zeit mit ihm und Alistair verbringen und schloss sich ihnen an. Sie quetschten sich gemeinsam in Alistairs Renault 5 und düsten los. Die Nacht war noch nicht vorüber.

Sie waren kaum ein paar Meilen gefahren, da verlor Bon das Bewusstsein. Er sank in seinem Sitz zusammen und fiel ins Koma. Alistair rief von Victoria und East Dulwich aus bei Silver an, und sie wies ihn an, Bon mit Decken zuzudecken und ihn seinen Rausch ausschlafen zu lassen. Alistair ließ das Heroin unerwähnt, weshalb Silver auch nicht an eine Überdosis dachte.

Joe, der neben Silver in ihrem Bett lag, ging nicht ohne Grund davon aus, dass dies nur eine weitere von Bons typischen Eskapaden wäre. Nichts, worüber man sich Sorgen zu machen brauchte. Also taten Alistair und Zena, was Silver ihnen geraten hatte, und ließen Bon eingehüllt in eine Decke im Wagen zurück. Sie schrieben ihm einen Zettel, zogen sich in Alistairs Wohnung noch etwas Heroin in die Nase und pennten dann weg.

Um circa elf Uhr morgens wachte ein benommener Alistair kurz auf und bat Zena, die schon munter war, doch nachzusehen, ob Bon noch immer im Wagen lag. Zena lugte entweder durch eines der Wohnungsfenster oder ging für eine halbe Minute oder so hinaus in die Kälte. Aber da sie selbst noch nicht wieder ganz fit war, fiel ihre Inspektion halbherzig aus. Sie sah nichts.

Daraufhin verschlief Alistair den Rest des Tages, ohne zu wissen, dass Bon, der im Schlaf aufgehört hatte zu atmen und nun tot war, sich immer noch im Auto befand. Als die Sonne unterging, erwachte Alistair, duschte und zog sich an. Er aß etwas in der Küche und wollte als Nächstes seiner Freundin Janice, die im Krankenhaus lag, einen Besuch abstatten. Zena war bereits gegangen.

Am Abend ging Alistair hinunter zu seinem Auto und erschrak fast zu Tode. Bon hatte sich auf sich selbst übergeben. Er war immer noch in die Decke gewickelt, mit der ihn Alistair und Zena bedeckt hatten. Doch seine Haut war kalt und leblos. Er war tot. Einen Rettungswagen zu rufen war zwecklos. Hier gab es kein Leben mehr zu retten.

Also fuhr Alistair ins King's College Hospital, verständigte das medizinische Personal, dass auf seinem Beifahrersitz ein toter Mann saß, sah zutiefst bekümmert zu, wie Bons Leichnam weggetragen wurde, und hinterließ Silvers Telefonnummer als Kontakt.

Später am selben Abend erhielt Silver, die sich zu Hause im Emperor's Gate einen geruhsamen Abend mit Joe machen wollte, einen Anruf vom Krankenhaus. Ihr wurde mitgeteilt, dass Bons Zustand ernst wäre und sie so schnell wie möglich kommen sollte. Joe begleitete sie. Der diensthabende Arzt informierte die beiden schließlich, dass Bon tot wäre. Joe und Silver kehrten nach Mitternacht nach Hause zurück und zerbrachen sich den Kopf darüber, wie sie in Kontakt mit AC/DC treten könnten.

Joe wusste, dass Pete Way ein Kumpel von Malcolm Young war, doch obwohl er Way durch seine Arbeit für UFO persönlich kannte, stand er ihm nicht nahe genug, um seine private Telefonnummer zu besitzen. Also rief Joe Paul Chapman, seinen Freund und ehemaligen Arbeitgeber an, der mit Way in derselben Band spielte. Es war jedenfalls nicht hell, nein, es war mitten in der Nacht.

Chapman war völlig perplex. Er hatte Bon gerade erst vor ein paar Wochen im Hammersmith Odeon gesehen, als dieser losgezogen war, um für ihn und Joe Heroin zu organisieren, und sich danach nicht mehr hatte blicken lassen. Das war das letzte Mal, dass er Joe und AC/DCs Leadsänger getroffen hatte – und nun rief Joe an, um ihm diese Hiobsbotschaft zu verkünden?

Chapman sagte Joe, er würde für ihn Way anrufen. Way war zwar zuerst verärgert, dass er aus dem Schlaf gerissen wurde, doch angesichts dieser Neuigkeiten auch zutiefst schockiert. Natürlich rückte er sofort eine Telefonnummer heraus, unter der man AC/DC erreichen könnte. Chapman rief daraufhin Joe zurück, gab ihm die Nummer und versuchte wieder einzuschlafen, war aber aufgrund der schlechten Nachricht zu verstört dafür.

Joe reichte die Nummer an die Frau weiter, die neben ihm lag. Verängstigt, aber entschlossen griff Silver zum Hörer und tätigte den Anruf.

Dramatis Personae

Dirty Eyes

Ted Albert – Gründer von Albert Productions (Alberts). Verstarb 1990.

Roy Allen – Freund von Bon Scott.

Joey Alves – Gitarrist von Yesterday & Today (Y&T). Verstarb 2017.

Joe Anthony – DJ beim Radiosender KMAC/KISS in San Antonio. Verstarb 1992.

Michael Anthony – Bassist von Van Halen.

Jimmy Bain – Bassist von Rainbow, Wild Horses und später Dio. Verstarb 2016.

Mike Barone – Drummer von Critical Mass.

Barry Bergman – Redakteur bei Edward B. Marks Music Corporation und „Aushilfsmanager" bei AC/DC.

Pattee Bishop – Freundin von Cliff Williams und Bon Scott.

Albert Bouchard – Drummer von Blue Öyster Cult.

Steve Brigida – Drummer von Artful Dodger.

Michael Browning – Manager von AC/DC.

Charlie Brusco – Manager der Outlaws. Später Manager von Lynyrd Skynyrd.

Bun E. Carlos – Drummer von Cheap Trick.

Phil Carson – Senior-Vizepräsident von Atlantic Records. Später Manager von Foreigner.

Paul Chapman – Gitarrist von UFO und Lone Star.

Mick Cocks – Gitarrist von Rose Tattoo. Verstarb 2009.

Bob Defrin – Art-Director bei Atlantic Records.

Michael Dirse – Ein Freund von Pattee Bishop. Keyboarder von Tight Squeeze.

Billy Duffy – Gitarrist von Lonesome No More. Später Gitarrist von The Cult.

Sidney Drashin – Konzertveranstalter von Lynyrd Skynyrd und AC/DC.

Clive Edwards – Drummer von Wild Horses. Später Drummer von UFO.

Ahmet Ertegun – Co-Gründer von Atlantic Records. Verstarb 2006.

Mark Evans – Bassist von AC/DC.

Michael „Fazz“ Fazzolare – Leadsänger und Gitarrist von Critical Mass.

Barry Freeman – Regionaler Promotion-Direktor von Atlantic Records an der amerikanischen Westküste.

Joe Fury – Freund von Bon Scott und Silver Smith. „Gitarrentechniker“ von UFO. Roadie der Little River Band.

Steve Gursky – Tontechniker in den Criteria Studios. Verstarb 2005.

Grahame „Yogi“ Harrison – Roadie von Rose Tattoo.

Paul Harwood – Bassist von Mahogany Rush.

Robin Jackson-Fragola – „Spezielle“ Freundin von Malcolm Young.

Mo Jasmin – Mutter von Daniel Kinnear. Verstarb 2006.

Ian Jeffery – Tourmanager von AC/DC.

Brian Johnson – Leadsänger von AC/DC. Ersetzte Bon Scott. Verließ die Band 2016.

Earl Johnson – Gitarrist von Moxy.

Mick Jones – Gitarrist von Foreigner.

Koulla Kakoulli – Leadsängerin von Lonesome No More. Schwester von Zena Kakoulli.

Xenoulla „Zena“ Kakoulli – Frau von Peter Perrett. Manager von The Only Ones und Lonesome No More. Schwester von Koulla Kakoulli. Freund von Alistair Kinnear.

Scott Kempner – Gitarrist der Dictators.

Alistair Kinnear – Gitarrist von Screw und England's Glory. Freund von Bon Scott und Silver Smith. 2015 von einem spanischen Gericht für tot erklärt.

Angus Kinnear – Missionar, Autor und Arzt. Vater von Alistair Kinnear. Verstarb 2002.

Daniel Kinnear – Bankier. Sohn von Alistair Kinnear.

Liz Klein – Freundin von Holly X.

David Krebs – Manager von AC/DC. Partner bei der Managementfirma Leber-Krebs.

Robert John „Mutt" Lange – Produzent von Foreigner, Outlaws und AC/DC.

Lynn Lankford – Freund von Roy Allen. Verstarb 1976.

Henry Laplume – Bassist von Critical Mass.

Sir Montague Levine – Coroner. Verstarb 1990.

Vince Lovegrove – Leadsänger von The Valentines. Freund von Bon Scott. Verstarb 2012.

Phil Lynott – Leadsänger und Bassist von Thin Lizzy. Solokünstler. Freund von Silver Smith. Verstarb 1986.

Keith Mant – Forensischer Pathologe. Verstarb 2000.

Bill Martin – Journalist und Freund von Roy Allen.

Paul Matters – Bassist von AC/DC.

Dave Meniketti – Leadsänger und Gitarrist von Yesterday & Today (Y&T).

Robin Mendelson – Freundin von Holly X und Pattee Bishop. Freundin von Cliff Williams.

Peter Mensch – Manager von AC/DC. Angestellter bei Leber-Krebs.

Neal Mirsky – DJ bei WDIZ Orlando und Programmdirektor bei WSHE Miami.

Moses Mo – Gitarrist bei Mother's Finest.

Margaret „Maggie" Montalbano – Freundin von Alistair Kinnear. Verstarb 2009.

Jon Newey – Drummer von England's Glory. Freund von Alistair Kinnear. Chefredakteur von *Jazzwise*.

David Owen – Gitarrist von Critical Mass.

Candy Pedroza – Freundin von Pattee Bishop und Silver Smith. Freudin von Cliff Williams. Verstarb 2009.

Tony Platt – Tontechniker bei *Highway To Hell* und *Back In Black*.

Frank Prinzel – Tontechniker in den Criteria Studios. Später Tontechniker/Gitarrist bei Critical Mass.

Mark Putterford – AC/DC-Biograf. Verstarb 1994.

Beth Quartiano – Freundin von Bon Scott und Angus Young. Mit Robin Jackson-Fragola befreundet. Verstarb 2011.

Herman Rarebell – Drummer der Scorpions.

Paul Raymond – Keyboarder und Gitarrist von UFO.

Lou Roney – DJ beim Radiosender KMAC/KISS in San Antonio.

Teddy Rooney – Bassist von Tight Squeeze. Verstarb 2016.

Phil Rudd – Drummer von AC/DC.

Derek St. Holmes – Leadsänger und Gitarrist von Ted Nugent und St. Paradise.

Freddie Salem – Gitarrist der Outlaws.

Ken Schaffer – Erfinder des Schaffer-Vega-Diversity-Systems. Freund von Angus Young.

Charles „Chick“ Scott – Vater von Bon Scott. Verstarb 1999.

Derek Scott – Bruder von Bon Scott.

Graeme Scott – Bruder von Bon Scott.

Isabella „Isa“ Scott – Mutter von Bon Scott. Verstarb 2011.

Ronald „Bon“ Scott – Leadsänger von AC/DC. Verstarb 1980.

Douglas „Buzz“ Shearman – Leadsänger von Moxy. Verstarb 1983.

Valerie Shearman – Witwe von Buzz Shearman.

Robert Shulman – Musikalischer Leiter bei KRST Albuquerque. Später Produzent von Yesterday & Today (Y&T).

Darryl „Spyda“ Smith – Roadie von Rose Tattoo. Freund von Joe Fury und Bon Scott.

Margaret „Silver“ Smith – Freundin von Bon Scott und Joe Fury. Verstarb 2016.

Wade Smith – Freund von Roy Allen.

Kenny Souble – Drummer von Nantucket.
Doug Thaler – Booking-Agent von AC/DC.
Irene Thornton – Exfrau von Bon Scott.
Harry Vanda – Co-Produzent (mit George Young) von AC/DC.
Larry Van Kriedt – Bassist von AC/DC.
Clinton Walker – Biograf von Bon Scott.
Pete Way – Bassist von UFO.
Cliff Williams – Bassist von AC/DC. Seit 2016 im Ruhestand.
Holly X – Freundin von Bon Scott.
Angus Young – Leadgitarrist von AC/DC.
George Young – Co-Produzent (mit Harry Vanda) von AC/DC.
Malcolm Young – Gitarrist von AC/DC. Musste sich 2014 aufgrund einer Demenz-Erkrankung zurückziehen.

Danksagungen

Crabsody in Blue

Obwohl die Recherche und das Schreiben an diesem Buch in erster Linie ein passioniertes Solo-Projekt darstellten, das drei Jahre meines Lebens in Anspruch nahm, möchte ich dennoch meine Dankbarkeit gegenüber ein paar wichtigen Leuten zum Ausdruck bringen, die ich zum Großteil als meine Freunde bezeichnen darf und die zu diesem Buch bedeutende Beiträge geleistet haben.

Zunächst einmal gilt mein Dank Roy Allen in Leander, Texas, für seinen Mut, nicht nur die Geschichte seines eigenen Kampfes gegen die Alkoholsucht zu erzählen, sondern außerdem auch über seine Freundschaft mit Bon zu berichten. Roy schrieb mir einen Brief, in dem er mich fragte, ob ich in meinem Buch erwähnen könnte, dass Bons Tod bei seinem Weg zur Abstinenz vor allem anfangs eine entscheidende Rolle spielte – „und dass all die Saufgelage, die Partys und sein Tod nicht völlig umsonst waren". Roy widmet sich weiterhin seinem Heilungsprozess, der eine lebenslange Verpflichtung darstellt. Zu diesem Buch beizutragen, hat sich „überaus positiv auf mein Leben ausgewirkt", sagt er. Es war mir ein riesengroßes Vergnügen, deine Geschichte erzählen zu dürfen, Roy.

Dann wäre da noch Holly X in Miami, Florida, die nicht nur ihre Geschichte, die bisher unbekannt war, mit mir teilte, sondern mich auch großzügig bei sich zu Hause unterbrachte. Sie erlaubte mir, ihre Erinnerungsstücke aus den Siebzigerjahren zu durchstöbern, und begegnete jeder meiner schwierigen und manchmal nicht sonderlich taktvollen Fragen mit größter Geduld. Sie versorgte mich vor meiner Zugfahrt nach New York im *Silver Star* sogar mit Reiseproviant. Holly hat erst unlängst wieder geheiratet und wurde zum ersten Mal Großmutter, doch in ihrem Herzen ist immer noch ein besonderer Platz für Bon reserviert. Ich hoffe, ich kann ihm gerecht werden, „Hol".

In Kalifornien gebührt mein großer Dank Bons alter Flamme Pattee Bishop, die mich mit erfrischend geradlinigen Aussagen und faszinierenden Einblicken in Bons Leben zwischen 1977 und 1979 erfreute. Der ehemalige Manager von AC/DC und Aerosmith, David Krebs, gab sich im Verlauf meiner Arbeit an diesem Buch gleich mehrmals die Ehre. Auch der frühere Van-Halen-Bassist Michael Anthony ging mir gegenüber mehr als großzügig mit seiner Zeit um.

In Florida gilt mein aufrichtiger Dank Paul Chapman, Phil Carson, Michael Fazzolare, Robin Mendelson, Robin Jackson-Fragola, Neal Mirsky, David Owen, Frank Prinzel, Henry Laplume und Jackie Smith. Pauls Schilderung von Bons letztem Abend hielt einige Enthüllungen parat, und er gab sich bezüglich seiner eigenen Drogenvergangenheit überaus offen, was ihm hoch anzurechnen ist. Danke, Tonka! Phil öffnete mir bei der Arbeit an diesem Buch etliche Türen. Auch wenn wir unterschiedliche Ansichten zu gewissen Dingen haben und zu verschiedenen Schlüssen gelangen – ich bin mir sicher, das wird mit diesem Buch genauso sein –, so hat er sich doch als wichtiger Unterstützer herausgestellt. Neal und Michael spielten eine Schlüsselrolle dabei, AC/DCs geheimnisvollen Aufenthalt in Miami 1979 zu entschlüsseln. Ich kann ihnen dafür gar nicht genug danken. Ihr habt mich ehrlich mit einer großartigen Geschichte versorgt. Jackie, Neal, Holly und Mick nahmen sich die Zeit, mich in Miami herumzufahren und mir alte Lieblingsplätze von AC/DC zu zeigen. Es war ein unglaublich nützliches Erlebnis, das ich nie vergessen werde.

In Texas bedanke ich mich ganz besonders bei Bill Martin vom *Rockdale Reporter*, der mir Roy Allen vorstellte. Auch danke ich Wade

Smith, der mir so lebhaft AC/DCs erstes Livekonzert in den USA beschrieb und mir sogar seine perfekt erhaltene Eintrittskarte zukommen ließ, sowie dem ehemaligen Radiosprecher von KMAC/KISS Lou Roney, der alles in seiner Macht Stehende unternahm, um für mich Kontakte zu Leuten herzustellen und mich mit Andenken an die Siebzigerjahre-Hardrockszene in San Antonio zu versorgen.

In New York schulde ich dem Foreigner-Gitarristen Mick Jones ein herzliches Dankeschön für seine aufrichtigen Reflexionen über den Rock-Lifestyle, der ihn zu einem Trinker werden ließ, bis er sich schließlich Hilfe suchte. Auch Ken Schaffer, Carol Klenfner, Doug Thaler und Barry Bergman nahmen sich die Zeit, sich mit mir persönlich in Manhattan zu treffen, um mit mir ihre Erinnerungen an Bon, AC/DC und die Hochblüte des Rock-Business zu teilen.

In England tat Rich Davenport weit mehr, als ich erwarten durfte, indem er mich mit diversen Musikern, die Bon kannten, in Kontakt brachte. Pete Way von UFO und Alistair Kinnears Sohn Daniel Kinnear waren ebenfalls sehr hilfsbereit. Vor allem Daniel schenkte mir sein Vertrauen und schickte mir bisher unveröffentlichte Fotos und Dokumente. Wieder einmal erwies sich Tony Platt, Tontechniker bei *Highway To Hell* und *Back In Black*, als überaus liebenswerter Zeitgenosse. Sowohl Zena als auch Koulla Kakoulli unterhielten sich mit unerwarteter Offenheit mit mir.

In der Slowakei hielt mich Peter Píš, ein unbesungener Verfechter des australischen Rock, über Erwähnungen von AC/DC und Bon Scott in der Presse sowie interessante Diskussionen auf AC/DC-Fansites auf dem Laufenden. Außerdem stellte er sich als kritischer Rezipient für meine Fortschritte bei meinen Ermittlungen zu Bons Tod zur Verfügung. Zwei Jahre lang schickte er mir fast jede Woche MP3s, PDFs von Zeitungsartikeln und gigantische Datenordner mit Fotos via Dropbox und ich kann ihm dafür gar nicht genug danken. Peter wünscht sich – so wie viele andere Fans von AC/DC rund um den Erdball – bloß, die richtige Story über Bon zu erfahren. Ich hoffe, dass mir das gelungen ist, Peter.

In Brasilien bedanke ich mich bei meiner brasilianischen Familie – Massimo Carrara de Sambuy, Adriana Tommasini, Fabio Carrara, Marina Tommasini Carrara de Sambuy, Rita De Cássia Terrassan, Eduardo Finelli, Rosenildo Ferreira, Tatiana Flo Casenza, Angelo Carrara, Carolina Stanisci, Antonio „Stan" Stanisci – und all meinen Freunden in São Paulo für ihre Geduld, ihre Gastfreundschaft und ihre humorvolle Toleranz gegenüber meinen nicht vorhandenen Portugiesischkenntnissen. Mein Dank gilt außerdem Paula Carvalho, Tatiana Allegro, Thiago Reis und Rogério Alves von Editora Saraiva, meinem Übersetzer Marcelo Hauck (dies ist mein zweites Buch mit ihm) sowie Marco Bezzi für seine unersetzbare Hilfe, die brasilianische Ausgabe auf Schiene zu bringen. Brasilien ist inzwischen meine zweite Heimat, weshalb es mir ungeheuer viel bedeutet, dass mein Buch dort erscheint.

In Australien bedanke ich mich bei der verstorbenen Silver Smith für die Tage, Wochen und Monate, die wir uns über Bon unterhalten haben. Sie musste in ihrem Leben eine Menge durchmachen und starb letztendlich im Kreis ihrer Familie. Wir stritten uns ziemlich viel. Ihr gefielen einige meiner Fragen nicht sonderlich, was sie aber nicht davon abhielt, sie trotzdem zu beantworten. Wie sie mir in einer ihrer letzten E-Mails mitteilte: „Außer der Wahrheit zählt nichts wirklich – und ich habe versprochen, sie dir zu geben, soweit mir das möglich ist (und so wie ich mich daran erinnere). Das ist alles, was uns letztlich bleibt, nicht wahr? Mein Ehrenwort war mir stets sehr wichtig und ich habe es nie jemandem gegenüber gebrochen."

Silver verhielt sich mir gegenüber sehr großzügig, obwohl sie das nicht hätte sein müssen. Zwar konnte sie unberechenbar, schrill und launisch sein, doch schaltete sie dann mitunter gleich schnell wieder auf zuvorkommend, liebenswert und kooperativ um. Am Ende sah ich sie als Freundin. Ich hoffe, dieses Buch lässt sie weniger als dämonische Figur und mehr als Mensch erscheinen. Silver war in Bons Augen ganz offenkundig ein ganz besonderer Mensch und hätte sich zu Lebzeiten eine bessere Behandlung durch AC/DC und ihre

Fans verdient gehabt. Sie bekam nie die Gelegenheit, ihr eigenes Buch zu schreiben, was sie gerne getan hätte. Aber ich hoffe, dass das meine ihrem Andenken auch irgendwie Ehre erweist. Niemand ist perfekt. Das lässt sich natürlich auch über Silver sagen – und über Bon ebenfalls.

Silvers alter Geliebter und Bons Freund Joe Fury war viel schwerer zu finden als Osama bin Laden, doch als ich ihn erst einmal aufgespürt hatte, stellte er sich als freundlich und zuvorkommend heraus und erklärte sich gerne bereit, seine Version der Geschichte zu schildern. Danke, Joe.

Der ehemalige AC/DC-Bassist Paul Matters, eine vernachlässigte Figur in der Geschichte der Band, gewährte mir sein erstes Interview seit seiner herzlosen Entlassung durch Bon im Jahr 1975. Das war ein mutiger Schritt, Paul. Ich hoffe, dass AC/DC-Fans dich – spät, aber doch – schätzen lernen.

Ich danke auch Jan Blum, Charlie Dreyer-Blum, Fred Fink, Rosie Hanly, Greg Stock sowie Tony Currenti, der selbstverständlich auf AC/DCs allererstem Album *High Voltage* als ihr Schlagzeuger fungiert, mir hingegen vor allem als Freund von großer Bedeutung ist. It's a long way to the top ... wenn man Schriftsteller sein will – dafür braucht man Freunde und eine Familie, die hinter einem stehen.

Vor allem möchte ich mich auch bei den Musikern in den USA, Kanada und Europa bedanken, die mir bei der Arbeit an diesem Buch behilflich waren. Sie spielten entweder in Bands, die mit AC/DC zwischen 1977 und 1979 auf Tour waren, Bon persönlich kannten oder auf irgendeine Weise in späteren Jahren von ihm inspiriert waren. Wenn ich doppelt so viel Platz gehabt hätte, hätte ich all eure Geschichten untergebracht. Was mich betrifft, so halte ich die späten Siebzigerjahre für die großartigste Ära in der Musik, die Wiege des Classic Rock – und so viele von euch verdienen so viel mehr Anerkennung, als euch die Rock and Roll Hall of Fame jemals schenken könnte.

Mein großer Dank an all die Leute, die mir halfen, die mich ertragen mussten, mich ermutigten oder mich beim Schreiben dieses Buchs und meinen Recherchen unterstützten: Scott Kempner, Stephen Ambrose, Sergio Märzi, Ronald Clayton, Janne Moller, Dion Simte, Marco Meierhöfer, Phil Thenstedt, Thang Luong, Daniel Feiler, John Fyfe, Bill Hale, Michael Dirse, Sidney Drashin, Liz Klein, Robert Shulman, David Gleason, Richard Potter, Dominique Giovanangeli, Prospector, Steven Jurgensmeyer, Anne-Maree Brown, Greg T. Walker, Mantas Tamulevičius, Jan Nimmervoll, Jason Smart, Constance Carper, Walter Egan, Eoin Jordan, Neil Carter, Peter Head, Clive Edwards, Rob Grange, Frank Marino, Michael Clarkin, Robert Alford, Jenny Way, Brian Forsythe, Orville Davis, Steve Stokking, Patti Callahan, Rod Roddy, Rick Musselman, Beeb Birtles, Theresa Baxley Wilkeson Porter, Greg Myhra, Chris Hamall, Chris Bruce, Jack Orbin, Janet Macoska, Gino Zangari, Robby Gregory, Jim Arbogast, James Quinton, Ross Halfin, Les Gully, John Tait, Ed Fagnant, Mark Paton, Gary Granger, Rob Riley, Richard McCaffrey, KK Downing, Paul „Lobster" Wells, Ted Ferguson, Kevin Law, Richard Davies, Jeff Franklin, Sammy Hagar, Marian Pizzimenti, Bradley Starks, Ronald Paul, Renata Simões, Ross Ward, John Bisset, Curtis Frank Ingram Jr., Clint Weyrauch, Bob Defrin, Derek St. Holmes, Brent Alberts, Lisa Tanner, Earl Johnson, Barry Freeman, Paul Wozniak, Mike Kempf, Valerie Shearman, Larry Van Kriedt, Dave Tice, Herman Rarebell, Nate Althoff, Anthony Currenti, Jim Landry, Joe Matera, Shaun Harwood, BJ Lisko, David Mitchell, Michelle Mulhall, Mike Fraser, Angela Morgan, Michael Browning, Thiago Waldhelm, Melinda Bolinger, Steve Scariano, Charlie Brusco, Nando Machado, Mark Carrillo, Rick Deyulio, Matthew Wilkening, Fernando Lima, Ricardo Artigas, Mark Naumann, Irene Thornton, Bobby Pickett, Bobby Baker, Lisa Walker, Paul Harwood, Steve Brigida, Jon Hyde, Harold Bronson, John Cuthbertson, Don Keith, Kevin Elson, Kenny Soule, Gene Davis, Bob Ancheta, Tom Marker, Rick Tucker, Donna Kreiss, Joe Bouchard, Albert Bouchard, Lindsay Mitchell, Rusty Burns (RIP), John O'Daniel, Chet McCracken,

Suzanne Allison Witkin, Moses Mo, Jonah Koslen, Mari Fong, Peter Spirer, Steve Sybesma, Jeff Carlisi, Freddie Salem, Hank Alrich, Rick Springfield, Grahame „Yogi" Harrison, Louis X. Erlanger, Joey Malone, Andrew Andreotti, Gordon Bass, David W. Larkin, Carter Alan, Monte Yoho, Drew Wills, Sandra Jackson, Jill Meniketti, Dave Meniketti, Marty Larkin, Mariusz Podkalicki, Geoff Chang, Ric Cacchione, Georg Dolivo, Simon Wright, Billy Duffy, Terry Slesser, Shane Stockton, Paul La Rosa, Tom Kovacevic, Mike Barone, Brian Carter, Earl Steinbicker, Louise Mensch, Oliver Fowler, Tony Berardini, Tom Hadfield, Redbeard, Craig Reed, Chuck Ingersoll, Paul Raymond, Jon Newey, Tami Danielson, Brad Sinsel, Jane Gazzo, Tim Smith, Bun E. Carlos, Charlie Starr, John Fannon, Fred Mandel, Mat Van Kriedt, Jason Woodman, Owen Orford, Jamie Feliciano, Marc Storace, Tristin Norwell, Ted Ruscitti, Loren Molinare, Helen Raymond, Jerry Goodwin, Ronnie Lightsey, Buster Bodine, James Del Balzo, Robert Valentine, Tom Donald, Phil Doherty, Linda Aizer, Ira Blacker, Koby Kruse, Adrian Lee, Juno Roxas, Rémi Cohen, Ben Upham, Tom Weschler, Sam Aizer, Matt Moore, Michael Cohen, Darryl „Spyda" Smith, Craig Tuck, Phil Rudd, Stefan Kaufmann, Paula Benstead am King's College Hospital Trust (London), Sue Carr vom London Ambulance Service NHS Trust, Daisy Coleman, Maher Nizari und John Thompson vom Inner South London Coroner's Court, Chris Read in der State Library of South Australia, Maxine Cooper vom Coroner's Office (London), Nikki Koehlert vom Briscoe Center for American History (Austin), Siew Lee und Deanna Kronk von der National Library of Australia (Canberra), Rachel Hollis von der State Records Authority of New South Wales (Sydney), Judith Paterson und Loreta Tabellione bei den National Archives of Australia (Canberra), Shashikala Palagummi vom Supreme Court of New South Wales (Sydney), und Mark Beswick vom Met Office National Meteorological Archive (Exeter). Für meine Nachforschungen spielten auch die National Library of Australia, die National Archives of Australia, die State Library of New South Wales, die State Library of South Australia, das National Film and Sound Archive of Australia sowie die New York Public Library for the Performing Arts eine wichtige Rolle. Unterstützt eure örtliche Bücherei!

Alison Urquhart von Penguin Random House Australia, die ich seit fast 20 Jahren kenne, fungiert schon bei *Die Brüder Young* und auch jetzt wieder als meine Verlegerin. Nikki Christer, die ursprüngliche Verlegerin von Clinton Walkers bahnbrechender Bon-Scott-Biografie *Highway to Hell* von 1994, gab 2014 als Veröffentlichungskoordinatorin von Penguin Random House Australia grünes Licht für dieses Buch hier – so wie sie das schon 2012 mit *Die Brüder Young* getan hatte. Angesichts ihrer jeweiligen Leistungen konnte ich mir keine besseren Leute als Anschieber für dieses Buch wünschen. Alison und Nikki erkannten, dass es noch genug Material für eine Bon-Story gab, die so noch nicht erzählt wurde.

Die Entscheidung, in Nordamerika mit Michael Holmes von ECW Press als Verleger zusammenzuarbeiten, fiel mir denkbar leicht. Michael war sehr enthusiastisch bezüglich dieses Buchs, als er den Text zum ersten Mal las, und ebenso fasziniert von Bons Geschichte, wie ich das war. Mein aufrichtiger Dank gilt überdies auch Greg Renoff, dem Autor von *Van Halen Rising*, in Tulsa, Oklohoma, da er es war, der mir Michael vorschlug, sowie all den anderen bei ECW Press, die an der nordamerikanischen Ausgabe beteiligt waren: Samantha Dobson, Crissy Calhoun und Jessica Albert.

In Europa verlegt erneut Monika Koch vom Hannibal Verlag die deutsche Ausgabe meines Buchs. Es ist ein großes Vergnügen, sie zu kennen und nun schon an zwei Büchern mit ihr gearbeitet zu haben. Außerdem gilt mein herzlicher Dank Paul Fleischmann, Rainer Schöttle, Alan Tepper und Thomas Auer, die für Übersetzung, Lektorat/Korrektorat und Layout/Satz der deutschen Ausgabe verantwortlich zeichnen. Campbell Brown und Janne Moller nahmen mich erneut unter die Fittiche ihres exzellenten schottischen Unternehmens Black & White. Ich freue mich außerdem sehr darüber, mithilfe von Le Castor Astrals Musik-Ableger Castor Musik zum ersten Mal in Frankreich verlegt zu werden. Mein Dank gilt Richard Begault, Marc Torralba, François Tétreau und Jean-Yves Reuzeau. In Japan wiederum verlegt die liebenswerte Makiko Nakai von DU Books japanische Übersetzungen meiner beiden AC/DC-Bücher, wodurch sie eine ganz neue Leserschaft erreichen.

Luke Causby fungierte wie schon bei *Die Brüder Young* als der Designer dieses Buchs. Besonders beim Cover leistete er Großes. Außerdem ist er mir dabei behilflich, dieses Buch online zu promoten. So verhält sich ein guter Freund, und genau das ist Luke nun schon seit über 20 Jahren.

Patrick Mangan, ebenfalls ein alter Freund, betreute dieses Buch als Lektor. Da ich zu verschiedenen Zeiten in meiner Karriere so wie Patrick als Lektor und Autor tätig war, weiß ich aus persönlicher Erfahrung, welch großen Unterschied ein guter Lektor bei einem Projekt machen kann. Patrick ist aber nicht nur gut, nein, er ist herausragend. Er hinterfragte meine Fakten, wies mich auf Dinge hin, denen ich keine Beachtung geschenkt hatte, und schlug Dinge vor, von der die Geschichte profitierte. Mehr hätte ich mir nicht wünschen können. Seine eigene Liebe zu Bons Musik findet sich ebenfalls in den Seiten des vorliegenden Buchs wieder.

Scott Miller, mein Agent bei Trident Media Group, sowie seine für Auslandsrechte zuständigen Mitarbeiterinnen Claire Roberts und Sylvie Rosokoff handelten die Deals für dieses Buch aus und erwiesen sich als große Unterstützerinnen meines Schreibprozesses. Zusammen mit Nerrilee Weir und Vicki Grundy von Penguin Random House Australia haben sie meine Arbeit in viele Länder auf der ganzen Welt gebracht, wofür ich sehr dankbar bin.

Billie Fink – du bist die beste Tochter, die sich ein Vater nur wünschen kann. Ich danke dir, dass du mit meiner Abwesenheit zurechtkamst, als ich an diesem Buch schrieb. Ich liebe dich.

Auch bedanke ich mich bei jenem Mann, von dem dieses Buch letztlich handelt: Bon Scott. Danke für die Musik und deine nur allzu menschliche Art. Nicht trotz, sondern gerade wegen deiner Fehler bewundere ich dich inzwischen mehr als je zuvor. Du bist absolut einer der echt Größten für mich – aber trotz allem warst du auch bloß einer von uns.

Ride on.

Bibliografie

Beating Around The Bush

Dieses Buch erwies sich schlussendlich nicht bloß als literarische, sondern auch als detektivische Herausforderung. Informationen fand ich zum Teil an unerwarteten Orten, etwa auf von Hand beschriebenen Papierseiten, Kartenabrissen oder undatierten Ausschnitten aus unbekannten Publikationen ohne Ortsangabe oder Verfasserzeile. Ich fand kostbare Informationen an ganz konventionellen Orten wie der New York Public Library of Performing Art, aber auch an unkonventionellen wie etwa eBay und dem Supreme Court of New South Wales. Ich habe versucht, sowohl für direkte Zitate als auch für Hintergrundinfos die Quellen anzugeben – so detailliert wie möglich. Es wurden alle möglichen Anstrengungen unternommen, um die Quellen vollständig auszuweisen. Die Leser sind eingeladen, auf Fehler und Auslassungen aufmerksam zu machen und mich über die Facebook-Seite des Buchs (facebook.com/acdcbooks) oder meine persönliche FB-Seite zu kontaktieren. – JF

Nachweise

Um den Lesefluss nicht durch zusätzliche Fuß- oder Endnoten zu unterbrechen, aber dennoch die von ihm zitierten Quellen genauestens anzugeben, hat sich der Autor entschlossen, die entsprechenden Nachweise am Ende des Buches gesammelt in der Reihenfolge der Kapitel aufzuführen. Die nachfolgend zitierten Quellen sind beinahe ausschließlich englischsprachige Publikationen; die entsprechenden Zitatanfänge aus den zitieren Originalen sind – halbfett hervorgehoben – als Fundstelle angegeben. Autor und Verlag sind übereingekommen, diese Nachweise in gleicher Form auch in die deutschsprachige Ausgabe aufzunehmen – zum einen, um im Sinne größtmöglicher Transparenz sämtliche Zitate überprüfbar zu halten, zum anderen, um speziell interessierten Leserinnen und Lesern den Weg für eine eigene Bewertung der im Buch verwendeten Quellen zu ebnen.

OPENER

Shot Down in Flames

ANGUS YOUNG **It's weird, because when he was alive** *Kerrang!*, September 1990; **We were on the road for ten or 11 months every year** *Rolling Stone* (Australia), Mai 2007; **Over the years, there have been numerous people** *Record Collector*, Januar 1996; **You'd need several volumes just to chronicle what Bon got up to in one day** *Times*, 17. Januar 1998.

BON SCOTT **Day-in, day-out, fly, drive, hotel-in, hotel-out** *Leeuwarder Courant*, 11. November 1978; **It's sometimes a drag** Putterford, *Shock To The System*, 1992; **Book of words, all my poetry** 2GZ Orange interview, circa 1975/76; **I've got pages of stuff** *Countdown*, ABC Television, 1977.

SONSTIGES **Drunks and hookers** acdccollector.com, 2007; **A dangerous individual who gave the impression he didn't know who he was or where he belonged** *Sydney Morning Herald*, 28. November 2008; **Bon Scott succumbed to recreational substances** *Sydney Morning Herald*, 23. Januar 1984; **A way of remembering the real Bon** *West Australian*, 18. Oktober 2015; **Bon's missing lyric notebook ‚may' have been returned** *Scottish Sun*, 4. Dezember 2015; **Ex** *Scottish Sun*, ibid; **Literally the last story that we did on AC/DC** *Reading Eagle*, 8. November 2008; **There were ten shows lined up for us and AC/DC** *Billboard*, 18. Juli 1981; **Kicked to the kerb** *Canton Repository*, 15. März 2016; **Threw it in the rubbish bin** Renshaw, facebook.com, 20. Juli 2016.

TEIL I, 1977

1 Go Down

MALCOLM YOUNG **Started word of mouth** *In the Studio with Redbeard*, 1997; **We played our first gig in front of a bunch of cowboys** *Guitar One*, Juni 2000.

SONSTIGES **[Bon] wandered off … with all these Mexicans** Wall, *AC/DC: Hell Ain't a Bad Place to Be*, 2012; **It's as unchanging a shtick as a Borscht Belt comic's** *Daily News*, 28. August 2000.

2 Bad Boy Boogie

BON SCOTT **I've dropped a Quaalude** Walker, *Highway to Hell*, 1994.

3 Whole Lotta Rosie

SONSTIGES **Michael Klenfner, who headed up Atlantic's marketing and promotion, had gone down to AC/DC's first few gigs** Browning, *Dog Eat Dog*, 2014.

4 Problem Child

BON SCOTT **It was amazing to see** Putterford, ibid.

SONSTIGES **The most important figure in the record industry of the 20th century** *Independent*, 16. Dezember 2006; **I'm not sure I would have signed them** *Billboard*, 24. Februar 2007.

5 Dog Eat Dog

SONSTIGES **Page Three–type blonde** Putterford, ibid; **His arm wrapped around a buxom blonde** *MOJO*, Dezember 2000; **In 1977, just six years after its birth, WEA felt flush** George-Warren (Hrsg.), *Rolling Stone: The Seventies*, 1998; **I don't like the way people keep saying he died from drugs or heroin** *Australian*, 1. Juli 2006.

6 Overdose

BON SCOTT **Dunno what I'd do without this band, y'know** *Classic Rock*, Februar 2008.

MALCOLM YOUNG **When we want to hear something we put on The Beatles** *Cavalier Daily*, 19. September 1985.

SONSTIGES **Hooker** *Rolling Stone* (Australia), Januar 2006; **The meaning of the music isn't in the lyrics alone** *Homebrewed Christianity*, 8. Juli 2012.

7 Hell Ain't A Bad Place To Be

ANGUS YOUNG **By the way he carried himself, you really thought that Bon Scott was immortal** *Guitar World*, Januar 1998.

BON SCOTT **My new schoolmates threatened to kick the shit out of me** AC/DC, *Bonfire*, 1997; **I was singing a couple of songs with a band at a dance** *Advertiser*, 12. Februar 2000; **To make housewives sort of cry into their tea towels** 2SM, 1975; **I heard the song** 5KA, 1977; **I was painting ships in Adelaide Harbour** 2SM, ibid; **The band walks out in crimplene** 5KA, ibid; **Knocked out … it was really good** 5KA, ibid; **Got [AC/DC] on the road to check out what they were really like** 5KA, ibid; **Gone home and thought, ‚No, I can't do it'** 5KA, ibid.

MALCOLM YOUNG **Tied him up and made him write some nice clean lyrics** 2SM, 1975.

SONSTIGES **In a 1969 press release for The Valentines** *Age*, 26. Juni 1987; **Wasn't a trace of a Scottish accent on Bon** Thornton, *My Bon Scott*, 2014; **Committed to the Child Welfare Department for 12 months** *Sunday Age*, 20. Februar 2000; **Five trucks and 50 crew and we're off and we're running** *Homebrewed Christianity*, ibid.

TEIL II, 1978

8 What's Next To The Moon

ANGUS YOUNG **He made a lot of friends everywhere** *Sounds*, 29. März 1980; **That's always been a bit of a myth** *Island Ear*, April 2000; **Bon was not a heavy drinker** *Age*, 5. Februar 1988.

SONSTIGES **We were aware that he had a drinking problem** *West Australian*, date unknown, 1981; **I don't care who tells me anything different** Fink, *The Youngs*, 2013.

9 Kicked In The Teeth

MALCOLM YOUNG **[Bon] was what he was … Bon never was on a deathwish, you know** *In the Studio with Redbeard*, ibid; **I think Bon taught us in a way not to end up like him** *Kerrang!*, September 1990.

10 Rock 'N' Roll Damnation

ANGUS YOUNG **Browning was always open to people's earholes, you know** *Countdown*, Melbourne, 1986.

MALCOLM YOUNG **A pretty rock bass player** 2SM, 1975.

MARK EVANS **We were on tour with Black Sabbath** Fink, bis dato unveröffentlichtes Zitat, 2013.

SONSTIGES **Tired of touring** Larkin (ed.), *The Virgin Encyclopedia of Popular Music: Concise Fourth Edition*, 2002; **It had come down to musical differences** Unbekannte Veröffentlichung, 1977; **As always, everyone involved maintains there are no bad feelings** Unbekannte Veröffentlichung; ibid.

11 Gimme A Bullet

SONSTIGES **AC/DC have a calculated approach to whipping audiences into heat** Erneut abgedruckt im *Australian*, 22. Februar 1980; **Attempts to go sober – including hypnosis – had failed** Walker, ibid; **They called me** 1Live, 3 Juli 2015; **A small guy's shoulder, the singer, who's just yelling into the microphone** Mensch, Royal Albert Hall Interview, 2014; **AC/DC called me almost every day in my office just to give me news of them** *Metal Attack*, November 1985; **Was so incapacitated that he polished off an entire bottle of aftershave** Sellers, *An A-Z of Hellraisers: A Comprehensive Compendium of Outrageous Insobriety*, 2010; **Paul Chapman had also seen Bon drink aftershave** *Classic Rock*, Februar 2005.

12 Up To My Neck In You

Keine.

13 Riff Raff

BON SCOTT **I guess I have always had the idea of being**

rich and having a lifestyle to which I was suited Ellis, maschinenschriftlich, 1978; **The more we work, the more we tour, we're getting more ideas** *Australian Music to the World*, 1978; **You've just got to have a break, you know** *Countdown*, ibid; **I've been on the road 15 years** *Best*, Dezember 1979.
SONSTIGES **Dressed to the nines** Prism Archive, 2012; **Ragged around the edges** Prism Archive, ibid; **He thought I got the best deal** Prism Archive, ibid; **Live an ordinary life like anyone else and just play guitar** Prism Archive, ibid; **There was a deep core of unhappiness** Prism Archive, ibid; **An undertone of sadness** Prism Archive, ibid; **He had been touring non-stop on an upwardly mobile track** Prism Archive, ibid; **Was something about Bon that was a touch effeminate** Prism Archive, ibid; **Took away all the showbiz ... something that wasn't slick** Prism Archive, ibid; **He told me that he'd had enough** *No Nonsense*, 1999.
14 Down Payment Blues
SONSTIGES **[AC/DC] signed the worst record deal I have ever seen in my entire life** Mensch, ibid; **We ended up signing [AC/DC] to a ridiculously long deal** Putterford, ibid; **Solved that problem** Mensch, ibid; **Bon received a royalty cheque from Ted Albert in the second half of 1976** Walker, ibid; **A share in Albert Productions in lieu of cash** Milesago.com, AC/DC, Datum unbekannt; **Partnership** Albert, *House of Hits: The Great Untold Story of Australia's First Family of Music*, 2010; **Three-way partnership** Tait, *Vanda & Young: Inside Australia's Hit Factory*, 2010; **Falling into a bloody goldmine** Wall, ibid; **Its collective personal wealth was estimated to be $45 million as far back as 1992** *Sunday Age*, 14. Februar 1993; **They had a little savings account** Fink, *The Youngs*, ibid; **Bon died with just $31,162.52 in assets** ‚The Estate of Ronald Belford Scott, Late of Spearwood in the State of Western Australia', 9. Juli 1980.

15 Sin City

Keine.

16 Cold Hearted Man

ANGUS YOUNG **We just like being in the womb of the road** *Canberra Times*, 6. Januar 1982; **Earpiece** *In the Studio with Redbeard*, ibid.

BON SCOTT **Now that I'm in AC/DC I realise I'm not very musical** *Scream!*, Vol. 1 No. 11, 1975; **It's all so close to you, it's all right on top of you** KSJO, 21. Juli 1979; **Horrible place, Miami** *Record Mirror*, 18. August 1979.

CLIFF WILLIAMS **The stage around us was really dark** Johnson, *Get Your Jumbo Jet Out of My Airport: Random Notes For AC/DC Obsessives*, 1999.

MALCOLM YOUNG **Jumped straight off the amps** *Sounds*, 28. August 1976; **Bon really delivered with his talkin' stuff** *Family Jewels*, ibid.

SONSTIGES **You haven't got a commercial ear** *In the Studio with Redbeard*, ibid.

TEIL III, 1979

17 Walk All Over You

ANGUS YOUNG **We'd $10 between us** *In the Studio with Redbeard*, ibid; **Mal was banging on the drums** *Guitar Player*, Juli 2003; **We saw more of [Bon] than his family did** Stenning, *Two Sides to Every Glory*, 2005.

BON SCOTT **We did the album in a totally different way this time** *Record Mirror*, ibid.

CLIFF WILLIAMS **No, no, no ... that was all, you know, lyrically, from Brian Johnson's influence** GlamMetal.com, 2007.

MALCOLM YOUNG **Bon always knew what he was doing, you know** *In the Studio with Redbeard*, ibid.

SONSTIGES **Titled as far back as 1977 and recorded in four different versions** *Australian Playboy*, Mai 1994.

18 Night Prowler
SONSTIGES **As a non-addictive alternative to barbiturates** PBS.org, 17. Mai 2011; **In 1980 there were 66 deaths alone** *Palm Beach Post*, 12. August 1981; **Schoolchild** *Miami News*, 16. Januar 1981.
19 Touch Too Much
CLIFF WILLIAMS **We were under a lot of time pressure on that one** Johnson, ibid.
SONSTIGES **Bon Scott was having problems with the lyrics** Engleheart, *AC/DC, Maximum Rock & Roll*, 2006; **Obvious difficulty with the singer** Wall, ibid; **Drinking like crazy and didn't have any lyrics** Wall, ibid.
20 Love Hungry Man
BON SCOTT **About a guy who gets pissed around by chicks, and he heads for the horizon** *Australian Playboy*, ibid.
21 If You Want Blood (You've Got It)
BON SCOTT **[Lange] really injected new life into us** *Record Mirror*, ibid.
22 Girls Got Rhythm
BON SCOTT **Just ... just ... pure *pop*!** *Record Mirror*, ibid; **We're beginning to make an impact [in North America] at last** *Record Mirror*, ibid; **The change did us a power of good** *Record Mirror*, ibid.
SONSTIGES **Blessing to some and frustrating to others** *Morning Call*, Juni 1979.
23 Highway To Hell
BON SCOTT **I've become a bit of an alco** Walker, ibid.

TEIL IV, 1980
24 Shoot To Thrill
SONSTIGES **Another junkie acquaintance of Silver's** Wall, ibid; **Allegedly a would-be musician; apparently a bass player** *Classic Rock*, Februar 2005; **A would-be musician, alt-**

hough he may have been nothing more than a ligger and a drug slut Walker, *Highway to Hell*, 2015; **There is strong evidence to suggest that Alisdair [sic] Kinnear was, in fact, a false name** Putterford, ibid; **Alistair Kinnear – who some claim was a rock journalist, not a musician – Mai have changed his identity** *Classic Rock*, ibid; **When Alistair Kinnear … issued a very belated statement** Walker, ibid; **[I] was quoted exasperatedly** Walker, ibid.

25 Hells Bells

SONSTIGES **Grieving fans had taken to affixing pictures of Bon to Alistair's front door** *POP/Rocky*, 5. August 1981; **A punk band, more than a decade before Malcolm McLaren got involved with the Sex Pistols** Cutler, *You Can't Always Get What You Want*, 2010; **May have experimented** Stenning, ibid; **Wasn't a habitual user** Stenning, ibid; **Never spoke to Chapman, but in the interviews with him I've read he sheds no light** *Classic Rock*, ibid.

26 Shake A Leg

MARK EVANS **Bon Scott's personal assistant in London** *No Nonsense*, 1999.

27 Let Me Put My Love Into You

SONSTIGES **I've always felt like the guy who filled in for Mick Cocks** Fink, bis dato unveröffentlichtes Zitat, 2013; **However, Way is also previously on the record saying he didn't want to tell Angus that Bon was dead** *Classic Rock*, ibid; **If you're not skilled at the art of heroin, then you do [a] dance with the devil** *Classic Rock*, ibid.

28 Given The Dog A Bone

SONSTIGES **Chapman has previously stated in a radio interview with American radio host Eddie Trunk** *Eddie Trunk Live*, 20. Juli 2015; **Some days after our Hammersmith gigs** *Classic Rock*, ibid.

29 Have A Drink On Me

Keine.

30 Back In Black

SONSTIGES **In late 1978 I met Silver Smith … err on the side of caution when we don't know all the facts** *Metal Hammer & Classic Rock Present AC/DC*, 2005; **Mouth had turned blue. He was totally fucking completely gone** Antonia, *The One and Only: Peter Perrett – Homme Fatale*, 1996; **Bon wanted to go to the club Dingwalls** Walker, ibid; **She had his number** Walker, ibid; **When I saw him at the flat, [Bon] was already so drunk** Walker, ibid; **I'm not sure** Jack Cool, 26 Juli 2016 **Bon was sober** Jack Cool, ibid; **The keys got jammed inside the door** ABC Adelaide, ibid; **A very distressed Alistair** ABC Adelaide, ibid; **He's passed out. He's half passed out. What do I do?** ABC Adelaide, ibid; **I suggested he take him home** ABC Adelaide, ibid; **I was up five flights, he was up three** ABC Adelaide, ibid.

31 What Do You Do For Honey Money

SONSTIGES **When [Alistair] got home he rang me again** ABC Adelaide, ibid; **Thinking when Bon's come out of it he'll just come upstairs** ABC Adelaide, ibid; **Poor Alistair, not being used to drinking** ABC Adelaide, ibid.

32 Rock And Roll Ain't Noise Pollution

ANGUS YOUNG **The girl gave me the hospital number** *Sounds*, ibid; **I had called the guy that was managing us** *Behind the Music: AC/DC*, 2000; **The hospital wouldn't say anything until the police contacted the parents** *Rolling Stone* (Australia), ibid; **More or less, you know, asphyxiated** *Behind the Music: AC/DC*, ibid; **I suppose he would feel worse about it** *Sounds*, ibid.

BRIAN JOHNSON **The truth of the matter was that Bon died because he vomited when his neck was twisted and he choked** *Record Mirror*, 26. Juli 1980.

MALCOLM YOUNG **Angus called me. I was just totally stunned** *Behind the Music: AC/DC*, ibid; **Choked through the**

night, the position he was sleeping in, you know *Behind the Music: AC/DC*, ibid.
SONSTIGES **The hospital called Silver but didn't tell her that Bon, who'd already been identified, was dead** Wall, ibid; **For his part, tour manager Ian Jeffery has said he got a call from Malcolm at 2.30 am** Wall, ibid; **Or 3 am** Engleheart, ibid; **The phone call came at midnight** Walker, ibid; **The Jefferys got a visit from production manager Jake Berry** Wall, ibid; **Mensch called and said they should go and identify the body** Wall, ibid; **Berry dropped off Jeffery at Mensch's** Wall, ibid; **Mensch and Jeffery went to the morgue** Wall, ibid; **I get a phone call that Bon Scott has died** *Sunday Times*, 28. Oktober 2012; **Don't fucking joke! Don't fucking wake me up to tell me this fucking shit** Engleheart, ibid; **It wasn't Alistair's fault** *Advertiser*, 12. Februar 2000; **On the night he died he'd been writing song lyrics all day** *West Australian*, 8. Juli 2006; **Struck by the fact Bon's neck was twisted** Walker, ibid; **Category of ‚damage'** Saukko & Knight, *Knight's Forensic Pathology*, 2016; **Was still wrapped in the blanket** Unbekannte Veröffentlichung, 1980; **To be honest both [Alistair and I] really just hide from the press at the time** ABC Adelaide, ibid.

TEIL V, DIE NACHWIRKUNGEN

33 Rocker

ANGUS YOUNG **He died of what is called ‚misadventure'** *Rolling Stone* (Australia), ibid.
MALCOLM YOUNG **We weren't there but we knew exactly what went on there** Wall, ibid.
SONSTIGES **Level of diagnostic accuracy** Treasure, „The Coroner's Autopsy: Do We Deserve Better?, A Report of the National Confidential Enquiry [sic] into Patient Outcome and Death", 2006; **Probably true** Treasure, ibid; **Accurate beyond reasonable**

doubt Treasure, ibid; **The cause of death remains unknown** southlondoncoroner.org, 2016; **How, when and where the death occurred** southlondoncoroner.org, ibid; **Drugs and poisons could be detected in low concentrations** Butterworth, *What Good Is a Coroner?: The Transformation of the Queensland Office of Coroner 1859–1959*, April 2012; **There are many questions about the death and the coroner's report that have remained unanswered** *Sun-Herald*, 11. April 1999; **The singer's liver, kidneys and general health had been excellent** *Sounds*, ibid; **The equivalent of half a bottle of whisky** Putterford, ibid; **Choked on his own vomit after one of many heavy drinking sessions** *Music Backtrack* (blog), 18 Februar 2012; **Scott was a man of considerable talent who was the captain of his own destiny** Unbekannte Veröffentlichung, 1980; **If Bon had been seeing a doctor, I would have known about it** Wall, ibid; **Bon sort of pushed the physical bounds** ABC Adelaide, ibid; **Cleared of any wrongdoing** Johnson, ibid; **Mr Kennear [sic] said that when he woke up** *Guardian*, 23. Februar 1980; **Told the court [sic] that Scott, who joined the band in Australia** Unknown publication, 1980.

34 <u>Ain't No Fun (WAITING 'Round To Be A Millionaire)</u>

BRIAN JOHNSON **[Bon] had a terrible thing happen to him when he passed on** *USA Today*, 5. Juni 2011.

MALCOLM YOUNG **Someone had to tell them, you know** *Behind the Music: AC/DC*, ibid.

MARK EVANS **Bon certainly wasn't an alcoholic** Putterford, ibid.

SONSTIGES **Bon's parents first heard of their son's death on the radio** *Rolling Stone* (Australia), ibid; **I can remember like it was yesterday when I heard Ron had died** *West Australian*, ibid; **It was a Uniting Church service** Walker, ibid; **Bon wasn't an alcoholic** Putterford, ibid, 1992; **He wasn't an alcoholic** *Rolling Stone* (Australia), ibid; **Scott didn't use heroin**

Rolling Stone (Australia), Januar 2006; **Bon was an alcoholic, not a junkie** *Age*, 13. Juli 1994; **No one gave Bon drugs** Walker, ibid.

35 High Voltage

SONSTIGES **All Chick and Isa got was a suitcase** Walker, ibid; **He always said he was going to be a millionaire** *Australian*, 1. Juli 2006; **He was writing words for their *Back In Black* album when he died** *West Australian*, ibid; **When [Bon] died we didn't get any of his belongings back** *West Australian*, ibid**;** **Never saw any [note]books** Fink, *The Youngs*, ibid; **A cassette on which Bon had recorded the words also disappeared** *Sounds*, 14. Februar 1981; **His then manager Peter Mensch, an asshole** *Paris Match*, 27. Juli 2015.

36 It's A Long Way To The Top (If You Wanna Rock 'N' Roll)

ANGUS YOUNG **He had this pile of lyrics he'd been kicking about** *Guitar World*, April 2003; **Some things we can't do, you know, that was strictly Bon's songs, and things** *Countdown*, 1981; **No, we were gonna start working on the lyrics with him the next week [after he died]** *Record Collector*, Januar 1996; **The week he died, we had just worked out the music and he was going to come in and start writing lyrics** *Guitar World*, Januar 1998; **Bon was just about to come and start working with us writing lyrics just before he died** *Island Ear*, ibid; **There was nothing [on *Back In Black*] from Bon's notebook** *Classic Rock*, August 2005; **George would look through [Bon's] book** *West Australian*, 21 November 1997.

SONSTIGES **Not totally certain about *Back In Black*** Fink, *The Youngs*, ibid.

37 Dirty Deeds Done Dirt Cheap

BRIAN JOHNSON **Bollocks** *Classic Rock*, 23. November 2000.

SONSTIGES **A few of the *Back In Black* album's tracks had been demoed before Bon's death** The Rockpit, Datum unbekannt.

38 Rock 'N' Roll Singer

BRIAN JOHNSON **I'd met Bon in Hull years before when he'd supported us** *Classic Rock*, ibid; **That one day changed my life** *Times Leader*, 2000.

SONSTIGES **They asked me to join AC/DC after Bon Scott died** Fink, *The Youngs*, ibid.

39 You Shook Me All Night Long

BRIAN JOHNSON **I don't believe in spirits and that** Wiederhorn & Turman, *Louder Than Hell*, 2013; **About three, four months [sic] after Bon's death, I'm in The Bahamas** *New York Post*, 12. Juni 2011; **More than I ever did, took things from real life** *No Nonsense*, 2001; **The closest I got to America was when I was with Geordie** *Record Mirror*, 26. Juli 1980; **Go to Texas** *Rolling Stone*, 7. Dezember 2000; **We were in The Bahamas and I had seen a couple of American girls** *No Nonsense*, ibid; **I'd seen them [American women] on the TV** *VH1's Ultimate Albums: Back In Black*, 2003; **It was as quick as it had to be, which was that night** Absolute Radio, 2014; **They played a couple of the riffs** Absolute Radio, 2010.

40 Live Wire

ANGUS YOUNG **One night Bon got drunk** *Gazette*, 18. Oktober 1979.

BRIAN JOHNSON **I know that [Bon] approves of what the new line-up is trying to do** *Kerrang!*, Februar/März 1982; **To me, it might be one of the best rock songs ever written – if I do say so myself** *New Musical Express*, 23. März 2009.

MALCOLM YOUNG **Complete bollocks** *Classic Rock*, September 2003.

SONSTIGES **You've got to find someone else. Whatever you do, don't stop** *SPIN*, September 2009; **As a family, we were all shocked** *Australian*, ibid; **Astonishingly, he received a letter from his late brother Bon in 1984** Renshaw, *Live Wire*, 2015; **Bon said if the next record didn't work out** *Australian*, ibid.

41 Let There Be Rock

Keine.

AUSKLANG

Ride On

ANGUS YOUNG **We didn't make any, really any money** *Night Flight*, 1983.

BRIAN JOHNSON **It's a hard question to answer** *Circus*, Dezember 1983.

MARK EVANS **Sometimes, I think, „Gee, boy, it would have been great if Bon had have been able to hang [on] for one more record"** Fink, bis dato unveröffentlichtes Zitat, 2013.

SONSTIGES **Those of us in Australia who knew Bon well** *Advertiser*, Datum unbekannt, 2008.

Bücher

AC/DC: Hell Ain't a Bad Place to Be, Mick Wall, Orion Books, London, 2012

AC/DC, High-Voltage Rock 'N' Roll: Die Ultimative Biografie, Phil Sutcliffe, Edel, Hamburg, 2010

AC/DC in the Studio: The Stories Behind Every Album, Jake Brown, John Blake Publishing, London, 2010

AC/DC, Maximum Rock & Roll: The Ultimate Story of the World's Greatest Rock Band, Murray Engleheart mit Arnaud Durieux, HarperCollins, Sydney, 2009; (überarbeitete Auflage) HarperCollins, Sydney, 2015

AC/DC: Shock to the System, Mark Putterford, Omnibus Press, London, 1992

AC/DC: The Kerrang! Files!, The Definitive History, Malcolm Dome (ed.). Virgin Books, London, 1995

AC/DC: The World's Heaviest Rock, Martin Huxley, St Martin's Griffin, New York, 1996

AC/DC: Tours de France 1976–2014, Philippe Lageat & Baptiste Brelet, Éditions Point Barre, Parmain, 2014

AC/DC, Two Sides to Every Glory: The Complete Biography, Paul Stenning, Chrome Dreams, New Malden, 2005

Alcoholics Anonymous: The Story of How Many Thousands of Men and Women Have Recovered from Alcoholism (The Big Book), Bill Wilson, Works Publishing Company, New York, 1939

Alice Cooper: Golf Monster: How a Wild Rock 'N' Roll Life Led to a Serious Golf Addiction, Alice Cooper, Aurum Press, London, 2007

Almost a Celebrity: A Lifetime of Night-Time, James Whale, Michael O'Mara Books, London, 2007

An A-Z of Hellraisers: A Comprehensive Compendium of Outrageous Insobriety, Robert Sellers, Random House, London, 2010

The Billboard Book of Top 40 Hits, 9th Edition: Complete Chart Information about America's Most Popular Songs and Artists, 1955–2009, Joel Whitburn, Billboard Books, New York, 2010

Buzzed: The Straight Facts about the Most Used and Abused Drugs from Alcohol to Ecstasy (Fully Revised and Updated Fourth Edition), Cynthia Kuhn, Scott Swartzwelder & Wilkie Wilson, W. W. Norton & Company, New York, 2014

Dirty Deeds: My Life Inside and Outside of AC/DC, Mark Evans, Allen & Unwin, Sydney, 2011

Dog Eat Dog: A Story of Survival, Struggle and Triumph by the Man Who Put AC/DC on the World Stage, Michael Browning, Allen & Unwin, Sydney, 2014

Drugs the Straight Facts: Quaaludes, Justin T. Gass, Ph.D., Chelsea House, New York, 2008

Encyclopedia of Television Series, Pilots and Specials 1974–1984, Volume II, Vincent Terrace, New York Zoetrope, New York, 1985

The First Rock & Roll Confidential Report: Inside the Real World of Rock & Roll, Dave Marsh and the editors from *Rock & Roll Confidential*: Lee Ballinger, Sandra Choron, Wendy Smith, Daniel Wolff, Pantheon Books, New York, 1985

FM Atlas and Station Directory: A Handy Reference to the FM Stations of the United States, Canada and Mexico, Bruce F. Elving Ph.D, FM Atlas Publishing Co, Adolph, Auflagen von 1976 und 1978

Get the Led Out: How Led Zeppelin Became the Biggest Band in the World, Denny Somach, Sterling Publishing, New York, 2012
Get Your Jumbo Jet Out of My Airport: Random Notes for AC/DC Obsessives, Howard Johnson, The Black Book Company, Pewsey, 1999
The Girl: A Life in the Shadow of Roman Polanski, Samantha Geimer, Atria Books, New York, 2013
The Grove Dictionary of American Music, Second Edition, Volume One, Charles Hiroshi Garrett (ed.), Oxford University Press, New York, 2013
Highway to Hell: The Life and Times of AC/DC Legend Bon Scott, Clinton Walker, Pan Macmillan, Sydney, 1994; (überarbeitete nordamerikanische Auflage mit dem Titel: *Highway to Hell: The Life and Death of AC/DC Legend Bon Scott*)
Chorus Press, Portland, 2007; (überarbeitete australische Auflage mit dem Titel *Highway to Hell: The Life and Death of AC/DC Legend Bon Scott)* Pan Macmillan, Sydney, 2015
House of Hits: The Great Untold Story of Australia's First Family of Music, Jane Albert, Hardie Grant Books, Melbourne, 2010
Knight's Forensic Pathology, Fourth Edition, Prof. Pekka Saukko & Prof. Bernard Knight, CRC Press, Boca Raton (FL), 2016
Live Wire: Bon Scott, a Memoir by Three of the People Who Knew Him Best, Mary Renshaw, John Darcy & Gabby Darcy, Allen & Unwin, Sydney, 2015
Louder Than Hell: The Definitive Oral History of Metal, Jon Wiederhorn und Katherine Turman, HarperCollins, New York, 2013
Miami, Joan Didion, Simon and Schuster, New York, 1987
Music, Money and Success: The Insider's Guide to Making Money in the Music Business, 7. Auflage, Jeffrey Brabec & Todd Brabec, Schirmer Trade Books, New York, 2011
My Bon Scott, Irene Thornton mit Simone Ubaldi, Pan Macmillan, Sydney, 2014
The New American Standard Bible, The Lockman Foundation, Foundation Publications, Anaheim, 1997

The One and Only: Peter Perrett – Homme Fatale, Nina Antonia, SAF Publishing, Wembley, 1996

The Pursuit of Oblivion: A Global History of Narcotics 1500–2000, Richard Davenport-Hines, Weidenfield & Nicolson, London, 2001

The Rock and Roll Hall of Fame: The First 25 Years, The Rock & Roll Hall of Fame Foundation, HarperCollins, New York, 2009

The Rock Who's Who, 2. Auflage, Brock Helander, Schirmer Books, New York, 1996

The Rolling Stone Album Guide, Anthony DeCurtis & James Henke mit Holly George-Warren (Hrsg.), Random House, New York, 1992

Rolling Stone: The Seventies, Holly George-Warren (Hrsg.), Simon & Schuster, London, 1998

Sophisto-Punk: The Story of Mark Opitz & Oz Rock, Mark Opitz, Random House Australia, Sydney, 2012

Texas Music, Rick Koster, St Martin's Press, New York, 1998

This Business of Music: The Definitive Guide to the Music Industry, 8. überarb. Auflage, M. William Krasilovsky & Sidney Shemel mit Beiträgen von John M. Gross, Billboard Books, New York, 2000

The Virgin Encyclopedia of Popular Music, Colin Larkin (Hrsg.), 4., durchges. Auflage, Virgin Books, London, 2002

Vanda & Young: Inside Australia's Hit Factory, John Tait, University of New South Wales Press, Sydney, 2010

You Can't Always Get What You Want: My Life with The Rolling Stones, The Grateful Dead and Other Wonderful Reprobates, Sam Cutler, ECW Press, Toronto, 2010

The Youngs: The Brothers Who Built AC/DC, Jesse Fink, Random House, 2013, Australia, Sydney, 2013; (revised North American ed.) St Martin's Press, New York, 2015 (dt.: *Die Brüder Young*, Hannibal, Höfen, 2016)

DVD/TV/FILM/RADIO/VIDEO/AUDIO

AC/DC, Back In Black: Classic Albums Under Review, Umbrella Entertainment, Melbourne, 2008

„AC/DC, *Back In Black* 35th Anniversary – Angus Young, Brian Johnson, Malcolm Young“, Redbeard, *In the Studio with Redbeard*, Dallas, 2015. Originalaufnahmen aus Dallas, 1991 (Angus Young & Brian Johnson); New York City, 1992 (Angus Young & Brian Johnson); BBC, London, 1997 (Malcolm Young); und New York City, 1997 (Angus Young)

AC/DC, Highway To Hell: Classic Albums Under Review, Umbrella Entertainment, Melbourne, 2009

„AC/DC, *Highway To Hell* 35th Anniversary – Angus Young, Malcolm Young“, Redbeard, *In the Studio with Redbeard*, Dallas, 2014. Originalaufnahmen aus Dallas, 1991 (Angus Young & Brian Johnson); New York City, 1992 (Angus Young & Brian Johnson); BBC, London, 1997 (Malcolm Young); und New York City, 1997 (Angus Young)

AC/DC Gruppeninterview (Bon Scott, Angus Young, Malcolm Young, Phil Rudd), Ron E. Sparks, 2SM, Sydney, Februar 1975

AC/DC Gruppeninterview (Bon Scott, Angus Young, Malcolm Young), Ron E. Sparks, 2SM, Sydney, März 1976

AC/DC, Let There Be Rock: The Movie, Eric Dionysius und Eric Mistler (Regisseure), High Speed Productions in Zusammenarbeit mit Sebastian International, Paris, 1980

AC/DC: Live at The Palladium, New York City, August 24, 1977, Bruce Bernstein, Nuclear Magenta Films, New York, 2013

Interview mit Angus Young; Molly Meldrum, *Countdown*, Melbourne, 1986

Interview mit Angus Young; Richard Wilkins, MTV, Sydney, 1988

Interview mit Angus Young, unbekannt, MCM Euromusique, Paris, 1996

Interview mit Angus Young und Bon Scott, unbekannt, 2GZ, Orange, circa 1975/76

Interview mit Angus Young und Bon Scott; Sheila Rene, KSJO, San Jose, 21. Juli 1979

Interview mit Angus Young und Bon Scott; Vince Lovegrove, Paul Drane (dir.), *Australian Music to the World*, Atlanta, 1978

Interview mit Angus Young und Brian Johnson; Allan Handelman, *Night Flight* (unbearbeitete Aufnahmen), Raleigh (NC), 1983

Interview mit Angus Young und Brian Johnson; Christian O'Connell, Absolute Radio, London, 2014

Interview mit Angus Young und Brian Johnson; Howard Stern, SiriusXM, New York, 2014

Interview mit Angus Young und Brian Johnson; Molly Meldrum, *Countdown*, Melbourne, 1981

Interview mit Angus Young und Cliff Williams, unbekannt, Reddit, San Francisco, 15. November 2014

Behind the Music: *AC/DC*, VH1, Viacom International, New York, 2000

Blood + Thunder: The Sound of Alberts (in Großbritannien veröffentlicht aks: *The Easybeats to AC/DC: The Story of Aussie Rock*), Paul Clarke (Produzent), Bombora Film & Music Co., Sydney, 2015

Todesnachricht Bon Scott, unbekannt, BBC, London, 20. Februar 1980

Todesnachricht Bon Scott, unbekannt, 2SM, Sydney, 21. Februar 1980

Todesnachricht Bon Scott, unbekannt, 5AD, Adelaide, 21. Februar 1980

Interview mit Bon Scott; Angela Morgan, Kent North Radio, Liverpool (GB), 6. November 1979

Interview mit Bon Scott; Jay Crawford, *Edinburgh Rock*, Radio Forth, Edinburgh, 31. Oktober 1978

Interview mit Bon Scott; Dennis Frawley, WABX, Detroit, 1979

Interview mit Bon Scott; Molly Meldrum, *Countdown*, Melbourne, 1. November 1977

Interview mit Bon Scott; Neal Mirsky, WDIZ, Orlando, 1979

Interview mit Bon Scot; Vince Lovegrove, 5KA, Adelaide, 1977

Bon Scott-Porträt, Naomi Robson (Moderatorin), *Today Tonight*, Seven Network, Sydney, 1993

Bon Scott-Hommage, Ron E. Sparks, 2SM, Sydney, 1980

Interview mit Brian Johnson; Alan K. Stout, *Times Leader*, Wilkes-Barre (PA), 2000

Interview mit Brian Johnson; Leona Graham, Absolute Radio, London, 2010

Califfornia World Music Festival-Werbeclip, KMET 94.7 und Wolf-Rissmiller Concerts, Los Angeles, 1979

Interview mit Cliff Williams; Thomas S. Orwat, Jr., GlamMetal.com, Buffalo, 2007

Interview mit Clinton Walker; Fionn Davenport, *Davenport After Dark*, Dublin, 2013

Interview mit Colin Burgess; Jack Cool (Jimmie Macmullin Jr), mixcloud.com, Nova Scotia (Kanada), 26. Juli 2016

Posting von Dave Stevens, Dave Stevens, facebook.com, Melbourne, 18. Februar 2016

Interview mit John Darcy und Mary Renshaw; Sarah Harris, *Studio 10*, Sydney, 13. Oktober 2015

Family Jewels, AC/DC, Epic Music Video, New York, 2005

„Hollywood Sportatorium Was a Place For Rock and Roll But Now You Find Roast Beef", *South Florida's Dubious History* (Videoreihe), Wayne K. Roustan, *Sun-Sentinel*, Fort Lauderdale (FL), 9. März 2015

Interview mit Lemmy Kilmister, unbekannt, R3TV, Norwegian Broadcasting Corporation, Oslo, 2008

Interview mit Mary Renshaw; Wendy Stapleton, *Wrokdown*, Channel 31, Melbourne, 11. Juli 2016

Interview mit Mary Renshaw und Jeff Jenkins; Pauly P, Triple R, Melbourne, 25. Oktober 2015

Posting von Mary Renshaw, Mary Renshaw, facebook.com, Melbourne, 20. Juli 2016

Ozzy Osbourne: Don't Blame Me, Jeb Brian (dir.), Epic Music Video, New York, 1991

Interview mit Margaret „Silver" Smith; Matthew Abraham, ABC Adelaide, Adelaide, 2 März 2010

Interview mit Mark Evans, Jesse Fink, bis dato unveröffentlichte Zitate, Sydney, 2013

Interview mit Mark Evans; Dr. Volker Janssen, acdccollector.com, New York, 1998

Miami in the 1970s, Martha Sugalski und Ike Seamans (Moderatoren), NBC 6 South Florida, Miami, 2000

Interview mit Noel Taylor; Dr. Volker Janssen, acdccollector.com, New York, 2007

Interview mit Paul Chapman; Eddie Trunk, *Eddie Trunk Live*, SiriusXM, New York, 20. Juli 2015

Interview mit Peter Mensch, Bianca Hauda, 1Live, Köln, 3. Juli 2015

Interview mit Peter Mensch; Louise Mensch, Royal Albert Hall, London, 2014

Interview mit Phil Rudd; Brady Halls, *A Current Affair*, Channel Nine, Sydney, 5. Mai 2015

Korrespondenz mit Rob Riley; Jesse Fink, bis dato unveröffentlichte Zitate, Sydney, 2013

Rock and a Hard Place: Another Night at The Agora, Aaron T. Wells (dir.), Maxim Films, Fort Lauderdale (FL), 2008

Korrespondenz mit Silver Smith; Jesse Fink, Sydney, 2016

Silver Smiths unvollendetes Manuskript, Silver Smith, Jamestown (Australia), 2016

Interview mit Stevie Wright, unbekannt, *Beatbox*, ABC, Sydney, circa 1985

Interview mit Ted Nugent, Layne „Doc" Roberts, Penn's Peak Radio, Jim Thorpe (PA), 2014

VH1's Ultimate Albums: Back In Black, AC/DC, VH1, Viacom International, New York, 2003

Interview mit Vince Lovegrove Interview, Dr. Volker Janssen, acdc-collector.com, New York, 2001

Interviews mit Vince Lovegrove interviews, The Prism Archive, Prism Films, London, 2012

Briefe/Pressemitteilungen/handgeschriebene Lyrics/ Booklets/Hochschulschriften/E-Mails/Reportagen/ offizielle Unterlagen/Sonderausgaben/sonstige Dokumente

„AC/DC", mit Schreibmaschine abgetippte Geschichte von Rennie Ellis, Atlanta, 1978

AC/DC, Aktuelle Dokumentation Nr. 5, unbekannt, Drei Sterne Verlagsanstalt, Schaan (Liechtenstein), 1981

„AC/DC, Flash and the Pan, John Paul Young, Angel City (The Angels)", Werbematerial Albert Productions, Sydney, 15. März 1980

„AC/DC History", Kalkulationstabelle Sunshine Promotions, Steve Sybesma, Miami, 2015

„A Correctly Referenced Error", Brief von David Zelcer, *Goldmine*, Iola (WI), 3. September 2004

„Aerosmith: America's Biggest Draw", Werbematerial Columbia Records, New York, 1978

„Aerosmith: The Chronology", Pressemitteilung, Geffen Records, Los Angeles, 1989

„Alistair Keith Kinnear", Totenschein, Rosario María Acosta García (funcionario delegado), Registro Civile Central, Madrid, 30. Dezember 2015

„Alistair Kinnear", Board of Trade: Commercial and Statistical Department and Successors, Inwards Passenger Lists, National Archives of the United Kingdom, Kew, 1959

The AOR Story, Mike Harrison (Hrsg.), Radio & Records, Inc., Los Angeles, 1978

„Armadillo World Headquarters: 1977 Calendar“, Micael Priest, Austin, 1976

„Artisan Recorders, Inc.“, Artisan Recorders, Inc., Fort Lauderdale (FL), 1978

„A Survey of Forensic Pathology in England Since 1945“, A. K. Mant, *Journal of the Forensic Science Society*, Vol. 13, Issue 1, Harrogate, Januar 1973

„ATI Artist's Statement“, American Talent International, New York, 26. August 1977

„Atlantic Sets Records“, unbekannt, *Fred Magazine*, Monterey (CA), 12. November 1979

Bon Scott and the Blues Lyric Formula, J. P. Quinton, Amazon Kindle Direct Publishing, Fremantle, 2016

„Bon Scott's Memorial at Fremantle Cemetery“, National Trust of Australia (Western Australia) Historic Places Assessment Form, Helena Waldmann, Perth, Oktober 2004 (überarbeitet im Februar 2005 und September 2005)

„Califfornia World Music Festival“, Werbematerial Wolf & Rissmiller Concerts, Wolf & Rissmiller, Los Angeles, Februar und März 1979

„Certified Copy of an Entry, Death, Ronald Belford Scott“, C. R. Harris (Standesbeamter), London, 22. Februar 1980

„Commonwealth of Australia Application for an Assisted Passage to Australia Under the United Kingdom and Australian Government Agreement: Charles Belford Scott“, Department of Immigration, Australia House, London, 27. September 1951

„Commonwealth of Australia Medical Examination: Charles Belford Scott“, Department of Immigration, Australia House, London, 19. September 1951

„The Coroner's Autopsy: Do We Deserve Better?, A Report of the National Confidential Enquiry into Patient Outcome and Death“, Prof. Tom Treasure (Vorsitzender), *The National Confidential Enquiry into Patient Outcome and Death (NCEPOD)*, London, 2006

Death certificates for Ella Joyce Allen, Carl Joseph Allen and Daniel Lynn Lankford, Texas Department of Health, Bureau of Vital Statistics, Austin, 1971, 1972 und 1976

„Early Bob Dylan Lyrics Highlight Christie's Pop Culture Sale On Juni 23", Sara Fox, Christie's, New York, 20. Mai 2009

„Ella V. Lochem", Marriage Index, *England and Wales Civil Registration Indexes*, General Register Office, London, 1980

„Ernest Leslie Loads", Birth Index, *England and Wales Civil Registration Indexes*, General Register Office, London, 1916

„Ernest Leslie Loads", Death Index, *England and Wales Civil Registration Indexes*, General Register Office, London, 1974

„Ernest Leslie Loads", Principal Probate Registry, *Calendar of the Grants of Probate and Letters of Administration Made in the Probate Registries of the High Court of Justice in England*, High Court of Justice, London, 1974

„The Estate of Ronald Belford Scott, Late of Spearwood in the State of Western Australia", *Government Gazette of Western Australia*, V. Scott (Bevollmächtigter), Perth, 17. September 1982

„The Estate of Ronald Belford Scott, Late of Spearwood in the State of Western Australia", The Supreme Court of New South Wales Probate Division, John McEwen (Anwalt), Sydney, 9. Juli 1980

Fatal Intoxication as a Consequence of Intranasal Administration (Snorting) or Pulmonary Inhalation (Smoking) of Heroin, I. Thiblin, S. Eksborg, A. Petersson, A. Fugelstad & J. Rajs, Department of Forensic Medicine, Karolinska Institutet, Stockholm, 2003

„Hi Malcolm", Brief von Roy Allen an Malcolm Young, Rockdale (TX), circa 2000

„If You Want Blood You've Got It", Werbematerial Atlantic Records, Atlantic Records, New York, 1978

„In Late 1978 I Met Silver Smith", Stellungnahme Alistair Kinnears gegenüber Maggie Montalbano, *Metal Hammer & Classic Rock Present AC/DC*, Future Publishing, London, 2005

„Master Ronald Belford Scott“, *Inward Passenger Manifests for Ships and Aircraft Arriving at Fremantle, Perth Airport and Western Australian Outposts from 1897–1963*, National Archives of Australia, Canberra, 1952

The Monthly Weather Report: Compiled from Returns of Official and Voluntary Observers, Volume 97, Number 2, Meteorological Office, Exeter, Februar 1980

„Overdue about Sailing Ship ‚Danarah‘“, Fax-Benachrichtigung des Maritime Rescue Coordination Centre La Garde, Sainte Marguerite (Frankreich), 24. August 2006

„Renault 5“, Broschüre, Renault Limited, London, 1973

„Rock 'N' Roll Blues“, Bon Scott, nicht aufgenommene und unveröffentlichte handgeschriebene Lyrics, Sydney, 1976

„*Rock Or Bust* World Tour Continues with Axl Rose“, AC/DC-Pressemitteilung, New York, 16. April 2016

„Ronald Belford Scott“, Death Index, *England and Wales Civil Registration Indexes*, General Register Office, London, 1980

„Silver Smith“, *British Phone Books*, British Telecom Archives, London, 1976

„Summerfun Concerts at the Capital Centre“, Werbematerial Capital Centre, Capital Centre, Largo (MD), 3. Juni 1979

„To All Music Freaks“, Brief an Radiosender von Tunc Erim, Michael Klenfner und Perry Cooper, Atlantic Records, New York, 1978

„U.F.O“, Pressemitteilung, Chrysalis Records, Los Angeles, 1976

„UFO: A Message from the Heavy Mob“, Werbematerial Chrysalis, Chrysalis Records, London, 1977

„Universals“, Jeff Green (ed.), *Fred Magazine*, Fear and Loathing, Monterey (CA), 15. Oktober 1979

„Well I Headed Down Town“, Bon Scott, nicht aufgenommen und unveröffentlichte hanndgeschriebene Lyrics, Sydney, 1976

What Good Is a Coroner?: The Transformation of the Queensland Office of Coroner 1859–1959, Lee Karen Butterworth, Griffith University, April 2012

„When Foreigner Hits a Town They're Not Strangers for Long", Werbematerial Atlantic Records, New York, 1977

„You Shook Me All Night Long", Werbematerial Atlantic Records, Atlantic Records, New York, 1985

Bootlegs

AC/DC: Against The Current, Klub Musik, live in Cleveland und Columbus, aufgenommen 1977 und 1978, veröffentlicht 1989

AC/DC: Blues Booze N' Tattoos, Reef Raff Records, live in Nashville, aufgenommen 1978, Veröffentlichungsdatum unbekannt

AC/DC: The Complete Soundboard Collection With Bon Scott 1976–1979, Wonderland Records, live in diverse Locations 1976–79, veröffentlicht 2011

AC/DC: Live At Cleveland Agora, Observation Records, live in Cleveland, aufgenommen 1977, veröffentlicht 1991

AC/DC: Living In The Hell, Flashback World Productions, live in Towson, aufgenommen 1979, veröffentlicht 1991

AC/DC: Nearing The End Of The Highway, Lost and Found, live in Newcastle upon Tyne (England), aufgenommen 1980, veröffentlicht 2009

Bon Scott Forever, Jack Records, live in diversen Locations 1976–80, veröffentlicht 2000

The Bon Scott Project 1979–1980, „Extraneous Material", Howling Leg, Interviewsammlung, veröffentlicht 2013

Loose-Connection: Live At Fort Lauderdale, In Miami [sic], *On 02. August 77* [sic], AC/DC, unbekannt, live in Fort Lauderdale, aufgenommen 1977, Datum der Veröffentlichung unbekannt

Unveröffentlichte Bootlegs: 10. September 1979, Long Beach, CA; 30. Oktober 1979, Manchester, England; 7. Dezember 1979, London, England

Albumcovers/Linernotes

Back In Black, AC/DC, Columbia Records, New York, 2003 (ursprünglich 1980)

„Banks Of The River“ b/w „Devil's Hour“, Screw, Shagrat Records, London, 2007

Bonfire, AC/DC, East West Records, New York, 1997

Captured, Journey, Columbia Records, New York, 1981

It's What Inside That Counts, Critical Mass, MCA Records, Los Angeles, 1980

Lights In The Night, Flash and the Pan, Albert Productions, Sydney, 1980

Lights Out, UFO, Chrysalis Records, London, 1999 (ursprünglich 1977)

Long Way To The Top, Nantucket, Epic Records, New York, 1980

Solo In Soho, Philip Lynott, Warner Bros Records, New York, 1980

Podcasts

„Theology of Rock with Barry Taylor“, Tripp Fuller, *Homebrewed Christianity*, Redondo Beach (CA) 8. Juli 2012

Zeitungs- und Zeitschriften- und Online-Artikel/Musik-Charts

„The Accidental Superstar“, Mark Binelli, *Rolling Stone*, New York, 18. März 2004

„AC/DC“, Richard Harrington, *Washington Post*, Washington, DC, 4. August 1980

„AC/DC“, John Holmstrom, *Punk*, New York, Mai/Juni 1978

„AC/DC“, Liz Lufkin, *Trouser Press*, New York, Dezember 1980

„AC/DC", John Rapa, *Record Collector*, London, Januar 1996
„AC/DC", Steven Rosen, *Record Review*, Los Angeles, Vol. 5 No. 3, Juni 1981
„AC/DC: Always Current", Jim Farber, *Daily News*, New York, 28. August 2000
„AC/DC and Nothing Can Harm Them!" J. Kordosh, *CREEM*, Birmingham (MI), April 1984, Vol 15. No. 11
„AC/DC and the Gospel of Rock & Roll", David Fricke, *Rolling Stone*, New York, 13. November 2008
„AC/DC's Angus Young Discusses Bon Scott and the *Bonfire* Box Set", Tom Beaujour, *Guitar World*, New York, Januar 1998
„AC/DC Announce New Bass Player", unbekannt, 1977
„AC/DC Are Back in Black", Andy Secher, *Hit Parader*, Derby (CT), Mai 1982
„AC/DC: Australia Has Punk Rock Bands Too Y'know", Anthony O"Grady, *RAM*, Sydney, 19. April 1975
„AC/DC's Angus Young: ‚I'd Put Eddie Van Halen in That Category of Being an Innovator Like Hendrix'", Neil Zlozower, *Van Halen News Desk*, Phoenix, 31. August 2011
„AC/DC's Bon Scott Dies", unbekannt, 1980
„AC/DC's Brian Johnson Issues Statement on Departure from Group", Matthew Wilkening, ultimateclassicrock.com, Greenwich (CT), 19 April 2016
„AC/DC's Brian Johnson Pens Passionate Memoir", Matt Manochio, *USA Today*, McLean (VA), 5. Juni 2011
„AC/DC, Band in a Filmed Concert", Stephen Holden, *New York Times*, New York, 26. Mai 1982
„AC/DC Bon's Mum Dies at 92", unbekannt, *Weekend Courier*, Perth, 9. September 2011
„AC/DC Can't Match Its Earlier Heights", Terry Higgins, *Milwaukee Sentinel*, Milwaukee, 9. Dezember 1983
„AC/DC Celebrate Their Quarter Century", Sylvie Simmons, *MOJO*, London, Dezember 2000

„AC/DC Charged with High Intensity“, Lennox Samuels, *Milwaukee Star*, Milwaukee, 16. April 1981

„AC/DC's EastWest Boxed Set Pays Tribute to Bon Scott“, Mark Marone, *Billboard*, New York, 15. November 1997

„AC/DC Equates Music with War“, Stephen Holden, *New York Times*, New York, 9. Dezember 1981

„AC-DC Fails to Generate Variety“, Richard Cromelin, *Los Angeles Times*, Los Angeles, 31. August 1977

„AC/DC Fever“, Shane Rockpit, therockpit.net, Perth, 23. Februar 2010

„AC/DC's Founding Music Label Alberts Has Sold to BMG“, Jessica Gardner, *Australian Financial Review*, Sydney, 5. Juli 2016

„AC/DC: Forever Young“, Glenn A. Baker, *Age*, Melbourne, 5. Februar 1988

„AC/DC Gets the Sword on New Disc“, Dave Dawson, unbekannt, 20. August 1980

„AC/DC Group to Pay Bond“, unbekannt, *Age*, Melbourne, 10. Januar 1977

„AC-DC Heeft met Elektriciteit te Maken“, unbekannt, *Leeuwarder Courant*, Leeuwarden (Niederlande), 11. November 1978

„AC/DC's High-Voltage Sonic Assault“, Ira Kaplan, *Rolling Stone*, New York, 16. November 1978

„AC/DC, *Highway To Hell*“, unbekannt, *Billboard*, New York, 18. August 1979

„AC/DC in Dallas“, unbekannt, *Record World*, New York, 27. Oktober 1979

„AC/DC in the Spotlight“, Scott Tady, *Beaver County Times*, Beaver (PA), 29. Juni 2000

„AC/DC Offers Bone-Rattling Rock and Roll“, Steve Dobranski, *Cavalier Daily*, Charlottesville (VA), 19. September 1985

„AC-DC Leader Found Dead“, Reuters, *Montreal Gazette*, Montreal, 21. Februar 1980

„AC/DC Madness“, unbekannt, *Juke*, Melbourne, 14. Oktober 1978

„AC/DC May Finally Get a Little Respect with New CD", Nekesa Mumbi Moody, *Reading Eagle*, Reading (PA), 8. November 2008

„AC/DC Moomba Rock Concert", Turlough O'Meachair, *RAM*, Sydney, 9. April 1976

„AC/DC on Sex Shops, Masturbation & Hating The Ramones", Dan Condon, doublej.net.au, Sydney, 1. Mai 2014

„AC/DC: The Plot to Conquer the UK", unbekannt, *Goldmine*, Iola (WI), 17. April 2009

„AC/DC – Plug In", Tommy Marlin, *It's Only Rock 'N' Roll*, San Antonio, August 1978

„AC/DC Puts Rock Back in the Black", Patrick Goldstein, *Los Angeles Times*, Los Angeles, 18. Januar 1981

„AC/DC: Que Sea El Rock", unbekannt, *Pelo*, Buenos Aires, Februar 1984

„AC/DC's Johnson Kicked to the Curb", BJ Lisko, *Canton Repository*, Canton (OH), 15. März 2016

„AC-DC's ‚Razors Edge' Keeps its Edge, Guitarist Young Says", Mary Campbell, *Moscow-Pullman Daily News*, Moscow (ID), 8. November 1990

„AC/DC Return to Glory: Rock Legends Rally with *Fly On The Wall*", Rob Andrews, *Hit Parader*, Derby (CT), November 1985

„AC/DC's Rock Falls Down", Ed Naha, *New York Post*, New York, 25. Mai 1982

„AC/DC, Rock's First Family: The Thrilling Adventures of the Naughty But Nice Kings Of The Hill", Andy Secher, *Hit Parader*, Derby (CT), Mai 1982

„AC/DC Salute the British Blues: AC/DC, *For Those About To Rock We Salute You*", John Swenson, *Circus*, New York, Februar 1982

„AC/DC Score Heavy Overseas Workload", unbekannt, *RAM*, Sydney, 9. April 1976

„AC/DC, The Biggest Seller", Steve Morse, *Canberra Times*, Canberra, 6. Januar 1982

„AC/DC: The Last Punk Rock Band“, Chuck Eddy, *Village Voice*, New York, 15. März 1988
„AC/DC: The Shocking Truth“, David J. Criblez, *Island Ear*, Syosset (NY), April 2000
„AC—DC [sic] Spreading Sparks“, Sue Severson (Susan Masino), *Emerald City Chronicle*, Madison (WI), Januar 1978
„AC/DC: The Stories behind the Songs“, unbekannt, *New Musical Express*, London, 23. März 2009
„AC/DC: Time to Pull the Plug“, Michael A. Capozzoli, Jr., *Observer-Reporter*, Washington (PA), 22. März 1996
„AC/DC Tragedy as Scott Dies“, unbekannt, *New Musical Express*, London, Datum unbekannt
„AC/DC Turning On the Power in New Album“, unbekannt, *Sun-Herald*, Sydney, 18. Juni 1978
„AC/DC, UFO Masters of Sonic Overkill“, Alan Niester, *Globe and Mail*, Toronto, 13. Juni 1979
„AC/DC's Vince Lovegrove [sic] Recalls How He Took on Bon Scott“, Vince Lovegrove, *Advertiser*, Adelaide, 21. November 2008
„AC/DC: Wired for Success“, David Fricke, *Circus*, New York, 16. Januar 1979
„AC/DC, With Skull-Crushing Finesse“, John Leland, *Newsday*, Melville (NY), 13. November 1990
„AC/DC: Young – Fast“, Marc Maico, *Trouser Press*, New York, November 1977
„AC/DC: ‚You Shook Me All Night Long‘“, unbekannt, *Rolling Stone*, New York, 7. Dezember 2000
„AC Does It“, Robin Smith, *Record Mirror*, London, 26. Juli 1980
„A City for Musicians But Not Industry“, Frank E. Griffis, *Tonawanda News*, North Tonawanda (NY), 14. April 1978
„Acts Firmed for Coliseum“, Cary Darling, *Billboard*, New York, 10. Februar 1979

„A Day in the Life of Nesuhi Ertegun: *Billboard* Travels with WEA International Chief as He Brings a Product Show to 3 Countries“, unbekannt, *Billboard*, New York, 14. Oktober 1978

„Adds & Hots“, unbekannt, *Radio & Records*, Hollywood (CA), 1. September 1978, 9. November 1978

„Aerosmith: A Study in Almost Overnight Success“, Ed McCormack, *Ledger*, Lakeland (FL), 2. September 1976

„Aerosmith Concert a Sell-Out“, unbekannt, *Spokesman-Review*, Spokane (WA), 27. Juli 1978

„Aged Currencies“, Chuck Eddy, *huH*, Santa Monica, November 1995

„Ag Hall Hot – And So Were AC/DC, UFO“, Jack McGavin, *Morning Call*, Allentown (PA), Juni 1979

„A Hair-Raising Peter Perrett Interview“, unbekannt, *MOJO*, London, Februar 2009

„Ahmet Ertegun“, Pierre Perrone, *Independent*, London, 16. Dezember 2006

„Alarming Rate of Death Certificate Errors“, Claire McKim, deadlinenews.co.uk, Edinburgh, 30. April 2013

„Album Radio Action“, Claude Hall (Hrsg.), *Billboard*, New York, 22. Januar 1977, 16. Juli 1977, 23. Juli 1977, 30. Juli 1977, 6. August 1977, 27. August 1977; Doug Hall (Hrsg.) 24. Juni 1978, 26. August 1978, 16. Dezember 1978, 23. Dezember 1978, 6. Januar 1979, 11. August 1979, 18. August 1979, 25. August 1979, 1. September 1979

„Alice Cooper's Circus Act Brings Rupp Fans to Feet“, Barry Bronson, *Lexington Herald*, Lexington (KY), 26. Juni 1978

„Alice Cooper: It's Just Show These Days“, Bill Gupton, *Kingsport Times News*, Kingsport (TN), 8. Juli 1978

„A Long Drop from the Top: Secret Love Letters Reveal Tragic AC/DC's Singer's Torment“, Nui Te Koha, *Herald Sun*, Melbourne, 16. Februar 2006

„The Ang-ry Brigade“, Mark Putterford, *Kerrang!*, London, Januar 1986

„Angus and Malcolm Young Sound Off“, Richard Hogan, *Circus*, New York, 31. Januar 1985
„Angus Young“, Elissa Blake, *Rolling Stone*, Sydney, Mai 1998
„Angus Young: ‚AC/DC wordt Meer Gekraakt Dan Welke Band Ook‘“, Jip Golsteijn, *De Telegraaf*, Amsterdam, 27. März 1982
„Angus Young Looks Forward“, Bruce Elder, *Rolling Stone*, Sydney, Mai 2007
„AOR“, Jeff Gelb (AOR Hrsg.), *Radio & Records*, Hollywood (CA), 19. Januar 1979, 9. November 1979, 14. Dezember 1979
„AOR Activity“, Jeff Gelb (AOR Hrsg.), *Radio & Records*, Hollywood (CA), 23. Juni 1978, 1. September 1978; Mike Harrison (AOR Hrsg.) 5. August 1977, 9. September 1977
„Armadillo Auction Was a Walk Down Memory Lane“; Bill Martin, *Rockdale Reporter*, Rockdale (TX), 22. Januar 2015
„As Record Costs Set Record, Some Artists Battle Back“, John H. Fisher, *Beaver County Times*, Beaver (PA), 19. Juni 1981
„Atlantic Pushing“, unbekannt, *Billboard*, New York, 21. Mai 1977
„Atlantic Rocks“, Craig Rosen, *Billboard*, New York, 17. Januar 1998
„Atlantic Weather – Noon Feb. 17“, *Daily Telegraph*, London, 18. Februar 1980
„Atlantic Weather – Noon Feb. 18“, *Daily Telegraph*, London, 19. Februar 1980
„Atlantic Weather – Noon Feb. 19“, *Daily Telegraph*, London, 20. Februar 1980
„A–Z: Das Grosse AC/DC – ABC!“, unbekannt, *POP/Rocky*, Baar (Schweiz), 5. August 1981
„Audio-Music Men: These Musicians Are All Ears When Turning on Their Hi-Fis“, Gary Graifman, *Circus*, New York, 24. November 1977
„Australian Rockers Tour U.S. with Wrecking-Crew Act“, Knight Ridder Newspapers, *Gazette*, Montreal, 18. Oktober 1979
„A Year of Pop: Above All, There is Wonder“, David Chartrand, *Lawrence Journal-World*, Lawrence (KS), 31. Dezember 1977

„Back in Book“, Larry Getlen, *New York Post*, New York, 2. Juni 2011

„Back in the Ring with a Nervous AC/DC“, Richard Hogan, *Circus*, New York, Dezember 1983

„Back with the Bully Boys“, Phil Sutcliffe, *Sounds*, London, 26. Juli 1980

„Bad Seed“, Kate Legge, *Australian*, Sydney, 19. Februar 2010

„Ballroom Blitz“, Geoff Strong, *Sunday Age*, Melbourne, 14. Februar 1993

„Band Members Say it's All Fun“, Associated Press, *Hour*, Norwalk (CT), 8. April 1982

„Basic Rock Makes a Comeback“, Bruce Meyer, *Wilmington Morning Star*, Wilmington (NC), 16. Dezember 1976

„Beneath the Faded Jeans There's Plenty of Green“, Barbara Lewis, *Ledger*, Lakeland (FL), 4. Januar 1974

„*Billboard* Hot 100“, unbekannt, *Billboard*, New York, 13. Oktober 1979, 20. Oktober 1979, 27. Oktober 1979, 3. November 1979, 10. November 1979, 17. November 1979, 24. November 1979, 1. Dezember 1979, 8. Dezember 1979, 15. Dezember 1979

„*Billboard's* Recommended LPs: Pop“, unbekannt, *Billboard*, New York, 9. Juli 1977, 10. Juni 1978, 9. Dezember 1978, 18. August 1979

„*Billboard* Top Boxoffice“, unbekannt, *Billboard*, New York, 13. August 1977, 27. August 1977, 16. September 1978, 23. September 1978, 30. September 1978, 7. Oktober 1978, 14. Oktober 1978, 20. Oktober 1979, 27. Oktober 1979

„*Billboard* Top LPs & Tape“, unbekannt, *Billboard*, New York, 13. August 1977, 20. August 1977, 27. August 1977, 3. September 1977, 10. September 1977, 17. September 1977, 24 September 1977, 1. Oktober 1977, 8. Oktober 1977, 15. Oktober 1977, 24. Juni 1978, 1. Juli 1978, 8. Juli 1978, 15. Juli 1978, 22. Juli 1978, 29. Juli 1978, 5. August 1978, 12. August 1978, 19. August 1978, 26. August 1978, 2. September 1978, 9. September 1978, 16. September 1978, 23. September 1978, 30. September 1978,

7. Oktober 1978, 23. Dezember 1978, 6. Januar 1979, 13. Januar 1979, 20. Januar 1979, 27. Januar 1979, 3. Februar 1979, 10. Februar 1979, 17. Februar 1979, 24. Februar 1979, 3. März 1979, 10. März 1979, 17. März 1979, 25. August 1979, 1. September 1979, 8. September 1979, 15. September 1979, 22. September 1979, 29. September 1979, 6. Oktober 1979, 13. Oktober 1979, 20. Oktober 1979, 27. Oktober 1979, 3. November 1979, 10. November 1979, 17. November 1979, 24. November 1979, 1. Dezember 1979, 8. Dezember 1979, 15. Dezember 1979, 22. Dezember 1979, 5. Januar 1980, 12. Januar 1980, 19. Januar 1980, 26. Januar 1980, 2. Februar 1980, 9. Februar 1980, 16. Februar 1980, 23. Februar 1980, 1. März 1980

„*Billboard's* Top Singles: Pop, Recommended", unbekannt, *Billboard*, New York, 12. August 1978

„Bitz", unbekannt, *Smash Hits*, London, Vol. 2 No. 5, 6.–19. März 1980

„Bon and Me", Vince Lovegrove, *Advertiser*, Adelaide, 22. November 2008

„Bon Scott: A Wild Rocker with a Soft Centre", Tim Clarke, *West Australian*, Perth, 18. Oktober 2015

„Bon But Not Forgotten", Vince Lovegrove, *Australian Worker*, Sydney, Summer 2005

„Bon Rocks On", Carmel Egan, *Advertiser*, Adelaide, 12. Februar 2000

„Bon Scott", unbekannt, *Juke*, Sydney, 1. Oktober 1975

„Bon Scott: A Touch Too Much", Geoff Barton, *Classic Rock*, London, Februar 2005

„Bon Scott's Biggest Fan Will Miss AC/DC Show", unbekannt, *Sunday Territorian*, Darwin, 28. Februar 2010

„Bon Scott's Pre-AC/DC Bandmate Shares Vintage Letters From Late Singer, Reflects on His Legacy", Steve Baltin, *Billboard*, New York, 23. Dezember 2014

„Bon Scott Death: AC/DC Speak Out at Last", Paul Du Noyer, *New Musical Express*, London, Datum unbekannt

„Bon Scott Dies on the Highway To Hell …“, unbekannt, *Sounds*, London, 1. März 1980
„Bon Scott's Rock 'N' Roll Voyage“, Vince Lovegrove, *Sunday Age*, Melbourne, 20. Februar 2000
„The Bon Scott Legend Long Outlives Rock 'N' Roll Death“, Vince Lovegrove, *West Australian*, Perth, 8. Juli 2006
„Bon Scott Memorabilia Up For Bids“, Tiffany Wertheimer, *3rd Degree*, Edith Cowan University, Joondalup, 7. April 2006
„Bon's Way to Top of Rock“, Murray Engleheart, *West Australian*, Perth, 21. November 1997
„Book Raises Doubts Over Hutchence Suicide“, Peter Lynch, *Sun-Herald*, Sydney, 11. April 1999
„Book Shatters Myths about AC/DC Legend Bon Scott“, Chris Sweeney, *Scottish Sun*, Glasgow, 4. Dezember 2015
„Books: *House of Hits*“, John Bailey, *Sunday Age*, Melbourne, 7. März 2010
„The Bottom Line for Boomerang – Home Truths“, Jonathan Chancellor, *Sun-Herald*, Sydney, 6. Juni 1993
„Boxoffice, Stadiums & Festivals (20,000 & Over)“, *Billboard*, New York, 23. Dezember 1978
„Brian Johnson Interview“, Pekko Päivärinta & Jarmo Katila, *No Nonsense, AC/DC Webzine*, Helsinki, 2001
„‚Briefcase‘ Bulges With Blues“, Marty Racine, *Milwaukee Sentinel*, Milwaukee, 26. Januar 1979
„Charges Unlikely in Rock Star's Death“, John Huddy, *Miami Herald*, Miami, 10. Dezember 1976
„Cliff Williams: AC/DC's Venerable Undercurrent on Four Decades of Rock“, Freddy Villano, *Bass Player*, San Francisco, 11. August 2015
„Closer to the Edge“, Sylvie Simmons, *RAW*, London, Oktober 1990
„Collecting AC/DC's Bon Scott – Worldwide Releases Feature Color-Change Vinyl, Different Album Covers“, Bill Voccia, *Goldmine*, Iola (WI), 28. Mai 2004

„Concert Star Loses Fans“, Carol Wetzel, *Spokane Daily Chronicle*, Spokane (WA), 27. Juli 1978
„Concerts in the Area“, unbekannt, *Daily News*, Bowling Green (KY), 21. September 1979
„Critically Speaking, Mass Aims at the Secular“, Paul Beeman, *Good Times*, Westbury (CT), 30 September–13 Oktober 1980
„Current Affairs“, Hugh Fielder, *Sounds*, London, 28 Juli 1984
„Dead Ringers“, David Peisner, *SPIN*, New York, September 2009
„Def Leppard High 'N Dry“, Steve Mascord, *Canberra Times*, Canberra, 4 Juni 1992
„Did AC/DC's Missing Mate Fall Victim to Bon Scott's Curse?“, David Murray, *Daily Telegraph*, Sydney, 5. Februar 2010
„The Dirtiest Story Ever Told“, Phil Sutcliffe, *Sounds*, London, 28. August 1976
„Dirty Deeds Redone“, Richard Bienstock, *Guitar World*, New York, April 2003
„Disco Action“, unbekannt, *Billboard*, New York, 23. Juli 1977
„Donington Ain't a Bad Place to Be“, Paul Elliott, *Kerrang!*, London, August 1991
„Double Decade of Dirty Deeds“, Malcolm Young (in seinen eigenen Worten), *Metal CD*, London, Vol. 1 No. 1, 1992
„Drink Killed Rock Singer“, unbekannt, *Times*, London, 23. Februar 1980
„Drug Quaalude Called Health Menace“, *Washington Post* News Service, *Nashua Telegraph*, Nashua (NH), 24. August 1981
„Early Promise Unfulfilled“, Michael Symons, *Sydney Morning Herald*, Sydney, 11. September 1971
„Eagles Uncooperative“, Charles M. Young, *St. Petersburg Times*, St. Petersburg (FL), 16. November 1976
„Electric Music“, Mike Hochanadel, *Daily Gazette*, Schenectady (NY), 9. Juni 1979
„Electro Shock Blues“, Sylvie Simmons, *MOJO*, London, Dezember 2010

„Englishman for AC-DC“ [sic], unbekannt, *Canberra Times*, Canberra, 10. April 1980

„Es ist egal, ob du drei Millionen Follower hast“, Martin Scholz, *Die Welt*, Berlin, 2015

„Executive Interview: Louis Messina, TMG/The Messina Group“, Joe Reinartz, *Pollstar Talent Buyer Directory*, Fresno (CA), 2008/2009 Edition

„Februar 19, 1980“, Vince Lovegrove, *Music Backtrack* (Blog), Rosebank (Australien), 18 Februar 2012

„Fightin' Words, with or without Wit and Wisdom: Television“, Doug Anderson, *Sydney Morning Herald*, Sydney, 28. November 2008

„Finally a Post-War Baby's Show“, Jonathan Takiff, *Boca Raton News*, Boca Raton (FL), 11. Februar 1982

„Fiscale Thunderstruck: AC/DC Blijkt Net Als Rolling Stones ‚Nederlands'“, Henk Willem Smits, *Quote*, Amsterdam, 5. März 2013

„Five-Year Hot Catalog Chart“, unbekannt, *Billboard*, New York, 25. Oktober 1980

„Flying High on Air Freelandia“, *Harvard Crimson*, Sarah K. Lynch, Cambridge (MA), 27. Februar 1974

„Foreigner's Shrewd Strategy“, Dick Nusser, *Billboard*, New York, 24. Dezember 1977

„Forever Young“, Bob Gulla, *Guitar One*, New York, Juni 2000

„Former AC/DC Star Fined“, unbekannt, *Canberra Times*, Canberra, 3. Februar 1988

„Former O'Neill Team Is Reunited“, Carol Lawson, *Day*, New London (CT), 17. Januar 1979

„For Whom the Bell Tolls“, Clinton Walker, *Rolling Stone*, Sydney, Januar 2006

„For Whom the Bells Toll“, Geoff Barton und Jens Jam Rasmussen, *Classic Rock*, London, August 2005

„The Fremantle Drummer Boy“, Roy Gibson, *West Australian*, Perth, Datum unbekannt

„The Frenzy of Aerosmith“, Daniel P. Kelly, *Milwaukee Journal*, Milwaukee, 4. August 1978

„From the Music Capitals of the World“, Peter Jones, *Billboard*, New York, 8. Januar 1977; Leif Schulman, 8. Oktober 1977; Kari Helopaltio, 3. Dezember 1977; Glenn Baker, 14. Oktober 1978; Henry Kahn, 2. Dezember 1978

„Gallup Youth Survey: AC/DC Band Electrifies Teens“, George Gallup, *Free Lance-Star*, Fredericksburg (VA), 20. Januar 1982

„Gamecock/WUSC Concert Calendar“, unbekannt, *Gamecock*, Columbia (SC), 22 Juni 1978

„Get Out the Earplugs for Kiss Concert“, Ellen Aman, *Lexington Leader*, Lexington (KY), Datum unbekannt

„Great Scott!“, unbekannt, *Sydney Morning Herald*, Sydney, 2. August 1994

„Hall's Dirty Deeds Rock AC/DC Man“, Peter Holmes, *Sun-Herald*, Sydney, 19. Januar 2003

„Hard As a Rock“, Alan Di Perna, *Guitar World*, New York, Januar 1993

„Heart and the Canadian Rock Explosion: Making Music to the Northern Lights“, Kurt Loder, *Circus*, New York, 24. November 1977

„Heaven-Sent Stardom or, How to Join the Dead Rock Stars' Club“, Mark Smith, *Sunday Independent*, Dublin, 17. April 1994

„Heavy Metal and the Deep Purple Diaspora“, Larry Rohter, *Washington Post*, Washington, DC, 21. November 1976

„Heavy-Metal Singer Denies His Song Led to Suicide“, Associated Press, *Ledger*, Lakeland (FL), 22. Januar 1986

„High Speed Race Ends in Death“, *Cameron Herald*, Cameron (TX), 13. Mai 1976

„*High Voltage*: Album Review“, Billy Altman, *Rolling Stone*, New York, 16. Dezember 1976

„Highway to Hell“, Peter Watts, *Uncut*, London, Dezember 2013

„The Highway to Hell from Herne Hill“, Andrew Neather, *Evening Standard*, London, 29 Oktober 2014

„The Hits and The Missus“, Krissi Murison, *Sunday Times*, London, 28. Oktober 2012

„Hits of the World: Britain“, unbekannt, *Billboard*, New York, 12. November 1977, 10. Dezember 1977, 17. Dezember 1977, 27. Mai 1978, 3. Juni 1978, 10. Juni 1978, 17. Juni 1978, 4. November 1978, 11. November 1978, 18. November 1978, 25. November 1978, 2. Dezember 1978, 9. Dezember 1978, 16. Dezember 1978, 23. Dezember 1978, 3. März 1979

„Hits of the World: Holland“, unbekannt, *Billboard*, New York, 12. August 1978

„Hottest Teen Group on Earth: And They're Australian“, Keith Dunstan, *Sydney Morning Herald*, Sydney, 7. März 1982

„The House Ahmet Built: The Highest-Charting Albums and Singles in Atlantic Records History“, *Billboard*, New York, 24. Februar 2007

„Hush Money“, Simon Witter, *Times*, London, 17. Januar 1998

„Indict Ex-Broker in Pop Star's Death“, Theo Wilson, *Chicago Tribune*, Chicago, 22. Februar 1975

„Inside Track“, unbekannt, *Billboard*, New York, 16. April 1977, 8. September 1979

„Interview: AC/DC Are Enjoying Themselves Too Much to Retire“, Katherine Turman, *Village Voice*, New York, 1. Dezember 2014

„Interview: Former AC/DC Bassist Mark Evans on Life in the Band“, Joe Bosso, *Music Radar*, Bath, 11. Oktober 2011

„Interview with Mark Evans“, Pekko Päivärinta & Jarmo Katila, *No Nonsense, AC/DC Webzine*, Helsinki, 1999

„In the Supreme Court of New South Wales, Probate Division“, unbekannt, *Sydney Morning Herald*, Sydney, 7. August 1982

„Isa, Mother of a Rock Hellraiser“, Roy Gibson, *West Australian*, Perth, Datum unbekannt

„I Sing for the Sex“, Bon Scott (in seinen eigenen Worten), *Scream!*, unbekannt, Vol. 1, No. 11, 1975

„Is There Life After New Wave? What Really Matters and What Doesn't in Power Pop, Sophisto-Pop and The New Wave", Alan Niester, *Globe and Mail*, Toronto, 6. September 1978

„Jazz, Glitter Pop Headline Here", Jon East, *Ocala Star-Banner*, Ocala (FL), 15. März 1979

„Joe ‚The Godfather' Anthony Dies At 52", Robert Wynne, *San Antonio Light*, San Antonio, Datum unbekannt

„Keith Mant", unbekannt, *Guardian*, London, 16. November 2000

„Keith Richard [sic], Shanachie Settle Suit out of Court", Roman Kozak, *Billboard*, New York, 18. Juli 1981

„Keranng! [sic] Whang! Kerrunch! It's AC/DC!", Daniela Soave, *Record Mirror*, London, 18. August 1979

„Killer Spree", unbekannt, *Daily Mail*, London, 23. Februar 1980

„Kiss, Kiss, Bang, Bang, at Fairgrounds Concert", John Finley, *Courier-Journal*, Louisville (KY), 11. Dezember 1977

„Last Man to See Late AC/DC Frontman Missing at Sea for Three Years", David Murray, *Herald Sun*, Melbourne, 5. Februar 2010

„Leas on Life", Greg Baker, *Miami New Times*, Miami, 2. Juni 1993

„Legal Notices: In the Supreme Court of New South Wales, Probate Division", unbekannt, *Sydney Morning Herald*, Sydney, 5. August 1980

„Le Jour Où Mon Ami Bon Scott Est Mort", Bernie Bonvoisin (mit Sophie De Villenoisy), *Paris Match*, Paris, 27 Juli 2015

„Let There Be Bass: Cliff Williams of AC/DC", Scott Malandrone, *Bass Player*, San Francisco, Mai 1996

„Let There Be Rock", Ken Micallef, *Guitar One*, New York, August 2003

„Let There Be Rock: AC/DC @ the ‚Dillo'", Marky Billson, *Austin Chronicle*, Austin, 29 August 2008

„Lifelines: Deaths", unbekannt, *Billboard*, New York, 1. März 1980

„‚Lights Out' Lights Up UFO: The British Quintet Charts a Straight Ahead Course", Peter Crescenti, *Circus*, New York, 18. August 1977

„Lookin' for Stubble?“, Howard Johnson, *Kerrang!*, London, September 1990

„The Lusts of AC/DC: Band Bids for Supreme Punkdom“, Bob Granger, *RAM*, Sydney, Datum unbekannt

„Malcolm and Angus Young: Interview“, Dave Ling, *Classic Rock*, London, September 2003

„Man Sentenced in Rock Star's Death“, William Farr, *Los Angeles Times*, Los Angeles, 8. Januar 1976

„Many Top Rock Bands Plus Amateurs Will Appear at World Music Festival“, unbekannt, *Kingman Daily Miner*, Kingman (AZ), 16. März 1979

„Meadowlands Crowd Enjoys Wet Boogie“, Bruce Nixon, *Trenton Times*, Trenton (NJ), 18. Juni 1979

„Michael Browning: Manager of AC/DC, 1974–79“, Joe Matera, *Classic Rock*, London, Februar 2005

„Mick Jones Opens Up about His Battle with Addiction“, Emily Smith & Mara Siegler, *New York Post*, New York, 18. Mai 2015

„Mini Reviews“, unbekannt, *Globe and Mail*, Toronto, 28. Mai 1982

„Mick Wall: ‚If Rock Stars Are Superheroes, the Truth is Kryptonite‘“, Alec Plowman, ultimate-guitar.com, San Francisco, 24. Juli 2015

„Mike Shaw's Austin Corner“, Mike Shaw, *San Antonio's Rock N Roll Magazine*, San Antonio, April 1977

„Mobsters and Shady Securities“, Jack Anderson, *Free Lance-Star*, Fredericksburg (VA), 20. März 1974

„Mondo Metal: Still Heavy After All These Years“, David Fricke, *Circus*, New York, 15. April 1980

„Moore on Pop“, Susan Moore, *Australian Women's Weekly*, Sydney, 11. Juni 1980

„More Depression or Doc Watson“, Jon Marlowe, *Miami News*, Miami, 11. Mai 1976

„More Than a Little Sunburn“, Luis Feliu, *Canberra Times*, Canberra, 1. Dezember 1978

„Mosh Bros“, Tony Power, *Guitar Magazine*, unbekannt, November 1995

„Moxy Comes Back for Another Shot“, Kieran Grant, *Canoe*, Toronto, 30. November 2004

„Moxy's Metal Mai Upstage Styx“, Ian Haysom, *Ottawa Journal*, Ottawa, 28. Januar 1977

„New Mac Album Out in Eight Days“, Donnie Sutherland, *Sydney Morning Herald*, Sydney, 9. September 1979

„New South Wails, AC/DC Newcastle“, Ian Ravendale, *New Musical Express*, London, Datum unbekannt

„NME Charts“, unbekannt, *New Musical Express*, London, (Wochenende) 16. Februar 1980

„1980: La Folie AC/DC Aux Arènes De Poitiers“, Delphine Léger, *La Nouvelle République*, Tours (Frankreich), 2. Dezember 2014

„No Cord Wonder“, Phil Sutcliffe, *Sounds*, London, 12. November 1977

„Obituary: Bon Scott, AC/DC Death“, unbekannt, *New Musical Express*, London, 1. März 1980

„Oktober 13 1979“, Vince Lovegrove, *Music Backtrack* (Blog), Rosebank (Australien), 12. Oktober 2011

„Old Gold“, Richard Guilliatt, *Sydney Morning Herald*, Sydney, 8. April 1995

„One Man's Least-Liked ‚81 Albums‘, Jeff Slatten, *Optimist*, Abilene (TX), 26. Januar 1982

„Peter Mensch: Interview“, Frank Watt, *Metal Attack*, unbekannt, November 1985

„Peter Pan of Rock 'N' Roll – AC/DC Singer Immortalised“, Vince Lovegrove, *Sunday Telegraph*, Sydney, 8. Juli 2001

„Phil Rudd Talks ‚Crock of Sh-t‘ Arrest, Hopes to Return to AC/DC“, Jason Newman, *Rolling Stone*, New York, 10. August 2015

„Plea to Remember the Wild One“, Donnie Sutherland, *Sydney Morning Herald*, Sydney, 28. Oktober 1979

„Pop: AC/DC and Def Leppard“, Robert Palmer, *New York Times*, New York, 3. August 1980

„Pop Album Briefs: *High Voltage*“, Lisa Fancher, *Los Angeles Times*, Los Angeles, 30. Januar 1977

„Pop Album Reviews in Brief: *Let There Be Rock*“, Terry Atkinson, *Los Angeles Times*, Los Angeles, 31. Juli 1977

„Pop Notes“, Eve Zibart, *Washington Post*, Washington, DC, 23. August 1978

„*Powerage*, AC/DC“, Luis Feliu, *Canberra Times*, Canberra, 1. Dezember 1978

„Prof. Irwin Corey's Barbs Perk Parley“, unbekannt, *Billboard*, New York, 19. August 1978

„Pushing Vinyl Or Finding Out What the Record Biz Is Up to These Days“, Jon Marlowe, *Miami News*, Miami, 14. September 1977

„Q-Prime's Burnstein and Mensch on Managing Metallica and Jimmy Page, Playing the Label Game, and Staying on Top for 33 Years“, Jem Aswad, *Billboard*, New York, 29. März 2016

„The Quaalude Lesson“, unbekannt, *Frontline*, pbs.org, Arlington (VA), 17. Mai 2011

„Radio: Pick of the Day“, Doug Anderson, *Sydney Morning Herald*, Sydney, 23. Januar 1984

„Readers' Poll: The 10 Best AC/DC Songs“, Andy Greene, *Rolling Stone*, New York, 15. Oktober 2014

„Record Crowd Sees Zeppelin in Detroit“, Stephen Ford, *Billboard*, New York, 14. Mai 1977

„Records Records Records“, Magic Dave (ed.), *San Antonio's Rock N Roll Magazine*, San Antonio, November 1976

„Record 3 Million Quaaludes Seized in Miami Drug Raid“, Bob Murphy, *Miami News*, Miami, 16. Januar 1981

„Recording Czar Made It in Miami“, Anne S. Crowley, *Palm Beach Post*, West Palm Beach (FL), 16. März 1979

„Rediscovering Pop Culture's Waste Paper“, Suzy Freeman-Greene, *Age*, Melbourne, 26. Juni 1987

„Regional AOR Activity“, Jeff Gelb (AOR Hrsg.), *Radio & Records*, Hollywood (CA), 8. Dezember 1978, 15. Dezember 1978

„REO's Seven Year Itch Means Gold“, Liz Derringer, *Circus*, New York, 18. August 1977

„Return of a Bad, Old Schoolboy“, Suzy Freeman-Greene, *Age*, Melbourne, 5. Februar 1988

„Revealed: Bon Scott, Man of Letters“, Patrick Donovan, *Age*, Melbourne, 10. August 2006

„Reviews“, Mike Floyd, *St Louis Post-Dispatch*, St Louis (MO), 13. Oktober 1995

„Riff Raff“, Harry Doherty, *Classic Rock*, London, Februar 2008

„Rock Amphitheatre Planned for N.J.“, unbekannt, *Billboard*, New York, 24. Dezember 1977

„Rock Concerts“, unbekannt, *Northern Daily Leader*, Tamworth (Australien), 20. Dezember 1976

„Rock's Deadly Grind Claims Another Victim“, Karen Hughes, *Australian*, 22. Februar 1980

„Rock Drummer Died After Drinking 40 Measures Of Vodka“, unbekannt, *Guardian*, London, 8. Oktober 1980

„Rock 'N' Roll Animal“, Clinton Walker, *Age*, Melbourne, 13. Juli 1994

„Rock Roundup in Texas: Texxas Jam Corralled the World's Top Acts for a Weekend of Raunch & Roll“, Cat Sundeen, *Circus*, New York, 31. August 1978

„Rock Singer Found Dead“, Australian Associated Press, *Canberra Times*, Canberra, 21. Februar 1980

„Rock Singer Dies“, unbekannt, *Times*, London, 21. Februar 1980

„Rock Singer Verdict“, unbekannt, *Glasgow Herald*, Glasgow, 23. Februar 1980

„Rock Star Bon Dies After a Booze-Up“, unbekannt, 1980

„Rock Star Dies After Drinking Bout“, John Stevens, *Evening Standard*, London, 20. Februar 1980

„Rock Star Drank Himself to Death“, unbekannt, *Guardian*, London, 23. Februar 1980

„Rock: The Punk Circuit“, John Rockwell, *New York Times*, New York, 26. August 1977

„The ‚Rolling Stone‘ Hall of Fame: AC/DC – ‚Back in Black‘“, Barry Walters, *Rolling Stone*, New York, 30. Oktober 2002

„The Rotgut Life“, unbekannt, *Time*, New York, 18. Oktober 1976

„San Antonio Ladies Riot: Moxy Rox Texas“, unbekannt, *Record Month*, Toronto, Vol. 1 No. 3, 1976

„Scott's Gone But AC/DC Still Rocks“, Steve Morse, *Boston Globe*, Boston, 28. Juli 1980

„7 Common Mistakes Regarding Autopsy Reports“, Judy Melinek, *Forensic*, Rockaway (NJ), 9. September 2015

„‚Sgt. Pepper‘: Greatest LP?“, Robert Hilburn, *Los Angeles Times*, Los Angeles, 3. Februar 1979

„Setting the Record Straight“, Patrick Donovan, *Age*, Melbourne, 8. April 2003

„The Show Must Go On“, David Lewis, *Sounds*, London, 29. März 1980

„Skipping along the Golden Road of Rock“, Dorothy Austin, *Milwaukee Sentinel*, Milwaukee, 21. April 1977

„Soldiers Attack City Märzers“, unbekannt, *Advertiser*, Adelaide, 9. Mai 1970

„Spirit of 76“, Geoff Barton, *Classic Rock*, London, Juni 2009

„Statistics: Quaalude Deaths Rising in Dade County“, Associated Press, *Palm Beach Post*, West Palm Beach (FL), 12. August 1981

„Still Rockin' in Southwest Florida“, Jonathan Foerster, *Gulfshore Life*, Naples (FL), Juli 2016

„Sting, Brian Johnson and Mark Knopfler Represent North East in *Sunday Times* Music Millionaire Top 50“, Debra Fox, *Sunderland Echo*, Sunderland, 21. April 2016

„Study: Nearly One-Third of All Death Certificates Are Wrong“, Sarah Kliff, *Washington Post*, Washington, DC, 12. Mai 2013

„Study Finds Miami Riot Was Unlike Those of 60's“, Jo Thomas, *New York Times*, New York, 17. Mai 1981

„The Story behind the Album: AC/DC's *Back In Black*", Philip Wilding, *Classic Rock*, London, 23. November 2000
„Subculture Misled on Drug's Safety", *Washington-Star News*, *Milwaukee Journal*, Milwaukee, 25. März 1973
„Sunshine Concert Company Shaped Indiana Entertainment", David Lindquist, *Indianapolis Star*, Indianapolis (IN), 20. Mai 2013
„Sweet and Sour Notes", unbekannt, *Australian Women's Weekly*, Sydney, 2. März 1977
„Taking the Rock Roll [sic]: A Guide to the Clubs", *Miami Herald*, Miami, 3. August 1979
„Talent in Action, AC/DC Def Leppard, Palladium, New York, Admission: $9.50", Mike London, *Billboard*, New York, 16. August 1980
„Talent Talk", unbekannt, *Billboard*, New York, 6. August 1977, 9. September 1978, 30. Juni 1979
„Ted Nugent Is the Wild Man of Rock", Jim Sullivan, *Bangor Daily News*, Bangor (ME), 27. Juli 1979
„The Theenking [sic] Man's Heavy Metal Band", David Lewis, *Sounds*, London, 14. Februar 1981
„They've Still Got Juice: Angus Young on the Power of AC/DC", Dan Aquilante, *New York Post*, New York, 3. März 2000
„Thin Lizzy: The Boys Are Back in Town", Jon Marlowe, *Miami News*, Miami, 29. Oktober 1976
„This 'N That in Entertainment", unbekannt, *Observer-Reporter*, Washington (PA), 18. November 1977
„Thirty Years of Thunder", Jude Gold, *Guitar Player*, New York, Juli 2003
„Thomas Milner, 35, Longtime Disc Jockey", *Sun-Sentinel*, Fort Lauderdale (FL), 2. November 1985
„3 Martinis, 3 Marguerítas [sic] … and Needlemarks: The Final Hours of a Rock Star", John Huddy, *Miami Herald*, Miami, 8. Dezember 1976
„Thumping Drums, Searing Guitar and Maniacal Screaming", Mike Parker, *Sydney Morning Herald*, Sydney, 6. Mai 1977

„To Hell and Back", Joe Elliott (im Gespräch mit Paul Elliott), *MOJO*, London, Juni 2010

„Tony Platt: ‚I Was Continually Saying That Iron Maiden Need a Singer Like Bruce Dickinson, But Not Really Thinking They Would Take Me Completely at My Word'", Steven Rosen, ultimate-guitar.com, San Francisco, 17. Juni 2015

„Top Box Office of the Year", unbekannt, *Billboard*, New York, 22. Dezember 1979

„Tower Ticker", Aaron Gold, *Chicago Tribune*, Chicago, 22. Oktober 1976

„Tragedy behind Them, AC/DC Unveils New Look", Andy Secher, *Daily News*, New York, 29. Juli 1980

„Trust Never Sleeps", Philip Bell, *Sounds*, London, 20. Februar 1982

„20 Questions: Bon Scott", Clinton Walker (anhand von archivierten Interviews rekonstruiertes Interview), *Australian Playboy*, Mai 1994

„The 25 Most Significant and/or Notorious Nights in Austin Music History", Michael Corcoran, *Arts+Labor Magazine*, Austin, 19. September 2014

„25 Years On, AC/DC Fans Recall How Wild Rocker Met His End", Richard Jinman, *Guardian*, London, 19 Februar 2005

„Two Bands Add to the Heat", Dale Goodwin, *Spokesman-Review*, Spokane (WA), 28. Juli 1978

„UFO Do It on the Road: A New Live LP Puts These Britrockers in Their Place – On Stage", David Fricke, *Circus*, New York, 6. März 1979

„UFO Means Heavy Metal Savvy", Tom Hull, *Village Voice*, New York, 6. Oktober 1975

„UFO – The Making of an Obsession", Dave Ling, *Classic Rock*, London, November 2003

„Vince Lovegrove Interview", Pekko Päivärinta, *No Nonsense, AC/DC Webzine*, Helsinki, 1999

„Vox Jox", Doug Hall, *Billboard*, New York, 10. Februar 1979

„Voyage Au Bout De L'Enfer", Michel Embareck, *Best*, Paris, Dezember 1979

„Waylon, Willie and the Boys: Country Music Fills Cotton Bowl“, Newspaper Enterprise Association, *Florence Times*, Florence (AL), 22. Juli 1978

„Way Out Line-Up“, unbekannt, *Sydney Morning Herald*, Sydney, 5. Juni 1977

„WEA National Convention Photo Highlights“, unbekannt, *Billboard*, New York, 24. September 1977

„Wee Angus and the Machometer“, Sheila Prophet, *Record Mirror*, London, 2. Dezember 1978

„We Imitate What We're Supposed to Be: Jethro Tull On Tour“, Bob Greene, *Audience*, Boston, Mai/Juni 1972

„We Partied Down“, unbekannt, *Classic Rock*, London, Dezember 2013

„What? Do I Wanna Join AC/DC?“, Paul Elliott, *Classic Rock*, London, Februar 2010

„When South Florida ROCKED!“, Sean Piccoli, *Sun-Sentinel*, Fort Lauderdale (FL), 24. Januar 2007

„Whole Lotta Bon“, unbekannt, *Kerrang!*, London, 25. Februar – 10. März 1982

„Will Streaming Music Kill Songwriting?“, John Seabrook, *New Yorker*, New York, 8. Februar 2016

„Workin“ on His Night Moves“, unbekannt, *Miami News*, Miami, 30. Juli 1978

„Working Stiffs“, Alan Di Perna, *Guitar World*, New York, Mai 2000

„Wreck Claims Man, 18“, unbekannt, *Rockdale Reporter*, Rockdale (TX), 13. Mai 1976

„Young Lust“, Alan Di Perna, *Guitar World*, New York, November 1995

„Young's Stage Antics Save AC/DC Concert“, Brett Friedlander, *Gamecock*, Columbia (SC), 12. Oktober 1979

Websites

aa.org
aa.usno.navy.mil
abr.business.gov.au
acdc.com
ac-dc.net
acdc-archives.fr
acdc-bootlegs.com
acdccollector.com
acdcfans.net
acdc-videos.com
albumlinernotes.com
allmusic.com
americanradiohistory.com
ancestry.com
archive.org
asic.gov.au
bethelga.org
billboard.com
bonscottblog.com
britishlivertrust.org.uk
canoe.ca
christies.com
copyright.gov
discogs.com
doublej.net.au
ebay.com
erenow.com
evidence.nhs.uk
findmypast.com
flickr.com
forcedexposure.com

forensicmag.com
4eigner.net
45cat.com
45worlds.com
440int.com
grammy.com
highwaytoacdc.com
homebrewedchristianity.com
imdb.com
intertrustgroup.com
julienslive.com
justcollecting.com
legendaryrockinterviews.com
licensing.fcc.gov
limestonelounge.yuku.com
metoffice.gov.uk
milesago.com
mixcloud.com
municipaldreams.wordpress.com
musicradar.com
nhs.uk
nla.gov.au
pbs.org
qprime.com
rateyourmusic.com
reddit.com
riaa.com
sickthingsuk.co.uk
sl.nsw.gov.au
soundcloud.com
southlondoncoroner.org
stevehoffman.tv
stw.fr

teamrock.com
therockpit.net
tv.com
trademarkia.com
trust.connection.free.fr
ultimateclassicrock.com
ultimate-guitar.com
uncut.co.uk
vharchives.com
vhnd.com
welt.de
wisebuddah.com
wncx.cbslocal.com
wunderground.com
yosteelstrings.wordpress.com
youtube.com

Gone Shootin' Bon Scotts Nordamerika-Konzerte 1977–79

Mein besonderer Dank gilt Nate Althoff von ACDC-Bootlegs.com aus Fargo, North Dakota, der mir behilflich war, diese Liste zusammenzustellen. Es folgen alle bestätigten Gigs. Abgesagte und fragliche Shows wurden nicht angeführt.
– JF

1977
AUSTIN, TX
27. Juli 1977, Armadillo World Headquarters
SAN ANTONIO, TX
28. Juli 1977, Municipal Auditorium
CORPUS CHRISTI, TX
29. Juli 1977, Ritz Music Hall
DALLAS, TX
30. Juli 1977, Electric Ballroom
WEST PALM BEACH, FL
5. August 1977, West Palm Beach Civic Auditorium
JACKSONVILLE, FL
6. August 1977, Veterans Memorial Coliseum
HOLLYWOOD, FL
7. August 1977, Hollywood Sportatorium
ST. LOUIS, MO
9. August 1977, Mississippi Nights
KANSAS CITY, MO

10. August 1977, Memorial Hall
SCHAUMBURG, IL
11. August 1977, B'Ginnings
CLEVELAND, OH
12. August 1977, Cleveland Convention Center
COLUMBUS, OH
13. und 14. August 1977, Agora
MADISON, WI
16. August 1977, Stone Hearth
MILWAUKEE, WI
17. August 1977, Riverside Theater
INDIANAPOLIS, IN
18. August 1977, Circle Theater
DAYTON, OH
19. August 1977, Hara Arena
YOUNGSTOWN, OH
21. August 1977, Tomorrow Club
CLEVELAND, OH
22. August 1977, Agora
NEW YORK, NY
24. August 1977, Palladium und CBGB *(zwei Shows in zwei unterschiedlichen Locations)*
DETROIT, MI
27. August 1977, Masonic Auditorium
LOS ANGELES, CA
29.–31. August 1977, Whisky a Go Go
SAN FRANCISCO, CA
2. und 3. September 1977, Old Waldorf
FORT LAUDERDALE, FL
7. September 1977, 4 O'Clock Club[93]

93 Zwei meiner Interviewpartner aus Miami, die sich gegenseitig kannten, behaupteten unabhängig voneinander, dass AC/DC im Sommer 1977 mehr als nur eine Show im 4 O'Clock Club spielten, was sich allerdings nicht belegen ließ.

POUGHKEEPSIE, NY

16. November 1977, Mid-Hudson Civic Center

ALBANY, NY

17. November 1977, Palace Theatre

SYRACUSE, NY

18. November 1977, Onondaga County War Memorial[94]

KNOXVILLE, TN

23. November 1977, Knoxville Civic Coliseum

JOHNSON CITY, TN

24. November 1977, Freedom Hall Civic Center

WHEELING, WV

25. November 1977, Capitol Theatre

CHARLESTON, WV

26. November 1977, Charleston Civic Center

ATLANTA, GA

27. November 1977, Capri Theatre

NORTHAMPTON, PA

29. November 1977, Roxy Theatre

CHICAGO, IL

1. Dezember 1977, Riviera Theatre

MILWAUKEE, WI

4. Dezember 1977, Electric Ballroom

FLINT, MI

5. Dezember 1977, Capitol Theatre

NEW YORK, NY

7. Dezember 1977, Atlantic Studios

MEMPHIS, TN

9. Dezember 1977, Mid-South Coliseum

---

94 Es halten sich hartnäckige Gerüchte über eine Show in Allentown, Pennsylvania, am 20. November 1977. Allerdings gibt es hierfür keinerlei Belege. Scharfsichtigen Fans wird auf Jon O'Rourkes Fotos der *Powerage*-Sessions von Anfang 1978, die in *Die Brüder Young* abgedruckt sind, ein T-Shirt von AC/DC-Drummer Phil Rudd auffallen, das den Schriftzug „WSAN" trägt. Dies legt nahe, dass AC/DC Allentown besuchten, da es sich bei WSAN um den lokalen Radiosender handelt.

INDIANAPOLIS, IN

11. Dezember 1977, Market Square Arena

LOUISVILLE, KY

12. Dezember 1977, Freedom Hall

FORT WAYNE, IN

15. Dezember 1977, Allen County War Memorial Coliseum[95]

GREENSBORO, NC

18. Dezember 1977, Greensboro Coliseum

LARGO, MD

19. Dezember 1977, Capital Centre

PITTSBURGH, PA

21. Dezember 1977, Stanley Theatre[96]

1978

NORFOLK, VA

24. Juni 1978, Norfolk Scope Arena

LEXINGTON, KY

25. Juni 1978, Rupp Arena

BIRMINGHAM, AL

26. Juni 1978, Birmingham-Jefferson Civic Centre

KNOXVILLE, TN

28. Juni 1978, Knoxville Civic Coliseum[97]

HOUSTON, TX

2. Juli 1978, Summit

---

95 Es keine verlässlichen Belege dafür, dass Aerosmith tatsächlich am 17. Dezember 1977 als Headliner nach AC/DC in Charleston, West Virginia, auftraten – nur Behauptungen in unterschiedlichen AC/DC-Biografien. Meine Nachforschungen ergaben keinen Hinweis auf eine Aerosmith-Show am 17. Dezember. Aerosmith traten am 12. in Quebec und am 19. in Philadelphia auf. Aerosmiths erste Show mit AC/DC scheint sich 1978 zugetragen zu haben.

96 Am 24. Dezember 1977 berichtete *Billboard*, dass Bullwinkles, ein Club in New Jersey, AC/DC für eine Show in einem neuen, 3.000 Sitzplätze umfassenden Amphitheater gebucht hätte, der letztlich nie zustande kam.

97 Ein gemeinsamer Auftritt mit Rainbow als Support von Alice Cooper am 29. Juni 1978 in der University of South Carolina Coliseum, Columbia, kam nich zustande. Zwar war er in der Uni-Zeitung *Gamecock* vom 22. Juni 1978 angekündigt worden, doch handelte es sich vermutlich um einen Druckfehler: Cooper trat an diesem Tag nämlich in Vancouver auf.

DALLAS, TX
3. Juli 1978, Fair Park Arena
LUBBOCK, TX
4. Juli 1978, Lubbock Municipal Coliseum
AUSTIN, TX
6. Juli 1978, Opry House
CORPUS CHRISTI, TX
7. Juli 1978, Ritz Music Hall
SAN ANTONIO, TX
8. Juli 1978, Municipal Auditorium
SALT LAKE CITY, UT
10. Juli 1978, Salt Palace
LONG BEACH, CA
12. Juli 1978, Long Beach Arena
LOS ANGELES, CA
13. Juli 1978, Starwood
FRESNO, CA
15. Juli 1978, Selland Arena
SAN JOSE, CA
16. Juli 1978, San Jose Convention Center
PORTLAND, OR
21. Juli 1978, Veterans Memorial Coliseum
OAKLAND, CA
23. Juli 1978, Oakland Stadium[98]
VANCOUVER, BC (*Kanada*)
25. Juli 1978, Pacific Coliseum
SPOKANE, WA
26. Juli 1978, Spokane Coliseum
BILLINGS, MT
28. Juli 1978, Montana Entertainment Trade and Recreation Arena

98 AC/DCs Name tauchte auch auf Werbeplakaten für Summer Jam in Louisville auf – eine Veranstaltung, die am selben Tag stattfand. Es spielten Ted Nugent als Headliner, Journey, Eddie Money, Starcastle und Frank Marino.

WINNIPEG, MB (*Kanada*)

30. Juli 1978, Arena

RAPID CITY, SD

1. August 1978, Rushmore Plaza Civic Centre

EAST TROY, WI

3. August 1978, Alpine Valley Music Theatre

CHICAGO, IL

4. August 1978, International Amphitheatre

5. August 1978, Comiskey Park

NASHVILLE, TN

8. August 1978, Record Bar Convention

SALEM, VA

9. August 1978, Roanoke Civic Centre

FAYETTEVILLE, NC

10. August 1978, Cumberland County Memorial Arena

ATLANTA, GA

11. August 1978, Symphony Hall

JACKSONVILLE, FL

12. August 1978, Veterans Memorial Coliseum

MIAMI, FL

13. August 1978, Maurice Gusman Concert Hall

HEMPSTEAD, NY

18. August 1978, Calderone Concert Hall

WILKES-BARRE, PA

19. August 1978, Paramount Theatre

BOSTON, MA

21. August 1978, Paradise Theatre

MORRISTOWN, NJ

22. August 1978, Morris Stage

ALBANY, NY
23. August 1978, Palace Theatre[99]
NEW YORK, NY
24. August 1978, Palladium
WARWICK, RI
25. August 1978, Rocky Point Park
WILLIMANTIC, CT
26. August 1978, Shaboo Inn
OWINGS MILLS, MD
27. August 1978, Painters Mill
SEATTLE, WA
29. und 30. August 1978, Seattle Center Coliseum
PORTLAND, OR
31. August 1978, Paramount Theatre
OAKLAND, CA
2. September 1978, Oakland Stadium
DENVER, CO
4. September 1978, Red Rocks Amphitheatre
BURBANK, CA
6. September 1978, *Midnight Special*, NBC Studios
WHEELING, WV
8. September 1978, Wheeling Civic Center
JOHNSON CITY, TN
9. September 1978, Freedom Hall Civic Center
COLUMBUS, OH
10. September 1978, Veterans Memorial Auditorium
MILWAUKEE, WI
12. September 1978, Riverside Theater
ROYAL OAK, MI

99 Am 23. August 1978 schrieb Eve Zibart von der Washington Post, dass AC/DC „am Montag und Dienstag" in Bailey's Crossroads, Virginia, in einem Club namens Louie's Rock City auftreten würden. Hierbei handelt es sich um Gigs, die nie irgendwo offiziell verzeichnet wurden.

13. September 1978, Royal Oak Theater
SCHAUMBURG, IL
14. September 1978, B'Ginnings
CLEVELAND, OH
16. September 1978, Palace Theater
ALLENTOWN, PA
17. September 1978, Schnecksville Lehigh County Community College
HUNTINGTON, WV
20. September 1978, Huntington Civic Center
CHICAGO, IL
22. September 1978, Aragon Ballroom
KANSAS CITY, MO
23. September 1978, Uptown Theatre
OMAHA, NE
24. September 1978, Omaha Civic Auditorium Music Hall
BUFFALO, NY
27. September 1978, Buffalo Memorial Auditorium
ROCHESTER, NY
28. September 1978, Rochester Community War Memorial
DETROIT, MI
29. September 1978, Cobo Hall
SOUTH BEND, IN
30. September 1978, Athletic & Convocation Center[100]
TOLEDO, OH
2. Oktober 1978, Toledo Sports Arena
FORT WAYNE, IN
3. Oktober 1978, Allen County War Memorial Coliseum

100 Für eine Show am 1. Oktober 1987 im Waverly Beach Ballroom in Beloit, Wisconsin, war bereits eine Anzeige geschaltet worden, doch letztlich kam das Konzert nicht zustande. AC/DC wurden witzigerweise mit „From England" angekündigt.

1979

MADISON, WI

8. Mai 1979, Dane County Coliseum

DES MOINES, IA

10. Mai 1979, Veterans Memorial Auditorium

DUBUQUE, IA

11. Mai 1979, Five Flags Arena

DAVENPORT, IA

12. Mai 1979, RKO Orpheum Theatre

TOLEDO, OH

13. Mai 1979, Toledo Sports Arena

COLUMBUS, OH

15. Mai 1979, Ohio Expo Hall

SOUTH BEND, IN

16. Mai 1979, Morris Civic Auditorium

LOUISVILLE, KY

17. Mai 1979, Commonwealth Convention Center

SPRINGFIELD, IL

18. Mai 1979, Illinois State Armory

DAYTON, OH

19. Mai 1979, Hara Arena

CLEVELAND, OH

20. Mai 1979, Cleveland Public Auditorium

NASHVILLE, TN

22. Mai 1979, Tennessee Theatre

MARTIN, TN

23. Mai 1979, University of Tennessee

ATLANTA, GA

24. und 25. Mai 1979, Agora

ORLANDO, FL

27. Mai 1979, Tangerine Bowl

BUFFALO, NY

31. Mai 1979, Shea's Buffalo Theatre

ROCHESTER, NY

1. Juni 1979, Rochester Auditorium Theatre

DAVENPORT, IA

3. Juni 1979, John O'Donnell Stadium

PEORIA, IL

4. Juni 1979, Bradley University

ERIE, PA

6. Juni 1979, Erie County Fieldhouse

ALLENTOWN, PA

7. Juni 1979, Agricultural Hall, Allentown Fairgrounds

LARGO, MD

8. Juni 1979, Capital Centre

NEW YORK, NY

9. Juni 1979, Palladium

ALBANY, NY

10. Juni 1979, Palace Theatre

TORONTO, ON (Kanada)

12. Juni 1979, Massey Hall

PITTSBURGH, PA

13. Juni 1979, Stanley Theatre

POUGHKEEPSIE, NY

14. Juni 1979, Mid-Hudson Civic Center

PHILADELPHIA, PA

15. Juni 1979, Tower Theatre

FORT WORTH, TX

20. Juni 1979, Tarrant County Convention Center

AUSTIN, TX

21. Juni 1979, Municipal Auditorium

SAN ANTONIO, TX

22. Juni 1979, Convention Center Arena

HOUSTON, TX

23. Juni 1979, Sam Houston Coliseum

CORPUS CHRISTI, TX
24. Juni 1979, Memorial Coliseum
ALBUQUERQUE, NM
26. Juni 1979, University of New Mexico
PHOENIX, AZ
27. Juni 1979, Arizona Veterans Memorial Coliseum
DENVER, CO
29. Juni 1979, Rainbow Music Hall
ST. LOUIS, MO
1. Juli 1979, Kiel Auditorium
PECATONICA, IA
4. Juli 1979, Winnebago County Fairgrounds
WICHITA, KS
6. Juli 1979, Century II
SIOUX FALLS, SD
7. Juli 1979, Sioux Falls Arena
DES MOINES, IA
8. Juli 1979, Veterans Memorial Auditorium
OMAHA, NE
10. Juli 1979, Omaha Civic Auditorium Arena
SAN DIEGO, CA
19. Juli 1979, San Diego Sports Arena[101]
OAKLAND, CA
21. Juli 1979, Oakland Stadium
CLEVELAND, OH
28. Juli 1979, Cleveland Stadium
EVANSVILLE, IN
29. Juli 1979, Mesker Amphitheater

---

101 AC/DC flogen in die Niederlande, um am 13. Juli bei *Countdown*, einer Show des damals öffentlichen TV-Senders Veronica in Rijnhallen, Arnheim, aufzutreten. Dort traf Angus Young seine zukünftige Ehefrau Ellen van Lochem, die damals noch die Freundin von Bennie Jolink, dem Leadsänger von Normaal, war. Sie heirateten noch vor Bons Tod im Jahr 1980. Sie ist als „Ella V. Lochem“ im Eheregister eingetragen.

FORT WAYNE, IN

31. Juli 1979, Allen County War Memorial Coliseum

INDIANAPOLIS, IN

1. August 1979, Market Square Arena

CINCINNATI, OH

2. August 1979, Riverfront Coliseum

PITTSBURGH, PA

3. August 1979, Pittsburgh Civic Arena

NEW YORK, NY

4. August 1979, Madison Square Garden

PHILADELPHIA, PA

5. August 1979, Philadelphia Spectrum

OAKLAND, CA

5. September 1979, Oakland Civic Auditorium

RENO, NV

6. September 1979, University Of Nevada

SANTA CRUZ, CA

7. September 1979, Santa Cruz Civic Auditorium

FRESNO, CA

8. September 1979, Warnors Theatre

SAN DIEGO, CA

9. September 1979, San Diego Sports Arena

LONG BEACH, CA

10. September 1979, Long Beach Arena

AMARILLO, TX

13. September 1979, Amarillo Civic Auditorium

LUBBOCK, TX

14. September 1979, Lubbock Memorial Auditorium

MIDLAND, TX

15. September 1979, Chaparral Center

EL PASO, TX

16. September 1979, El Paso County Coliseum

MCALLEN, TX
18. September 1979, McAllen Convention Center
CORPUS CHRISTI, TX
19. September 1979, Memorial Coliseum
HOUSTON, TX
20. September 1979, Houston Music Hall
DALLAS, TX
21. September 1979, Dallas Convention Center
SAN ANTONIO, TX
22. September 1979, Convention Center Arena
BEAUMONT, TX
24. September 1979, Beaumont City Auditorium
MEMPHIS, TN
26. September 1979, Ellis Auditorium North Hall
NASHVILLE, TN
27. September 1979, Municipal Auditorium
JOHNSON CITY, TN
28. September 1979, Freedom Hall Civic Center
CHARLOTTE, NC
29. September 1979, Charlotte Coliseum
GREENVILLE, SC
30. September 1979, Greenville Memorial Auditorium
KNOXVILLE, TN
2. Oktober 1979, Knoxville Civic Coliseum
GREENSBORO, NC
3. Oktober 1979, Greensboro Coliseum
JACKSONVILLE, FL
5. Oktober 1979, Veterans Memorial Coliseum
BIRMINGHAM, AL
6. Oktober 1979, Boutwell Auditorium
DOTHAN, AL
7. Oktober 1979, Dothan Civic Center
ATLANTA, GA

8. Oktober 1979, Fox Theatre
COLUMBIA, SC
10. Oktober 1979, Carolina Coliseum
NORFOLK, VA
12. Oktober 1979, Norfolk Municipal Auditorium
WHEELING, WV
13. Oktober 1979, Wheeling Civic Center
CHARLESTON, WV
14. Oktober 1979, Charleston Civic Center
TOWSON, MD
16. Oktober 1979, Towson Center
BUFFALO, NY
17. Oktober 1979, Shea's Buffalo Theatre
CLEVELAND, OH
18. Oktober 1979, Cleveland Public Auditorium
CHICAGO, IL
19. Oktober 1979, Aragon Ballroom
TOLEDO, OH
20. Oktober 1979, Toledo Sports Arena
COLUMBUS, OH
21. Oktober 1979, St John Arena (*Bons letztes Konzert in Nordamerika*)

AC/DC Studioalben 1977-1980 (Nordamerika)

Mit Bon Scott
***Let There Be Rock* (1977)**
ATCO Records, USA, SD 36-151
Erschienen in den USA: 25. Juli 1977
„Go Down"
„Dog Eat Dog"
„Let There Be Rock"
„Bad Boy Boogie"

„Problem Child“[102]
„Overdose“
„Hell Ain't A Bad Place To Be“
„Whole Lotta Rosie“

Alle Songs geschrieben von Angus Young, Malcolm Young & Bon Scott
Produzenten: Harry Vanda & George Young

***Powerage* (1978)**
Atlantic Records, USA, SD 19180/KSD 19180
Erschienen in den USA: 25. Mai 1978
„Rock 'N' Roll Damnation“[103]
„Down Payment Blues“
„Gimme A Bullet“
„Riff Raff“
„Sin City“
„What's Next To The Moon“
„Gone Shootin'“
„Up To My Neck In You“
„Kicked In The Teeth“

Alle Songs geschrieben von Angus Young, Malcolm Young & Bon Scott
Produzenten: Harry Vanda & George Young

***Highway To Hell* (1979)**
Atlantic Records, USA, SD 19244/QSD 19244
Erschienen in den USA: 27. Juli 1979
„Highway To Hell“
„Girls Got Rhythm“

102 Ersetzte „Crabsody In Blue“ von der ursprünglichen australischen LP-Pressung (APLP.022 oder APLP-022) sowie der britischen Veröffentlichung (K50366).

103 Fehlt auf manchen Exemplaren der britischen Veröffentlichung(SD 19180), die „Cold Hearted Man“ enthielt, das wiederum auf der amerikanischen Version fehlte.

„Walk All Over You“
„Touch Too Much“
„Beating Around The Bush“
„Shot Down In Flames“
„Get It Hot“
„If You Want Blood (You've Got It)“[104]
„Love Hungry Man“
„Night Prowler“

Alle Songs geschrieben von Angus Young, Malcolm Young & Bon Scott
Produzent: Robert John „Mutt“ Lange

Mit Brian Johnson
***Back In Black* (1980)**
Atlantic Records, USA, SD 16018/XSD 16018
Erschienen in den USA: 21. Juli 1980
„Hells Bells“
„Shoot To Thrill“
„What Do You Do For Money Honey“
„Given The Dog A Bone“[105]
„Let Me Put My Love Into You“
„Back In Black“
„You Shook Me All Night Long“
„Have A Drink On Me“
„Shake A Leg“
„Rock And Roll Ain't Noise Pollution“

Alle Songs geschrieben von Angus Young, Malcolm Young & Brian Johnson
Produzent: Robert John „Mutt“ Lange

---

104 Für den Song wurden Klammern verwendet, jedoch nicht für das gleichnamige Album.
105 So geschrieben wie auf der ursprünglichen Albumhülle. Später zu „Givin'“ abgeändert.

Andere Aufnahmen mit AC/DC-BEZUG 1977-1980

Mit Bon Scott
***Manque De Trop*, Trust (2000)**
XIII Bis Records, Frankreich, TBR000201
„Ride On"
Geschrieben von Angus Young, Malcolm Young & Bon Scott. Als Jam am 13. Februar 1980 mit Trust im Scorpio Sound in Camden, London, aufgenommen. Es handelt sich um Bons letzte bekannte Aufnahme und landete als Bonustrack auf dieser insgesamt vier Songs umfassenden französischen Promo-Single. Die anderen Songs heißen „Manque De Trop", „Môrice" und „Marechal".

AC/DC Livealben 1977-1980 (Nordamerika)

Mit Bon Scott
***If You Want Blood You've Got It* (1978)**
Atlantic Records, USA, SD 19212/KSD 19212
Erschienen in den USA: 21. November 1978
„Riff Raff"
„Hell Ain't A Bad Place To Be"
„Bad Boy Boogie"
„The Jack"
„Problem Child"
„Whole Lotta Rosie"
„Rock 'N' Roll Damnation"
„High Voltage"
„Let There Be Rock"
„Rocker"

Alle Songs geschrieben von Angus Young, Malcolm Young & Bon Scott
Produzenten: Harry Vanda & George Young

AC/DC Promo-Only Livealben 1977-1980 (Nordamerika)

Mit Bon Scott
***Live From The Atlantic Studios* (1978)**
Atlantic Records, USA, LAAS 001
Erschienen in den USA: 18. November 1997[106]
„Live Wire“
„Problem Child“
„High Voltage“
„Hell Ain't A Bad Place To Be“
„Dog Eat Dog“
„The Jack“
„Whole Lotta Rosie“
„Rocker“

Alle Songs geschrieben von Angus Young, Malcolm Young & Bon Scott
Tontechniker: Jimmy Douglass

Unveröffentlichte Alben von AC/DC 1977-1980 (Australien)

Mit Bon Scott
***12 Of The Best* (1978)**
Albert Productions, Australien, APLP 029
„It's A Long Way To The Top (If You Wanna Rock 'N' Roll)“
„High Voltage“
„Problem Child“
„TNT“
„Whole Lotta Rosie“
„Let There Be Rock“

---

106 Aufgenommen am 7. Dezember 1977 und 1978 an amerikanische Radiosender verschickt. Als Teil des Boxsets *Bonfire* schließlich offiziell veröffentlicht.

„Jailbreak“
„Dirty Deeds Done Dirt Cheap“
„The Jack“
„Dog Eat Dog“
„She's Got Balls“
„Baby Please Don't Go“

Alle Songs geschrieben von Angus Young, Malcolm Young & Bon Scott außer „Baby Please Don't Go“, geschrieben von Big Joe Williams
Produzenten: Harry Vanda & George Young

AC/DCs SINGLES 1976–1980 (Nordamerika)

Mit Bon Scott
„It's A Long Way To The Top (If You Wanna Rock 'N' Roll)“ / „High Voltage“ (1976)
ATCO Records, 45-7068

„Problem Child“ / „Let There Be Rock“ (1977)
ATCO Records, 7086

„Rock 'N' Roll Damnation“ / „Kicked In The Teeth“ (1978)
Atlantic Records, 3499/AT 3499

„Whole Lotta Rosie“ / „Hell Ain't A Bad Place To Be“ (1979)
Atlantic Records, 3553

„Highway To Hell“ / „Night Prowler“ (1979)
Atlantic Records, 3617/AT-3617

„Touch Too Much“ / „Walk All Over You“ (1979)
Atlantic Records, 3664

Mit Brian Johnson
„You Shook Me All Night Long“ / „Have A Drink On Me“ (1980)
Atlantic Records, 3761/AT 3761
„Back In Black“ / „What Do You Do For Money Honey“ (1980)
Atlantic Records, 3787/AT 3787

Andere Alben von AC/DC 1975–1984 (international)

Mit Bon Scott
***High Voltage* (1975)** *Australien*
„Baby Please Don't Go“
„She's Got Balls“
„Little Lover“
„Stick Around“
„Soul Stripper“
„You Ain't Got A Hold On Me“
„Love Song“
„Show Business“

Alle Songs geschrieben von Angus Young, Malcolm Young & Bon Scott außer „Baby Please Don't Go“, geschrieben von Big Joe Williams, and „Soul Stripper“, geschrieben von Angus Young & Malcolm Young
Produzenten: Harry Vanda & George Young

***T.N.T.* (1975)** *Australien und Neuseeland*
„It's A Long Way To The Top (If You Wanna Rock 'N' Roll)“
„Rock 'N' Roll Singer“

„The Jack"
„Live Wire"
„T.N.T"
„Rocker"
„Can I Sit Next To You Girl"
„High Voltage"
„School Days"

Alle Songs geschrieben von Angus Young, Malcolm Young & Bon Scott außer „School Days", geschrieben von Chuck Berry, sowie „Can I Sit Next To You Girl", geschrieben von Angus Young & Malcolm Young
Produzenten: Harry Vanda & George Young

***High Voltage* (1976)** *International*
„It's A Long Way To The Top (If You Wanna Rock 'N' Roll)"
„Rock 'N' Roll Singer"
„The Jack"
„Live Wire"
„T.N.T"
„Can I Sit Next To You Girl"
„Little Lover"
„She's Got Balls"
„High Voltage"

Alle Songs geschrieben von Angus Young, Malcolm Young & Bon Scott außer „Can I Sit Next To You Girl", geschrieben von Angus Young & Malcolm Young
Produzenten: Harry Vanda & George Young

***Dirty Deeds Done Dirt Cheap* (1976)** *Australien, Neuseeland*
„Dirty Deeds Done Dirt Cheap"
„Ain't No Fun (Waiting 'Round To Be A Millionaire)"
„There's Gonna Be Some Rockin'"

„Problem Child"
„Squealer"
„Big Balls"
„R.I.P. (Rock In Peace)"
„Ride On"
„Jailbreak"
Alle Songs geschrieben von Angus Young, Malcolm Young & Bon Scott
Produzenten: Harry Vanda & George Young

Dirty Deeds Done Dirt Cheap **(1976)** *Großbritannien, Niederlande, Frankreich, Kanada, Israel, Irland, Jugoslawien, Griechenland, Portugal, Deutschland* **(1980)** *Spanien, Italien und Argentinien* **(1981),** *USA, Thailand, Venezuela, Brasilien, Kolumbien, Peru, Mexiko und Japan*
„Dirty Deeds Done Dirt Cheap"
„Love At First Feel"
„Big Balls"
„Rocker"
„Problem Child"
„There's Gonna Be Some Rockin'"
„Ain't No Fun (Waiting 'Round To Be A Millionaire)"
„Ride On"
„Squealer"

Alle Songs geschrieben von Angus Young, Malcolm Young & Bon Scott
Produzenten: Harry Vanda & George Young

'74 Jailbreak **(1984)**
„Jailbreak"
„You Ain't Got A Hold On Me"
„Show Business"
„Soul Stripper"
„Baby Please Don't Go"

Alle Songs geschrieben von Angus Young, Malcolm Young & Bon Scott außer „Baby Please Don't Go", geschrieben von Big Joe Williams, sowie „Soul Stripper", geschrieben von Angus Young & Malcolm Young
Produzenten: Harry Vanda & George Young

AC/DC-Alben oder Box Sets (Individual Tracks) 1986–2010

Mit Bon Scott

***Bonfire* (1997)** *Alle Tracks von* Live From The Atlantic Studios *und dem Film* AC/DC: Let There Be Rock, *plus eine Bonus-Live-Performance von „T.N.T" in Paris, 1979, sowie eine neue Zusammenstellung von Raritäten, Live-Mitschnitten und provisorischen Versionen:* Volts. *Die Tracks: „Dirty Eyes", „Touch Too Much", „If You Want Blood (You've Got It)", „Back Seat Confidential", „Get It Hot", „Sin City", „She's Got Balls", „School Days", „It's A Long Way To The Top (If You Wanna Rock 'N' Roll)", „Ride On". Eine neue gemasterte Version von* Back In Black *war ebenso enthalten.*

***Who Made Who* (1986)** *„Ride On"*

***Backtracks* (2009)** *„Stick Around", „Love Song", „Fling Thing" (Instrumental), „R.I.P. (Rock In Peace)", „Carry Me Home", „Crabsody In Blue", „Cold Hearted Man", „Dirty Deeds Done Dirt Cheap" (live), „Dog Eat Dog" (live), „Live Wire" (live), „Shot Down In Flames" (live)*

***Backtracks: Deluxe Collector's Edition* (2009)** *„High Voltage", „Stick Around", „Love Song", „It's A Long Way To The Top (If You Wanna Rock 'N' Roll)", „Rocker", „Fling Thing" (Instrumental), „Dirty Deeds Done Dirt Cheap", „Ain't No Fun Waiting 'Round To Be A Millionaire", „R.I.P. (Rock In Peace)", „Carry Me Home", „Crabsody In Blue", „Cold Hearted Man", „Dirty Deeds Done Dirt Cheap" (live), „Dog Eat Dog" (live), „Live Wire" (live), „Shot Down In Flames" (live)*

***Iron Man 2* (2010)** *„Rock 'N' Roll Damnation", „Cold Hearted Man", „If You Want Blood (You've Got It)", „T.N.T.", „Hell Ain't A Bad Place To Be", „Let There Be Rock", „Highway To Hell"*

Den Songwritern Young/Young/Scott zugeschriebene, mit Platin ausgezeichnete Studioalben, Livealben und EPs/ Compilations, ihre in den USA verkauften Stückzahlen (in Millionen) sowie das Datum der jeweiligen Platin-Zertifizierung

***Bonfire* (1997)** 1 24. Januar 2001
***'74 Jailbreak* (1984)** 1 22. Januar 2001
***Dirty Deeds Done Dirt Cheap* (1981)** 6 22. Januar 2001
***Highway To Hell* (1979)** 7 25. Mai 2006
***If You Want Blood You've Got It* (1978)** 1 4. Oktober 1990
***Powerage* (1978)** 1 4. Oktober 1990
***Let There Be Rock* (1977)** 2 12. Dezember 1997
***High Voltage* (1976)** 3 25. Mai 2005
INSGESAMT: 22

Den Songwritern Young/Young/Scott zugeschriebene, mit Platin ausgezeichnete Studioalben, Livealben und EPs/ Compilations, ihre in den USA verkauften Stückzahlen (in Millionen) sowie das Datum der jeweiligen Platin-Zertifizierung inklusive Back In Black

***Bonfire* (1997)** 1 24. Januar 2001
***'74 Jailbreak* (1984)** 1 22. Januar 2001
***Dirty Deeds Done Dirt Cheap* (1981)** 6 22. Januar 2001
***Back In Black* (1980)** 22 13. Dezember 2007
***Highway To Hell* (1979)** 7 25. Mai 2006

***If You Want Blood You've Got It* (1978)** 1 4. Oktober 1990
***Powerage* (1978)** 1 4. Oktober 1990
***Let There Be Rock* (1977)** 2 12. Dezember 1997
***High Voltage* (1976)** 3 25. Mai 2005
INSGESAMT: 44

Quelle: Recording Industry Association of America.
Anmerkung: Titel beziehen sich ausschließlich auf amerikanische Veröffentlichungen. Die australische LP Dirty Deeds Done Dirt Cheap *(1976) wurde 1981 mit Verspätung und einigen Änderungen in Bezug auf die Tracks doch noch in den USA veröffentlicht. Bei* High Voltage *(1976) handelte es sich um eine Zusammenstellung von Tracks der beiden australischen Alben* High Voltage *(1975) und* T.N.T. *(1975).* '74 Jailbreak *(1984) war eine Zusammenstellung zusätzlicher Tracks von der in Australien veröffentlichten LP* High Voltage *(1975) und „Jailbreak" von* Dirty Deeds Done Dirt Cheap *(1976). Das Soundtrack-Album* Iron Man 2 *(2010), das bei insgesamt fünfzehn Tracks sieben mit Bon umfasst, erreichte Gold-Status.* Who Made Who *(1986), das neun Songs umfassende Soundtrack-Album zum Spielfilm* Maximum Overdrive, *das „Ride On" mit Bon von* Dirty Deeds Done Dirt Cheap *sowie Songs von* Back In Black, For Those About To Rock We Salute You *und* Fly On The Wall *enthielt, heimste fünfmal Platin ein. Das zweite Live-Album der Band,* Live *(1992), das fünf Bon-Songs enthielt, holte Dreifach-Platin. Eine Sammler-Edition von* Live *mit neun Bon-Songs erreichte Doppel-Platin. Das Boxset* Backtracks *(2009) scheiterte an der Gold-Hürde.* Bonfire *(1997), ein fünf CDs umfassendes Boxset mit Bon-Tracks und Raritäten, das von East West Records veröffentlicht wurde, umfasst interessanterweise das ganze den Songwritern Young/Young/Johnson zugeschriebene Album* Back In Black. *Als das Boxset erschien, verkündete A&R-Manager Bruce Harris von East Wests Mutterkonzern Elektrage gegenüber* Billboard*: „Bei* [Back In Black] *ging es ganz um den Schatten von Bon, aber auf eine gute Art. Die Sentimentalität ist spürbar … Bon spielte eine große Rolle in den Leben [der Bandmitglieder] und sie hatten nie die Gelegenheit, sich als Band öffentlich über ihn Gedanken zu machen. Das ist das Motiv, warum sich* Back In Black *darauf befindet."* Back In Black *ist AC/DCs einziges Album im Diamant-Status für zehn Millionen verkaufte Tonträger und wurde sogar mit Doppel-Diamant ausgezeichnet.*

Standorte offizieller Gedenkstätten für Bon Scott

Fremantle, Australien
Kirriemuir, Schottland
Šamorín, Slowakei
East Dulwich, England

Posthume Ehrungen Bon Scotts

Australien Recording Industry Association Hall of Fame, Sydney, Australien
Rock & Roll Hall of Fame, Cleveland, USA

Jährliche Feiern zu Ehren Bon Scotts

Bonfest, Kirriemuir, Schottland
Internationales AC/DC-Fantreffen, Geiselwind, Deutschland

Index

Get It Hot

.38 Special 24

A

Aerosmith 22, 59, 120, 144, 145, 148, 152, 154, 157, 198, 200, 267, 268, 269, 391, 458

Alberts (Albert Productions) 11, 28, 33, 85, 165, 168, 169, 171, 172, 174, 202, 389, 394, 395, 418, 419, 420, 422, 423

Albert, Ted 163, 164, 165, 168, 169, 170, 173

Alistair, Kinnear 381

Allen, Roy 40, 42, 43, 45, 46, 47, 48, 49, 50, 51, 52, 53, 95, 120, 139, 141, 145, 146, 147, 149, 174, 226, 249, 255, 256, 264, 265, 276, 281, 282, 283, 284, 368, 369, 427, 449, 450, 451, 452, 454, 455, 460

Alves, Joey 150

Anthony, Joe 38, 39, 43, 46

Anthony, Michael 154, 200, 440

Armadillo World Headquarters (Austin) 38, 40, 41, 43, 48, 149

Artful Dodger 144, 145

ATCO Records 63

Atlantic Records 39, 58, 59, 60, 65, 70, 71, 73, 87, 92, 103, 110, 127, 132, 134, 152, 163, 164, 165, 166, 167, 168, 198, 201, 202, 203, 212, 255, 256, 269, 270, 280, 281, 283, 329, 388, 415, 427, 449

Average White Band 83

B

Baba, Anna 298, 325, 327, 334, 340, 346, 407

Back In Black 11, 12, 17, 18, 20, 21, 23, 26, 33, 49, 112, 121, 124, 125, 138, 164, 173, 182, 200, 210, 221, 230, 240, 246, 248, 252, 255, 308, 313, 335, 391, 411, 415, 416, 417, 419, 420, 421, 422, 423, 425, 426, 427, 428, 429, 432, 436, 437, 438, 439, 440, 442, 443, 444, 445, 446, 447, 455, 457, 458, 459, 467, 470

„Back In Black“ (Song) 23, 425, 428, 442, 444

Bad Company 72, 208
Bain, Jimmy 308, 331, 332, 339, 466, 470
Barone, Mike 209, 212, 213, 233
Barton, Geoff 287, 298, 326, 411
Bee Gees 212
Bergman, Barry 126, 128, 138, 165, 177, 195, 199, 276, 280, 442
Berry, Chuck 170
Berry, Jake 327, 346, 407, 410, 411
Bishop, Elvin 212, 274
Bishop, Pattee 18, 22, 31, 56, 57, 69, 70, 74, 96, 99, 104, 128, 161, 175, 178, 179, 180, 181, 183, 197, 219, 220, 226, 233, 234, 249, 254, 271, 275, 282, 367, 370, 392, 409, 413, 420, 439, 443, 461
Blackfoot 24, 277
Blackmore, Ritchie 43, 194, 195
Black Sabbath 85, 120, 137, 154
Blackstone 144
Blue Öyster Cult 105, 196, 197
Bolin, Tommy 208, 228
Bonham, John 380
Bouchard, Albert 196
Brigida, Steve 145
Brown, Danny Joe 21
Browning, Michael 75, 90, 134, 136, 137, 148, 165, 168, 171, 176, 256, 262
Brusco, Charlie 24, 261, 262, 263
Buffalo (Band) 85, 300
Burgess, Colin 341
Burnstein, Cliff 164, 269, 413

C

„Can I Sit Next To You Girl“ 100
Carlos, Bun E. 106, 272
Carson, Phil 58, 59, 127, 163, 164, 165, 280, 329, 383, 415, 416, 426, 447
CBGB (New York) 105, 194
Chapman, Paul 62, 63, 151, 236, 260, 298, 299, 300, 302, 307, 308, 309, 310, 312, 313, 314, 315, 317, 318, 319, 320, 321, 322, 323, 324, 325, 326, 327, 328, 329, 330, 337, 339, 347, 350, 352, 353, 355, 362, 384, 385, 397, 407, 408, 410, 428, 463, 464, 465, 467, 468, 469, 470, 472, 473
Cheap Trick 106, 158, 177, 196, 198, 266, 272
Cher 83
Chic 134
Cocks, Mick 303, 307, 309, 310, 312, 371, 397, 408, 419
Columbia Records 72, 144
Cooper, Alice 139, 141
Cooper, Perry 60
Critical Mass 56, 207, 209, 211, 214, 216, 232, 233, 236, 257
Currenti, Tony 421

D

Davis, Clive 144, 263
Day On The Green 38, 154, 196, 267
DeLuise, Mary 181, 436
Dictators, The 65, 67, 198
Die Brüder Young – Alles über die Gründer von AC/DC 9
Dirse, Michael 180

Dirty Deeds Done Dirt Cheap 48, 87, 89, 427
Doubletime (Pferd) 130, 140, 247, 440
„Down Payment Blues“ 447
Drashin, Sidney 56, 72
Duffy, Billy 342

E

Eagles 59, 72, 143, 212, 263, 458
Earth, Wind & Fire 103
Easybeats, The 430
Edwards, Clive 331, 339, 384, 466
England's Glory 295
Ertegun, Ahmet 65, 71, 163, 201
Ertegun, Nesuhi 71
Evans, Dave 102
Evans, Mark 23, 111, 134, 136, 137, 301, 307, 395, 421, 462

F

Fazzolare, Michael 209, 210, 211, 212, 213, 214, 215, 218, 220, 221, 222, 223, 225, 233, 236, 237, 238, 240, 241, 242, 243, 244
Fearon, George 33, 173, 174, 422
Fine, Jason 20
Fleetwood Mac 59, 72, 212
Foreigner 43, 58, 59, 60, 62, 63, 71, 72, 73, 115, 154, 200, 449, 461
For Those About To Rock We Salute You 457
Fraternity 98, 101, 159, 430, 431
Freeman, Barry 152
Fury, Joe 287, 288, 290, 299, 300, 301, 302, 303, 304, 307, 308, 309, 312, 313, 317, 318, 319, 320, 321, 322, 323, 324, 325, 326, 328, 329, 334, 339, 341, 344, 345, 346, 350, 351, 357, 362, 364, 385, 392, 397, 407, 408, 411, 419, 423, 425, 426, 431, 437, 463, 464, 467, 469, 470, 472, 473

G

Geordie 85, 424, 430, 431, 435, 441, 444
Gibb, Andy 37
Gibb, Barry 212
„Gimme A Bullet“ 214
„Girls Got Rhythm“ 212, 220, 260
Givens, Candy 228
Gorrie, Alan 83
Graham, Bill 154
Gramm, Lou 155
Greenberg, Jerry 134, 163, 165, 166
Gursky, Steve 212

H

Halfin, Ross 310, 385, 464, 467
Harrison, Grahame („Yogi“) 13, 85, 93, 102, 169, 309, 377
Harwood, Paul 144, 145
„Have A Drink On Me“ 23, 49, 121, 125
Heart 260
„Hells Bells“ 7, 23, 292, 428
High Voltage 20, 38, 39, 55, 100, 135, 158, 165, 201, 407, 421, 446
Highway To Hell 11, 20, 37, 58, 92, 112, 138, 164, 165, 176, 182, 200, 209, 210, 211, 213, 220, 236, 244, 252, 254, 256, 257, 263, 270, 271, 276, 277,

278, 279, 281, 305, 422, 446, 447, 449
„Highway To Hell“ (Song) 267, 270, 277, 279, 281, 424
Holder, Noddy 70
Holmstrom, John 91
Howe, Bruce 101, 159
Hunter, Marc 86
Hutchence, Michael 379

I

If You Want Blood You've Got It 20, 201, 425
Irish, O'Linda 182

J

Jackson-Fragola, Robin 181, 184, 436
Jagger, Mick 70
Janssen, Volker 28, 423
Jeffery, Ian 184, 275, 279, 312, 315, 327, 346, 363, 364, 368, 382, 384, 407, 410, 411, 417, 439
Jinman, Richard 287, 290, 291
Johnson, Brian 12, 13, 14, 18, 26, 32, 50, 59, 85, 102, 124, 129, 130, 161, 173, 200, 221, 230, 240, 365, 390, 397, 416, 419, 421, 422, 423, 424, 427, 429, 430, 431, 435, 436, 437, 440, 444, 457, 460, 461
Johnson, Earl 44, 54, 433
Jones, Mick 58, 59, 106, 154, 155, 255, 390, 455, 461
Journey 22, 120, 144, 255, 263, 268

K

Kakoulli, Koulla 342, 359
Kakoulli, Xenoulla („Zena“) 335, 342, 356, 357, 358, 397, 465, 468, 469, 471
Kalodner, John 60
Kempner, Scott 67, 198
„Kicked In The Teeth“ 70, 447
Kinnear, Alistair 252, 286, 287, 288, 289, 290, 291, 292, 293, 294, 295, 296, 297, 298, 300, 303, 311, 314, 315, 319, 320, 321, 322, 325, 327, 329, 330, 333, 334, 335, 338, 339, 340, 341, 343, 344, 345, 346, 347, 348, 350, 351, 352, 353, 354, 355, 356, 357, 358, 359, 360, 361, 362, 364, 365, 367, 369, 370, 371, 372, 376, 380, 381, 382, 383, 384, 385, 397, 438, 463, 464, 465, 466, 468, 469, 470, 471, 472
Kinnear, Daniel 289, 292, 296, 297, 355, 360
Kiss 22, 38
Klenfner, Michael 60, 201
Kramer, Eddie 202, 210, 212, 236, 254
Krebs, David 12, 143, 163, 165, 167, 279, 391, 412, 426
Kushner, Cedric 262

L

Lange, Robert John („Mutt“) 58, 163, 168, 236, 254
Laplume, Henry 207, 208, 215, 224, 233, 242
Leber-Krebs 12, 143, 144, 148, 163, 256, 268, 413
Leber, Steve 143, 163
Led Zeppelin 15, 38, 54, 59, 69, 72, 90, 119, 173, 458, 461

Let There Be Rock 20, 55, 63, 69, 71, 73, 88, 103, 177, 201, 214, 252, 449
Levine, Montague 376, 378, 381, 382, 386
Lonesome No More 342, 359, 468, 471
Lovegrove, Vince 27, 28, 76, 97, 101, 112, 159, 160, 161, 162, 282, 378, 379, 380, 411, 415, 423, 459
Lynott, Phil 19, 84, 262, 308, 332, 339
Lynyrd Skynyrd 24, 46, 263

M

Mahogany Rush 144, 145, 266, 267
Mandel, Fred 141
Manilow, Barry 37, 38, 449
Martin, Bill 43, 149
Mason, Nick 295
Matters, Paul 135, 136, 137
McIntosh, Robbie 83
Meine, Klaus 391
Meldrum, Ian („Molly") 23, 134, 160
Mendelson, Robin 219, 220, 221, 226, 231, 234, 247
Meniketti, Dave 150
Mensch, Peter 148, 167, 269, 311, 385, 386, 411, 414, 464, 465
Mirsky, Neal 238, 239, 257
Molly Hatchet 21, 22, 266, 276, 277
Montalbano, Margaret 289, 290, 335, 340, 350, 371, 384, 385
Moss, Kenneth 83
Mother's Finest 274, 277
Moxy 43, 44, 45, 54, 432
Music Machine (London) 312, 318, 323, 335, 341, 344, 358, 359, 371, 381, 384, 397, 438, 463, 466, 468, 469, 471

N

Nantucket 158, 197, 413
Nazareth 43, 55, 260
Nugent, Ted 194, 200, 208, 267, 269, 270

O

Only Ones, The 335, 342, 356
Opitz, Mark 202, 431
Orbin, Jack 38
Osbourne, Ozzy 347
Outlaws 24, 120, 261, 263
Owen, David 209, 211, 213, 215, 216, 225, 232

P

Parker, Valeria 262, 263
Pedroza, Candy 57, 70, 104, 105
Perrett, Peter 295, 335, 336, 356, 397, 468, 471
Perry, Joe 157, 199, 268
Pickett, Pat 89
Plant, Robert 15, 38
Platt, Tony 112, 210, 413, 439
Powerage 20, 70, 103, 116, 133, 140, 154, 159, 163, 177, 198, 201, 202, 252, 303, 306, 447
Prinzel, Frank 211, 222, 224
Pulin, Chuck 67, 120
Putterford, Mark 240, 279, 286, 287, 300, 315, 352, 394, 409

Q
Quartiano, Beth 181, 182, 183, 184, 436

R
Rainbow 195
Rarebell, Herman 269, 333, 384, 389
Raymond, Paul 62
Redd, Tommy 158
Renshaw, Mary 16, 17, 28, 160
Riccobono, Fifa 418, 419
Richards, Keith 52, 83, 84, 129, 182, 426
„Ride On“ 89, 253, 413
„Rock 'N' Roll Damnation“ 25, 132, 133, 177, 413
Rolling Stones 39, 54, 59, 72, 84, 90, 182, 239, 288, 294, 295, 420, 442, 457
Roney, Lou 38, 39, 54
Rooney, Teddy 56, 180, 213, 244
Rose, Axl 421
Rose Tattoo 85, 300, 301, 309, 310
Royall, Dallas („Digger“) 85
Rudd, Phil 14, 30, 41, 128, 209, 215, 216, 217, 258, 461

S
Schaffer, Ken 65, 66, 70, 126
Scorpions 268, 269, 333, 384, 391
Scott, Charles Belford („Chick“) 94, 95, 96, 98, 444
Scott, Derek 95, 96, 366, 411, 423, 446
Scott, Graeme 28, 76, 79, 96, 365, 366, 446
Scott, Isa 94, 96, 98, 123, 388, 394, 445
Screw 295, 296
Seger, Bob 105, 208, 212
Sex Pistols 221, 295
Shearman, Buzz 43, 432, 433
„Sin City“ 154, 180, 197, 214, 460
Smith, Darryl („Spyda“) 301
Smith, Margaret („Silver“) 18, 19, 22, 24, 28, 31, 53, 74, 75, 76, 78, 79, 80, 81, 82, 83, 84, 85, 88, 89, 97, 98, 103, 105, 106, 114, 125, 130, 136, 137, 146, 159, 174, 175, 178, 179, 234, 248, 276, 282, 286, 287, 288, 298, 300, 301, 302, 303, 304, 305, 306, 307, 308, 312, 313, 315, 321, 322, 323, 324, 325, 326, 327, 328, 329, 330, 331, 332, 333, 334, 335, 337, 338, 339, 340, 343, 344, 345, 346, 350, 351, 352, 353, 354, 356, 357, 358, 359, 360, 362, 365, 366, 367, 370, 371, 381, 382, 383, 392, 393, 395, 396, 397, 407, 408, 409, 410, 419, 421, 422, 423, 432, 439, 460, 463, 464, 465, 466, 467, 468, 469, 470, 471, 472, 473
Soule, Kenny 158, 197
Springfield, Rick 126
Steely Dan 420
St. Holmes, Derek 266, 268, 389, 390
St. Paradise 266, 267

T
Tait, John 168, 171, 418
Taylor, Barry 92, 106
Thaler, Doug 124, 132, 174, 262, 263, 278, 279
Thin Lizzy 19, 43, 198, 212, 268

Thornton, Irene 17, 53, 55, 74, 75, 76, 81, 84, 85, 89, 95, 98, 104, 114, 130, 146, 147, 175, 197, 273, 339, 465
Thunders, Johnny 342
Tight Squeeze (Band) 180, 213
Tight Squeeze (Club) 207, 208, 209, 210, 212, 214, 216, 219, 241, 242
„TNT“ 39
„Touch Too Much“ 7, 220, 232
Travers, Pat 154, 208, 277, 278
Trust 413, 414
Tyler, Steven 157, 199, 268, 391, 458

U

UFO 59, 62, 63, 127, 151, 176, 198, 236, 256, 260, 298, 302, 308, 309, 310, 311, 312, 313, 315, 317, 319, 321, 326, 329, 331, 385, 428, 463, 464, 472
„Up To My Neck In You“ 70, 214

V

Valentines, The 27, 94, 98
Vanda, Harry 168, 169, 418
Vanda & Young 163, 168, 169, 171, 173, 201, 202, 254, 418
Van Halen 22, 58, 120, 144, 154, 199, 200, 440
Van Halen, Alex 155
Van Halen, Eddie 154, 155
Van Kriedt, Larry 27, 218
Vogel, Sheldon 163, 164, 167

W

Walker, Clinton 24, 27, 28, 79, 84, 85, 98, 114, 287, 288, 289, 290, 291, 298, 300, 302, 309, 327, 334, 340, 343, 368, 396, 411, 445, 446
Warner Bros Records 71, 72
Way, Peter 127, 176, 260, 270, 298, 299, 308, 310, 312, 313, 316, 320, 325, 326, 329, 330, 353, 355, 391, 395, 397, 409, 424, 464, 465, 469, 471, 472, 473
„Whole Lotta Rosie“ 201, 202, 214, 223
Wild Horses 302, 308, 331, 339, 384, 395
Williams, Cliff 14, 27, 33, 37, 57, 70, 104, 126, 173, 181, 196, 209, 215, 217, 219, 220, 221, 231, 236, 242, 243, 247, 461
Winehouse, Amy 380
Wood, Ron 84, 355, 392
Wright, Stevie 430

X

X, Holly 18, 25, 66, 113, 114, 115, 116, 118, 121, 122, 123, 129, 139, 140, 181, 194, 208, 219, 220, 221, 228, 231, 232, 233, 234, 238, 241, 243, 244, 245, 246, 247, 248, 249, 271, 282, 392, 439, 440, 455

Y

Yesterday & Today 149, 150, 274
Young, Alex 173
Young, Angus 12, 15, 21, 23, 26, 31, 34, 39, 41, 44, 45, 49, 54, 62, 65, 66, 67, 68, 87, 93, 108, 121, 122, 123, 128, 129, 132, 133, 134, 137, 138, 141, 142, 145, 146, 148, 152, 153, 157, 158, 169, 171, 173, 176, 181,

182, 183, 193, 194, 195, 196, 198, 199, 201, 210, 211, 213, 214, 215, 217, 218, 222, 230, 236, 237, 245, 254, 255, 256, 268, 274, 277, 288, 300, 303, 314, 315, 320, 326, 327, 329, 330, 351, 363, 365, 372, 382, 389, 391, 392, 395, 396, 409, 410, 411, 416, 417, 418, 419, 420, 422, 427, 430, 436, 437, 441, 443, 444, 445, 447, 459, 460, 461, 462

Young, George 26, 132, 134, 135, 138, 169, 171, 201, 203, 303, 418

Young, Malcolm 10, 11, 22, 23, 24, 25, 33, 39, 41, 44, 45, 48, 49, 54, 87, 88, 93, 100, 118, 119, 121, 122, 123, 124, 126, 127, 128, 130, 134, 135, 136, 137, 138, 146, 148, 173, 181, 182, 183, 184, 193, 194, 197, 209, 210, 212, 215, 217, 218, 219, 220, 224, 230, 234, 240, 245, 254, 256, 257, 265, 274, 277, 300, 303, 306, 309, 315, 320, 327, 329, 330, 351, 364, 365, 367, 385, 388, 392, 397, 410, 411, 413, 418, 419, 420, 422, 424, 425, 435, 437, 441, 443, 444, 447, 451, 452, 455, 461, 472

„You Shook Me All Night Long" 18, 23, 122, 124, 125, 161, 221, 247, 248, 252, 424, 427, 428, 435, 436, 437, 438, 439, 441, 442, 448, 458, 461

Z

Zephyr 228